한 번에 합격, 자격증은 이기적

이렇게 기막힌 적중률

오직 스터디 카페 멤버에게만
주어지는 특별 혜택!

이기적 스터디 카페

합격을 위한 기적 같은 선물
또기적 합격자료집

혼자 공부하기 외롭다면?
온라인 스터디 참여

모든 궁금증 바로 해결!
전문가와 1:1 질문답변

1년 내내 진행되는
이기적 365 이벤트

도서 증정 & 상품까지!
우수 서평단 도전

간편하게 한눈에
시험 일정 확인

합격까지 모든 순간 이기적과 함께!

이기적 365 EVENT

QR코드를 찍어 이벤트에 참여하고 푸짐한 선물 받아가세요!

1 기출문제 복원하기

이기적 책으로 공부하고 시험을 봤다면 7일 내로 문제를 제보해 주세요!

2 합격 후기 작성하기

당신만의 특별한 합격 스토리와 노하우를 전해 주세요!

3 온라인 서점 리뷰 남기기

온라인 서점에서 책을 구매하고 평점과 리뷰를 남겨 주세요!

4 정오표 이벤트 참여하기

더 완벽한 이기적이 될 수 있게 수험서의 오류를 제보해 주세요!

※ 이벤트별 혜택은 변경될 수 있으므로 자세한 내용은 해당 QR을 참고해 주세요.

기적의 적중률, 여러분의 참여로 완성됩니다

기출 복원 EVENT

영진닷컴 쇼핑몰

30,000원

기출 복원하기 ▶

전원
지급

N Pay

네이버페이
포인트 쿠폰

최대
20,000원

1   이기적 수험서로 공부하고 시험에 응시했다면 누구나 참여 가능

2   응시일로부터 7일 이내 복원 문제만 인정(수험표 첨부 필수!)

3   중복, 누락, 허위 문제는 당첨 대상에서 제외

※ 이벤트별 혜택은 변경될 수 있으므로 자세한 내용은 해당 QR을 참고해 주세요.

도서 인증하면 고퀄리티 강의가 따라온다!

100% 무료 강의

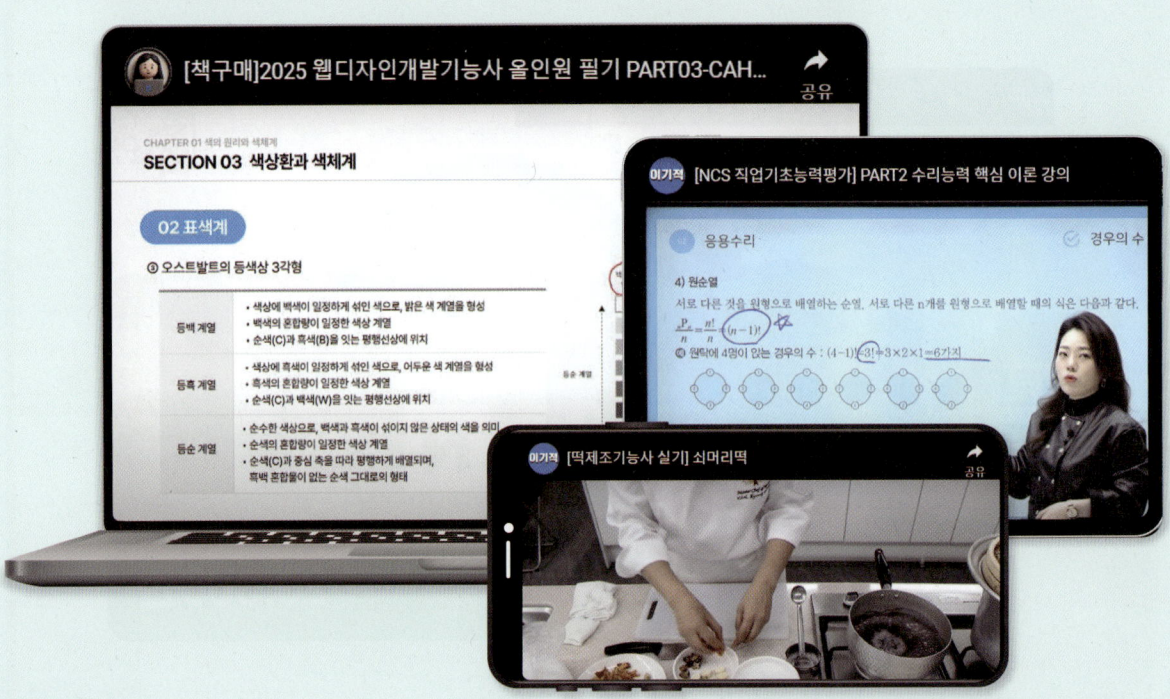

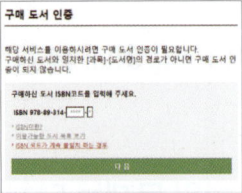

◀ 이기적 홈페이지 바로가기

영진닷컴 이기적

합격을 위해 모두 드려요.
이기적 합격 솔루션!

이기적이 여러분을 위해 준비했어요

저자가 직접 알려주는, 무료 동영상 강의

TCP/IP 이론 파트와 모든 기출문제 풀이를 무료 강의와 함께!
핵심만 담아 전달드리는 무료 동영상 강의와 함께하세요.

도서 구매 인증 시 증정, 추가 기출문제

이기적 스터디 카페에서 구매를 인증하면 '또기적 합격자료집'을 드립니다.
기출문제뿐만 아니라 다양한 추가 자료가 준비되어 있습니다.

연습도 실전처럼, CBT 온라인 문제집

PC 또는 모바일에서 네트워크관리사 문제를 풀어볼 수 있습니다.
CBT 온라인 문제집으로 실력을 점검하세요.

무엇이든 물어보세요, 1:1 질문답변

궁금한 점이 있으면 이기적 스터디 카페에 질문해 보세요.
전문가 선생님께서 1:1로 맞춤 답변을 해드립니다.

※ 〈이기적 네트워크관리사 필기+실기 올인원〉을 구매하고 인증한 회원에게만 드리는 자료입니다.

◀ 모든 혜택 한 번에 보기

정오표 바로가기 ▶

또, 드릴게요! 이기적이 준비한 선물

또기적 합격자료집

또, 드릴게요! 이기적이 준비한 선물

또기적 합격자료집
이기적 구매인증자료

도서구매자 신청 시 100% 증정

PDF 파일 제공

Youngjin.com Y.

---

1 **시험에 관한 A to Z 합격 비법서**
책에 다 담지 못한 혜택은 또기적 합격자료집에서 확인

2 **편리하고 똑똑한 디지털 자료**
PC · 태블릿 · 스마트폰으로 언제든 열람하고 필요한 부분만 출력 가능

3 **초보자, 독학러 필수 신청**
혼자서도 충분한 학습 플랜과 수험생 맞춤 구성으로 한 번에 합격

※ 도서 구매 시 추가로 증정되는 PDF용 자료이며 실제 도서가 아닙니다.

◀ 또기적 합격자료집 받으러 가기

이렇게
기막힌
적중률

네트워크관리사
1·2급 올인원

"이" 한 권으로 합격의 "기적"을 경험하세요!

차례

▶ 합격 강의

동영상 강의가 제공되는 부분을 표시했습니다.
이기적 수험서 사이트(license.youngjin.com)에 접속하여 시청하세요.

▶ 본 도서에서 제공하는 동영상은 1판 1쇄 기준 2년간 유효합니다. 단, 출제기준안에 따라 내용은 변경될 수 있습니다.

※ **참여 방법** : '이기적 스터디 카페' 검색 → 이기적 스터디카페(cafe. naver.com/yjbooks) 접속 → '구매 인증 PDF 증정' 게시판 → 구매 인증 → 메일로 자료 받기

STEP 1
핵심만 정리한 이론

STEP 2
최신 기출문제

전문가가 핵심만 정리한
완벽 이론

최신 기출문제로
출제 유형 완벽 대비

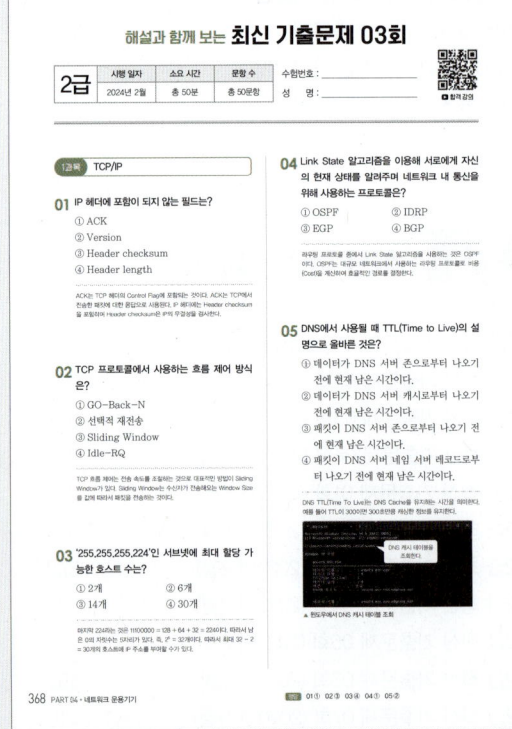

✅ 빈출 태그로 주요 키워드 정리

✅ 기출문제를 기반으로 정리한 이론

✅ 기적의 TIP을 통한 이해도 상승

✅ QR 코드로 풀이 강의 바로 시청

✅ 최신 기출문제로 완벽 대비

✅ 해설을 바로 확인할 수 있는 구성

실기 유형별 문제

또기적 합격자료집

실기 시험 안내부터
출제 유형 문제까지

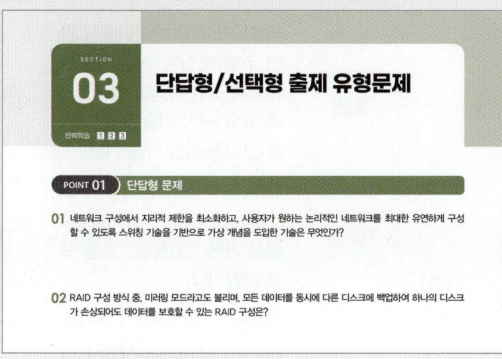

SECTION 03 단답형/선택형 출제 유형문제

POINT 01 단답형 문제

01 네트워크 구성에서 지리적 제한을 최소화하고, 사용자가 원하는 논리적인 네트워크를 최대한 유연하게 구성할 수 있도록 스위칭 기술을 기반으로 가상 개념을 도입한 기술은 무엇인가?

02 RAID 구성 방식 중, 미러링 모드라고도 불리며, 모든 데이터를 동시에 다른 디스크에 백업하여 하나의 디스크가 손상되어도 데이터를 보호할 수 있는 RAID 구성은?

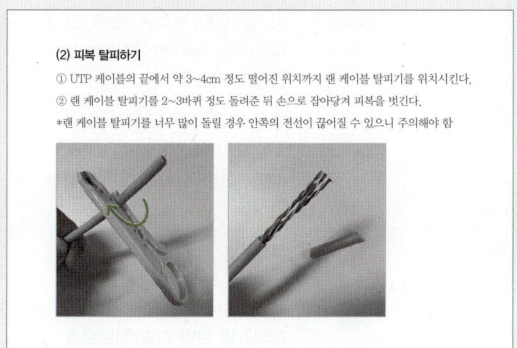

(2) 피복 탈피하기
① UTP 케이블의 끝에서 약 3~4cm 정도 떨어진 위치까지 랜 케이블 탈피기를 위치시킨다.
② 랜 케이블 탈피기를 2~3바퀴 정도 돌려준 뒤 손으로 잡아당겨 피복을 벗긴다.
*랜 케이블 탈피기를 너무 많이 돌릴 경우 안쪽의 전선이 끊어질 수 있으니 주의해야 함

✅ 작업형 문제 풀이

✅ 단답형 / 선택형 문제 풀이

✅ 사진으로 보는 케이블 제작법

도서 구매자 특별 제공
추가 기출문제

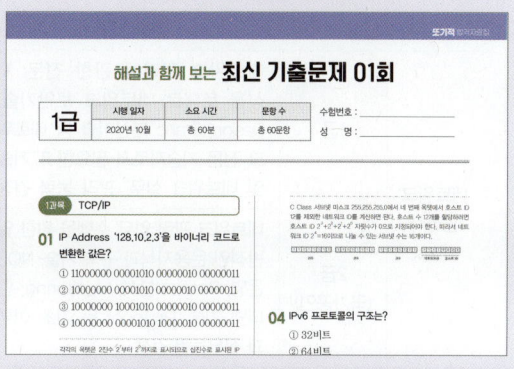

해설과 함께 보는 최신 기출문제 01회

1급	시행 일자	소요 시간	문항 수
	2020년 10월	총 60분	총 60문항

수험번호 : _____
성   명 : _____

1과목 TCP/IP

01 IP Address '128.10.2.3'을 바이너리 코드로 변환한 값은?
① 11000000 00001010 00000010 00000011
② 10000000 00001010 00000010 00000011
③ 10000000 10001010 00000010 00000011
④ 10000000 00001010 10000010 00000011

04 IPv6 프로토콜의 구조는?
① 32비트
② 64비트

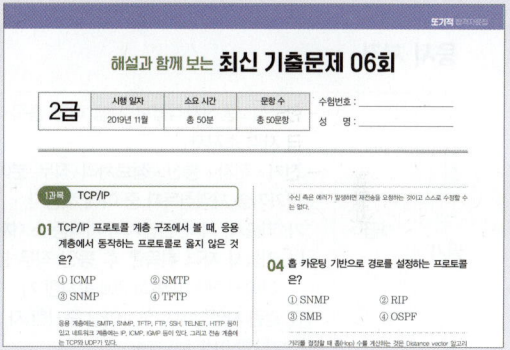

해설과 함께 보는 최신 기출문제 06회

2급	시행 일자	소요 시간	문항 수
	2019년 11월	총 50분	총 50문항

수험번호 : _____
성   명 : _____

1과목 TCP/IP

01 TCP/IP 프로토콜 계층 구조에서 볼 때, 응용 계층에서 동작하는 프로토콜로 옳지 않은 것은?
① ICMP
② SMTP
③ SNMP
④ TFTP

04 흡 카운팅 기반으로 경로를 설정하는 프로토콜은?
① SNMP
② RIP
③ SMB
④ OSPF

✅ 시험장 스케치

✅ 스터디 플래너

✅ 최신 기출문제 11회분

시험 알아보기

자격 소개

네트워크관리사란 서버를 구축하고 보안 설정, 시스템 최적화 등 네트워크 구축 및 이를 효과적으로 관리할 수 있는 인터넷 관련 기술력에 대한 자격 시험

자격 명칭		검정 기준
네트워크 관리사	1급	네트워크 관리에 관한 전문 지식을 토대로 네트워크 보안기술, Design, Traffic 분산기술 등 네트워크 전문 기술자로서 필요한 IT 기술 및 네트워크 실무. 관리 능력 검정
	2급 (국가공인)	네트워크 관련 업무 수행을 위한 일반적인 운용지식과 구축 기술, NOS 운영, Packet 분석, Monitoring, 인터넷 기술, Protocol 등 기초 이론과 실무능력 검정

응시 자격

필기	1급	– 한국정보통신자격협회 시행 해당 종목 2급 자격 소지자 – 전기 · 전자 · 통신 · 정보처리 직무 분야 국가기술 자격취득자 중 아래 해당자 　가. 기술사, 기사, 산업기사 자격증 소지자 　나. 기능사 자격 취득 후 동일 직무 분야에서 2년 이상 실무에 종사한 자 – IT 관련 사업장에서 5년 이상 종사한 자 (상기 1항 이상 해당자)
	2급	연령, 나이 제한 없음
실기	1/2급	해당 등급 필기 합격자로서 합격일로부터 2년 이내의 응시자

시험 형식

CBT(Computer Based Test) 형식으로 진행

1급	필기	60분, 60문제
	실기	100분, 1 SET(1~20문항)
2급	필기	50분, 50문제
	실기	80분, 1 SET(1~20문항)

출제 기준

필기 출제 기준

출제 기준 상세보기

- 적용 기간 : 2025.08.01.부터
- Windows Server 2022 버전

급수	검정 과목	시험 과목	문항수
1급/ 2급	네트워크 일반	네트워크 개요/데이터통신 관련 기술/통신망 기술/표준과 네트워크/네트워크 설계, 구축/고속 LAN 기술 및 광대역 통신/각종 통신 기술/기타	10
	TCP/IP	TCP/IP/IP Address/Subnet Mask/IP Routing/Packet 분석/기본 프로토콜/ 응용 프로토콜/기타	17
	NOS	File/Print, IIS, DNS, FTP 등/Activity Director/사용자 관리 및 권한/시스템 운영 관리/Linux Server설치/Linux 명령어/기타	18
	네트워크 운용기기	NIC/SCSI/RAID/Router/Switch Hub/Bridge/Gateway/전송매체/최신통신기기/기타	5
1급	정보보호 개론	보안의 기본개념/Windows Server 보안/Linux Server 보안/Network 보안/암호화/서비스별 보안 기술/정보보호 제도/기타	10

실기 출제 기준

급수	검정 과목	문항수
1급	• 네트워크 설계/ 구축 • TCP/ IP • NOS • 네트워크 운용기기	1 SET (1~20문항)
2급	• LAN 전송매체 • 네트워크 설계/ 구축 • TCP/ IP • NOS • 네트워크 운용기기	1 SET (1~20문항)

접수 및 응시

● 접수 기간

한국정보통신자격협회에서 인터넷 접수 → 원서접수 기간 동안 가능

● 시험 일자

1급 연 2회, 2급 연 4회 시행

● 검정 장소

검정일 1주일 전 홈페이지에 공고

● 검정료

등급	과목	검정료	입금 방법
1급	필기	43,000원	무통장입금, 신용카드, 온라인이체
	실기	100,000원	
2급	필기	43,000원	무통장입금, 신용카드, 온라인이체
	실기	78,000원	

● 합격 기준

100점 만점에 60점 이상(1/2급 필기 · 실기 시험 모두 동일)

합격 발표

● 합격 발표

· 필기 : 검정일 이후 3일 이내 발표
· 실기 : 검정일 이후 10일 이내 발표

● 자격증 발급

· 신청 경로 : [마이페이지] → [취득내역] → [메인화면] → [자격증 관리] → [자격증 발급 신청]
· 합격자 발표일로부터 1일 후, 자격 발급 번호가 부여된 이후부터 신청 가능
· 최초 자격 취득 후 1년 이내 신청 시 수수료 없음
· 최초 발급 신청 시 합격자 발표일 기준 2주 후부터 자격증 순차 발송

● 자격 특전

· 졸업 논문 대체 인정 자격
· 전산직 공무원 직무 관련 우대
· 군 간부 및 특기병 모집 과정 가점
· IT 인프라 분야 가점 및 채용 우대
· 공공기관 용역 인력 요구사항 기재
※ 자격 특전에 관한 자세한 사항은 한국정보통신자격협회 홈페이지 → [고객지원] → [자격활용현황] 참고

고사장 및 시험 관련 문의

· 시행처 : 한국정보통신자격협회
· www.icqa.or.kr

📞 **02-7450-500**

네트워크 일반 네트워크 일반 과목에 숨어 있는 TCP/IP 문제 발견이 핵심

10~11문항

네트워크 일반에서 중요하게 출제되는 주제는 TCP/IP 과목으로 포함되어 있는 OSI 7계층입니다. 그 외에 프로토콜 에러 처리 기법, 아날로그 신호를 디지털로 변환하는 PCM 변조 과정, IPv6 프로토콜, 다중화, IEEE 802 표준, 토큰패싱과 토큰 링, 회선 교환과 패킷 교환 등이 자주 출제됩니다.

01 네트워크 개요　　`30%`

빈출 태그　성형, 버스형, 망형, 네트워크 토폴로지, 회선 교환, 패킷 교환

02 근거리 통신 기술　　`40%`

빈출 태그　CSMA/CD, IEEE 802, 기가비트 이더넷, 토큰패싱

03 데이터 통신　　`20%`

빈출 태그　아날로그 신호, 디지털 신호, 광섬유, 회선 연결, PCM 변조, 다중화

04 광대역 기술　　`10%`

빈출 태그　프레임 릴레이, HDLC, ATM

TCP/IP 단순 암기보다는 프로토콜의 특징을 이해하는 것이 중요

16~17문항

TCP/IP 과목은 네트워크관리사 시험에서 가장 많은 문제가 출제되는 과목일 뿐만 아니라 네트워크관리사의 다른 과목을 학습하기 위해서는 TCP/IP 과목에 관한 이해 없이 불가능합니다. 따라서 네트워크관리사 자격증 준비 시에 가장 먼저 TCP/IP를 학습하는 것도 좋은 방법입니다.

01 OSI 7계층　　`20%`

빈출 태그　프로토콜, 데이터 전송 방식, OSI 7계층, 표현 계층, 전송 계층, 네트워크 계층, 에러 제어

02 TCP/IP 계층　　`60%`

빈출 태그　TCP, UDP, ICMP, ARP, IPv4, IPv6, 클래스, 서브넷 마스크, IGMP, 멀티캐스트, 브로드캐스트, OSPF, RIP

03 응용 프로토콜　　`20%`

빈출 태그　FTP, tFTP, DNS, Telnet, SSH, SMTP, SNMP, POP3

NOS 단일 과목 중에서 가장 많이 출제되는 부분

윈도우 부분에서는 Active Directory가, 리눅스 부분에서는 간단한 리눅스 명령어가 주로 출제됩니다. Active Directory 부분은 Active Directory의 용도와 구성 요소를 알아야 하고 리눅스 부분은 셸, 데몬 프로세스, 리눅스 권한 관리, vi 명령 어를 알아야 합니다.

01 윈도우 시스템

10%

빈출 태그 FAT, NTFS, 계정 관리, 그룹 관리, 공유 폴더

02 윈도우 서버

10%

빈출 태그 서버 관리, 사용자 계정, 보안 템플릿, DNS 레코드, netstat, nslookup, traceroute, Power Shell

03 IIS 서버

20%

빈출 태그 웹 서버, ASP, 가상 디렉터리

04 DNS 서버

10%

빈출 태그 DNS 서버, DNS 레코드, 메일 레코드, SOA 레코드

05 액티브 디렉터리

10%

빈출 태그 도메인, 조직 구성, 트리, 물리적 구조, 접근통제, 상속

06 FTP 서버

20%

빈출 태그 FTP 서버, FTP 서버 로깅

07 리눅스

20%

빈출 태그 데몬 프로세서, 권한 명령어, 셸, vi 편집기, 마운트, 기본 명령어

네트워크 운용기기 내용이 짧으니 핵심 주제 위주로 공부하기

네트워크 운용기기 과목은 5문제 출제되는 과목으로 출제 비중이 가장 낮습니다. 또한 TCP/IP를 제대로 학습하면 추가적인 학습을 하지 않아도 대부분의 문제를 풀 수 있습니다. 리피터와 게이트웨이의 역할이 주로 출제되며, 그 외에 광섬유의 특징, RAID의 의미와 종류까지 이 주제만 학습하면 큰 어려움이 없을 것입니다.

01 네트워크 서버 운용

60%

빈출 태그 Fast Ethernet, Gigabit Ethernet, RAID

02 네트워크 회선 운용

40%

빈출 태그 리피터, 라우터, 게이트웨이

정보보호 개론 몇 개의 주제만 신경쓰면 좋은 점수를 받을 수 있는 파트

정보보호 개론은 네트워크관리사 1급 응시자에게에만 해당되는 과목입니다. 대부분의 문제가 보안 부분에서 어렵지 않게 등장하며, 기본적인 보안 용어와 간단한 공격 기법, 방화벽, IDS가 주로 출제됩니다.

01 정보보호 개요

10%

빈출 태그 기밀성, 무결성, 가용성, 위조, 가로채기, 대칭키 암호화, 공개키 암호화

02 인터넷 보안

30%

빈출 태그 SET, SSL, POP3, Apache

03 정보보안 시스템

40%

빈출 태그 TRIPWISE, TCP, Wrapper, iptables, 침입 차단 시스템, 침입 탐지 시스템

04 시스템 공격 기법

20%

빈출 태그 Sniffing, Spoofing, SYN Flooding, 무작위 공격

Q&A

Q 필기시험 합격 후 실기시험은 언제까지 응시할 수 있나요?

A 필기시험 합격자로서 필기 합격일로부터 2년 이내에 응시 가능하며, 실기시험 응시료는 응시할 때마다 납부해야 합니다(필기 유효 기간이 실기 접수일에 포함되면 접수 가능).

Q 문제와 관련하여 이의 신청을 할 수 있나요?

A 필기는 합격자 발표 다음일로부터 3일간, 실기는 합격자 발표 다음일로부터 5일간 이의 신청을 할 수 있으며, 한국정보통신자격협회 홈페이지(www.icqa.or.kr)의 [고객지원] – [이의신청] 메뉴에서 가능합니다.

Q 최초로 자격증을 취득하고 자격증 발급 신청을 할 경우 수수료가 있나요?

A 최초로 자격을 취득하고 1년 이내에 자격증 발급 신청자의 경우 수수료는 없습니다.
※ 자격증 분실, 훼손, 기타 이유로 재발급할 경우 발급 비용은 있습니다.

Q 자격의 유효 기간이란 어떤 내용이며, 유효 기간 연장을 하려면 어떻게 해야 하나요?

A – 국가공인 자격 취득자는 자격 유효 기간 만료 전 3개월에서 만료일 이내에 보수교육을 받고 자격을 갱신하여야 합니다.
– 보수교육을 수료하시면 자격 유효 기간이 최초 취득일 기준, 5년 단위로 연장됩니다.
– 보수교육 기간 내 교육을 수료하지 않을 경우 자격이 정지되며, 추후 교육 수료 이후 갱신이 가능합니다.
– 자세한 사항은 한국정보통신자격협회 홈페이지(www.icqa.or.kr)의 [자격증관리]–[보수교육]에서 확인 가능합니다.

Q 네트워크관리사 자격 종목은 학점 인정이 되나요?

A

자격 종목	급수	인정 학점	표준교육 과정 해당 전공	
			전문학사	학사
네트워크관리사	2급	14	정보통신 컴퓨터네트워크 임베디드시스템 인터넷정보	정보통신공학 컴퓨터공학 멀티미디어학

Q 국가공인자격의 혜택은 무엇입니까?

A – 자격기본법에 의거 직업교육훈련기관의 입학전형 자료로 활용
– 학점인정 등에 관한 법률에 의거 대학 및 대학교 등의 학점 인정
– 대학 및 대학교 등 입학 시 가점 인정
– 취업 및 전직, 승진 과정에서 자신의 능력을 공식적으로 인정 및 우대 등

임호진

IT 정책 대학원 박사 수료, 컴퓨터 과학 석사/학사, 경영학과 학사

경력

- 임베스트 대표
- LIG 시스템즈 테크니컬 아키텍처 차장
- 한국 IBM 소프트웨어 컨설팅 차장
- 동양증권 BA 전략팀 과장
- 일본 NTT DoCoMo

자격

- 정보관리기술사, 수석감리원
- ISMS-P 선임심사원, ISO/IEC 27001 선임심사원, ISO/IEC 42001 심사원
- 정보보안기사, Oracle OCP, MCSE
- 개인정보영향평가사, 소프트웨어보안약점진단원
- 사이버 최정예 정보보안 전문가(K-Shield)

저서

- 이기적 정보보안기사 필기 및 실기
- 이기적 정보시스템감리사, 네트워크관리사
- 정보관리기술사 및 컴퓨터시스템 응용 기술사

SNS

- 블로그 : blog.naver.com/limhojin123
- 유튜브 : 임베스트TV

임베스트

- 임베스트 보안기사 – www.boangisa.com
- 임베스트 정보보안기사 카페 – cafe.naver.com/limbestboan
- 임베스트 정보보안 취업반(보안팀, AI 보안) – www.boanteam.com

PART
01

네트워크 일반

학습 방향

네트워크관리사 1급 및 2급 시험에서 네트워크 일반은 10문제가 출제된다. 네트워크 일반에서 중요하게 출제되는 주제는 TCP/IP 과목으로 포함되어 있는 OSI 7계층과 프로토콜 에러처리 기법, 아날로그 신호를 디지털로 변환하는 PCM 변조 과정, IPv6 프로토콜, 다중화, IEEE 802 표준, 토큰패싱과 토큰링, 회선 교환과 패킷 교환 등이다. 네트워크 일반 과목의 10문제 내에 TCP/IP과목 문제가 3문제 정도 포함되어 있다.

범위	중요도	중점 학습 내용
네트워크 개요	★★★★	• 성형, 버스형, 망형 네트워크 토폴로지의 특징 • 회선교환과 패킷교환의 차이
근거리 통신 기술	★★★	• CSMA/CD, IEEE 802 표준에서의 802.2, 802.3, 802.4, 802.5 • Gigabit Ethernet
데이터 통신	★★★★	• 전송 매체에서 광섬유 특징, 회선 연결 과정 • PCM 변조 과정, 다중화의 의미와 시분할 다중화 기법
광대역 기술	★	Frame Relay, HCLC, ATM

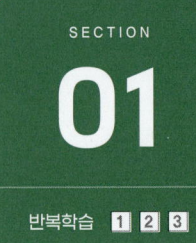

SECTION

01 네트워크 개요

반복학습 **1 2 3**

빈출 태그 성형 • 버스형 • 망형 • 네트워크 토폴로지 • 회선 교환 • 패킷 교환

POINT 01 네트워크(Network)

01 네트워크 개요

– 네트워크는 송신자의 메시지를 수신자에게 전달하는 과정으로 한 지점에서 원하는 다른 지점까지 의미 있는 정보를 보다 정확하고 빠르게 상대방이 이해할 수 있도록 전송하는 것을 의미한다.

– 메시지를 전송하거나 메시지를 받을 수 있는 것을 의미하며 사용자들이 스마트 폰(Smart Phone)이나 데스크톱 컴퓨터(Desktop Computer) 등을 사용하여 인터넷을 사용할 수 있는 것은 네트워크라는 것이 있어서 가능한 것이다.

– 네트워크는 유선의 케이블을 컴퓨터에 연결해서 사용할 수도 있고 케이블을 사용하지 않고 무선으로도 사용할 수 있다. 즉, 연결 형태에 따라서 유선 네트워크와 무선 네트워크로 분류할 수 있다.

02 거리 기반 네트워크의 종류

– 네트워크를 분류할 때 신호(Signal)가 전송되는 거리에 따라서 네트워크를 분류하는데 IEEE 802 위원회라는 표준화 기관에서 약 3m~5m 거리까지 전송할 수 있는 네트워크를 PAN(Personal Area Network)이라고 정의했고 약 50m 정도 전송할 수 있는 네트워크를 LAN(Local Area Network)으로 분류했다.

– IEEE 802 위원회는 WLAN 이외에 WWAN, WMAN, WLAN, WPAN과 같은 통신 표준을 정의하였고, 이는 모두 어디까지 통신이 되는지에 따라 정의된 거리 기반 통신 기술이다.

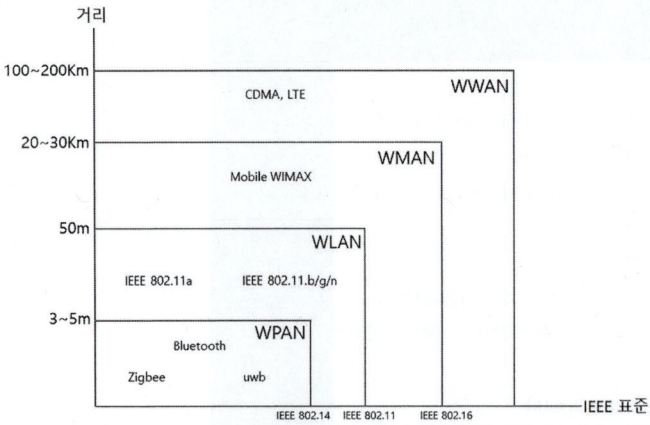

▲ IEEE 802 표준

– 20Km~30Km 정도로 신호가 전달되면 MAN(Metropolitan Area Network)이라고 분류했고 서울과 부산 정도의 거리로 전달되는 네트워크는 WAN(Wide Area Network)로 정의했다.

● 거리에 따른 네트워크 유형

구분	개념	설명
PAN (Personal Area Network)	약 5m 이내의 인접지역 간의 통신 방법	– 초 인접지역 간의 통신 방법으로 거리가 짧은 특성을 가짐 – 짧은 거리로 인하여 보통은 유선보다는 무선의 WPAN이 많이 활용됨
LAN (Local Area Network)	근거리 영역의 네트워크로서 동일한 지역(공장, 사무실 등) 내의 고속의 전용회선을 연결하여 구성하는 통신망	– 단일 기관 소유의 네트워크로 50m 범위 이내 한정된 지역 – Client/Server와 peer-to-peer 모델 – WAN보다 빠른 통신 속도
WAN (Wide Area Network)	광대역 네트워크망으로 서로 관련이 있는 LAN 사이를 연결하는 상호 연결망	– LAN에 비해 선로 에러율이 높고, 전송 지연이 큼 – WAN의 설계 시 전송 효율과 특성 고려 – 두 목적지 간을 최단 경로로 연결시켜주는 라우팅 알고리즘이 중요 – 제한된 트래픽 조건 하에서 흐름 제어와 과도한 지연을 제거
MAN (Metropolitan Area Network)	LAN과 WAN의 중간 형태의 네트워크로 데이터, 음성, 영상 등을 지원하기 위해 개발	– 전송 매체 : 동축 케이블, 광케이블 – DQDB(Distributed Queue Dual Bus)

03 데이터 전송(Data Transfer) 방식

무전기를 생각해 보자. 무전기는 송신자와 수신자가 음성을 전송한다. 하지만 무전기는 한 사람이 말을 하고 있는 도중에 수신자는 말을 할 수가 없다. 이렇게 동시에 데이터를 주고받을 수 없는 전송 방식을 반이중(Half Duplex) 방식이라고 한다. 또한 송신자는 보내기만 하고 받을 수 없는 데이터 전송 방식을 단방향(Simplex)이라고 한다.

데이터 전송 방식은 단방향, 반이중, 전이중으로 분류된다.

(1) 단방향 통신(Simplex)

데이터를 전송만 할 수 있고 받을 수는 없다.

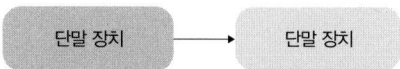

(2) 반이중 통신(Half Duplex)

데이터를 송신하고 수신할 수는 있지만, 동시에 할 수는 없다.

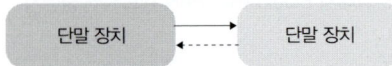

(3) 전이중 통신(Full Duplex)

전이중 방식의 가장 대표적인 예가 바로 전화기이다. 전화기는 동시에 데이터를 주고받을 수 있다. 이런 방식을 전이중 통신(Full Duplex)라고 하며 동시에 데이터를 송신 및 수신할 수 있는 통신 방식이다.

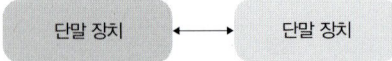

POINT 02 **네트워크 토폴로지(Network Topology)**

01 네트워크 토폴로지(통신망의 구조)

- 컴퓨터 네트워크의 요소들(링크, 노드 등)을 물리적으로 연결해 놓은 것, 또는 그 연결 방식이다.
- 정보 통신망의 구성이라는 것은 데이터 통신을 위해서 각각의 정보 단말 장치(컴퓨터)를 어떤 형태로 연결할 것인가에 대한 것이다.

02 계층형(Tree) 토폴로지

트리 구조 형태로 정보 통신망을 구성하는 것으로 정보 단말 장치를 추가하기 용이한 구성이다.

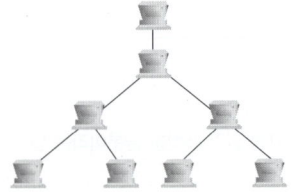

▲ 계층형

(1) 장점

- 네트워크 관리가 쉽고 확장이 편리하다.
- 네트워크의 신뢰도가 높다.

(2) 단점

- 특정 노드에 트래픽이 집중화되면 네트워크 속도가 떨어진다.
- 병목 현상이 발생할 수가 있다.

03 버스형(Bus) 토폴로지

중앙의 통신 회선 하나에 여러 개의 정보 단말 장치가 연결된 구조로 근거리 통신망(LAN: Local Area Network)에서 사용하는 통신망 구성 방식이며, 버스의 끝에 터미네이터(Terminator)를 달아서 신호의 반사를 방지한다.

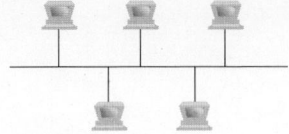

▲ 버스형

(1) 장점

– 설치비용이 적고 신뢰성이 우수하다.

– 구조가 간단하다.

– 버스에 노드 추가가 쉽다.

(2) 단점

– 전송되는 데이터가 많으면 네트워크 병목 현상이 발생한다.

– 장애 발생 시에 전체 네트워크에 영향을 받는다.

04 성형(Star) 토폴로지

중앙에 있는 정보 단말 장치에 모두 연결된 구조로 항상 중앙의 정보 단말 장치를 통해서만 연결이 가능한 구조이다. 성형은 중앙의 정보 단말 장치에 에러가 발생하면 모든 통신이 불가능한 구조이다.

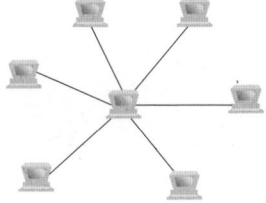

▲ 성형

(1) 장점

– 고속의 네트워크에 적합하다.

– 노드 추가가 쉽고 에러 탐지가 용이하다.

– 노드에 장애가 발생해도 네트워크는 사용이 가능하다.

(2) 단점

– 중앙 노드에 장애가 발생하면 전체 네트워크를 사용할 수 없다.

– 설치 비용이 고가이고 노드가 증가하면 네트워크 복잡도가 올라간다.

05 링형(Ring) 토폴로지

인접해 있는 정보 단말 장치가 연결된 구조이다. 링형은 토큰링(Token Ring)에서 사용한다.

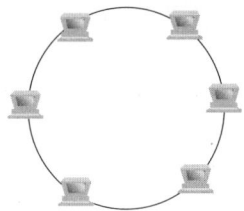

▲ 링형

(1) 장점

- 노드의 수가 증가 되어도 데이터 손실이 없다.

- 충돌이 발생하지 않는다.

- 경제적인 네트워크 구성이 가능하다.

(2) 단점

- 네트워크 구성의 변경이 어렵다.

- 회선에 장애 발생 시 전체 네트워크를 사용할 수 없다.

06 망형(Mesh) 토폴로지

모든 정보 단말 장치가 통신회선을 통해서 연결된 구조로 한쪽 통신회선에 에러가 발생해도 통신을 수행할 수 있는 구조이다. 망형은 국방 네트워크처럼 한 네트워크에 장애가 발생해도 네트워크를 계속 사용할 수 있는 안전한 네트워크에서 사용되지만 구축 시에 비용이 많이 발생하는 문제가 있다.

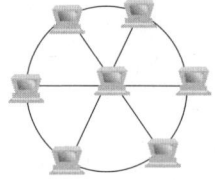

▲ 망형

(1) 장점

- 완벽하게 이중화가 되어 있으므로 장애 발생 시에 다른 경로를 통해서 네트워크를 사용할 수 있다.
- 많은 양의 데이터를 송수신할 수 있다.

(2) 단점

- 네트워크 구축 비용이 고가이다.
- 운영 비용이 고가이다.

01 회선 교환(Circuit Switching)

(1) 회선 교환의 개념

정보통신망의 분류는 전화기와 인터넷을 생각하면 분명히 이해할 수 있다. 전화기는 전화번호를 전화기에 입력하면 신호가 간다. 신호는 전화를 받는 사람이 전화를 받을 때까지 계속 울리고 만약 누군가와 통화 중이면 통화 중을 알려 주며, 전화를 받으면 그때부터는 통화가 이루어지고 안정적으로 통화를 할 수 있다. 즉, 전화기는 발신자와 수신자 간에 회선을 독점하는 것으로 수신자가 전화를 받으면 그때부터 둘 사이의 독점적인 통화가 안정적으로 이루어진다. 이러한 통신 방식을 회선 교환이라고 한다.

기적의 TIP

QoS(Quality of Service)

QoS란, 네트워크 품질을 평가하는 지표를 의미하며 QoS가 가장 우수한 네트워크가 바로 회선 교환이다. 회선 교환은 한 번 연결이 이루어지면 안정적으로 통신을 할 수가 있다. 하지만 연결이 이루어진다는 것은 선로를 독점해서 사용한다는 의미라서 자원을 많이 사용하고 다중 통신이 어려운 문제점이 있다.

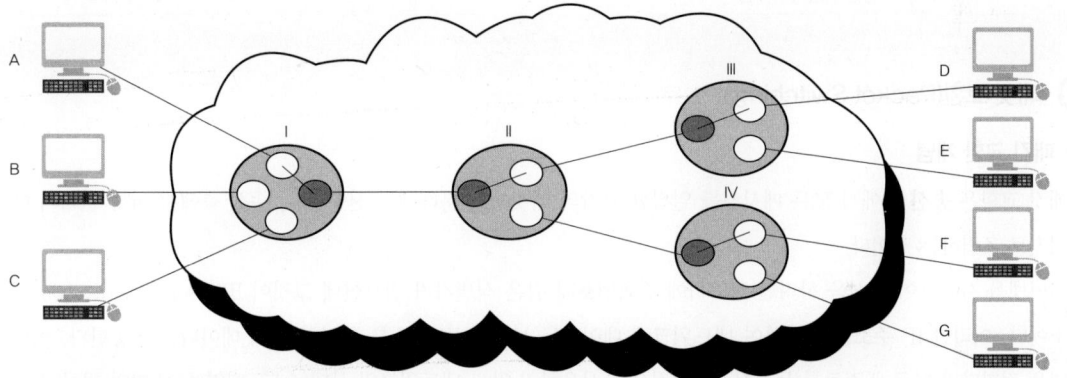

▲ 회선 교환망(Circuit Switching Network)

– 회선 교환은 포인트 투 포인트(Point to Point) 방식으로 연결(Connection)을 확립하고 안정적으로 통신할 수 있는 방법이다. 위의 도표에 A 컴퓨터와 D 컴퓨터가 통신을 하는 데 물리적 선로를 독점해서 사용하는 것이다.

(2) 회선 교환의 특징

– 교환기를 통해 통신 회선을 설정하여 직접 데이터를 교환하는 방식이다.

– 직접 교환 방식으로 음성 전화 시스템에 활용된다.

– 송신자의 메시지는 같은 경로로 전송된다.

– 실시간으로 처리할 수 있고 안정적인 통신이 가능하다.

– 포인트 투 포인트(Point to Point) 방식으로 사용된다.

대역폭(Bandwidth)
- 데이터 통신에서 최고 주파수와 최저 주파수의 차이를 말한다.
- 주파수의 상한과 하한의 차이로 헤르츠(Hz)라 표현한다.
- 대역폭이 크면 클수록 많은 데이터를 전송할 수 있다.

(3) 회선 교환의 장점과 단점

구분	설명
장점	− 대용량의 데이터를 고속으로 전송할 때 좋음 − 고정적인 대역폭(Bandwidth)을 사용 − 접속에는 긴 시간이 소요되나 접속 이후에는 접속이 항상 유지되어 전송 지연이 없으며, 데이터 전송률이 일정함 − 아날로그나 디지털 데이터로 직접 전달 − 연속적인 전송에 적합
단점	− 회선 이용률 측면에서 비효율적임 − 연결된 두 장치는 반드시 같은 전송률과 같은 기종 사이에 송수신이 요구됨(다양한 속도를 지닌 개체 간 통신 제약) − 속도나 코드의 변환이 불가능(교환망 내에서의 에러 제어 기능 어려움) − 실시간 전송보다 에러 없는 데이터 전송이 요구되는 구조에서는 부적합 − 통신 비용이 고가임

02 패킷 교환(Packet Switching)

(1) 패킷 교환 개념

− 패킷 교환은 송신 측에서 모든 메시지를 일정한 크기의 패킷으로 분해해서 전송하고, 수신 측에서 이를 원래의 메시지로 조립하는 것이다.

− 인터넷을 사용하여 통신을 하려면 전화기에 전화번호와 같은 식별자가 필요한데 그것이 IP(Internet Protocol) 주소이다. 이러한 IP 주소를 할당하여 네트워크에 데이터를 보내면 IP 주소를 확인한 후에 데이터를 전송한다. 인터넷은 전화망과 다르게 경로를 독점적·고정적으로 사용하지 않고 네트워크의 상태(속도, 대역폭)에 따라 다른 경로로 발송하게 된다. 이것은 마치 내비게이션과 같은 것으로 즉, 교통량의 정보를 확인하고 최적의 경로를 선택하는 방식으로 데이터를 보내는 것이 인터넷이다. 이처럼 인터넷은 전송하고자 하는 데이터에 IP 주소를 붙이는데 이렇게 IP 주소가 붙은 패킷을 데이터그램(Datagram)이라고 한다.

패킷(Packet)
- 네트워크를 사용해서 전송하기 위해서 일정한 단위로 나눈 데이터 전송 단위이다.
- 데이터 송신자와 수신자가 하나의 단위로 처리하는 데이터 처리 단위이다.

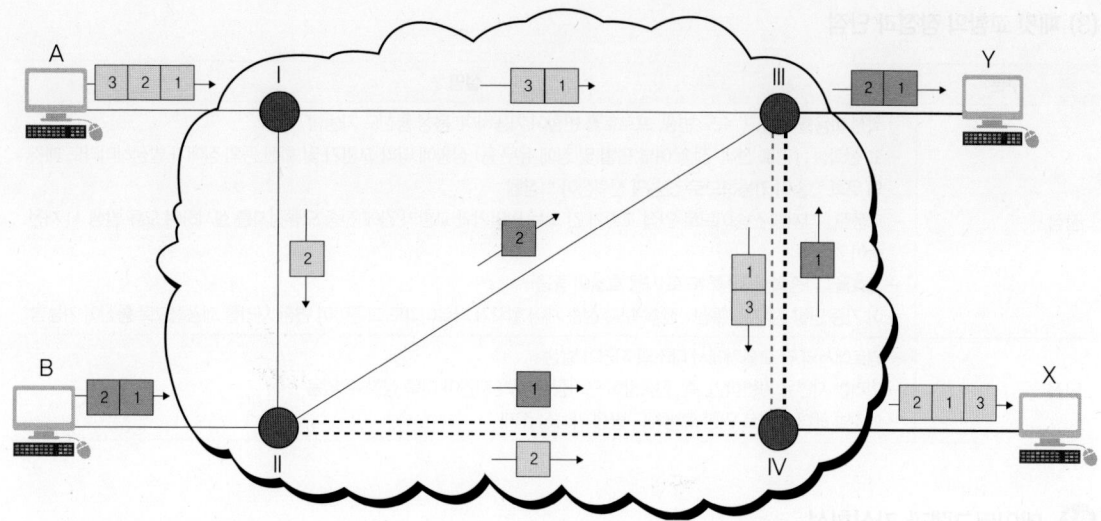

▲ 인터넷(데이터그램 네트워크)

- 위의 도표처럼 A 컴퓨터의 데이터를 최적의 경로로 전송하기 위해서는 경로를 결정하는 장비가 필요한데 그것이
  바로 라우터(Router)이다.
- 패킷 교환망(Packet Switching Network)은 송신자가 전송할 데이터를 일정한 크기의 패킷(Packet)이라는 길이로
  분류하여 데이터를 전송하면, 수신 측은 전송된 패킷을 다시 조립하여 원래의 메시지를 만든다.
- 패킷 교환은 전송할 패킷에 대해서 우선순위가 같은 것을 표시해서 중요한 패킷을 식별할 수도 있게 한다. 패킷 교
  환 네트워크는 공중 교환 데이터망(Public Switched Data Network)에서 사용된다.

(2) 패킷 교환의 특징

패킷 교환 네트워크	설명
다중화	패킷을 여러 경로로 공유
채널	가상 회선 혹은 데이터그램 교환 채널을 사용
경로 선택	패킷마다 최적의 경로를 설정
순서 제어	패킷마다 최적의 경로로 보내지기 때문에 도착 순서가 다를 수 있음. 즉, 패킷의 순서를 통제함
트래픽 제어	전송 속도 및 흐름을 제어
에러 제어	에러를 탐지하고 재전송함

(3) 패킷 교환의 장점과 단점

구분	설명
장점	– 회선 이용률이 높고, 속도 변환, 프로토콜 변환이 가능하며, 음성 통신도 가능함 – 고 신뢰성 : (경로 선택, 전송 여부 판별 및 장애 유무 등) 상황에 따라 교환기 및 회선 등의 장애가 발생하더라도 패킷의 우회 전송이 가능하므로 전송의 신뢰성이 보장됨 – 고품질 : 디지털 전송이므로 인접 교환기 간 또는 단말기와 교환기 간에 전송 오류검사를 실시하여 오류 발생 시 재전송이 가능함 – 고효율 : 다중화를 사용하므로 사용 효율이 좋음 – 이 기종 단말 장치 간 통신 : 전송 속도, 전송 제어 절차가 다르더라도 교환망이 변환 처리를 제공하므로 통신이 가능함
단점	– 경로에서의 각 교환기에서 다소의 지연이 발생 – 이러한 지연은 가변적임. 즉, 전송량이 증가함에 따라 지연이 더욱 심할 수 있음 – 패킷별 헤더 추가로 인한 오버헤드 발생 가능성 존재

03 데이터그램과 가상회선

(1) 데이터그램과 가상회선 동작 원리

데이터그램(Datagram) 네트워크는 패킷 교환 방식으로 동작하면서 IP 주소를 사용하는 인터넷을 의미한다. 가상회선은 앞에서 설명한 회선 교환 방식과 데이터그램 방식의 장점을 결합한 통신 기술로 가상회선은 처음 패킷으로 최적의 경로를 고정하고 경로가 고정되면 그 다음은 패킷으로 나누어 고속으로 전송하는 기술이다. 가상회선은 데이터그램보다 빠르고 안정적으로 통신할 수 있지만, 데이터그램 네트워크처럼 많은 사용자가 동시에 사용하기는 한계가 존재한다. 이러한 가상회선 방식의 대표적인 통신 기술이 ATM이 있다. ATM은 학교 내에서 고속의 네트워크를 서비스하기 위해서 사용된다. 즉, 특정 영역에서 사용하며 대중적으로 사용하는 데이터그램 네트워크(인터넷)보다는 공유(Share)에 한계가 있다.

(2) 가상회선과 데이터그램 차이점

구분	설명
가상회선 (Virtual Circuit)	– 패킷을 전송하기 전에 논리적인 연결을 먼저 수행함(제어패킷에 의한 연결형 서비스를 제공) – 송신자는 호출을 하고 호출 수신 패킷을 주고받아서 연결하는 방식 – 회선 교환처럼 사용하지만 교환기에 패킷이 일시적으로 저장하여 일정한 전송률 보장은 못 함 – 비교적 긴 메시지의 전송 시 더 효과적 – 이미 확립된 접속을 끝내기 위해서 Clear Request 패킷을 이용
데이터그램 (Datagram)	– 각 전송패킷을 미리 정해진 경로 없이 독립적으로 처리하여 교환하는 방식 – 같은 목적지의 패킷도 같은 경로를 거치지 않고, 서로 다른 경로를 통해서 목적지에 도달하며 호 설정 단계의 회피가 가능함 – 망의 한 부분이 혼잡할 때 전송 패킷에 다른 경로를 배정 가능. 융통성 있는 경로를 설정함 – 특정 교환기의 고장 시 모든 패킷을 잃어버리는 가상회선 방식과는 달리, 그 경로를 피해서 전송할 수 있으므로 더욱 신뢰할 수 있음 – 짧은 메시지의 패킷들을 전송할 때 효과적/재정렬 기능 필요함

> **기적의 TIP**
>
> **간단하게 기억하기!**
> 회선 교환은 전화기, 패킷 교환 및 데이터그램 네트워크는 인터넷으로 간단하게 기억하면 좀 더 쉽게 문제를 풀 수가 있다.

04 메시지 교환(Message Switching)

(1) 메시지 교환 개념

– 메시지 교환망(Message Switching Network)은 송신된 메시지를 중앙에서 축적하여 처리하는 방법으로 흔히 축적 교환 방식이라고 한다.

– 메시지를 메모리에 저장하고 여러 수신자에게 데이터를 전송할 수 있다.

– 전자우편에서 사용된다.

🚩 기적의 TIP

축적 교환 방식

메시지 교환 방식은 축적 교환으로 동작한다. 축적 교환이라는 것은 송신자가 메시지를 전송하면 전송한 메시지를 일정한 단위로 나누어서 버퍼(Buffer)라는 것에 저장한 후에 저장이 완료되면 다시 그것을 읽어 들여서 전송 경로를 결정하는 전송을 의미한다. 우리가 사용하는 인터넷도 축적 교환 방식으로 메시지를 전송한다.

(2) 메시지 교환 방식

– 메시지를 공유하여 데이터를 보낼 수 있다.

– 메시지 별로 우선순위를 부여한다.

– 에러 제어를 제공한다.

– 응답 속도가 느리다.

– 대화형 시스템으로 사용하기 어렵다.

🚩 기적의 TIP

네트워크 속도 측정(Speed Test)

• 집에서 사용하는 네트워크의 속도를 측정해 보자. www.boangisa.com 사이트까지의 속도를 측정한다.

• 프로그램 다운로드 :

http://software.naver.com/software/summary.nhn?softwareId=MFS_114708#

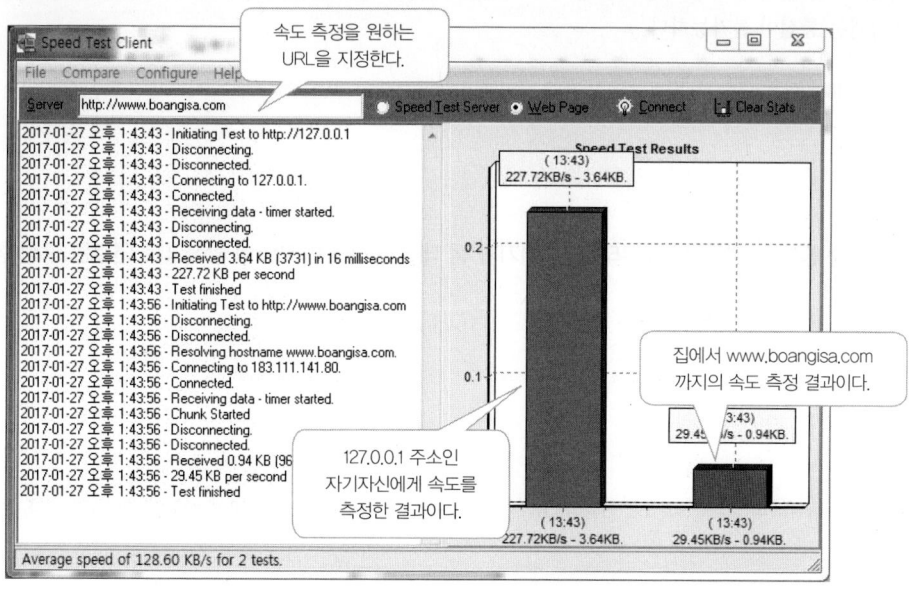

＊ 네트워크관리사 1급, 2급에서 출제된 기출문제입니다.

2017년 2월

01 패킷 교환망과 메시지 교환망의 가장 큰 차이점은?

① 블로킹(Blocking) 현상의 존재 유무

② 데이터 전송 메시지 단위

③ 목적지에 도착하는 메시지의 순서

④ 송신 터미널과 수신 터미널 간의 호환성

> 패킷 교환과 메시지 교환의 차이점은 전송되는 데이터의 크기이다.

2022년 11월, 2017년 4월

02 네트워크 구성(Topology)에서 성형(Star)에 관한 설명으로 옳지 <u>않은</u> 것은?

① Point to Point 방식으로 회선을 연결한다.

② 단말 장치의 추가와 제거가 쉽다.

③ 하나의 단말 장치가 고장 나면 전체 통신망에 영향을 줄 수 있다.

④ 각 단말 장치는 중앙 컴퓨터를 통해서 데이터를 교환한다.

> 하나의 단말 장치는 전체 통신망에 영향을 주지 않지만 중앙 컴퓨터에 장애가 발생하면 전체 네트워크를 사용할 수 없다.

2020년 2월, 2017년 7월

03 패킷 교환의 특징에 대한 설명 중 옳지 <u>않은</u> 것은?

① 패킷과 함께 오류제어를 함으로써 고품질/고신뢰성 통신이 가능하다.

② 패킷을 전송 시에만 전송로를 사용하므로 설비 이용 효율이 높다.

③ 패킷 교환의 방식으로는 연결형인 가상회선 방식과 비연결형인 데이터그램(Datagram) 두 가지가 있다.

④ 복수의 상대방과는 통신이 불가능하다.

> 송신 측에서 모든 메시지를 일정한 크기의 패킷으로 분해/전송하고, 수신 측에서 이를 원래의 메시지로 조립한다. 패킷 교환은 복수의 상대방과 통신할 수 있다.

2021년 5월, 2018년 7월

04 LAN의 구성 형태 중 중앙의 제어점으로부터 모든 기기가 점 대 점(Point to Point) 방식으로 연결된 구성 형태는?

① 링형 구성

② 스타형 구성

③ 버스형 구성

④ 트리형 구성

> 성형(스타형) 토폴로지는 중앙의 마스터 노드에 모든 단말이 연결된 구조로 모든 단말은 중앙의 마스터를 통해서 통신이 이루어진다.

05 데이터 전송 방식에 대한 설명으로 올바른 것은?

① 반이중(Half Duplex) 방식 : 데이터는 수신 측 또는 송신 측 한쪽 방향으로만 전송될 수 있고, 전송 방향을 바꿀 수가 없다.

② 전이중(Full Duplex) 방식 : 데이터가 수신 측, 송신 측 양쪽 방향으로 동시에 전송될 수 있다.

③ 단방향(Simplex) 방식 : 데이터가 수신 측, 송신 측 양쪽 방향으로 전송될 수 있지만, 동시에 전송할 수는 없다.

④ 주파수 분할 이중(Frequency Division Duplex) 방식 : 동일한 주파수 대역에서 시간적으로 상향, 하향을 교대로 배정하는 전송 방식이다.

데이터 전송 방식 중 전이중 방식만 동시에 수신 측, 송신 측 양방향 전송이 가능하다.

06 Bus 토폴로지(Topology)에 대한 설명으로 올바른 것은?

① 스타 토폴로지보다 네트워크를 구축하는 데 더 많은 케이블이 필요하기 때문에, 배선에 더 많은 비용이 소요된다.

② 각 스테이션이 중앙 스위치에 연결된다.

③ 터미네이터(Terminator)가 시그널의 반사를 방지하기 위하여 사용된다.

④ 토큰이라는 비트의 패턴이 원형을 이루며 한 컴퓨터에서 다른 컴퓨터로 순차적으로 전달된다.

버스형은 LAN에서 사용하는 네트워크 토폴로지로 버스의 끝에 터미네이터를 달아서 신호의 반사를 방지한다.

07 패킷 교환망의 특징으로 옳지 않은 것은?

① 연결 설정에 따라 가상회선과 데이터그램으로 분류된다.

② 메시지를 보다 짧은 길이의 패킷으로 나누어 전송한다.

③ 망에 유입되는 데이터의 양이 많아질수록 전송 속도가 빠르다.

④ 블록킹 현상이 없다.

망에 유입되는 데이터의 양이 많아질수록 트래픽이 증가하여 전송 속도가 느려진다.

근거리 통신 기술

빈출 태그 CSMA/CD • IEEE 802 • 기가비트 이더넷 • 토큰패싱

POINT 01 근거리 통신(LAN : Local Area Network)

01 근거리 통신 개요

(1) 근거리 통신 개념

동일 건물이나 공장, 학교 구내 등 제한된 일정 지역 내에 분산 설치된 각종 정보기기들 사이에서 통신을 수행하기 위해 구성된 최적화되고 신뢰성 있는 고속의 통신 채널을 제공하는 것이 근거리 통신망이다. 근거리 통신망은 일반적으로 전송 거리가 약 50m 정도의 거리이다.

(2) 근거리 통신(LAN)의 특징

– 건물 내에서 데이터 통신을 위해 사용되고 공유 파일 서버, 프린터 공유 등을 위해서 사용된다.

– 이 기종 통신과 연결되어 데이터를 송수신할 수 있다.

– 10Mbps에서 100Mbps의 속도로 데이터를 전송한다.

– 멀티미디어 데이터를 전송할 수 있다.

🏁 **기적**의 TIP

채널(Channel)

채널은 데이터 통신을 위해서 통신 매체에서 제공하는 통로로 채널을 점유하여 통신이 이루어진다. 채널의 가장 쉬운 예는 TV 채널의 11번, 9번, 7번이 있다. TV를 볼 때도 채널을 점유해서 청취하게 되는 것이다.

● LAN(Local Area Network)의 주요 내용

목적	설명
자원 공유	– 원격지의 자원을 공유 – 복수의 사용자에게 독점적 사용권을 부여함 – 사용자는 불편 없이 모든 자원을 효율적으로 사용
분산 처리	– 독립된 각 장비에서 계산과 작업을 처리 – 전체 시스템의 능력은 연결된 모든 컴퓨터의 능력에 따라 결정
분산 제어	– 분산된 지역의 독립적인 장치 간의 통신을 통하여 프로세스를 제어 – 높은 데이터 전송 속도, 신뢰도 유지
정보 교환	– Video 및 Voice 신호 전달 – Text 데이터 전달

(3) 근거리 통신의 장점과 단점

1) 근거리 통신(LAN)의 장점

– 전송되는 패킷 손실 및 지연이 적다.

– 사용자 간에 쉽고 빠르게 자료(문서, 동영상 등)를 공유할 수 있다.

– 신뢰성이 높고 구축 비용이 적다.

– 오류 발생률이 낮다.

2) 근거리 통신(LAN)의 단점

– 전송 거리가 짧아서 거리에 제약이 있다.

– UTP 및 광케이블로 구축되지만, 네트워크에 노드가 많아지면 충돌이 발생하여 성능이 떨어진다.

02 근거리 통신에서 자원 공유

(1) 자원 공유 방법

근거리 통신에서 파일 공유 및 프린터 공유를 어떻게 하는지 알아보자. 공유를 원하는 폴더에서 마우스 오른쪽 버튼을 누르고 [속성]을 선택한다. [속성] 창이 나오면 [공유] 탭에서 [고급 공유] 버튼을 클릭한다.

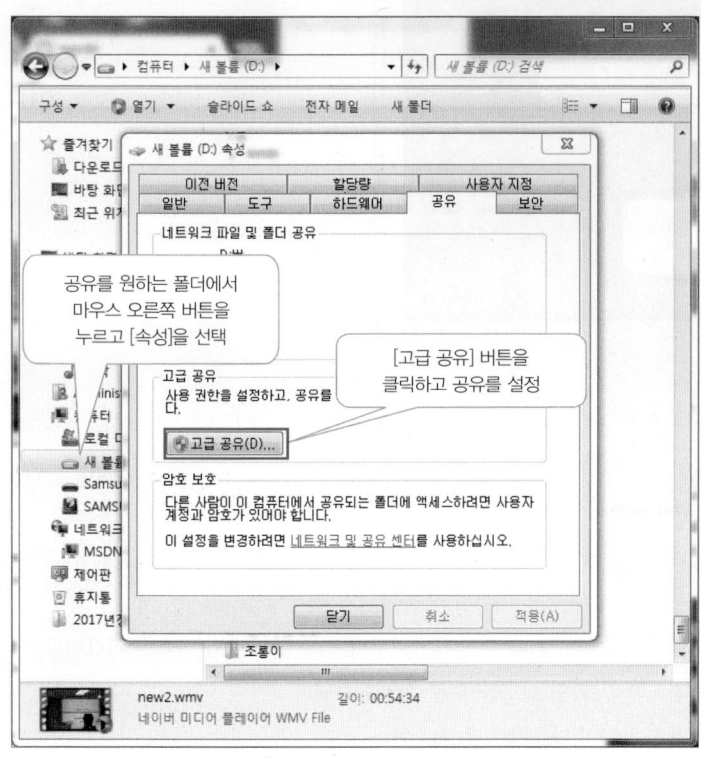

▲ 근거리 통신에서 폴더 공유하기

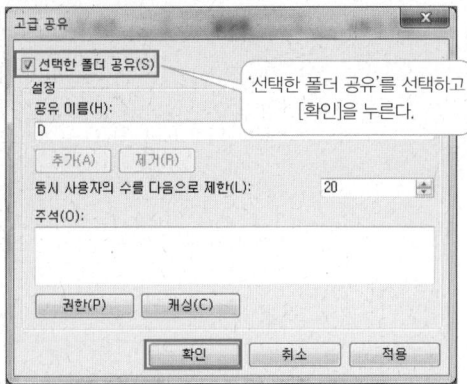

▲ 폴더 공유를 선택

(2) 자원 공유 검색

공유를 완료하고 근거리 네트워크에서 정상적으로 공유되었는지 확인하기 위해서 윈도우의 net share 명령을 사용할 수 있다.

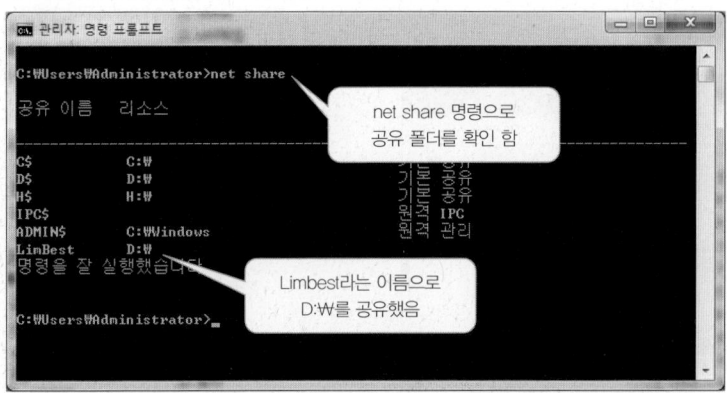

▲ 공유 폴더 확인하기

03 근거리 통신 프로토콜

(1) ALOHA(Additive Links Online Hawaii Area)

– ALOHA(Additive Links Online Hawaii Area)는 중앙국에 의한 제어 없이 무작위로 공통 전송 채널에 접속하는 경쟁 방식의 다원 접속 프로토콜이다.

– 송신 측 : 전송할 패킷이 있으면 언제든지 패킷을 송신한 뒤에 수신 측으로부터 오는 확인 응답 신호를 기다린다.

– 수신 측 : 패킷이 수신되면 패킷의 오류를 검사한 후 확인 신호를 송신 측으로 보낸다.

– 송신 측에서는 수신 측으로부터 확인 신호가 도착하면 다음 패킷을 전송한다.

– 패킷을 발송한 후 일정한 시간 내에 확인 신호가 들어오지 않으면 패킷이 손실된 것으로 인정하고 일정 시간 대기 후 재전송을 시도한다.

(2) Slotted ALOHA

– Slotted ALOHA는 중앙 제어국에서 보내 준 클럭 신호를 이용하여 모든 국들을 동기화시켜 패킷을 전송한다.

– Slotted ALOHA는 패킷 충돌 확률을 감소시키고 성능을 개선했다.

– ALOHA보다 전송 처리율이 2배이다.

– 주로 무선 LAN에서 사용한다.

(3) CSMA/CD

CSMA/CD 및 CSMA/CA는 Slotted ALOHA의 방식이 발전된 형태로 전송을 바라는 스테이션이 전송 매체를 살펴서 다른 전송이 있는지를 조사하고, 상대 스테이션의 전송이 끝날 때까지 전송을 하지 않는다.

1) CSMA/CD(CSMA with Collision Detection) LAN

CSMA를 발전시킨 것으로 CSMA 방식에 충돌 감지를 빨리하고 충돌이 발생하면 즉시 검출하여 데이터 프레임의 송신을 중단하고 대기한 다음, 회선이 사용 중이 아닐 때 프레임을 재전송하는 방식이다.

2) CSMA/CD 동작 방식 : 충돌이 없는 경우

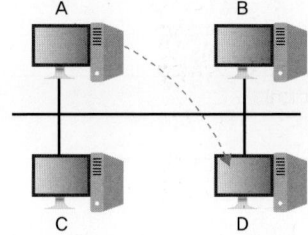 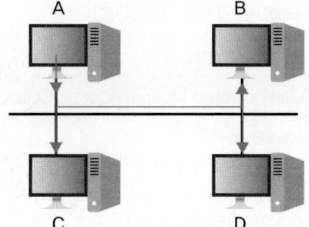 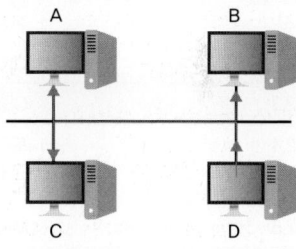

1. 전송을 원하는 호스트는 네트워크에 캐리어를 감지해 전송이 가능한지 검사한다.
   ⓔ 호스트 A는 호스트 D로 데이터 프레임을 전송

1. 호스트는 전송이 가능할 경우 전송을 시작한다.
2. 호스트 A에서 발생한 프레임은 공유 매체를 통하여 호스트 B, C, D로 Broadcast 된다.
3. 호스트 B, C는 목적지 IP 주소가 자기가 아니라는 걸 알면 바로 프레임을 폐기한다.

1. 호스트 D는 목적지가 자기라는 걸 알고 호스트 A에게 Unicast로 응답한다.
2. 하지만 Shared Device Hub 네트워크에서는 유니캐스트와 브로드캐스트의 차이가 없다.

3) CSMA/CD 동작 방식 : 충돌이 발생하는 경우

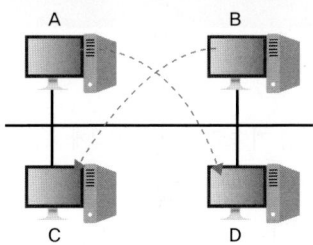

Collision
발생

Jam
Signal
전송

1. 전송을 원하는 호스트는 네트워크에 캐리어를 감지해 전송이 가능한지 검사한다.
   ⓔ 호스트 A는 호스트 D로 데이터 프레임을 전송하고 호스트 B는 호스트 C로 데이터 프레임을 전송

1. 호스트 A에서 발생한 프레임과 호스트 B에서 발생한 프레임은 공유 매체에서 Collision을 발생시킨다.

1. Collision이 발생되면 Jam Signal을 모든 호스트로 전송하여 Collision 발생에 대해서 알린다.
2. Jam Signal을 받은 호스트들은 일정한 시간 후에 다시 전송을 시작한다. 최대 15번까지 재전송한다.

04 IEEE 802 위원회의 LAN 표준안

IEEE 802 위원회는 LAN 관련 표준화를 수행하는 표준화 기관이다. 가장 대표적인 예가 무선 LAN 관련 표준인데, 무선 LAN은 모두 802.11로 시작한다. 그 이유는 IEEE 802 위원회가 무선 LAN을 위해서는 약 50m 전송 거리, 11Mbps 전송 속도 등을 요구사항으로 정의했기 때문이다. 이 조건을 만족하는 무선 LAN 표준들로는 IEEE 802.11b, IEEE 802.11a, IEEE 802.11g 등이 있으며 IEEE 802.11 요구사항은 좀 더 발전되어서 54Mbps, 100Mbps 등으로 변경되고 있다.

기적의 TIP

IEEE
1963년 설립된 미국전기전자기술자협회로 전기학회 및 무선학회가 합병된 학회이다. LAN(Local Area Network) 표준을 정의하고 있다.

◯ IEEE 802 위원회 LAN 표준

표준	설명
802.1	상위 계층 인터페이스와 MAC BRIDGE
802.2	LLC(Logical Link Control)
802.3	CSMA/CD(Carrier Sense Multiple Access/Collision Detection)
802.4	토큰버스(Token Bus)
802.5	토큰링(Token Ring)
802.6	MAN(Metropolitan Area Network)
802.7	광대역(Broadband) LAN
802.8	광섬유(Fiber Optic) LAN
802.9	종합데이터 & 음성 네트워크
802.10	보안(Security)
802.11	무선 네트워크(Wireless Network)

POINT 02 · 이더넷(Ethernet)

01 이더넷 개요

- 이더넷은 LAN(Local Area Network)를 위해 개발된 근거리 유선 네트워크 통신망 기술로 IEEE 802.3에 표준으로 정의되어 있다.
- 일반적으로 동축 케이블 또는 비차폐 연선을 사용하고 버스 형식으로 망을 구성한다.
- 가장 보편적인 시스템으로 10BASE-T, 100BASE-T 등이 있다.

기적의 TIP

IEEE 802.3 표준
CSMA/CD 방식으로 액세스(Access) 하는 방법 및 물리 계층의 사용을 정의한 이더넷(Ethernet) 국제표준 규격이다.

02 이더넷 장점과 단점

(1) 이더넷의 장점

– 적은 용량의 데이터를 전송할 경우 성능이 우수하다.

– 설치 비용이 저렴하고 관리가 쉽다.

– 네트워크 구조가 간단하다.

(2) 이더넷의 단점

– 네트워크 사용 시에 신호 때문에 충돌이 발생한다.

– 충돌이 발생하면 네트워크에서 지연이 발생한다.

– 시스템의 부하가 증가하면 충돌도 계속적으로 증가한다.

03 이더넷 표준

표준	설명
10Base–5	– 동축 케이블로 500m의 길이를 가짐 – Thick 케이블이라고도 부르며, 2.5m 간격으로 트랜시버를 연결하여 사용
10Base–2	Thin 케이블이라고도 부르며 200m의 길이를 가짐
10Base–T	– UTP 케이블을 이용하는 것으로 현재 가장 많이 사용됨 – 100m의 길이를 가진다.

04 UTP 케이블(Cable)

UTP 케이블은 5개의 카테고리로 분류되며 유선 LAN을 연결한다.

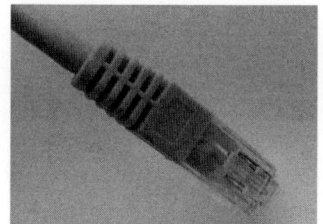

▲ UTP 케이블

○ UTP 케이블 카테고리(Category)

카테고리(Category)	설명
Category 1	전화 통신에 사용하며 데이터 전송에 적합하지 않음
Category 2	UTP 연결 방식 중 하나로 최대 4Mbps 속도로 데이터 전송
Category 3	10 Base–T 네트워크에 사용, 최대 10Mbps 데이터 전송
Category 4	토큰링 네트워크에서 사용, 최대 16Mbps로 데이터 전송
Category 5	UTP 케이블 연결 방식, 최대 100Mbps로 데이터 전송

05 UTP 케이블의 배열

– UTP 케이블에는 각 케이블의 배열 정보를 의미하는 케이블 타입이 기록되어 있다.

– UTP 케이블은 카테고리 5를 사용하고 4쌍의 꼬임선으로 모두 8가닥으로 이루어진다.

– 케이블 배열에는 순서가 있는데 T568A 타입과 T568B이 있다. 만약 다이렉트 케이블을 연결할 때는 양쪽 모두 같은 타입을 사용하고 다른 타입을 사용할 때는 크로스 케이블로 한쪽은 T568A를 사용하고 다른 한쪽은 T568B를 사용한다.

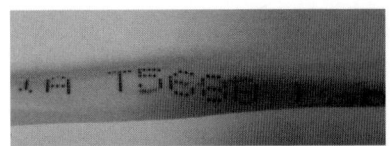

▲ UTP 케이블

○ EIA−568A

핀 번호	케이블 색	신호
1	흰색 + 녹색	Tx+
2	녹색	Tx−
3	흰색 + 주황	Rx+
4	파랑	사용 안 함
5	흰색 + 파랑	사용 안 함
6	주황	Rx−
7	흰색 + 갈색	사용 안 함
8	갈색	사용 안 함

○ EIA−568B

핀 번호	케이블 색	신호
1	흰색 + 주황	Tx+
2	주황	Tx−
3	흰색 + 녹색	Rx+
4	파랑	사용 안 함
5	흰색 + 파랑	사용 안 함
6	녹색	Rx−
7	흰색 + 갈색	사용 안 함
8	갈색	사용 안 함

01 고속 이더넷 개요

- IEEE 802.3에서 제안된 것으로 기존 이더넷에 비해서 전송 속도가 향상되었으며, 100Mbps로 데이터를 전송할 수 있다.
- 100Base-T로 이름으로 정의되었다. 여기서 100은 데이터 전송 속도를 의미한다.
- 100Base-T 옵션은 모두 IEEE 802.3 매체 접근 제어 프로토콜과 프레임 형식을 사용한다. 기존의 10Base-T 이더넷과 프레임과 포맷이 같고, 매체 접근 방식도 CSMA/CD로 동일하며 MAC(Media Access Protocol) 프로토콜 그대로 사용 가능하다.

02 고속 이더넷의 특징

- 성형(Star) 네트워크 토폴로지를 사용한다.
- CSMA/CD 방식을 사용하며 기존 이더넷의 10Mbps보다 10배 향상된 100Mbps의 전송 속도를 갖는다.
- 케이블의 길이는 최대 100m로 제한(FDDI와는 다르게 적은 비용으로 고속의 LAN 환경 구축이 가능)되며 데이터 전송률을 100Mbps이다.
- 고속 이더넷(Fast Ethernet)은 표준 이더넷과의 호환성을 구축하였고 동일한 48비트 주소체계와 동일한 프레임 형식을 유지하며 동일한 최소 프레임 길이 및 최대 프레임 길이를 유지한다.

🏁 기적의 TIP

프레임(Frame)
프레임은 전송하는 단위를 의미하고 동기화 신호, 시작 비트, 하드웨어 주소, 프레임 검사 비트 등을 포함한다.

03 기존 이더넷과 고속 이더넷 차이점

구분	이더넷(Ethernet)	고속 이더넷(Fast Ethernet)
표준	IEEE 802.3	IEEE 802.3
속도	10Mbps	100Mbps
토폴로지	성형과 버스형	성형
MAC 프로토콜	CSMA/CD	CSMA/CD
케이블	UTP, Fiber	STP, UTP, Fiber
전이중 케이블	지원	지원
다른 이름	10Base-T	100Base-T

POINT 04 | 기가비트 이더넷(Gigabit Ethernet)

01 기가비트 이더넷 개요

- 1초에 1 Gbps의 속도로 데이터를 전송할 수 있는 이더넷 표준 기술이다.
- 100Base-X로 정의 되었다.
- 호환성이 좋아서 기존 이더넷과 호환된다.
- 1995년 후반, IEEE802.3 위원회는 이더넷 구성 형태에서 초당 기가비트의 속도로 패킷을 전달하기 위한 방법을 연구하기 위해 고속 연구 그룹을 결성하였다.
- CSMA/CD 프로토콜과 10Mbps와 100Mbps의 기존 이더넷 형태를 유지하며 이더넷과 고속 이더넷의 관리 시스템 이용이 가능하다.

02 기가비트 이더넷의 특징

- 성형(Star) 네트워크 토폴로지를 사용한다.
- MAC 프로토콜로 CSMA/CD 방식을 사용한다.
- 고속 이더넷보다 고가이지만, 10배의 전송 속도를 가진다.
- 케이블의 길이를 줄이고 전송 속도를 향상하였다.

🚩 기적의 TIP

채널 용량 단위

- bps(bit per second) : 초당 전송할 수 있는 비트 수이다.
- Kbps(Kilo bit per second) : 1000비트 단위로 초당 전송할 수 있는 비트 수이다.
- Mbps(Mega bit per second) : 100만 단위로 초당 전송할 수 있는 비트 수이다.
- Gbps(Giga bit per second) : 10억 단위로 초당 전송할 수 있는 비트 수이다.

POINT 05 | 토큰패싱(Token Passing)

01 토큰패싱의 개요

- 토큰이라는 제어 비트를 송신하고 해당 토큰을 확보해서 통신을 하는 방식이다.
- 통신 회선에 대한 제어 신호가 논리적으로 형성된 링에서 각 노드 간을 옮겨가면서 데이터를 전송하는 방식이다.
- 링(Ring) 형태의 네트워크 토폴로지를 사용한다.
- 충돌이 발생하지 않는다.

02 토큰패싱의 특징

- 가변 길이의 데이터 프레임 전송이 가능하다.
- 하드웨어 장비가 복잡하고 평균 대기 시간이 높다.
- 부하가 높을 때에는 안정감이 있고, 접근 시간이 대략적으로 일정한 값을 유지한다.

- 링형 토폴로지 통신망에서 통신 회선에 대한 제어 신호가 각 노드 간을 순차적으로 옮겨 가면서 데이터를 전송하는 방식이다.
- 특정한 비트 패턴으로 구성된 짧은 프레임 형태이다.
- 통신 회선의 길이가 무제한이다.
- 확장성이 어렵다.
- 고속 버스트 전송에 유리하다.

03 토큰패싱의 장점과 단점

구분	설명
장점	- 충돌이 발생하지 않음 - 성능 저하가 적음
단점	- 설치 비용이 고가이고 복잡함 - 노드가 많으면 성능이 떨어짐 - 토큰에 대한 분실이 발생할 수 있음

* 네트워크관리사 1급, 2급에서 출제된 기출문제입니다.

2020년 10월, 2017년 2월

01 IEEE 802.3 표준안을 포함하고 있는 것은?

① Token Bus
② Ethernet
③ FDDI
④ Token Ring

IEEE 802.3은 이더넷(Ethernet) 표준으로 CSMA/CD 방식으로 액세스하는 방법을 정의한 표준이다.

2018년 4월

02 다음 내용이 나타내는 매체 방식은?

- 자신 외의 다른 송신자가 네트워크를 사용하는지를 점검한다.
- 네트워크를 아무도 사용하지 않는다면 바로 패킷을 전송한다.
- 패킷이 충돌하게 되면 노드는 충돌 신호를 전송한 후 설정된 시간만큼 기다린 후 바로 다시 전송한다.

① Token Passing
② Demand Priority
③ CSMA/CA
④ CSMA/CD

CSMA/CD는 유선 LAN에서 충돌 방식으로 전송을 제어한다.

2019년 2월

03 기가비트 이더넷(Gigabit Ethernet)의 특징 중 옳지 <u>않은</u> 것은?

① IEEE 803.3에 표준으로 정의되어 있다.
② 전송 방식으로 기존 이더넷상의 CSMA/CD를 그대로 사용한다.
③ 기존 이더넷상의 전송 속도를 초당 1기가 비트까지 향상시킨 것이다.
④ 기업의 백본(Backbone)망으로도 사용된다.

IEEE 802.3에 표준으로 정의되어 있다.

2019년 10월, 2014년 7월

04 IEEE 802 프로토콜의 연결이 올바른 것은?

① IEEE 802.3 : 토큰 버스
② IEEE 802.4 : 토큰 링
③ IEEE 802.11 : 무선 LAN
④ IEEE 802.5 : CSMA/CD

무선 LAN 표준은 IEEE 802.11이고 IEEE 802.11a, IEEE 802.11b, IEEE 802.11g, IEEE 802.11n 등이 있다. IEEE 802.3은 CSMA/CD 방식에서 액세스 방법 및 물리 사양을 표준화한 LAN에 대한 국제표준이다.

2022년 8월, 2017년 2월

05 CSMA/CD의 특징으로 옳지 않은 것은?

① 충돌 도메인이 작을수록 좋다.

② 충돌이 발생하면 임의의 시간 동안 대기하므로 지연 시간을 예측하기 어렵다.

③ 네트워크상의 컴퓨터들이 데이터 전송을 개시하기 위해서는 반드시 "토큰"이라는 권한을 가지고 있어야 한다.

④ 컴퓨터들은 케이블의 데이터 흐름 유무를 감시하기 위해서 특정 신호를 주기적으로 보낸다.

토큰링은 토큰이라는 권한을 가지고 있어야 네트워크를 사용할 수가 있다. 그리고 CSMA/CD는 유선 LAN에서 사용하는 프로토콜 다음과 같이 동작한다.

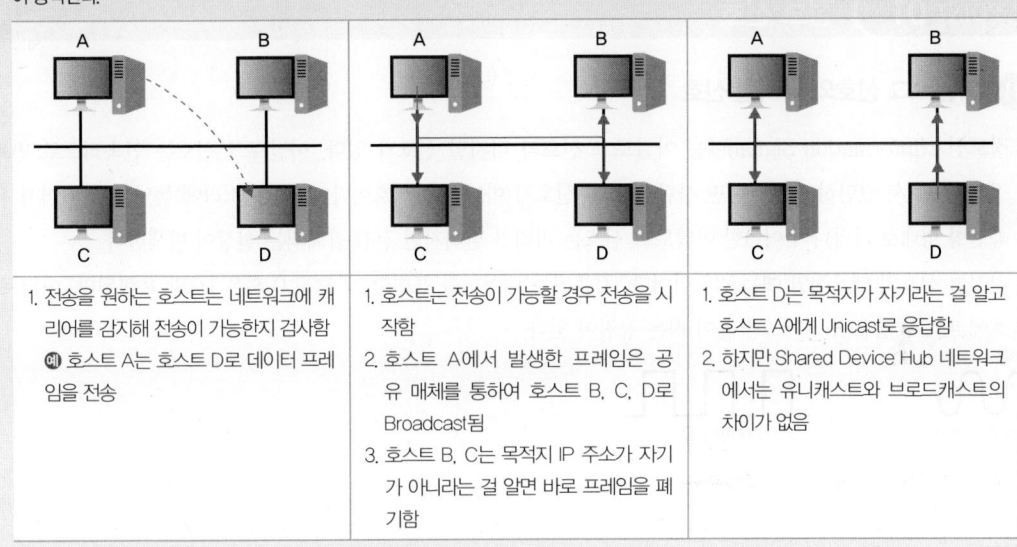

1. 전송을 원하는 호스트는 네트워크에 캐리어를 감지해 전송이 가능한지 검사함 **예** 호스트 A는 호스트 D로 데이터 프레임을 전송	1. 호스트는 전송이 가능할 경우 전송을 시작함 2. 호스트 A에서 발생한 프레임은 공유 매체를 통하여 호스트 B, C, D로 Broadcast됨 3. 호스트 B, C는 목적지 IP 주소가 자기가 아니라는 걸 알면 바로 프레임을 폐기함	1. 호스트 D는 목적지가 자기라는 걸 알고 호스트 A에게 Unicast로 응답함 2. 하지만 Shared Device Hub 네트워크에서는 유니캐스트와 브로드캐스트의 차이가 없음

2020년 10월, 2017년 7월

06 무선 LAN의 표준화를 담당하고 있는 기구는?

① IEEE

② IETF

③ ITU-T

④ ISO

무선 LAN 표준은 IEEE 802 위원회에서 관리하고 있다.

정답 05 ③ 06 ①

데이터 통신

빈출 태그 아날로그 신호 • 디지털 신호 • 광섬유 • 회선 연결 • PCM 변조 • 다중화

POINT 01 정보 신호

01 아날로그 신호와 디지털 신호

- 정보신호(Information Signal)에는 아날로그 신호와 디지털 신호가 있다. 아날로그 신호는 연속적으로 변화하는 전자기파로서 간단하게 생각하면 사람의 음성 신호가 아날로그 신호이다. 음성은 소리에 높낮이가 있어서 유연한 곡선형 형태로 나타나며 이러한 아날로그 신호는 거리가 멀어지면 점점 감쇄되는 현상이 발생한다.
- 디지털 신호의 대표적인 예는 컴퓨터이다. 컴퓨터는 데이터를 표현할 때 오직 0 혹은 1로만 표현된다. 아날로그 신호에 비해서 잡음이 적고 오류율이 적은 장점이 있다.

아날로그 신호

디지털 신호

▲ 아날로그 신호와 디지털 신호의 형태

02 신호 변환 방식

정보 형태	전송 회선	설명	신호 변환기
아날로그	아날로그 전송	증폭기를 이용하여 신호의 세기를 증폭(잡음까지 증폭됨, 왜곡 심함)	전화기
	디지털 전송	– 코덱을 사용 – 디지털 전송을 하기에 원음만을 재생 – 왜곡 현상 방지 : 패턴 재생을 통해 신호 재전송 역할	PCM
디지털 신호	아날로그 전송	모뎀을 사용(아날로그 통신망을 이용하여 디지털 신호 전송)	모뎀
	디지털 전송	– DSU를 사용 – 적당한 간격으로 리피터를 설치	DSU

아날로그 신호를 아날로그로 전달하는 대표적 방식은 전화기이다. 전화기는 음성을 아날로그 신호로 전송한다. 그럼, 아날로그 신호를 디지털로 변환해서 전송하는 것은 무엇일까? 컴퓨터를 사용해서 목소리를 녹음한다면 바로 그것이 아날로그를 디지털로 전송하는 것이다. 아날로그를 디지털로 전송하려면 정보 신호를 변환해야 하는데 이렇게 아날로그 신호를 디지털 신호로 변환하는 것을 PCM(Pulse Code Modulation)이라고 한다.

그리고 디지털 신호를 디지털로 전송할 때는 디지털 신호를 안정적이고 멀리 보내기 위해서 신호를 변환해야 하는데 그것을 DSU(Digital Service Unit)라고 한다.

03 디지털 신호의 장점과 아날로그 신호의 단점

디지털 신호의 장점	아날로그 신호의 단점
– 저렴한 비용 – 데이터 무결성의 보장 – 전송 용량의 이용 확대 – 데이터 안정성 증대(암호화 작업 가능) – 정보의 종합	– 유지보수 비용 증가 – 잡음 증폭도 높음

POINT 02 정보 전송 방식

01 정보 전송 부호화

(1) 정보 전송 부호화

– 정보 전송 부호(Transmission Code)는 데이터 전송이 단순한 전기적 신호만으로 이루어지는 것이 아니라 송신자와 수신자 상호 간에 규정된 데이터 형태를 약속하는 것이다.

– 전송 부호에는 2진 부호, ASCII Code, EBCDIC Code 등이 존재한다. 2진 부호는 정보 전송을 두 가지 상태(0 혹은 1)로 표현하는 데이터인 비트(Bit)로 송신하는 것이다. ASCII Code는 7개의 정보비트와 1개의 패리티(Parity) 비트로 구성해서 에러를 검사하는 기능을 가진다. ASCII Code는 2^7인 128개의 문자를 표현할 수 있다.

– EBCDIC Code는 다양한 문자, 숫자, 기호 등을 전송하기 위해서 정보 비트가 8비트로 구성된 문자코드를 지원한다. EBCDIC Code는 기존 BCD Code(2^6개 표현)를 확장해서 2^8개의 문자를 표현할 수 있다.

(2) 부호화 종류

구분	설명
2진 부호	0 혹은 1의 비트로 데이터를 전송
BCD Code	2^6개의 64가지 정보를 표현
ASCII Code	7비트로 2^7의 128개의 정보를 표현
EBCDIC Code	8비트로 2^8의 256개의 정보를 표현

02 직렬 전송과 병렬 전송

(1) 직렬 전송과 병렬 전송 개요

– 직렬 전송은 하나의 전송로를 사용해서 데이터를 순차적으로 송신하는 방식이다. 직렬 전송은 회선이 적고 전송 비용이 적은 장점을 가지고 있다.

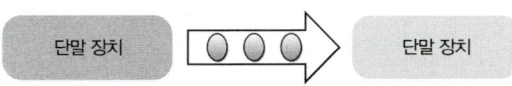

▲ 직렬 전송

- 병렬 전송은 여러 개의 전송로로 데이터를 동시에 전송하는 방식으로 회선이 많이 필요하고 전송 비용이 비교적 많이 발생한다. 하지만 전송 속도가 빠른 장점이 있다.

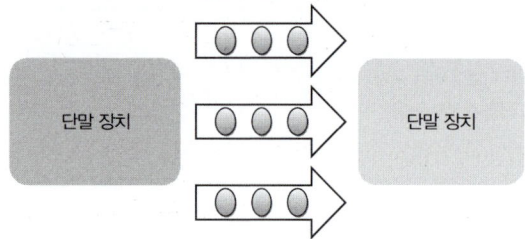

▲ 병렬 전송

(2) 직렬 전송과 병렬 전송의 차이점

구분	직렬 전송	병렬 전송
개념	한 문자의 비트를 하나의 전송선로를 통해서 순차적으로 전송	한 문자의 비트들을 각자의 전송로를 통해서 한꺼번에 전송
특징	동기식 전송 방식	송수신기가 단순
장점	– 전송 에러가 적음 – 장거리 전송 – 통신 회선 비용이 저렴	데이터를 빠르게 전송
단점	전송 속도가 느림	에러 발생 가능성이 높음

03 비동기식 전송과 동기식 전송

(1) 비동기식 전송과 동기식 전송 개요

- 비동기식 전송은 한 문자 단위로 데이터를 전송하는 방식으로 문자를 전송할 때 스타트 비트(Start Bit)와 스톱 비트(Stop Bit)를 사용해서 데이터를 전송한다. 전송하는 문자들 사이에는 유휴 시간이 존재한다.
- 동기식 전송은 문자를 블록 단위로 빠르게 전송하는 방식으로 많은 양의 데이터를 전송할 수 있는 장점을 가지고 있고 문자 동기방식과 비트 동기방식으로 구분된다.

(2) 비동기식 전송과 동기식 전송의 차이점

구분	비동기식 전송	동기식 전송
개념	– 한 번에 한 문자씩 전송 – 한 문자 전송마다 동기화 수행	데이터를 블록으로 나누어 블록 단위로 전송
전송 단위	문자 단위의 비트 블록	프레임
전송 속도	저속	고속
전송 효율	낮음	높음
장점	동기화가 단순하며 저렴	원거리 전송에 용이
단점	문자 사이에 유휴 시간 발생	고가

* 혼합형 동기식 전송은 동기식 전송의 특성과 비동기식 전송의 특성을 가짐(비동기 전송보다 빠름)

01 교환 회선과 전용 회선

정보 전송 회선은 정보를 전송하기 위한 매체를 의미한다. 이러한 회선 중 교환기를 사용해서 데이터를 전환하는 것을 교환 회선이라 하고 교환기를 사용하지 않고 정보 송신자와 수신자 간에 직접 전달하는 것을 전용 회선 방식이라고 한다.

종류	설명
교환 회선	– 정보 전송 시에 교환기를 사용해서 송수신 – 회선 교환 및 축적 교환으로 나누어짐 – 데이터 양이 적으며 사용자가 많을 때 사용하는 방식
전용 회선	– 교환기를 사용하지 않고 점 대 점(일대일)으로 직접적으로 통신을 수행 – 사용자는 적지만 전송할 데이터가 많을 때 사용하는 방식

02 Point to Point와 Multi Point 개요

송신자와 수신자 간에 데이터를 전송할 때 송신자 한 명이 한 명의 수신자에게 전송하는 방식과 한 명의 송신자가 여러 명의 수신자에게 데이터를 전송하는 방식이 존재한다. 이러한 방식을 Point to Point 방식과 Multi Point 방식이라고 한다.

(1) Point to Point(포인트 투 포인트) 방식

송신자는 하나의 통신 회선을 통해서 1대1로 연결하여 데이터를 전송한다. 즉, 전용 회선을 사용해서 데이터를 보내기 때문에 안정적이고 빠르게 데이터를 전송할 수 있는 장점을 가지고 있다.

(2) Multi Point(멀티 포인트) 방식

– 한 개의 회선을 통해서 여러 명의 사용자에게 데이터를 전송하는 방식이다. 한 개의 회선을 사용하기 때문에 어느 순간에 어느 수신자에게 데이터를 보낼지 결정해야 하는데 이것을 위해서 폴링(Polling)과 셀렉션(Selection) 방식이 존재한다.
– 폴링은 전송 회선에 전송할 데이터가 있는지 주기적으로 검사하는 방법이고 셀렉션 방식은 수신자가 받을 준비가 되어 있는지 확인하는 방법이다.

03 Point to Point와 Multi Point의 회선 제어 기법

(1) Point to Point 방식의 회선 제어 기법인 컨텐션(Contention)

– 송신자와 수신자가 한번 연결되면 독점적으로 사용하는 방법이다.
– 송신 요구를 누가 먼저 했는지에 따라 회선 사용권이 결정된다.

(2) Multi Point 방식의 회선 제어기법인 폴링과 셀렉션 방식

구분	설명
폴링(Polling)	송신자 단말기에서 전송할 데이터가 있는지를 물어 전송할 데이터가 있으면 전송을 허가하는 방법
셀렉션(Selection)	수신자의 단말기가 데이터를 수신받을 준비가 되어 있는지 물어보고 준비가 되어 있으면 송신자가 데이터를 전송하는 방법

04 회선 제어 단계

데이터 송수신을 위한 회선 제어 단계이다.

회선 제어 단계	설명
(1) 회선 연결	물리적으로 송신자와 수신자의 회선을 연결
(2) 링크 확립	송신자와 수신자가 데이터 전송이 가능한지 확인
(3) 메시지 전송	송신자가 수신자에게 데이터를 전송
(4) 링크 단절	송신자와 수신자의 링크를 단절
(5) 회선 절단	물리적인 회선을 절단하고 종료

POINT 04 전송 매체

전송 선로는 실제 데이터를 보내기 위해서 보내는 물리적인 선로로 유선과 무선으로 구분할 수 있다.

01 유선 선로

(1) 트위스티드 페어 케이블(Twisted Pair Cable)

트위스티드 페어는 2개의 구리 선이 서로를 감싸 있는 것으로 전화선으로 많이 사용되는 케이블이다.

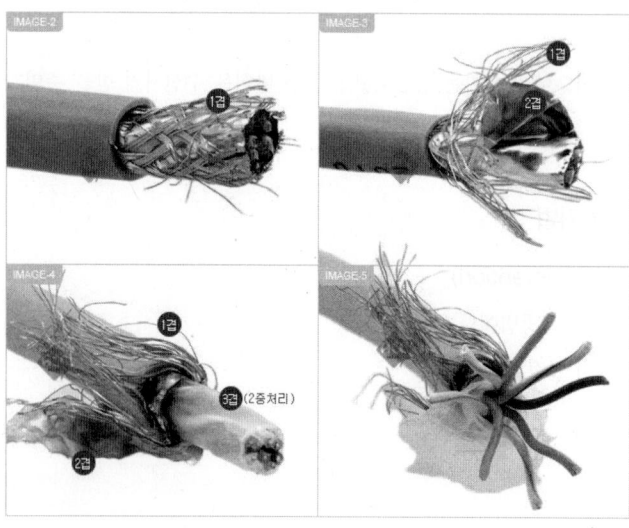

▲ 트위스티드 페어 케이블

(2) 동축 케이블(Coaxial Cable)

중앙의 구리선에 플라스틱 절연체로 감싸서 만든 것으로 보통 가정에서 TV를 수신할 때 많이 사용되는 케이블이다.

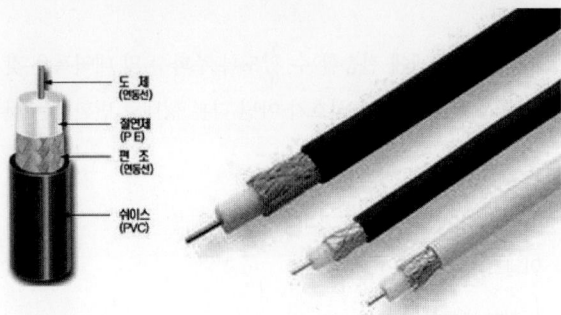

▲ 동축 케이블

(3) 광섬유 케이블(Optical Fiber Cable)

빛의 전반사 현상을 이용하여 데이터를 전송할 수 있는 케이블로 신뢰성이 높고 온도 변화에도 안정적이며 에러율이 낮다.

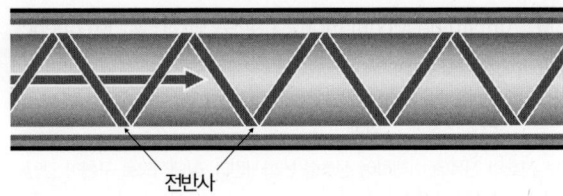

▲ 광섬유 케이블

02 물리적 케이블 간의 차이점

전송 매체	설명
트위스티드 페어 케이블	구성이 용이하고, 비용이 저렴하나 혼선, 감쇠, 도청이 쉬움
동축 케이블	동축 케이블, 구리선 사용함
광섬유 케이블	– 빛에 의한 데이터 전송, 감쇠에 영향을 받지 않음, 도청에 강함 – 단점 : 높은 비용, 설치가 어려움

03 전송 에러

에러	설명
노이즈(Noise)	– 전송 시스템에 의해 생긴 다소의 왜곡을 포함한 전송 신호 및 송수신 과정에서 추가된 불필요한 신호 – 주변의 모니터, 형광등, 전자레인지 등 회선이 설치된 환경 특성에서 유발
감쇠(Attenuation)	데이터가 회선을 통하여 전송되는 도중 전기적 신호가 약해지는 현상
혼선(Crosstalk)	서로 다른 전송로에 상이한 전송 신호가 전기적 결합에 의해 다른 회선에 영향을 주는 현상으로 통신 품질을 저하시키는 직접적인 요인

01 변조

변조(Modulation)는 아날로그 혹은 디지털로 부호화된 신호를 전송 매체에 전송할 수 있도록 주파수 및 대역폭을 갖는 신호를 생성하는 일련의 과정이다. 부호화(Encoding)는 신호를 현재 정보나 신호가 아닌 다른 형태로 변환하는 것을 의미한다.

◉ **변조 방식**

```
디지털 데이터 ┌─ 아날로그 부호화        아날로그 데이터 ┌─ 아날로그 부호화
             └─ 디지털 부호화                        └─ 디지털 부호화
```

디지털 신호를 아날로그 신호로 변조하는 방식은 진폭 편이 변조, 주파수 편이 변조, 위상 편이 변조 방식이 존재한다.

02 아날로그 변조

아날로그를 아날로그 신호로 변조하는 것으로 진폭 변조(AM: Amplitude Modulation), 주파수 변조(FM: Frequency Modulation), 위상 변조(PM: Phase Modulation) 등의 방법이 있다.

아날로그 변조	설명
진폭 변조(AM : Amplitude Modulation)	반송파의 진폭을 정보 신호의 진폭에 비례하여 신호를 변화시킨다. 상대적으로 구현이 간단하지만, 잡음에 취약하고 신호 전송 효율이 낮음
주파수 변조 (FM : Frequency Modulation)	반송파의 기준 주파수를 중심으로 하여 정보 신호의 변화에 비례하여 변화시킨 것으로, 이는 변조된 신호의 주파수 대역은 넓어지지만 잡음에 강하여 FM 방송, 저속 데이터 전송용 모뎀 등에 사용함
위상 변조 (PM : Phase Modulation)	반송파의 위상을 정보 신호의 변화에 비례하여 변화시킨 것으로 디지털 전송용 모뎀, 디지털 무선 전송 등에 사용함

03 디지털 변조

디지털 신호를 아날로그 신호로 변조하는 것으로 진폭 편이 변조(ASK : Amplitude Shift Keying), 주파수 편이 변조(FSK : Frequency Shift Keying), 위상 편이 변조(PSK : Phase Shift Keying), 직교 진폭 변조(QAM: Quadrature Amplitude Modulation) 등이 있다.

(1) 진폭 편이 변조(ASK : Amplitude Shift Keying)

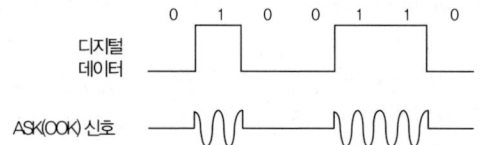

- 2진수 0과 1에 서로 다른 진폭을 적용하여 신호를 변조하는 방법으로 광섬유로 디지털 데이터를 전송하는 데 사용된다.

– 장점 : 회로가 간단하고 가격이 저렴하다.

– 단점 : 잡음이나 신호의 변동에 약하고 비효율적인 방법이라 데이터 전송용으로 거의 사용 안 한다.

(2) 주파수 편이 변조(FSK : Frequency Shift Keying)

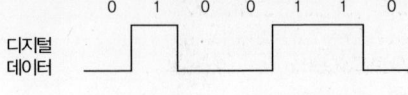

– 0과 1에 서로 다른 주파수를 사용하여 변조하는 것으로 주로 저속의 비동기 전송에서 많이 사용된다.

– ASK보다 에러에 강하고 비교적 회로가 간단하다.

(3) 위상 편이 변조(PSK : Phase Shift Keying)

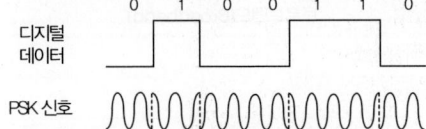

– 0과 1에 서로 다른 위상을 적용하여 변조하는 것으로 중속, 고속 동기전송에서 많이 사용되는 변조 방식이다. 위상 편이 변조는 주로 모뎀에서 사용된다.

– 장점 : 위상을 달리함으로써 복잡도가 높은 데이터 전송률이 높아진다.

(4) 직교 진폭 변조(QAM: Quadrature Amplitude Modulation)

같은 주파수로 위상이 90도 다른 2개의 파를 사용하고 각각을 진폭 변조하여 조합한 것, 즉 진폭 변조(AM)와 위상 변조(PM) 방법을 조합한 것으로, 고속 디지털 신호를 가능한 한 좁은 주파수 대역으로 전송하는 데 적합하여 고속 모뎀, 고속 디지털 무선 전송 등에 사용한다.

04 베이스밴드(Baseband)와 브로드밴드(Broadband)

(1) 베이스밴드(Baseband)

디지털 신호를 변조하지 않고 그대로 전송하는 방식으로 데이터 전송 품질이 우수하다. 변조를 하지 않기 때문에 별도의 모뎀이 필요 없고, 근거리 전송에 많이 사용된다.

● 베이스밴드의 장점과 단점

구분	내용
장점	– 네트워크 운영 비용이 아주 저렴하며, 전이중 방식인 양방향 전송이 가능 – 네트워크 구성이 간단해서 근거리 통신에 많이 사용됨
단점	– 장거리 전송을 하려면 추가적으로 리피터라는 장치가 필요하기 때문에 장거리 전송에는 부적합 – 통신 잡음에 쉽게 변형되어서 손실이 큼

(2) 브로드밴드(Broadband)

디지털 신호를 여러 개의 신호로 변조해서 다른 주파수 대역으로 동시에 전송하는 방식이다. 동시에 전송하기 때문에 하나의 통신선로에 여러 개의 채널을 사용해서 동시에 전송한다. 브로드밴드는 장거리 전송에 사용된다.

○ 브로드밴드의 장점과 단점

구분	설명
장점	− 장거리 전송에 효율적이고 비용이 저렴하며, 잡음에 의한 신호 감소가 적음 − 다중 채널을 사용해서 음성, 영상 등을 전송
단점	− 회로가 매우 복잡하기 때문에 설치 및 관리가 어려움 − 베이스밴드보다 속도가 느림 − 단방향 전송

(3) 베이스밴드와 브로드밴드 차이점

구분	베이스밴드(Baseband)	브로드밴드(Broadband)
종류	디지털	아날로그
거리	근거리	장거리
채널	단일 채널	다중 채널
방식	양방향	단방향
용도	데이터 전송	음성, 영상, 데이터
변복조	없음	필요함
다중화	시분할 다중화	주파수 분할 다중화

05 PCM(Pulse Code Modulation)

(1) PCM 변조 개요

아날로그 신호를 디지털 신호로 변조하는 것으로 아날로그 신호를 펄스로 변환하여 전송하고 수신 측에서 이를 다시 아날로그 신호로 환원하는 방법이다. PCM 방식은 고품질의 정보와 다양한 형태의 서비스가 가능하다.

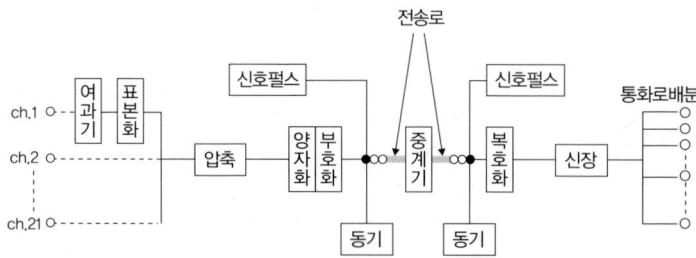

▲ PCM 방식

(2) PCM 변조 과정

PCM 변조	설명
표본화(Sampling)	아날로그 파형을 연속적인 시간 폭으로 나누어 작은 간격의 직사각형으로 시분할하여 신호를 만듦
양자화(Quantization)	표본화된 신호의 진폭은 일정한 값이 아니라서 수량화를 수행하는 단계
부호화(Encoding)	양자화된 진폭 값을 2진법으로 나타낼 수 있어서 아날로그 신호를 디지털 신호로 변환함

복호화(Decoding)	디지털 신호를 펄스 신호로 변환함
여과(Filtering)	본래의 아날로그 신호로 변환함

PCM 방식은 전송 레벨의 변동이 없고, 잡음에 강하며 펄스코드를 이용한 변조 방식과 다중화가 용이한 장점이 있다. 하지만 점유 주파수 대역폭이 큰 단점이 있다.

POINT 06 다중화(Multiplexing)

01 다중화(Multiplexing)

(1) 다중화 개요 및 종류

– 다중화(Multiplexing)는 여러 단말 장치의 신호를 하나의 통신회선을 통해서 송신하고 수신 측에서 여러 단말 장치의 신호를 분리하여 입출력할 수 있는 방식이다.

– 다중화는 하나의 통신회선을 사용하기 때문에 회선과 모뎀을 절약할 수 있는 방법이다.

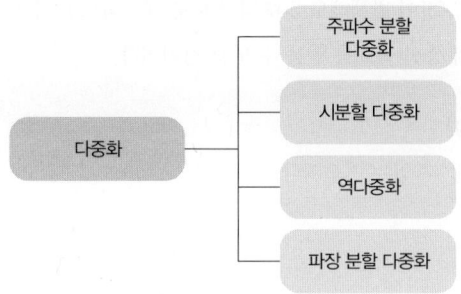

▲ 다중화 종류

(2) 주파수 분할 다중화(FDM : Frequency Division Multiplexing)

– 좁은 주파수 대역을 사용하는 여러 개의 신호를 넓은 주파수 대역을 가진 하나의 전송로를 사용해서 전송되는 방식이다. 통신 채널이 제한된 주파수 대역을 여러 개의 독립된 저속 채널의 집단으로 분리한다.

– 사용자는 채널을 점유하여 데이터 통신을 수행한다. 보호대역은 채널 간의 완충 지역으로 불필요하게 대역폭을 낭비하게 된다.

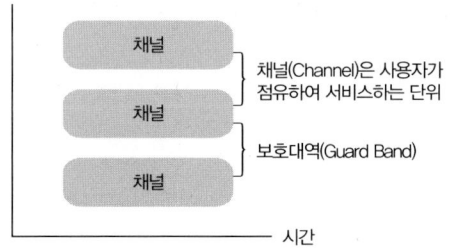

▲ 주파수 분할 다중화

(3) 시분할 다중화(TDM : Time Division Multiplexing)

전송회선의 데이터 전송 시간을 타임슬롯(Time Slot)이라는 일정한 시간 폭으로 나누어서 일정한 크기의 데이터를 채널별로 전송하는 방법이다. 고속 전송이 가능하고 포인트 투 포인트(Point to Point) 방식에 주로 사용되며 동기식 시분할 다중화와 비동기식 시분할 다중화 방식이 있다.

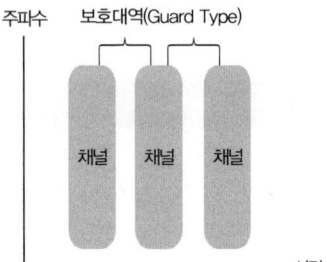

▲ 시분할 다중화

(4) 역다중화(Demultiplexing)

하나의 신호를 2개의 저속 신호로 나누어서 전송하며 하나의 채널이 고장이 발생해도 50%의 속도로 계속적으로 사용할 수 있는 장점을 가지고 있다. 두 개의 음성 회선을 사용해서 광대역 통신 속도를 얻을 수 있는 장치이다.

(5) 파장 분할 다중화(WDM: Wavelength Division Multiplexing)

광섬유를 사용해서 하나의 선로에 8개 이하의 신호를 중첩해서 전송할 수 있는 기술이다.

02 집중화기(Concentrator)

(1) 집중화기 개요

여러 개의 입력회선을 n개의 출력 회선으로 집중화하는 장치로 입력 회선의 수는 출력 회선의 수보다 같거나 많다. 즉, 집중화기는 하나의 고속 통신회선에 여러 개의 저속 통신 회선을 접속하기 위해서 사용된다.

(2) 집중화기 특징

- 고속회선을 사용할 수 있게 해준다.
- 동적인 시간을 할당한다.
- 입출력 각각의 대역폭이 다르다.
- 구조가 복잡하고 불규칙한 전송에 사용한다.

* 네트워크관리사 1급, 2급에서 출제된 기출문제입니다.

2017년 2월

01 변조에 대한 설명으로 적절한 것은?

① 전달하고자 하는 신호를 목적지까지 효율적으로 보내기 위해 신호를 전송에 적합한 형태로 바꾸는 것이다.

② 단말기의 수신가능 신호에 적합한 신호를 생성하는 조직이다.

③ 복잡한 신호를 단순하게 하는 신호 조작이다.

④ 신호에 제어신호를 추가하는 조작이다.

변조는 송신자의 신호를 목적지에 맞게 변환하는 것이다.

2017년 4월, 2014년 1월

02 PCM 방식에서 아날로그 신호의 디지털 신호 생성 과정으로 올바른 것은?

① 아날로그 신호 – 표본화 – 부호화 – 양자화 – 디지털 신호

② 아날로그 신호 – 표본화 – 양자화 – 부호화 – 디지털 신호

③ 아날로그 신호 – 양자화 – 표본화 – 부호화 – 디지털 신호

④ 아날로그 신호 – 양자화 – 부호화 – 표본화 – 디지털 신호

아날로그 신호를 디지털 신호로 변조하는 방식에는 PCM(Pulse Code Modulation) 방식이 존재한다. PCM 방식은 아날로그 신호를 펄스로 변환하여 전송하고 수신 측에서는 다시 아날로그 신호로 변환한다.

2013년 10월

03 데이터 전송 제어 절차로 올바른 것은?

① 회선 연결 → 링크 설정 → 데이터 전송 → 링크 해제 → 회선 해제

② 회선 연결 → 링크 설정 → 데이터 전송 → 회선 해제 → 링크 해제

③ 링크 설정 → 회선 연결 → 데이터 전송 → 링크 해제 → 회선 해제

④ 링크 설정 → 회선 연결 → 데이터 전송 → 회선 해제 → 링크 해제

데이터 전송 제어 절차로 회선 연결, 링크 설정, 데이터 전송, 링크 해제, 회선 해제 단계로 이루어진다.

04 전송 매체의 특성 중 Fiber Optics의 특징을 바르게 기술한 것은?

① 주재료는 구리 성분이다.

② 신호 손실이 적으나 전기적인 간섭을 받는다.

③ 주재료는 유리 섬유로 되어 있다.

④ 주로 가까운 거리에서 사용된다.(100m 이내)

Fiber Optics는 유리 섬유로 되어 있어서 빛을 반사시켜 전송한다.

05 디지털 변조로 옳지 않은 것은?

① ASK ② FSK

③ PM ④ QAM

디지털 신호를 아날로그 신호로 변조하는 것으로 진폭 편이 변조(ASK : Amplitude Shift Keying), 주파수 편이 변조(FSK : Frequency Shift Keying), 위상 편이 변조(PSK : Phase Shift Keying)가 있다. 그리고 직교 진폭 변조(QAM : Quadrature Amplitude Modulation)는 같은 주파수로 위상이 90도 다른 2개의 파를 사용하고 각각을 진폭 변조하여 조합한 것이다.

06 주파수 분할 다중화 기법을 이용해 하나의 전송 매체에 여러 개의 데이터 채널을 제공하는 전송 방식은?

① 브로드밴드 전송 방식 ② 내로우밴드 전송 방식

③ 베이스밴드 전송 방식 ④ 하이퍼밴드 전송 방식

브로드밴드(Broadband) 전송 방식은 여러 개의 신호로 변조해서 다른 주파수 대역으로 동시에 전송하는 방식이다. 동시에 전송하기 때문에 하나의 통신 선로에 여러 개의 채널을 사용해서 동시에 전송한다. 브로드밴드는 장거리 전송에 사용된다.

07 다중화(Multiplexing)의 장점으로 옳지 않은 것은?

① 전송 효율 극대화

② 전송설비 투자비용 절감

③ 통신 회선설비의 단순화

④ 신호처리의 단순화

다중화(Multiplexing)는 여러 단말 장치를 하나의 통신 회선을 통해서 데이터를 송신하고 수신 측에서 여러 개의 단말 장치들의 신호를 분리하여 입출력할 수 있는 방식이다. 다중화는 전송 효율을 증대하지만 신호 처리가 복잡하다.

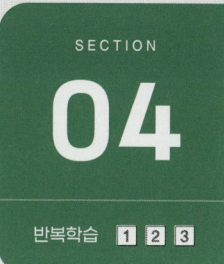

SECTION

04 광대역 기술

반복학습 **1** **2** **3**

빈출 태그 프레임 릴레이 • HDLC • ATM

POINT 01 프레임 릴레이(Frame Relay)

ⓞ1 프레임 릴레이 개요

프레임 릴레이(Frame Relay)는 멀티 액세스를 위한 네트워크로 LAN과 비슷하게 두 개 이상의 장비를 네트워크에 동시 연결하여 X.25의 패킷 전송 기술을 고속 데이터통신에 적합하도록 개선한 프로토콜이다.

> ⚑ **기적의 TIP**
>
> **X.25**
> • X.25는 네트워크 선로가 좋지 않았을 때 개발된 네트워크로서 많은 에러 처리 기능을 포함하고 있다.
> • X.25는 에러 처리 때문에 통신에서 오버헤드가 높다.
> • 프레임 릴레이는 네트워크 선로가 좋은 환경에서 등장한 것으로 X.25의 에러 처리를 단순화하여 오버헤드를 감소시켰다.

ⓞ2 프레임 릴레이(Frame Relay)의 특징

– 상위 계층에서 오류를 복구하고 재전송한다.

– 경로 설정이 가능하다.

– 데이터의 전송 속도를 향상시켜 전송 지연을 감소한다.

– 망 내부 기능을 단순화한다.

– 하나의 물리적 링크에 복수의 논리적인 가상 회선을 설정한다.

– 망과 단말 사이의 PVC(Permanent Virtual Circuit)마다 DLCI(Data Link Connection Identifier)를 설정한다.

– 단순한 데이터 처리 절차만을 규정한다.

ⓞ3 프레임 릴레이 구조

◉ 프레임 릴레이(Frame Relay) 기본 프로토콜 구조

Flag	Address	Information	FCS	Flag

Flag는 모든 프레임의 시작과 끝에 위치하여 프레임을 구분하며, FCS는 프레임의 에러를 검색하여 에러가 발생한 프레임은 제거된다.

◉ 프레임 릴레이(Frame Relay) 제어 프로토콜 구조

Flag	Address	Control	Information	FCS	Flag

제어부가 존재하여 에러 제어 및 흐름 제어 기능을 수행한다.

01 HDLC 개요

HDLC(High-level Data Link Control)는 전이중(Full Duplex)과 반이중(Half Duplex) 통신 모두를 지원하는 비트 지향(Bit-oriented) 프로토콜로 점 대 점 링크 및 멀티 포인트(Multi Point) 링크를 위하여 ISO에서 개발한 국제 표준 프로토콜이다.

02 HDLC의 특징

– 반이중 및 전이중 통신을 지원한다.

– 동기식 전송 방식이다.

– 오류 제어를 위해 Go-back-N ARQ 및 선택적 재전송 ARQ(Automatic Repeat Request) 방식을 사용한다.

– 흐름 제어를 위해 슬라이딩 윈도우 방식을 사용한다.

– 프레임 내에 제어 정보인 명령과 응답을 이용하여 연속적인 정보를 전송하는 제어 절차이다.

– 명령은 상대방에 대한 데이터 링크의 설정, 데이터 전송, 종료 지시이며, 응답은 명령에 대한 실행 결과이다.

– 사용하는 문자 코드와 상관이 없으며 비트 삽입에 의해 투명한 데이터의 전송을 보장한다.

03 HDLC 프레임

(1) HDLC 프레임(Frame) 구조

8비트	8비트	8비트	무제한	16비트	8비트
시작 플래그 (F:Start Flag)	주소 (A:Address)	제어 (C:Control)	정보 (I:Information)	FCS	종료 플래그 (F:Stop Flag)

(2) HDLC 프레임 종류

종류	기능
정보 프레임(Information Frame)	사용자 데이터 전달
감독 프레임(Supervisor Frame)	흐름 및 에러 제어
무번호 프레임(Unnumbered Frame)	회선 설정, 유지, 종결

(3) HDLC 프레임 구조

프레임 구조	설명
플래그 필드	– 프레임 양 끝의 범위를 정함 – 01111110 – 끝과 시작을 나타내는 플래그로 하나씩 사용 – 수신기는 프레임 시작을 동기화하기 위해 계속적으로 플래그 조사
주소 필드	– 프레임을 송수신하는 부 스테이션을 식별 – 일반적으로 8비트 사용 – 7비트의 배수 확장 사용 가능 – 11111111은 모든 부 스테이션에 방송

제어 필드	– 형식이 다른 프레임을 정의 – 정보(Information) : 사용자를 위한 데이터 전송 – 감독(Supervisory) : 피기백이 사용되지 않는 ARQ – 번호 없는(Unnumbered) : 보조 링크 제어 기능 – 첫 번째의 한 비트 혹은 두 비트가 종류 식별
정보 필드	– 정보 프레임과 번호 없는 프레임에 존재 – 8비트의 배수로 사용 – 가변적인 길이
FCS(Frame Check Sequence)	– 에러 검출 – 16비트 CRC – 선택적으로 32비트 CRC를 사용

POINT 03 ATM(Asynchronous Transfer Mode)

01 ATM 개요

ATM(Asynchronous Transfer Mode)은 가상회선을 사용하는 비동기 통신 기술로 첫 번째 패킷이 전송될 때 송신자와 수신자 간에 최적의 전송 경로를 확정시킨다. 전송 경로가 확정되면 두 번째 패킷부터는 포워딩(Forwarding)만 수행하기 때문에 전송 속도가 빠르다.

즉, 인터넷은 패킷이 전송될 때마다 최적의 경로를 계산하고 데이터를 전송하는 포워드를 수행하지만, ATM은 한 번만 경로를 결정하면 메시지는 포워드만 하기 때문에 안정적으로 빠르게 데이터를 전송할 수 있다. 결론적으로 회선교환 네트워크와 패킷 교환 네트워크의 장점을 결합한 것이다.

02 ATM의 특징

– 고속으로 안정적 통신이 가능하다.
– 비동기 전송 모드를 사용한다.
– 음성, 영상과 같은 멀티미디어 전송과 데이터 전송이 가능하다.
– IP 헤더를 사용하지 않고 53 바이트의 고정길이 셀(Cell)이라는 ATM 전용 헤더를 사용한다.
– 가상 경로 설정과 연결형 모드로 빠른 데이터 전송이 가능하다.
– 셀 전송 시에 우선순위 기능을 부여하여 네트워크 품질을 향상시킨다.

03 ATM과 인터넷의 차이점

구분	ATM	인터넷
헤더	53바이트 셀(Cell)	IP 헤더
경로 결정	한 번만 경로를 결정	전송되는 패킷마다 경로 결정
데이터	음성, 영상, 데이터	음성, 영상, 데이터
공유	제한적 사용자	공유가 우수한 네트워크
교환 방식	가상회선	패킷 교환
QoS	우수	낮음

＊네트워크관리사 1급, 2급에서 출제된 기출문제입니다.

2017년 4월, 2014년 1월

01 HDLC(High-level Data Link Control)에 대한 설명으로 옳지 <u>않은</u> 것은?

① 문자 중심의 데이터 링크 프로토콜이다.
② Go-Back-N ARQ 에러 방식을 사용한다.
③ 통신 동작 모드는 NRM, ARM, ABM이 있다.
④ 프레임 형식에는 I-Frame, S-Frame, U-Frame이 있다.

HDLC는 데이터링크 계층에서 동작하는 비트 지향 프로토콜이다.

2022년 5월, 2017년 7월

02 데이터 링크 제어 프로토콜에 대한 일반적인 설명으로 옳지 <u>않은</u> 것은?

① BSC는 문자 위주 프로토콜이다.
② HDLC는 비트 위주 프로토콜이다.
③ BSC 프로토콜에서 데이터 프레임은 헤더, 텍스트, 트레일러의 세 부분으로 구성된다.
④ HDLC는 점 대 점 링크와 멀티 포인트 링크를 위하여 IBM사에서 개발하였다.

HDLC(High Level Data Link Control)는 일 대 일, 일 대 다 환경에서 데이터를 전송하는 프로토콜이다. 또한 데이터 전송을 위해서 주국과 종국으로 구분된다.

PART

02

TCP/IP

학습 방향

TCP/IP 과목은 네트워크관리사 1급과 2급에서 가장 중요한 과목이다. 그러므로 단순 암기보다는 프로토콜의 특징을 이해해야 한다. TCP/IP 과목은 시험에는 17문제가 출제된다. 하지만, TCP/IP를 과목으로 분류할 경우 17문제만 출제되는 것 같지만, TCP/IP는 네트워크 일반, 네트워크 운용기기에서 2~3문제가 포함되어서 출제되기 때문에 과목을 분류하지 않으면 가장 많이 출제되는 부분이다. 또한 네트워크관리사의 다른 과목을 이해하기 위해서는 TCP/IP 과목의 이해 없이는 불가능하다. 그래서 필자는 네트워크관리사 자격증 준비 시에 가장 먼저 TCP/IP를 학습하는 것도 좋은 방법이라고 생각한다.

범위	중요도	중점 학습 내용
OSI 7계층	★★★★	프로토콜 구성 요소, 에러 처리(재전송) 기법
TCP/IP 계층	★★★★★	• TCP, UDP, ICMP, ARP 프로토콜 특징 • IPv4와 IPv6 차이점, IPv4의 클래스와 서브넷 마스크 • 멀티캐스트, IGMP, 브로드캐스트의 의미 • 라우팅 프로토콜에서 OSPF, RIP 프로토콜
응용 프로토콜	★★★★	• FTP 사용 포트, tFTP 특징, DNS 포트, DNS 설정 파일, DNS 레코드 종류 • Telnet과 SSH 차이점과 사용 포트번호 • SMTP의 특징, POP3 기능 • SNMP의 특징

SECTION

01

반복학습 **1** **2** **3**

OSI 7계층

▶ 합격강의

빈출 태그 프로토콜 • 데이터 전송 방식 • OSI 7계층 • 표현 계층 • 전송 계층 • 네트워크 계층 • 에러 제어

POINT 01 프로토콜(Protocol)

01 프로토콜 개요

데이터 송신자와 수신자 사이에 통신을 하기 위해서 서로 간에 약속이 필요하다. 즉, 어떻게 데이터를 보낼 것이고 데이터 포맷은 어떻게 할 것이고 등에 대한 전반적인 약속이 필요한 것이다. 프로토콜은 이처럼 통신망에서 통신을 원하는 양측 시스템에서 데이터를 주고받기 위해 미리 약속된 운영상의 통신 규약이다. 즉, 데이터 통신 수행 규칙들의 집합이다.

02 프로토콜 구성 요소

프로토콜은 송신자와 수신자 간에 데이터 통신을 위해서 서로 간의 규약을 의미한다. 이러한 규약은 송신자와 수신자 간에 구문, 의미, 순서를 규약한다.

프로토콜 구성	설명
구문(Syntax)	데이터 형식, 신호 레벨, 부호화
의미(Semantics)	개체의 조정, 에러 제어 정보
순서(Timing)	순서 제어, 통신 속도 제어

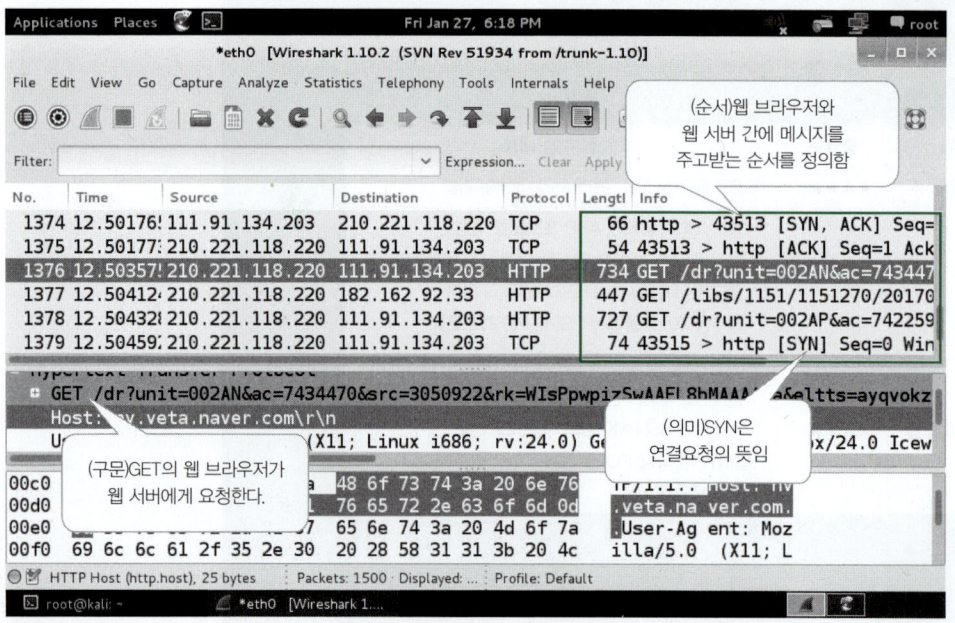

▲ 웹에서 프로토콜의 사용(HTTP)

03 데이터 전송 방식

- 송신자와 수신자 간에 데이터를 전송하는 것은 비트 단위로 데이터를 전송하는 방법과 바이트 단위 전송 방법, 문자 단위 전송 방법이 존재한다.
- 비트 단위 전송 데이터를 전송할 때 특수 플래그를 포함시켜 데이터를 전송하는 방법으로 SDLC(Synchronous Data Link Control) 프로토콜과 HDLC(High level Data Link Control) 프로토콜이 존재한다.
- 바이트 단위 전송은 전송을 위한 제어 정보를 데이터 헤더에 포함시켜서 데이터를 전송하는 것으로 DDCM(Digital Data Communication Message) 프로토콜이 존재한다.
- 문자 단위 전송은 데이터를 전송할 때 데이터의 시작과 끝에 특수문자를 포함시켜 전송하는 것으로 BSC(Binary Synchronous Communication) 프로토콜이 있다.
- 통신 프로토콜 중에서 가장 대표적인 것은 ISO(International Organization for Standardization)에서 정의한 OSI(Open System Interconnection) 7계층 프로토콜이 있다.

POINT 02) OSI 7계층

01 OSI 7계층(Open System Interconnection) 개요

- 개방형 시스템의 효율적인 네트워크 이용을 위하여, 모든 데이터 통신 기준을 계층으로 분할하고, 각 계층 간의 필요한 프로토콜을 규정한다.
- 국제표준화 기구 ISO(International Standards Organization)에서 1977년 개방형 시스템(Open System) 간의 상호 정보전송을 위해서 제정한 표준안이다.
- 7계층으로 분류하여 서로 다른 네트워크 간에 통신이 가능하도록 제시했다.

02 OSI 7계층 목표

- 정보가 전달되는 Framework를 제공해서 네트워크 형태에 차이가 발생해도 데이터 통신을 지원한다.
- Framework : 작업(Task)을 처리하기 위한 기본적인 틀을 의미하고 상세한 부분까지는 정의하지 않는다.

03 OSI 7계층의 특징

- 개방형 시스템 간에 상호 접속을 위해서 표준화된 방법을 제시했다.
- OSI 7계층별로 정보 흐름을 최소화하여 각 계층의 독립성을 향상시켰다.
- 프로토콜의 표준화를 제시하여 효율성 및 생산성을 향상시켰다.

⨇ 기적의 TIP

캡슐화

OSI 7계층은 상위 계층인 애플리케이션(Application) 계층부터 하위 계층인 물리(Physical) 계층까지 7개의 계층으로 이루어져 있는데 각 계층에서 계층에 대한 정보를 헤더에 추가해서 메시지에 헤더를 붙이는 과정을 캡슐화라고 한다.

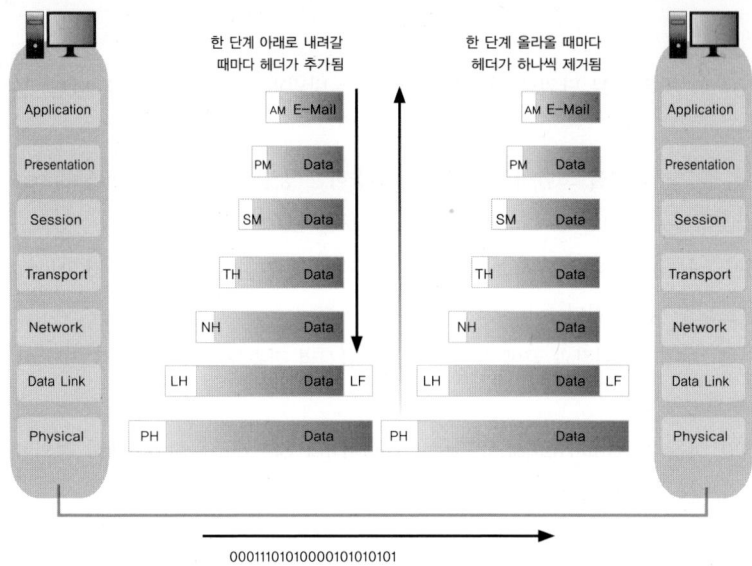

△ OSI 7계층 프레임워크

04 계층별 특징

(1) 애플리케이션(Application) 계층

– 사용자들이 사용하는 프로그램이 있는 계층이다.

– 데이터 송신을 위해서 메시지(Message)를 만든다.

– 최상위 계층으로 하위 계층의 구조를 몰라도 네트워크를 사용할 수 있다.

– 인터넷을 위한 HTTP, 파일 업로드 및 다운로드를 위한 FTP, 네트워크 모니터링을 위한 SNMP, 전자우편 발송과
  수신을 위한 SMTP 등과 같은 프로토콜이 있다.

(2) 표현(Presentation) 계층

– 애플리케이션에서 전송한 메시지에 대해서 코드화를 수행한다.

– 사전에 정해진 코드로 변환한다.

– 메시지를 압축하여 전송되는 데이터양을 줄인다.

– 네트워크 송신 과정에서 스니핑(Sniffing)을 통해서 메시지를 훔쳐볼 수 있기 때문에 암호화를 수행한다.

(3) 세션(Session) 계층

– 송신자와 수신자 간에 통신을 위해서 동기화 신호를 주고받는다.

– 세션 연결을 하고 가상 연결을 제공한다.

– 통신 방식인 단순, 반이중, 전이중 방식을 결정한다.

(4) 전송(Transport) 계층

– 송신자와 수신자 간에 논리적 연결(Logical Connection)을 수행한다.

– 종단 간에(End to End) 연결을 관리한다.

– 전송 계층의 프로토콜은 TCP와 UDP가 있다.

– 종단 간에 에러가 발생하면 에러를 탐지하고 재전송하는 방법으로 에러를 수정한다.

– TCP와 UDP는 헤더와 함께 데이터에 에러가 있는지 확인한다.

(5) 네트워크(Network) 계층

– 수신자의 IP 주소를 읽어서 라우터가 경로를 결정한다.

– 경로 결정은 최단 경로 알고리즘과 같은 라우팅 알고리즘을 사용해서 결정하고 경로가 결정되면 포워딩 (Forwarding)을 수행한다.

– IPv4 주소와 IPv6 주소가 있다.

– 네트워크의 에러 확인을 위해서 ICMP 프로토콜을 사용한다.

(6) 데이터 링크(Data Link) 계층

– 네트워크 계층에서 붙인 IP 헤더에서 IP 주소를 읽어서 하드웨어 주소인 MAC 주소를 구한다.

– 에러를 탐지하고 교정한다.

– 네트워크에 부하가 발생하지 않도록 흐름 제어(Flow Control)를 한다.

기적의 TIP

물리적 하드웨어 주소 MAC(Media Access Control) 주소 확인하기

물리 계층에서 메시지를 전송하기 위해서는 MAC 주소를 알아야 한다. 자신의 컴퓨터 MAC 주소는 ipconfig /all 명령어를 실행해서 확인할 수가 있다. MAC 주소는 48비트로 이루어져 있고 상위 24비트는 제조사 번호이고 하위 24비트는 NIC(Network Interface Card)의 일련번호이다.

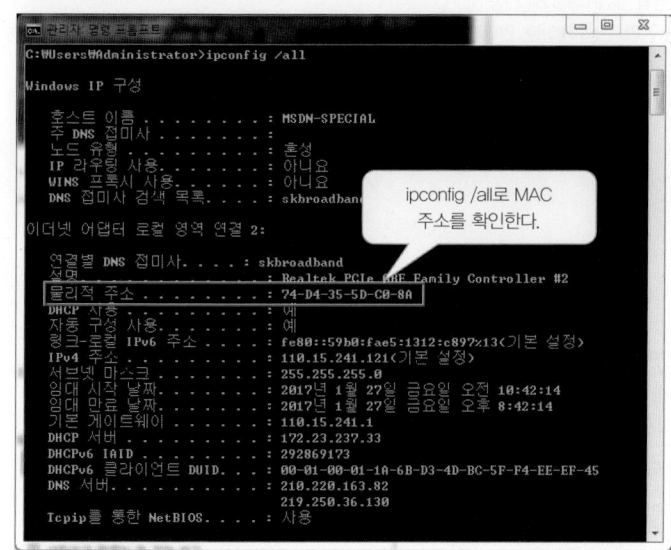

▲ ipconfig /all로 MAC 주소 확인

(7) 물리(Physical) 계층

– 물리적 선로로 전송하기 위해서 전기적 신호인 비트(Bit)로 데이터를 전송한다.

– 만약 전송 거리가 멀면 리피터와 같은 장치를 사용해서 신호를 증폭시켜야 한다.

05 OSI 7계층별 세부 기능

OSI 7 Layer	설명	주요 프로토콜(매체)
7. Application	– 사용자 소프트웨어를 네트워크에 접근 가능하도록 함 – 사용자에게 최종 서비스를 제공	FTP, SNMP, HTTP, Mail, Telnet 등
6. Presentation	– 포맷 기능, 압축, 암호화 – 텍스트 및 그래픽 정보를 컴퓨터가 이해할 수 있는 16진수 데이터로 변환	– 압축, 암호, 코드 변환 – GIF, ASCII, EBCDIC
5. Session	– 세션 연결 및 동기화 수행, 통신 방식 결정 – 가상 연결을 제공하여 Login/Logout 수행	단순, 반이중, 전이중 결정
4. Transport	– 가상 연결, 에러 제어, Data 흐름 제어, Segment 단위 – 두 개의 종단 간 End-to-End 데이터 흐름이 가능하도록 논리적 연결 – 신뢰도, 품질 보증, 오류 탐지 및 교정 기능 제공 – 다중화(Multiplexing) 발생	TCP, UDP(SSL 및 TLS 실행)
3. Network	– 경로 선택, 라우팅 수행, 논리적 주소 연결(IP) – 데이터 흐름 조절, 주소 지정 메커니즘 구현 – 네트워크에서 노드에 전송되는 패킷 흐름을 통제하고, 상태 메시지가 네트워크상에서 어떻게 노드로 전송되는가를 정의, Datagram 단위	– IP, ICMP – 라우팅 프로토콜 (RIP, OSPF 등)
2. Data Link	– 물리 주소 결정, 에러 제어, 흐름 제어, 데이터 전송 – Frame 단위, 전송 오류를 처리하는 최초의 계층	– 흐름 제어, 오류 제어(ARQ) – 브리지, HDLC – Frame Relay
1. Physical	– 전기적, 기계적 연결 정의, 실제 Data Bit 전송 – Bit 단위, 전기적 신호, 전압 구성, 케이블, 인터페이스 등을 구성	매체 : 동축케이블, 광섬유, Twisted Pair Cable

- End-to-End : 7~4계층, 송수신자 간의 에러 Control
- Point-to-Point : 3~1계층, 각 구간에 대해 에러 Control

06 OSI 7계층 네트워크 장비

검출 방법	장비명	설명
Physical	Cable	Twisted Pair Cable, Coaxial, Fiber-Optic Cable
	Repeater	– 네트워크 구간의 케이블 전기적 신호를 재생하고 증폭하는 장치 – 디지털 신호를 제공, 아날로그 신호 증폭 시 잡음과 왜곡까지 증폭
Data Link	Bridge	– 서로 다른 LAN Segment를 연결, 관리자에게 MAC 주소 기반 필터링 제공하여 더 나은 대역폭(Bandwidth) 사용과 트래픽을 통제 – 리피터와 같이 데이터 신호를 증폭하지만 MAC 기반에서 동작
	Switch	– 목적지의 MAC 주소를 알고 있는 지정된 포트로 데이터를 전송 – Repeater와 Bridge의 기능을 결합 – 네트워크의 속도 및 효율적 운영, Data Link 계층에서도 작동
Network	Router	– 패킷을 받아 경로를 설정하고 패킷을 전달 – Bridge는 MAC 주소를 참조하지만, Router는 네트워크 주소까지 참조하여 경로를 설정 – 패킷 헤더 정보에서 IP 주소를 확인하여 목적지 네트워크로만 전달하며 Broadcasting을 차단
Application	Gateway	– 서로 다른 네트워크 망과의 연결(PSTN, Internet, Wireless Network 등) – 패킷 헤더의 주소 및 포트 외의 거의 모든 정보를 참조

01 에러 제어 개요

- 네트워크를 사용해서 데이터를 송신하다 보면 정말 다양한 에러(Error)가 발생한다. 송신과 수신을 하는 프로그램 에러부터 네트워크 케이블 절단, 무선으로 전송할 때의 신호 감쇠, 잡음 등 너무나 많은 형태의 에러가 있다. 에러가 발생하면 우선 에러가 발생했는지 탐지(Detection)해야 하고 그 다음 에러를 수정해야 한다.
- 우선 탐지는 수신자가 제대로 수신받고 있는지 송신자에게 알려주어야 하고 수신받은 데이터에 에러가 없는지는 송신자와 수신자 간의 일정한 약속으로 확인해야 한다. 이렇게 수신받은 데이터에 에러가 없는지 확인하는 것은 FEC(Forward Error Correction)이라고 하고 수신자가 데이터를 수신받지 못하면 재전송해야 하는데 이를 BEC(Backward Error Correction)라고 한다.

02 FEC(Forward Error Control)

● 오류 검출 및 정정 코드

오류 검출 코드	기능
해밍코드 (Hamming Code)	– 오류 발견 및 교정이 가능한 코드 – 1비트의 에러 검출 및 교정
CRC 코드 (Cyclic Redundancy Check)	데이터 통신에서 전송 중에 오류가 발생했는지를 확인하기 위해서 덧붙이는 코드
패리티 비트 (Parity Bit)	– 하나의 비트로 코드의 에러를 검출하는 것으로 데이터 내의 Set(1) 비트 수를 체크하여 짝수와 홀수에 따라 코드를 그대로 두거나 1비트를 추가하여 에러를 검출 – 홀수 패리티(Odd Parity) : 비트 수가 홀수 개인 경우 – 짝수 패리티(Even Parity) : 비트 수가 짝수 개인 경우

FEC 기법 중에서 가장 간단한 방법은 1의 개수가 짝수인지 홀수인지를 확인해서 에러 여부를 확인하는 패리티 검사(Parity Check)이다. 또한 특정 합계를 계산하여 합계가 맞는지 확인하는 블록 합계 검사도 있다. 에러 발생 시에 수정까지 할 수 있는 기법은 해밍코드(Hamming Code) 방법이 있다. 하지만, 실제 많이 사용되는 방법은 CRC 기법인데, CRC는 Check Sum 비트를 전송하여 Check Sum 비트로 수신자가 연산하여 에러 여부를 확인하는 것으로 무선 LAN과 이더넷(Ethernet) 프레임에서 사용한다.

03 FEC(Forward Error Correction)와 BEC(Backward Error Correction)

기법	설명
FEC (Forward Error Correction)	송수신되는 패킷의 무결성을 검사하는 것으로 패리티 검사, CRC 등이 있음
BEC (Backward Error Correction)	– 수신 측이 에러 검출 후 송신 측에게 에러가 발생한 데이터 블록을 다시 전송 요청하는 방식(송신 측이 에러 처리, ARQ: Auto Repeat reQuest) – Stop-and-Wait, Go-Back-N, Selective-repeat ARQ, Adaptive ARQ가 있음

04 BEC(Backward Error Control)

(1) BEC 기법

- Stop and Wait 방식 : 송신자가 데이터를 전송하고 수신응답이 오면 다음 데이터를 전송한다.
- Go-Back-N 방식 : 수신자가 데이터를 수신받지 못할 경우 마지막으로 수신받은 데이터 이후의 모든 데이터를 재 전송하는 방법으로 TCP 프로토콜에서 사용하는 방법이다.
- Selective repeat 방식 : 수신자가 수신받은 데이터 중에서 중간에 빠져 있는 것만 재전송하는 방식으로 에러를 처리하는 것이다.

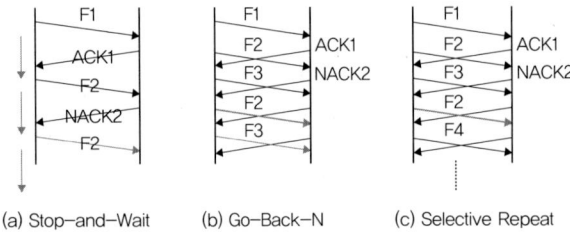

(a) Stop-and-Wait   (b) Go-Back-N   (c) Selective Repeat

▲ BEC 기법의 종류

(2) BEC 기법의 특징

기법	Stop-and-Wait	Go-Back-N	Selective Repeat
재전송 요청 방법	에러 발생 즉시 재전송	오류 발생 또는 잃어버린 프레임 이후의 모든 프레임을 재 요청 하거나 타임아웃으로 자동 재송신 됨	오류 발생 또는 잃어버린 프레임에 대해서만 재 요청 또는 타임아웃으로 인한 자동 재송신
수신 방법	순차적으로 수신	프레임의 송신 순서와 수신 순서가 동일해야 수신	순서와 상관없이 윈도우 크기만큼의 범위 내에서 자유롭게 수신
장단점	- 가장 단순한 구현 - 신뢰성 있는 전송 - 대기 시간 존재로 전송 효율 저하	- 간단한 구현 - 적은 수신 측 버퍼 사용량	- 구현이 복잡 - 버퍼 사용량이 큼 - 보다 적은 재전송 대역폭

* 네트워크관리사 1급, 2급에서 출제된 기출문제입니다.

2020년 1월, 2014년 1월

01 OSI 모델에서 데이터 전환과 암호, 압축, 그래픽 명령어 해석 기능을 가지는 계층은?

① Application Layer　　　　　　② Transport Layer

③ Session Layer　　　　　　　　④ Presentation Layer

> 표현계층(Presentation Layer)은 데이터 암호화, 압축, 코드 변환 등을 수행하는 계층이다.

2020년 8월, 2017년 4월, 2014년 7월

02 ARQ 중 에러가 발생한 블록 이후의 모든 블록을 재전송하는 방식은?

① Go-Back-N ARQ

② Stop-and-Wait ARQ

③ Selective ARQ

④ Adaptive ARQ

> GO-Back-N은 BEC(Backward Error Control = ARQ) 기법으로 에러가 발생한 이후의 모든 블록을 재전송하는 방법이며 TCP가 사용한다.

2020년 10월, 2017년 7월

03 OSI 7 Layer의 각 Layer별 Data 형태로서 적당하지 <u>않은</u> 것은?

① Transport Layer - Segment

② Network Layer - Packet

③ Datalink Layer - Fragment

④ Physical Layer - bit

> Datalink 계층은 에러 탐지 및 정정을 하는 계층으로 프레임(Frame) 단위로 전송한다.

2013년 10월

04 매 프레임 전송 시마다 일단 멈추고 응답이 오기를 기다리는 형태로, ACK 응답인 경우에는 다음 프레임을 전송하지만 NAK인 경우에는 다시 재전송하여 에러를 복구하는 에러 제어 방식은?

① continuous ARQ　　　　　　　② Selective ARQ

③ Stop-and-Wait ARQ　　　　　④ Go-Back-N ARQ

> Stop-and-Wait ARQ는 프레임 전송마다 대기한 후에 응답이 오면 전송하는 방식이다. 만약 수신자로부터 송신자에게 NAK가 오면 재전송한다.

05 OSI 7계층의 통신 계층별 PDU(Protocol Data Unit)의 명칭으로 올바른 것은 무엇인가?

① 7계층 : 세그먼트　　　　　　　　② 4계층 : 패킷

③ 3계층 : 비트　　　　　　　　　　④ 2계층 : 프레임

데이터 단위를 PDU라고 하며 계층별 데이터 단위는 다음과 같다.
- 7계층(응용 계층) : 메시지　　　　　- 6계층(표현 계층) : 메시지
- 5계층(세션 계층) : 메시지　　　　　- 4계층(전송 계층) : 세그먼트
- 3계층(네트워크 계층) : 패킷　　　　- 2계층(데이터 링크 계층) : 프레임
- 1계층(물리 계층) : 비트

06 OSI 계층 중에서 신뢰적인 데이터의 전송을 보장하는 계층은?

① Transport Layer　　　　　　　　② Network Layer

③ Physical Layer　　　　　　　　　④ Session Layer

전송 계층(Transport Layer)은 TCP가 있는 계층으로 신뢰성 있는 데이터 전송을 보장한다. 신뢰성 있는 전송은 에러 제어 기법을 재전송을 하기 때문이다.

07 OSI 7 Layer 중 LAN의 프로토콜로 논리 링크제어(LLC) 및 매체엑세스제어(MAC)를 사용하는 계층은?

① 물리 계층

② 데이터링크 계층

③ 전송 계층

④ 네트워크 계층

데이터링크 계층은 논리적 링크제어, MAC 주소 부여, 에러 처리를 하는 계층이다.

08 데이터링크 계층(Datalink Layer)에 대한 설명으로 옳지 않은 것은?

① 전송상에 발생하는 오류를 검출한다.

② 데이터의 표현형식을 변경한다.

③ 전송상에 발생하는 오류를 정정한다.

④ 비트들을 프레임으로 구성한다.

표현 계층(Presentation Layer)은 데이터 암호화, 압축, 코드 변환 등을 수행하는 계층이다. 따라서 데이터 표현 형식을 변경하는 것은 표현 계층이다.

TCP/IP 계층

반복학습 **1 2 3**

빈출 태그 TCP • UDP • ICMP • ARP • IPv4 • IPv6 • 클래스 • 서브넷 마스크 • IGMP • 멀티캐스트 • 브로드캐스트 • OSPF • RIP

▶ 합격강의

POINT 01) TCP/IP 프로토콜

01 TCP/IP 프로토콜 개요

– Transmission Control Protocol/Internet Protocol은 DoD(미국방성) 모델이라고 하며 OSI 7 Layer와 매우 흡사하다.

– 이 기종 간 네트워크 환경에 대한 표준으로 OSI보다 먼저 만들어지고 가장 많이 사용되고 있다.

– 미국 ARPANET에서 개발된 프로토콜이다.

– 인터넷에서 사용되고 있으며 다양한 네트워크와 상호 접속이 가능하다.

> **⏻ 기적의 TIP**
>
> **ARPANET**
> 미국 국방성에서 국방 관련 기관 간에 정보 공유를 위해서 추진한 프로젝트로 원격 로그인, 파일 전송, 전자우편 등의 기능을 지원하는 네트워크이다.

02 TCP/IP 4계층

(1) 애플리케이션(Application) 계층

– 애플리케이션 계층은 사용자들이 사용하는 프로그램이 있는 계층이다.

– FTP, Telnet, SSH, HTTP, SMTP, SNMP 등의 프로토콜이 있다.

(2) 전송(Transport) 계층

– 신뢰성 있게 메시지를 전송하는 TCP 프로토콜이 있다.

– 비연결형으로 연결하지 않고 빠르게 메시지를 전송하는 UDP 프로토콜이 있다.

– TCP는 가상의 연결을 지원하고 에러처리를 실행해서 신뢰성 있게 전송한다.

(3) 인터넷(Internet) 계층

– IP 주소를 읽어서 경로를 결정하는 라우팅(Routing)을 실행한다.

– 논리적 주소인 IP 주소를 부여하고 최단 경로를 결정한다.

– IP 주소를 하드웨어 주소인 MAC 주소로 변환하는 ARP 프로토콜을 지원한다.

– 네트워크의 에러를 검사하는 ICMP 프로토콜을 지원한다.

(4) 네트워크 접근(Network Access) 계층

- 물리적 케이블 혹은 무선 통신과 연결하고 메시지를 전송한다.
- 전기적 신호로 변환해서 메시지를 전송한다.

03 TCP/IP 프로토콜 스니핑

스니핑(Sniffing) 도구를 사용해서 웹 사이트로 송수신되는 패킷을 모니터링 해보자. 웹 사이트이기 때문에 애플리케이션 계층에서는 HTTP 프로토콜을 사용하고 HTTP는 내부적으로 TCP을 사용한다. 그래서 전송 계층에서는 TCP 프로토콜이 나타나게 된다. 그 다음은 인터넷 계층에서 IP 주소를 부여한다. 네트워크 계층은 이더넷(Ethernet)으로 메시지를 전송한다.

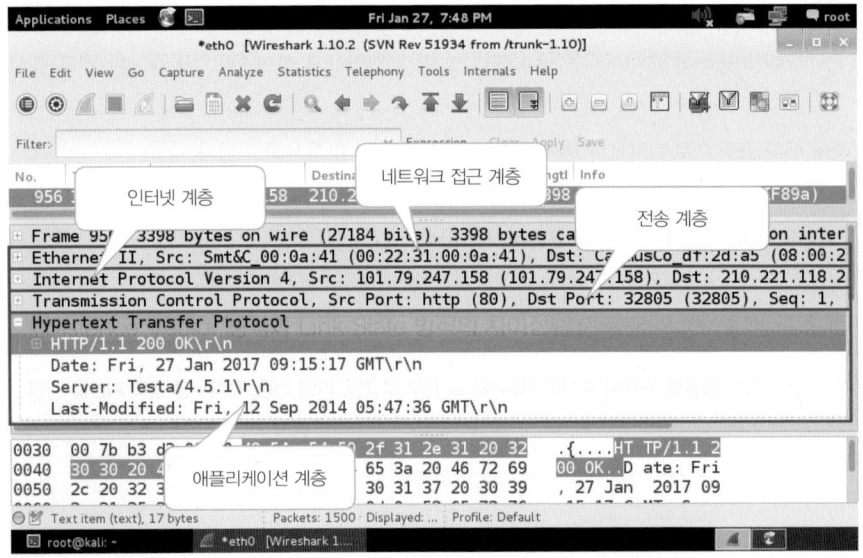

04 TCP/IP와 OSI 7계층

TCP/IP 4 계층은 OSI 7계층을 그대로 준수하고 있다.

● OSI 7계층과 TCP/IP 4 계층

OSI 7계층	TCP/IP 4 계층	기능
Application	Application	- 네트워크를 실제로 사용하는 응용 프로그램으로 구성 - FTP, TELNET, SMTP 등이 있음
Presentation		
Session		
Transport	Transport	- 도착하고자 하는 시스템까지 데이터를 전송 - 프로세스를 연결해서 통신함 - TCP, UDP
Network	Internet	- Datagram을 정의하고 routing 하는 일을 담당 - IP, ARP, RARP, ICMP
Data Link	Network Access	케이블, 송수신기, 링크 프로토콜, LAN 접속과 같은 물리적 연결 구성을 정의
Physical		

TCP/IP 프로토콜의 구성

TCP/IP 프로토콜은 TCP, UDP, IP, ICMP, ARP, RARP
로 구성된다.

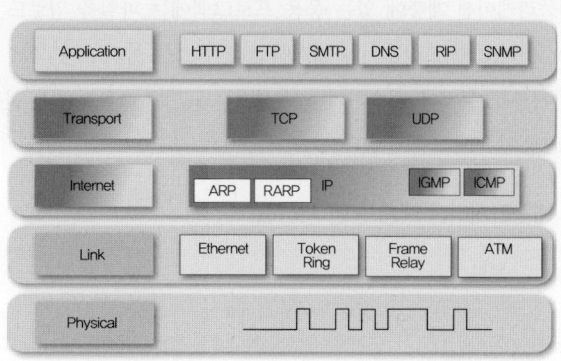

- TCP : Connection Oriented Protocol(연결지향)로
사용자에게 신뢰성 있는 서비스를 지원한다. 신뢰성 있
는 서비스를 위해서 Error Control 기법을 포함하고 있
으며, TCP는 송신자가 보낸 메시지에 대해서 수신자
가 전송받았는지 확인하기 위해서 수신자는 ACK를 송
신자에게 전송한다. 만약 ACK가 오지 않거나 동일한
ACK 번호가 오면 다시 전송하는 것이다.
- UDP : Connectionless Protocol(비연결)로 데이터
전송을 보장하지 않는 비신뢰성 서비스를 제공하지만,
TCP에 비해서 전송 속도가 빠른 특징을 가진다.
- ARP : IP Address를 LAN 카드의 물리적 주소인 MAC
주소로 변환한다.
- RARP : MAC 주소를 IP Address로 변환하는 역할을
수행한다.

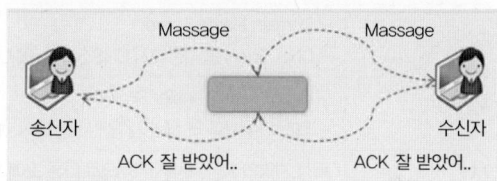

- ICMP : 네트워크 오류와 상태를 점검하기 위해서 사용된다.
- IP : 네트워크 주소와 호스트 주소 정의에 의한 네트워크의 논리적 관리를 담당하는 것으로 송신자와 수신자의 주소를 지정한다.

POINT 02 애플리케이션 계층

01 애플리케이션 계층 개요

애플리케이션 계층은 일반 사용자들이 사용하는 프로그램이 있는 계층으로 사용자는 프로그램을 사용해서 통신을 하
게 되는 것이다. 애플리케이션 계층은 응용 프로그램이 있으므로 프로토콜을 사용해서 새로운 서비스를 만들어 낼 수
있고 이러한 서비스는 동영상 학습 프로그램, Voip 전화, 카카오톡 등의 다양한 형태가 있다. 이러한 응용 프로그램들
은 내부적으로 전자우편(eMail), 파일 전송(FTP), 웹(HTTP) 등을 사용하게 된다.

애플리케이션 계층(Application Layer)

- 해당 Application(전자우편, Ftp, Http 등)에 맞게 사용자 인터페이스를 설계하는 계층이다.
- 통신하는 상대편 응용 계층과 연결을 하고, 상대편 컴퓨터와 기본적인 사항들, 에러제어, 일관성 제어를 한다.
- 어떻게 파일을 보낼지, 프린터를 어떻게 공유할지, 전자우편을 어떻게 보낼지를 다룬다.

02 애플리케이션 계층의 서비스

애플리케이션 계층에 있는 응용 프로그램에는 파일을 업로드 하거나 다운로드하는 FTP 서비스와 www.boangisa.com이라고 웹 브라우저에 입력하면 IP 주소를 돌려주는 DNS 서비스가 있다. 또한 www.limbest.com이라고 입력하면 HTML 문서를 전송하거나 수신받는 HTTP 프로토콜과 원격으로 네트워크를 경유해서 서버에 접속하는 Telnet, ssh 등의 프로그램이 있다.

○ 애플리케이션 계층 관련 서비스

역할	설명
FTP	– File Transfer Protocol – 사용자의 파일을 업로드 혹은 다운로드하는 프로그램 – 파일 전송을 위한 인터넷 표준으로 제어 접속과 데이터 접속을 위한 분리된 포트를 사용함
DNS	– Domain Name Server – DNS Query를 사용해서 DNS Server에 URL을 전송하고 해당 URL에 매핑되는 IP 주소를 제공하는 서비스
HTTP	– Hyper Text Transfer Protocol – 웹 브라우저와 웹 서버 사이에서 웹 페이지의 Request 및 Response를 수행하는 프로토콜
Telnet	특정 지역의 사용자가 지역적으로 다른 곳에 위치한 컴퓨터를 온라인으로 연결하여 사용하는 서비스
SMTP	– Simple Mail Transfer Protocol – RFC 821에 명시된 인터넷 전자우편을 위한 프로토콜로 메시지 전달을 위해서 Store and Forward 방식을 사용 – 암호화 및 인증 기능 없이 사용자의 이메일을 전송하는 프로토콜
SNMP	– Simple Network Management Protocol – 네트워크에 대한 트래픽, 세션 등의 네트워크의 상태를 모니터링하고 정보를 전달할 때 사용하는 프로토콜

SMTP는 전자우편을 발송할 때 MIME라는 전자우편 데이터 형식으로 메일을 전송하거나 수신받기 위해서 사용되고 SNMP는 네트워크의 트래픽을 모니터링하기 위해서 사용하는 프로토콜이다.

POINT 03) 전송 계층

01 전송 계층 개요

전송 계층은 송신자와 수신자 간에 논리적 연결(Logical Communication)을 수행하는 것으로 TCP 프로토콜과 UDP 프로토콜이 존재한다. TCP 프로토콜을 사용하는 경우 연결지향(Connection Oriented) 방식을 사용하고 UDP는 비연결성(Connectionless) 방식을 사용한다.

> **기적의 TIP**
>
> **전송 계층(Transport Layer)**
> - 수신 측에 전달되는 데이터에 오류가 없고 데이터의 순서가 수신 측에 그대로 보존되도록 보장하는 연결지향 서비스(Connection Oriented Service)의 역할을 하는 종단 간(end-to-end) 서비스 계층이다.
> - 전송 계층의 프로토콜은 신뢰성 있는 전송을 하는 TCP와 비신뢰성 전송을 하는 UDP 프로토콜이 존재한다.

⑫ 세그먼트(Segment)

세그먼트라는 것은 전송 계층에서 TCP 혹은 UDP를 사용할 때 해당 헤더(Header)를 메시지에 붙이는 것을 의미한다.

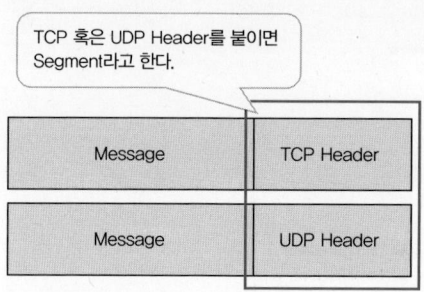

TCP 혹은 UDP Header를 붙이면 Segment라고 한다.

| Message | TCP Header |
| Message | UDP Header |

▲ 세그먼트(Segment)

⑬ 세그먼트의 TCP와 UDP

TCP Header는 UDP에 비해서 크기가 크고 UDP는 작은 특성이 있다. TCP는 신뢰성 있는 데이터 전송을 위해서 가상의 연결을 수행한다. 가상의 연결 이후에 데이터를 송수신하는데 송신자가 메시지를 전송하면 수신자는 ACK를 되돌려서 수신 여부를 확인 해준다. 만약 수신자가 동일한 ACK 번호를 반복적으로 전송한다면 어떤 이유로든 데이터를 받지 못하는 것이고 반복적인 ACK가 되돌아오면 TCP는 에러 제어 기법을 통해서 재전송을 수행한다. 이때 재전송 방법은 GO-BACK-N 방법이고 이 방법은 되돌아온 ACK 번호 이후의 모든 것을 전부 재전송하는 것이다. 또한 동일한 ACK 번호가 송신자에게 계속 되돌아오면 송신자는 전송 속도를 낮춘다. 이러한 것을 혼잡 제어(Congestion Control)라고 한다. 이를 통해서 네트워크 전송망을 효율적으로 사용하는 것이다. 즉, 수신받지 못하는 상황에서 계속적으로 빠르게 전송한다면 네트워크의 부하만 유발할 것이다.

- TCP는 Sequence 번호를 가지고 메시지의 순서를 파악할 수 있게 해 준다. 송신자의 메시지가 꼭 순서대로 도착하지 않는다. 그 이유는 비동기 방식으로 데이터를 보내면서 경로 또한 다른 경로로 보내질 수 있기 때문이다.
- Check Sum은 TCP와 UDP 모두에게 존재하는 것인데 이것은 송신 중에 메시지의 변조를 파악하기 위해서 송신자와 수신자 간에 에러를 체크하기 위한 방법이다. 즉, 패리티 비트 같은 것이다.
- Receive Window는 수신자의 윈도우 크기를 의미하며, 이것은 메모리 버퍼를 이야기한다. 즉, 수신자의 버퍼가 비어 있으면 송신자는 해당 버퍼의 크기만큼의 데이터를 한꺼번에 전송한다. 수신자의 버퍼가 1개 비어 있다면 송신자가 1개만 보내는 것이다. 이것을 통해서 전송 효율을 관리하는 것이다.

⑭ TCP

(1) TCP(Transmission Control Protocol) 개요

- 네트워크 계층 상위에서 수행되는 전송 계층의 프로토콜로 클라이언트와 서버 간의 연결지향, 신뢰성 있는 데이터 전송, 에러제어, 흐름 제어 등의 기능을 수행하는 프로토콜이다.
- TCP 프로토콜은 메시지를 송수신하기 전에 연결지향으로 먼저 연결을 확인하고 연결이 확립되면 메시지를 송수신하는 방식으로 기동된다. 하지만 TCP는 연결을 지향할 뿐 물리적으로 연결된 것은 아니라서 주기적으로 메시지를 송수신해서 송수신 가능 여부를 확인한다. 이러한 송수신 가능 여부를 확인하는 것은 TCP의 역할이 아니며, TCP/IP 프로토콜 군의 ICMP 프로토콜이 그 역할을 담당한다.

(2) TCP 상태 전이

TCP 상태 전이는 TCP 프로토콜에서 가장 중요한 요소로 TCP의 최초 연결 신청부터 연결, 종료까지의 상태 변화를 의미한다. TCP의 상태 정보를 확인할 수 있는 가장 손쉬운 방법은 리눅스 혹은 윈도우에서 "netstat" 명령을 실행하는 것이다.

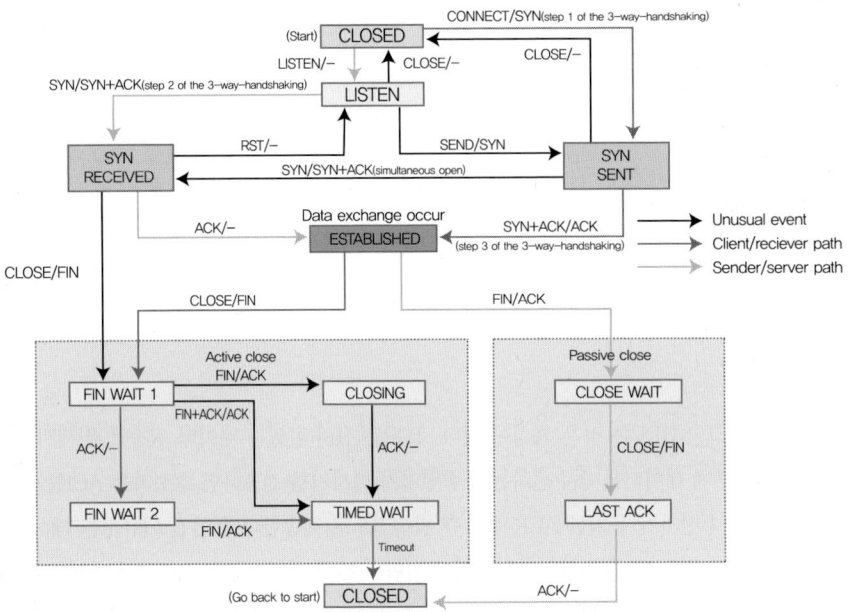

▲ TCP 상태 전이도

(3) TCP 상태 전이 과정

앞의 TCP 상태 전이를 하나하나 살펴보면 다음과 같다.

클라이언트는 먼저 서버에 연결 요청 메시지인 SYN 신호를 보내고 SYN-SENT 상태가 된다. 서버는 처음 기동이 되면 클라이언트의 연결을 받기 위해서 LISTEN 상태에서 클라이언트의 연결을 대기한다. 그리고 클라이언트로부터 SYN 메시지가 수신되면 서버는 클라이언트에게 SYN, ACK를 전송하고 SYN-RECEIVED 상태로 바뀐다.

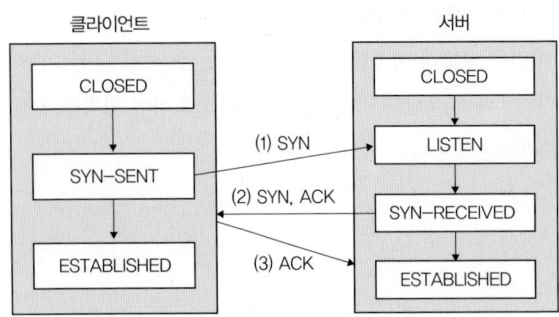

▲ TCP를 사용하는 클라이언트 프로그램과 서버 프로그램의 상태 전이

그리고 클라이언트는 ACK를 서버에 전송하고 클라이언트와 서버는 ESTABLISHED 상태인 연결 확립 상태가 된다.

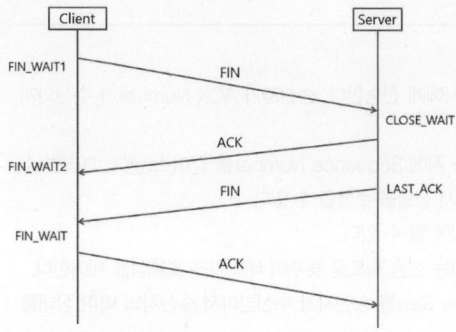

▲ TCP 연결 해제 방법

(4) TCP 상태 값 확인

netstat 명령어를 사용해서 TCP 연결 상태를 확인해 보자. 윈도우에서 −p 옵션을 사용하면 모니터링하고 싶은 프로토콜을 지정할 수 있다.

▲ netstat 명령을 사용해서 TCP 프로토콜 상태 확인

(5) TCP 프로토콜의 Header 구조

Header	설명
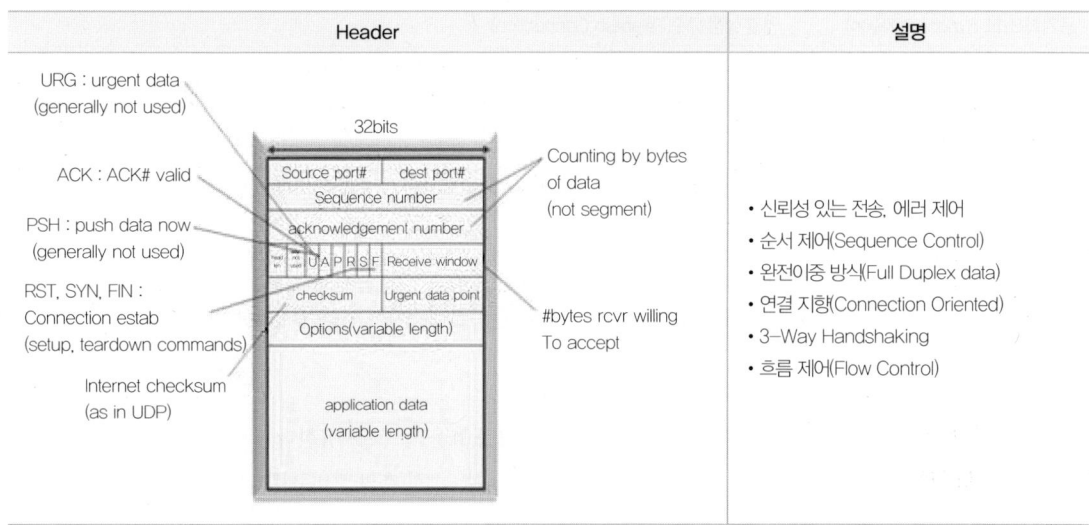	• 신뢰성 있는 전송, 에러 제어 • 순서 제어(Sequence Control) • 완전이중 방식(Full Duplex data) • 연결 지향(Connection Oriented) • 3−Way Handshaking • 흐름 제어(Flow Control)

TCP의 주요 기능

- 신뢰성 있는 전송 : 수신자는 데이터를 송신 받고 ACK Number를 송신자에게 전송한다. 송신자가 ACK Number가 수신되지 않으면 재전송을 실행하여 신뢰성 있는 데이터 송수신을 수행한다.
- 순서 제어 : 송신자의 메시지 순서를 맞추기 위해서 송신자는 메시지 전송 시에 Sequence Number를 같이 보낸다. 그러면 수신자는 메시지의 순서가 맞지 않게 도착해도 Sequence Number를 통해서 정렬을 수행할 수 있다.
- 완전이중(Full Duplex) : 전화기처럼 송신자는 송신, 수신자는 수신을 동시에 할 수 있다.
- 흐름 제어(Flow Control) : 수신자가 메시지를 제대로 받지 못하면, 송신자는 전송 속도를 늦추어 네트워크 효율성을 제어한다.
- 혼잡 제어(Congestion Control) : 수신자의 메모리 버퍼 정보 즉, Window Size를 송신자가 수신받아서 수신자의 버퍼 상태를 보고 전송 속도를 조절한다.

(6) TCP 헤더 세부 내용

● TCP Header 구조 세부 내용(1)

항목	설명
근원지 포트(Source Port)	가상 선로의 송신 측 포트(End Point of Sender)
목적지 포트(Destination Port)	가상 선로의 수신 측 포트(End Point of Receiver)
일련번호(Sequence Number)	송신자가 전송하는 데이터의 일련번호
전송 확인(Piggyback Acknowledgement)	수신자가 응답받은 데이터의 수

- 일련번호와 전송 확인은 데이터 흐름 제어(Flow Control)에 사용되는 32bit 정수이다.
- 슬라이딩 윈도우 프로토콜은 송신자가 일련번호와 함께 데이터를 전송하고, 수신자는 받은 데이터 수를 의미하는 전송 확인 번호를 응답함으로써 안정적인 데이터 전송을 보장한다.

● TCP Header 구조 세부 내용(2)

항목	설명
TCP 헤더 길이 (TCP Header Length)	- TCP 헤더에 몇 개의 32bit 워드가 포함되어 있는가를 나타내는 필드 - 옵션 필드가 가변 길이를 갖기 때문에 필요, 이 값을 이용하여 실제 데이터의 시작점을 계산
URG(Urgent)	긴급 지점(Urgent Pointer)이 사용될 때 1로 설정
ACK(Acknowledgement)	전송 확인(Piggyback Acknowledgement)이 필요로 할 때 설정
EOM(End Of Message)	마지막 메시지임을 가리킴
재설정(RST, Reset)	연결의 재설정(Reset a Connection)
동기화(SYN, Synchronization)	연결 설정 요구(Establish Connection)
FIN(Finish)	연결 해제에 사용되며, 송신 측에서 더 이상의 전송할 데이터가 없음을 의미
윈도우 크기(Window Size)	수신 측에서 수신할 수 있는 최대 Byte 수
체크썸(Checksum)	전송 데이터에 대한 완벽한 신뢰성을 위한 것으로, 모든 데이터의 합에 대한 '1'의 보수로 계산
급송 지점(Urgent Point)	다음에 이어지는 데이터가 급송되어야 함을 의미하며, 인터럽트 메시지 대신 사용
옵션(Options)	전송 셋업 과정의 버퍼 크기에 대한 통신 등 기타 목적에 활용

- 송신 측은 전송한 데이터에 대한 수신 측의 전송 확인(ACK)이 도착하기 전에도 윈도우 크기만큼의 데이터를 연속적으로 보낼 수 있다.
- 수신 측에서는 자신의 버퍼 크기에 따라 이 값을 조절하며, 윈도우 크기가 '0'이 되면 송신자는 전송을 잠시 중단한다.

(7) 흐름 제어(Flow Control)

- 송수신 측 사이의 전송 패킷의 양과 속도를 조절하여 네트워크를 효율적으로 사용한다.
- 송수신 측 사이의 처리 속도와 버퍼 크기 차이에 의해 생길 수 있는 수신 측의 오버플로우를 방지한다.

(8) 슬라이딩 윈도우(Sliding Window)

1) 슬라이딩 윈도우 개요

- 슬라이딩 윈도우(Sliding Window)는 흐름 제어를 수행하는 방법으로 수신자가 수신받을 만큼 데이터를 전송하는 방법이다.
- TCP 호스트 간의 효율적인 데이터 전송을 위해서 호스트 간에 송수신 혹은 수신할 수 있는 Size 정보를 제공한다 (송신 측의 윈도우와 수신 측의 윈도우 제공).
- Stop-and-Wait의 단점을 보완한 방식으로 수신 측의 확인 신호를 받지 않더라도 미리 정해진 프레임의 수만큼 연속적으로 전송한다.
- TCP가 사용하는 방법이다.

2) 슬라이딩 윈도우 동작 방법

- 수신 측은 설정한 윈도우 크기만큼 송신 측에서 확인 응답(Ack)이 없어도 전송할 수 있게 하여 동적으로 패킷의 흐름을 제어하는 방식이다.
- 일정한 수의 패킷을 전송하고 응답이 확인되면 윈도우를 이동하여 그 다음 패킷을 전송한다.

3) 슬라이딩 윈도우 처리 단계

● Step 1 : 송신자와 수신자의 윈도우 크기를 맞춤

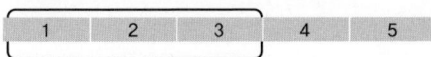

- Window Size = 3, 송신자는 1, 2, 3을 전송한다.

● Step 2 : 응답대기 및 전송

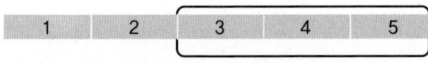

- 송신 후 수신자로부터 ACK 1, 2에 대한 응답이 오면 다음 윈도우로 이동하여 전송한다.

4) 슬라이딩 윈도우의 장점

- 송신자와 수신자 간의 네트워크 전송 효율을 극대화하기 위해서 수신자의 버퍼 크기를 확인하고 최대한으로 전송 효율을 극대화한다.
- 수신자의 ACK의 경우 매번 ACK를 받을 수도 있지만, ACK 신호도 묶어서 처리해서 불필요한 네트워크 부하를 최소화한다.

(9) 혼잡 제어(Congestion Control)

1) 혼잡 제어 개요

- 라우터가 Packet을 처리할 수 있는 속도보다 많은 Packet을 수신하는 경우 라우터는 Packet을 손실하게 되고, 송신 측에서는 Packet을 재전송하게 되는데, 이러한 과정의 연속으로 데이터의 손실이나 지연이 발생한다.
- 혼잡 제어는 송신 단말의 전송률을 직접 제어하여 혼잡으로 인해 손실된 데이터를 최소화한다.

2) TCP Slow Start

- Sender에서 packet을 전송하는 비율과 Receiver에서 수신된 ACK를 통해 Congestion Window(CWnd)를 지수의 크기로 증가시키는 기법이다.

– TCP Slow Start는 혼잡 제어를 하는 방법 중 하나로 TCP가 시작될 때 전송 속도를 초기 값부터 지속적으로 올리는 방법이다. 즉, 1Mbps의 속도로 데이터 전송을 시작하고 조금씩 임계값까지 속도를 올린다. 그러다가 수신자에게 Duplication ACK 값이 오면 데이터를 제대로 수신받지 못함을 판단하고 송신 속도를 초기 값으로 낮추는 방법이다. 또한 Duplication ACK 값이 송신자에게 오지 않아도 전송 속도가 임계값에 도착하면 전송 속도를 임계값의 50%로 낮추고 다시 전송 속도를 올린다.

3) TCP Slow Start 동작 방식

동작 방식	설명
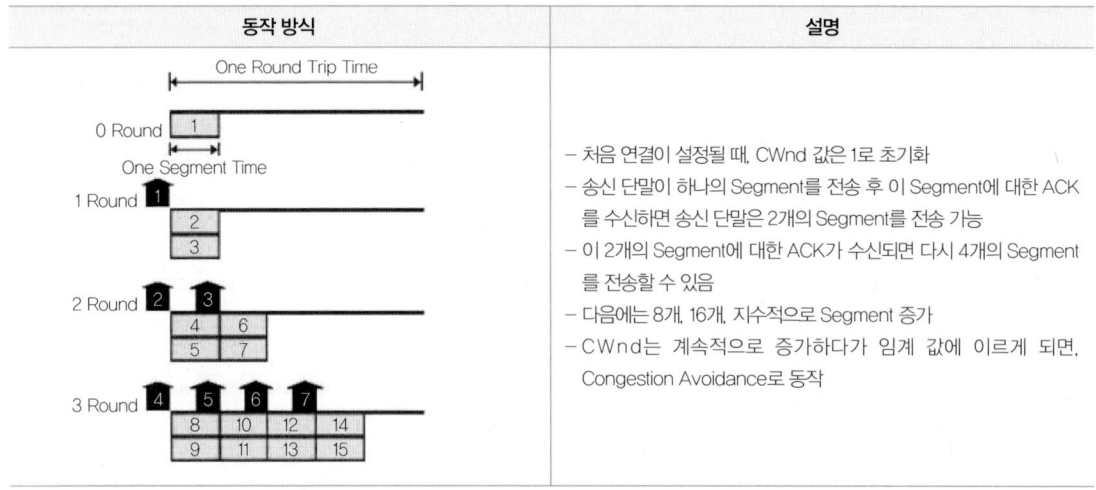	– 처음 연결이 설정될 때, CWnd 값은 1로 초기화 – 송신 단말이 하나의 Segment를 전송 후 이 Segment에 대한 ACK를 수신하면 송신 단말은 2개의 Segment를 전송 가능 – 이 2개의 Segment에 대한 ACK가 수신되면 다시 4개의 Segment를 전송할 수 있음 – 다음에는 8개, 16개, 지수적으로 Segment 증가 – CWnd는 계속적으로 증가하다가 임계 값에 이르게 되면, Congestion Avoidance로 동작

4) Congestion Avoidance(혼잡 회피)

– 일정 시간 동안 ACK가 수신되지 않거나, 일정 수의 Duplicate ACK가 수신되면, 송신자는 Packet 손실을 알게 되고 Congestion Avoidance 상태가 된다.
– 각 연결마다 Congestion Window와 Slow Start Threshold 두 개의 변수를 유지한다.

◉ Congestion Avoidance 동작 방식

동작 방식	설명
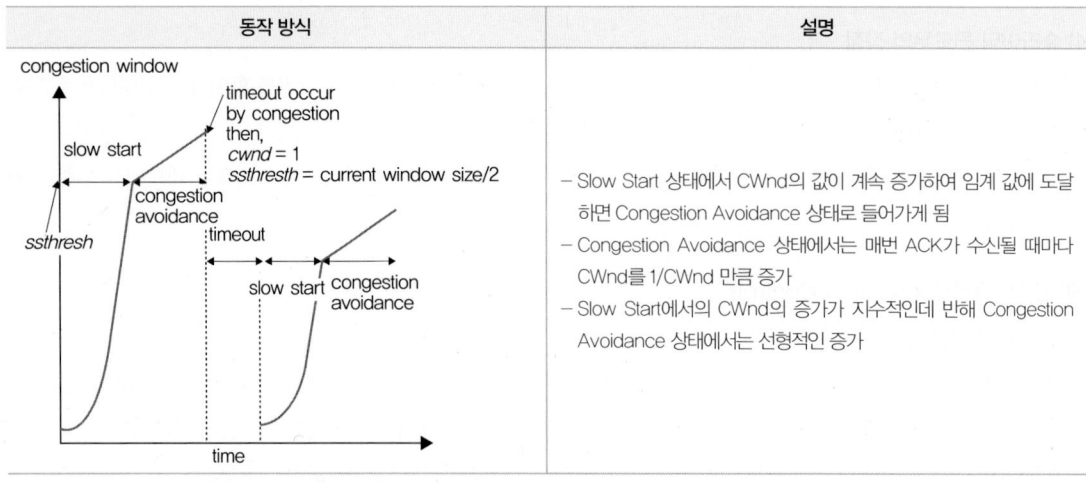	– Slow Start 상태에서 CWnd의 값이 계속 증가하여 임계 값에 도달하면 Congestion Avoidance 상태로 들어가게 됨 – Congestion Avoidance 상태에서는 매번 ACK가 수신될 때마다 CWnd를 1/CWnd 만큼 증가 – Slow Start에서의 CWnd의 증가가 지수적인데 반해 Congestion Avoidance 상태에서는 선형적인 증가

○ TCP 혼잡제어 알고리즘

Fast Retransmit	Fast Recovery
Retransmit Threshold 이상 연속된 Duplicate Ack를 수신하는 경우 TCP는 해당 Segment를 즉시 다시 전송함	Fast Retransmit한 이후 새로 Slow Start를 통해서 설정된 연결의 안정 상태에 도달할 필요 없이 Congestion Avoidance 상태에서 전송할 수 있도록 하는 것

5) TCP Sequence Number와 Acknowledgement Number

– TCP Sequence Number는 송신자가 데이터를 보내는 바이트(Byte) 순서를 의미한다. 예를 들어 3000바이트 데이터를 전송하는 경우는 데이터를 1000바이트씩 세 번씩 나누어서 전송한다면 Sequence Number는 1, 1001, 2001로 전송한다. 초기의 Sequence Number는 rand() 함수를 사용해서 무작위로 만든다. 그리고 Ack Number는 정상적으로 수신을 받았는지 확인할 때 사용한다.

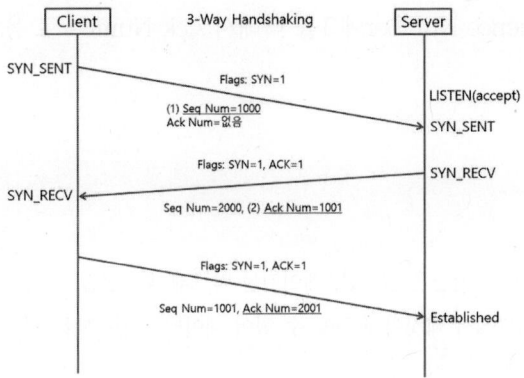

▲ 연결 과정(3–Way Handshaking)에서 Sequence Number

– 위의 내용을 보면 클라이언트는 초기에 1000번이라는 Sequence Number를 서버에 전송한다. 그리고 서버는 Sequence Number에 1을 더해서 Ack Number로 응답한다. 그리고 클라이언트는 Sequence Number를 1 증가시켜서 두 번째 패킷은 1001을 서버에 전송한다.

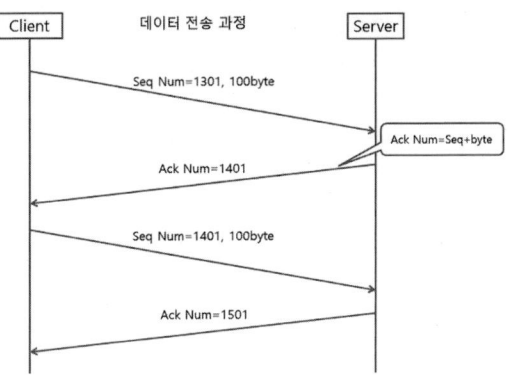

▲ 데이터 전송 과정에서 Sequence Number

– 위의 내용을 보면 데이터 전송 과정에서는 클라이언트가 보낸 Sequence Number에 전송 바이트를 더해서 Ack Number로 응답한다.

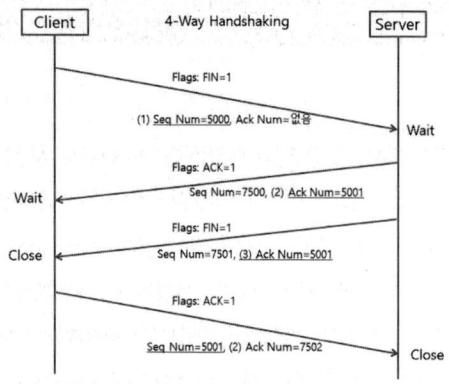

▲ 연결 해제(4-Way handshaking) 과정에서 Sequence Number

- 위의 내용은 TCP가 연결 해제를 할 때의 Sequence Number이다. 즉, 클라이언트는 Sequence Number에 5000을 서버에 전송하고 서버는 Sequence Number에 1을 더해서 Ack Number로 응답한다.

05 UDP(User Datagram Protocol)

(1) UDP 개요

- UDP는 데이터를 빠르게 전송할 용도로 사용하며, TCP에 비해 기능은 없지만, 데이터를 빠르게 송수신할 수 있는 장점이 있다. 하지만 UDP는 재전송 기능이 없어서 네트워크에서 패킷이 손실될 수 있어 데이터가 전송되는 것을 보장하지 않는 단점이 있다.
- 비연결성, 비신뢰성의 특성으로 Packet을 빠르게 전달 할 수 있는 프로토콜이다.
- 송수신의 여부에 대한 책임을 Application이 가진다.

(2) UDP 특징

특징	설명
비신뢰성(Unreliable)	Packet을 목적지에 성공적으로 전송한다는 것을 보장하지 않음
비접속형(Connectionless)	전달되는 Packet에 대한 상태 정보 유지를 하지 않음
간단한 Header 구조	TCP에 비해서 간단한 헤더 구조로 인하여 처리 단순
빠른 전송	TCP에 비해 전송 속도가 빠름

(3) UDP 프로토콜의 Header 구조

Header	설명
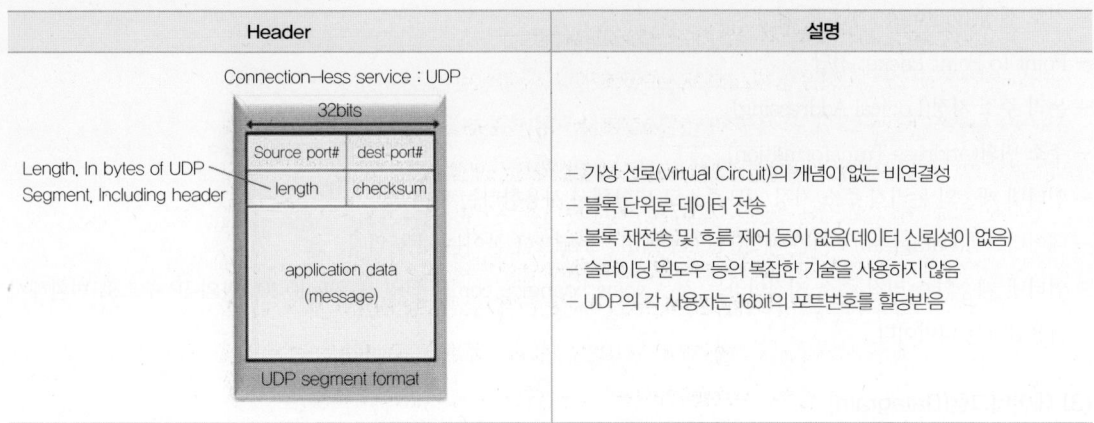Connection-less service : UDP UDP segment format	– 가상 선로(Virtual Circuit)의 개념이 없는 비연결성 – 블록 단위로 데이터 전송 – 블록 재전송 및 흐름 제어 등이 없음(데이터 신뢰성이 없음) – 슬라이딩 윈도우 등의 복잡한 기술을 사용하지 않음 – UDP의 각 사용자는 16bit의 포트번호를 할당받음

실제 UDP 헤더를 보면 다음과 같다. 즉 송신자의 포트번호, 수신자의 포트번호 길이(Length), 무결성 검사를 위한 Check sum 필드만이 존재해서 아주 간단하다.

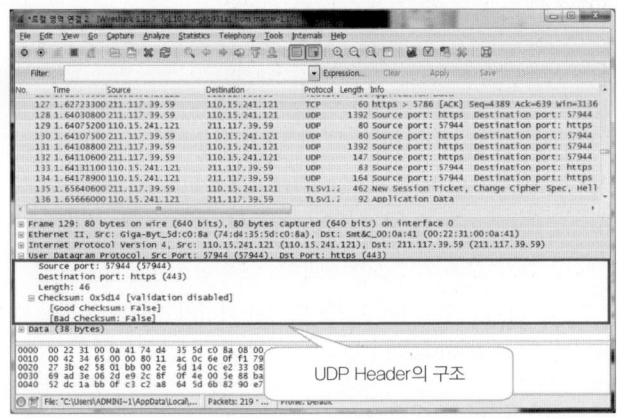

◀ UDP Header의 구조

인터넷 계층

(1) 인터넷 계층 개요

– 인터넷 계층은 송신자의 IP 주소와 수신자의 IP 주소를 읽어서 경로를 결정하거나 전송하는 역할을 수행한다.
– 다중 네트워크 링크를 통해 패킷의 발신지-대-목적지 전달에 대한 책임을 가진다(데이터 링크 층은 노드 간 전달 책임 즉, Point-to-Point).
– 인터넷 계층은 IP, ICMP의 TCP/IP 프로토콜 군이 존재하고 멀티캐스팅을 위한 IGMP(Internet Group Management Protocol), 라우팅을 위한 BGP, OSPF, RIP 등이 존재한다.
– 경로 결정(Routing)은 수신자의 IP 주소를 읽어서 어떻게 목적지까지 가는 것이 최적의 경로인지를 판단하는 것이다. 이러한 작업을 하는 것이 라우터(Router)라는 네트워크 장비이다.

(2) 인터넷 계층 기능

- 경로 설정(Routing) : 경로를 결정
- Point to Point Packet 전달
- 논리 주소 지정(Logical Addressing)
- 주소 변환(Address Transformation)
- 인터넷 계층의 논리적 주소 지정 : IP 주소로 변환해서 사용한다는 의미
- 데이터그램(Datagram) : 기존 패킷(Packet)에 IP Header를 붙이는 것을 의미
- 인터넷 계층의 논리적 주소 지정이라는 것은 www.boangisa.com의 URL을 210.10.10.101의 IP 주소로 변환해서 사용한다는 의미이다.

(3) 데이터그램(Datagram)

데이터그램(Datagram) 이란 기존 패킷(Packet)에 IP Header를 붙이는 것을 의미한다.

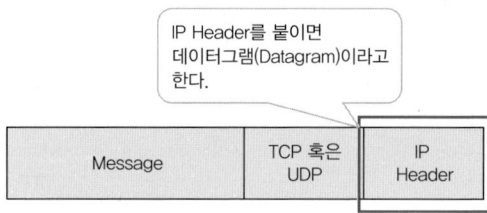

▲ 데이터그램(Datagram)

01 IP(Internet Protocol) 프로토콜

IP 프로토콜은 IP 주소 형태로 송신자와 수신자의 IP 주소를 가지고 있고 IP 주소를 읽어서 최적의 경로를 결정할 수 있게 해준다. IP 프로토콜은 32비트 주소체계로 이루어진 IPv4와 128비트 주소체계로 이루어진 IPv6가 있다.

(1) IP 프로토콜 개요

- TCP/IP망의 네트워크 계층(IP 계층)의 주소화, 데이터그램 포맷, 패킷 핸들링 등을 정의해놓은 인터넷 규약이다.
- 인터넷 프로토콜은 현재 IPv4와 IPv6을 사용 중이다.

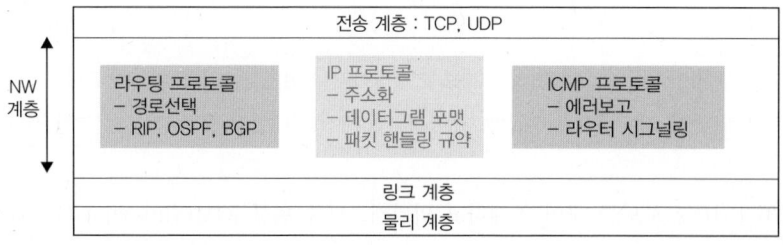

- IPv6는 IP 주소의 부족 문제를 해결하기 위해서 주소 비트 수를 128비트로 늘린 것으로 이것은 모든 디지털 단말기에 IP 주소를 부여하여 인터넷과 연계하려고 하는 것이다. 최근 이러한 서비스를 IoT 서비스라고도 한다.

(2) IP Header 구조

IP Header 정보를 보면, IP 프로토콜이 무슨 기능을 가지고 있는지 좀 더 명확하게 알 수 있다. IP Header에는 버전 (Version) 정보를 가지고 있다. 버전 정보는 IPv4 혹은 IPv6을 구분하는 역할을 수행한다. 즉, 버전 정보를 보고 라우터가 IP Header의 구조를 파악하는 것이다.

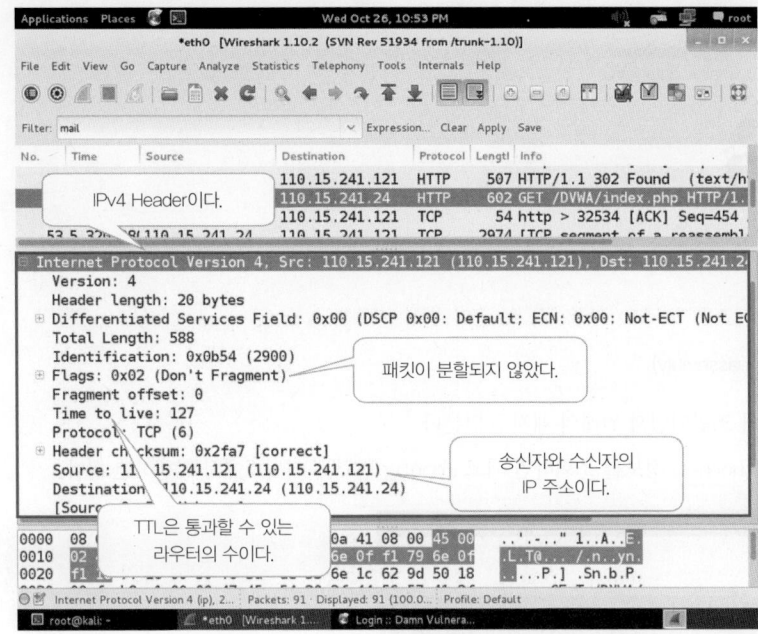

▲ IP Header

또한 Flag와 Fragment Offset이라는 것이 있는데, 이것은 패킷을 전송할 때 패킷의 크기가 너무 크면 패킷은 분할된다. 만약 패킷이 분할될 경우에 분할된 패킷을 수신자가 수신 이후에 다시 조립을 해야 하기 때문에 패킷 분할과 관련된 정보가 있는 것이다.

TTL(Time to Live)은 IP 패킷이 통과할 수 있는 라우터의 수를 의미하며 라우터를 하나 통과할 때마다 1씩 감소하여 0이 되면 패킷은 자동으로 폐기된다. 이것은 인터넷에서 무한정으로 네트워크에 떠도는 패킷을 없애기 위해서이다.

Protocol은 IP Header 위의 상위 프로토콜의 종류를 의미하며, TCP 혹은 UDP인지를 의미한다.

Header checksum은 헤더의 무결성을 검사하기 위한 것이다.

🏳 기적의 TIP

IP(Internet Protocol) Header 구조

- Version : IPv4 버전
- Header LENgth : Header의 전체 길이
- Type of Service : 서비스 유형
- Total length : IP Datagram의 Byte 수
- Identification : Host에서 보낸 Datagram 식별
- Flags & Offset : IP Datagram 단편화 정보
- Time to live : Datagram이 통과할 수 있는 라우터 수
- Protocol : ICMP, TCP, UDP
- Header checksum : IP Header Checksum 계산

(3) IP 단편화(Fragmentation)

네트워크에는 MTU(Maximum Transmission Unit)라는 것이 있다. MTU는 한 번에 통과할 수 있는 패킷의 최대 크기를 의미한다. 그래서 MTU 값보다 패킷의 크기가 크면 패킷은 분할되고 그 정보를 Flag와 Offset에서 가지고 있다.

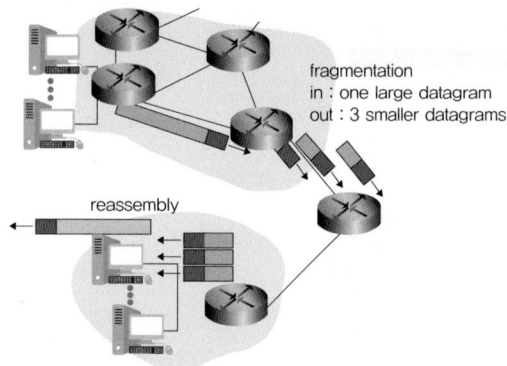

▲ IPv4의 단편화(Fragmentation)와 재결합(Reassembly)

물론 패킷이 수신자에게 도착하면 다시 조립되어서 원래의 패킷을 만든다.

MTU 값을 확인하고 싶으면 이더넷(Ethernet) 정보를 조회하면 되고 ifconfig 명령을 리눅스에서 실행하면 된다.

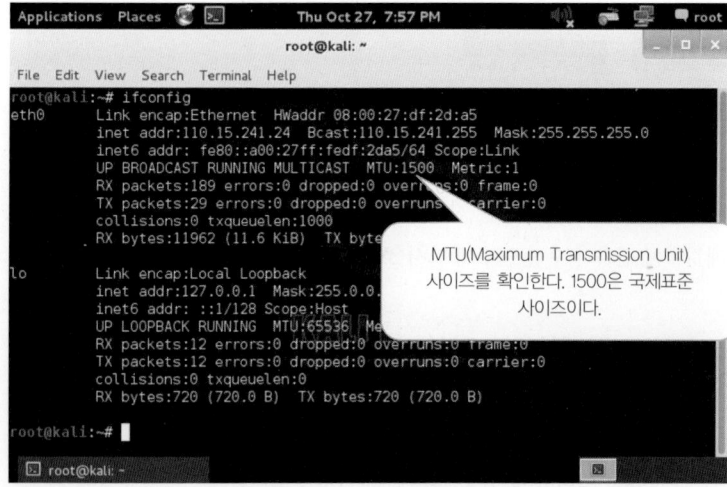

▲ 이더넷(Ethernet)의 MTU 값 확인

윈도우에서 어떤 프로세스가 네트워크를 사용하는지 확인해 보자.
윈도우에서는 netstat −b 옵션을 사용하면 어떤 프로세스가 네트워크를 사용하는지 확인할 수 있다.

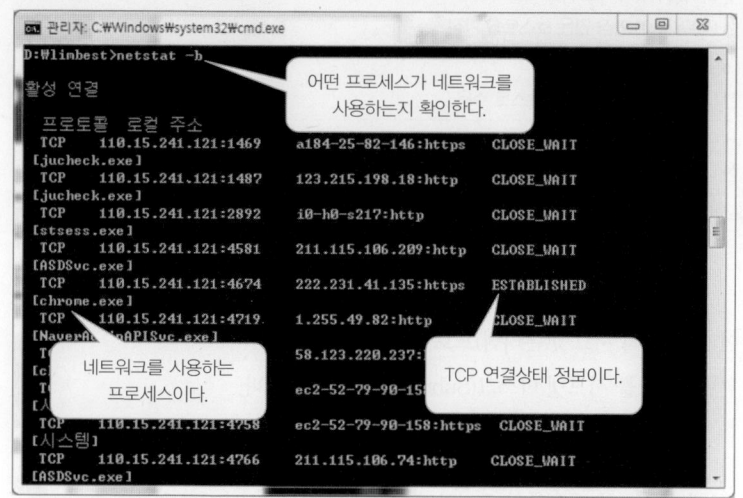

▲ 프로세스가 사용하는 네트워크 정보

02 IP 주소와 서브넷 마스크(Subnet Mask)

(1) 서브넷 마스크(Subnet Mask)

IP 주소는 클래스(Class)로 분류하고 있다. 클래스는 IP 주소를 분류하는 기준으로 사용된다. IP 클래스의 구조는 네트워크 ID와 호스트 ID로 분류할 수 있는데 네트워크 ID는 네트워크에 부여될 수 있는 것이고 호스트 ID는 하나의 네트워크에 부여될 수 있는 호스트 IP 주소의 자릿수이다.

그러므로 최대 32비트에 호스트 ID의 자리가 크면 하나의 네트워크에 많은 수의 컴퓨터에 IP 주소를 부여해서 사용할 수 있는 것이다.

(2) 클래스(Class) 구조

Class	Message
Class A	– 첫 바이트 7Bit가 네트워크 식별자 – 한 네트워크에 가장 많은 호스트를 가짐
Class B	– 14Bit의 네트워크 식별자 – 한 네트워크에 약 2^{16} 대의 호스트 수용
Class C	– 세 번째 바이트까지 네트워크 식별자 – 한 네트워크에 2^8대까지 수용
Class D	멀티캐스트 주소로 사용

(3) 서브넷팅(Subnetting)

– 주어진 네트워크 주소를 작게 나누어 여러 개의 서브넷(논리적)으로 구성된다.

– 네트워크 식별자 부분을 구분하기 위한 Mask를 서브넷 마스크(Subnet Mask)라고 한다.

● 서브넷팅 예제

– 일반적으로 Class C를 두 비트의 서브넷 마스크를 사용하여 구성하면 다음과 같다.

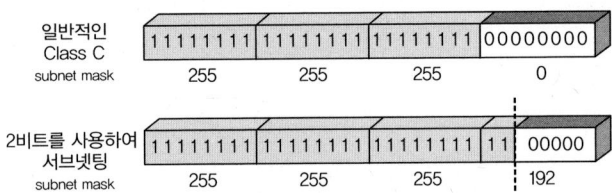

– Class C인 203.252.53 네트워크를 할당받은 기관에서 6개의 서브 네트워크를 구성한다.

– 서브넷 ID가 모두 0인 것과 1인 서브넷은 특수 주소로 제외된다.

– 총 8개의 서브넷이 필요하다.

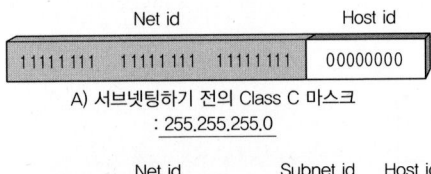

A) 서브넷팅하기 전의 Class C 마스크
: 255.255.255.0

B) 3비트를 이용하여 서브넷팅한 후의
Class C 마스크 : 255.255.255.224

F 기적의 TIP

CIDR(Classless Inter-Domain Routing) 표기법

'0/n'으로 표시하고 n 비트만큼 네트워크 주소를 의미하고 나머지 비트는 호스트 주소이다. 예를 들어 200.10.10.100/24로 표시하는 네트워크 주소는 255.255.255.0의 C 클래스 주소를 의미한다. 즉, 24라는 값은 서브넷 마스크 값에서 1로 설정된 1의 수를 의미하며 1의 수는 왼쪽부터 설정한다. 즉, 255.255.255.0은 11111111.11111111.11111111.00000000로 1의 개수가 24개이다.

03 라우팅(Routing)

(1) 라우팅 개요

– Internetwork를 통해서 데이터를 근원지에서 목적지로 전달하는 기능이다.

– 경로 결정에서 최단 경로 선정 및 전송을 수행하는 포워딩(Forwarding)을 한다.

– 목적지에 대한 경로 정보(Routing Table)를 인접한 라우터들과 교환하기 위한 규약이다.

(2) 정적 라우팅과 동적 라우팅

라우터는 IP 헤더에서 목적지의 IP 주소를 읽어서 경로를 결정하는 작업이다. 이러한 경로를 결정할 때 사전에 미리 고정한 정적 경로(Static Routing) 방법이 있고, 네트워크의 상태를 파악해서 최적의 경로를 결정하는 동적 경로(Dynamic Routing) 방법이 있다.

– 정적 경로 방식의 경우, 경로 설정이 실시간으로 이루어지지 않기 때문에 초기에 관리자가 다양한 라우팅 정보를 분석하여 최적의 경로 설정이 가능하며, 라우터의 직접적인 처리 부하를 감소시킬 수 있어서 비교적 환경 변화가 적은 형태의 네트워크에 적합하다.

– 동적 경로 방식의 경우 경로 설정이 실시간으로 이루어지기 때문에 네트워크 환경 변화에 능동적인 대처가 가능하며, 라우팅 알고리즘을 통해 자동으로 경로 설정이 이루어지며, 수시로 환경이 변화되는 형태의 네트워크에 적합한 방법이다.

● 라우팅 경로 고정 여부에 따른 라우팅 프로토콜의 종류

Routing 방법	설명
정적 경로 (Static Routing)	– 관리자가 라우팅 테이블을 직접 경로 설정, 경로가 고정적이며, 수동으로 갱신하는 방식 – 기법 : Floating Static Routing 등
동적 경로 (Dynamic Routing)	– 네트워크 관리자의 개입 없이 네트워크 상황 변화에 따라 인접 라우터 간에 자동으로 경로 정보를 교환 설정 – 경로 정보를 교환하여 최적의 경로를 결정 및 상황에 따른 능동 대처가 가능 – 기법 : Distance Vector Routing, Linked State Routing 등

(3) IGP와 EGP 라우팅 프로토콜

라우팅 프로토콜은 경로를 결정하는 알고리즘을 포함한 프로토콜이며, 한 도메인 내에서 경로를 결정하는 IGP(Internal Gateway routing Protocol)와 도메인 간에 경로를 결정하는 EGP(Exterior Gateway routing Protocol)로 분류된다.

● 라우팅 범위에 따른 라우팅 프로토콜의 종류

Routing Protocol	설명
IGP (Internal Gateway routing Protocol)	동일 그룹(기업 또는 ISP(Internet Service Provider)) 내에서 라우팅 정보를 교환
EGP (Exterior Gateway routing Protocol)	다른 그룹과의 라우팅 정보를 교환

04 라우팅 프로토콜의 종류

(1) Distance Vector와 Link State

- 라우팅 프로토콜 중에서 Distance Vector는 경로를 결정할 때 통과해야 하는 라우터의 수가 적은 쪽으로 경로를 결정하는 방법이다. 일명 홉 카운터(Hop Count) 또는 TTL(TTL(Time to Live)이라고 한다. 이것은 도로에서 교차로가 적은 경우 빠르게 도착하는 이유와 같은 것이다. Distance Vector는 RIP, IGRP, EIGRP, BGP의 프로토콜이 존재한다.
- Link State 기법은 네트워크 대역폭, 지연 정보 등을 종합적으로 고려해 Cost를 산정하고 해당 Link의 Cost에 따라 경로를 결정하는 방법으로 대표적으로 OSPF가 있다. 이러한 기법은 주기적으로 지연과 같은 정보를 라우터 간에 공유해야 하고 이것은 라우터 브로드캐스트를 통해서 공유한다.
- OSPF는 라우터들을 트리 형태의 자료 구조처럼 연결하고 라우터 간에 정보를 공유한다. OSPF는 대규모 네트워크에서 사용되는 라우팅 프로토콜이고 구조가 복잡한 특성이 있다.

> **🏁 기적의 TIP**
>
> **BGP(Border Gateway Protocol)**
> 인터넷에서 많이 사용되는 외부 라우팅 프로토콜로 서로 다른 자율 시스템(AS : Autonomous System)에서 동작하는 라우팅 프로토콜이다. 즉, 자율 시스템 간의 라우팅 프로토콜이다.

(2) Distance Vector 방식과 Link State 방식의 차이점

구분	Distance Vector	Link State
알고리즘	최단 경로(Shorter Path)를 구하는 벨만 포드(Bellman-Ford) 알고리즘 기반	최소 신장트리(Shortest Path Tree)를 구하는 다익스트라(Dijkstra) 알고리즘 기반
동작 원리	네트워크 변화 발생 시 해당 정보를 인접한 라우터에 정기적으로 전달 하고, 인접 라우터에서는 라우팅 테이블에 정보 갱신	- 라우터와 라우터를 연결하는 Link 상태에 따라 최적의 경로 설정 - 라우터가 네트워크 변화 감지 시 링크 상태 변경 정보를 인접한 라우터에게 즉각 전달하고 이를 저장함
라우팅 정보	모든 라우터까지의 거리 정보 보관	인접 라우터까지의 Link Cost 계산
정보 전송 시점	일정 주기(30초, 이웃 라우터와 공유)	변화 발생 시에만
대표 프로토콜	RIP, IGRP, EIGRP(내부 라우팅), BGP	- OSPF(가장 많이 사용됨) - IS-IS
단점	- 변화되는 라우팅 정보를 모든 라우터에 주기적으로 갱신하므로 망 자체의 트래픽을 유발 - 라우팅 정보를 변경하는 문제 발생 시 Routing Loop가 발생할 가능성이 있음	- 네트워크 전체 정보 유지를 위한 많은 메모리 소요 - 라우터의 CPU 사용량이 높아짐 - 라우터 간 회선의 대역 차이로 동기화를 실패할 가능성이 있음

05 RIP(Routing Information Protocol)

(1) RIP 개요

RIP는 거리 벡터 기반의 라우팅 프로토콜로 목적지까지 경로를 결정할 때 통과해야 하는 라우터의 수가 적은 쪽으로 경로를 결정하는 것이다. 통과해야 하는 라우터 수를 홉 수(Hop Count)라고 하고 만약 홉 수가 16Hop을 넘으면 패킷을 폐기한다. RIP는 라우팅 테이블을 유지하여 네트워크 상태 정보를 보유해야 한다. 이를 위해서 RIP는 30초 단위로 RIP 브로드캐스팅(Broadcasting)을 통해서 라우팅 테이블을 관리한다.

(2) RIP의 주요 특징

구분	설명
개념	RFC 1058에 정의 되어있고 대표적인 거리 벡터 라우팅 프로토콜
동작 원리	– 라우터 간 거리 계산을 위한 척도로 홉 수(Hop Count)를 사용 – 16Hop 이상이면 패킷을 폐기 – 180초 이내에 새로운 라우팅 정보가 수신되지 않으면 해당 경로를 이상 상태로 간주 – 수신된 목적지의 거리 값과 현재 거리 값을 비교하여 작은 것을 기준으로 라우팅 테이블을 변경
라우팅 정보	라우팅 정보 변경 시 모든 망에 적용하므로 큰 규모의 망에는 적합하지 않음

(3) 라우팅 테이블

윈도우 시스템에서 라우팅 테이블의 확인은 netstat 명령어에서 –r 옵션으로 확인이 가능하다.

▲ 윈도우에서 netstat –r로 라우팅 테이블 확인

netstat –r 이외에도 윈도우에서 route PRINT 명령어로 라우팅 테이블에 대한 확인이 가능하다.

▲ route PRINT 명령어로 라우팅 테이블 확인

06 OSPF(Open Shortest Path First)

(1) OSPF 개요

OSPF는 대규모 네트워크에서 사용하는 라우팅 알고리즘으로 링크 상태(Link State) 알고리즘을 사용한다. 링크 상태 알고리즘은 네트워크의 대역폭과 지연 정도, 홉수 등을 종합적으로 고려하여 최단 경로를 결정하는 것이다. 라우팅 알고리즘은 다익스트라가 제안한 최단 경로 알고리즘을 사용하고 최단 경로는 링크의 비용에 따라 결정된다.

구분	설명
OSPF 개념 및 특징	- RFC 1247에 정의되어 있는 IP 라우팅 프로토콜 - 대규모 IP망에서 사용되며 Link State Routing Protocol임 - 링크에서의 전송 시간을 링크 비용으로 사용하여 각 목적지별 최단 경로를 구함 - 네트워크에 변화가 발생했을 때 상대적으로 짧고 간단한 링크 상태 정보를 교환
OSPF 동작 원리	- 링크(Link)의 지연(Delay), 처리량(Throughput), 신뢰성(Reliability) 정보를 이용 - 네트워크를 Area로 구분하여 많은 라우팅 정보의 교환으로 인한 라우터의 성능 저하를 예방하고 대역폭을 절약 - 링크 변화 감지 시 변경된 링크에 대한 정보만을 즉시 모든 라우터에 전달하여 빠르게 라우팅 테이블을 갱신

(2) OSPF 계위

OSPF는 라우팅 계위를 만들어 라우팅을 수행한다. 라우팅 계위는 OSPF에서 관리하는 라우터들 간에 그 역할을 정의한 것이다. 예를 들어 경계 라우터(Boundary Router)는 다른 네트워크로 전달되는 패킷의 경로를 결정하는 것이다. 백본(Backbone) 라우터는 영역(Area) 라우터 간에 중계 역할을 수행한다.

● OSPF의 동작 원리 구성도

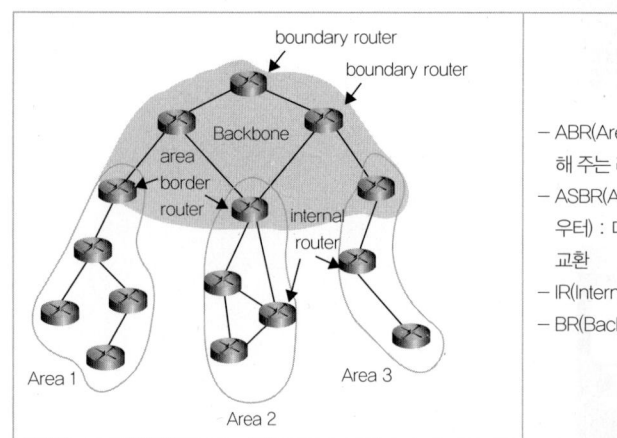

- ABR(Area Border Router, 영역 경계 라우터) : Area에 백본망을 연결해 주는 라우터
- ASBR(Autonomous System Boundary Router, 자율 시스템 경계 라우터) : 다른 AS(Autonomous System)에 속한 라우터와 경로 정보를 교환
- IR(Internal Router, 내부 라우터) : Area에 접속한 라우터
- BR(Backbone Router, 백본 라우터) : 백본망에 접속한 모든 라우터

07 ICMP(Internet Control Message Protocol)

(1) ICMP 개요

- TCP/IP에서 오류를 제어하는 프로토콜이다.
- 호스트 및 라우터는 다른 호스트나 라우터가 현재 도달 가능한지의 여부를 결정한다.
- 라우터는 특정 목적지 네트워크로 후속 IP 데이터그램을 보내는 데 사용할 수 있는 더 좋은 경로가 있음을 근원지 호스트에게 통지한다.
- 호스트나 라우터는 그들이 처리하기 너무 빠른 IP 데이터그램이 도착하면 이를 다른 시스템에게 통보한다.

(2) ICMP의 주요 기능

– IP 패킷 처리 도중 발견된 문제를 보고한다.

– 다른 호스트로부터 특정 정보를 획득하기 위해 사용한다.

– TCP/IP 프로토콜에서 두 호스트 간에 에러 처리를 담당한다.

– 통신이 정상적으로 이루어지는지 확인한다.

(3) ICMP 메시지 구조

type	code	checksum
identifier		sequence number
optional data		

– Type : ICMP 메시지 유형 표시

– Code : Type과 같이 사용되며 세부적인 유형을 표현

– Check Sum : IP Datagram Checksum

(4) ICMP 메시지의 종류

Type	Message	설명
3	Destination Unreachable	Router가 목적지를 찾지 못할 경우 보내는 메시지
4	Source Quench	패킷을 너무 빨리 보내 네트워크에 무리를 주는 호스트를 제지할 때 사용
5	Redirection	패킷 Routing 경로를 수정. Smurf 공격에서 사용
8 or 10	Echo Request or Reply	Host의 존재를 확인
11	Time Exceeded	패킷을 보냈으나 시간이 경과하여 Packet이 삭제되었을 때 보내는 메시지
12	Parameter Problem	IP Header Field에 잘못된 정보가 있다는 것을 알림
13 or 14	Timestamp Request and Reply	Echo와 비슷하나 시간에 대한 정보가 추가

(5) TTL(Time To Live)의 역할

– ICMP는 TTL이 설정된다. TTL 값은 라우터를 통과할 때마다 1씩 감소하게 된다.

– TTL이 0이 되면 패킷(Packet)은 자동으로 폐기된다.

– 패킷이 정해진 시간 내에 도착하지 않으면 ICMP는 시간초과(Time Exceeded) 메시지를 보고한다.

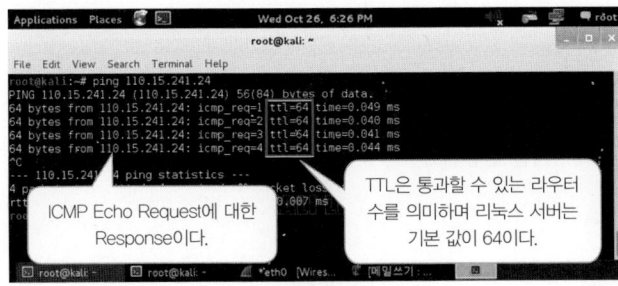

▲ ping 명령어 실행

08 데이터 전송 방식

데이터 전송 방식은 송신자와 수신자 간에 어떻게 데이터를 보낼 것인지를 의미한다. 즉, 1 대 1로 데이터를 전송하는 것은 유니캐스트(Unicast)이고 1 대 N으로 모두에게 전송하는 것은 브로드캐스트(Broadcast)라고 한다. 멀티캐스트(Multicast)는 1 : N 전송에서 특정 사용자에게만 데이터를 전송하는 방식이다.

● 데이터 전송 방식

전송 방식	설명	개념도
Unicast	1 : 1 전송 방식	
Broadcast	1 : N 전송 방식 (동일한 서브넷 상의 모든 수신자에게 전송)	
Multicast	M : N 전송 방식 (하나 이상의 송신자들이 특정 그룹의 수신자에게 전송)	

Anycast는 IPv6에 새롭게 등장한 것으로 그룹에 등록된 노드 중에서 최단 경로 노드 한 개에만 전송하는 기술이다. 그리고 IPv6부터는 Broadcast가 없어졌다.

09 멀티캐스트와 IGMP

(1) 멀티캐스트 개요

멀티캐스트는 그룹에 등록된 사용자에게만 데이터를 전송하는 것이다. 그럼 그룹에 등록된 사용자를 관리해야 하는데 그룹에 등록된 사용자를 관리하는 프로토콜이 IGMP이다.

(2) IGMP 특징

– 멀티캐스트 시에 멀티캐스트에 참석하는 수신자 정보를 제공한다.
– 1 대 N 방식으로 멀티캐스트 그룹에 메시지를 전송한다.
– 호스트와 라우터 사이에 이루어지며 TTL(Time To Live)이 제공된다.
– 시작 호스트에서 수신을 받을 목적지 호스트들에게 메시지를 전송한다.

(3) IGMP 메시지 구조

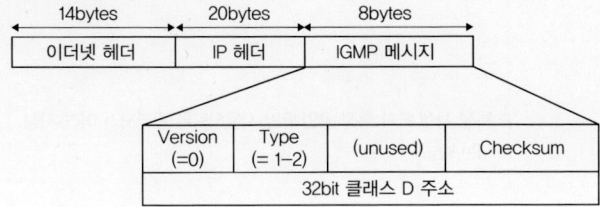

- 8byte로 구성된다.
- Version : IGMP 프로토콜의 버전 표시, 현재 IGMP Version 2이다.
- Type : 메시지 유형, 1 = 보고, 2 = 질의 메시지이다.
- Group id : 보고 메시지의 경우 호스트에서 신규 가입하고자 하는 멀티캐스트 서비스의 group id이다.

10 NAT(Network Address Translation)

(1) NAT 개요

사설 IP를 라우팅이 될 수 있는 공인 IP로 변경하는 주소 변환을 NAT이라고 한다.

(2) NAT 장점

- 공인 IP 부족 해결 : 내부망에서는 사설 IP, 외부망에서는 공인 IP를 사용한다.
- 보안성 : 내부를 사설망으로 해서 공인망으로부터 보호한다.
- ISP(Internet Service Provider) 변경에 따른 내부 IP 변경을 최소화한다.

(3) NAT의 종류

종류	설명
Normal NAT	N개의 사설 IP를 한 개의 공인 IP로 변환
Reverse NAT(Static)	– Normal NAT 설정만으로 외부에서 내부 네트워크로 접속할 수 없음 – Normal NAT로 설정된 외부 IP로 요청하여 N개의 사설 IP의 어떤 것에 매핑할 수 없음 – 이러한 경우 Reverse NAT는 1:1 매핑, Static 매핑
Redirect NAT	목적지 주소를 재지정할 경우 사용(장애 시 사용)
Exclude NAT	특정 목적지로 접속할 경우 설정된 NAT를 적용받지 않도록 할 때 사용

● Dynamic NAT

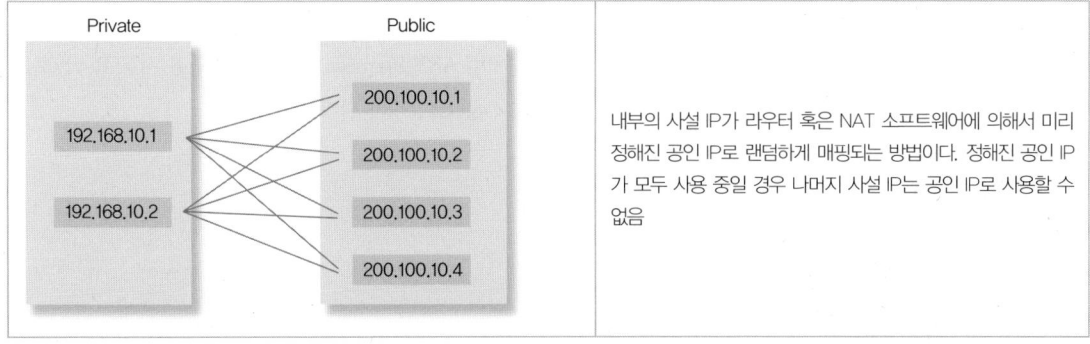

○ Static NAT

특정 사설 IP가 특정 공인 IP만 사용하도록 관리자가 미리 지정하는 방법

○ PAT

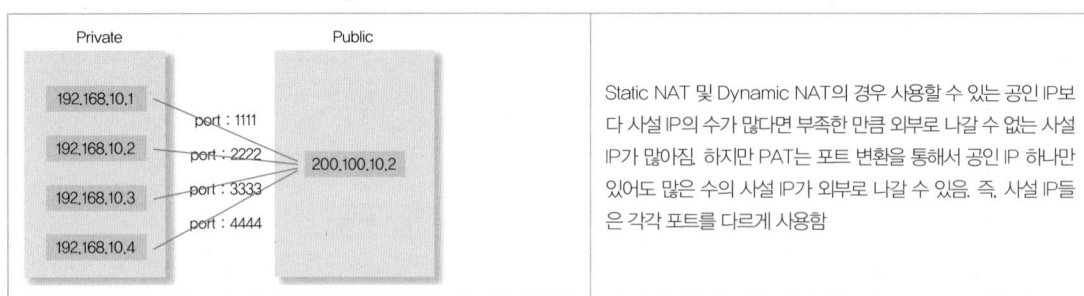

Static NAT 및 Dynamic NAT의 경우 사용할 수 있는 공인 IP보다 사설 IP의 수가 많다면 부족한 만큼 외부로 나갈 수 없는 사설 IP가 많아짐. 하지만 PAT는 포트 변환을 통해서 공인 IP 하나만 있어도 많은 수의 사설 IP가 외부로 나갈 수 있음. 즉, 사설 IP들은 각각 포트를 다르게 사용함

⑪ ARP

(1) ARP 개요

ARP 프로토콜은 IP 주소를 물리적인 하드웨어 주소인 MAC 주소로 변경하는 프로토콜이다. ARP 프로토콜은 ARP Request로 보내고 인접에 있는 컴퓨터가 ARP Reply를 통해서 응답한다. ARP Request와 ARP Reply를 통해서 ARP Cache Table을 유지해서 인접 컴퓨터의 IP 주소와 MAC 주소를 가지고 있게 된다.

– 인터넷 주소(IP)를 물리적 하드웨어 주소(MAC)로 매핑한다.

– IP 주소와 이에 해당하는 물리적 네트워크 주소 정보는 각 IP 호스트의 ARP 캐시라 불리는 메모리에 테이블 형태로 저장된 후 다음 패킷 전송 시에 다시 사용한다.

– ARP Cache Table은 MAC 주소와 IP 주소를 보유하고 있는 매핑 테이블이다.

(2) ARP 동작 방식

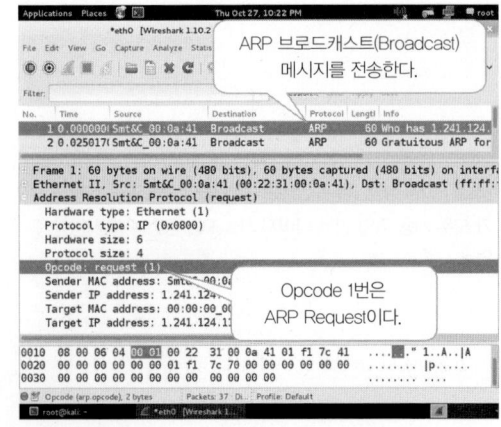

실제 네트워크 패킷을 모니터링해서 ARP 프로토콜이 어떻게 동작하는지 알아보자.

이미지처럼 ARP Request 패킷이 발송되면 ARP Reply로 응답하고 Opcode는 2가 된다.

◀ ARP Request 동작

(3) ARP Operation Code

Op Code	ARP Message Type
1	ARP Request
2	ARP Reply
3	RARP Request
4	RARP Reply
5	DRARP Request
6	DRARP Reply
7	DRARP Error
8	InARP Request
9	InARP Reply

(4) ARP 명령어

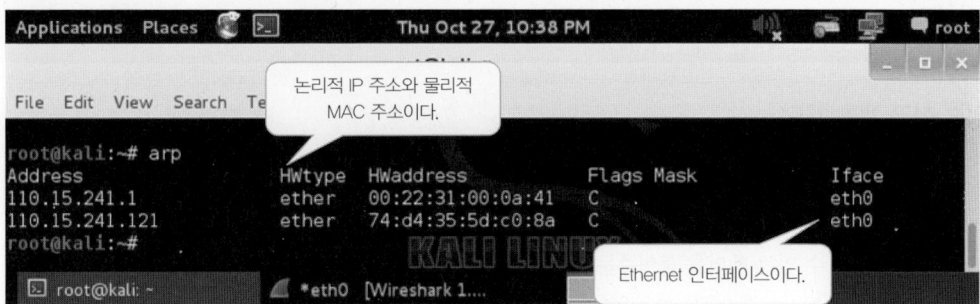

▲ ARP로 IP 주소와 하드웨어 주소(MAC) 확인(리눅스)

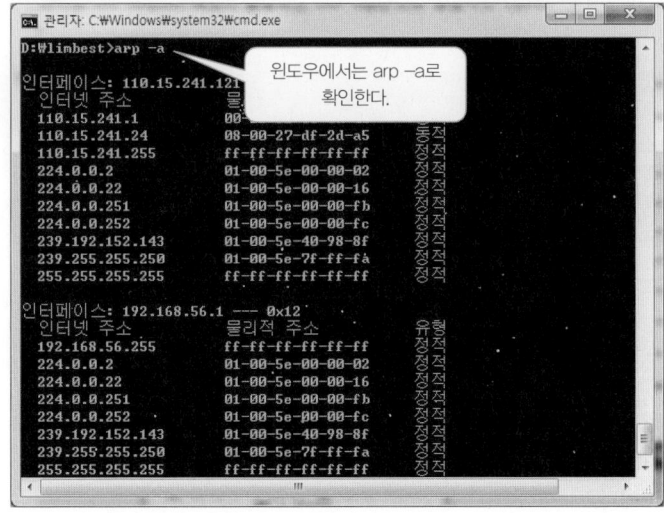

▲ ARP로 IP 주소와 하드웨어 주소(MAC) 확인(윈도우)

12 RARP

RARP는 Diskless Host에서 사용하는 것으로 이것은 운영체제도 없는 일종의 더미 터미널이다. 더미 터미널에서 자신의 물리적 주소인 MAC 주소를 서버에 전송하고 IP 주소를 수신받아서 기동하는 것이다.

이것은 일반적인 데스크톱 PC에서는 필요하지 않고 과거 은행에서 더미 터미널을 사용했을 경우 사용했던 방법이다.

- 물리적인 주소 MAC을 기반으로 논리적인 주소 IP를 알아 오는 프로토콜이다.
- 하나의 호스트를 RARP 서버로 지정한다.
- 디스크가 없는 워크스테이션은 RARP Request 패킷을 전송한다.
- RARP 서버는 디스크가 없는 워크스테이션들의 물리적 하드웨어 주소(MAC)를 인터넷 주소로 매핑한다.
- RARP 서버는 인터넷 주소를 포함한 RARP Response 패킷으로 응답한다.
- RARP 요청 메시지는 브로드캐스트로 전송하고, RARP 응답 메시지는 유니캐스트로 전송한다(요청 메시지에 송신자의 주소가 포함).

POINT 05 네트워크 접근 계층

01 네트워크 접근 계층 개요

- 네트워크 접근 계층은 LAN 카드의 물리적 주소인 MAC 주소를 가지고 전기적인 비트 신호로 메시지를 전송하는 계층이다.
- Physical Layer가 이해할 수 있는 헤더를 붙여주는 Layer, Frame 단위, MAC Address를 사용하는 계층이다.
- 통신기기 사이에 연결 및 데이터 전송 기능을 지원한다.

02 프레임(Frame) 구조

네트워크 접근 계층은 프레임을 비트 단위로 전송한다.

		Header			Payload		Footer
Preamble (10101010) (7bytes)	SOF (10101011) (1byte)	Destination Address (6bytes)	Source Address (6bytes)	Type (2bytes)	Data (46~1500)	PAD (0~N)	FCS (4)

8 bytes   64 ~ 1518bytes

- Preamble : 동기화 정보를 가지고 있다.
- SOF(Starting Frame Delimiter) : 프레임 시작을 알리는 구분자이다.
- Destination Address : 수신자(목적지)의 물리적 MAC 주소이다.
- Source Address : 송신자의 물리적 MAC 주소이다.
- Type : 상위 계층의 프로토콜 종류를 의미한다.
- PAD : 프레임 길이를 맞추기 위한 영역으로 64 Byte 길이를 만족하지 못하면 나머지 부분은 0으로 채워진다.
- FCS(Frame Check Sequence) : 비트열의 오류를 검사하기 위해서 사용된다.

* 네트워크관리사 1급, 2급에서 출제된 기출문제입니다.

2023년 2월, 2014년 1월

01 인터넷에서 멀티캐스트를 위하여 사용되는 프로토콜은?

① IGMP   ② ICMP
③ SMTP   ④ DNS

IGMP 프로토콜은 멀티캐스트를 위해서 그룹을 관리하는 프로토콜이다.

2020년 10월, 2014년 1월

02 라우팅 프로토콜 중 네트워크 거리를 계산할 때 홉(Hop)의 총계만을 사용하는 것은?

① SNMP   ② RIP
③ SMB   ④ OSPF

RIP 라우팅 프로토콜은 거리 벡터 알고리즘으로 홉의 총계를 가지고 최단 경로를 결정하는 라우팅 프로토콜이다.

2014년 1월

03 다음은 각각의 HOST에 입력한 IP Address를 보여준다. 잘못 입력된 IP Address는?

① 210.182.73.37   ② 211.75.217.13
③ 127.0.256.1   ④ 203.234.12.1

상위 127 주소는 루프백(Loopback) 주소로 예약된 주소이다. 그러므로 일반 호스트에 127 주소를 등록할 수 없다.

2018년 10월, 2014년 1월

04 네트워크에서 호스트나 라우터, 다른 컴퓨터나 장치들을 감시하고 관리하기 위한 목적으로 사용되는 응용 계층 표준 프로토콜은?

① SLIP-PPP(Serial Line Internet Protocol, Point to Point Protocol)
② SNMP(Simple Network Management Protocol)
③ SMTP(Simple Mail Transfer Protocol)
④ SDP(Session Description Protocol)

SNMP 프로토콜은 네트워크를 모니터링 하는 프로토콜로 NMS(Network Management System)에서 사용된다.

05 C Class의 네트워크 주소가 '192.168.10.0'이고, 서브넷 마스크가 '255.255.255.240'일 때, 최대 사용 가능한 호스트 수는? (단, 네트워크 주소와 브로드캐스트 호스트는 제외한다.)

① 10개　　　　　　　　　　　　　　② 14개

③ 26개　　　　　　　　　　　　　　④ 32개

C Class이므로 네트워크 ID 부분은 255.255.255로 고정된다. 그리고 240까지 네트워크 ID이다. 240 = 128 + 64 + 32 + 16이므로 4비트까지 네트워크 ID로 사용했다. 그러므로 남은 4비트가 호스트 ID로 사용된다. 2^4 = 16이므로 등록 가능한 최대 호스트는 14개이다.

06 TCP 헤더 포맷에 대한 설명으로 옳지 <u>않은</u> 것은?

① Checksum은 1의 보수라 불리는 수학적 기법을 사용하여 계산된다.

② Source 포트 32bit 필드는 TCP 연결을 위해 지역 호스트가 사용하는 TCP 포트를 포함한다.

③ Sequence Number 32bit 필드는 세그먼트들이 수신지 호스트에서 재구성되어야 할 순서를 가리킨다.

④ Data Offset 4bit 필드는 32bit 워드에서 TCP 헤더의 크기를 가리킨다.

TCP Header에서 Source 포트는 16비트이다.

07 IP Address를 물리적 네트워크 주소로 변환시켜주는 Protocol은?

① TCP　　　　　　　　　　　　　　② ARP

③ DHCP　　　　　　　　　　　　　④ WINS

ARP 프로토콜은 IP 주소를 물리적 MAC 주소로 변환하는 프로토콜이고 DHCP는 IP 주소의 허용 범위를 등록하고 사용자 단말에 동적으로 IP 주소를 할당하는 프로토콜이다.

08 IP 데이터그램 전달을 위한 주소 형태 중 IPv4와 비교하여 IPv6에서만 제공되는 서비스는?

① Unicasting　　　　　　　　　　　② Multicasting

③ Broadcasting　　　　　　　　　　④ Anycasting

IPv4에서 제공되었던 Broadcasting은 IPv6에서는 제거되고 Anycasting이 추가되었다.

09 ICMP의 기능으로 옳지 <u>않은</u> 것은?

① 에러 보고 기능　　　　　　　　　② 도착 가능 검사 기능

③ 혼잡 제어 기능　　　　　　　　　④ 송신 측 경로 변경 기능

ICMP 프로토콜은 네트워크 에러를 검사하고 보고하는 프로토콜이다. 경로 변경은 지원하지 않는다.

10 IP Address의 Class에 대한 설명으로 올바른 것은?

① A Class 주소는 실제 128개의 네트워크에 할당할 수 있다.

② B Class는 IP Address에서 최상위 비트를 '10'으로 설정하고, 그 이후 총 2 Octet까지 네트워크 ID로 사용한다.

③ C Class 네트워크에서는 특별한 목적의 예약 주소를 제외하고 최고 256개의 호스트를 가질 수 있다.

④ D Class는 앞으로 사용하기 위해 남겨둔 실험적인 범위이다.

B Class는 255.255.0.0으로 2 옥텟까지 1로 설정되어서 네트워크 ID가 되고 나머지는 호스트 ID라서 0으로 설정된다.

11 ARP(Address Resolution Protocol)에 관한 설명으로 올바른 것은?

① 데이터 링크 계층에서 이용하는 하드웨어 주소를 IP 주소로 맵핑하는 기능을 제공한다.

② ARP Cache는 IP Address를 하드웨어 주소로 맵핑한 모든 정보를 유지하고 있다.

③ ARP Cache의 내용을 보기 위한 명령으로 arp 명령을 이용하고 이때 옵션은 '–a'이다.

④ ARP가 IP Address를 알기 위해 특정 호스트에게 메시지를 전송하고 이에 대한 응답을 기다린다.

arp –a 옵션은 ARP Cache 테이블의 정보를 출력한다.

12 ICMP 프로토콜의 기능에 대한 설명 중 옳지 않은 것은?

① 모든 호스트가 성공적으로 통신하기 위해서 각 하드웨어의 물리적인 주소 문제를 해결하기 위해 사용된다.

② 네트워크 구획 내의 모든 라우터의 주소를 결정하기 위해 라우터 갱신 정보 메시지를 보낸다.

③ Ping 명령어를 사용하여 두 호스트 간 연결의 신뢰성을 테스트하기 위한 반향과 회답 메시지를 지원한다.

④ 원래의 데이터그램이 TTL을 초과할 때 시간 초과 메시지를 보낸다.

ICMP는 물리적 주소 문제를 해결하는 것이 아니라 네트워크의 상태를 점검하는 것이다. 즉, 네트워크상의 어떤 문제를 해결하지는 못한다.

13 UDP에 대한 설명으로 옳지 않은 것은?

① UDP는 TCP에 비해 신뢰성이 떨어진다.

② UDP는 사용자 데이터그램(Datagram)이라고 하는 데이터 유닛을 송신지의 응용 프로세스에서 수신지의 응용 프로세스로 전송한다.

③ UDP가 제공하는 서비스는 비연결형 데이터 전달 서비스(Connectionless Data Delivery Service)이다.

④ UDP가 제공하는 오류검사는 홀수 패리티와 짝수 패리티가 있다.

UDP는 패리티 비트를 사용해서 오류를 검사하지 않고 UDP 헤더에 Checksum 필드를 가지고 오류를 확인한다.

14 IP Address '172.16.0.0'인 경우에 이를 14개의 서브넷으로 나누어 사용하고자 할 경우 서브넷 마스크의 값은?

① 255.255.228.0

② 255.255.240.0

③ 255.255.248.0

④ 255.255.255.192

B 클래스에서 14개의 서브넷으로 분류하려면 네트워크 ID가 최소 4비트가 할당되어 있어서 한다. 그래서 $2^4 = 16$이다. 4비트이므로 128 + 64 + 32 + 16 + 0 + 0 + 0 = 240이 된다.

15 아래 프로토콜 중 TCP/IP 계층 모델로 보았을 때, 나머지와 다른 계층에서 동작하는 것은?

① IP

② ARP

③ RARP

④ UDP

TCP와 UDP는 전송 계층에서 동작하고 IP, RARP, ARP는 네트워크 계층에서 동작한다.

16 IP Address '11101011.10001111.11111100.11001111'가 속한 Class는?

① A Class

② B Class

③ C Class

④ D Class

D Class는 멀티캐스트로 지정된 것으로 상위 4비트가 1110으로 지정되어 있다.

17 ipconfig는 TCP/IP 설정을 확인하는 유틸리티이다. 다음 중 이 유틸리티를 사용하여 확인할 수 있는 정보로 옳지 않은 것은?(단, ipconfig의 /all과 같은 파라미터는 사용하지 않는다.)

① IP Address

② DNS 서버

③ 서브넷 마스크(Subnet Mask)

④ 기본 게이트웨이(Default Gateway)

> ipconfig 명령으로 IP 주소, 서브넷 마스크, 기본 게이트웨이를 확인할 수 있다.

18 패킷 전송의 최적 경로를 위해 다른 라우터들로부터 정보를 수집하는데, 최대 홉이 15를 넘지 못하는 프로토콜은?

① RIP

② OSPF

③ IGP

④ EGP

> RIP는 거리 벡터 라우팅 프로토콜로 최대 홉 수가 15를 넘으면 패킷이 자동 폐기된다.

19 TCP/IP 프로토콜에서 IP 계층의 한 부분으로 에러 메시지와 주의를 요하는 상태 정보를 알려주는 인터넷 제어 메시지 프로토콜은?

① ARP

② RARP

③ UDP

④ ICMP

> ICMP는 네트워크의 상태를 확인하는 프로토콜이고 ARP는 IP 주소를 MAC 주소로 변환한다. RARP는 MAC 주소를 IP 주소로 변환한다.

20 IP Address를 네트워크 인터페이스 카드의 하드웨어 주소로 변환하는 프로토콜은?

① ICMP

② IGMP

③ ARP

④ RARP

> ARP 프로토콜은 IP 주소를 하드웨어 주소인 MAC 주소로 변환하는 프로토콜이다.

21 멀티캐스트 라우터에서 멀티캐스트 그룹을 유지할 수 있도록 메시지를 관리하는 프로토콜은?

① ARP
② ICMP
③ IGMP
④ FTP

IGMP는 그룹에 등록된 사용자에게 데이터를 전송하는 것으로 멀티캐스트에서 사용한다.

22 IPv4에서 잘못된 형식의 IP Address는?

① 128.110.125.18
② 221.251.256.111
③ 222.210.21.95
④ 192.54.110.21

221.251.256.111에서 256이라는 비트는 만들 수 없다.

23 Windows Server에서 사용 중인 호스트 컴퓨터에 설정된 IP Address, Subnet Mask, Gateway Address, DNS Address를 확인할 수 있는 명령어는?

① ipconfig
② ping
③ netstat
④ ARP

ipconfig 명령으로 IP 주소, 서브넷 마스크, 기본 게이트웨이를 확인할 수 있다.

24 UDP에 대한 설명으로 옳지 <u>않은</u> 것은?

① 전송 계층의 프로토콜이다.
② 연결 지향으로 신뢰성 있는 전송을 한다.
③ User Datagram Protocol의 약자이다.
④ Broadcast를 이용하여 한꺼번에 많은 수의 호스트들에게 데이터를 전송할 수 있다.

연결 지향으로 신뢰성 있는 전송을 하는 것은 TCP이고 UDP는 비연결형을 지원하고 빠른 전송 속도를 가진다.

25 C Class의 IP Address에 대한 설명으로 옳지 <u>않은</u> 것은?

① Network ID는 '192.0.0 ~ 223.255.255'이고, Host ID는 '1~254'이다.
② IP Address가 203.240.155.32인 경우, Network ID는 203.240, Host ID는 155.32가 된다.
③ 통신망의 관리자는 Host ID '0', '255'를 제외하고, 254개의 호스트를 구성할 수 있다.
④ Host ID가 255일 때는 메시지가 네트워크 전체로 브로드캐스트된다.

C Class에서 네트워크 ID는 203.240.1550이고 호스트 ID는 32가 된다.

26 RARP에 대한 설명으로 옳지 <u>않은</u> 것은?

① RARP는 별도의 RARP 기능을 수행하는 서버가 필요 없다.

② 디스크를 가지고 있지 않은 호스트가 자신의 IP 주소를 서버로부터 얻어내기 위해 사용된다.

③ 하드웨어 주소를 IP Address로 맵핑시킨다.

④ ARP와 거의 같은 패킷 구조를 가지며, ARP처럼 이더넷 프레임의 데이터 안에 한 부분으로 포함된다.

RARP는 MAC 주소를 IP 주소로 변환하는 프로토콜로 RARP를 수행하는 별도의 서버가 필요하다.

2020년 10월, 2017년 4월

27 TCP/IP에 대한 설명으로 옳지 <u>않은</u> 것은?

① TCP는 연결형 프로토콜로 전송한 데이터의 응답을 받아 가며 전송한다.

② UDP는 TCP에 비해 안정성 면에서는 떨어지지만 속도는 빠르다.

③ UDP는 데이터가 제대로 도착했는지의 유무를 확인할 수는 있지만 잘못 전송되었을 경우 복구할 수는 없다.

④ TCP는 송신자의 정보를 분할하여 각 패킷별로 순서에 따라 번호를 부여한다.

UDP는 데이터가 제대로 도착했는지 유무를 확인할 수 없다.

2022년 5월, 2017년 10월

28 서브넷 마스크(Subnet Mask)에 대한 설명 중 올바른 것은?

① IP Address에서 Network Address와 Host Address를 구분하는 기능을 수행한다.

② 하나의 Network를 두 개 이상의 Network로 나눌 수 없다.

③ IP Address는 효율적으로 관리하나 트래픽 관리 및 제어가 어렵다.

④ 불필요한 브로드캐스트 메시지를 제한할 수 없다.

서브넷 마스크는 네트워크를 논리적으로 나누어서 관리하는 기능으로 네트워크 주소(Network Address)와 호스트 주소(Host Address)로 구분된다.

32비트		
클래스 종류	네트워크 ID	호스트 ID

응용 프로토콜

반복학습 ① ② ③   빈출 태그   FTP・tFTP・DNS・Telnet・SSH・SMTP・SNMP・POP3

POINT 01   Telnet과 SSH

01 Telnet

- Telnet은 원격으로 서버에 로그인하여 작업을 할 때 많이 사용되는 프로그램이다. Telnet은 TCP 프로토콜을 사용해서 원격 연결을 시도하고 포트번호는 23번 포트를 기본적으로 사용한다.
- Telnet으로 원격서버에 연결할 때는 사용자 ID와 패스워드를 입력하고 사용자 ID와 패스워드가 올바르면 로그인이 완료된다.

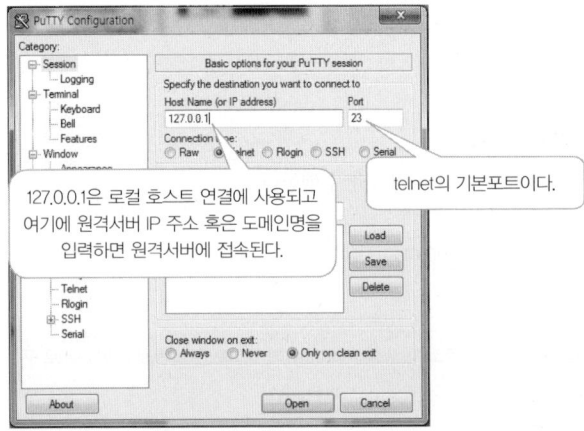

▲ Putty라는 프로그램으로 Telnet 연결

02 services 파일

리눅스 시스템에서 사용하는 포트번호는 /etc/services 파일에 등록되어 있다. /etc/services 파일을 vi로 열어서 확인해 보면 Telnet 프로그램이 사용하는 포트번호를 확인할 수 있다. 즉, 23번 포트를 사용하고 있으며 사용자가 이 포트번호를 변경할 수 있다. 23번 포트는 이미 알려진 포트이므로 보안을 위해서 의도적으로 알려지지 않은 임의의 포트로 변경한다.

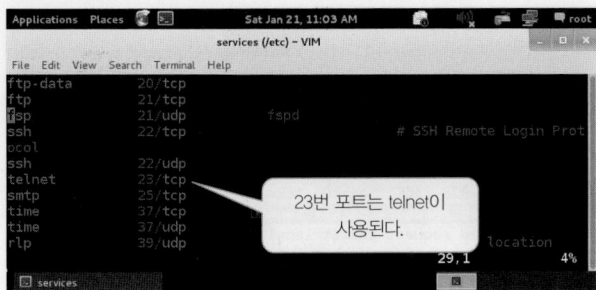

▲ /etc/services 파일에서 사용 포트 확인

03 SSH

Telnet의 가장 큰 문제는 통신에서 송신 및 수신되는 모든 데이터가 암호화되지 않은 평문으로 전송되는 것이다. 그렇기 때문에 스니핑(Sniffing)으로 패킷(Packet)을 캡처하면 누구나 모든 내용을 확인할 수 있다. 이에 따라 Telnet을 사용하지 않고 송신 및 수신되는 모든 데이터를 암호화하는 SSH를 많이 사용한다.

SSH를 사용하려면 서버에서 SSH 서비스를 실행시켜 주어야 하는데 이를 실행하기 위해서 service ssh start 명령을 실행한다. 그리고 Putty 프로그램을 사용해서 SSH 연결을 시도한다.

▲ ssh로 원격 연결

SSH로 연결한 후에 Wireshark라는 스니핑 프로그램으로 패킷을 확인해 보면 전송되는 모든 데이터가 암호화되어서 전송되는 것을 확인할 수 있다.

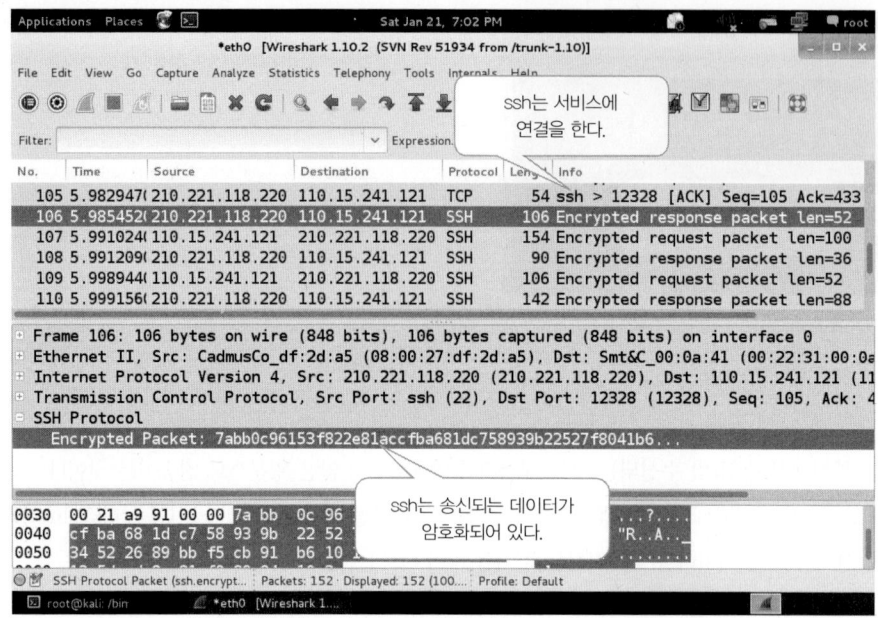

▲ ssh는 모든 데이터를 암호화하여 전송

POINT 02 HTTP

01 HTTP 개요

- 우리가 사용하는 인터넷은 HTTP라는 W3C 표준 프로토콜을 사용해서 웹 브라우저와 웹 서버 사이에 메시지를 송신하거나 수신하는 프로토콜이다. HTTP 프로토콜은 개방형 프로토콜(Open Protocol)로 송수신되는 메시지의 구조가 공개되어 있다. 또한 HTTP 프로토콜은 송신과 수신을 할 때 TCP라는 프로토콜을 사용해서 신뢰성 있게 데이터를 송수신한다. 하지만 HTTP 프로토콜은 TCP의 연결을 지속적으로 유지하고 있는 것이 아니라 요청이 있을 때 연결하고 메시지를 처리한 후에 연결을 종료하는 방식이며, 이러한 특성을 State-less 프로토콜이라고 한다.
- HTTP 프로토콜은 80번 포트를 사용하고 80번 포트는 오직 root 사용자만 오픈하여 사용할 수 있다. 따라서 웹 서버 관련 프로세스(Process)는 root 사용자의 권한으로 기동된다. 물론 모든 프로세스가 root로 기동 되는 것은 아니고 한 개의 프로세스만 root로 기동해서 80번 포트를 점유하고 자식 프로세스를 생성하는 형태로 실행되는 것이다.

⚑ 기적의 TIP

HTTP(Hyper Text Transfer Protocol) 쉽게 이해하기

- WWW(World Wide Web)상에서 웹 서버와 사용자의 인터넷 브라우저 사이에 문서를 전송하기 위해서 사용되는 통신 프로토콜이다.
- TCP 기반 프로토콜의 80 Port 사용하고 Request 및 Response 구조를 가진다.
- State-less로 프로토콜을 구성한다.

02 HTTP 프로토콜의 구조

- HTTP는 Header와 Body로 구분되면 Header와 Body 사이에 개행문자가 존재한다.
- 개행문자는 "\r\n\r\n"으로 구분된다.

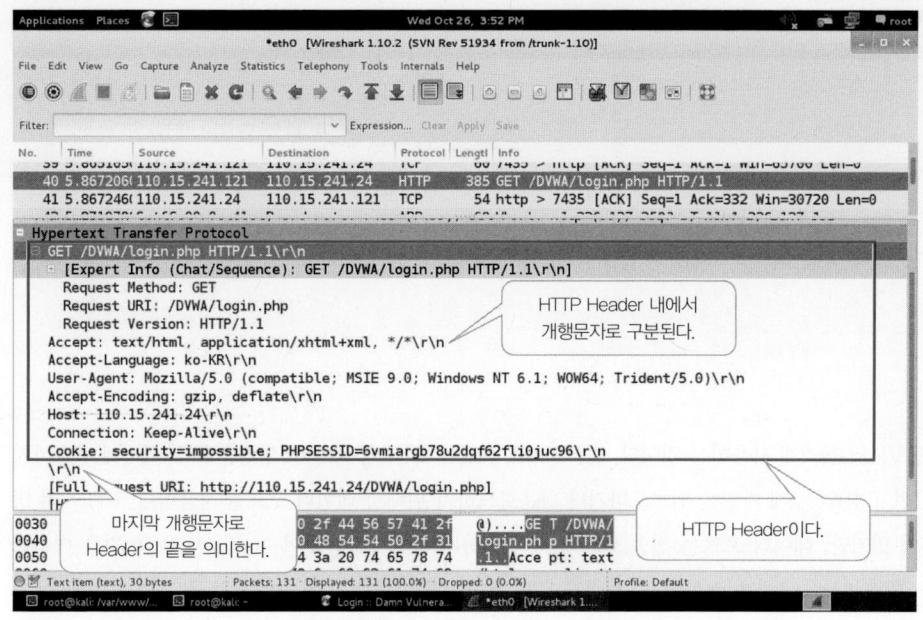

▲ HTTP 구조

03 HTTP Request Method

– Request Method에서 GET은 URL에 입력 파라메터를 넣어서 요청하는 것이고 POST는 요청 파라메터를 HTTP Body에 넣어서 전송하기 때문에 전송 크기에 제한이 없다. 그리고 Head는 응답 메시지 없이 전송되는 것이고 PUT은 메시지 Body에 데이터를 지정한 URL에 이름이 지정된다. 마치 FTP PUT 기능과 동일하다.

– DELETE는 서버에서 요구하는 URL에 지정된 자원을 지울 수가 있고 TRACE는 요구 메시지가 최종 수신되는 경로를 기록하는 기능으로 사용된다.

● HTTP 요청 방식(Request Method)

요청 방식	설명
GET	– 리소스의 위치를 URL로 표시하고 Request Body가 없음 – 서버에 전달할 때 데이터를 URL에 포함시켜서 요청함 – 전송할 수 있는 데이터의 양이 제한됨(4kb) 예) Get login.php?userid=iimbest&password=test
POST	– Request Body에 입력값을 전송함 – 서버에 전달할 때 데이터를 Request Body에 포함시킴 – 데이터 전송량의 제한이 없음
HEAD	– 서버의 정보를 확인하기 위해서 사용됨 – GET과 동일하지만, Response에 Body가 없고 Response code와 Head만 응답받음
PUT	PUT 요청된 자원을 수정하기 위해서 사용됨
DELETE	요청한 자원을 삭제하기 위해서 사용됨
TRACE	Loopback 메시지를 호출하기 위해서 테스트용으로 사용됨
OPTION	웹서버에서 지원하는 메소드를 알기 위해서 사용됨
CONNECT	Proxy 기능을 사용할 때 사용됨

01 FTP 개요

– FTP는 서버(Server)에 파일을 올리거나 다운로드하는 인터넷 표준 프로토콜로 내부적으로 TCP 프로토콜을 사용한다.
– FTP는 FTP 클라이언트 프로그램을 사용해서 TCP로 접속하고 접속 이후에 사용자 ID와 패스워드를 입력받아 인증을 수행한다.

02 FTP 특징

– FTP의 특징은 포트(Port)를 2개 사용하는 것이다. 즉, USER, PASS, GET 등의 FTP 명령을 FTP 서버에 전송하기 위한 명령포트(21번 고정)와 실제 파일을 업로드하거나 다운로드하기 위해서 데이터 포트를 사용한다. FTP에서 명령포트는 고정되어 있지만, 데이터 포트는 전송 모드에 따라 변하게 된다. 예를 들어 Active Mode인 경우 데이터 포트는 20번을 사용하고 Passive Mode는 FTP 서버가 FTP 서버의 데이터 포트를 결정해서 FTP 클라이언트에게 서버 데이터 포트번호를 보내준다.
– FTP 클라이언트의 데이터 포트는 FTP 클라이언트 자신이 결정한다.
– 명령 채널과 데이터 전송 채널이 독립적으로 동작한다.
– 클라이언트가 명령 채널을 통해 서버에게 파일 전송을 요구하면 서버는 데이터 전송 채널을 통해 데이터를 전송하는 방식으로 동작한다.

03 FTP 로그인 과정

먼저 FTP 서버의 로그인 과정을 간략히 도식화하면 다음과 같다.
FTP 클라이언트는 FTP 서버를 호출하고 USER와 PASS 명령으로 사용자 ID로 패스워드를 입력한다. FTP 서버는 로그인에 성공하면 응답코드 230번을 FTP 클라이언트에게 전송해서 로그인 성공을 알린다.

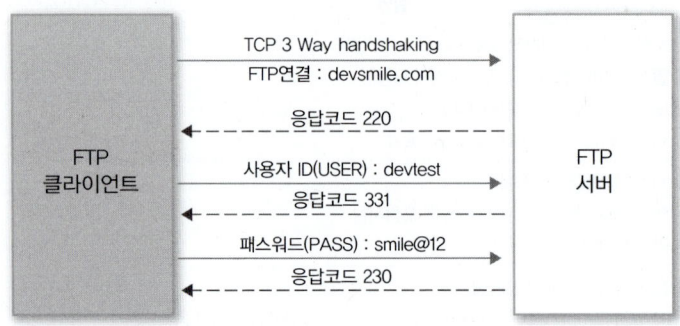

▲ FTP 로그인 과정

FTP 클라이언트 프로그램을 실행해서 devsmile.com이라는 FTP 서버로 접속한다. 그리고 devtest와 smile@12 패스워드를 입력하고 로그인에 성공한다. 전송 모드를 Passive Mode로 변경하고 get 명령을 실행해서 aa.html 파일을 FTP 클라이언트로 다운로드 받는다.

04 FTP Active Mode와 Passive Mode

전송 방식	설명
Active Mode	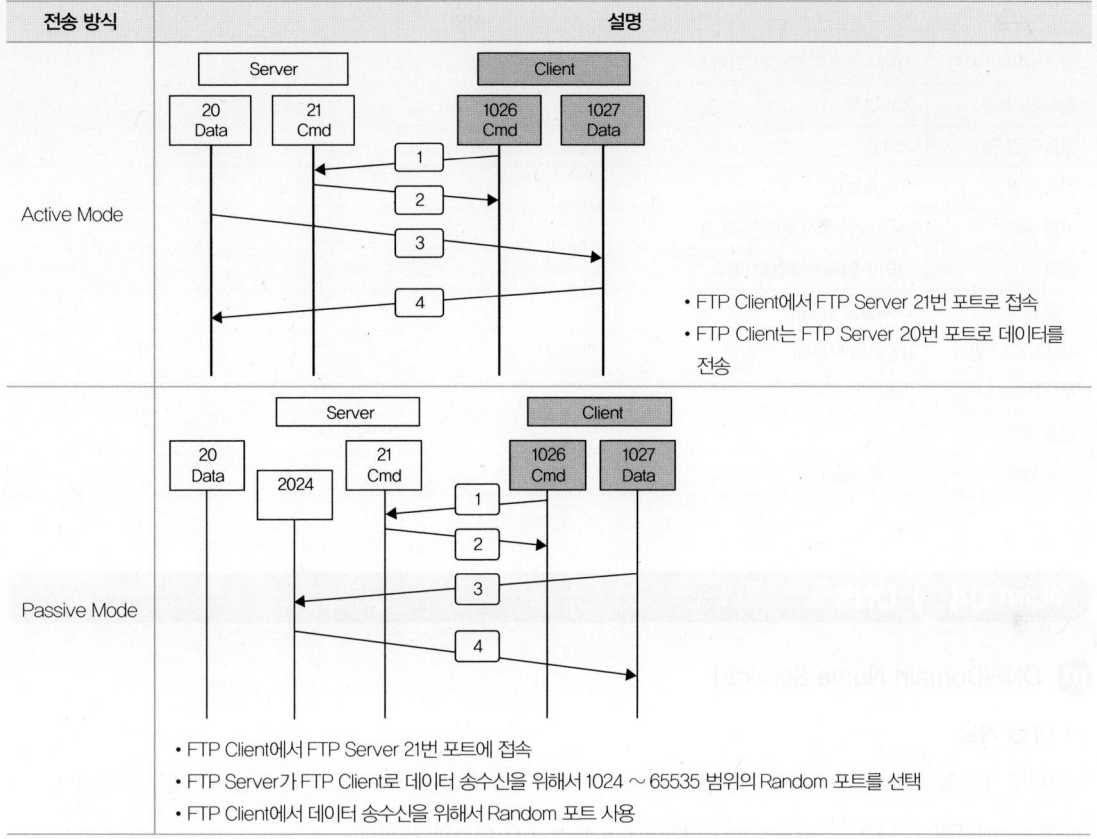 • FTP Client에서 FTP Server 21번 포트로 접속 • FTP Client는 FTP Server 20번 포트로 데이터를 전송
Passive Mode	• FTP Client에서 FTP Server 21번 포트에 접속 • FTP Server가 FTP Client로 데이터 송수신을 위해서 1024 ~ 65535 범위의 Random 포트를 선택 • FTP Client에서 데이터 송수신을 위해서 Random 포트 사용

05 FTP의 종류

종류	설명
FTP	ID 및 Password 인증을 수행하고 TCP 프로토콜을 사용하여 사용자의 데이터를 송수신
TFTP	인증 과정 없이 UDP 기반으로 데이터를 빠르게 송수신함, 69번 포트 사용
SFTP	전송 구간에 암호화 기법을 사용하여 기밀성을 제공

FTP 서비스의 로그 파일에는 xferlog 파일이 있다. xferlog 파일에 로그 파일을 기록하기 위해서는 FTP 실행 시에 -l 옵션을 부여하고 실행하면 된다.

🏳 기적의 TIP

FTP 서비스 로그 기록

FTP 서비스 기동 시에 -l 옵션을 부여해서 실행하면 xferlog 파일을 기록함

06 xferlog 파일 구조

구분	설명
접근 날짜 및 시간	Thu Apr 8 15:40:32 2016 1
접속 IP	201.1.1.10
전송 파일 Size	254
전송 파일	/usr/kisa.z
파일 종류	b(Binary) 혹시 a이면 ASC II
행위	_(아무 일도 수행하지 않음)
파일 동작	O(파일을 받았음)
사용자 접근 방식	r(인증된 사용자)
로그인 ID	Test
인증 방법	0
전송 형태	c(전송 성공)

POINT 04) DNS

01 DNS(Domain Name Service)

(1) DNS 개요

- 인터넷 네트워크상에서 컴퓨터의 이름을 IP 주소로 변환하거나 해석하는 데 사용되는 분산 네이밍 시스템이다.
- www.youngjin.com이라는 URL 주소에 대한 IP 주소를 알려주는 서비스이다.
- DNS는 53번 포트를 사용하고 패킷의 크기가 512바이트보다 크면 TCP를 사용하고 작으면 UDP를 사용한다.
- DNS에서 도메인명을 해석할 때 가장 먼저 사용하는 것은 해당 PC의 hosts 파일을 먼저 사용하고 DNS Cache Table을 사용한다.

DNS를 간단하게 확인하는 방법은 nslookup이라는 도구를 사용해서 확인할 수 있다. 다음의 예는 www.naver.com 이라는 URL에 대해서 125.209.222.142의 IP 주소를 얻어 온 것이다.

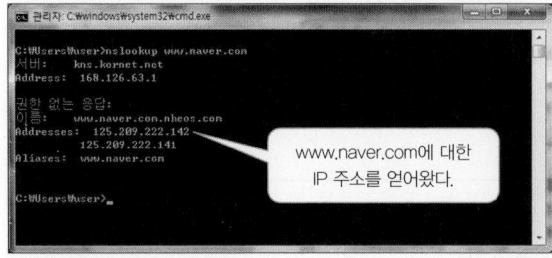

▲ nslookup을 통한 DNS 확인

(2) DNS 해석 과정

DNS가 어떻게 이름을 풀어내는지 확인해 보자. DNS는 먼저 DNS Cache 테이블에서 이름을 해석한다.

▲ DNS Cache 테이블 확인

만약 DNS Cache 테이블에 없으면 hosts 파일을 사용해서 이름을 해석한다.

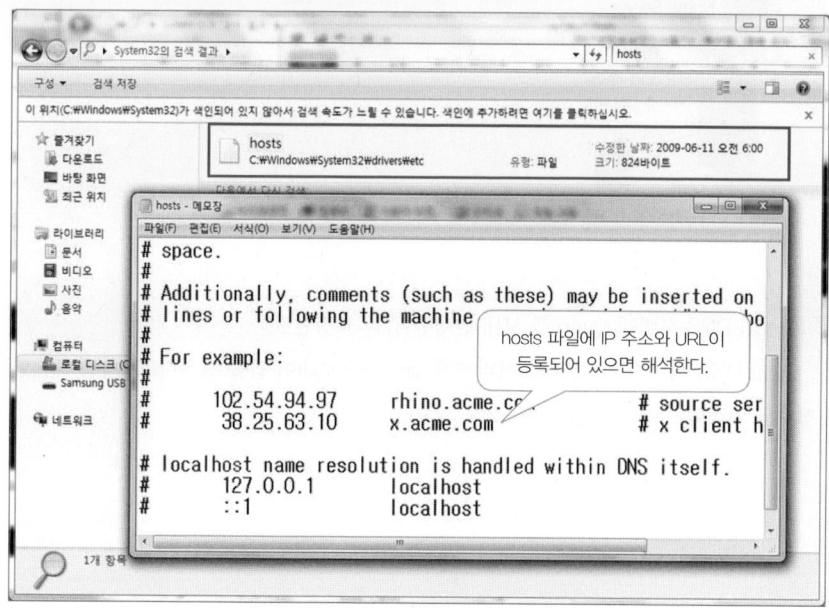

▲ hosts 파일

hosts 파일에서도 해당 URL에 대한 IP 주소가 없으면 DNS 서버에서 이름 해석을 의뢰하고 이것을 순환쿼리 (Recursive Query)라고 한다. DNS 서버는 DNS Cache 테이블을 유지하고 있기 때문에 DNS 서버의 Cache 테이블에 등록되어 있으면 바로 IP 주소를 DNS Response 메시지로 전달한다.

만약 DNS가 이름을 해석할 수 없다면 다음과 같이 Top Level 도메인부터 Second Level로 이름 해석을 의뢰하고 이것을 반복쿼리(Iterative Query)라고 한다.

◎ DNS 구조

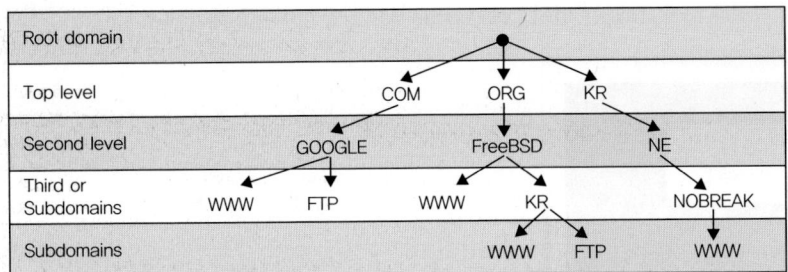

- Root Domain(.) : 모든 도메인의 근본이 되는 최상 Root level Domain

- Top Level Domain : com, org, kr 등의 국가, 지역을 나타냄

- Second Level : 사용자가 도메인명을 신청해서 등록할 수 있는 영역

◎ DNS 서비스 방식

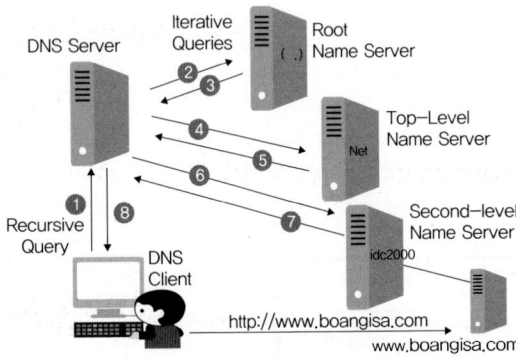

(3) DNS Query의 종류

- Recursive Query(순환쿼리) : Local DNS 서버에 Query를 보내 완성된 답을 요청한다.

- Iterative Query(반복쿼리) : Local DNS 서버가 다른 DNS 서버에게 Query를 보내어 답을 요청하고, 외부 도메인
  에서 개별적인 작업을 통해 정보를 얻어와 종합해서 알려준다.

02 DNS Query

(1) DNS 레코드

그럼, 실제 DNS에 어떻게 Query를 요청하고 응답되는지 확인해 보자.

DNS 서버에 요청은 클라이언트가 UDP로 DNS Request를 DNS Server에 전송한다. DNS Request를 보낼 때 type 이라는 필드에 요청하는 레코드의 구분자를 넣는다. 즉, A는 IPv4 주소를 요청한다는 것이고 AAAA은 IPv6 주소를 요청한다는 의미이다.

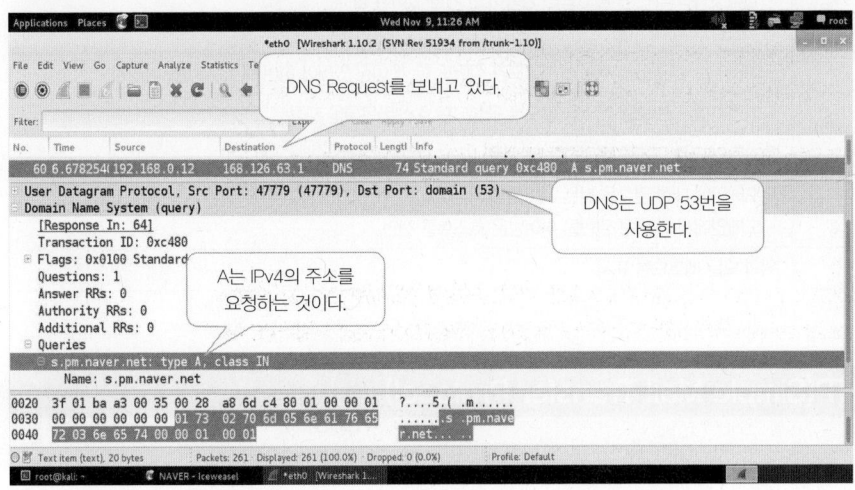

▲ DNS Request

DNS 서버는 DNS Request에 대해서 DNS Response로 응답한다. DNS Response는 요청한 IP 주소를 넣어서 보내 준다.

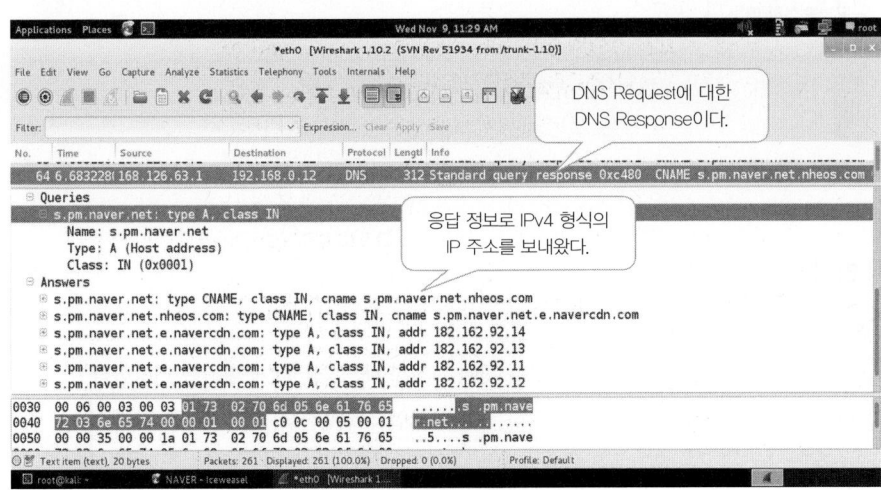

▲ DNS Response

(2) DNS 레코드 종류

종류	설명
A(Address)	단일 호스트 이름에 해당하는 IP 주소가 여러 개 있을 수 있으며 각각의 동일한 IP 주소에 해당되는 여러 개의 호스트 이름이 있을 수 있음. 이때 사용되는 레코드가 A(Address)임(호스트 이름을 IPv4 주소로 매핑)
AAAA(IPv6 Address)	호스트 이름을 IPv6 주소로 매핑
PTR(Pointer)	− 특수 이름이 도메인의 일부 다른 위치를 가리킬 수 있음 − 인터넷 주소의 PTR 레코드는 정확히 한 개만 있어야 함 − 역방향 조회 때 사용
NS(Name Server)	도메인에는 해당 이름 서비스 레코드가 적어도 한 개 이상 있어야 하며 DNS 서버를 가리킴
MX(Mail Exchanger)	도메인 이름으로 보낸 메일을 받도록 구성되는 호스트 목록을 지정
CNAME(Canonical Name)	호스트의 다른 이름을 정의하는 데 사용
SOA(Start of Authority)	− 도메인에 대한 권한을 갖는 서버를 표시함 − 도메인에서 가장 큰 권한을 부여받은 호스트를 선언
Any(ALL)	위의 모든 레코드를 표시

POINT 05 · SMTP(Simple Mail Transfer Protocol)

01 SMTP 개요

− RFC 821에 명시되어 있는 인터넷 전자우편 표준 프로토콜이다.

− Store−and−Forward 방식으로 메시지를 전달한다.

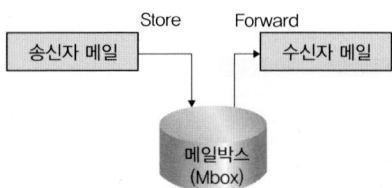

▲ Store and Forward 방식

02 SMTP 기본 동작 방식

− SMTP는 전자우편을 전송하는 프로토콜이다.

− 메일 서버는 수신자의 전자우편 주소를 분석하고 최단 경로를 찾아 근접한 메일 서버에게 편지를 전달한다.

− 최종 수신자 측 메일 서버에 도착하기까지 연속적으로 전달하는 중계 작업을 수행한다.

03 SMTP 구성 요소

구성 요소	설명
MTA(Mail Transfer Agent)	메일을 전송하는 서버
MDA(Mail Delivery Agent)	수신 측에 고용된 우체부의 역할. MTA에게 받은 메일을 사용자에게 전달
MUA(Mail User Agent)	사용자들이 사용하는 클라이언트 애플리케이션

04 POP3와 IMAP 및 IMAP3

POP3	IMAP 및 IMAP3
– TCP 110번으로 메일 서버에 접속하여 저장된 메일을 내려받는 MDA 프로그램 – 메시지를 읽은 후 메일 서버에서 해당 메일을 삭제함	– POP과 달리 메일을 내려받아도 메일 서버에 원본을 계속 저장 – IMAP 143 Port

POINT 06 SNMP(Simple Network Management Protocol)

01 SNMP 개요

– 운영되는 네트워크의 안정성, 효율성을 높이기 위해서 구성, 장애, 통계, 상태 정보를 실시간으로 수집 및 분석하는 네트워크 관리 시스템이다.

– NMS(Network Management System)는 SNMP 프로토콜을 사용해서 네트워크 정보를 수집한다.

02 SNMP 동작 방식

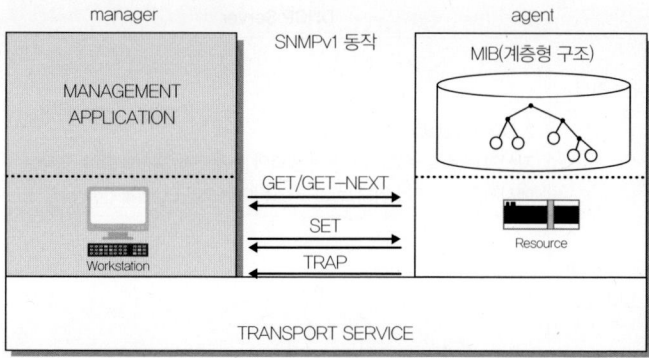

▲ SNMP 동작 방식

MIB(Management Information Base)는 SNMP에서 모니터링해야 하는 객체(Object) 정보를 가지고 있다.

03 SNMP 명령어

명령	설명
Get	장비의 상태 및 기동 시간 등의 관리 정보를 읽기
Get-Next	정보가 계층적 구조를 가지므로 관리자가 장비에 조회를 해서 해당 트리보다 하위층 정보를 읽기
Set	장비 MIB를 조작하여 장비 제어, 관리자는 요청을 보내 초기화 혹은 장비 재구성
Trap	관리자에게 보고하는 Event, Agent는 경고, 고장 통지 등 미리 설정된 유형의 보고서를 생성

POINT 07 DHCP(Dynamic Host Configuration Protocol)

01 DHCP 개요

– IP 주소와 서브넷 마스크, 게이트웨이 주소 등을 고정하지 않고 네트워크에 처음 연결될 때 동적으로 설정된다.

– DHCP는 IP 주소를 동적으로 할당하는 표준 프로토콜이다.

02 DHCP 기능

– DHCP 서버가 관리하는 주소 목록에서 접속한 컴퓨터 시스템에 IP 주소를 할당한다.

– 기업 내의 IP 주소를 중앙에서 관리하는 프로토콜이다.

– 임대 DHCP는 DHCP로 할당한 IP 주소를 일정한 시간 동안만 사용하게 한다.

– DHCP 서버가 관리하는 IP 주소보다 더 많은 컴퓨터 시스템이 접속하면 임대 DHCP를 사용해서 특정한 시간 동안
  만 IP 주소를 사용하게 한다.

03 DHCP Protocol 동작 방법

Client	DHCP Server
1. DHCP DHCP Discover 메시지를 브로드캐스트하여 DHCP server를 검색	
	2. DHCP Offer 자신의 IP를 알려주고 PC에게 임의의 IP 주소를 할당해 줄 수 있다는 메시지를 전달하기 위해 브로드캐스팅으로 모든 PC에게 전달
3. DHCP Request PC는 IP 주소를 임대하기 위해 브로드캐스팅을 통해 DHCP Server 에게 IP 주소를 요청. 브로드캐스트로 요청하기 때문에 서브넷에 있는 PC와 서버에게 요청하게 됨	
	4. DHCP Ack PC에게 임대용 IP 주소와 임대 기간을 정해 전송함. 브로드캐스팅 방 식과 유니캐스팅 방식을 사용할 수 있음. Flag = 1은 브로드캐스트, Flag = 0은 유니캐스트

※ 네트워크관리사 1급, 2급에서 출제된 기출문제입니다.

2014년 1월

01 FTP에 관한 설명 중 옳지 않은 것은?

① Anonymous FTP는 공개 FTP로 누구나 이용이 가능하다.

② Mirroring FTP는 이용자 분산을 목적으로 Anonymous FTP의 파일을 복사한 FTP 서버이다.

③ 'mget' 명령어를 이용하며 여러 개의 파일을 FTP 서버로 올릴 수 있다.

④ /pub 디렉터리는 Anonymous FTP 이용 시 모든 이용자가 검색 가능하다.

mget은 여러 개의 디렉터리 및 파일을 수신받을 때 사용한다.

2014년 1월

02 Telnet 접속 방법으로 옳지 않은 것은?

① Telnet [도메인이름]　　　　　　　　② Telnet [포트번호]

③ Telnet [서버이름]　　　　　　　　　④ Telnet [IP_Address]

Telnet으로 특정 포트번호를 지정하려면 Telnet [도메인이름/서버이름/IP_Address][:포트번호]로 사용한다.

2023년 11월, 2014년 1월

03 프로토콜과 일반적으로 사용되는(Well Known) 포트번호의 연결이 옳지 않은 것은?

① FTP : 21번　　　　　　　　　　　② Telnet : 23번

③ HTTP : 180번　　　　　　　　　　④ SMTP : 25번

HTTP 프로토콜은 80번 포트를 사용한다.

2022년 5월, 2013년 10월

04 인터넷의 잘 알려진 포트(Well-Known Port) 번호로 옳지 않은 것은?

① 23번 − FTP　　　　　　　　　　　② 25번 − SMTP

③ 80번 − WWW　　　　　　　　　　④ 110번 − POP

FTP는 명령 전송을 위해서 21번 포트를 사용한다.

2023년 11월, 2013년 10월

05 SNMP에 대한 설명으로 옳지 <u>않은</u> 것은?

① TCP를 이용하여 신뢰성 있는 통신을 한다.

② 네트워크 관리를 위한 표준 프로토콜이다.

③ 응용 계층 프로토콜이다.

④ RFC 1157에 규정되어 있다.

> SNMP는 UDP를 사용해서 네트워크를 모니터링하는 프로토콜이다.

2018년 11월, 2013년 7월

06 HTTP의 응답 메시지(Response Message) 내의 상태 라인(Status Line)은 응답 메시지의 상태를 나타낸다. 다음 중 클라이언트가 요청한 메소드에 대해 응답할 때, 요청된 메소드가 성공적으로 수행되었을 경우 보내는 상태코드는?

① 204   ② 302

③ 100   ④ 200

> HTTP 상태코드에서 정상적인 응답코드는 200이다.

2019년 4월, 2017년 7월

07 DNS 레코드 중 IP Address를 도메인 네임으로 역매핑하는 레코드는?

① SOA   ② A

③ PTR   ④ CNAME

> PTR(Pointer)는 특수 이름이 도메인의 일부 다른 위치를 가리킬 수 있다. 즉, IP 주소에 도메인명을 설정하고 도메인명은 중복되어서는 안 된다. 역방향 조회를 위해서 PTR을 사용한다.

2019년 8월, 2017년 2월

08 NMS(Network Management Solution)를 운영하기 위해서는 반드시 필요한 프로토콜이다. 각종 네트워크 장비의 data를 수집하고 대규모의 네트워크를 관리하기 위해 필요한 프로토콜은?

① Ping   ② ICMP

③ SNMP   ④ SMTP

> **SNMP(Simple Network Management Protocol)**
> • 운영되는 네트워크의 안정성, 효율성을 높이기 위해서 구성, 장애, 통계, 상태 정보를 실시간으로 수집 및 분석하는 네트워크 관리 시스템이다.
> • NMS(Network Management System)는 SNMP 프로토콜을 사용해서 네트워크 정보를 수집한다.

03

NOS(Network Operating System)

학습 방향

약 18문제가 출제되는 과목으로 단일 과목 중에서는 가장 많이 출제된다. 특히 윈도우 부분에서는 Active Directory가, 리눅스 부분에서는 간단한 리눅스 명령어가 주로 출제된다. Active Directory 부분은 Active Directory의 용도와 구성요소를 알아야 하고 리눅스 부분은 셸, 데몬 프로세스, 리눅스 권한 관리, vi 명령어를 알아야 한다.

범위	중요도	중점 학습 내용
윈도우 시스템	★	윈도우 파일 시스템, NTFS 파일 시스템
윈도우 서버	★★★	윈도우 서버 관리, 계정 관리, 보안 템플릿, Power Shell
IIS 서버	★	IIS 서버
DNS 서버	★	DNS 서버
액티브 디렉터리	★★★★★	Active Directory 기능 및 구성 요소, LDAP
FTP 서버	★	FTP 서버
리눅스(Linux)	★★★★★	데몬 프로세스, 리눅스 권한 명령어, 셸, vi 편집기, netstat, nslookup, traceroute

SECTION

01 윈도우 시스템

반복학습 **1** **2** **3**

빈출 태그 FAT • NTFS • 계정 관리 • 그룹 관리 • 공유 폴더

POINT 01 윈도우 시스템

01 윈도우 시스템 개요

윈도우 운영체제는 과거 단일 사용자 운영체제인 DOS로부터 시작되었으며 현재는 GUI(Graph User Interface) 환경 및 다중 사용자, 다중 프로세스 구조를 지원하는 운영체제이다. 윈도우는 손쉬운 사용자 인터페이스로 개인용 PC에 가장 많이 사용된다.

02 윈도우 시스템 세부 내용

윈도우 운영체제는 다양한 하드웨어를 자동으로 인식하여 사용할 수 있는 Plug & Play 기능을 지원한다. Plug & Play 기능은 하드웨어를 표준화된 인터페이스를 통해서 개발하면 윈도우의 HAL(Hardware Abstraction Layer) 계층이 하드웨어를 인식하게 된다. 이러한 하드웨어는 윈도우의 운영체제에 해당되는 Micro Kernel이 관리하게 된다.

● 윈도우 세부 내용

구성 내용	설명
HAL (Hardware Abstraction Layer)	새로운 하드웨어가 개발되어 시스템에 장착되어도 드라이버 개발자가 HAL 표준을 준수하면, 하드웨어와 시스템 간 원활한 통신이 가능
Micro Kernel	Manager에게 작업을 분담시키고 하드웨어를 제어
IO Manager	시스템 입출력을 제어, 장치 드라이버 사이에서 메시지를 전달, 응용 프로그램이 하드웨어와 통신할 수 있는 통로를 제공
Object Manager	파일, 포트, 프로세스, 스레드와 같은 각 객체에 대한 정보를 제공
Security Reference Manager	데이터 및 시스템 자원의 제어를 허가 및 거부함으로써 강제적으로 시스템의 보안 설정을 책임짐
Process Manager	프로세스 및 스레드를 생성하고 요청에 따른 작업을 처리
Local Procedure Call	프로세스는 서로의 메모리 공간을 침범하지 못하기 때문에 프로세스 간에 통신이 필요한 경우 이를 처리하는 장치
Virtual Memory Manager	응용 프로그램의 요청에 따라 RAM 메모리를 할당, 가상 메모리의 Paging을 제어
Win32/64 Sub System	윈도우의 기본 서버 시스템, 32비트 및 64비트 응용 프로그램이 동작할 수 있도록 지원한다.
POSIX	유닉스 운영체계에 기반을 두고 있는 일련의 표준 운영체계 인터페이스
Security Sub System	사용자가 로그인 할 때 데이터를 보호하고 운영체제가 이를 제어할 수 있도록 만든 서브 시스템

03 윈도우 파일 시스템

윈도우 파일 시스템의 경우 FAT(File Allocation Table)과 NTFS(NT File System)를 지원한다. FAT는 과거 DOS를 기반으로 하는 파일 시스템으로 작은 파일 시스템에 사용되고 NTFS는 대용량 파일과 긴 파일명, 압축, 저널링 정보를 통한 오류 처리 등을 지원한다.

● 윈도우 파일 시스템

요소		설명
FAT (File Allocation Table)	FAT16	– 도스(DOS)와 윈도우 95의 첫 버전으로 최대 디스크 지원 용량이 2G – NTFS, FAT로 변경 · 변환 가능
	FAT32	– 2G 이상의 파티션 지원 및 대용량 디스크 지원 기능 – NTFS로 변환(Convert) 가능, FAT로 변경 변환은 불가능함 – 사용되는 OS : 윈도우 95 OSR2, 윈도우 98, 윈도우 2000, 윈도우 XP
NTFS (NT File System)		– 파일 암호화(File Encryption) 및 파일 레벨 보안 지원 – 디스크 압축 및 파티션 단위로 쿼터(quota) 지원 – FAT16이나 FAT32로 변환 불가능함 – 사용되는 운영체제 : 윈도우 NT, 윈도우 2000, 윈도우 XP – 긴 파일명 지원 및 저널링 시스템을 지원함

POINT 02　계정 관리

01 윈도우 계정 관리(Account Management)

(1) 계정 관리 개요

윈도우 계정 관리는 윈도우 운영체제의 사용자를 생성하거나 패스워드를 설정하고 접근 권한 등을 할당 및 해제한다.

(2) 윈도우 계정 관리 특징

– 윈도우 운영체제는 다중 사용자(Multi User)를 지원한다. 다중 사용자를 위해서 사용자 계정을 생성, 변경, 삭제할 수 있다.
– 윈도우 계정은 내장 사용자 계정, 로컬 사용자 계정, 도메인 사용자 계정으로 분류되고 관리된다.
– 로컬 사용자 계정은 사용자가 생성한 계정으로 그룹에 의해서 관리할 수 있다.

(3) 윈도우 계정 관리 활동

– 사용자별로 1인 1ID를 할당하고 관리해야 한다.
– 패스워드 작성 규칙을 3가지(영문 소문자, 영문 대문자, 숫자, 특수문자) 이상 조합하여 8자 이상 설정 또는 2가지 이상 조합하여 10자 이상으로 패스워드를 설정하도록 한다.
– 주기적으로 사용자 패스워드를 변경하게 한다.
– 사용자 계정에 맞는 권한을 할당하여 통제해야 한다.

(4) 윈도우 계정의 종류

1) 내장 사용자 계정(Built In User Account)

- 윈도우 운영체제를 설치하면 기본적으로 생성되는 계정이다.
- Administrator(관리자) 계정은 자동으로 생성되고 관리자 계정은 삭제할 수 없다.
- Guest, IUSER_XXX, IWAM_XXX 등의 계정이 있다.

2) 로컬 사용자 계정(Local User Account)

- 로컬 사용자 계정은 윈도우 운영체제로 로그인하는 계정이다.
- 로컬 사용자 계정은 해당 윈도우 운영체제로만 로그인을 한다.

3) 도메인 사용자 계정(Domain User Account)

- 윈도우 운영체제에 로그인할 때 Active Directory에서 관리하는 도메인 콘트롤러(Domain Controller)로 인증받은 후 로그인한다.
- 윈도우 서버에 도메인 컨트롤러가 설정되어 있어야 한다.

4) 윈도우 서버의 내장형 계정

계정명	설명
Administrators	- 윈도우 시스템을 관리하고 모든 권한을 가지고 있음 - 삭제할 수 없는 계정
Guest	- 익명의 사용자 접속을 허용할 때 사용 - 관리자에 의해서 허락된 자원에 대해서 접근만 가능
IUSR_XXX	- 웹을 사용해서 익명으로 접속 - IIS 서버에서 제공하는 웹 사이트에 접속
IWAM_XXX	IIS 서버의 홈페이지를 실행시킬 때 사용하는 계정

02 윈도우 그룹 관리(Group Management)

(1) 그룹 관리 개요

- 사용자 권한 관리를 위해서 그룹을 생성하고 해당 그룹으로 사용자를 묶는다.
- 그룹에 권한을 부여하거나 해제하여 권한 관리를 한다.

(2) 내장형 그룹 종류

종류	설명
Administrators	- 관리자와 동등한 권한을 가지는 그룹 - 시스템 전체에 대한 관리가 가능
Backup Operators	윈도우 백업을 이용하여 모든 도메인의 컨트롤러에 있는 파일과 폴더를 백업하고 복구할 수 있는 권한이 있음
Power Users	- 그 컴퓨터에서 로컬 사용자 계정을 생성하고 수정할 수 있는 권한을 갖고 있으며 자원을 공유하거나 멈출 수 있음 - 시스템에 대한 전체 권한은 없지만 시스템 관리를 할 수 있는 권한이 부여된 그룹
Users	- 기본적인 권한은 가지고 있지 않음 - 컴퓨터에서 생성되는 로컬 사용자 계정을 포함 - Domain Users 글로벌 그룹이 구성원으로 포함
Guests	관리자에 의해 허락된 자원과 권한만을 사용하여 네트워크 자원에 접근 가능
Everyone	시스템에 접근한 모든 사용자를 의미

01 NTFS 파일 시스템 개요

NTFS 파일 시스템은 기존 FAT(File Allocation Table) 파일 시스템을 개선하고 윈도우 서버용으로 사용하기 위해서 개발된 파일 시스템이다.

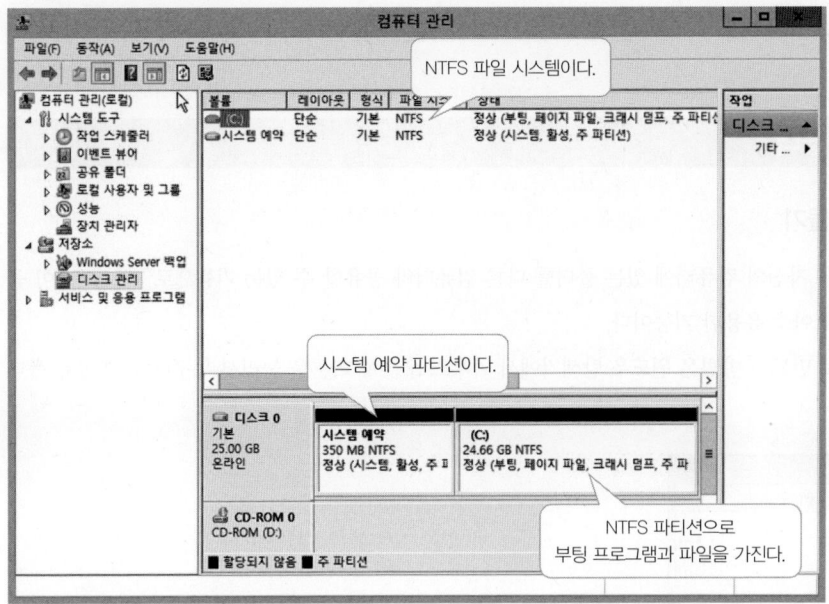

▲ NTFS 파일 시스템

02 NTFS 파일 시스템의 특징

특징	설명
USN 저널	– Update Sequence Number Journal – 저널링 기능을 제공하는 것으로 파일 시스템이 변경될 때 그 내용을 기록하여 복구(Rollback)할 수 있음
ADS(Alternate Data Stream)	MAC 파일 시스템과 호환성을 위해서 만든 공간으로 다중 데이터 스트림을 지원함
Sparse 파일	파일 데이터가 대부분 0일 경우에 실제 데이터 기록 없이 정보를 기록하는 기능
파일 압축	LZ77의 변형된 데이터 압축 알고리즘을 지원
VSS	– Volume Shadow Copy Service – 덮어써진 파일과 디렉터리 백업을 유지하여 복구 기능을 지원
EFS	– Encrypting File System – 대칭키 기법으로 파일 데이터를 암호화함
Quotas	사용자별 디스크 사용 용량을 제한할 수 있음
Unicode	다국어를 지원
동적 Bad 클러스터 할당	Bad Sector가 발생한 클러스터를 자동으로 재할당함
대용량 지원	2 Tera Byte가 넘는 대용량 볼륨을 지원

03 BitLocker와 EFS의 차이점

구분	설명
BitLocker	– 디스크 전체 볼륨을 암호화하는 솔루션 – Windows 파티션, USB 플래시 드라이브 등 파티션 전체를 암호화 – PC의 모든 사용자 계정을 암호화하고 TPM(Trusted Platform Module) 하드웨어를 사용
EFS	– 개별 파일 및 디렉터리를 암호화 – 암호화 키는 TPM 하드웨어를 사용하지 않고 운영체제에 보관

POINT 04 · 공유 폴더

01 윈도우 공유 폴더 만들기

– 윈도우의 공유 폴더 기능은 자신의 컴퓨터에 있는 폴더를 다른 컴퓨터와 공유할 수 있는 기능으로 파일을 같이 공유하면서 업무를 처리할 때 아주 유용한 기능이다.

– 자신의 폴더를 공유 폴더로 만드는 방법은 윈도우 탐색기에서 마우스 오른쪽 버튼을 눌러서 누구나 쉽게 공유 폴더를 만들 수 있다.

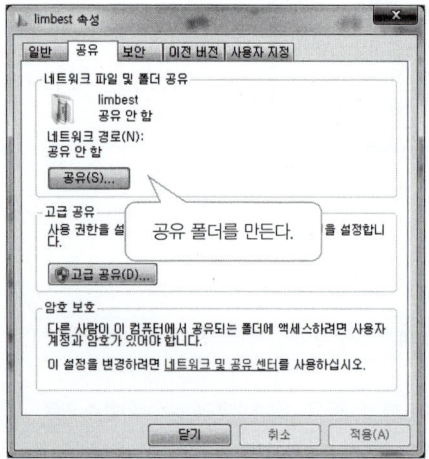

▲ 공유 폴더 만들기

02 공유 폴더 확인

공유 폴더를 만들었으면 제대로 공유 폴더가 만들어졌는지 확인해 보자. 공유 폴더 목록 확인은 net share 명령으로 간단하게 확인할 수 있다.

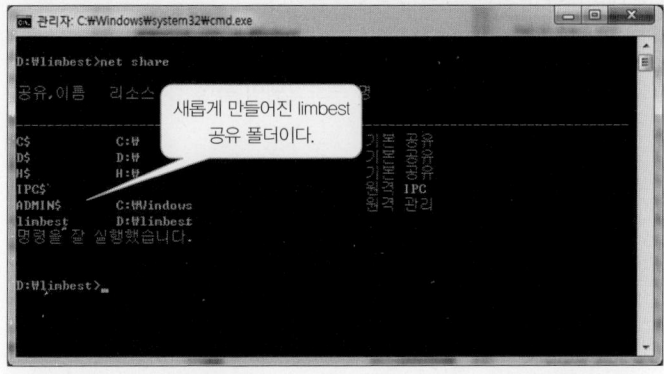

▲ net share로 공유 폴더를 확인

03 공유 폴더 삭제

이제 생성된 공유 폴더를 삭제해 보자. 공유 폴더의 삭제는 /delete 옵션을 사용하면 된다.

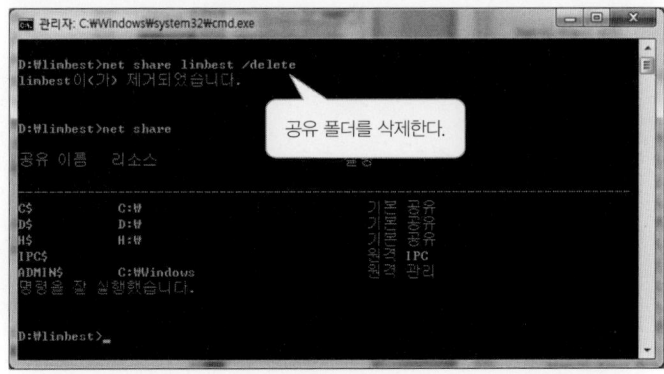

▲ net share 공유 폴더명 /delete로 삭제

윈도우 운영체제는 별다른 설정을 하지 않아도 기본적으로 공유되어 있는 것들이 있다. 그것은 C$, ADMIN$, IPC$ 이며, 이 중에서 IPC$는 네트워크 프로그램 간에 통신을 위해서 파이프를 사용하고 네트워크 서버 원격관리를 위해서 사용된다. 즉, 네트워크 서버를 원격 관리하기 위한 용도로 사용한다.

01 NetBIOS 개요

- 서로 다른 두 대의 컴퓨터가 네트워크를 통해서 데이터를 교환할 수 있는 프로토콜이다.
- IBM에서 개발하고 Microsoft사가 채택하여 윈도우에서 파일 및 프린터를 공유한다.
- NetBIOS 이름을 IP 주소로 변환하고 IP 주소를 NetBIOS 이름으로 변환해서 프로그램이 특정 컴퓨터와 통신할 수 있게 한다.

○ NetBIOS 통신 포트

포트 번호	서비스	설명
135/TCP	RPC/DCE Locator Service	원격 컴퓨터에 RPC(Remote Procedure Call)를 연결
137/UDP	NetBIOS Name Construction Service	컴퓨터 이름 및 작업 그룹 정보를 확인
138/UDP	NetBIOS Datagram Service	NetBIOS 기반의 호스트 간 데이터를 교환
139/TCP	NetBIOS Session Service (SMB/CIFS over NetBIOS)	NetBIOS 기반의 호스트 간 세션을 유지하거나 끊음
445/TCP 및 UDP	Direct HOST (SMB/CIFS over TCP)	윈도우 계열의 컴퓨터에서 자원 및 프린터를 공유

NetBIOS 프로토콜은 랜섬웨어 및 무작위 공격이 발생할 수 있다. 따라서 공격자는 NetBIOS TCP/IP 바인딩이 활성화되어 있는 경우 발생한다. 따라서 ncpa.cpl의 TCPv4 속성을 선택해서 WINS 탭의 NetBIOS over TCP/IP를 사용 안 함으로 선택해야 한다.

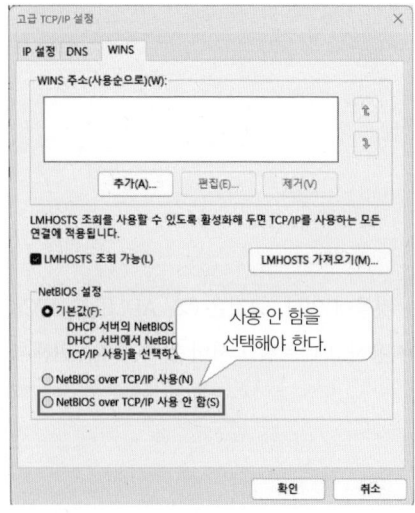

▲ NetBIOS 취약점 해결 방안

02 SMB(Server Message Block)

– 윈도우에서 다른 시스템이 파일 시스템 및 프린터와 같은 자원을 공유할 수 있게 개발된 프로토콜이다.

– SMB를 활용하여 워너크라이(WannaCry) 랜섬웨어 공격이 가능하다.

☞ 기적의 TIP

Samba 취약점

Samba는 리눅스(유닉스) 환경에서 SMB/CIFS 프로토콜을 제공하는 오픈 소스 소프트웨어이다.

● SMB 취약점 사례

취약점	설명	공격
EternalBlue(MS17–010)	버퍼 오버플로우 기반 원격 코드를 실행	WannaCry 및 NetPetya 랜섬웨어
SMB Replay Attack	인증 토큰을 복사하여 권한을 탈취	권한 상승 공격
Null Session	인증 없이 IPC$ 접속을 허용	시스템 정보 수집
SMBGhost	SMBv3 압축 기능에서 발생	원격 시스템 장악 공격

03 CIFS(Common Internet File System)

– 네트워크를 위한 SMB 파일 공유 프로토콜의 확장 버전으로 윈도우와 유닉스 환경을 지원하는 프로토콜이다.

* 네트워크관리사 1급, 2급에서 출제된 기출문제입니다.

2023년 5월, 2014년 1월

01 Windows 2003 Server에서 사용하는 NTFS 시스템에 대한 설명 중 옳지 <u>않은</u> 것은?

① Windows NT부터 지원하기 시작한 NTFS 파일 시스템은 다중 사용자에 대한 효과적인 접근 제어가 가능하도록 설계되어 있다.

② FAT에서 NTFS로 바꿀 경우 다시 포맷을 하지 않아도 가능하다.

③ FAT에 비해 성능이나 확장성 및 보안성이 개선되었다.

④ 영문자 64자 이상 긴 파일 이름을 지원하지 않는다.

> NTFS 파일 시스템은 대용량 파일, 긴 파일명, 암호화, 저널링 등의 기능을 지원한다.

2020년 2월, 2013년 10월

02 Windows 2003 Server 설치 도중에 파티션을 어떤 File System으로 포맷할 것인지를 결정해야 한다. Windows 2003 Server에서 기본적으로 지원하지 <u>않는</u> File System은?

① NTFS

② FAT

③ NFS

④ FAT32

> 윈도우 시스템은 FAT, FAT32, NTFS 파일 시스템을 지원하고 NFS는 리눅스에서 지원하는 네트워크 파일 시스템이다.

2022년 2월, 2018년 7월

03 Windows Server 2008 R2에서 User 계정으로 암호화 파일을 만들고 Administrator 계정으로 접근하였을 때, 다음 설명 중에서 올바른 것은?

① 암호화 파일 속성을 변경할 수 있다.

② 암호화 파일을 복사할 수 있다.

③ 암호화 파일 내용을 볼 수 있다.

④ 암호화 파일의 속성, 내용을 보고자 할 때 거부 메시지가 나타난다.

> 인증서 키가 있어야 암호화된 파일을 볼 수 있다.

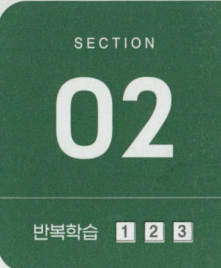

SECTION

02

반복학습 1 2 3

윈도우 서버

빈출 태그 서버 관리 • 사용자 계정 • 보안 템플릿 • DNS 레코드 • netstat • nslookup • traceroute • Power Shell

---

POINT 01 윈도우 사용자 계정

01 내장형 사용자 계정

(1) 계정 관리(Account Management) 개요

- 내장형 사용자 계정은 윈도우 서버를 설치하면 자동적으로 생성되는 사용자 계정으로 Administrator와 Guest 계정이 있다. Administrator 계정은 모든 윈도우에는 반드시 있어야 하는 계정으로 관리자 권한을 가지고 있다. Administrator 계정은 관리자에 의해서 삭제될 수 없다.
- Guest 계정은 윈도우 서버에 로그인할 수 있는 계정으로 최소한의 권한만 가지고 있다. Guest 계정은 자동으로 생성되지만 초기에는 계정이 활성화되어 있지 않기 때문에 사용할 수 없다. 계정 관리에서 Guest 계정을 활성화하면 그때부터 가능하다.

(2) 계정 관리(Account Management) 기능

- 윈도우 제어판에서 계정 관리를 실행한다.
- 현재 생성되어 있는 모든 계정 리스트를 확인할 수 있다.
- 사용자 계정 추가를 클릭해서 새로운 윈도우 사용자 계정을 생성할 수 있다.

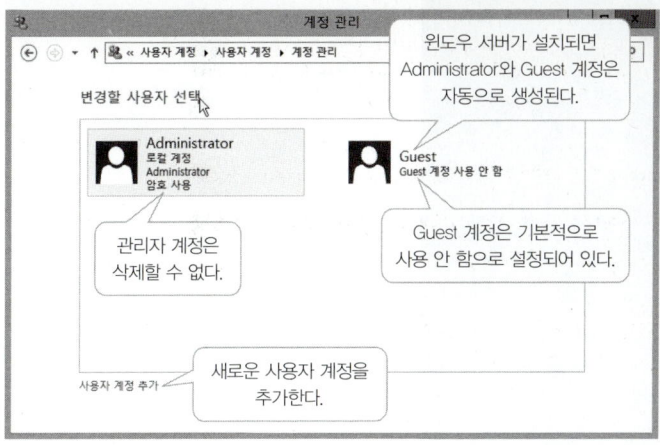

▲ 윈도우 계정 관리

02 새로운 사용자 생성

(1) 사용자 추가

계정 관리에서 사용자 추가를 하면 새로운 윈도우 계정을 생성할 수 있다. 사용자를 추가하면 사용자 이름, 암호, 암호 힌트를 입력해야 한다. 암호는 암호 정책을 준수해서 입력해야 한다. 즉, 8자 이상을 영문자, 숫자, 특수문자로 입력해야 한다. 물론 암호 정책을 변경하면 단순히 입력할 수도 있다.

▲ 사용자 추가(1)

마침 버튼을 누르면 Limbest 계정 생성이 완료된다.

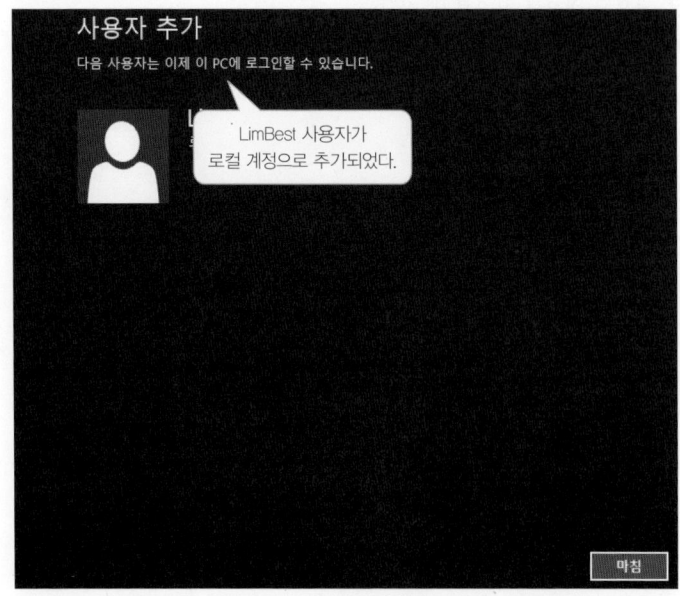

▲ 사용자 추가(2)

(2) 계정 유형 변경

사용자 계정이 생성되고 사용자 계정에서 관리자 권한을 부여하려면 계정 유형 변경을 하면 된다. 계정 유형은 표준과 관리자로 나누어지고 표준은 PC와 보안 부분에 영향을 주는 변경은 할 수 없고 관리자 계층은 모든 작업을 다 할 수 있는 권한이다.

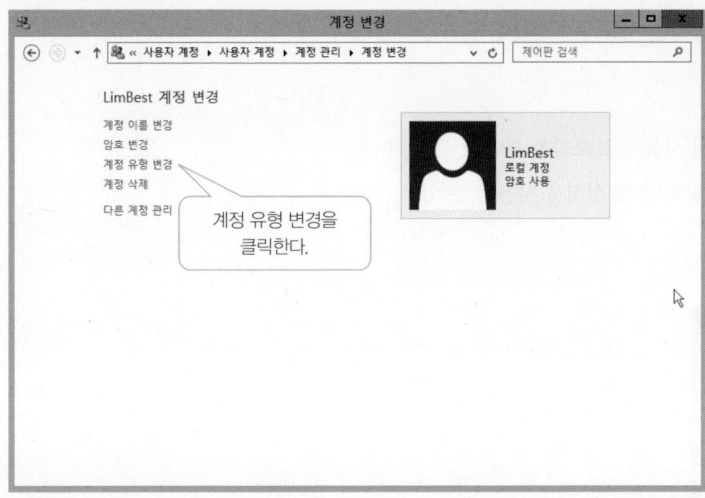

▲ 계정 유형 변경

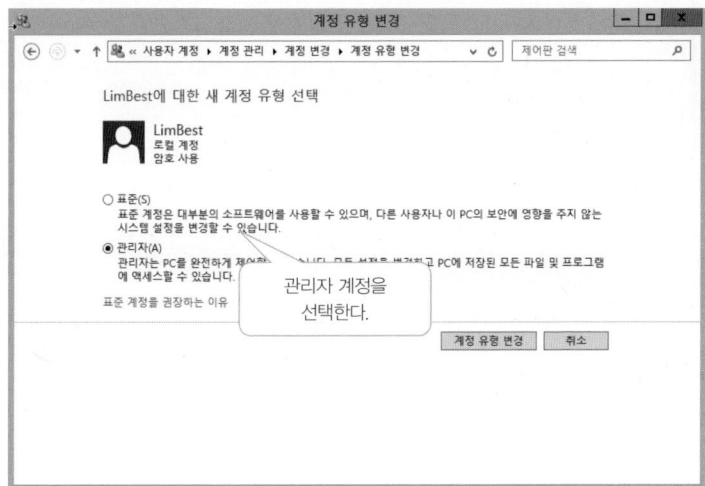

▲ 관리자 계정 유형 선택

(3) 사용자 계정 유형

계정 유형	설명
표준(Standard)	소프트웨어를 사용할 수 있지만 시스템이나 보안과 관련 있는 설정은 변경할 수 없음
관리자(Administrator)	관리자는 윈도우 서버를 관리할 수 있는 모든 권한을 가지고 있음

03 사용자 프로필

(1) 사용자 프로필 개요

– 사용자 프로필이란, 윈도우 시스템 사용자들의 설정 및 데이터를 보관하는 데이터이다.

– 사용자 바탕화면, 응용 프로그램 사용 정보, 시스템 설정 정보 등을 제공한다.

– 네트워크를 통해서 사용자 프로필을 제공하면 사용자가 사용한 환경을 제공한다.

(2) 사용자 프로필 장점

– 원격으로 윈도우 서버에 접속하여 저장된 사용자 프로필을 사용할 수 있다.

– 사용자 프로필을 통해서 항상 일관된 바탕화면 및 설정을 사용할 수 있다.

(3) 사용자 프로필 종류

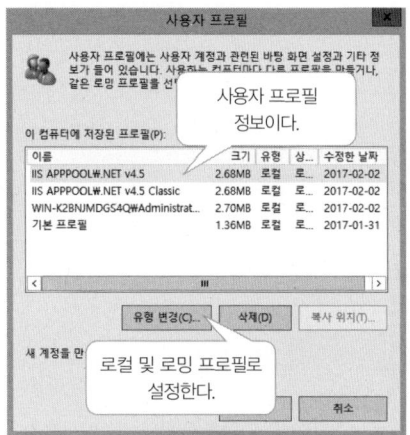

▲ 제어판에서 사용자 프로필

○ 사용자 프로필 종류

프로필	설명
로컬 사용자 프로필	– 윈도우 시스템에 직접 로그인하는 사용자 정보 – 사용자 로그인 구성 정보, 인터넷 환경, 바탕화면 등의 정보를 제공 – C:\Documents and Settings\사용자 ID에 저장
로밍 사용자 프로필	– 사용자 프로필을 윈도우 서버에 저장 – 사용자 프로필을 사용해서 어떤 윈도우 클라이언트를 사용해도 같은 환경을 제공
강제 사용자 프로필	– 윈도우 시스템의 바탕화면 및 시스템 환경을 변경할 수 없음 – 공통된 환경을 제공함

01   컴퓨터 관리

(1) 컴퓨터 관리 개요

개인용 PC에 설치되는 윈도우와 윈도우 서버 모두 컴퓨터 관리라는 프로그램이 있다. 컴퓨터 관리는 윈도우 시스템을 관리하기 위한 대부분의 기능을 포함하고 있다.

(2) 컴퓨터 관리 기능

– 작업 스케줄러는 정해진 시간에 작업을 수행하는 역할을 한다.

– 이벤트 뷰어는 윈도우에서 발생한 로그 정보를 기록하고 있다.

– 공유폴더는 폴더 공유를 설정하거나 공유를 해제, 세션을 관리한다.

– 로컬 사용자 및 그룹은 기본 사용자 및 그룹 리스트를 가지고 있고 새로운 그룹을 생성할 수도 있다.

– 성능은 윈도우 시스템의 CPU 사용률, 메모리 사용률, 디스크 사용률 등을 모니터링할 수 있다.

– 장치 관리자는 윈도우 시스템이 사용하는 CPU, Memory, Bus, Disk, NIC 카드, 마우스, 키보드, CDROM 등의 하드웨어를 관리한다.

– 저장소는 파일 시스템 정보와 디스크 할당에 관한 정보를 알 수 있다.

– 서비스 및 응용 프로그램은 등록된 서비스와 설치되어 있는 프로그램을 관리한다.

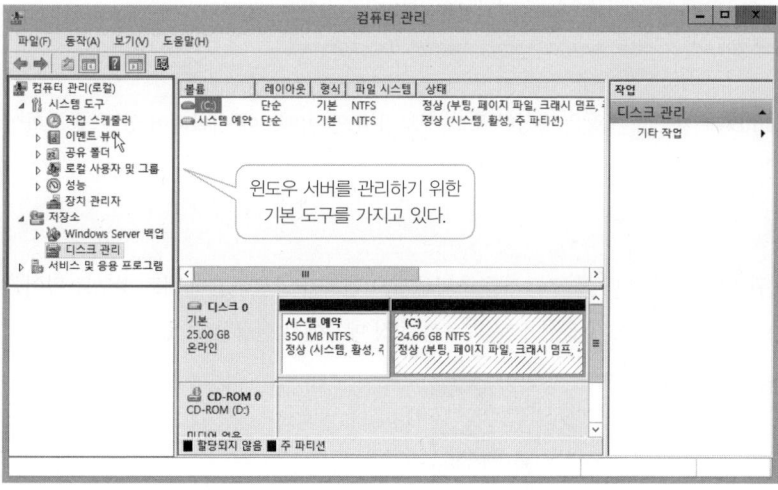

▲ 컴퓨터 관리

02 이벤트 뷰(Event View)

(1) 이벤트 뷰 개요

윈도우 이벤트 뷰는 윈도우 시스템 사용에서 발생하는 각종 이벤트 정보를 볼 수 있는 프로그램이다. 이벤트 뷰는 응용 프로그램, 보안, 시스템 이벤트로 분류되어서 애플리케이션 사용, 시스템 부팅 및 종료, 사용자 로그인, 사용자 계정 생성과 같은 로그를 기록하고 있다.

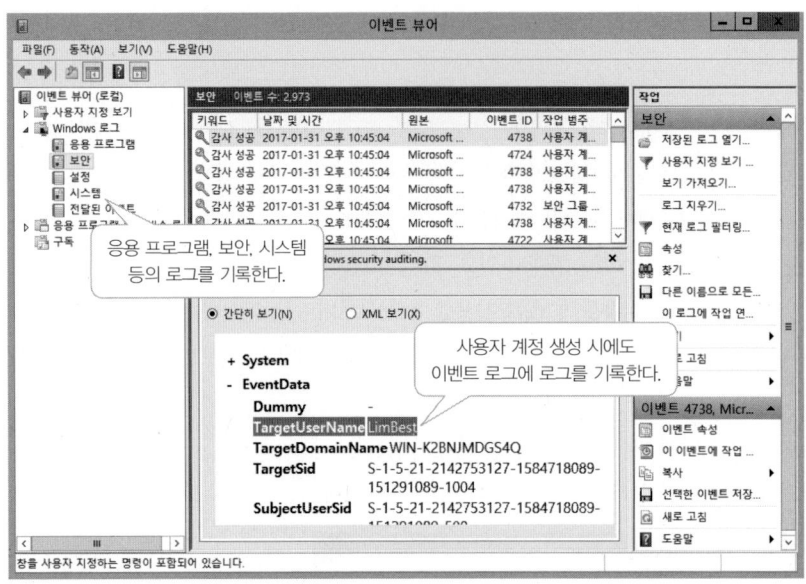

▲ 이벤트 뷰

위의 예를 보면 사용자 계정으로 LimBest 사용자 계정을 생성한 로그 정보가 보안 이벤트에 기록되어 있는 것을 확인할 수 있다.

(2) 로그 속성 설정

이벤트 정보는 덮어쓰기 형식으로 관리된다. 즉 최대 로그 크기를 초과해서 이벤트가 발생하면 이벤트 정보를 덮어쓴다. 이러한 이벤트 파일명과 최대 로그 크기, 덮어쓰기 옵션을 로그 속성 설정 메뉴에서 설정할 수 있다.

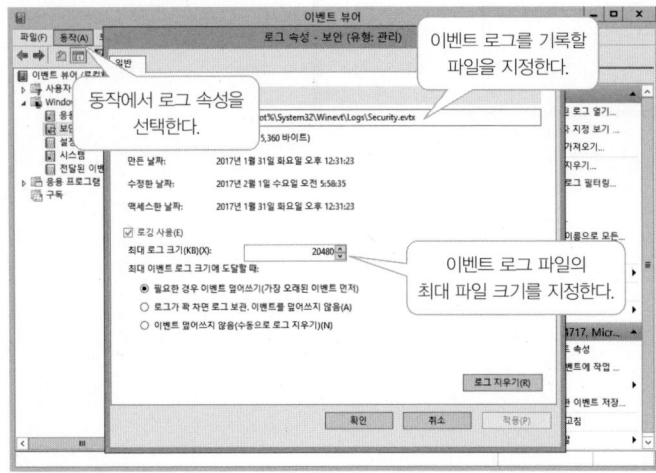

▲ 로그 속성 설정

01 보안 정책 개요

윈도우 서버 보안 정책은 로컬 보안 정책 프로그램을 실행해서 관리할 수 있다. 로컬 보안 정책은 계정에 대한 암호 정책, 계정 잠금 정책, 로컬 정책, 윈도우 방화벽 정책 등을 설정할 수 있다.

02 암호 정책 관리

계정 정책에서 암호정책을 클릭하면 암호 복잡성 설정, 최근 암호 기억, 암호 사용기간 등을 설정할 수 있다.

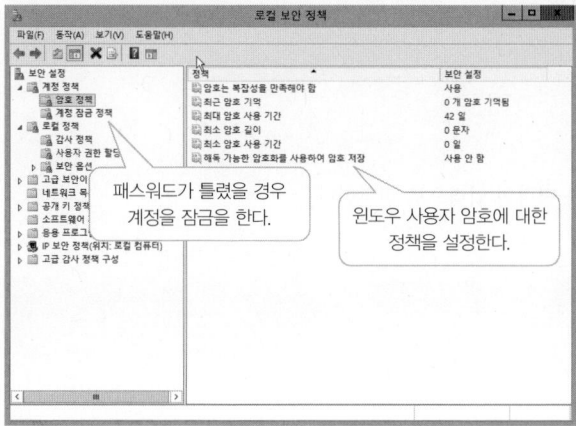

▲ 암호 정책 관리

03 사용자 권한 할당

사용자 권한 할당은 감사 및 보안 로그 관리, 로컬 로그온, 보안 감사 생성 등을 관리할 수 있는 윈도우 사용자를 설정하는 것이다.

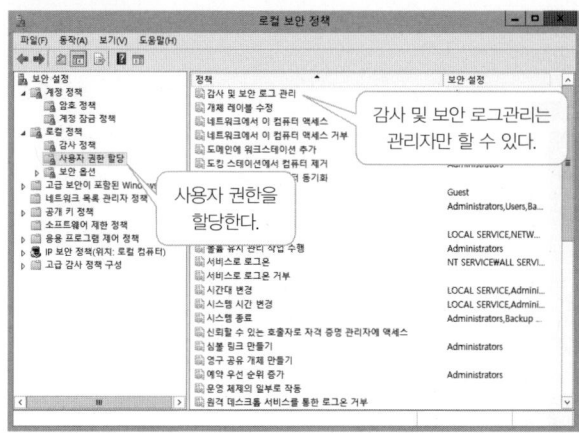

▲ 사용자 권한 할당

01 PowerShell 개요

– 리눅스에서 사용하던 셸(Shell)의 기능을 윈도우에서 사용할 수 있도록 셸 기능을 추가했다.

– 명령 라인(Command line)을 기반으로 시스템 및 서비스 등의 상태를 모니터링할 수 있다.

– Microsoft .NET Framework을 기반으로 개발되어서 셸 기능을 지원한다.

– 과거 DOS와 호환성을 가지고 있으므로 DOS 명령을 사용할 수 있다.

– 관리자는 쉽게 명령라인으로 윈도우 서버를 관리할 수 있다.

– Windows 7부터는 개인용 PC에도 Power Shell을 지원한다.

02 PowerShell의 특징

(1) 파이프라인 지원

파이프라인 문자를 사용해서 첫 번째 명령의 결과를 다음 명령의 입력으로 전달한다.

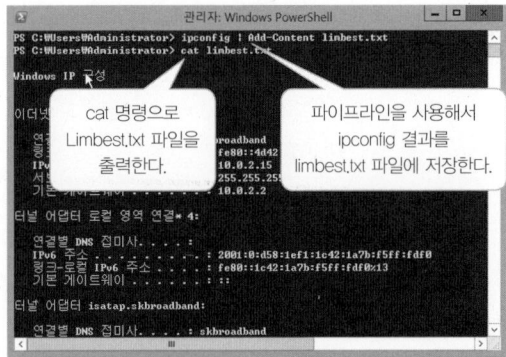

▲ 파이프라인 사용

(2) 자동탭 완성 기능

리눅스의 탭(TAB) 기능을 사용해서 자동 완성 기능을 지원한다.

▲ 자동탭 완성 기능

(3) 다중라인 입력

세미콜론(;)을 사용해서 다중 명령을 실행한다.

▲ 다중 명령 실행

(4) .NET Framework 언어

.NET Framework 기반으로 개발되어서 동작한다.

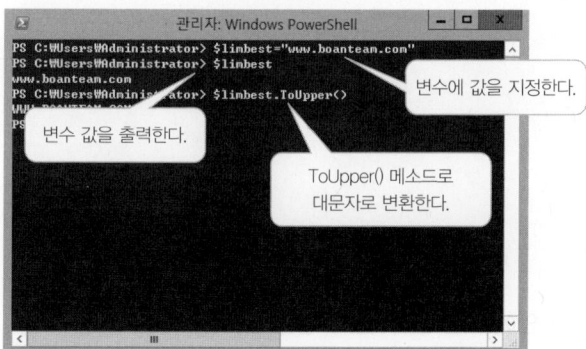

▲ 프로그램 언어와 같이 사용

＊ 네트워크관리사 1급, 2급에서 출제된 기출문제입니다.

2020년 2월, 2017년 4월

01 Windows Server 2008 R2에서 EFS(Encrypting File System) 대한 설명으로 옳지 <u>않은</u> 것은?

① 파일을 암호화하기 위해서는 지정된 파일에 대한 '파일 속성' 중 '고급'을 선택하여 '데이터 보호를 위한 내용을 암호화' 선택한다.

② 파일 암호화 키가 없는 경우 암호화된 파일의 이름을 변경할 수 없고 내용도 볼 수 없다. 하지만 파일 복사는 가능하다.

③ 백업된 파일 암호화 키가 있는 경우 인증서 관리자(certmgr.msc)를 통해 인증서 키를 '가져오기'하여 암호화된 파일을 열 수 있다.

④ 파일 암호화 키 백업을 하여 암호화된 파일에 영구적으로 액세스하지 못하게 되는 것을 방지할 수 있다. 암호화 키 백업은 주로 다른 컴퓨터나 USB 메모리 등의 별도로 저장할 것을 권장한다.

> 암호화키가 없으면 파일 복사도 불가능하다. EFS는 NTFS 파일 시스템에서 지원하는 암호화 방법이다.

2017년 4월

02 Windows Server 2008 R2에서 컴퓨터가 재시작되거나 종료될 때, 또는 보안에 영향을 주는 기타 이벤트가 발행할 때 감사할지 여부를 결정하는 감사 항목은?

① 시스템 이벤트 감사

② 로그온 이벤트 감사

③ 권한 사용 감사

④ 개체 액세스 감사

> 시스템 이벤트 감사는 컴퓨터의 재시작, 종료 등의 이벤트를 기록한다.

2019년 2월, 2017년 4월

03 Windows Server 2008 R2에서 자신의 네트워크 안에 있는 클라이언트 컴퓨터가 부팅될 때 자동으로 IP 주소를 할당해 주는 서버는?

① DHCP 서버

② WINS 서버

③ DNS 서버

④ 터미널 서버

> DHCP는 동적으로 IP를 할당해 주는 서비스이다.

2019년 8월

04 Windows Server 2008 R2의 이벤트 뷰어에 대한 설명으로 옳지 않은 것은?

① '이 이벤트에 작업 연결'은 이벤트 발생 시 특정 작업이 일어나도록 설정하는 것이다.

② '현재 로그 필터링'을 통해 특정 이벤트 로그만을 골라 볼 수 있다.

③ 사용자 지정 보기를 XML로도 작성할 수 있다.

④ '구독'을 통해 관리자는 로컬 시스템의 이벤트에 대한 주기적인 이메일 보고서를 받을 수 있다.

구독을 통해서 주기적으로 이메일 보고서를 받을 수 없다.

2020년 4월, 2018년 7월

05 Windows Server 2008 R2의 이벤트 뷰어에서 로그온, 파일, 관리자가 사용한 감사 이벤트 등을 포함해서 모든 감사된 이벤트를 보여주는 로그는?

① 응용 프로그램 로그

② 보안 로그

③ 설치 로그

④ 시스템 로그

이벤트 로그는 시스템, 응용, 보안 로그가 있고 보안 로그에 파일 접근, 시스템 로그온, 시스템 구성 변경 관련 로그가 기록된다.

2019년 11월

06 Windows Server 2008 R2의 '[시작]→[관리도구]→[로컬 보안 정책]'에 나오는 보안 설정 항목이 아닌 것은?

① 계정 정책

② 로컬 정책

③ 공개키 정책

④ 대칭키 정책

보안 템플릿은 계정 정책, 로컬 정책, 이벤트 로그, 시스템 서비스, 공개키 정책 등을 정의한다.

07 Windows Server 2016의 특징 중 고가의 서버 컴퓨터 한 대에 여러 대의 서버를 가상화하여 실제 물리적인 서버 컴퓨터의 효율을 극대화하는 기술은?

① Hyper-V

② Server Core

③ 터미널 서비스

④ PowerShell

> Hyper-V는 윈도우의 대표적인 가상 머신 기능으로 한 대의 호스트 OS 내에 다수의 게스트 OS 및 서비스를 설치하여 자원 활용의 효율성을 높여준다. 해당 기능을 사용하기 위해서는 Hyper-V를 활성화하여야 한다.

08 Windows Server 2008 R2의 시스템 관리를 위해서 설계된 명령 라인 셸 및 스크립팅 언어로, 강력한 확장성을 바탕으로 서버상의 수많은 기능의 손쉬운 자동화를 지원하는 것은?

① PowerShell

② C-Shell

③ K-Shell

④ Bourne-Shell

> PowerShell은 윈도우 7 이상과 윈도우 서버에서 지원되는 것으로 DOS 명령과 리눅스 명령어 모두를 지원한다. C-Shell과 K-Shell, Bourne-Shell은 리눅스에서 지원하는 Shell이다.

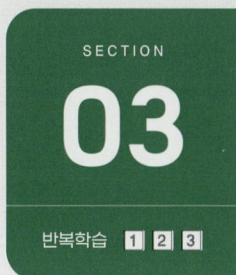

IIS 서버

빈출 태그 웹 서버 • ASP • 가상 디렉터리

POINT 01) IIS 웹 서버 설치

01 웹 서버

윈도우 서버에서 IIS(Internet Information Server)라는 웹 서버를 설치한다. IIS는 웹 서버의 역할을 수행하는 Microsoft 사의 프로그램으로 ASP(Active Server Page)라는 스크립트를 지원하며 .NET Framework를 기반으로 개발되어 있다.

☞ 기적의 TIP

웹 서버(Web Server)는 무엇인가?
웹 브라우저는 HTML 문서를 보여주는 프로그램이다. HTML 문서는 태그(Tag) 형식으로 되어 있어서 "〈html〉임베스트 〈/html〉" 형태로 되어 있다. 웹 서버는 웹 브라우저와 이러한 HTML 형식 문서를 송신하고 수신하는 프로그램이며 이때 사용되는 통신 프로토콜은 HTTP라는 프로토콜이다.

또, 웹 브라우저는 여러 명이 접속하지만 웹 서버는 한 대의 서버가 여러 명의 웹 브라우저의 연결을 관리해야 한다. 따라서 웹 서버는 이러한 웹 브라우저의 세션(Session)을 관리해야 하는데 이러한 프로그램을 웹 서버라 하며 윈도우에서 사용되는 대표적인 웹 서버에는 IIS 서버가 있고 리눅스 계열에서 사용되는 웹 서버에는 Apache가 있다.

02 IIS 웹 서버 설치

IIS 서버를 설치는 윈도우 서버에서 제공하는 서버 관리자라는 프로그램을 사용해서 설치할 수 있다. 서버 관리자 프로그램에서 관리 메뉴, 역할 및 기능 추가 메뉴를 선택하면 된다.

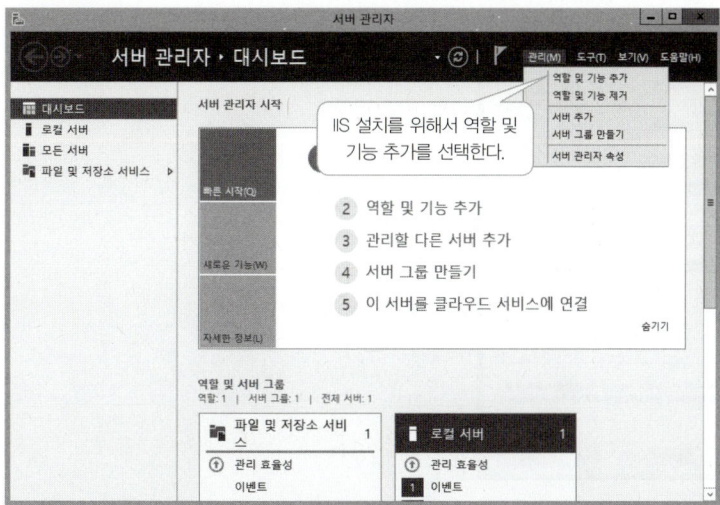

▶ 서버 관리자에서 역할 및 기능 추가

역할 서비스 및 기능에 대한 기본적인 안내문이 나온다. 다음 버튼을 선택해서 그대로 넘어간다.

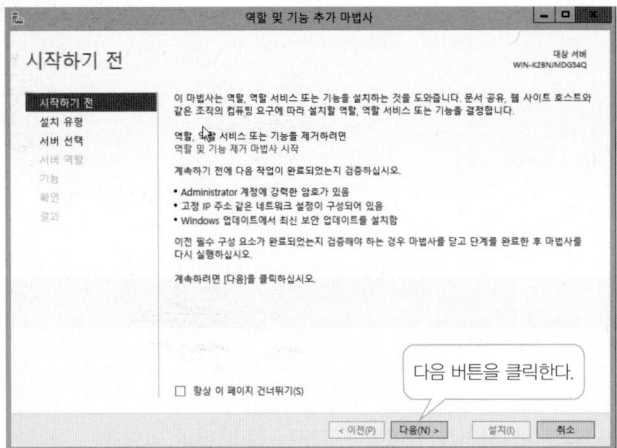

▲ 역할 서비스 및 기능에 대한 안내

단일 서버를 기반으로 구축하는 경우 역할 기반 또는 기능 기반 설치를 체크하고 다음 버튼을 클릭한다.

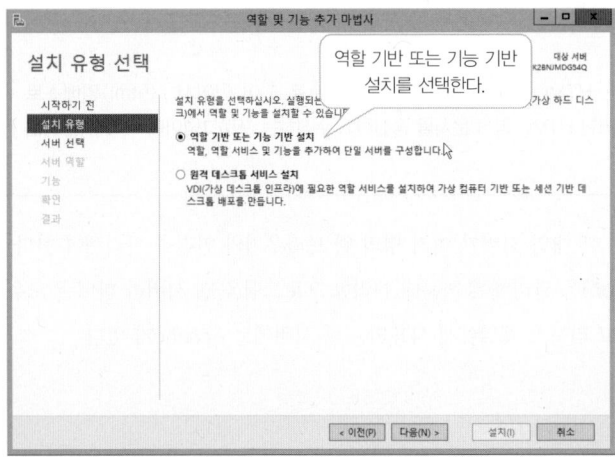

▲ 역할 기반 또는 기반 설치

서버 풀은 해당 서버의 스토리지(Storage)에 IIS를 선택하는 것을 의미한다.

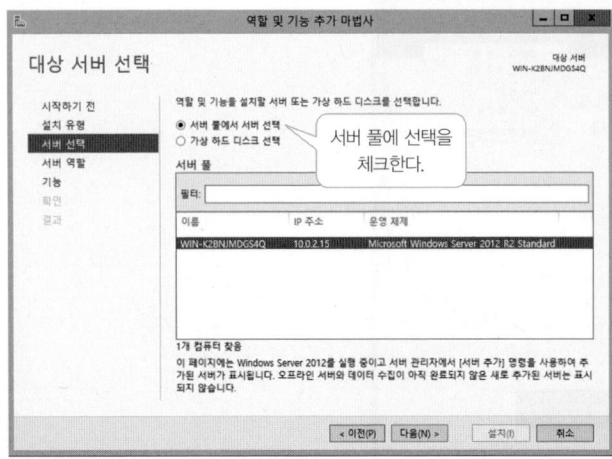

▲ 서버 풀 선택

역할 리스트에 웹 서버(IIS)를 선택하면 IIS를 설치하게 된다. 만약 Active Directory 및 DHCP 서버, DNS 서버 등도
설치를 원하면 모두 체크하면 된다.

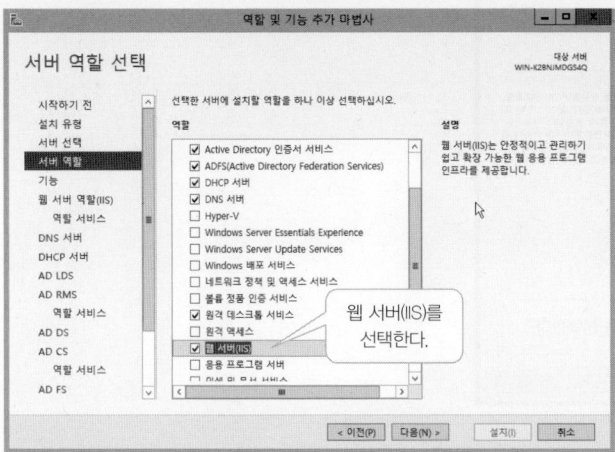

▲ IIS를 선택

ASP를 지원하기 위해서 ASP.NET을 체크한다.

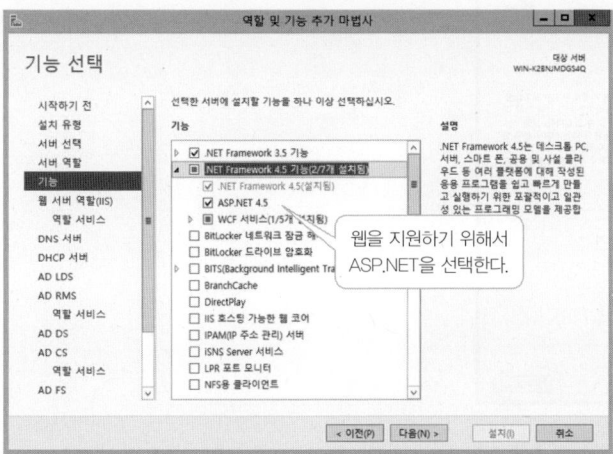

▲ .NET Framework 설치

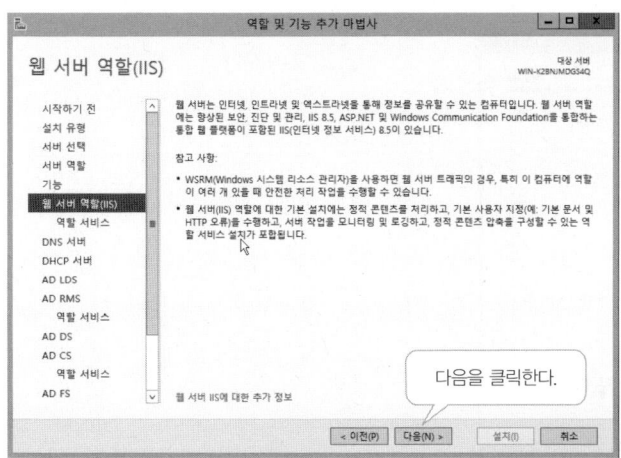

▲ IIS 정보 제공

역할 서비스에서 IIS 웹 서버에 필요한 서비스를 선택한다.

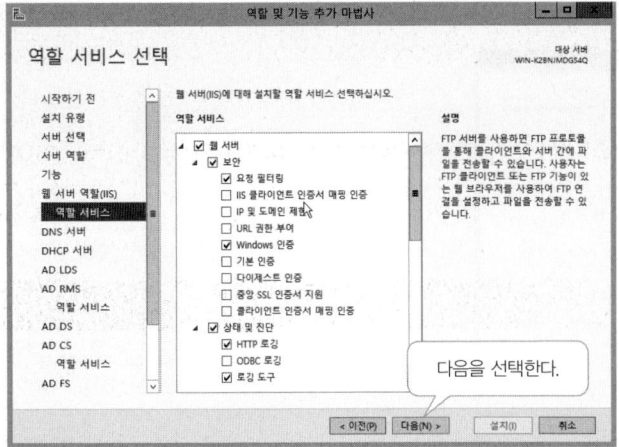

▲ 역할 서비스

FTP 서버를 구축하기 원하면 FTP 서버를 선택하면 된다.

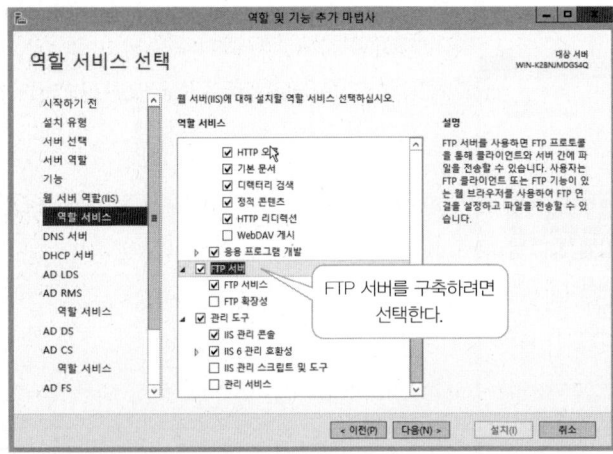

▲ 역할 서비스(FTP)

여기까지 진행이 완료되면 설치가 시작된다. 기능 설치가 완료되면 IIS 웹 서버를 사용할 수 있다.

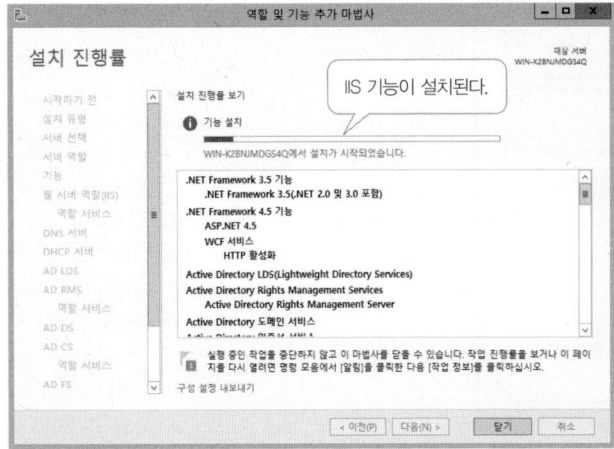

▲ 설치 진행

IIS 웹 서버가 설치되면 설치된 앱 목록에 IIS 인터넷 정보 서버라는 것이 있다.

▲ 앱 목록에 IIS가 조회된다.

IIS 웹 서버를 설치하였으므로 localhost(127.0.0.1)로 웹 브라우저로 접속하면 IIS 홈페이지가 보여지게 된다. 홈페이지가 보여진다는 것은 정상적으로 IIS 웹 서버가 설치된 것을 의미한다.

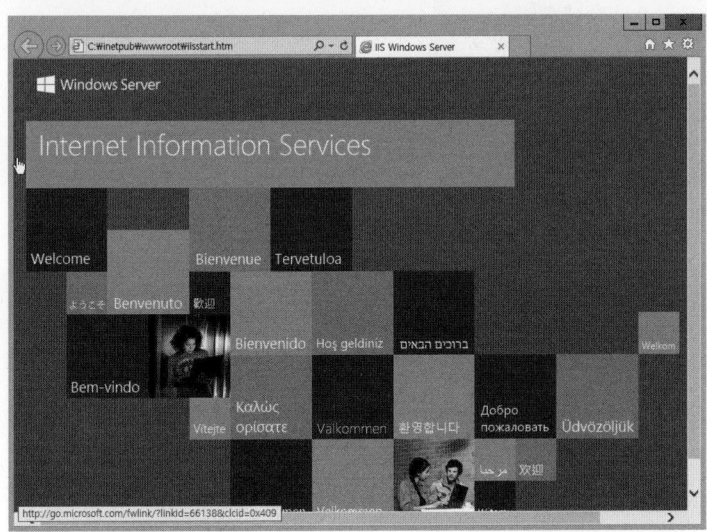

▲ localhost로 웹 브라우저 연결

01 IIS(Internet Information Server) 기능

– 웹 브라우저의 HTTP Request에 대해서 HTTP Response로 HTML을 전송한다.

– HTTP 리디렉션 기능을 특정 주소로 바로 연결되게 한다.

– HTTP 상태코드를 통해서 오류를 관리한다.

– HTTP 로깅 정보를 기록하고 관리한다.

– ASP 및 .NET 언어를 지원한다.

– SSL 인증서를 등록해서 SSL 보안을 지원한다.

IIS 웹 서버를 설치하면 IIS 관리자 프로그램으로 IIS 기능 리스트를 확인할 수 있다. IIS 기능 리스트는 IIS 웹 서버에서 지원하는 기능으로 HTTP 리디렉션, HTTP 응답헤더, ISAPI 및 CGI 지원, ISAPI 필터, MIME 형식 등의 기능을 지원한다.

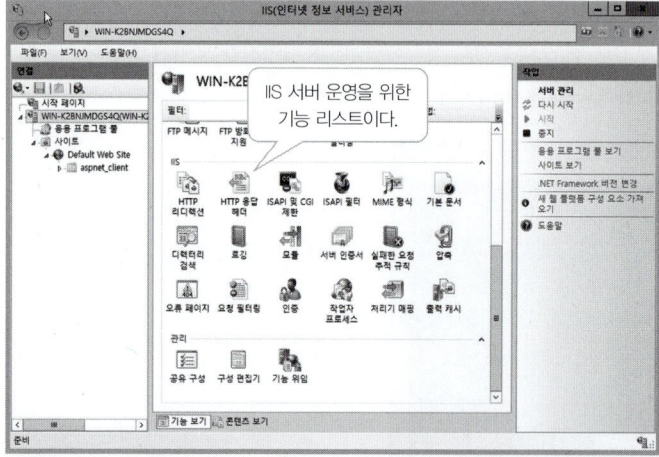

▲ IIS 웹 서버 기능 리스트

02 웹 사이트 추가

웹 사이트 추가 기능을 사용해서 해당 웹 사이트 정보를 등록한다.

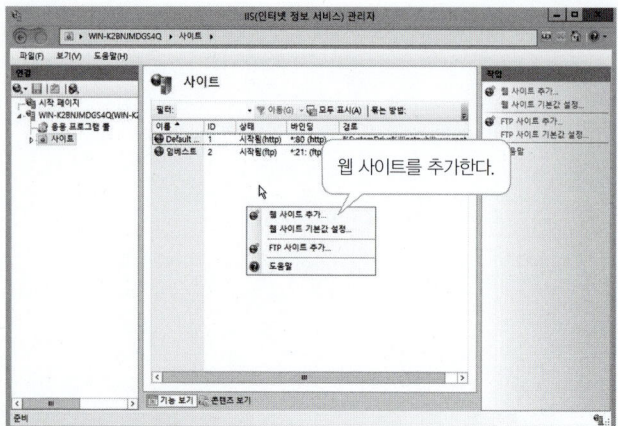

◀ 웹 사이트 추가를 선택

실제 경로는 웹 사이트의 홈 디렉터리이고 웹 사이트는 기본적으로 80번 포트를 사용하지만 포트번호는 변경이 가능하다. 호스트 이름은 URL 주소를 입력한다.

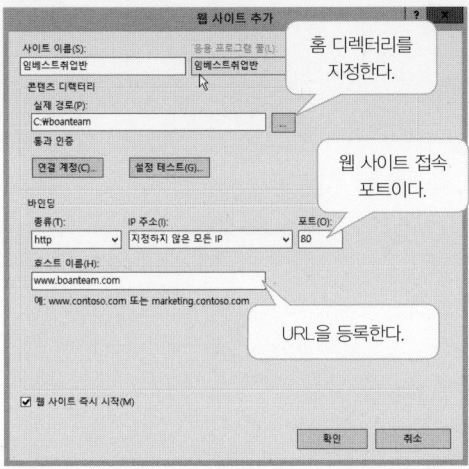

▲ 웹 사이트 기본정보를 등록

웹 사이트가 등록되면 등록된 웹 사이트 리스트를 확인할 수 있다.

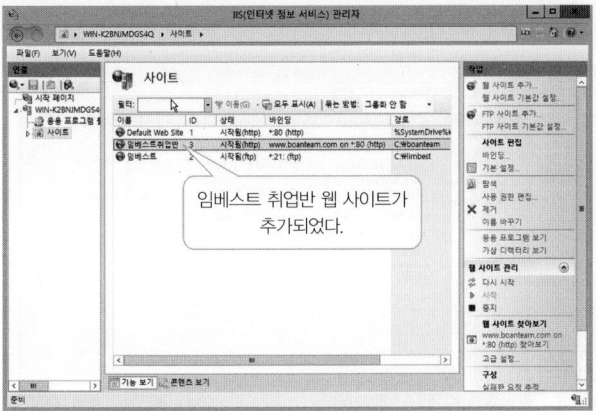

▲ 웹 사이트가 추가됨

추가된 웹 사이트 정보는 고급 설정으로 확인이 가능하다.

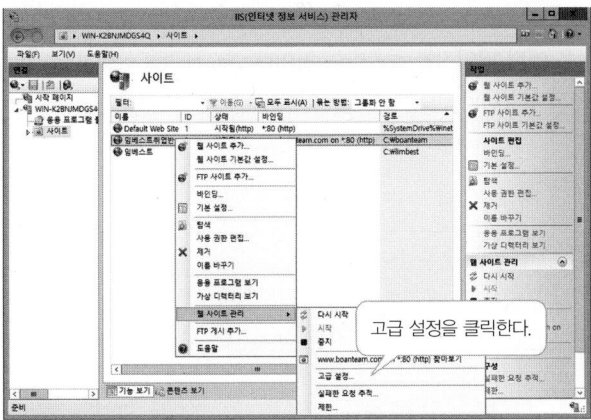

▲ 고급 설정 확인

설정된 정보인 웹 사이트 주소, 포트번호, 프로토콜 등이 확인 가능하다.

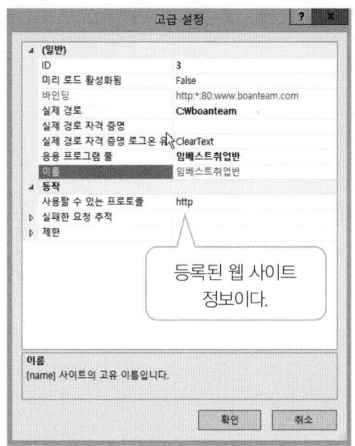

▲ 설정된 정보

03 HTTP 리디렉션

홈페이지의 주소로 접속할 때 자동으로 연결한 페이지를 등록한다. 즉, www.boanteam.com을 웹 브라우저에서 입력하면 자동으로 www.boanteam.com/boan/boan.jsp로 연결하게 한다.

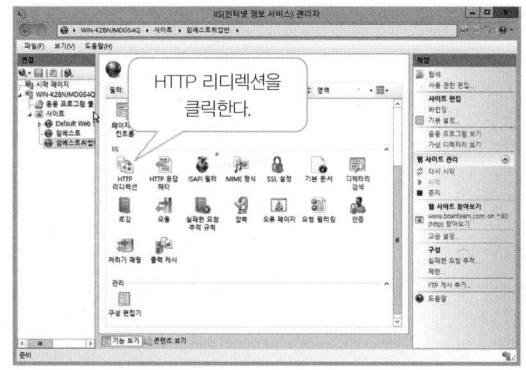

▲ IIS 관리자에서 HTTP 리디렉션 선택

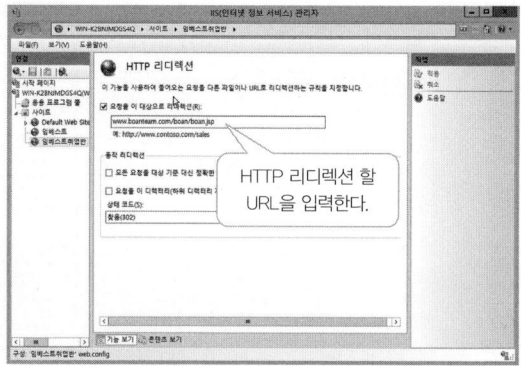

▲ 리디렉션 될 주소를 입력

04 오류 페이지

웹 페이지에서 발생하는 오류 정보를 노출하지 않고 전용 에러 페이지를 등록하는 것이다. 즉, HTTP 상태코드 값에 따라서 에러가 발생하면 웹 브라우저에게 전송할 페이지를 등록한다.

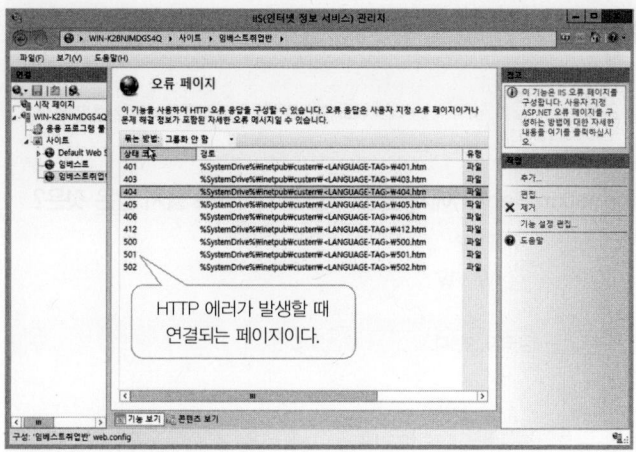

▲ 오류 페이지 등록

05 가상 디렉터리

가상 디렉터리 실제 페이지 경로를 URL을 보이지 않게 해서 보안을 향상시킨다. 즉, 실제로 존재하지 않는 디렉터리에 웹 페이지나 파일 등을 올려놓고 관리하는 것이다.

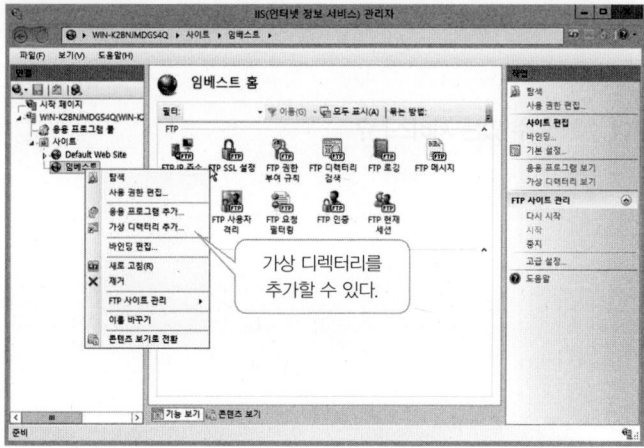

▲ 가상 디렉터리 등록

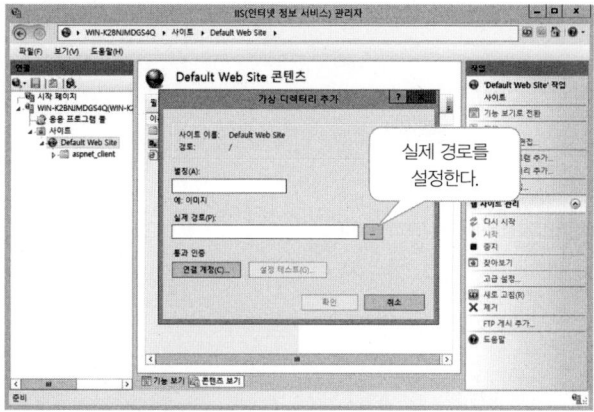

▲ 가상 디렉터리 별칭과 실제 경로를 입력

* 네트워크관리사 1급, 2급에서 출제된 기출문제입니다.

2019년 2월, 2014년 1월

01 Windows 2003 Server의 IIS(Internet Information Server)에서 설정 가능한 서비스로 옳지 <u>않은</u> 것은?

① TELNET
② FTP
③ NNTP
④ WWW

IIS는 FTP 서버, 웹(WWW), NNTP를 설정할 수 있지만 TELNET은 해당되지 않는다.

2013년 10월

02 Windows 2003 Server의 IIS Web Server 사이트에서 사용하는 디렉터리에 대한 설명 중 옳지 <u>않은</u> 것은?

① IIS 사이트의 등록되는 홈 디렉터리는 항상 로컬 컴퓨터의 하드디스크에 있는 디렉터리만 설정 가능하다.
② 디렉터리 설정 화면에 읽기/쓰기 등의 액세스 권한을 설정할 수 있다.
③ 가상 디렉터리란 홈 디렉터리 내에 포함되어 있지 않는 어떤 디렉터리로부터 퍼블리싱하기 위하여 사용한다.
④ 홈 디렉터리 기본 위치는 '/inetpub/wwwroot'이다.

IIS 사이트의 홈 디렉터리는 로컬 컴퓨터의 하드디스크의 디렉터리 및 원격 시스템도 지정이 가능하다.

2013년 7월

03 Windows 2003 Server에서 IIS를 이용하여 수행할 수 있는 서비스는?

① NNTP 서비스, 웹 서비스
② 웹 서비스, Telnet 서비스
③ Telnet 서비스, SMTP 서비스
④ SMTP 서비스, DHCP 서비스

IIS는 웹 서비스(WWW)와 NNTP, FTP 서버를 지원한다.

2023년 9월, 2022년 2월

04 Windows Server 2016의 서버 관리자를 이용하여 IIS(Internet Information Server)로 설정할 수 있는 서비스로 짝지어진 것은?

① HTTP, FTP
② DHCP, DNS
③ HTTP, DHCP
④ HTTP, TELNET

IIS를 사용하여 FTP와 웹 서버 설정을 할 수 있다. 웹이 사용하는 프로토콜은 HTTP, HTTPS이다.

DNS 서버

빈출 태그 DNS 서버 • DNS 레코드 • 메일 레코드 • SOA 레코드

POINT 01 윈도우 DNS 서버

01 윈도우 DNS 서버

윈도우 서버는 DDNS(Dynamic Domain Name Service)라는 DNS 서버를 관리할 수 있으며 윈도우 DNS 서버는 사용자 PC에 IP를 동적으로 할당하는 DHCP 서버와 연동해서 관리할 수 있는 기능을 제공한다.

02 윈도우 DNS 서버의 기능

– 사용자 PC는 DNS Request로 도메인 주소를 전송하면 DNS 서버는 해당 도메인에 대한 IP 주소를 얻은 후 사용자 PC에게 DNS Response로 IP 주소를 전송한다.
– IP 주소를 DNS 서버에 전송하면 해당하는 도메인 주소를 전송한다.
– DNS는 TCP와 UDP 프로토콜을 사용하고 53번 포트를 사용한다.

> **기적의 TIP**
>
> **DNS Cache**
> DNS 서버는 도메인 주소에 대해서 IP 주소를 알려주는 서비스이다. 그러나 사용자 PC가 요청할 때마다 DNS 서버가 도메인을 해석하면 DNS 서버는 많은 부하가 발생할 것이다. 그래서 최근에 자주 참조하는 도메인명과 IP 주소를 메모리에 유지하고 있다가 동일한 요청이 오면 메모리에서 조회 후에 사용자 PC에게 응답한다. 이를 DNS Cache라고 하고 DNS Cache는 사용자 PC에도 존재하고 DNS 서버에도 존재한다.

03 주 영역 DNS와 보조 영역 DNS

DNS 서버에 장애가 발생하면 도메인 주소를 해석할 수 없기 때문에 도메인을 사용할 수 없다. 그래서 DNS 서버는 주(Primary) 영역 DNS 서버와 보조(Second) 영역 DNS로 이중화를 시킨다. 즉, 주 영역 DNS 서버 장애 시에 보조 영역 DNS가 서비스를 계속한다.

○ 주 영역과 보조 영역 DNS

구분	설명
주(Primary) 영역 DNS	– DNS 서버로서 도메인을 해석하고 DNS 서버에 영역(Zone)을 등록 – 등록된 영역 정보는 Zone Transfer를 통해서 보조 영역 DNS에게 전송
보조(Second) 영역 DNS	– 주 영역 DNS 서버 장애 시에 DNS 서버의 역할을 수행 – 주 영역 DNS에서 Zone Transfer를 통해서 영역 정보를 수신받음

영역(Zone)이라는 것은 DNS에서 도메인 주소를 관리하는 기본 관리 단위이다. 그리고 영역 전송을 전송하는 것을 Zone Transfer라고 한다.

① 정방향 영역(Public Domain Zone)

– 정방향 영역은 DNS 서버에 도메인 주소를 전송하면 IP 주소를 전송하는 것으로 DNS 질의(Query)에 대해서 어떤 형태의 IP 주소(예 IPv4, IPv6)로 응답할지를 결정한다.

– 윈도우의 DNS 관리자에서 정방향 조회 영역을 선택하고 마우스 오른쪽 버튼을 누르면 새 영역 메뉴가 나타난다.

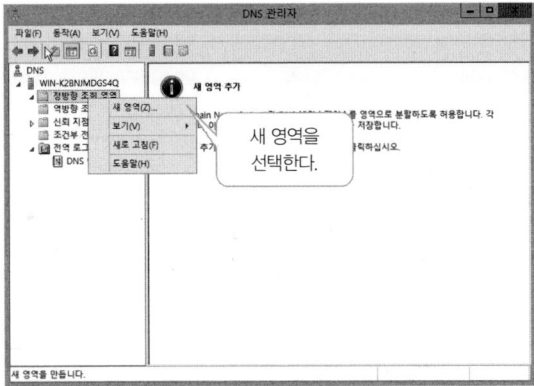

▲ 새 영역 설정

새 영역 마법사를 시작한다. 다음 버튼을 클릭하고 넘어간다.

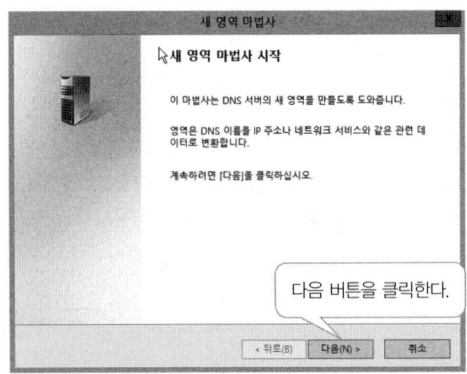

▲ 새 영역 마법사 시작

영역 형식에서 주 영역을 선택하고 다음 버튼을 클릭한다.

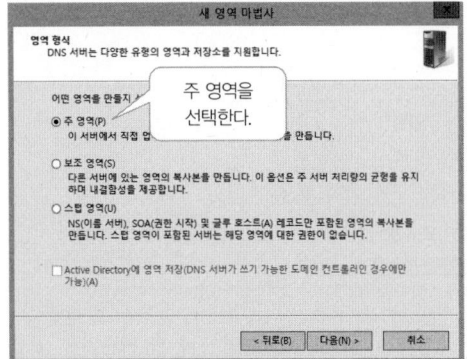

◀ 영역 형식

영역 이름에는 도메인 주소를 입력한다.

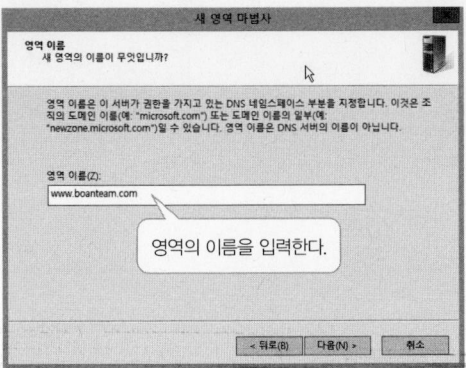

▲ 영역 이름

영역 파일은 도메인 주소에 자동적으로 DNS가 붙여진다. 물론 영역 파일명을 변경해도 된다.

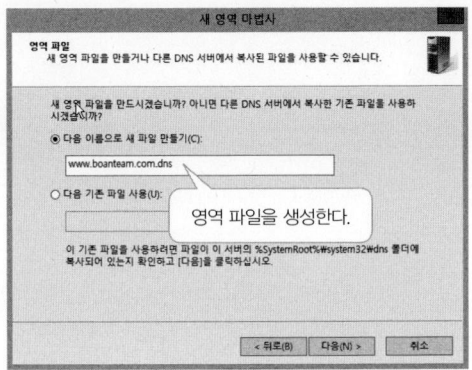

▲ 영역 파일

동적 업데이트 허용 여부를 결정한다.

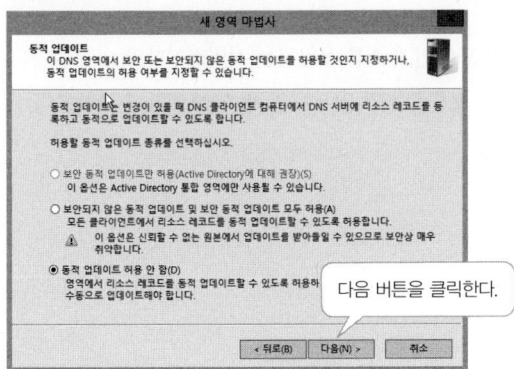

▲ 동적 업데이트 설정

여기까지 하면 정방향 영역 생성이 완료된다.

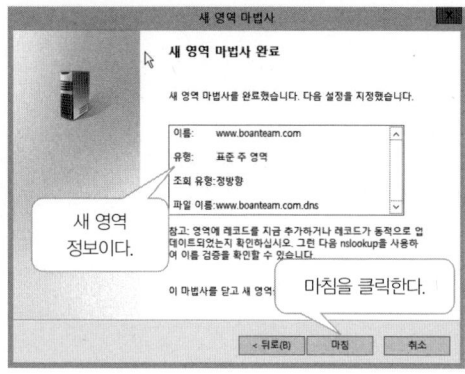

▲ 정방향 영역 완료

DNS 관리자에서 정방향 조회 영역을 보면 추가된 정방향 조회 영역을 확인할 수 있다.

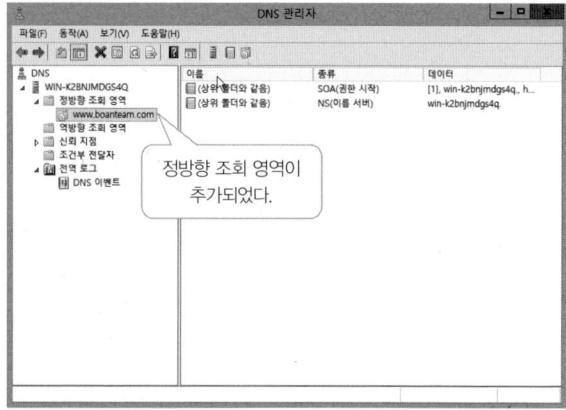

▲ 등록된 정방향 조회 영역

02 역방향 영역(Inverse Domain Zone)

– 역방향 영역은 사용자 PC에서 IP 주소를 전송하면 DNS 서버가 도메인 주소를 응답하는 서비스이다.

– 윈도우의 DNS 관리자에서 역방향 조회 영역을 선택하고 마우스 오른쪽 버튼을 누르면 새 영역 메뉴가 나타난다.

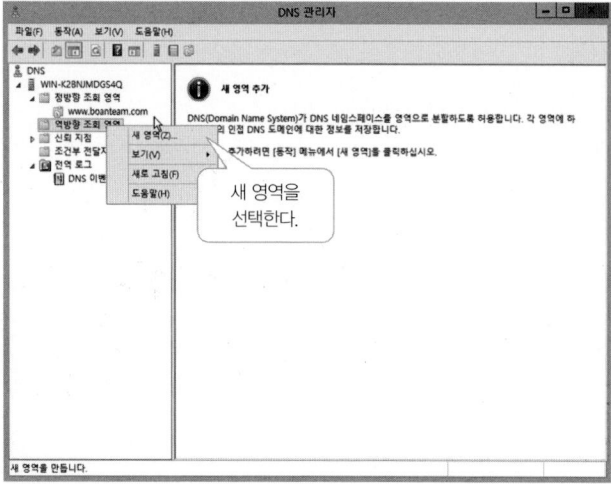

▲ 새 영역 설정

새 영역 마법사를 시작한다. 다음 버튼을 클릭하고 넘어간다.

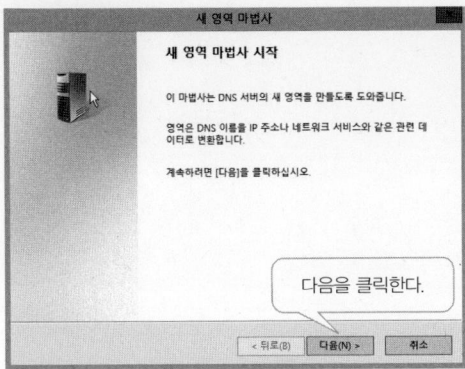

▲ 새 영역 마법사 시작

영역 형식에서 주 영역을 선택하고 다음 버튼을 클릭한다.

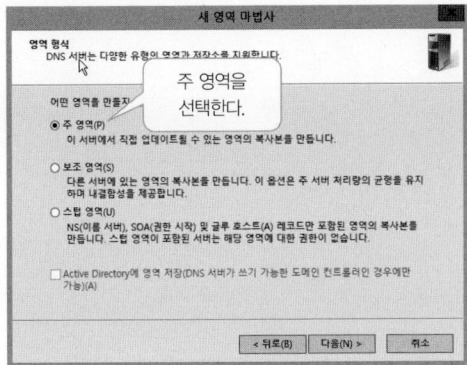

▲ 영역 형식

역방향 조회 영역은 IP 주소로 응답하기 때문에 IPv4 형식으로 사용자 PC에게 전송할 것인지 IPv6 형식으로 전송할 것인지를 선택한다.

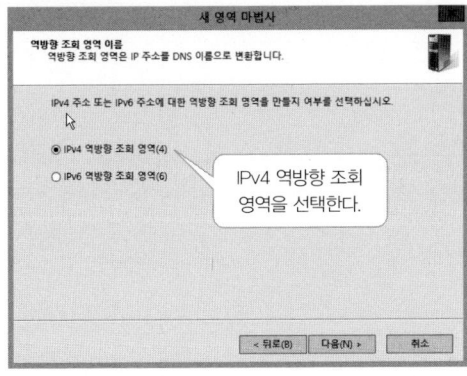

▲ 역방향 조회 영역 이름

C Class의 네트워크는 IP 주소 3영역만 입력하고 다음을 클릭한다.

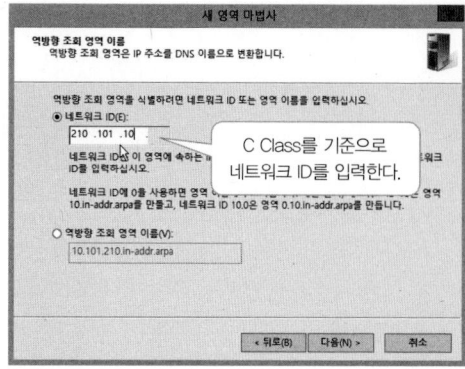

▲ 역방향 조회 영역 이름

영역파일은 IP 주소에 자동적으로 dns라는 것이 붙여진다. 물론 영역 파일명을 변경해도 된다.

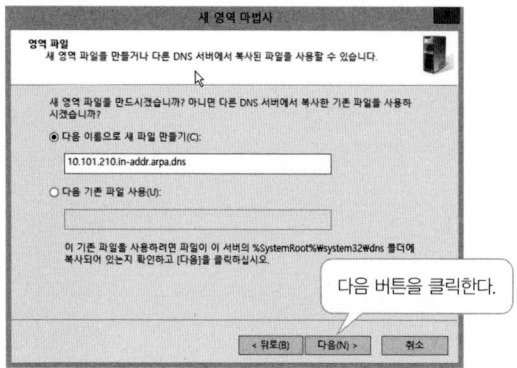

▲ 영역 파일

동적 업데이트를 허용 여부를 결정한다.

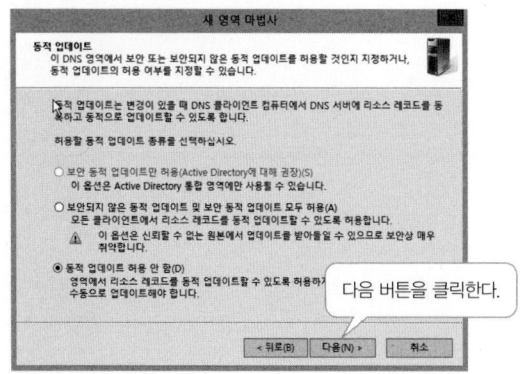

▲ 동적 업데이트 설정

여기까지 하면 역방향 영역 생성이 완료된다.

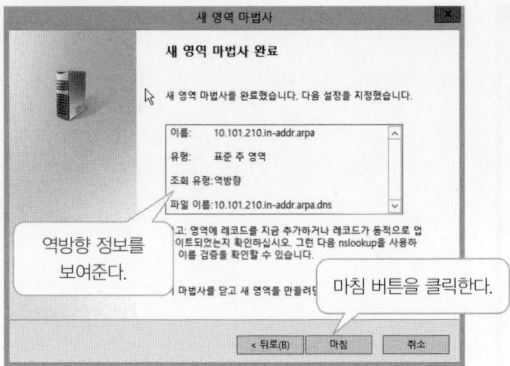

▲ 역방향 영역 완료

DNS 관리자에서 역방향 조회 영역을 보면 추가된 역방향 조회 영역을 확인할 수 있다.

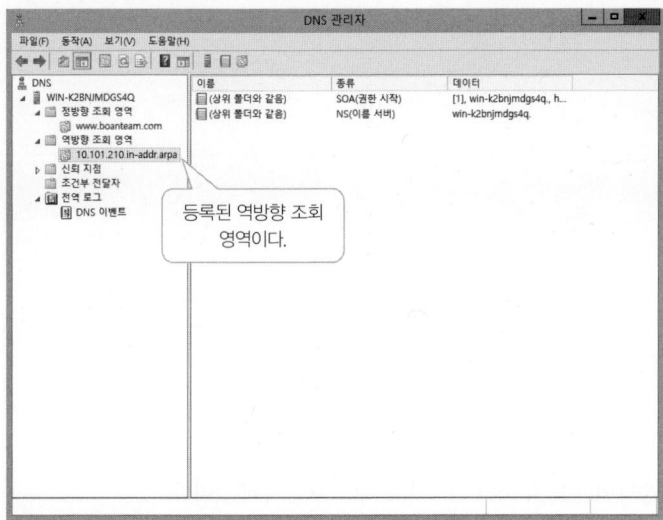

▲ 등록된 역방향 조회 영역

POINT 03 DNS 레코드(Record)

01 호스트

(1) 호스트 등록

사용자가 www.boanteam.com이라고 입력을 하면 DNS 서버는 어떤 형식으로 응답을 해야 할지를 모른다. 그래서 호스트 등록을 통해서 사용자에게 어떤 형식의 정보로 응답할지를 결정한다. 이때 응답 정보로 사용되는 것이 레코드 (Record)이다. 예를 들어 A 레코드를 등록하면 www.boanteam.com에 대해서 IPv4 주소 형식으로 응답하게 된다. 여기서 호스트는 www가 된다.

(2) 호스트 등록 방법

DNS 관리자 프로그램에서 등록된 정방향 조회 영역 도메인을 선택한 후에 마우스 오른쪽 버튼을 누르면 새 호스트라 는 메뉴가 나온다.

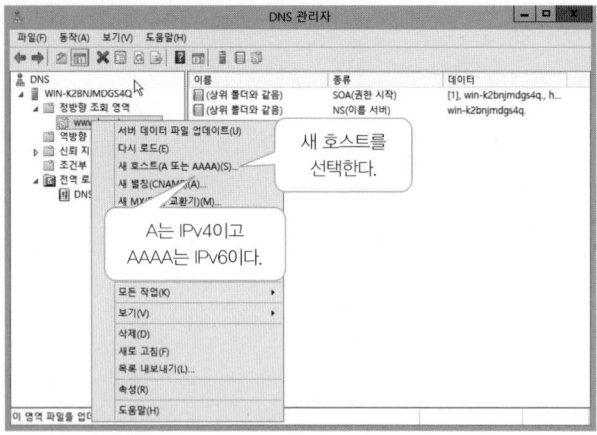

▲ 새 호스트 등록

새 호스트를 선택하면 해당 도메인 주소에 대해서 IP 주소를 입력해야 한다.

▲ 새 호스트

여기까지 실행하면 해당 도메인 주소에 대해서 응답되는 IP 주소의 형식과 IP 주소가 등록된 것이다.

02 메일(Mail Exchanger) 레코드

메일 레코드는 DNS 서버가 전자우편을 전달하기 위해서 사용되는 레코드로 lim@limbest.com이라는 전자우편에서 limbest.com의 도메인에 메일을 어떤 형식으로 전송할 것인지를 알려준다.

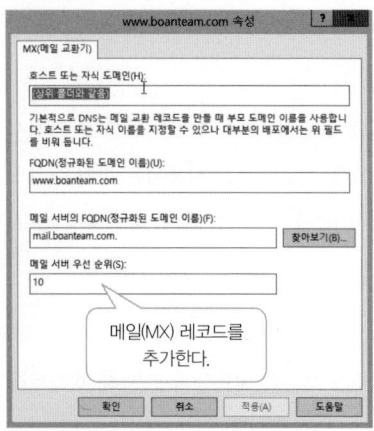

▲ MX(메일 교환기)

03 PTR(Pointer) 레코드

PTR 레코드는 역방향 조회 영역에서 사용자 PC가 IP 주소를 전송하면 도메인 주소로 변경하기 위해서 등록하는 레코드이다.

– 역방향 조회 영역에서만 사용된다.

– IP 주소에 대해서 역방향 조회 영역을 추가한다.

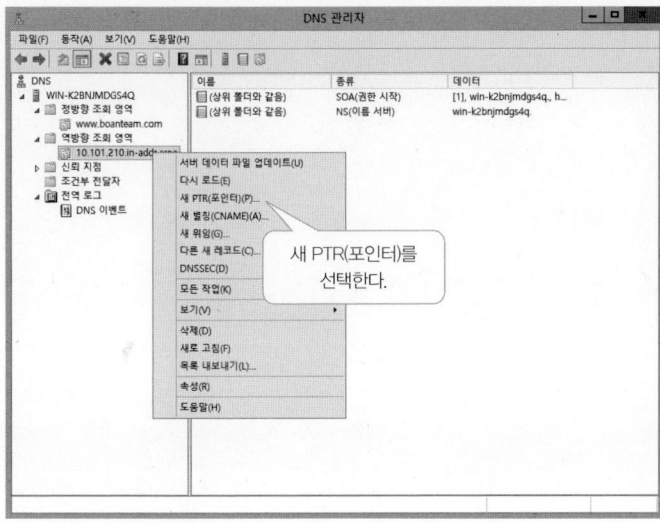

▲ 새 PTR(포인터)를 선택

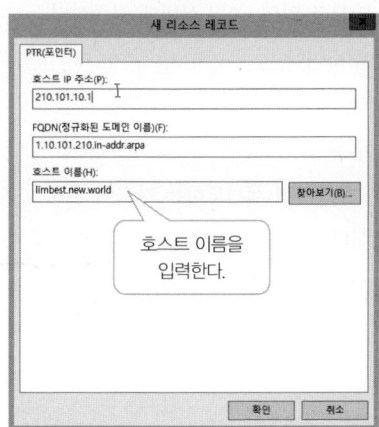

▲ 호스트 이름 등록

04 SOA(Start Of Authority) 레코드

(1) SOA 레코드

SOA 레코드는 도메인 영역의 등록 정보를 가지고 있는 기본 레코드이다. 주 영역 DNS 서버와 보조 영역 DNS 서버 간의 동기화 정보, DNS 정보 보유에 대한 시간 정보 등을 가지고 있으며 SOA 레코드는 영역(Zone) 생성 시에 자동으로 생성된다.

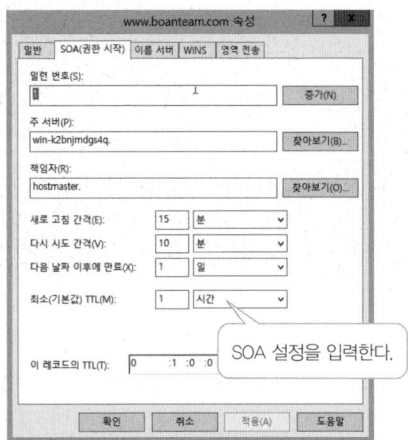

▲ SOA(권한 시작)

(2) SOA 영역

– 일련번호 : 영역 변경 시에 증가하는 번호로 해당 영역 파일의 개정 번호이다. 보조 영역 DNS 서버에 전송한다.

– 주 서버 : 해당 영역이 초기에 설정되는 서버로 주 영역 DNS 서버의 도메인 주소이다.

– 책임자 : 책임자의 전자우편 주소이다. 메일 주소는 도메인 형식으로 기입한다.

– 새로 고침 간격 : 주 영역 DNS 서버와 보조 영역 DNS 서버 간에 통신 간격이다.

– 다시 시도 간격 : 주 영역 DNS 서버와 보조 영역 DNS 서버 간에 통신장애가 발생하면 재시도하는 간격이다.

– 다음 날짜 이후에 만료 : 설정 기간을 초과하여 통신 두절 시 동작 정지 정보이다.

– 최소(기본값) TTL : 레코드의 캐시 시간을 지정한다.

– 이 레코드의 TTL : SOA 레코드의 TTL이 지정된다.

05 CNAME 레코드

– 같은 IP 주소를 가지고 있는 여러 개의 호스트가 있을 때 용이하다.

– A 레코드가 비슷하지만 별명(Alias)을 입력한다.

– A 레코드에 비해서 속도가 빠르다.

– 호스트 이름을 등록해서 관리한다.

＊네트워크관리사 1급, 2급에서 출제된 기출문제입니다.

2019년 5월, 2013년 10월

01 Windows 2003 Server의 DNS에 대한 설명 중 옳지 <u>않은</u> 것은?

① 클라이언트 컴퓨터는 DNS 서버 내의 리소스 레코드를 동적으로 업데이트할 수 있다.

② 레코드의 에이징(Aging) 기능으로 무효(사용되지 않는) 레코드를 방지한다.

③ DHCP, WINS와 통합 운영이 가능하다.

④ IIS(Internet Information Server) 관리도구를 이용하여 설정이 가능하다.

DNS 관리는 DNS 관리자 도구를 사용해서 설정한다. IIS 관리도구로 DNS를 관리할 수 없다.

2022년 11월, 2020년 11월

02 Windows Server 2016의 DNS 서버에서 정방향 조회 영역 설정에서 SOA 레코드의 각 필드에 대한 설명으로 옳지 <u>않은</u> 것은?

① 일련번호 : 해당 영역 파일의 개정 번호다.

② 주 서버 : 해당 영역이 초기에 설정되는 서버다.

③ 책임자 : 해당 영역을 관리하는 사람의 전자 메일 주소다. webmaster@icqa.or.kr 형식으로 기입한다.

④ 새로 고침 간격 : 보조 서버에게 주 서버의 변경을 검사하기 전에 대기하는 시간이다.

SOA 레코드에서 책임자의 메일 주소는 도메인 형식으로 기입한다.

2017년 4월

03 DNS의 레코드에 대한 설명으로 올바른 것은?

① SOA 레코드는 새로 등록하거나 삭제할 수는 없고 정보만 읽고, 수정할 수 있다.

② A 레코드는 도메인 위임이라는 기능을 구현하기 위해 사용된다.

③ CNAME 레코드는 'Alias'라고도 한다.

④ PTR 레코드는 호스트 대 IP를 등록하며, 일반 영역에 사용된다.

PTR 레코드는 역방향 조회 영역에서 사용자 PC가 IP 주소를 전송하면 도메인 주소로 변경하기 위해서 등록하는 레코드이다.

2017년 7월

04 Windows Server 2008 R2에서 DNS 서버 기능을 설정한 후에 설정이 제대로 되었는지 확인하기 위하여, 명령어 프롬프트에서 도메인을 입력하면 해당 IP 주소를 보여주는 명령어는?

① ls

② nslookup

③ show

④ pwd

nslookup은 도메인(URL)에 대한 IP 주소를 확인해서 DNS(Domain Name Server)를 테스트한다.

SECTION

05

액티브 디렉터리

반복학습 **1** **2** **3**   **빈출 태그** 도메인 • 조직 구성 • 트리 • 물리적 구조 • 접근통제 • 상속

POINT **01**   **액티브 디렉터리(Active Directory)**

– 중앙에서 통합적으로 관리하기 위해서 네트워크 정보를 등록하는 서비스이다.
– 네트워크, 사용자, 그룹에 대한 정보를 통합 관리한다.

01 액티브 디렉터리 개요

우선, 윈도우 탐색기에서 내 컴퓨터 속성에 들어가면 다음과 같은 화면을 볼 수 있을 것이다. 다음의 화면을 보면 워크그룹(Workgroup)과 도메인(Domain)이 있는 것을 확인할 수 있다.

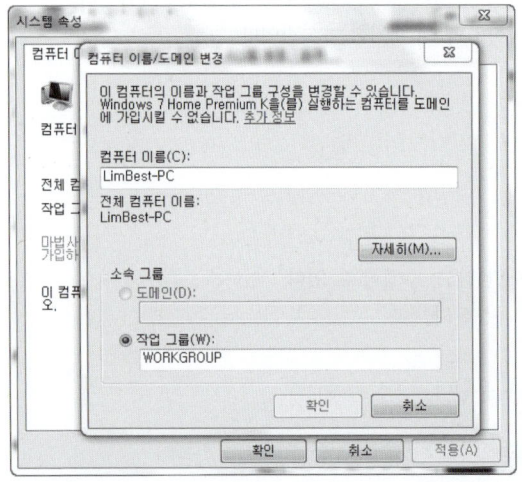

▲ 내 컴퓨터 내의 도메인 변경([시스템 속성]-[컴퓨터 이름/도메인 변경])

우선 워크그룹은 자신의 PC에 저장되어 있는 데이터베이스로 작은 규모의 네트워크 환경에서 자신의 시스템을 스스로 관리할 때 사용하는 기능으로 각각의 사용자 계정으로 자신이 관리하는 것이다. 도메인이라는 것은 기업 내에 모든 컴퓨터 및 사용자 계층을 컴퓨터마다 생성하지 않고 하나의 마스터 서버(Domain Controller)에 의해서 생성 관리할 수 있는 중앙 집중적인 관리를 수행한다. 마스터 서버에는 전체 컴퓨터의 디렉터리 데이터베이스(Directory Database)를 가지고 있어서 중앙에서 모든 것을 관리할 수 있다. 하지만 소규모 네트워크 규모에서는 이러한 관리가 불편할 수 있다. 그러므로 소규모 네트워크에서는 도메인으로 관리하는 액티브 디렉터리를 사용하지 않고 워크그룹으로 자신이 관리하면 된다.

여기서 디렉터리 데이터베이스 혹은 디렉터리 서비스(Directory Service)라는 것은 네트워크 내에 있는 자원을 관리하기 위해서 추가, 삭제, 변경, 검색을 수행할 수 있는 서비스의 기능을 의미한다.

02 액티브 디렉터리의 기능

- 사용자 계정 관리를 중앙에서 통합적으로 관리한다.
- 사용자에 대한 일괄된 보안 정책을 적용한다.
- 사용자 데스크톱 환경에 대해서 보안 설정을 관리한다.
- 공유자원에 대한 접근 권한 할당이 가능하다.
- 응용 프로그램에 대해서 디렉터리 서비스를 제공한다.

기적의 TIP

LDAP(Lightweight Directory Access Protocol)
- LDAP은 TCP/IP를 기반으로 디렉터리 데이터베이스에 접속하기 위한 통신규약이다.
- 디렉터리 정보의 등록, 갱신, 검색, 삭제를 실행하며 네트워크를 사용해서 사용자 정보를 검색한다.

POINT 02 | 액티브 디렉터리(Active Directory) 구조

01 액티브 디렉터리 구조

- 액티브 디렉터리 서비스는 네트워크상의 모든 정보를 계층형 디렉터리에 저장해서 편리하게 관리할 수 있는 서비스이다. 이는 네트워크 자원(Network Resource)을 디렉터리에 저장해서 사용자들이 자원을 쉽게 검색할 수 있게 하고 관리자는 관리의 편의성을 향상시키는 서비스이다.
- 액티브 디렉터리는 네트워크에 대한 모든 정보를 보유하고 보유한 정보를 검색하기 위해서 이름 공간(Name Space)에서 검색할 수 있게 한다. 객체(Object)란 액티브 디렉터리에서 자원의 최소 단위이다.
- 객체에는 특정 컴퓨터 정보를 가지는 컴퓨터, 구성원에게 메일을 보내기 위한 연락처, 자원에 대한 권한을 부여할 때 사용할 수 있는 그룹, 자원을 관리하기 위한 조직단위, 로그인 할 때 사용하는 이름인 사용자 계정, 공유 폴더 지점을 가지고 있는 공유 폴더 등이 일반적인 객체가 된다.

02 액티브 디렉터리 논리적 구조와 물리적 구조

액티브 디렉터리는 논리적 구조와 물리적 구조로 분류된다.

(1) 액티브 디렉터리 논리적 구조

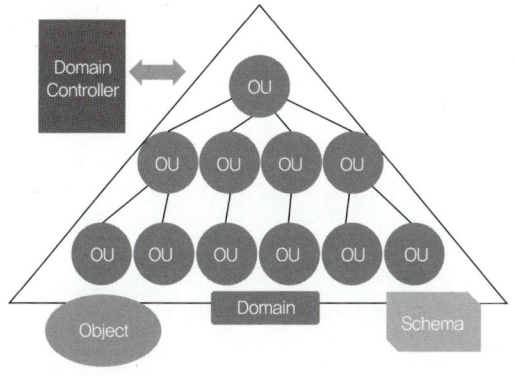

▲ 액티브 디렉터리 논리적 구조

○ 논리적 구조 상세 내용

구성	설명
도메인(Domain)	– 액티브 디렉터리를 관리하기 위한 단위이며 조직 구성의 그룹 – 사용자 계정, 컴퓨터, 프린터 등을 포함하고 있음 – 네트워크의 모든 객체는 도메인에 소속되며 도메인은 고유한 보안정책을 보유함 – 도메인은 하나 이상의 도메인 컨트롤러를 가져야 함
조직 구성(Organizational Units)	– 도메인 내에 객체를 관리하기 위한 그룹으로 하나의 도메인은 여러 개의 조직 구성을 가짐 – 관리를 위한 것으로 계층형 형태로 구성
트리(Tree)	– 도메인의 계층 구조를 의미하며 하나의 도메인으로 구성 – 트리는 Root 도메인과 트리 내의 도메인 간에 양방향 신뢰관계를 확립하고 있음 – 트리 내에 같은 도메인은 같은 스키마(Schema)를 가지고 스키마는 액티브 디렉터리 내에 저장할 수 있는 객체의 모든 형태를 의미
포리스트(Forest)	도메인 트리들이 모두 양방향 전이 신뢰관계를 가진 그룹

(2) 액티브 디렉터리 물리적 구조

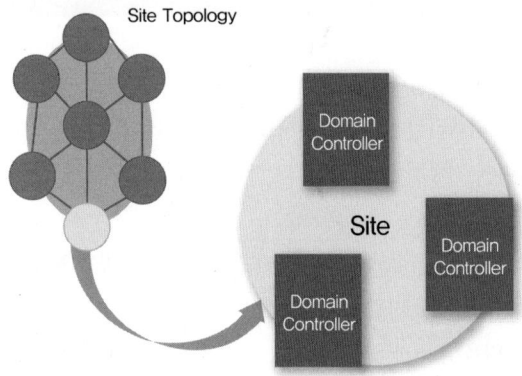

▲ 물리적 구조

○ 물리적 구조 상세 내용

구분	설명
도메인 컨트롤러 (Domain Controller)	– 도메인 내에 있는 액티브 디렉터리 데이터베이스를 가지고 있는 컴퓨터 – 도메인 컨트롤러는 보안 정책, 사용자 인증 데이터, 네트워크 디렉터리 정보를 저장하고 있음
사이트(Site)	– 하나의 사이트는 하나의 IP 서브넷으로 물리적 연결을 의미함 – 하나의 도메인에는 여러 개의 사이트가 연결됨

03 액티브 디렉터리 보안 기능

구분	설명
접근통제(Access Control List)	어떤 사용자에게 어떤 권한으로 객체에 접근할 수 있는지 지정
권한 위임(Delegation)	관리자가 특정 개인 혹은 그룹에게 권한 관리를 위임
상속(Inheritance)	컨테이너 객체에 대한 상속을 통해서 하위 자식 컨테이너가 상위 객체의 정의를 그대로 적용
신뢰 관계(Trust Relationships)	– 한 도메인 내의 사용자가 다른 도메인의 자원에 접근하려면 신뢰관계가 이루어져야 가능함 – 스키마, 환경, 글로벌 카탈로그 서버를 공유

＊ 네트워크관리사 1급, 2급에서 출제된 기출문제입니다.

2014년 1월

01 Windows 2003 Server의 Active Directory 기능으로 옳지 <u>않은</u> 것은?

① 정보 보안   ② 정책 기반 관리

③ 확장성   ④ DNS와의 분리

- Active Directory는 정책 기반 관리, 정보보안, 확장성을 가지고 있다.
- 액티브 디렉터리 서비스는 네트워크상의 모든 정보를 계층형 디렉터리에 저장해서 편리하게 관리할 수 있는 서비스이다. 이는 네트워크 자원 (Network Resource)을 디렉터리에 저장해서 사용자들이 자원을 쉽게 검색할 수 있게 하고 관리자는 관리의 편의성을 향상시키는 서비스인 것이다.

2013년 7월

02 Windows 2003 Server의 Active Directory 특성으로 올바른 것은?

① DNS와 독립적으로 동작한다.

② LDAP를 사용하는 다른 디렉터리 서비스와 호환되지 않는다.

③ 그룹 정책을 기반으로 GPO에 해당 그룹 사용자가 가지고 있는 권한이 명시되어 있다.

④ 글로벌 카탈로그는 자기 도메인 내의 모든 정보를 가지고 있다.

Active Directory GPO(Group Policy Object)는 그룹정책으로 사용자 그룹에 대한 권한 정책을 명시하고 있다.

2017년 10월

03 Windows Server 2008 R2의 Active Directory에 대한 설명 중 올바른 것은?

① 액티브 디렉터리상의 모든 개체는 고유한 식별자를 가진다.

② 개체는 이동하거나 이름을 수정할 수 있다.

③ 개체의 식별자는 변경할 수 있다.

④ 개체들은 디렉터리 개체에 의해 식별되는 데이터를 가지고 있다.

Active Directory는 계층적 디렉터리 서비스를 지원하는 것으로 사용자, 사용자 그룹, 네트워크 데이터 등을 통합 관리하며 개체의 식별자는 변경할 수 있다.

SECTION

06 FTP 서버

반복학습 1 2 3

빈출 태그 FTP 서버 • FTP 서버 로깅

POINT 01) FTP 사이트 추가

윈도우 서버는 FTP 서버를 구축해서 윈도우 서버로 파일을 올리거나 다운로드 받을 수 있다. FTP 서버는 IIS 관리자
프로그램에서 FTP 사이트 추가 메뉴로 구축한다.

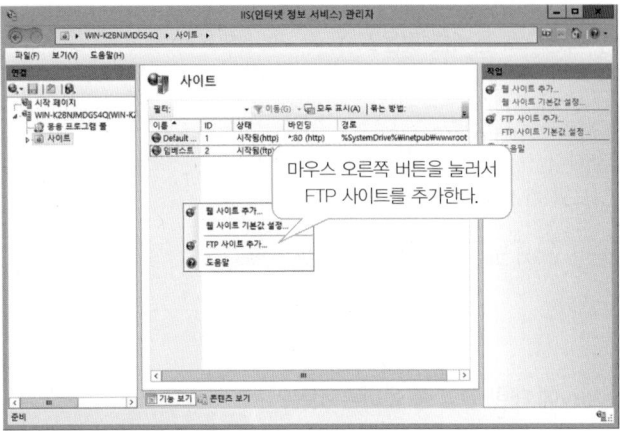

▲ FTP 사이트 추가

FTP 사이트 추가를 클릭하면 FTP 사이트 이름과 FTP 서버의 디렉터리를 지정할 수 있다.

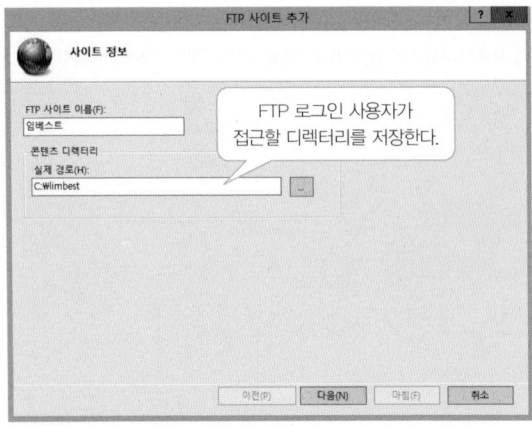

▲ FTP 사이트 이름과 디렉터리를 지정

IP 주소 바인딩은 특정 IP에 대해서만 접근이 가능하도록 지정할 수 있다. 바인딩을 지정하려면 IP 주소를 입력하면
된다. 그리고 FTP 서버는 명령을 송신 및 수신하기 위해서 21번 포트번호를 사용한다.

또한 SSL을 사용해서 암호화를 수행할 수도 있다. SSL을 사용하려면 먼저 인증기관으로부터 SSL 인증서를 받아야 한다.

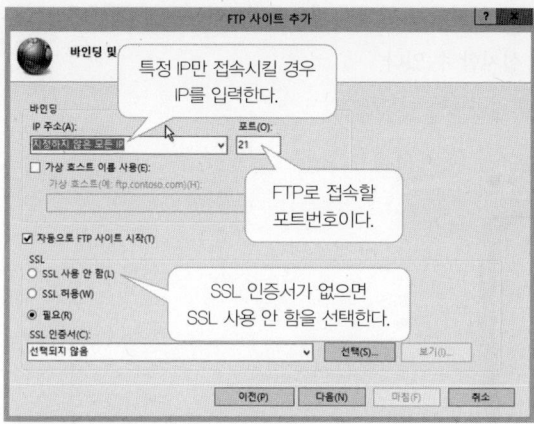

▲ SSL 사용 여부와 바인딩 IP 주소를 등록

익명의 사용자 접속 가능 여부를 체크하고 FTP 서버에서 읽기, 쓰기 권한을 설정한다.

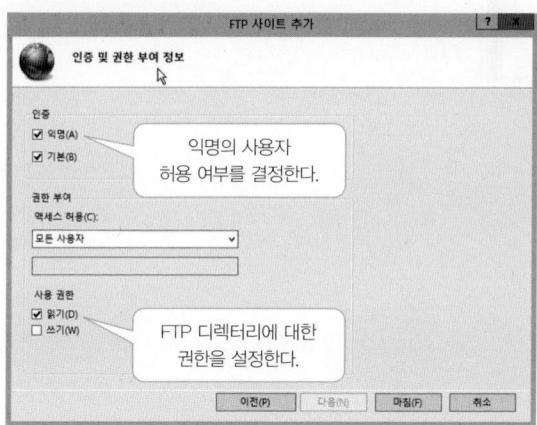

▲ 인증 및 권한 부여 정보

여기까지 완료하면 FTP 서버는 모두 구축된 것이다.

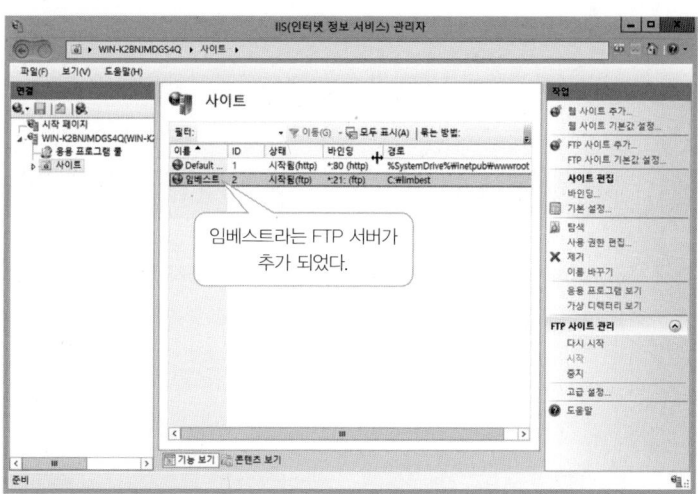

▲ 등록된 FTP 서버

윈도우에서 FTP 사용

이제 개인용 PC에서 FTP 서버로 연결을 시도한다. FTP 서버로 연결하기 위해서 알드라이브라는 FTP 클라이언트를 설치해야 한다. 알드라이브는 네이버에서 조회하면 간단하게 설치할 수 있다.

FTP 클라이언트가 설치되면 FTP 서버의 IP 주소와 아이디, 비밀번호를 입력한다.

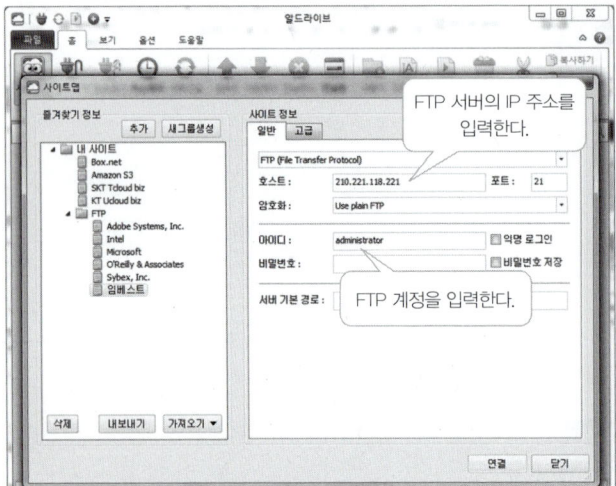

▲ FTP 클라이언트로 연결

FTP 클라이언트가 FTP 서버에 연결된 것을 확인할 수 있다.

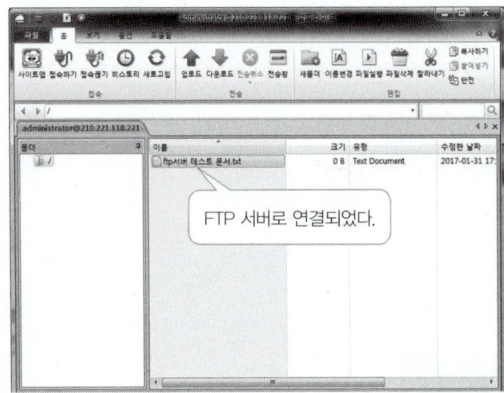

▲ FTP 서버에 연결

리눅스에서 FTP 사용

이제 리눅스에서 윈도우 서버로 FTP를 연결해 보자. 리눅스에서 FTP 프로그램을 실행하면 사용자 ID와 패스워드를 요구한다. 사용자 ID와 패스워드를 입력하면 바로 로그인이 완료된다.

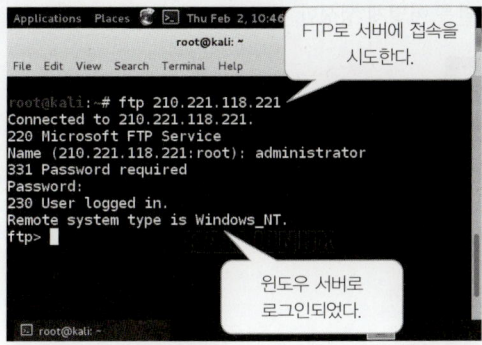

▲ 리눅스에서 FTP 서버에 접속

리눅스에서 윈도우 FTP 서버로 로그인을 하면 "FTP 현재 세션"에 FTP 연결 세션 정보가 확인된다.

그리고 netstat 명령어를 실행하면 FTP 연결을 확인할 수 있다. 세션 정보에서 ESTABLISHED라는 것이 있는데 이 의미는 TCP가 연결을 확립했다는 의미이다.

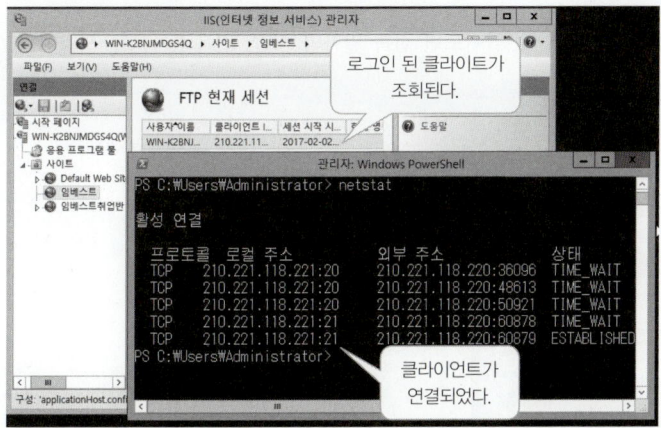

▲ 윈도우 서버에서 FTP 모니터링

POINT 04 **FTP 서버 로깅 정보**

IIS 관리자에서 FTP를 선택한다. 그리고 FTP 로깅 메뉴를 클릭한다.

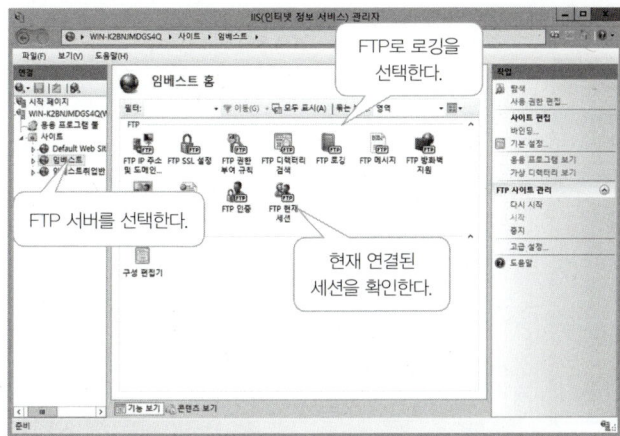

▲ FTP 서버

FTP 로깅 정보를 보면 로그파일을 기록할 디렉터리 위치와 로그파일을 어떻게 생성할 것인지를 설정한다.

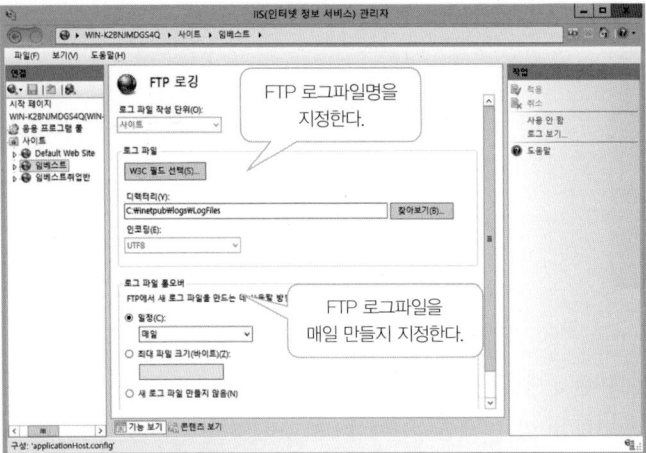

▲ FTP 로깅 설정

그리고 FTP로 연결하고 해당 로그 디렉터리에서 로그 파일을 열어보면 접속 일자와 시간, 접속 IP 주소, 사용자명, 실행한 명령 등을 모두 확인할 수 있다.

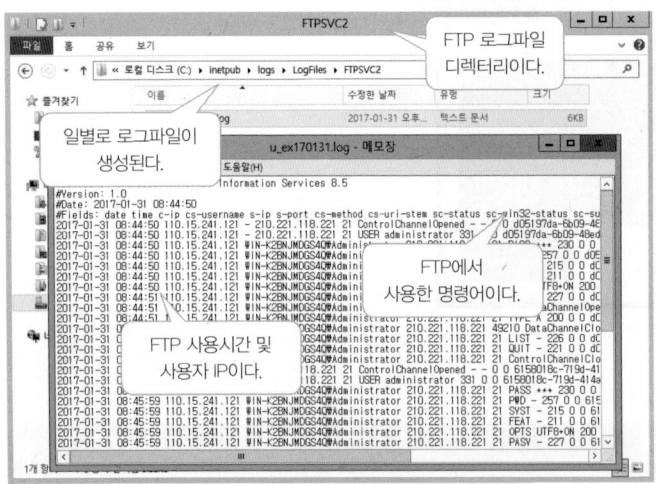

▲ FTP 로그 파일

FTP 현재 세션 메뉴를 확인해 보면 현재 연결된 FTP 사용자를 확인할 수 있다.

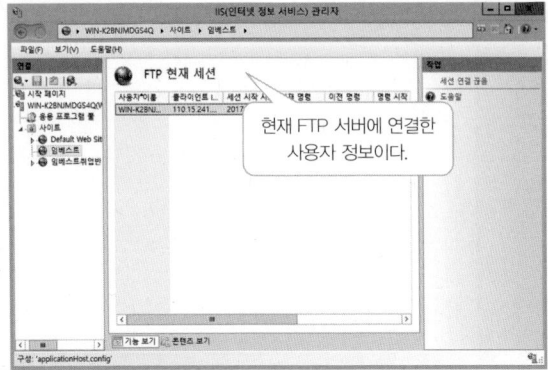

▲ 현재 연결된 세션 정보

* 네트워크관리사 1급, 2급에서 출제된 기출문제입니다.

2014년 1월

01 Windows 2003 Server의 IIS로 가상 FTP 사이트를 구성할 경우에 대한 설명으로 옳지 <u>않은</u> 것은?

① FTP 서비스를 이용할 수 있는 포트번호는 10~100번으로 제한된다.

② 서로 다른 IP를 구성하여 각각의 도메인에 따른 가상 FTP 서비스를 제공할 수 있다.

③ NTFS 파일 시스템을 사용하지 않을 경우 파일 및 디렉터리에 대한 보안에 취약성이 있다.

④ 동시 사용자 수를 제한할 수 있고, 사용자 라이선스에 대한 제약은 받지 않는다.

> FTP는 명령을 위해서 21번을 사용한다. 만약 21번 포트를 변경하기 원하면 사용하지 않는 임의 값으로 변경할 수 있다.

2018년 2월

02 TFTP 프로토콜에 대한 설명 중 옳지 <u>않은</u> 것은?

① Trivial File Transfer Protocol의 약어이다.

② 네트워크를 통한 파일 전송 서비스이다.

③ 3방향 핸드셰이킹 방법인 TCP 세션을 통해 전송한다.

④ 신속한 파일의 전송을 원할 경우에는 FTP보다 훨씬 큰 효과를 얻을 수 있다.

> 3 Way Handshaking은 TCP 프로토콜이 사용하는 연결 방식이다. FTP 프로그램에서 FTP와 sFTP는 TCP 프로토콜을 사용하기 때문에 3 Way Handshaking 방법을 사용한다. 하지만 tFTP는 인증없이 UDP를 사용해서 빠르게 파일을 업로드하거나 다운로드 하기 때문에 3 Way Handshaking를 사용하지 않는다.

2018년 2월

03 Windows Server 2008 R2에서 FTP 사이트 구성 시 옳지 <u>않은</u> 것은?

① IIS 관리자를 통해 웹 사이트에 FTP 기능을 추가할 수 있다.

② 특정 사용자별로 읽기와 쓰기 권한 조절이 가능해 익명사용자도 쓰기가 가능하다.

③ 폴더에 NTFS 쓰기 권한이 없더라도 FTP 쓰기 권한이 있으면 쓰기가 가능하다.

④ 특정 IP 주소나 서브넷에서의 접속을 허용하거나 막을 수 있다.

> NTFS는 윈도우 파일 시스템으로 파일 시스템에 쓰기 권한이 없으면 FTP 프로그램에서 쓰기는 불가능하다.

POINT 01 리눅스 개요

01 리눅스(Linux)

– 리눅스의 윈도우, 유닉스, iOS와 같은 운영체제의 한 종류로 컴퓨터 시스템의 하드웨어를 효율적으로 관리하기 위한 시스템 소프트웨어이다. 리눅스는 1989년 핀란드 헬싱키 대학에 재학 중이던 리누스 토르발스(Linus Torvalds)가 개발한 것으로 유닉스(Unix)를 기반으로 개발하였으며 공개용(Open Source) 운영체제이다.

– 리눅스는 기존 유닉스와 다르게 대형 서버를 위해서 개발된 운영체제가 아니라 개인용 컴퓨터나 워크스테이션을 위해서 개발되었으므로 소스코드부터 운영체제 사용까지 모두 무료로 공개된 운영체제이다. 그러므로 리눅스를 설치하고 사용자(End User)가 자신 운영체제를 수정하여 사용할 수도 있다.

02 리눅스의 특징

(1) 다중 사용자(Multi User)

리눅스는 여러 명의 사용자가 네트워크를 통해서 접속하여 컴퓨터 시스템을 사용할 수 있는 다중 사용자를 지원한다. 다중 사용자를 지원하기 때문에 사용자별 권한 관리와 자원 관리를 지원한다.

(2) 다중 작업(Multi-Tasking)

다중 작업은 운영체제 내에서 여러 개의 프로세스(Process)를 동시에 실행시켜 CPU를 스케줄링하여 사용할 수 있다. 여러 개의 프로세스가 동시에 실행되기 때문에 각 프로세스 간에 작업순서 조정과 같은 스케줄링 기능을 가지고 있다. 이러한 스케줄링은 기본적으로 시간(Time Slice) 사용량만큼 자원을 할당하여 사용할 수 있게 하는 시분할 시스템(Time Sharing System)을 지원한다.

(3) 다중 처리기(Multi-Processor)

컴퓨터 시스템에 한 개 이상의 CPU가 탑재되어 있는 경우 여러 개의 CPU를 지원해 주는 다중 처리기를 지원하여 작업을 병렬적으로 처리하여 시스템을 효율적으로 사용한다.

(4) 다중 플랫폼(Multi-Platform)

리눅스는 여러 종류의 CPU를 지원한다. 즉, 인텔, Sun Sparc, Power PC 등을 모두 지원하여 대부분의 플랫폼을 지원하고 성능을 낼 수 있다.

(5) 계층형 파일 시스템(File System)

리눅스 파일 시스템은 계층형 구조로 되어 있어 루트(Root)를 기반으로 하위 디렉터리를 이루는 계층형 파일 시스템으로 이루어져 있어서 디렉터리를 쉽게 추가하고 관리할 수 있어서 파일 시스템을 효율적으로 관리할 수 있다. 계층형 파일 시스템은 리눅스뿐만 아니라 윈도우, 유닉스 모두 계층형 파일 시스템으로 되어 있다.

(6) POSIX과 호환

POSIX은 유닉스 시스템의 표준 인터페이스를 정의한 것으로 리눅스는 POSIX 표준을 따른다.

⨍ 기적의 TIP

POSIX

다양한 유닉스 계열 운영체제의 공통적인 API를 제시하여 유닉스 계열 시스템 간에 이식성을 높이기 위해서 IEEE가 지정한 인터페이스 규격이다.

---

(7) 우수한 네트워킹(Networking)

리눅스의 강력한 네트워킹 기능은 TCP/IP, IPX/SPC, Appletalk, Bluetooth 등 다양한 프로토콜을 지원하며 리눅스 설치 이후에 IP 주소, 게이트웨이(Gateway), 서브넷(Subnet) 등을 설정하면 바로 네트워크를 사용할 수 있다.

(8) 가상 콘솔(Virtual Console)

리눅스는 기본적으로 6개의 가상 콘솔이 있으며 이를 통해 각 창마다 서로 다른 작업을 수행할 수 있어서 물리적 모니터의 한계를 극복한다.

(9) 가상 기억 장치(Virtual Memory)

주기억 장치(Main Memory)의 한계를 극복하기 위해서 보조 기억 장치를 마치 주기억 장치처럼 사용할 수 있게 하여 주기억 장치의 공간을 증대하는 방법이 가상 기억 장치이다. 가상 기억 장치는 기억 공간을 확대하여 기억 장치를 효율적으로 사용할 수 있어서 시스템을 안정적으로 사용할 수 있다.

03 리눅스의 구조

리눅스는 운영체제(Operating System)의 한 종류이다. 그러므로 운영체제가 가지는 기능은 기본적으로 모두 가지고 있다. 즉, 프로세서 관리, 메모리 관리, 입출력 장치 관리, 프로세스 관리, 사용자 관리, 보안 관리, 로그 관리 및 하드웨어 관리 등의 파일 시스템을 가지고 있다.

(1) 커널(Kernel)

리눅스는 커널(Kernel), 셸(Shell), 파일 시스템(File System)으로 구성되며 커널은 운영체제의 핵심 기능으로 프로세서, 프로세스, 메모리 입출력 장치 등의 기능을 수행하는 것으로 운영체제에서 가장 중요한 역할을 수행한다.

◉ 커널(Kernel)의 기능

– 프로세서(Processor) 사용을 관리한다.

– 주 기억 장치(Main Memory) 사용을 관리한다.

– 실행 중인 프로세스(Process Management)를 관리한다.

– 주변 장치(Device Management)와 입출력을 관리한다.

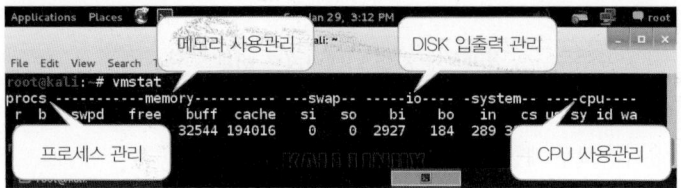

▲ 커널(Kernel)

(2) 셸(Shell)

셸(Shell)은 사용자의 명령을 입력받아서 실행하기 위한 인터프리터(Interpreter) 기능을 수행하는 것으로 사용자가 ps라면 명령어를 입력하면 프로세스 정보를 출력해 주는 역할 같은 것을 수행하는 것이다.

○ 셸(Shell)의 기능

– 사용자의 명령어를 실행한다.

– 사용자가 명령어를 입력하면 바로 실행시키는 인터프리터 기능을 제공한다.

– 리눅스 표준 셸은 bash이며 이외에도 C Shell, Korn Shell 등 다양한 셸을 제공한다.

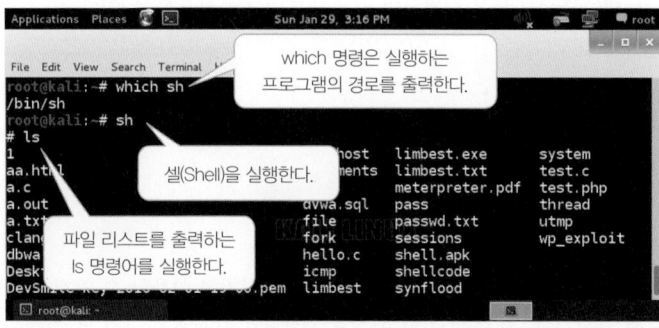

▲ 셸(Shell)

(3) 파일 시스템(File System)

파일 시스템은 저장 장치(디스크, USB, SSD 등)에 보관되어 있는 파일을 관리하기 위한 것으로 디렉터리를 생성, 변경, 삭제하고 디렉터리 내에 파일을 생성, 변경, 삭제 등을 할 수 있다.

○ 파일 시스템(File System)의 기능

– 사용자 파일과 디렉터리를 관리한다.

– 파일과 디렉터리 등에 권한을 설정하고 해제한다.

– 파일의 연결 정보인 링크를 관리한다.

– 파일의 소유자, 그룹, 파일 생성 일자, 변경 일자 등을 관리한다.

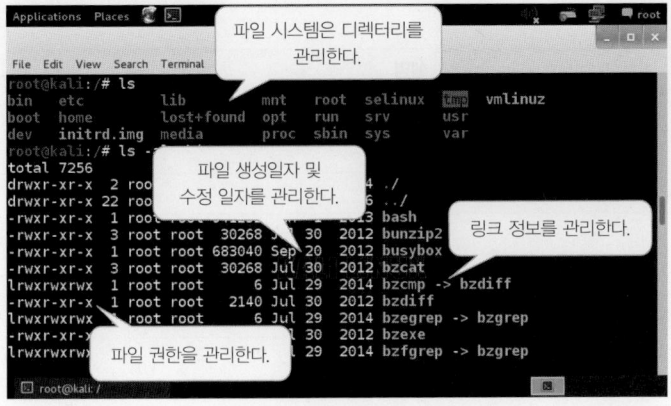

이러한 파일 시스템은 루트 디렉터리를 중심으로 하위 디렉터리로 구성되며 이러한 형태를 계층형 파일 시스템이라고 한다.

(4) 리눅스 계층

계층(Layer)	설명
커널(Kernel)	– 주기억 장치에 상주하여 사용자 프로그램을 관리하며, 리눅스 운영체제의 핵심 – 커널 구성 : 프로세스, 메모리, 입출력(I/O), 파일 관리
셸(Shell)	– 명령어 해석기/번역기로 사용자 명령의 입출력을 수행하며 프로그램을 실행 – 종류 : Bourne 셸, C 셸, Korn 셸 등
파일 시스템(File System)	여러 가지 정보를 저장하는 기본적인 구조이며, 시스템 관리를 위한 기본 환경을 제공하는 계층적인 트리 구조 형태(디렉터리, 서브 디렉터리, 파일 등)

04 리눅스 파일 시스템

파일 시스템을 생성하기 위해서는 하드 디스크를 초기화하고 필요하면 파티션(Partition)을 수행하여 하드 디스크를 분할해야 한다. 그때 파티션을 수행하는 리눅스 명령어가 바로 fdisk이다.

이 부분은 쉽게 생각하면 윈도우의 C드라이브, D드라이브와 마찬가지 기능으로 한 개의 하드 디스크를 여러 개로 분리하여 분리 공간에 따라 다른 용도로 사용하는 것이다.

(1) fdisk

fdisk 명령은 하드 디스크 초기화 및 파티션을 생성하는 것으로 fdisk [–l][–v][–s 파티션][장치명] 형태로 실행한다.

▲ fdisk 명령어로 파티션 정보 확인

◎ fdisk 옵션

옵션	설명
-l	현재 파일 시스템 목록 확인
-v	버전 정보 확인
-s 장치명	입력 장치 크기를 출력
-d	파티션 삭제
-n	새로운 파티션 생성
-p	현재 파티션 설정 상태 확인

(2) mkfs

- 하드 디스크를 파티션 했으면 해당 파티션에 파일 시스템을 생성해야 한다. 하드 디스크를 생성하기 위해서는 mkfs 명령어를 실행하면 된다.
- mkfs는 리눅스에서 파일 시스템을 생성하는 명령어로 mkfs[옵션][장치이름]으로 실행한다.

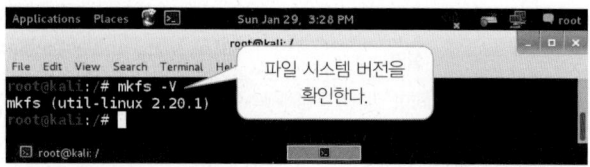

▲ 파일 시스템 버전 확인

◎ mkfs 옵션

옵션	설명
-V	실행되는 파일 시스템의 특정 명령어 등 모든 정보를 출력
-t	파일 시스템 형식 선택
-c	Bad Block 검사, Bad Block 리스트를 초기화
-l	파일로부터 초기 Bad Block을 읽음
-v	현재 진행 사항 출력

◎ 파일 시스템 생성 예제

```
#mkfs -t ext4 /dev/sdb1
ext4 파일 시스템을 생성함
```

또한 mkfs 이외에도 mke2fs는 ext2, ext3, ext4 파일 시스템을 생성하는 명령이다. 위의 예에서 mke2fs -j 옵션은 저널링 파일 시스템을 ext3로 생성하는 것이다.

(3) fsck

fsck는 파일 시스템의 무결성을 검사하는 명령어로 파일 시스템에는 상위 디렉터리, 하위 디렉터리 그리고 파일 간의 링크 정보(심볼릭 링크) 등을 가지고 있어야 한다. 이러한 정보에 오류가 발생되면 파일 시스템의 구조를 파악할 수 없다. 그럴 때 리눅스는 fsck를 통해서 파일 시스템의 무결성을 검사하고 오류가 발생하면 수정할 수 있다. fsck는 기본적으로 부팅 단계에서 자동적으로 실행하게 되고 필요에 따라서 직접 실행할 수도 있다.

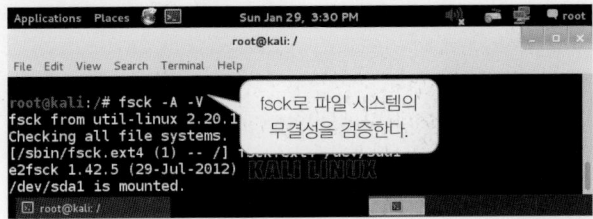

▲ fsck 명령어로 파일 시스템 무결성 검사

◯ fsck 옵션

옵션	설명
-s	대화형 모드에서 여러 파일 시스템을 점검할 때 fsck 동작을 시리얼화 함
-t	검사를 수행할 파일 시스템을 지정
-A	/etc/fstab 파일에 기술된 파일 시스템을 모두 검사
-N	검사는 수행하지 않고 수행될 내용을 출력함
-P	병렬 처리를 수행하여 루트 파일 시스템 점검
-R	루트 파일 시스템은 제외
-V	명령을 포함하여 세부 내역을 출력함

◯ 파일 시스템 옵션

옵션	설명
-a	무결성 검사 후에 자동 검사 수행
-r	대화형 모드를 수행하며 오류를 수정함
-n	오류를 수정하지 않고 표준 출력으로 출력함
-y	특정 파일 시스템에 대해서 오류를 자동 수정함

(4) mount

리눅스 컴퓨터 시스템 A에 tmp라는 디렉터리가 있다고 가정하자. 그러면 tmp 디렉터리를 리눅스 컴퓨터 시스템 B에서 연결하고 사용하는 것이 바로 마운트(Mount)라는 것이다. 이러한 것은 단순하게 디렉터리만 연결하여 사용하는 것이 아니라 CDROM, USB 등과 같은 장치를 연결할 때도 사용되는 것이고 mount라는 명령어를 실행하여 연결을 수행할 수 있다.

즉, 리눅스에서는 특정 디렉터리를 연결할 경우 mount 명령을 사용한다. 또 -a 옵션은 명시된 파일 시스템에 대해서 마운트를 수행한다.

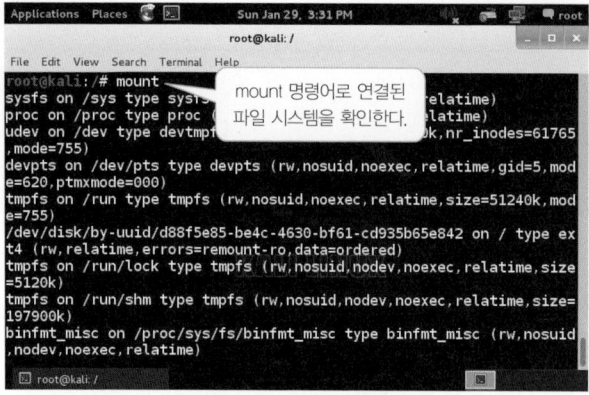

▲ mount 명령어로 연결된 파일 시스템 목록을 출력

◉ mount 명령

```
mount [-hV]
mount -a [-fnrvw] [-t 파일 시스템 유형]
mount [-fnrvw] [-o 옵션[....]] 장치 | 디렉터리
mount [-fnrvw] [-t 파일 시스템 유형] [-o옵션] 장치 디렉터리
```

◉ mount 명령 옵션

옵션	설명
-v	자세한 정보 출력 모드
-f	마운트를 할 수 있는지 점검
-n	/etc/mtab 파일에 쓰기 작업을 하지 않고 마운트
-r	읽기만 가능하도록 마운트 함
-w	읽기 및 쓰기 모드로 마운트 함
-t vfstype	-t 다음에 쓰이는 인수로 파일 시스템 유형 지정

fstab 파일은 mount를 수행할 때 참조하는 파일로 파일 시스템 마운트에 관한 정보를 가지고 있다.

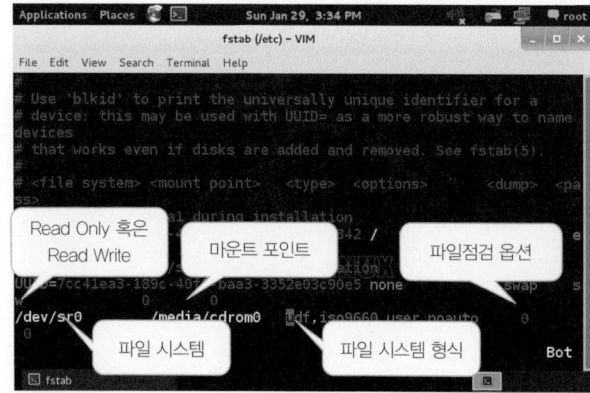

▲ fstab(파일 시스템 테이블) 파일 구조

○ fstab 파일의 필드

1. 파일 시스템 장치(레이블명)
2. 마운트 포인터(디렉터리명)
3. 파일 시스템 형식(ext2, ext3 등)
4. 옵션(Read Only 및 Read Write)
5. 파일 점검 옵션(0, 1)

○ fstab 옵션

옵션	설명
default	일반적인 파일 시스템
auto	부팅 시에 자동으로 마운트 함
exec	실행 파일이 실행되게 허용
suid	setuid와 setgid를 허용
ro	읽기 전용 파일 시스템
rw	읽고 쓰기가 가능한 파일 시스템
user	일반 사용자도 마운트할 수 있는 파일 시스템
nouser	root만 마운트할 수 있는 파일 시스템
noauto	부팅 시에 자동으로 마운트하지 않음
noexec	실행 파일이 실행되지 못 함
nosuid	setuid와 setgid를 허용하지 않음
usrquota	개별 사용자의 쿼터 설정이 가능한 파일 시스템을 의미
grpquota	그룹별 쿼터 설정이 가능한 파일 시스템

- 덤프(dump)는 0 혹은 1로 0은 덤프가 실행되지 않고 1은 백업을 위해서 덤프가 가능한 파일 시스템이다.
- 파일점검 옵션은 0이면 부팅 시에 fsck가 실행되지 않고 1은 루트 파일 시스템이며 2는 루트 파일 시스템을 제외한 나머지 파일 시스템을 의미한다. 이것으로 fsck의 순서가 결정된다.
- 반대로 umount는 마운트를 해제하는 명령어로 umount [−nv] 장치 혹은 디렉터리명 형태로 사용한다.

○ umount 옵션

옵션	설명
−n	/etc/mtab 파일을 변경하지 않고 마운트를 해제
−v	정보 출력
−a	/etc/mtab 파일에 지정된 파일 시스템을 모두 해제
−t 파일 시스템명	지정된 파일 시스템을 해제

CDROM과 같은 하드웨어는 마운트를 수행해서 사용할 수 있다. 만약 CDROM에서 CD를 빼려면 마운트를 해제하고 eject 명령을 실행하면 된다. 만약 /mnt/cdrom으로 마운트되어 있다면 umount /mnt/cdrom을 실행하고 eject를 실행한다.

● CDROM mount, umount, eject 실행

# mount /dev/cdrom /mnt/cdrom	CDROM을 마운트함
# umount /mnt/cdrom	CDROM을 마운트 해제함
# eject	CD를 꺼냄

POINT 02 리눅스 파일 시스템

01 파일 시스템(File System)

(1) 리눅스 파일 시스템

리눅스 파일 시스템은 ext(extend) 2, ext 3, ext 4가 있으며 현재 대부분의 리눅스는 ext 4를 지원한다. ext 4 파일 시스템은 대용량의 파일을 저장 관리할 수 있으며 큰 Extend 단위로 파일 시스템을 할당하거나 삭제할 수 있다. 또한 파일 시스템에 오류가 없는지 확인하는 fsck를 지원한다.

● ext2 파일 시스템

- 단일 파일의 크기가 최대 2 Giga byte
- 파일명은 최대 256 Byte
- 최대 지원 파일 시스템 크기는 4 Tera Byte
- 디렉터리당 저장 가능한 최대 파일 수는 약 25,500개

● ext3 파일 시스템

- 단일 파일 크기 제한은 4 Giga byte
- 파일명은 최대 256 Byte
- 최대 파일 시스템 크기는 16 Tera Byte
- 디렉터리당 저장 가능한 최대 파일 수는 65,565개
- 저널링 파일 시스템을 지원

ext3에서 저널링 파일 시스템이란 파일 시스템 오류 수정을 위한 파일 시스템으로 ext2는 저널링 파일 시스템을 지원하지 않는다.

(2) ext4 파일 시스템

● 리눅스 파일 시스템 ext4의 특징

특징	설명
대용량 파일 지원	1 exa byte 블록 지원, 단일 파일 크기 16 tera byte 지원
호환성	ext 2 및 ext 3 호환성, 마운트 가능
fsck	파일 무결성 오류 시에 실행되는 fcsk 성능 향상
Extends 지원	큰 사이즈 파일을 삭제할 때 시간을 단축함
하위 디렉터리	하위 디렉터리 수 제한이 32,000개에서 2배 확대되었음
조작모음	ext3 저널링 파일 시스템에서 발생되는 단편화를 조작 모음으로 개선함

02 파일 시스템 디렉터리(Directory) 구조

- 디렉터리(Directory)라는 것은 운영체제(Operating System)의 파일을 관리하기 위한 구조로 사용자는 디렉터리를 만들어서 파일을 저장하고 사용할 수 있다. 디렉터리는 리눅스를 설치하면 기본적으로 생성되는 것이 있으며 해당 디렉터리는 그 용도가 정해져 있다. 즉, 모든 디렉터리는 루트(Root, /) 디렉터리를 기반으로 bin, boot, dev 등의 디렉터리가 생성된다.

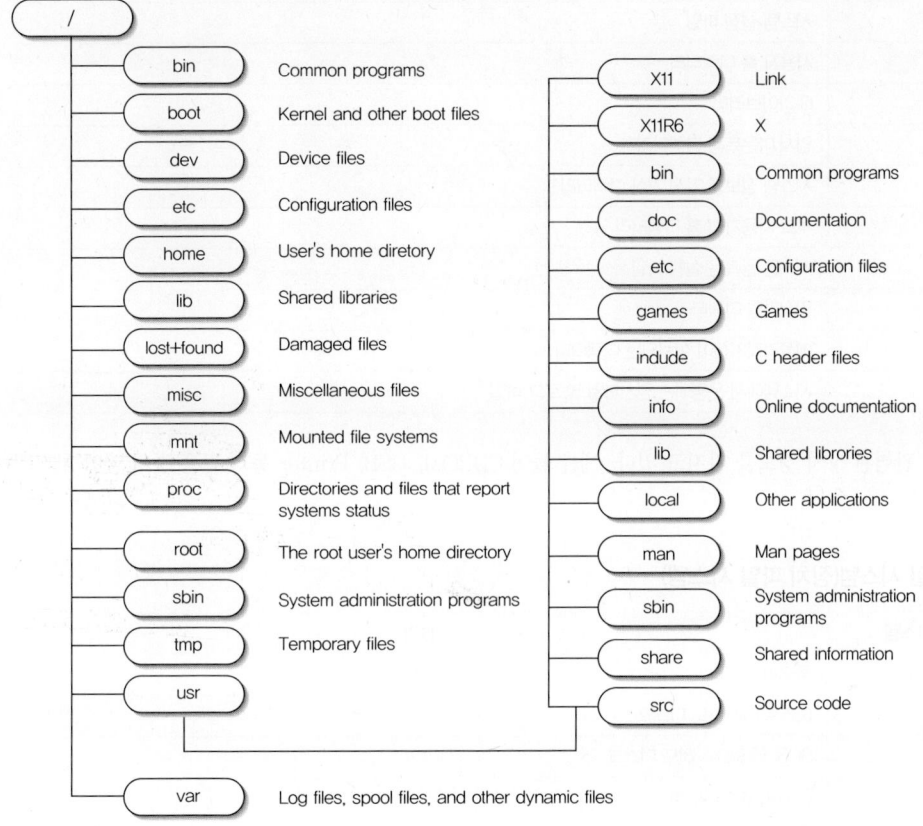

▲ 리눅스 파일 시스템 구조

- 리눅스 디렉터리는 계층형 파일 시스템으로 이루어져 있으며 사용자별로 자신의 디렉터리를 생성하여 사용할 수 있다. 특히 bin은 기본적인 실행 파일을 가지고 있고 boot는 리눅스 부트 프로그램인 LILO 파일을 가지고 있다.
- etc 디렉터리는 환경 설정에 관련된 파일을 가지고 있어서 사용자 패스워드 정보를 가지고 있는 passwd 파일, shadow 파일과 프로토콜 및 서비스 정보를 보유한 protocol, services 파일 등을 가지고 있다.
- 리눅스는 다중 사용자를 제공하고 있으므로 각 사용자별로 디렉터리를 생성한다. 사용자 디렉터리는 home 디렉터리 하위에 생성된다.

○ 리눅스 디렉터리 구조

디렉터리 구조	설명
/	루트 디렉터리
/bin	기본적인 실행 명령
/boot	LILO 등 부팅에 관련된 파일
/dev	장치 파일 모음
/etc	시스템 설정 파일
/home	사용자 홈 디렉터리
/lib	C 라이브러리
/mnt	임시 마운트용 디렉터리
/proc	시스템 정보를 가진 가상 디렉터리
/root	루트 사용자의 홈 디렉터리
/sbin	시스템 관리용 실행 파일
/tmp	임시파일 디렉터리
/usr	애플리케이션이 설치되는 디렉터리
/var	시스템에서 운영되는 임시파일 및 로그 파일

dev는 주변 장치와 관련된 장치 정보를 가지고 있다. 예를 들어 CDROM, USB, Printer 등과 같은 장치 파일 시스템이 있다.

○ 리눅스 dev 파일 시스템(장치 파일 시스템)

Device 파일 시스템	설명
/dev/fd	플로피 디스크
/dev/had	마스트 IDE 하드 디스크
/dev/sda	SCSI 및 SATA 하드 디스크
/dev/cdrom	CD ROM 드라이버
/dev/mouse	마우스
/dev/hdb	슬레이브 IDE 하드 디스크
/dev/hd	하드 디스크

proc 디렉터리는 실행 중인 리눅스 정보를 가지고 있는 디렉터리로 CPU 및 메모리 사용량, 파티션 정보, 입출력 DMA 등과 같은 정보와 현재 리눅스 운영체제의 정보를 가지고 있다.

03 셸(Shell)

(1) 셸 개요

셸은 운영체제와 사용자 간에 대화식 인터페이스를 제공하는 것으로 리눅스 표준 셸은 bash이다. 즉, 셸은 커널을 호출하여 커널에게 명령을 실행하고 그 결과를 출력한다.

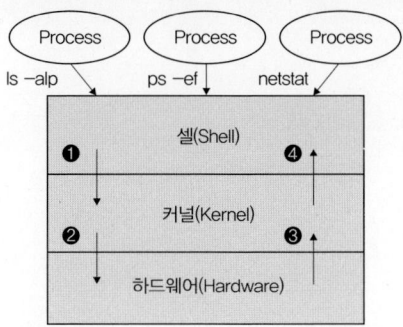

▲ 셸(Shell)

(2) 셸 기능

- 시그널을 처리한다.
- 프로그램을 실행한다.
- 파이프, 리다이렉션, 백그라운드 프로세스를 설정한다.
- 입력된 내용을 파악해서 명령줄을 분석한다.
- 와일드카드, 히스토리 문자, 특수문자를 분석한다.
- 만약 셸 환경 정보를 확인하고 싶다면 env 명령어를 실행하면 되고 환경 변수를 설정하고 싶다면 set 명령어를 실행한다.

(3) 셸의 종류

리눅스에서 지원되는 셸의 종류를 알고 싶다면 /etc/shells 파일을 보면 확인할 수 있다.

종류	설명
C shell	사용자의 작업 환경 편리성을 위하여 cshrc 파일에 필요한 환경 변수를 저장하여 사용자가 로그인 시에 지정 명령들을 자동 수행이 가능
Bourne shell	- 사용자의 편의성을 위하여 .profile 파일에 환경 변수를 저장 - .profile 역할은 C 셸의 .cshrc 파일과 동일 역할
Korn shell	- .kshrc 또는 .profile 파일에 환경 변수를 저장 - C 셸과 TC 셸의 기능을 모두 제공
Bash shell	- C shell과 Korn Shell의 특징을 결합한 것으로 GNU 프로젝트에 의해서 개발된 셸 - 리눅스에서 가장 많이 사용 - 명령 편집 기능을 제공함
TC Shell(tcsh)	C Shell의 기능을 강화한 것으로 명령 편집 기능을 제공

01 useradd와 adduser

리눅스에서 사용자를 생성하려면 useradd 혹은 adduser 명령을 사용하면 된다. useradd 명령의 사용법은 useradd limbest와 같은 형식으로 사용하면 된다.

▲ 사용자 생성

02 passwd 파일과 shadow 파일

사용자는 해당 계정을 사용하기 위해서 패스워드를 입력해야 한다. 사용자가 입력한 패스워드는 /etc/passwd 파일과 /etc/shadow 파일을 참조하여 정당한 사용자(Right User)인지 확인 후 로그인을 수행시켜 주는 것이다.

○ /etc/passwd 파일 구조

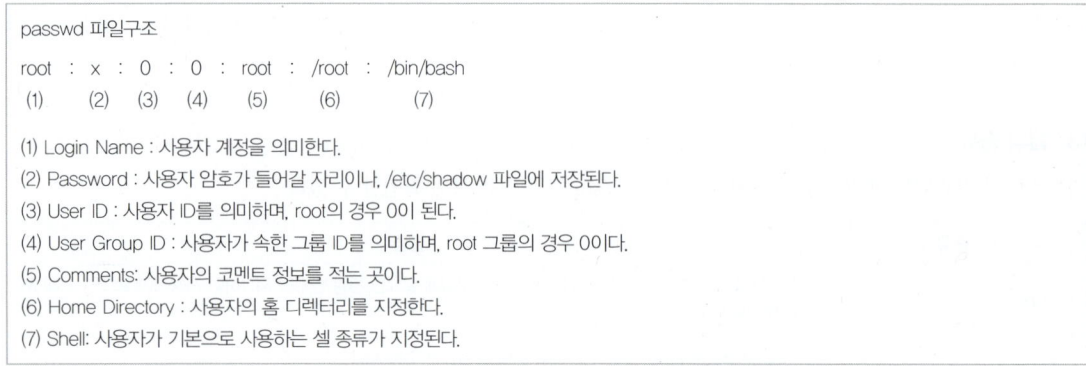

passwd 파일구조

root : x : 0 : 0 : root : /root : /bin/bash
 (1)   (2) (3) (4)   (5)   (6)   (7)

(1) Login Name : 사용자 계정을 의미한다.
(2) Password : 사용자 암호가 들어갈 자리이나, /etc/shadow 파일에 저장된다.
(3) User ID : 사용자 ID를 의미하며, root의 경우 0이 된다.
(4) User Group ID : 사용자가 속한 그룹 ID를 의미하며, root 그룹의 경우 0이다.
(5) Comments: 사용자의 코멘트 정보를 적는 곳이다.
(6) Home Directory : 사용자의 홈 디렉터리를 지정한다.
(7) Shell: 사용자가 기본으로 사용하는 셀 종류가 지정된다.

만약 패스워드 파일에 패스워드 정보가 없으면(두 번째 필드에 X로 되어 있음) 사용자 패스워드는 shadow 파일에 있는 것이다. 즉, 리눅스 패스워드는 보통 shadow 파일에 별도로 기록한다.

⊙ /etc/shadow

```
Root : $1$Fz4q1GjE$G/ : 14806 : 0 : 99999 : 7 :    :    :
  (1)      (2)          (3)    (4)   (5)  (6)(7) (8) (9)
```

각 필드의 구분자는 콜론(:)이며, 각 필드는 아래의 의미를 가지고 있다.

(1) Login Name : 사용자 계정.

(2) Encrypted: 패스워드를 암호화시킨 값($1: MD5, $5: SHA256, $6: SHA512 해시이고 $와 $ 사이는 Salt 값을 의미)

(3) Last Changed : 1970년부터 1월 1일부터 패스워드가 수정된 날짜의 일수를 계산한다.

(4) Minimum : 패스워드가 변경되기 전 최소 사용 기간(일 수)이다.

(5) Maximum : 패스워드 변경 전 최대 사용 기간(일 수)이다.

(6) Warn : 패스워드 사용 만기일 전에 경고 메시지를 제공하는 일 수이다.

(7) Inactive : 로그인 접속차단 일 수이다.

(8) Expire : 로그인 사용을 금지하는 일 수(월/일/연도)이다.

(9) Reserved : 사용되지 않는다.

POINT 04 ⟩ 리눅스 권한 관리

01 umask

리눅스의 권한 관리는 소유자, 그룹, 다른 사용자로 이루어진다. 그리고 각각은 읽기, 쓰기, 실행 권한을 가질 수 있으며 읽기는 r, 쓰기는 w, 실행은 x로 표기한다. 그래서 rwx라는 권한을 가지게 되면 읽기, 쓰기, 실행이 모두 가능하다는 것이고 rw-로 표시되면 읽기와 쓰기만 가능하다는 의미이다. 예를 들어 어떤 파일을 ls 명령으로 조회했는데 rw-rw-rwx 식으로 조회가 된다면 맨 왼쪽부터 파일을 만든 소유자는 읽고 쓸 수 있고 그다음 같은 그룹의 사용자도 읽고 쓸 수 있다는 의미이며 마지막에 다른 사용자는 읽고, 쓰고 실행이 가능하다는 것이다.

하지만 파일을 만들 때마다 사용자가 매번 권한을 부여하는 것은 귀찮은 일이다. 그래서 Default 권한이라는 것이 있는데 Default 권한 값을 가지고 있는 것은 umask 값이다. 만약 umask 값이 022라면 0은 소유자, 2는 그룹, 마지막 2는 다른 사용자를 의미하며 이것을 7로 빼기를 하여 그 권한을 확인할 수가 있다. 즉 777-022=755가 되고 여기서 755의 7이라는 것은 r=4, w=2, x=1의 의미로 4+2+1=7이 되므로 소유자는 읽고, 쓰고 실행 권한을 가지고 있다는 것이고 5의 값은 4+1=5가 되므로 그룹과 다른 사용자는 읽기와 실행만 가능하다는 의미하다.

▲ umask 값 변경하기

02 chmod

chmod 명령으로 사용자에게 권한을 부여하려면 u옵션에 rwx(읽기, 쓰기, 실행) 권한을 부여하고 그룹에게 권한을 부여할 때는 g 옵션, 다른 사용자에게 부여할 때는 o 옵션을 사용한다.

– chmod [옵션] 파일명 최고 권한은 777이다.

각각의 형식은 읽기 쓰기 실행이 들어가며 아래 내용을 보자.

소유자	그룹	다른 사용자
읽기 쓰기 실행	읽기 쓰기 실행	읽기 쓰기 실행
4 2 1	4 2 1	4 2 1

각각의 숫자를 모두 더하면 777이 되며 읽기 쓰기 실행에 대하여 모든 유저가 권한을 가지게 된다.

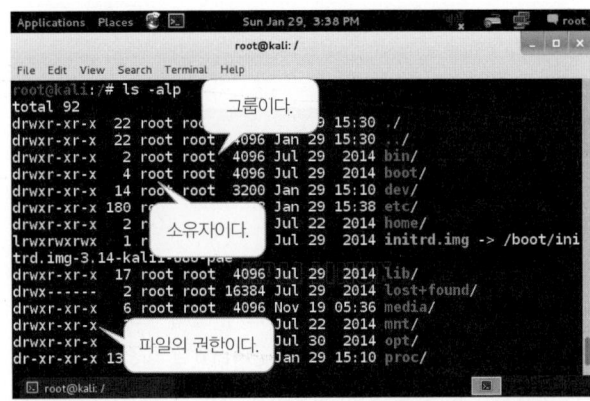

▲ 파일의 권한

예 #chmod 771 abc

abc파일에 대하여 유저와 그룹은 쓰기, 읽기 실행 권한이 주어지며, 다른 사용자에게 실행 권한만이 주어진다.

○ chmod

리눅스에서 권한을 부여하는 명령은 chmod로 부여할 수 있으며 다음의 예처럼 Limbest.txt 파일에 764라는 권한을 부여하면 소유자는 읽고, 쓰고 실행할 수 있고 그룹은 읽고 쓸 수만 있고 마지막으로 다른 사용자는 읽기만 가능하다.

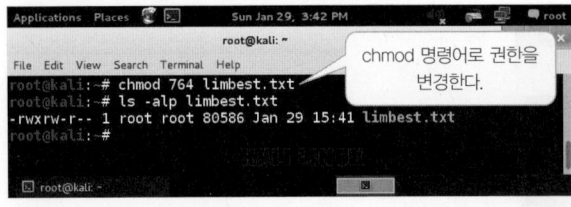

▲ chmod로 파일 권한 관리(1)

chmod는 명령은 위의 예처럼 숫자를 사용해서 권한을 부여할 수도 있지만 문자를 써서 권한을 부여하거나 삭제할 수도 있다.

● chmod 명령어 옵션

명령 기호	설명
u	user
g	group
o	other
a	all
+	추가
−	삭제
=	대체
r	읽기
w	쓰기
x	실행

다음의 예를 보면 소유자에게 실행 권한(x)을 추가하고 그룹에게는 쓰기 권한(w)을 추가한다. 그리고 다른 사용자에게는 읽기 권한(r)을 삭제하는 명령이다.

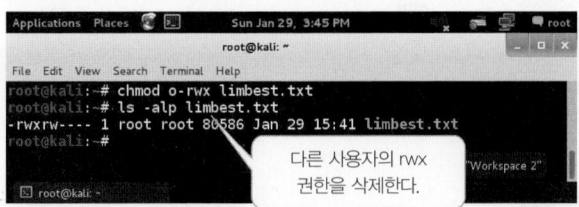

▲ chmod로 파일 권한 관리(2)

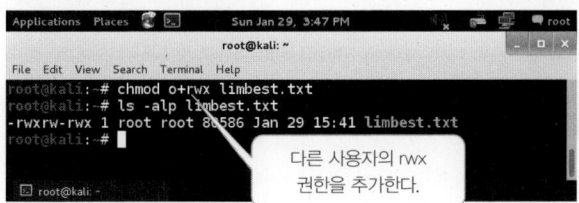

▲ chmod로 파일 권한 관리(3)

'+'의 의미는 권한을 추가하는 것이고 '−'의 의미는 권한을 회수하는 것이다. setuid는 's'를 추가하면 된다.

03 chown

chown(Change Owner) 명령어는 파일에 대한 사용자와 그룹을 변경할 수 있는 명령어로 chown [option] [UID:GID][디렉터리/파일명] 형식으로 사용된다. chown 명령에서 −R 옵션은 하위 디렉터리 및 파일 모두에 적용하라는 것을 의미한다. 또한 −c 옵션은 권한 변경 파일 내용을 출력하는 옵션이다.

(1) chown 명령어 옵션

옵션	설명
−R	하위 디렉터리의 모든 권한을 변경
−c	권한 변경 파일 내용 출력

(2) chown 명령어 대상

인자	설명
u	user 권한
g	group 권한
o	other 권한
a	모든 사용자 권한

(3) chown 명령어 인자 값

인자 값	설명
+	해당 권한을 더함
−	해당 권한을 제거
=	해당 권한으로 그대로 변경

(4) 권한

권한	설명
r	읽기 권한
w	쓰기 권한
x	실행 권한

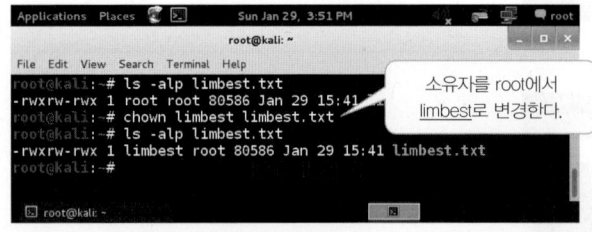

▲ limbest.txt 파일의 소유자를 limbest로 변경

04 chgrp

chgrp 명령은 파일이나 디렉터리의 소유그룹을 변경하는 명령어로 chgrp [옵션][그룹파일] 형태로 사용된다.

○ chgrp 옵션

옵션	설명
−c	실제 변경된 것을 보여 줌
−h	심볼릭 링크 자체의 그룹을 변경
−f	그룹이 변경되지 않는 파일에 대해서 오류 메시지를 보여주지 않음
−v	작업 진행 상태를 설명
−R	하위 모든 파일도 지정한 그룹으로 변경

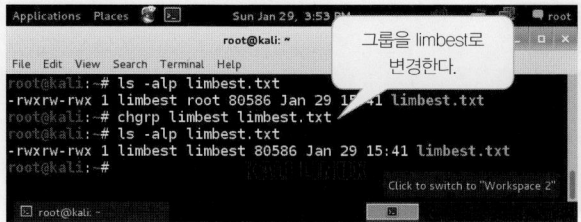

▲ limbest.txt 파일 그룹을 limbest 그룹으로 변경

05 특수 권한

(1) setuid

setuid 권한이 설정된 파일을 다른 사용자가 실행하게 되면 실행될 때 그 파일의 소유자 권한으로 실행되는 파일이다. 예를 들어 /etc/passwd는 root가 소유자이고 일반 사용자가 로그인 등을 수행할 때 /etc/passwd 파일을 실행하게 된다. 즉, /etc/passwd 파일을 실행할 때 root의 권한으로 실행된다는 의미이다. 그러므로 /etc/passwd 파일은 -rwsr-xr-x로 설정되어 있고 여기서 소유자 실행 권한 위치에 있는 s라는 것이 setuid가 설정되어 있음을 나타낸다. 그리고 여기서 나타나고 있는 s는 소문자인데 이것이 소문자이면 실행 권한이 있는 것이고 이것이 만약 대문자 S라면 실행 권한이 없는 것을 의미한다. 즉, /etc/passwd 파일은 /usr/bin/passwd를 실행하여 /etc/passwd 파일의 내용을 변경할 수 있기 때문에 /usr/bin/passwd 실행 파일에 setuid가 설정되어 있는 것이다.

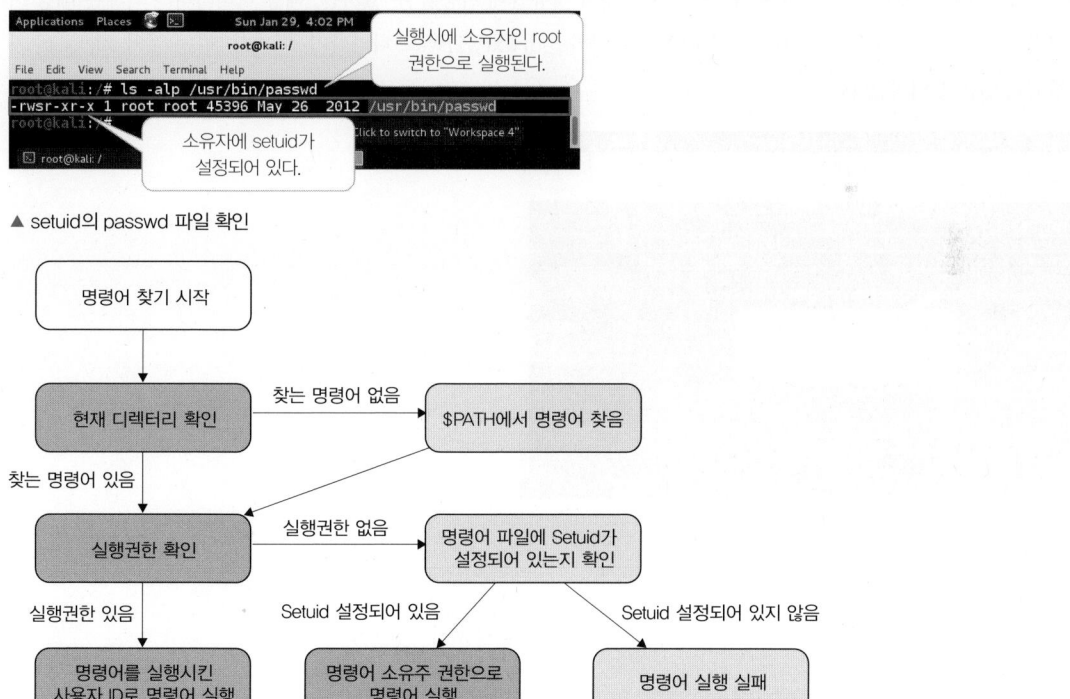

▲ setuid의 passwd 파일 확인

▲ setuid 실행 과정

setuid의 설정은 8진수 4000이나 u+s를 사용해서 설정할 수 있다. 즉, chmod 4744 Limbest.txt라고 실행하면 Limbest.txt에 Setuid가 설정되고 744권한이 부여된다. 또 chmod u+s Limbest.txt라고 실행하면 사용자에 setuid를 추가하는 것이다. 마찬가지로 Setuid가 설정된 파일을 검색하고 싶다면 권한이 4000이 부여된 것을 find 명령으로 검색하면 모두 찾을 수 있다.

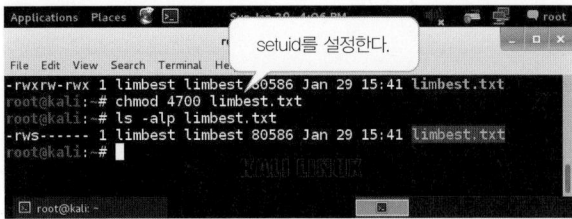

▲ setuid 설정

(2) setgid

- setgid는 파일 생성자의 그룹 소유권을 얻는 것으로 예를 들어 Limbest라는 사용자가 AAA의 디렉터리에 디렉터리 생성 및 파일 생성을 할 수 없다. 하지만 root가 chmod 2777 AAA 디렉터리에 setgid를 부여하면 Limbest 사용자가 AAA 디렉터리에 하위 디렉터리를 만들거나 파일을 생성할 수 있게 된다.
- setgid를 사용하는 것은 메일박스(MBox)에서 확인할 수 있다. 예를 들어 /var/mail 디렉터리는 소유자가 root이고 그룹이 mail이며 setgid가 설정되어 있다. 그러면 일반 사용자는 메일 계정을 생성할 때 mail 디렉터리에 자신의 디렉터리를 생성하고 메일을 보관할 수 있게 된다. 또한 setgid는 2000이라는 8진수로 권한을 부여할 수 있다.

(3) sticky bit

sticky bit는 공용 디렉터리를 만들어서 모두들 자유롭게 사용할 수 있도록 하기 위해서 만든 것으로 권한 부여는 1000으로 한다. sticky bit가 부여된 디렉터리는 누구나 자유롭게 사용할 수 있지만, 해당 디렉터리의 삭제는 해당 디렉터리 소유자만 가능하다. 즉, /tmp 디렉터리를 확인하면 drwxrwxrwt로 나타나며, 여기서 t라는 것이 sticky bit가 설정되어 있음을 의미한다.

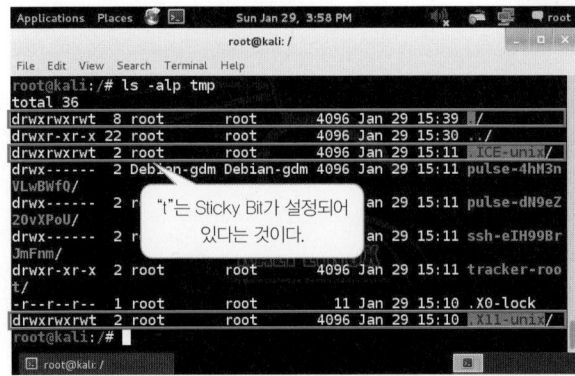

▲ tmp 디렉터리 sticky 비트 설정 확인

○ 특수 권한 파일 종류

종류	설명
setuid	실행 파일에서 사용(예 /usr/bin/passwd)
setgid	동일한 project에 실행 권한 부여하기 위하여 setgid 사용
sticky bit	- 디렉터리 내에 인가된 사용자만 쓰기(write)가 가능하도록 하기 위해서 설정 - 예 /tmp - 모든 사용자가 사용 가능하지만, 삭제는 파일의 소유자만 가능하도록 함(root는 예외)

setuid 소문자 "s"와 대문자 "S"

– 실행 파일에 setuid를 설정하면 소문자 "s"가 되고 정상적으로 실행할 수 있다.

– 실행 파일이 아닌데 setuid를 설정하면 대문자 "S"가 되고 실행할 수 없다.

POINT 05 리눅스 명령어

01 디렉터리 명령어

– 디렉터리(Directory)는 파일을 저장하고 관리하는 저장 단위로 디렉터리를 생성할 때는 mkdir 명령어를 사용하고 디렉터리 삭제를 위해서는 rmdir 명령어를 사용한다.

– mkdir 명령어는 Make Directory의 약자로 리눅스에서 디렉터리를 생성할 때 사용하며 실행 파일은 /bin/mkdir에 있다.

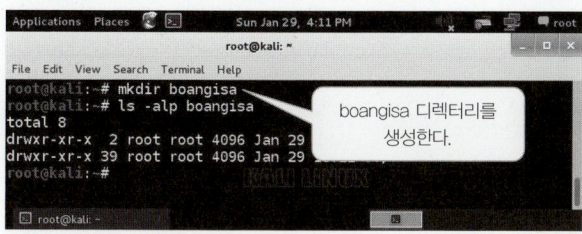

▲ mkdir 명령어 사용법

▲ mkdir 명령어 사용법

○ mkdir 옵션

옵션	설명
–m	– 디렉터리 권한을 설정 – 기본 값은 755(rwxr–xr–x)
–p	상위 경로도 함께 지정함
–v	디렉터리 생성 후에 생성된 디렉터리에 대한 메시지를 출력함

02 파일 명령어

(1) cp(copy)

cp명령어는 파일 혹은 디렉터리를 복사하는 명령어이다. 즉, 원본 파일과 동일한 파일을 생성하는 것으로 만약 같은 이름으로 파일을 복사하면 덮어씌울 것인지 확인한다.

○ cp 명령어

```
# cp [옵션][원복파일][복사파일]
# cp test test2  // test파일을 test2 파일로 복사함
```

○ cp 옵션

옵션	설명
-f	덮어쓰기를 해서 복사
-r	하위 디렉터리 전부를 모두 복사

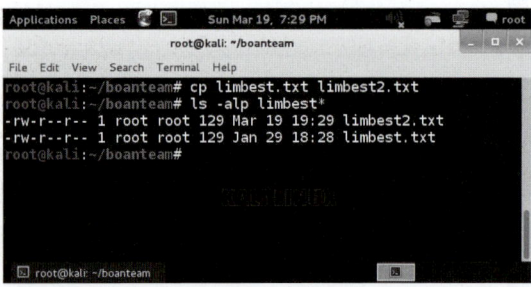

▲ cp 명령어 사용(1)

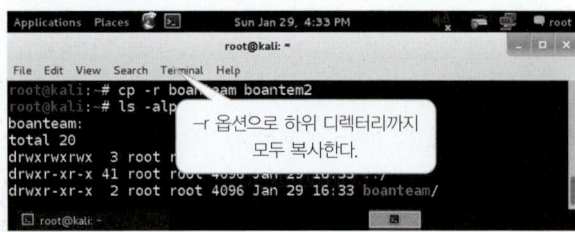

▲ cp 명령어 사용(2)

(2) rm(remove)

파일을 삭제할 때는 rm 명령어를 사용하면 된다.

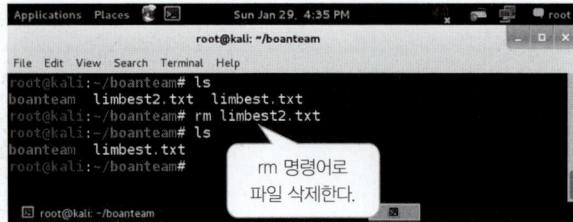

▲ rm 명령어

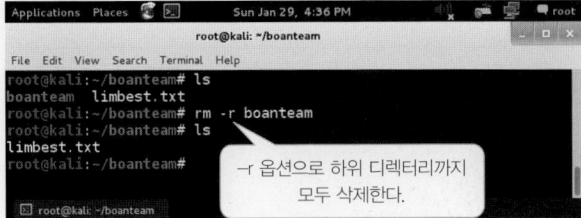

▲ rm 명령어로 하위 디렉터리까지 삭제

○ rm 옵션

옵션	설명
-f	물어보지 않고 강제로 삭제함
-r	디렉터리 삭제 시에 파일과 하위경로 모두 삭제
-v	파일 삭제 정보를 출력함

(3) mv(move)

mv 명령어는 파일 및 디렉터리를 이동하거나 파일의 이름을 변경할 때 사용하는 명령어로 원본 파일과 대상 파일의 이름이 다르면 변경되고, 이동할 파일이 여러 개이면 이동 모드로만 동작한다.

○ mv 명령어

```
# mv [옵션] 원본파일 대상파일
# mv [옵션] 원본파일 디렉터리
# mv [옵션] 디렉터리 디렉터리
```

○ mv 옵션

옵션	설명
-b	백업 파일을 생성
-f	사용자에게 묻지 않고 파일을 덮어씀
-i	덮어쓸 경우 사용자에게 물어봄
-n	파일이 존재하면 덮어쓰지 않음
-S	지정한 접미사로 백업 생성
-t	전체 원본 파일을 대상 디렉터리로 이동
-u	파일이 업데이트된 경우에만 이동함
-v	진행 상태 정보를 출력

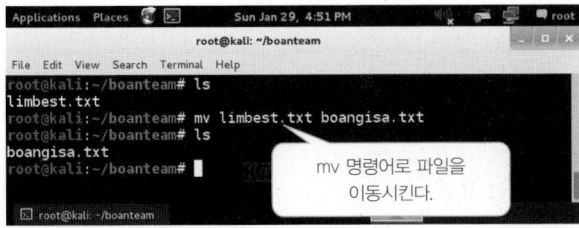

▲ mv 명령어 실행

03 텍스트 명령어

(1) cat

cat 명령어는 파일의 내용을 확인할 수 있는 명령어이다.

● cat 명령어

cat [옵션][파일명]

cat 명령어 실행 시에 cat -n limbest 처럼 -n 옵션을 사용하면 파일의 내용을 화면에 출력할 때 행 번호를 같이 출력하게 한다. 또한 리다이렉트를 같이 사용해서 파일을 복사할 수도 있다.

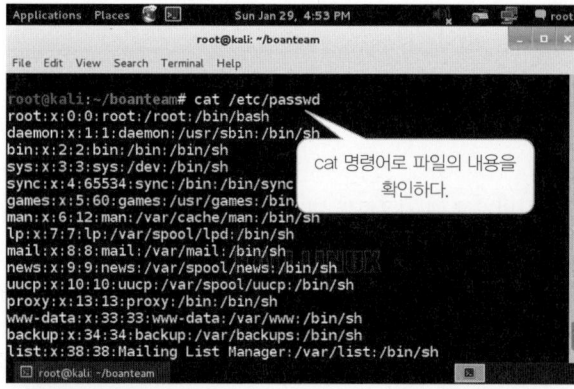

▲ cat 명령어로 파일 내용 보기

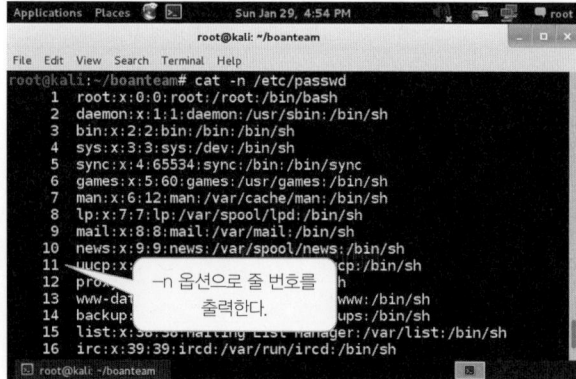

▲ 파일의 줄 번호 출력

▲ cat으로 파일 복사

/etc/passwd 파일을 출력할 때 limbest 파일로 출력시켜 복사를 하는 것이다.

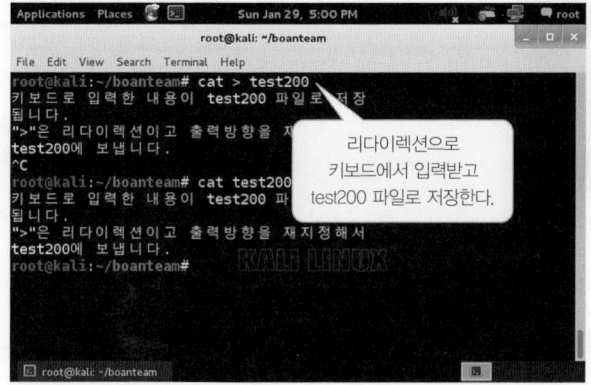

▲ 키보드로 입력받아서 파일에 저장

(2) grep

grep 명령어는 특정 파일 내에 있는 문자열을 검색하는 역할을 하는 명령어이다.

○ grep 명령어

```
# grep [검색 문자열][파일명]
# grep [옵션] [검색 문자열][파일명]
```

○ grep 옵션

옵션	설명
–c	검색 문자열이 속한 행 수를 출력
–H	파일명과 함께 출력
–i	대소문자를 구분하지 않음
–n	검색한 문자가 속하는 행 번호와 함께 출력
–r	현재 경로에서 하위 경로까지 검색
–v	검색하는 문자가 없는 행을 출력
–w	패턴 표현식을 하나의 단어로 검색

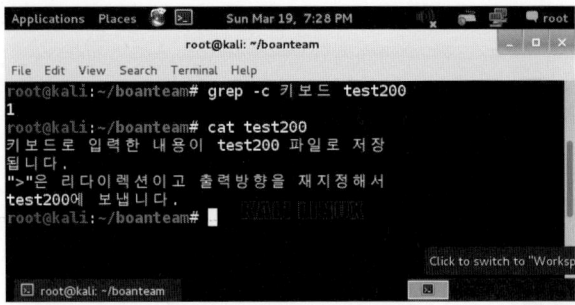

▲ grep 사용(1)

위의 예는 test2--파일에서 "키보드"라는 문자열이 있는 행 수를 출력한다.

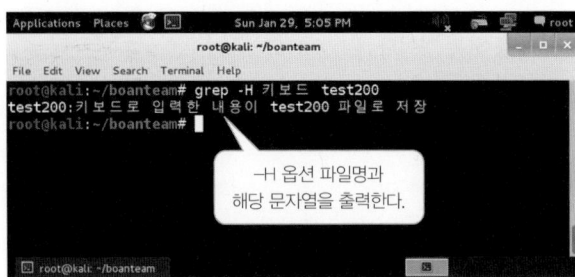

▲ grep 사용(2)

test200 파일에서 "키보드"라는 문자열이 있는 파일명과 해당 문자열을 출력한다.

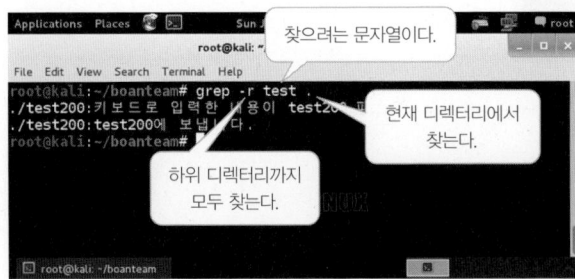

▲ grep 사용(3)

현재 디렉터리에서 하위 디렉터리까지 모든 파일에서 aaa라는 문자열을 포함한 파일을 모두 출력한다.

정규식 표현식(Regular Expressions)은 어떤 문자열의 집합을 묘사할 때 사용하는 텍스트 스트링으로 정해진 구문 규칙을 사용해야 하며 grep 명령어에서도 정규 표현식을 사용할 수 있다.

● grep 정규식 표현(Regular Expressions)

옵션	설명
.	한 글자를 의미
*	길이와 관계없는 문자열
^	행의 첫 시작
$	행의 마지막 위치
[]	한 문자길이 패턴

[^]	입력된 문자들의 여집합
₩	정규식에 사용되는 문자를 그대로 사용
₩〈	단어의 시작 위치
₩〉	단어의 마지막 위치

⊙ grep 정규식 표현 예제

grep L. file: file에서 L. 속한 행을 출력
grep L.. file: file에서 L.. 속한 행을 출력
grep L.m. file: file에서 L.m. 속한 행을 출력

04 네트워크 명령어

(1) netstat

netstat 명령어는 시스템과 연결된 모든 네트워크 연결을 확인하는 명령어이다.

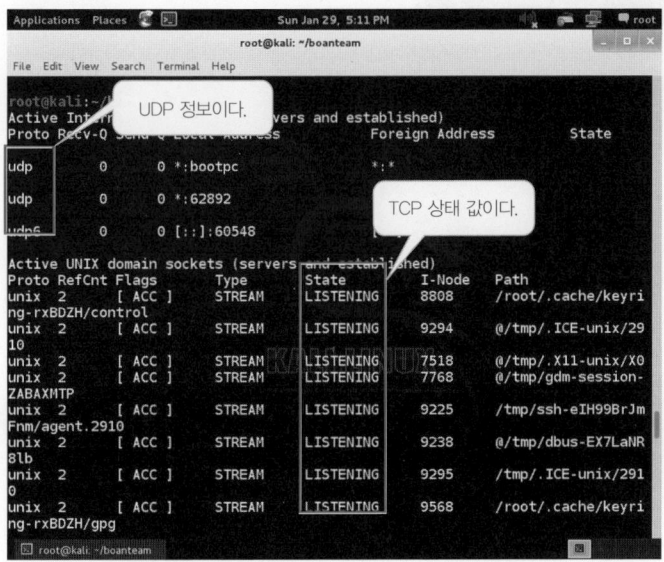

▲ netstat 명령어로 통신 소켓 확인

⊙ netstat 옵션

옵션	설명
−a	모든 소켓 정보를 확인
−n	도메인 주소를 읽지 않고 숫자로 출력
−p	PID와 사용 중인 프로그램명을 출력
−g	멀티캐스트 그룹 정보

◎ netstat 상태 값

상태 값	설명
LISTEN	접속 요청을 대기하고 있는 상태
ESTABLISHED	연결이 확립되어 통신이 이루어지는 상태
CLOSE_WAIT	연결 종료를 대기하고 있는 상태
TIME_WAIT	연결이 종료되고 특정 시간 동안 소켓을 열어둔 상태
CLOSE	연결이 종료된 상태

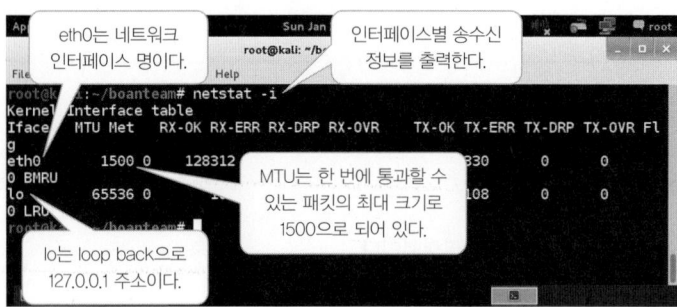

▲ 네트워크 인터페이스 정보 확인

먼저 라우터의 상태를 netstat 명령으로 확인하면 다음과 같다.

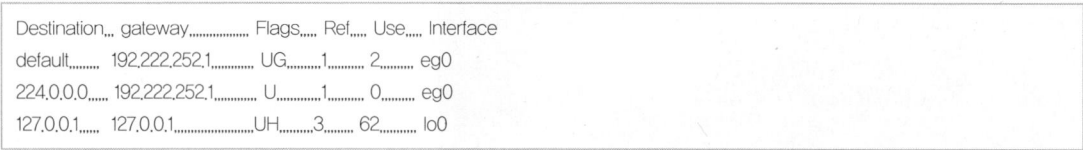

```
Destination    gateway         Flags    Ref    Use    Interface
default        192.222.252.1   UG       1      2      eg0
224.0.0.0      192.222.252.1   U        1      0      eg0
127.0.0.1      127.0.0.1       UH       3      62     lo0
```

위의 예에서 Flags의 의미는 다음과 같다.

◎ Flags의 의미

Flags	설명
U	라우터가 Up 상태
G	Default Gateway
H	라우터가 호스트 장비
S	라우터가 –setsrc 옵션으로 생성
D	라우터가 redirect로 동적으로 생성
A	혼합된 라우팅
B	브로드캐스트 주소
L	호스트 로컬주소

Ref는 현재 라우터별로 활성화되어 있는 사용중인 숫자이고 Use는 전송하거나 받은 패킷을 의미한다.

(2) arp

ARP는 IP 주소를 MAC 주소로 변환하는 프로토콜이다.

● arp 옵션

옵션	설명
–a	ARP Cache 정보에 있는 모든 호스트 정보 출력
–s	ARP Cache에 저장된 특정 IP에 대해서 MAC 주소 변경
–d	ARP Cache에 저장된 특정 MAC 주소 삭제
–i	특정 Ethernet의 ARP를 확인

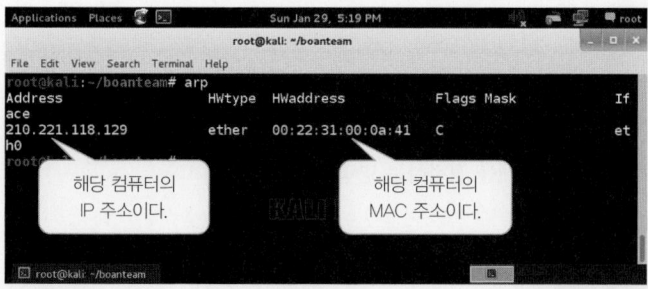

▲ arp 명령어

(3) traceroute

– traceroute 명령어는 네트워크를 사용해서 목적지를 찾아가는 경로 정보를 알 수 있는 명령어로 IP 주소 혹은 URL 주소를 입력하면 네트워크를 방문하는 구간별로 게이트웨이(Gateway) 명, IP 주소, 시간 등의 정보를 표시한다.

– traceroute는 내부적으로 UDP와 ICMP를 사용한다.

● traceroute 명령어 사용법

```
traceroute [–m max_ttl][–n][–p port][–q nqueries][–r][–s src_addr][–t tos][–w]
           [–w waittime]host[packetsize]
```

● traceroute 옵션

옵션	설명
–m	– IP 패킷의 최대 TTL(Time to Live)을 설정 – 기본 값이 30
–n	홉(Hop) 주소를 출력
–p	사용되는 UDP 포트를 지정
–r	목적 호스트가 직접 로컬로 연결되었다고 지정
–s	호스트 IP를 지정
–t	패킷(Packet)에 대한 Type of Service를 지정
–v	상세 정보를 출력
–w	전송 패킷을 대기하는 시간 설정

위의 표에서 TTL 혹은 Hop이라는 것은 같은 것으로 통과할 수 있는 라우터의 수를 의미한다. 라우터라는 것은 패킷(Packet)을 전송할 때 경로를 결정해 주는 네트워크 장비이다.

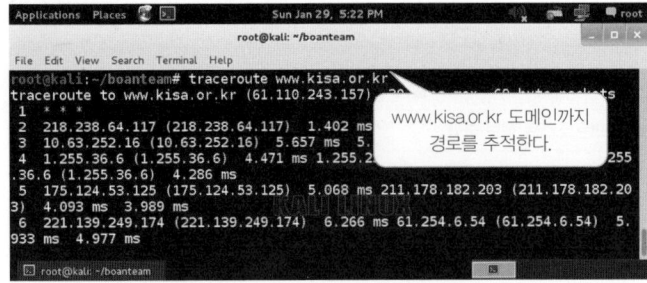

▲ traceroute 명령어 사용

(4) ping

ping 명령어는 네트워크 상태를 점검하기 위한 명령어로 ICMP 프로토콜을 사용하여 ICMP echo Request를 전송하고 ICMP echo reply가 되돌아오는지 확인하여 네트워크의 상태를 점검하는 명령어이다.

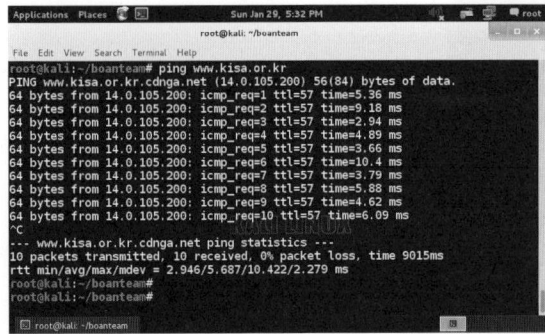

▲ ping 명령어 사용

(5) nslookup

nslookup 명령어는 네트워크를 관리할 수 있는 도구로 도메인명에 대한 IP 주소를 확인하기 위해서 DNS(Domain Name Server)에게 질의(Query)를 실행한다. 즉 www.boanteam.com에 대한 IP 주소를 확인한다.

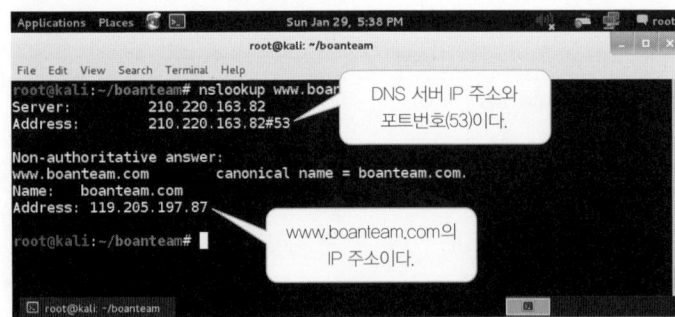

▲ nslookup 명령어 사용

05 리눅스 종료

리눅스를 종료하거나 재부팅하는 것은 shutdown, reboot, init 6 그리고 halt 명령어가 있다.

(1) shutdown

shutdown 명령어는 리눅스를 정지하기 위한 명령어이다.

● shutdown 옵션

옵션	설명
−r	재부팅을 수행
−h	shutdown 완료 후 시스템을 종료
−c	진행 중인 shutdown을 취소
−k	경고 메시지를 출력하고 실제로 shutdown은 수행하지 않음
−f	fsck를 실행하지 않고 재부팅
−n	init을 호출하지 않으면서 shutdown을 실행
−t sec	지정한 시간에 재기동함
−v	상세 정보를 출력함

만약 5분 후에 시스템이 종료되도록 하고 싶다면 shutdown −h 5를 입력하면 된다.

(2) reboot

reboot 명령어는 리눅스를 다시 시작하는 명령어이다.

● reboot 옵션

옵션	설명
−n	연산을 중지하고 다시 시작함
−f	강제로 다시 시작함
−p	연산 중지 시에 전원을 종료함
−q	오류가 없으면 다시 시작하지 않음
−v	상세 정보를 출력함

(3) halt

halt 명령어는 리눅스를 종료하는 명령어이다.

● halt 옵션

옵션	설명
−d	wtmp에 로그를 기록하지 않음
−f	강제로 종료함
−n	종료할 때 동기화를 하지 않음
−w	실제로 종료하지 않고 /var/log/wtmp에 로그를 기록

01 데몬(Daemon) 프로세스

프로세스라는 프로그램(Program)이 실행되어서 프로그램이 메모리에 올라가는 것을 뜻한다. 프로세스는 메모리를 점유하고 사용자의 요청에 따라 명령을 실행한다. 프로세스를 실행한 사용자가 직접 실행할 수도 있고 리눅스가 부팅될 때 실행될 수도 있다. 만약 리눅스가 부팅될 때 실행된다면 그것은 init 프로세스가 기동시키는 것이다. 데몬(Daemon) 프로세스란 리눅스 서버가 부팅될 때 백그라운드에서 실행되고 있다가 클라이언트의 요구에 대한 서비스를 수행하는 프로그램이다.

● 데몬 프로세스

종류	설명
standalone 방식	백그라운드에서 항상 실행되고 있으며, 클라이언트에게 서비스를 요청받으면 즉시 처리를 수행
inetd 방식	메모리에 상주 되지 않고 sleep 상태로 있다가 클라이언트 요청 시에 Wake up 되어 서비스를 수행

02 프로세스 모니터링

(1) ps

ps 명령어는 프로세스 상태 정보를 확인하는 명령어이다.

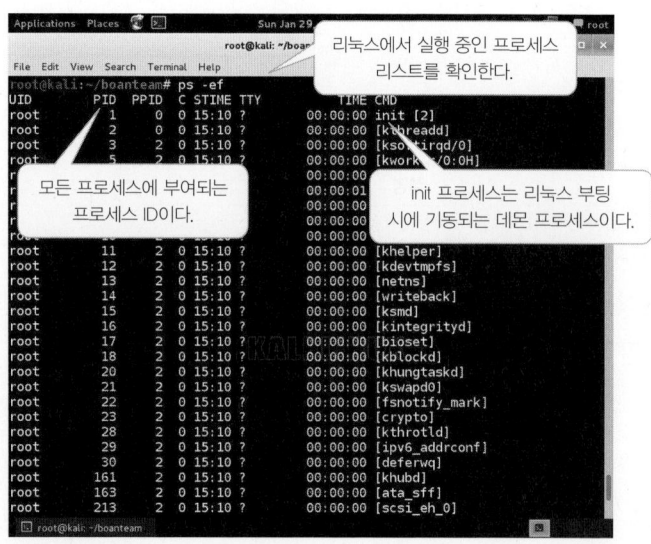

▲ ps 명령 실행

(2) pstree

pstree는 실행 중인 프로세스의 상태를 트리 형태로 출력하는 명령어이다. pstree 명령어는 프로세스의 부모 자식 관계를 보여주는 명령어로 프로세스 상관도를 표시한다. −n 옵션은 PID 순으로 정렬하고 −p는 프로세스 명과 함께 PID도 출력한다.

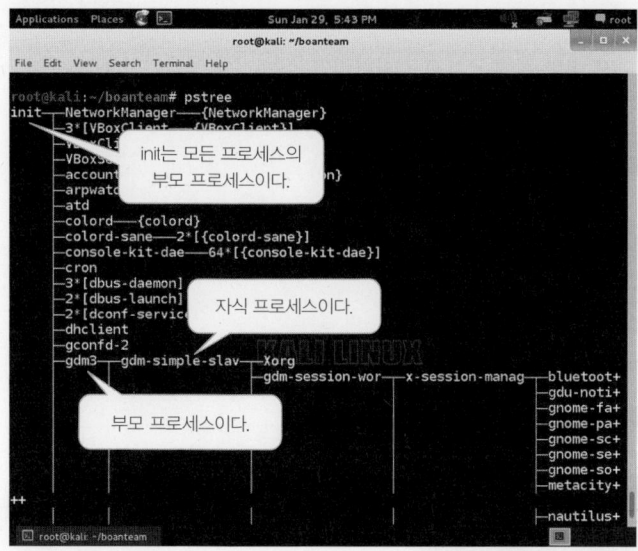

▲ pstree 명령 실행

(3) top

top은 리눅스 시스템에서 시스템 자원을 모니터링할 수 있는 소프트웨어로 CPU 사용률, 메모리 사용률, 실행 중인 프로세스 리스트 등을 확인할 수 있으며 실행하는 중에 명령어를 입력해서 추가 기능을 실행할 수 있다.

▲ top명령 실행

01 vi 편집기

vi는 문서를 편집할 수 있는 에디터이다. vi는 명령 실행 모드와 입력 모드로 나누어지고 입력 모드는 문서를 입력할 때 사용되는 것이며 명령 실행 모드는 편집된 문서를 저장하고 취소 등의 명령어를 실행할 때 사용된다. 입력 모드가 되려면 a, i, o를 입력하면 입력 모드로 전환되고 다시 명령 실행 모드로 전환하려면 ESC 키를 입력하면 된다. 또 명령 실행 모드에서 명령어를 입력하고 실행하려면 :, /, ?를 입력한다.

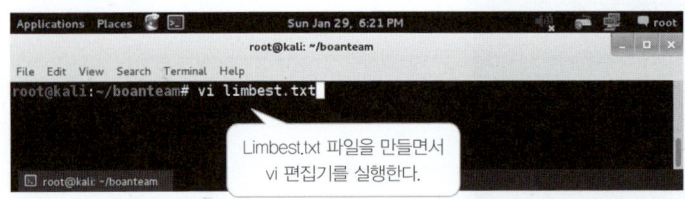

Limbest.txt 파일을 만들면서 vi 편집기를 실행한다.

▲ vi 편집기 실행

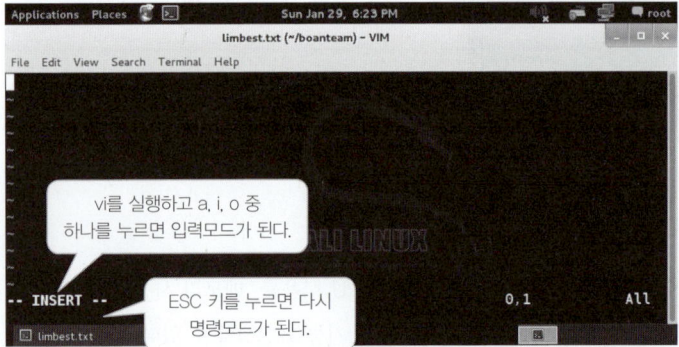

vi를 실행하고 a, i, o 중 하나를 누르면 입력모드가 된다.

ESC 키를 누르면 다시 명령모드가 된다.

▲ vi 편집기 입력모드

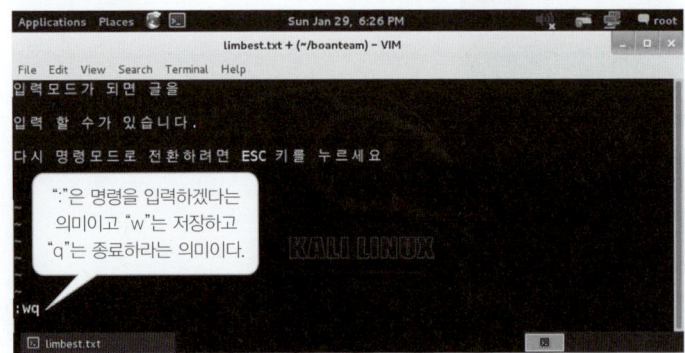

":"은 명령을 입력하겠다는 의미이고 "w"는 저장하고 "q"는 종료하라는 의미이다.

▲ wq로 저장하고 종료한다.

예를 들어 :wq는 저장하고 종료하라는 의미이며 명령어를 실행한 것이다.

○ vi 입력 모드

입력 모드	설명
i	커서 위치에서 입력 모드로 변경
a	커서 위치 우측 한 칸에서 입력 모드로 변경
o	커서 바로 아래의 줄을 만들고 끼워 넣음

② vi 저장 명령어

명령어	설명
:w	파일 저장
:w!	무조건 파일 저장
:30, 60w newfile	30행부터 60행까지 newfile로 저장함
:30, 60w)>file	30행부터 60행까지 지정된 파일에 추가함
:w %.new	현재 버퍼 파일명을 file new로 저장함
Q	vi를 종료하고 ex로 전환
:e file1	vi를 종료하지 않고 file1를 편집
:r newfile	newfile의 내용을 현재 파일에서 읽기
:n	현재 파일을 편집
:e!	현재 파일을 마지막으로 저장한 상태로 되돌림
:e#	파일을 번갈아 가면서 편집함
:vi	ex에서 vi 호출

③ vi 이동 명령어

명령어	설명
h, j, k, l	왼쪽, 아래, 위, 오른쪽 이동
w, W, b, B	한 단어 오른쪽, 왼쪽 이동
e, E	단어의 끝으로 이동
), (	다음 문장, 전 문장의 처음으로 이동
}, {	다음 문단, 전 문단의 처음으로 이동
]], [[	다음 절, 전 절의 시작으로 이동
Enter	다음 행의 공백이 아닌 처음으로 이동
0, $	현재 행의 처음과 끝으로 이동
^	현재 행의 공백이 아닌 처음으로 이동
+, −	다음 행과 이전 행의 공백이 아닌 처음으로 이동
nl	현재 행의 n째 열로 이동
H	화면 맨 위 행으로 이동
M	화면 중간 행으로 이동
L	화면 맨 아래 행으로 이동
nH	화면 맨 위 행에서 n째 행으로 이동
nL	화면 맨 아래 행에서 n째 행으로 이동
+F, +B	한 화면 다음으로, 한 화면 이전으로 이동
+D, +U	반 화면 아래로, 반 화면 위로 이동
+E, +Y	화면이 한 행 위, 아래로 이동
z	커서가 있는 행을 화면의 맨 첫 행으로 이동
z.	커서가 있는 행을 화면의 중간으로 이동
z−	커서가 있는 행을 화면의 맨 아래로 이동
+L	스크롤링 없이 화면을 리로드

04 vi 편집 명령어

명령어	설명
j, a	텍스트 커서 앞, 뒤에 입력
I, A	텍스트 커서 행의 처음, 마지막에 입력
o, O	커서가 있는 행위 아래, 위에 새로운 행을 입력

05 vi 삭제 및 이동 명령어

명령어	설명
x	커서가 위치한 문자를 삭제
X	커서 앞의 문자를 삭제
dw	단어 삭제
dd	현재 행을 삭제
dmotion	커서와 motion 대상 사이의 텍스트를 삭제
D	커서 위치부터 그 행까지 삭제
p, P	커서 오른쪽, 왼쪽에 지운 텍스트를 삽입

06 vi 문자열 검색

문자열 검색	설명
/검색할 문자열/	현재 위치에서 아래를 검색
?검색할 문자열?	현재 위치에서 위를 검색
n	찾은 문자열 다음으로 계속 검색
N	찾은 문자열 이전으로 계속 검색

07 vi 명령행 옵션

옵션	설명
vi 파일명	지정된 파일을 오픈함
vi 파일명1 파일명2	파일1과 파일2를 순서대로 오픈함
vi -r f파일명	파일 복구 후에 잘못된 동작 이후부터 파일을 편집함
vi -t 태그	태그를 검사하고 정의된 위치부터 편집
vi +파일명	파일을 열고 본문의 마지막 행에 위치시킴
vi +n 파일명	파일을 열고 커서를 n 행에 위치시킴
vi -c Command 파일	파일을 열고 검색 명령 혹은 행 번호의 명령을 실행함
vi +/패턴 파일	패턴 위치에서 파일을 오픈함

08 vi 설정

vi는 .exrc 설정 파일로 이를 사용해서 명령을 실행할 수 있다. set은 vi 편집기에 환경 설정을 수행한다. 그리고 ab를 사용하면 문자열을 치환할 수 있다.

◎ set을 사용한 vi 설정 값

- autoindent : 자동 들여쓰기 설정 (기본값: autoindent)
- shiftwidth : 자동 들여쓰기의 여백 값(기본값: 8)
- number : 화면에 라인 번호 나타내기(기본값: number)
- tabstop : 탭의 간격을 설정(기본값: 8)
- showmode : 삽입모드 표시 여부(기본값: showmode)
- wrapmargin : 오른쪽 여백 설정 (기본값: 0)

◎ .exrc 설정 예제

```
set number
set tabstop=8
```

◎ vi set 옵션

옵션	설명
:set ai	윗라인과 동일하게 자동으로 들여쓰기함
:set si	if, for 등을 입력하고 다음 라인으로 이동할 때 자동으로 들여쓰기함
:set paste	set si 및 set ai 옵션을 같이 사용해서 붙여넣기를 할 경우 계단현상을 방지함
:set ts=4	TAB 키를 입력하여 이동
:set sw=4	set si를 사용할 경우에 들여쓰기하는 깊이를 설정
:set et	TAB 키를 입력할 때 TAB에 해당하는 공간(SPACE) 이동
:set encoding=utf8	기본 인코딩을 설정
:set fenc=utf8	다른 인코딩으로 저장
:set t_ti	터미널에서 vi 종료 시에 화면 내용을 남게 함
:set ruler	우측 하단에 라인 및 칼럼 위치 표시함
:set ff=unix	라인 변경 문자를 변경
:set ff=passwd〉	문서를 암호화함
:set ic	검색 패턴 사용 시 대소문자를 구별하지 않음
:set wam	종료 시에 경고 메시지 출력

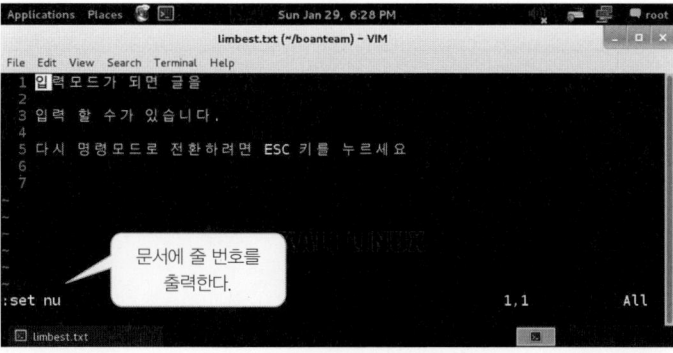

◀ 문서에 줄 번호 보기

01 RPM

RPM(Redhat Package Manager)은 프로그램을 설치하기 위해서 사용되는 명령어로 프로그램 설치를 위해서 확장자가 rpm인 파일(패키지)이어야 한다. 단, 리눅스의 종류별로 패키지 관리 프로그램이 다르다.

○ rpm 옵션

옵션	설명
−i	패키지 설치
−v	설치 과정 확인
−h	설치 진행 과정을 # 마크로 화면에 출력
−U	패키지 업그레이드
−e	패키지 삭제
−qa	설치된 모든 패키지 확인
−qc	패키지에 의해서 설치된 파일 중 설정 파일 경로를 출력
−qd	패키지에 의해서 설치된 파일 중 문서 파일 경로를 출력
−qi	설치된 패키지 정보 확인
−ql	특정 패키지로 어떤 파일이 설치되었는지 확인
−qs	패키지로 설치된 파일 정상 여부를 확인
−qpl	패키지 파일에 어떤 파일이 포함되었는지 확인
−V	패키지 검사

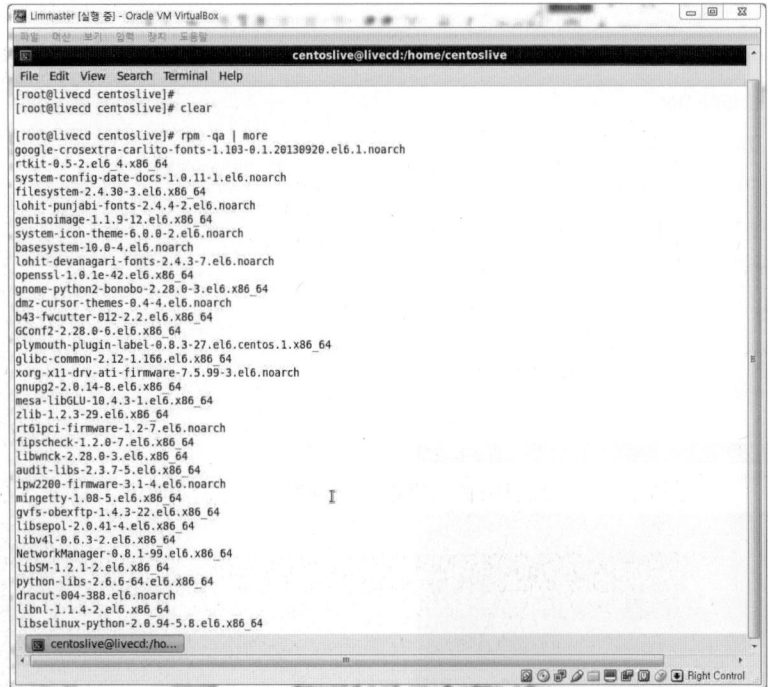

▲ rpm −qa로 설치된 모든 패키지 확인

02 패키지 검증

rpm -V 옵션은 패키지를 검사하는 것으로 패키지가 임의로 변경되었는지, 파일 크기, 심볼릭 링크, 장치 파일 변경 등을 확인하는 것이다. 여기서 심볼릭 링크라는 것은 윈도우의 바로가기라고 생각하면 된다.

● rpm 검증코드(-V, -a 옵션 사용)

검증코드	설명
5	MD5 체크섬을 변경
S	파일 크기 변경
L	심볼릭 링크 변경
D	장치 파일을 변경
U	파일 사용자, 소유자 변경
G	파일 그룹이 변경
M	파일 모드 변경
?	원인을 알 수 없거나 예측하지 못한 결과

03 RPM 추가 옵션

옵션	설명
-test	패키지 설치 시 가능한 문제점을 점검
-force	설치를 강제적으로 진행
-nodeps	패키지 설치, 삭제 시 의존성을 무시하고 진행

rpm -qa -queryformat "%{NAME} : %{Summary}\n" 은 각각 패키지 설명과 설치된 패키지 리스트를 확인한다.

● RPM 설치일 확인

```
rpm -qa --qf '%{INSTALLTIME:date} %{NAME}-%{VERSION}-%{RELEASE}.%{ARCH}\n' | grep 패키지 명
```

● RPM 설치 용량 확인

```
# rpm -qa --queryformat '%{NAME} %{SIZE} \n'
```

01 SAMBA 개요

리눅스 운영체제에 Microsoft의 NETBIOS 프로토콜을 제공해서 윈도우 시스템 운영체제와 자원 및 프린터를 공유하는 프로그램이다.

02 SAMBA 특징

- 인터넷 및 인트라넷에서 서버 파일 및 프린터기를 공유할 수 있는 프리웨어(Freeware) 프로그램이다.
- 공통 인터넷 파일 시스템(CIFS) 클라이언트, 서버 프로토콜이다.
- 리눅스 RPM 패키지 설치도구를 사용해서 설치한다.
- TCP/UDP 137, 139 포트를 사용한다.
- 설정 파일은 /etc/samba/smb.conf 및 /etc/smb.conf이다.

03 SAMBA 기동

- samba start : SAMBA 서버를 실행시킨다.
- samba stop : SAMBA 서버를 정지시킨다.
- smbd : SAMBA에서 NETBIOS 프로토콜로 자료를 전송한다.
- nmbd : SAMBA에서 NETBIOS 프로토콜의 이름을 관리한다.

* 네트워크관리사 1급, 2급에서 출제된 기출문제입니다.

2018년 2월

01 간단한 파일의 내용을 살피거나 다른 파일 내용을 결합시킬 때 사용하는 Linux 명령어는?

① ls
② cp
③ mv
④ cat

> ls 명령어는 파일 목록을 확인하는 리눅스 명령어이고 cp는 파일을 복사한다. mv는 파일을 이동하거나 이름을 변경하는 명령어이다. cat는 파일 내용을 확인할 수 있는 명령어이다.

2014년 1월

02 Linux에서 사용되는 애플리케이션 및 환경 설정에 필요한 설정 파일들과 'passwd' 파일을 포함하고 있는 디렉터리는?

① /bin
② /home
③ /etc
④ /root

> etc 디렉터리는 리눅스 환경 설정 파일을 포함하고 있는 디렉터리다. etc 디렉터리에는 passwd 파일과 shadow 파일을 포함하고 있다.

2018년 2월

03 Linux에서 'manager'라는 파일을, 파일의 소유자가 아닌 사람도 볼 수는 있지만 수정을 못 하도록 하는 명령어는?

① chmod 777 manager
② chmod 666 manager
③ chmod 646 manager
④ chmod 644 manager

> 파일의 소유자가 아닌 사람은 수정할 수 없으므로 Write 권한을 부여하면 된다. 6은 RW(Read Write)로 소유자는 읽고 쓸 수 있고 4는 그룹 권한으로 Read만 가능하다. 마지막 4는 다른 사용자(Other User)의 권한으로 Read만 가능하다.

2014년 1월

04 Linux DNS의 SOA(Start Of Authority) 레코드에 대한 설명으로 옳지 <u>않은</u> 것은?

① Zone 파일은 항상 SOA로 시작한다.
② 해당 Zone에 대한 네임 서버를 유지하기 위한 기본적인 자료가 저장된다.
③ Refresh는 주 서버와 보조 서버의 동기 주기를 설정한다.
④ TTL 값이 길면 DNS의 부하가 늘어난다.

> SOA의 TTL은 DNS 캐시에 대한 것으로 DNS의 부하가 줄어든다.

05 Linux 시스템에 좀비 프로세스가 많이 생겨 시스템을 재부팅하려고 한다. 현재 Linux 시스템에 접속해 있는 사용자에게 메시지를 전달하고, 5분 후에 시스템을 재부팅시키는 명령어는?

① shutdown −r now 'Warning! After 5 minutes will be system shutdown!!'

② shutdown now 'Warning! After 5 minutes will be system shutdown!!'

③ shutdown −r +5 'Warning! After 5 minutes will be system shutdown!!'

④ shutdown +5 'Warning! After 5 minutes will be system shutdown!!'

shutdown −r 옵션은 재부팅 옵션이며 +5는 5분 후에 재부팅하라는 것이다.

06 Windows 2003 Server에서 www.icqa.or.kr의 IP Address를 얻기 위한 콘솔 명령어는?

① ipconfig www.icqa.or.kr

② netstat www.icqa.or.kr

③ find www.icqa.or.kr

④ nslookup www.icqa.or.kr

nslookup은 도메인(URL)에 대한 IP 주소를 확인해서 DNS(Domain Name Server)를 테스트한다.

07 Linux에서 명령어 'mv −i file1 file2'의 의미는?

① 파일이 지워지기 전에 백업파일을 만든다.

② 'file2'가 존재하더라도 강제로 삭제한다.

③ 'file2'가 존재할 경우 덮어쓸 것인가를 물어본다.

④ 파일 옮기기 전의 과정을 보여준다.

mv 명령은 파일을 이동하거나 파일의 이름을 변경할 수 있는데 −i 옵션을 주면 같은 이름의 파일이 있으면 덮어쓸 것인지를 물어본다.

08 Linux 명령어의 tar의 Option 중에서 현재 작업 상황에 대한 정보를 표시하는 것은?

① z ② x
③ v ④ C

tar 명령어는 여러 개의 파일을 묶거나 풀 수 있는 명령어이고 v 옵션은 진행 상태를 출력시킨다. tar 명령어를 사용해서 파일을 묶을 때는 cvf 옵션을 사용하고 파일을 풀 때는 xvf를 사용한다.

09 Linux 디렉터리 구성에 대한 설명으로 옳지 <u>않은</u> 것은?

① /tmp – 임시파일이 저장되는 디렉터리

② /boot – 시스템이 부팅될 때 부팅 가능한 커널 이미지 파일을 담고 있는 디렉터리

③ /var – 시스템의 로그 파일과 메일이 저장되는 위치

④ /usr – 사용자 계정이 위치하는 파티션 위치

사용자 계정은 home 디렉터리이다.

10 Linux 시스템에서 'ls'라는 명령어 사용법을 알아보는 명령어로 올바른 것은?

① cat ls ② man ls

③ ls man ④ ls cat

리눅스에서 도움말은 man 명령어로 실행한다.

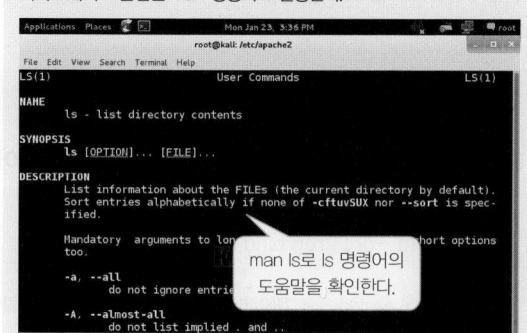

▲ man ls로 ls 명령어 도움말 확인

11 Linux에서 '/home' 디렉터리 밑에 'icqa'라는 하위 디렉터리를 생성하고자 할 때 올바른 명령은?

① ls /home/icqa

② cd /home/icqa

③ rmdir /home/icqa

④ mkdir /home/icqa

mkdir은 디렉터리를 생성하는 명령어이고 rmdir은 디렉터리를 삭제하는 명령이다. cd는 디렉터리를 이동하는 명령이다.

2013년 10월

12 Linux의 Redirection(리다이렉션)에 대한 설명으로 옳지 <u>않은</u> 것은?

① 어떤 명령의 결과 값을 원하는 위치로 출력하거나 어떤 명령의 입력 값을 원하는 위치로 받을 수 있다.

② '>' 기호를 중심으로 앞의 결과 값이 뒤에 나오는 파일이나 하드웨어 장치로 출력된다.

③ '<' 기호를 중심으로 앞에 있는 파일이나 하드웨어 장치로부터 명령어를 입력받는다.

④ '>>' 기호는 앞의 결과 값이 뒤에 나오는 파일로 출력되었을 경우 기존 파일의 내용을 덮어쓴다.

'>>'는 파일에 내용을 추가한다. 만약 파일이 존재하지 않으면 파일을 생성하고 추가한다.

2013년 10월

13 Linux와 <u>다른</u> 이 기종의 파일 시스템이나 프린터를 공유하기 위해 설치하는 서버 및 클라이언트 프로그램은?

① 삼바(SAMBA) ② 아파치(Apache)
③ 샌드메일(Sendmail) ④ 바인드(BIND)

삼바(SAMBA)는 인터넷에서 파일 및 프린터를 사용할 수 있는 프리웨어(Freeware) 소프트웨어로 유닉스, 리눅스 등의 운영체제에 설치되어서 사용한다. 삼바는 클라이언트 서버 구조로 프린터를 공유할 수 있게 해준다.

2013년 10월

14 자신의 Linux 서버에 네임 서버 운영을 위한 BIND Package가 설치되어 있는지를 확인해 보기 위한 명령어는?

① #rpm −qa l grep bind ② #rpm −ap l grep bind
③ #rpm −qe l grep bind ④ #rpm −ql l grep bind

rpm −qa 명령어는 설치된 모든 패키지를 확인하는 명령어이다. DNS 프로그램은 named 프로그램이면 grep를 사용해서 문자를 필터링해야 한다. 즉, rpm −qa | grep named가 된다.

2017년 10월

15 Linux의 아파치(Apache) 설정 파일(httpd.conf)에서 설정 가능한 옵션에 대한 설명 중 올바른 것은?

① Port : 포트번호를 지정한다.

② DocumentRoot : 아파치 설정과 관련된 문서의 위치를 지정한다.

③ Timeout : 클라이언트의 요청을 받는데 걸리는 시간으로 기본값은 60초이다.

④ MaxClients : 웹 서버에 동시에 접속할 수 있는 클라이언트 수이다.

아파치 웹 서버의 설정 파일은 httpd.conf이고 httpd.conf 파일에서 MaxClients 150으로 설정하면 최대 150개의 클라이언트가 연결될 수가 있다.

2017년 10월

16 Linux에서 네트워크 설정에 대한 설명으로 옳지 <u>않은</u> 것은?

① Linux는 Windows 시스템과 같이 완벽한 PnP 기능을 지원하지 못한다.

② LAN 카드 설치는 Linux 커널에 드라이버를 포함시키거나, 필요할 때마다 메모리에 로딩할 수 있다.

③ LAN 카드를 메모리에 로딩해서 사용하려면 'modprobe' 명령을 사용한다.

④ 네트워크 설정은 'ipconfig'로 확인할 수 있다.

리눅스에서 네트워크 설정은 ifconfig 명령으로 할 수 있고 ipconfig 명령어는 윈도우 시스템에서 사용한다.

2013년 7월

17 Linux에서 네트워크 환경 설정 파일을 수정한 경우에는 네트워크를 재시작해야 한다. 컴퓨터를 재부팅하지 않고 네트워크 부분만을 재시작하는 명령어로 올바른 것은?

① /etc/init.d/network restart　　　　② /etc/init.d/network start

③ /etc/init.d/network stop　　　　　④ /etc/init.d/network again

네트워크를 재시작하는 것은 network restart 명령어를 실행하면 된다.

2013년 7월

18 Linux 시스템에서 주로 사용자들의 개인 파일들이 저장되는 곳으로 사용자의 홈 디렉터리가 위치하는 파티션은?

① /tmp　　　　　　　　　　　　　② /usr

③ /home　　　　　　　　　　　　　④ /swap

리눅스에서 사용자 홈 디렉터리는 home이다.

2018년 2월

19 해당 사이트와의 통신 상태를 점검할 때 사용하는 Linux 명령어는?

① who　　　　　　　　　　　　　　② w

③ finger　　　　　　　　　　　　　④ ping

ping 명령어는 ICMP 프로토콜을 사용해서 네트워크 연결 상태를 확인할 수 있다. ping 명령어는 리눅스에서도 실행 가능하고 윈도우에서도 실행 가능하다.

2013년 7월

20 Sendmail을 이용하여 메일링 리스트를 구성하려고 할 때 수정할 파일은?

① /etc/mail/access　　　　　　　　② /etc/mail/local-host-names

③ /etc/aliases　　　　　　　　　　④ /etc/mail/rejectlist

sendmail 프로그램은 전자우편을 발송하는 프로그램이며, access 파일로 메일 발송, 삭제 등의 설정을 할 수 있다.

2013년 7월

21 Linux 시스템에서 네트워크 설정과 관련 <u>없는</u> 파일은?

① /etc/sysconfig/network

② /etc/motd

③ /etc/resolv.conf

④ /etc/sysconfig/network-scripts/ifcfg-eth0

motd 파일은 베너 파일과 시스템에 로그인할 경우 출력하는 메시지를 설정하는 것이다.

22 Linux 파일 시스템 중 ext3에 대한 설명으로 옳지 <u>않은</u> 것은?

① 파일 시스템 레벨에서 사용할 수 있는 온라인 조각 모음 기능을 지원하지 않는다.

② 읽기/쓰기, I/O 및 디렉터리 검색 작업이 많은 파티션에 사용된다.

③ 저널링 기능으로 데이터의 신뢰성을 강화한다.

④ ext2 파일 시스템을 ext3 파일 시스템으로 변환할 수 없다.

> ext2는 리눅스 파일 시스템으로 ext3로 변환할 수 있다.

23 Linux의 'vi' 명령어 중 변경된 내용을 저장한 후 종료하고자 할 때 사용해야 할 명령어는?

① :wq

② :q!

③ :e!

④ $

> q는 변경 사항이 있을 때 바로 종료가 되지 않는다. 텍스트를 입력했을 경우 q!를 통해 저장하지 않고 종료하거나 wq를 통해 저장 후 종료를 해야 한다.

24 Linux 디렉터리 구성에 대한 설명으로 옳지 <u>않은</u> 것은?

① /tmp – 임시파일이 저장되는 디렉터리

② /boot – 시스템이 부팅될 때 부팅 가능한 커널 이미지 파일을 담고 있는 디렉터리

③ /var – 시스템의 로그 파일과 메일이 저장되는 위치

④ /usr – 사용자 계정이 위치하는 파티션 위치

> 사용자 계정은 home 디렉터리이다.

25 간단한 파일의 내용을 살피거나 다른 파일 내용을 결합시킬 때 사용하는 Linux 명령어는?

① ls

② cp

③ mv

④ cat

> ls 명령어는 파일 목록을 확인하는 리눅스 명령어이고 cp는 파일을 복사한다. mv는 파일을 이동하거나 이름을 변경하는 명령어이다. cat는 파일 내용을 확인할 수 있는 명령어이다.

네트워크 운용기기

네트워크 운용기기 과목은 5문제가 출제되는 과목으로 가장 비중이 적다. 또한 TCP/IP를 제대로 학습하면 사실 추가적인 학습을 하지 않아도 대부분의 문제를 풀 수 있다. 네트워크 운용기기는 프로토콜 계층 구조에서 물리적 계층 위주로 출제된다. 즉, 리피터와 게이트웨이의 역할이 자주 출제되고 Part 01에서 학습한 광섬유의 특징도 매번 출제되는 문제이다. 마지막으로 특이한 문제가 하나 출제되는데 그것은 RAID 기법이다. RAID의 의미와 RAID 종류가 출제된다. 이 주제만 학습하면 크게 어려움 없이 모든 문제를 풀 수 있다.

범위	중요도	중점 학습 내용
네트워크 서버 운용	★★★★	• NIC카드에서 Fast Ethernet과 Gigabit Ethernet • RAID의 특징과 종류
네트워크 회선 운용	★★★★	리피터, 라우터, 게이트웨이의 기능

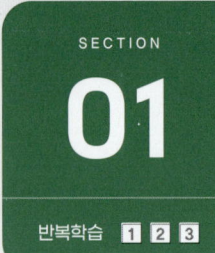

POINT 01 NIC(Network Interface Card)

01 NIC

– NIC는 OSI 7계층에서 물리 계층에 있는 장치(Device)로 컴퓨터의 메인보드(Main Board)에 장착된다.

– NIC는 LAN 케이블(UTP)과 연결되어서 네트워크와 컴퓨터 간에 통신을 수행한다.

02 NIC 특징

– OSI 7계층에서 데이터 링크 계층과 물리 계층 사이에서 통신을 할 수 있게 한다.

– 베이스밴드(Baseband)를 사용해서 디지털 신호를 변환한다.

– 사무실에서 사용하는 LAN, 토큰 링(Token Ring) 등의 네트워크에서 사용된다.

– 통신을 위해서 인터페이스(Interface) 역할을 수행한다.

– NIC 카드에는 물리적인 하드웨어 주소인 MAC 주소가 할당되어 있다.

– MAC 주소의 할당은 데이터 링크 계층에서 수행하며, MAC 주소의 상위 24비트는 제조사 번호이다.

– 이더넷(Ethernet)은 IEEE 802.3 표준이다.

– 고성능의 데이터 처리를 위해서 송수신되는 데이터를 압축한다.

◀ NIC 카드

03 NIC 카드 확인

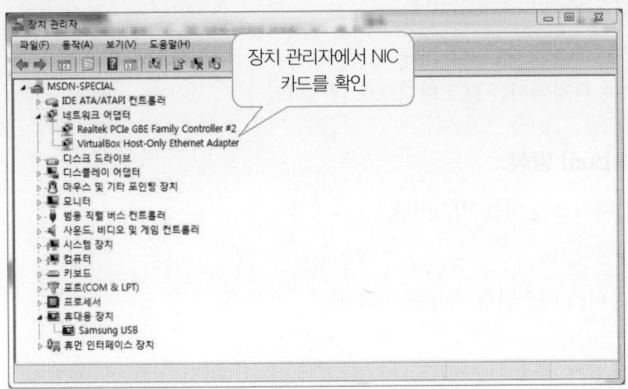

▲ 윈도우 장치 관리자에서 NIC 카드 확인

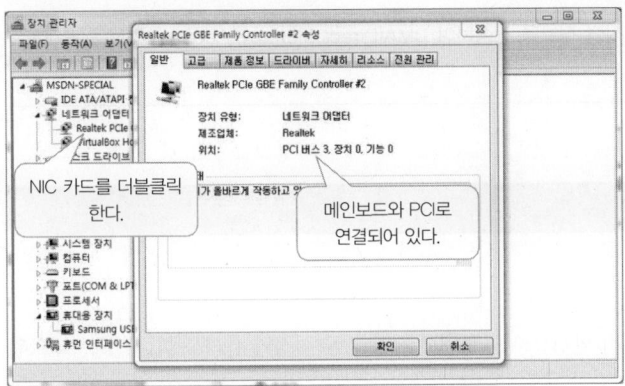

▲ NIC 카드 속성

04 NIC 카드 종류

종류	설명
이더넷(Ethernet)	IEEE 802.3 표준을 지원하고 10Mbps의 속도를 지원
고속 이더넷 (Fast Ethernet)	– 이더넷에 비해서 10배의 성능이 향상된 카드 – 100Mbps 성능으로 고속의 데이터 송신과 수신이 가능 – 고속 이더넷 카드를 설치하면 이더넷도 지원하여 호환성을 유지
기가비트 이더넷 (Gigabit Ethernet)	– 기가비트 이더넷 카드는 광케이블과 연결되어서 고속의 성능을 지원 – 1Gbps의 성능을 지원
Token Ring	– 메인 프레임(Main Frame) 시스템에 설치되어서 16Mbps 정도의 성능을 지원 – 가격이 고가
ATM LAN	고속의 ATM 네트워크에 접속하기 위해서 사용하는 카드

05 ISA와 PCI 방식

NIC 카드와 컴퓨터의 메인 보드 간에 인터페이스 방식은 ISA 방식과 PCI 방식이 있다. 최근 컴퓨터의 인터페이스 방식은 PCI Express 방식을 사용한다.

(1) ISA(Industry Standard Architecture bus) 방식

- IBM 컴퓨터의 PC/XT와 PC/AT를 위해서 개발된 인터페이스 방식이다.
- 전송 속도는 16비트에서 3Mbp의 성능을 지원한다.
- 고속이 요구되는 환경에서 사용하기 어려워서 고속 환경에서는 PCI 방식으로 대체되었다.

(2) PCI(Peripheral Component Interconnect bus) 방식

- 컴퓨터 시스템의 메인보드와 주변 장치 간에 인터페이스를 하는 버스이다.
- ISA 방식보다 고속으로 32비트 및 64비트를 지원한다.
- 데이터 전송 속도가 다른 주변 장치가 연결되어도 버스 마스터링 기능을 처리한다.
- 펜티엄 PC에 장착되어 있다.

> **기적의 TIP**
>
> **버스 마스터링(Bus Mastering)**
> 인터럽트(Interrupt)를 사용하지 않고 해당 단말기에 직접 정보를 전송하여 DMA(Direct Memory Access) 방식을 개선하였다.

POINT 02 VLAN

01 VLAN(Virtual Local Area Network)

- 하나의 물리적 스위치(Switch)를 여러 개의 논리적 환경으로 구성해서 각각 다른 설정과 관리를 할 수 있는 네트워크 가상화 기술이다.
- VLAN은 IEEE 802 위원회에서 IEEE 802.10 표준으로 지정했다.
- 네트워크의 성능을 향상시키기 위해서 불필요한 브로드캐스트(Broadcast)를 방지하는 기술이다.

사용자 컴퓨터에서 인터넷을 할 수 있는 것은 사용자 컴퓨터에 LAN 카드가 있기 때문이다. 즉, 사용자 컴퓨터는 LAN 카드를 통해서 인터넷과 같은 통신을 수행하는 것이고 일반적으로 사용자 컴퓨터에는 하나의 LAN 카드가 설치되어 있다. 이러한 것은 서버도 마찬가지이다. VLAN이라는 것은 물리적으로 하나밖에 없는 LAN 카드를 마치 여러 개의 인터페이스가 있는 것처럼 보이게 하여, 각각 다른 환경 설정을 할 수 있는 네트워크 가상화 기술 중 하나이다.

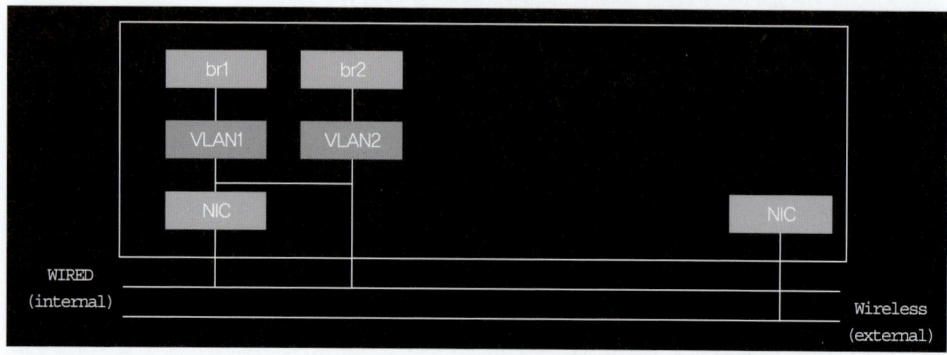

▲ VLAN 개념도

02 VLAN 장점

– 네트워크 접속 포트 및 프로토콜 종류, MAC 주소를 사용해서 VLAN을 구성한다.
– 네트워크에서 전송되는 불필요한 브로드캐스트를 차단해서 네트워크 성능을 향상시킨다.
– 데이터 처리 흐름을 관리해서 네트워크의 보안성을 향상시킨다.

03 VLAN 특징

특징	설명
브로드캐스트 제어	하나의 VLAN에서 발생된 브로드캐스팅 트래픽은 다른 VLAN으로 전달되지 않기 때문에 브로드캐스트 스톰(Broadcast Storm) 현상을 줄임
보안성 향상	브로드캐스팅된 프레임들은 같은 VLAN에 속한 DTE(Date Terminal Equipment : 데이터 흐름 처리 장비/라우터)에만 전달되므로 보안이 유지됨
트렁크(Trunk)	– 트렁크 링크는 장치 사이의 VLAN을 전달하고 모든 VLAN 혹은 일부를 전달하는 것을 구성할 수 있음 – 스위치 간을 연결하는 링크를 자동으로 트렁크로 동작하도록 예고할 때 DTP(Dynamic Trucking Protocol)라는 프로토콜을 사용

04 VLAN 종류

특징	설명
정적(Static) VLAN	– 포트별로 VLAN을 구성하는 것으로 가장 일반적으로 사용하는 방식 – 포트별로 VLAN을 관리하고 모니터링
동적(Dynamic) VLAN	MAC 주소를 기반으로 VLAN을 구성하는 방식으로 대형 스위치에서 사용

05 VLAN 구성

구성 방식	설명
Port 기반	– 포트를 VLAN에 할당하는 방식으로 같은 VLAN에서 사용하는 포트끼리만 통신이 가능 – 가장 일반적으로 사용하는 방식
MAC 주소 기반	– 같은 VLAN에 속해 있는 MAC 주소 간에 통신만 가능한 구성 – 호스트의 MAC 주소를 모두 등록해서 관리해야 함
Protocol 기반	– 같은 프로토콜을 사용하는 호스트로 VLAN을 구성하는 방식 – 같은 프로토콜을 사용하는 호스트만 통신이 가능
Network Address 기반	네트워크 주소를 사용해서 VLAN을 구성하는 방식으로 같은 네트워크의 호스트만 통신이 가능

06 VTP(VLAN Trucking Protocol)

VTP(VLAN Trucking Protocol)은 복수 개의 스위치 간에 VLAN 설정 정보를 교환하는 프로토콜로 VTP를 사용하면 VLAN 설정의 편의성이 향상된다.

● VLAN 장점

장점	설명
유연성	네트워크의 물리적 변경 없이 네트워크 구조를 변경할 수 있음
보안성	네트워크를 분리해서 별도의 접근통제를 수행할 수 있음

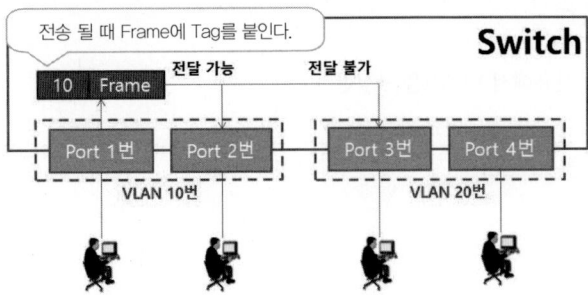

▲ VLAN 동작 방식

○ VLAN 구성 방식

구성 방식	설명
End to End VLAN	− 물리적 위치와는 관계없이 업무별 데이터 종류에 따라서 VLAN을 할당함 − 사용자의 물리적 위치와 관계없이 동일한 정책을 적용
Local VLAN	− 사용자의 물리적 위치에 따라서 VLAN을 할당하는 방식 − 설정 및 관리가 어려움
Static VLAN	VLAN 관리자가 모든 포트에 직접 VLAN을 할당
Dynamic VLAN	− VMPS(VLAN Membership Policy Server)를 사용해서 VLAN을 자동으로 할당 − 이동이 많은 환경에 적합하지만 VMPS 장애 발생 시에 모든 네트워크 장애가 발생

(1) VLAN Trunk 방법

특징	설명
ISL(Inter Switch Link)	− CISCO 스위치에만 사용되는 Fast Ethernet 링크 및 Gigabit Ethernet 링크에만 사용 − 스위치 포트, 라우터 인터페이스, 서버 인터페이스 카드에서 서로 트렁크하기 위해서 사용될 수 있음
IEEE 802.1q	− IEEE 프레임 태깅을 위한 표준 방법 − VLAN을 구별하기 위해서 프레임에 실제로 필드를 넣음 − CISCO 스위치 링크와 다른 벤더의 스위치를 트렁킹하려면 IEEE 802.1q를 사용해야 함
LANE(LAN Emulation)	다중 VLAN을 ATAM과 연결할 때 사용됨
802.10(FDDI)	VLAN 정보를 전송할 때 VLAN을 구별하기 위해서 프레임 헤더의 SAID 필드를 사용

(2) VLAN 정보 확인

```
SwitchB#show vlan
VLAN Name                             Status    Ports
-------------------------------------------------------------------
1    default                          active    Fa0/1, Fa0/3, Fa0/4, Fa0/5
                                                Fa0/6, Fa0/7, Fa0/8, Fa0/9
                                                Fa0/10, Fa0/11, Fa0/12, Fa0/13
                                                Fa0/15, Fa0/22, Fa0/23, Fa0/24
                                                Gi0/1, Gi0/2
50   Computers                        active    Fa0/2
```

01 RAID

– RAID 기법은 저용량, 저성능, 저가용성인 디스크를 배열(Array) 구조로 중복 구성함으로써 고용량, 고성능, 고가
 용성 디스크를 대체할 수 있다.

– 데이터 분산 저장에 의한 동시 액세스가 가능하며, 병렬 데이터 채널에 의한 데이터 전송 시간을 단축하는 장점이
 있다.

02 RAID 특징

– 디스크 배열 기술로서 여러 개의 하드 디스크를 하나의 배열로 관리한다.

– 논리적으로는 하나의 디스크로 보인다.

– 하드 디스크 고장이 발생하면 즉시 백업 하드 디스크가 복구하여 가용성을 향상시킨다.

– 데이터를 중복해서 저장하여 많은 디스크가 필요하다. 하지만 하드 디스크 고장 시에 복구가 용이하다.

03 RAID 종류

(1) RAID 0(Stripe, Concatenate)

– 최소 2개의 디스크로 구성된다.

– 작은 디스크를 모아 하나의 큰 디스크로 만드는 기술로 장애 대응이나 복구 기능은 별도로 제공되지 않는다.

– Disk Striping은 데이터를 나누어 저장하지만 중복되어서 저장하지는 않기 때문에 디스크 장애 발생 시에 복구할
 수 없다.

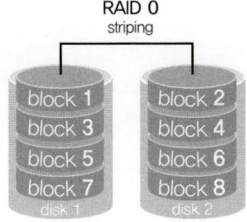

(2) RAID 1(Mirroring)

Disk Mirroring은 여러 디스크에 데이터를 완전 이중화하여 저장하는 방식이라서 RAID에서 가장 좋은 방식이지만
비용이 많이 발생한다. Disk Mirroring 방식은 디스크 장애 시에 복구도 가능하고 디스크 Read와 Write가 병렬적으
로 실행되어서 속도가 빠른 장점을 가진다.

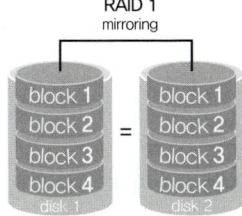

(3) RAID 2(Hamming Code ECC)

– ECC(Error Correction Code) 기능이 없는 디스크의 오류 복구를 위하여 개발되었다.

– Hamming Code를 이용한 오류 복구를 한다.

– RAID 2는 별도의 디스크에 디스크 장애 시 복구를 위한 ECC를 저장하는 것을 말한다. 아래 그림에서 운영 중에 A1 디스크가 장애로 접근이 불가능한 경우가 발생했다고 가정해 보자. 이 경우 기존에 A0, A1, A2, A3 디스크에 저장된 정보로 생성된 ECC 값인 Ax, Ay, Az 값을 통해 A1의 값을 재생성해 낼 수 있다.

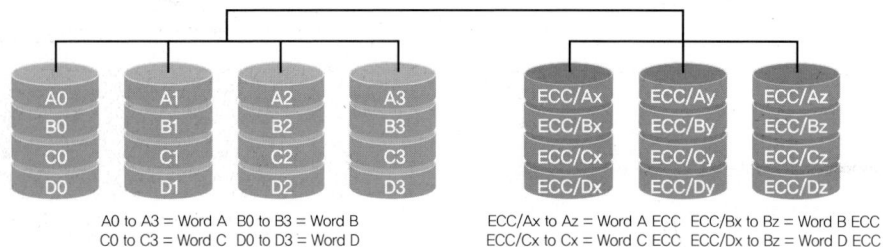

A0 to A3 = Word A B0 to B3 = Word B   ECC/Ax to Az = Word A ECC ECC/Bx to Bz = Word B ECC
C0 to C3 = Word C D0 to D3 = Word D   ECC/Cx to Cx = Word C ECC ECC/Dx to Bz = Word D ECC

(4) RAID 3(Parity ECC)

– Parity 정보를 별도 Disk에 저장한다(Byte 단위 I/O).

– 1개의 디스크 장애 시 Parity를 통해 복구가 가능하다.

– RAID 0(Striping)으로 구성된 데이터 디스크의 I/O 성능은 향상되나, Parity 계산 및 별도 디스크 저장으로 Write 성능이 저하된다.

– 1개 디스크의 오류에도 장애 복구가 가능하며, 컨트롤러 layer에서 오류 디스크 격리 및 Hot Spare Disk를 이용해 데이터를 복구한다.

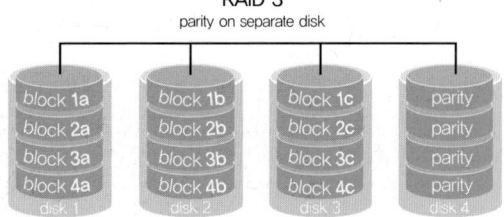

(5) RAID 4(Parity ECC, Block 단위 I/O)

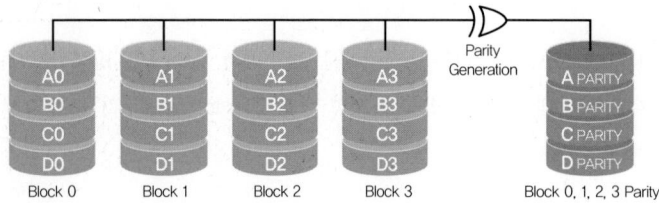

Block 0   Block 1   Block 2   Block 3   Block 0, 1, 2, 3 Parity

– Parity 정보를 별도 Disk에 저장한다.

– 데이터는 Block 단위로 데이터 디스크에 분산 저장한다.

– 1개의 디스크 장애 시 Parity를 통해 복구 가능하다.

– RAID 0(Striping)으로 구성된 데이터 디스크의 I/O 성능은 향상되나, Parity 계산 및 별도 디스크 저장으로 Write 성능이 저하된다.

- 1개 디스크의 오류에도 장애 복구가 가능하나, 컨트롤러 layer에서 오류 디스크 격리 및 Hot Spare Disk를 이용해 데이터 복구가 가능하다.
- RAID 4는 RAID 3과 동일하나 Parity를 Block 단위로 관리하는 것만 차이가 있다.

(6) RAID 5(Parity ECC, Parity 분산 저장)

- 분산 Parity를 구현하여 안정성이 향상되었다.
- 최소 3개의 디스크가 요구된다(일반적으로는 4개로 구성).

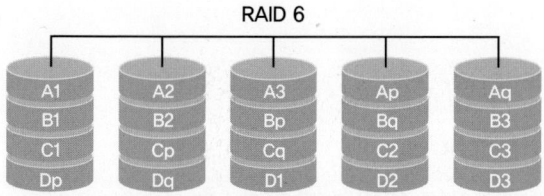

(7) RAID 6(Parity ECC, Parity 분산 복수 저장)

- 분산 Parity가 적용된 RAID 5의 안전성 향상을 위해 Parity를 다중화하여 저장한다.
- 대용량 시스템에서 장애 디스크가 복구되기 이전에 추가적인 장애가 발생되면 복구가 불가했던 문제를 해결하기 위해 개발되었다.
- 장애 상황에서 추가적인 디스크 장애에도 정상적으로 동작한다.

RAID 6

＊ 네트워크관리사 1급, 2급에서 출제된 기출문제입니다.

2020년 10월, 2017년 10월

01 Star Topology에서 동시에 2개 이상의 연결을 할 수 있는 장비로서 각 포트마다 전용 할당이 가능하고, 연결된 장치 수량에 영향을 받지 아니하며 속도가 떨어지지 않고 사용이 가능한 장치는?

① Router
② Switch HUB
③ Repeater
④ Dummy HUB

Switch HUB는 Star Topology에서 동시에 2개 이상의 연결을 할 수 있는 장치로 각 포트마다 전용으로 할당 가능하다.

2023년 5월, 2017년 7월

02 RAID 방식 중 미러링(Mirroring)이라고 하며, 최고의 성능과 고장대비 능력을 발휘하는 것은?

① RAID 0
② RAID 1
③ RAID 3
④ RAID 5

RAID 1은 Mirroring으로 동일한 데이터를 완벽히 백업한다. 그래서 하드 디스크 장애 시에 복구가 빠르고 우수하다.

2020년 10월, 2017년 7월

03 리피터(Repeater)를 사용해야 될 경우로 올바른 것은?

① 네트워크 트래픽이 많을 때
② 세그먼트에서 사용되는 액세스 방법들이 다를 때
③ 데이터 필터링이 필요할 때
④ 신호를 재생하여 전달되는 거리를 증가시킬 필요가 있을 때

디지털 신호는 거리가 증가할수록 감쇠현상으로 신호가 손실되게 된다. 이 때 신호를 증폭해서 거리를 확장할 수 있는데 그것이 바로 리피터(Repeater)이다.

2021년 4월, 2017년 10월

04 RAID에 관한 설명 중 올바른 것은?

① 하나의 RAID는 운영체계에게 논리적으로는 여러 개의 하드디스크로 인식된다.
② 모든 디스크의 스트립은 인터리브(Interleave)되어 있으며, 임의적으로 어드레싱 된다.
③ RAID-0 방식은 스트립은 가지고 있지만 데이터를 중복해서 기록하지는 않는다.
④ RAID에는 중복되지 않는 어레이를 사용하는 형식은 없다.

RAID-0은 스프라이핑 기술로 데이터를 중복하여 저장하지 않는다. 데이터를 중복하여 저장하지 않기 때문에 디스크 장애가 발생하면 데이터를 복구할 수 없다.

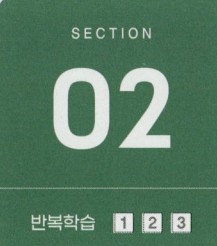

SECTION

02

네트워크 회선 운용

반복학습 1 2 3

빈출 태그 리피터 • 라우터 • 게이트웨이

POINT 01 ▶ **리피터(Repeater)**

01 리피터

– 물리 계층에서 동작하는 장치로 네트워크를 통해서 전송되는 신호 감쇠 문제를 해결하기 위한 장치이다.

– 장거리 전송을 위해서 신호를 증폭한다.

02 리피터의 특징

– 신호는 거리 제약 없이 전송되는 것이 아니다. 그러므로 신호를 증폭시켜서 장거리 전송을 할 수 있게 한다.

– 디지털 신호에 대해서 신호를 증폭하거나 재생하는 역할을 한다.

– 장거리 전송을 가능하게 해서 네트워크의 규모를 확장한다.

– 무제한으로 신호가 연장될 수는 없다.

– OSI 7계층의 상위 계층은 신호 증폭에 대해서 투명성을 가진다.

– 별도의 리피터 장치를 사용할 수 있지만, 허브(Hub)에 리피터 기능을 가진 것이 있으므로 허브를 사용해서 리피터의 기능을 수행한다.

🏳 **기적**의 TIP

증폭기(Amplifier)

입력되는 에너지를 증가시켜서 출력에 큰 에너지로 출력하는 장치이다.

▲ 리피터(Repeater)

01 허브

여러 개의 시스템을 연결할 경우 각 포트 별로 케이블을 연결하여 사용할 수 있는 물리 계층의 장치이다.

02 허브의 특징

– 허브는 분배 장치의 역할을 하는 것으로 여러 개의 포트로부터 신호를 입력받아서 다시 여러 개의 포트로 신호를 송출한다.

– 기본적으로 물리 계층에서 동작하지만 허브 장치의 특성에 따른 데이터 링크 및 네트워크 계층에서도 동작한다.

– 만약 허브 장치에 장애가 발생하는 해당 허브에 연결되어 있는 시스템들은 통신을 할 수 없다. 하지만 하나의 시스템 장애는 전체 네트워크 장애를 발생시키지 않는다.

– 네트워크 상태를 모니터링할 수 있다.

– 리피터 기능을 장착하고 있어서 디지털 신호 증폭기 역할도 수행한다.

🏴 **기적**의 TIP

포트 트렁크(Port Trunk)
여러 개의 포트를 묶어서 하나의 회선으로 사용하는 방법으로 네트워크 트래픽을 해소시키는 기술이다.

▲ 허브(Hub)

03 허브의 종류

종류	설명
더미허브 (Dummy Hub)	– 단순한 장치로 시스템과 네트워크 장치 연결만 수행 – 10Mbps 대역폭을 가진 허브에 5대의 시스템을 연결하면 5대의 시스템이 대역폭을 나누어 사용 – 연결된 시스템의 수가 증가하면 성능이 떨어짐 – 리피터로 구성
지능형 허브 (Intelligent Hub)	– SNMP 프로토콜을 사용해서 네트워크 관리 기능이 추가되어 있는 허브 – 포트에 연결된 네트워크 연결상태를 점검
스위치 허브 (Switching Hub)	– 스위칭 기능이 추가되어 있어 네트워크 효율을 향상시킴 – 리피터가 내장되어 있음 – 여러 개의 포트에서 입력을 받아서 특정 포트로만 데이터를 전송할 수 있음

POINT 03 브리지(Bridge)

01 브리지

– 두 개의 LAN을 연결하는 연결 장치로 송신 및 수신되는 통신량을 관리한다.

– 데이터 링크 계층에서 동작되며 송신 및 수신되는 프레임(Frame)을 검사한다.

02 브리지의 특징

– 네트워크의 범위를 확장하고자 할 때 사용한다.

– 서로 다른 물리적 네트워크를 연결할 수 있다. 예를 들어 이더넷과 토큰링 네트워크를 연결한다.

– 네트워크에 많은 컴퓨터를 연결한다.

– 네트워크의 병목현상을 감소시킨다.

– 하드웨어 주소인 MAC 주소로 관리된다.

– 입력 신호를 출력으로 전송하는 포워딩(Forwarding) 기능을 수행한다.

– 목적지 MAC 주소를 읽어서 필터링을 수행한다.

POINT 04 스위치(Switch)

01 스위치

– 허브(Hub)와 거의 유사하지만 스위치는 허브보다 전송 속도가 향상되었다.

– 네트워크에서 충돌이 발생하지 않도록 목적지의 포트로 직접 전송하기 때문에 네트워크의 효율이 향상된다.

02 스위치의 특징

– 스위칭 허브(Switching Hub) 혹은 포트 스위칭 허브(Port Switching Hub)라고도 한다.

– 송신자 노드와 수신자 노드를 일대일로 연결하므로 충돌이 발생하지 않는다.

– 빠른 데이터 전송이 가능하다.

– 송신 및 수신 노드의 수가 증가해도 네트워크의 속도는 저하되지 않는다.

– 포트별로 일정한 속도를 가지고 전송되는 패킷(Packet)에 대해서 감청이 어렵다.

– 불필요한 네트워크 전송을 최소화한다.

03 스위치 방식

LAN Switch 방식	설명
Cut through	목적지의 MAC Address만 확인 후 해당 포트로 전송
Store and Forward	전체 Frame을 모두 저장 후에 Error Check를 수행 후 전송
Fragment Free	– Modify Cut Through – Frame의 64 Bit를 검사, Header의 Error를 검사 후 전송 – 512Bit가 수신될 때까지 대기 후 에러가 존재하지 않으면 전송하는 방식

01 라우터(Router) 개요

– 라우터는 인터네트워킹(Internetworking) 장비로 네트워크에서 IP 주소를 읽어서 경로를 결정하는 장비이다.

– LAN과 LAN을 연결하고 TCP/IP 프로토콜을 지원한다.

02 라우터의 특징

– OSI 7계층의 네트워크 계층에서 동작한다.

– 주기적인 라우팅 브로드캐스트를 사용해서 최신의 라우팅 테이블을 유지한다.

– 패킷에서 IP 주소를 읽어서 경로를 결정한다.

– 특정 IP에서 유입되는 패킷이나 특정 IP로 전송되는 패킷에 대해서 필터링(Filtering)을 수행할 수 있다.

– 브로드캐스트를 차단하거나 입력 인터페이스로 입력된 패킷을 출력 인터페이스로 전송하는 포워딩(Forwarding)
   을 수행한다.

03 route 명령어

윈도우에서는 route라는 명령어를 사용해서 라우팅 테이블을 관리할 수 있다. route 명령어는 라우팅 테이블
(Routing Table)에 라우팅 정보를 추가, 변경, 삭제할 수 있고 라우팅 테이블 정보를 출력할 수도 있다. 라우팅 정보
는 IPv4 정보와 IPv6 정보로 나누어서 관리된다.

IPv4 라우팅 테이블을 보려면 PRINT 옵션에 '–4'를 추가해서 실행하면 확인할 수 있다.

▲ IPv4 라우팅 테이블

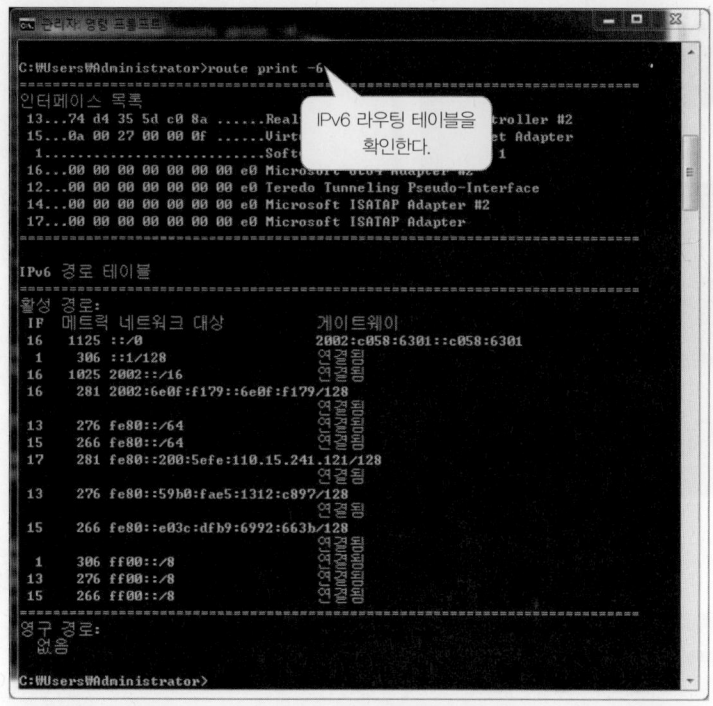

▲ IPv6 라우팅 테이블

라우팅 테이블에 라우팅 정보를 추가하려면 ADD 옵션을 사용하고 IP 주소, 서브넷 마스크, 게이트웨이 주소, 매트릭스 정보를 입력하면 된다.

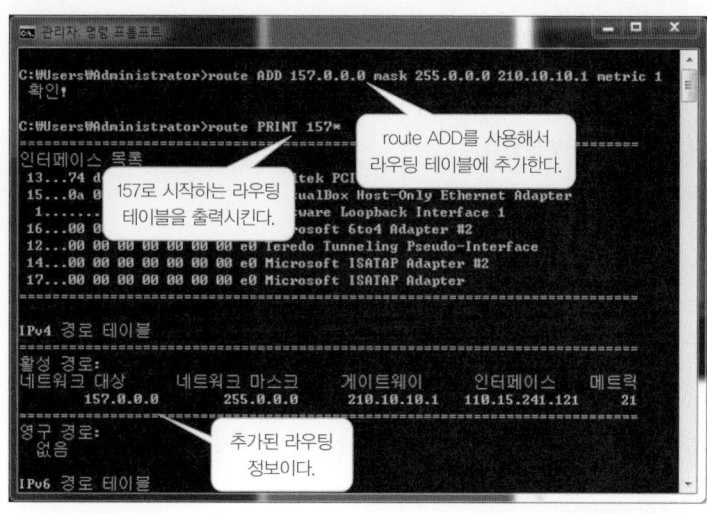

▲ 라우팅 정보 추가

route DELETE 명령은 등록한 라우팅 정보를 삭제한다. 만약 변경을 하려면 CHANGE 옵션을 사용한다.

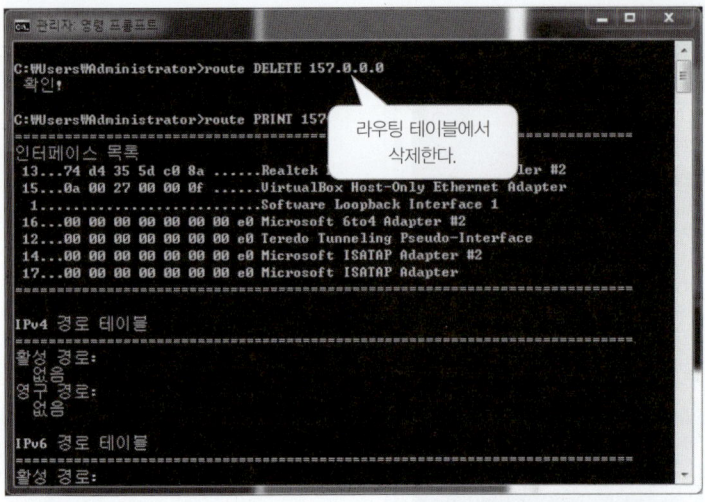

▲ 라우팅 테이블에서 삭제

POINT 06) 게이트웨이(Gateway)

01 게이트웨이

– 다른 네트워크 간의 상호 연결을 위해서 사용되는 네트워크 장비이다.

– 서로 다른 프로토콜 간에 변환을 수행하여 프로토콜이 달라도 통신을 가능하게 한다.

02 게이트웨이의 기능

(1) 메시지(Message) 변환

– 서로 다른 네트워크에서 사용하는 메시지 포맷 형식을 변환한다.

– 예를 들어, ASC II Code로 작성된 메시지를 EBCDIC 코드로 변환한다.

(2) 프로토콜(Protocol) 변환

– 서로 다른 종류의 프로토콜을 변환한다.

– TCP/IP 프로토콜과 ATM 프로토콜 간의 상호변환을 수행한다.

(3) 주소(Address) 변환

– 서로 다른 주소를 변환한다.

– 예를 들어 IPv4 주소와 IPv6 주소 간에 변환을 수행한다.

(4) 방화벽(Firewall)

서로 다른 네트워크를 연결하여 패킷 필터링과 같은 방화벽 역할을 수행한다.

(5) 프록시 서버(Proxy Server)

프록시 서버는 중계기 역할을 수행하는 것으로 프록시 서버를 통해서 다른 네트워크로 접근한다.

* 네트워크관리사 1급, 2급에서 출제된 기출문제입니다.

2022년 8월, 2014년 1월

01 선로의 명칭 중 10BASE–T의 '10'이 의미하는 것은?

① 접속할 수 있는 단말의 수가 10대이다.

② 배선할 수 있는 케이블의 길이가 10M이다.

③ 데이터 전송 속도가 10Mbps이다.

④ 케이블의 굵기가 10mm이다.

> 10의 의미는 전송 속도를 의미하며, 10Mbps를 의미한다. T의 의미는 연선(Twisted Pair Wire)을 의미한다.

2022년 11월, 2014년 1월

02 다음 중 네트워크 장비인 Router가 속하는 계층은?

① Application Layer　　　　　② Presentation Layer

③ Transport Layer　　　　　　④ Network Layer

> 라우터는 IP 주소를 읽어서 경로를 결정하는 네트워크 장비로 OSI 7계층 네트워크 계층에서 동작한다.

2022년 8월, 2014년 1월

03 다음 Routing Protocol에 대한 설명 중 옳지 않은 것은?

① Static Routing은 대규모 네트워크에 적합하다.

② Dynamic Routing은 대규모 네트워크에 적합하다.

③ Dynamic Routing Protocol에는 RIP, OSPF 등이 있다.

④ 코넷에서 사용하는 Routing Protocol은 BGP이다.

> 정적 라우팅(Static Routing)은 라우팅 테이블을 고정해서 사용하는 것으로 소규모 네트워크에 적합하다.

2023년 10월, 2017년 10월

04 네트워크 장비인 라우터에 대한 설명 중 옳지 않은 것은?

① TCP/IP의 트래픽 경로를 제어할 수 있다.

② 트래픽상의 신호 재생과 증폭을 하여 유효 거리를 확장할 수 있다.

③ OSI 7 Layer에서 3계층에 해당한다.

④ 분리된 네트워크를 연결해 준다.

> 라우터(Router)는 네트워크 패킷에 대해서 경로를 결정하는 네트워크 장비이다. 트래픽상에서 신호 재생과 증폭을 통해서 유효 거리를 확장하는 것은 리피터이다.

2019년 11월, 2013년 10월

05 OSI 모델의 네트워크 계층에서 작동하는 네트워크 연결 장치는?

① 브리지(Bridge)

② 라우터(Router)

③ 리피터(Repeater)

④ 게이트웨이(Gateway)

라우터(Router)는 네트워크 계층에서 경로를 결정하는 네트워크 장비이다.

2021년 4월, 2017년 7월

06 라우터에서 'show running-config'란 명령어로 내용을 확인할 수 있는 곳은?

① ROM

② RAM

③ NVRAM

④ FLASH

show running-config 명령어는 라우터나 스위치에 설정된 내용을 확인하는 명령어이다.

2017년 4월

07 스위치에서 발생하는 루핑(Looping)에 대한 설명으로 옳지 않은 것은?

① 동일한 목적지에 대해 두 개 이상의 경로가 있을 때 발생한다.

② 브로드 캐스트 패킷에 의해 발생한다.

③ 필터링 기능 때문에 발생한다.

④ 스패닝 트리 프로토콜을 이용해서 루핑을 방지해 줄 수 있다.

스위치 루핑(Switch Looping)은 필터링 기능 때문에 발생하지 않는다.

2020년 10월, 2017년 4월

08 스위칭 허브(Switch Hub)에 대한 설명으로 옳지 않은 것은?

① 리피터 회로가 내장되어 메모리는 각 포트 단위로 연결된 노드 주소를 기억

② 프로세서는 전송패킷의 목적지 주소를 읽고, 패킷이 정해진 목적 포트로만 전송

③ 노드 간 충돌이나 연결된 노드의 고장으로 과도한 트래픽이 발생하면 전체 노드에 영향을 미침

④ 포트당 속도가 일정하며, 패킷 충돌이 없어 효율을 높일 수 있음

스위칭 허브 장애 시에 전체 노드에 영향을 주지 않는다.

09 IP Address의 부족과 내부 네트워크 주소의 보안을 위해 사용하는 방법 중 하나로, 내부에서는 사설 IP Address를 사용하고 외부 네트워크로 나가는 주소는 공인 IP Address를 사용하도록 하는 IP Address 변환 방식은?

① DHCP 방식

② IPv6 방식

③ NAT 방식

④ MAC Address 방식

NAT(Network Address Translation)는 공인 IP 주소 부족으로 인하여 사설 IP 주소를 부여하고 NAT를 통하여 사설 IP를 공인 IP로 변환하는 것이다. 물론 공인 IP를 사설 IP로 변경할 수도 있다.

10 브리지에 대한 설명으로 옳지 않은 것은?

① 리피터는 OSI 계층 구조상의 물리 계층과 MAC 계층에서 동작하는 것과는 달리, 브리지는 물리 계층에서만 동작한다.

② 수신된 프레임을 저장하여 처리할 수 있으므로, 서로 다른 타입의 LAN 세그먼트를 연결할 수 있다.

③ 브리지에 독립적인 기능을 추가함으로써, LAN 세그먼트 단위의 관리를 용이하게 한다.

④ LAN을 여러 개의 세그먼트 단위로 구성하는 방식은, 하나의 커다란 망으로 구성하는 방식에 비하여 안정도를 높인다.

리피터는 물리 계층에서 동작하고 브리지는 데이터 링크 계층에서 동작한다.

11 RAID의 레벨 중에서 회전 패리티 방식으로 병목 현상을 줄이는 것은?

① RAID-2

② RAID-3

③ RAID-4

④ RAID-5

RAID-5는 회전 패리티 방식으로 병목 현상을 줄이고 성능이 향상된다.

12 라우터(Router)와 L3 스위치의 특징을 비교한 내용 중 바르게 설명한 것은?

① 모든 L3 스위치는 NAT(Network Address Translation) 기능을 제공한다.

② L3 스위치 및 라우터의 패킷 전송 구조는 하드웨어 기반이다.

③ 라우터는 WAN 구간 연동을 위한 인터페이스 제공이 어렵다.

④ 라우터는 L3 스위치보다 다양한 WAN 연동용 인터페이스(Ethernet, 광 링크, 고속 시리얼 등)를 제공한다.

라우터는 여러 개의 네트워크와 WAN을 연결하고 네트워크 인터페이스를 제공한다. L3는 스위치이면서 어느 정도 라우터 기능도 수행하는 장비로 LAN 환경에서 사용된다.

13 내부에 코어(Core)와, 이를 감싸는 유리나 플라스틱 등 굴절률이 다른 외부 클래딩(Cladding)으로 구성된 전송 매체는?

① 이중 나선(Twisted Pair)

② 동축 케이블(Coaxial Cable)

③ 2선식 개방 선로(Two-Wire Open Lines)

④ 광 케이블(Optical Cable)

> 광 케이블은 빛을 전송하는 것으로 직진성의 특징을 가지고 있다. 코어와 클래딩으로 구성되어 빛의 전반사 원리를 이용해 신호를 전송한다.

14 네트워크 스위치 다수의 포트를 하나의 포트로 사용하여 대역폭을 늘릴 수 있고 여러 포트를 하나로 사용하기에 STP로 Blocking되지 않고 포트를 전부 사용할 수 있는 기술은?

① 이더 채널(Ether Channel)

② 가상 랜(Virtual Local Area Network)

③ POE(Power Over Ethernet)

④ 게이트웨이(Gateway)

> 이더 채널(Ether Channel)은 여러 개의 물리적 이더넷 링크를 하나의 논리적 링크로 묶어 대역폭을 늘리거나 이중화를 제공한다.

15 RAID의 기능 중에서 Hot Swap의 기능을 올바르게 설명한 것은?

① 전원이 꺼진 상태에서 디스크를 백업하는 기능이다.

② 전원이 꺼진 상태에서 디스크를 교체하는 기능이다.

③ 전원이 켜진 상태에서 데이터를 여분의 디스크에 백업하는 기능이다.

④ 전원이 켜진 상태에서 디스크를 교체하는 기능이다.

> Hot Swap은 전원이 켜진 상태에서 디스크를 교체할 수 있는 기술이다.

PART

05

정보보호 개론

학습 방향

정보보호 개론 과목은 네트워크관리사 1급 응시자에게만 해당되는 과목으로, 네트워크관리사 2급 시험 응시자에게는 시험 범위가 아니다.

정보보호 개론 과목은 보안 부분에서 아주 어렵게 출제되지 않고 기본적인 보안 용어와 간단한 공격 기법, 보안 솔루션인 방화벽(침입 차단 시스템), IDS가 출제된다. 즉, 몇 개의 주제만 신경 쓰면 좋은 점수를 받을 수 있는 과목이다.

범위	중요도	중점 학습 내용
정보보호 개요	★★★★	• 기밀성, 무결성, 가용성, 위조, 가로채기 등의 용어 • 대칭키 암호화와 공개키 암호화 차이점
인터넷 보안	★★★	• SET과 SSL의 의미 • 전자우편의 POP3 특징, 웹 서버 Apache 설정
정보보안 시스템	★★★★	• TRIPWISE, TCP Wrapper, iptables • 침입 차단 시스템, 침입 탐지 시스템
시스템 공격 기법	★★★	Sniffing, Spoofing, SYN Flooding, 무작위 공격

정보보호 개요

빈출 태그 기밀성 · 무결성 · 가용성 · 위조 · 가로채기 · 대칭키 암호화 · 공개키 암호화

POINT 01 정보보호 목표

01 정보보호

정보의 수집 · 가공 · 저장 · 검색 · 송신 · 수신 중에 정보의 훼손 · 변조 · 유출 등을 방지하기 위한 관리적 · 기술적 수단, 또는 그러한 수단으로 이루어지는 행위이다.

02 정보보호 목표

– 기밀성(Confidentiality) : 정보가 허가되지 않은 사용자(조직)에게 노출되지 않는 것을 보장하는 보안 원칙이다.
– 무결성(Integrity) : 정보가 권한이 없는 사용자의 악의적 또는 비악의적인 접근에 의해 변경되지 않는 것을 보장하는 보안 원칙이다.
– 가용성(Availability) : 인가된 사용자(조직)가 정보시스템의 데이터 또는 자원을 필요로 할 때 부당한 지체 없이 원하는 객체 또는 자원을 접근하고 사용할 수 있는 것을 보장하는 보안 원칙이다.

(1) 기밀성(Confidentiality)

– 기밀성은 허가 되지 않는 사용자가 기업 혹은 개인의 중요 자료에 접근을 통제하거나 만약 중요 자료가 유출되었을 때 그 내용을 알 수 없게 하는 암호화를 의미한다. 그래서 접근통제 측면에서는 중요 자료에 대해서 보안 등급(Security Label)을 부여하여 접근 및 열람이 가능한 주체(사람)를 정의하여 통제한다.
– 중요 자료를 암호화하여 불법적으로 중요 자료를 취득해도 암호화 키가 없으면 그 내용을 확인할 수 없게 한다.

(2) 무결성(Integrity)

– 무결성은 중요 자료에 대해서 임의적으로 변경하지 못하도록 하는 것으로 만약 중요 자료가 변경되었으면 변경된 것을 알 수 있게 하는 것이다. 임의적으로 변경된 것이 확인되면 그 문서의 무결성은 깨진 것으로 더 이상의 가치는 없게 된다.
– 무결성을 확인하는 가장 대표적인 방법은 해시함수(Hash Function)로 원본에 대해서 해시 값을 만들어 두고 별도 보관하고 있다가 무결성 확인이 필요하면 해시 값을 다시 구해서 원본의 해시 값과 비교함으로써 무결성을 확인한다.

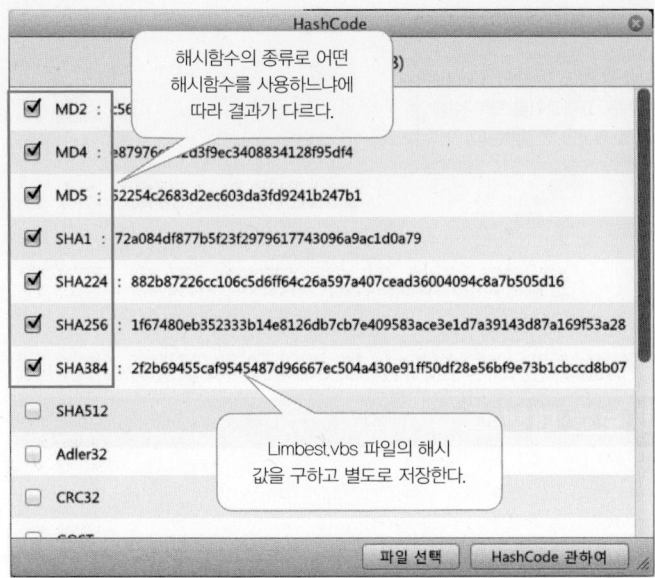

▲ 원본의 해시 값

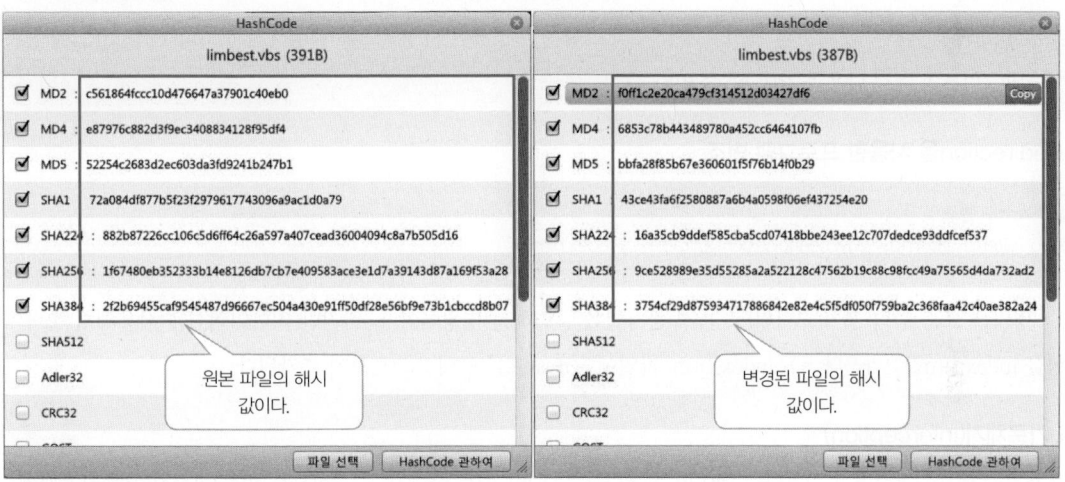

▲ 변경된 파일의 해시 값

위의 예는 원본 파일의 해시 값과 파일을 변경하고 해시 값을 다시 구해본 것이다. 즉, 파일이 변경되면 해시 값은 변경되는 것을 알 수 있다. 이를 확인해서 변경 여부를 확인하는 것이다. 위의 예에서 MD2, MD4, MD5, SHA 등은 해시 함수의 종류이다.

(3) 가용성(Availability)

가용성은 정당한 사용자(Right User)가 서비스를 요청할 때 서비스를 제공할 수 있는 특성으로 시스템을 이중화하여 만약에 발생할 수 있는 서비스 중단에 대응한다. 가용성을 확보하기 위해서 디스크, 네트워크, 서버를 이중화하는 것이다. 가용성을 확보하기 위한 방법으로는 RAID, DRS와 같은 것이 있다. RAID는 디스크를 이중적으로 구성하여 하나의 디스크에 장애가 발생할 경우 백업된 디스크를 사용해서 중단 없이 시스템을 사용하게 하는 것이고 DRS는 재해복구시스템으로 서버 두 대를 모두 Active로 구성하여 한 대의 서버에 장애가 발생해도 두 번째 Active 서버가 서비스에 중단이 발생하지 않게 한다.

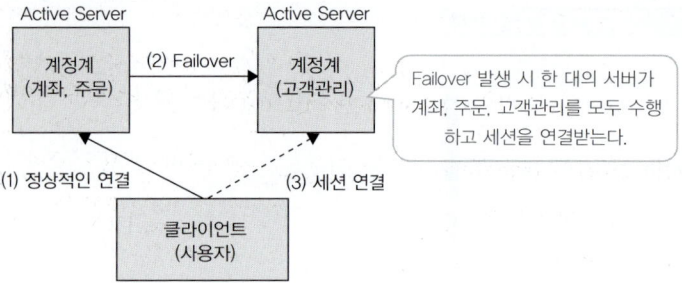

▲ DRS의 Mirror 사이트 기반의 가용성 확보

정보보호 공격 유형과 보호 대책

01 정보보호 공격 유형

정보보호 공격 유형과 보호 대책에 대해서 알아보자.

(1) 변조(Modification)

변조는 원래의 데이터를 조작하는 행위로 소스 프로그램을 변경하여 악성코드를 실행하게 하거나 특정 URL로 접속하게 한다. 변조의 예로 다음과 같이 할 수 있다.

◉ Redirection을 사용한 프로그램 변조

```
웹 소스코드 변조
echo "⟨iframe src=http://www.boangisa.com⟩X/iframe⟩"⟩⟩ index.html
```

echo 명령은 표준 출력 장치(모니터)로 특정 문자열을 출력하는 명령어이다. 하지만 리다이렉션을 사용해서 출력의 방향을 index.html로 바꾼다. 즉, index.html 파일에 "⟨iframe⟩" 구의 스크립트가 추가된다.

(2) 가로채기(Interception)

가로채기는 네트워크상에서 전송되는 데이터를 복사 혹은 열람 등을 하는 공격 유형으로 중요 정보가 유출될 수 있는 문제점을 가지고 있다. 가로채기는 정보를 열람하는 것이고 이러한 공격을 수동적 공격(Passive Attack)이라고 한다. 가로채기의 예는 스니핑(Sniffing)이 있으며 이것은 전송되는 데이터를 모니터링한다.

가로채기의 예를 보면 Web Proxy를 사용해서 로그인 시에 사용자 ID와 패스워드를 가로채기 할 수 있다. 이러한 이유로 전송 구간에서 데이터를 암호화해야 한다.

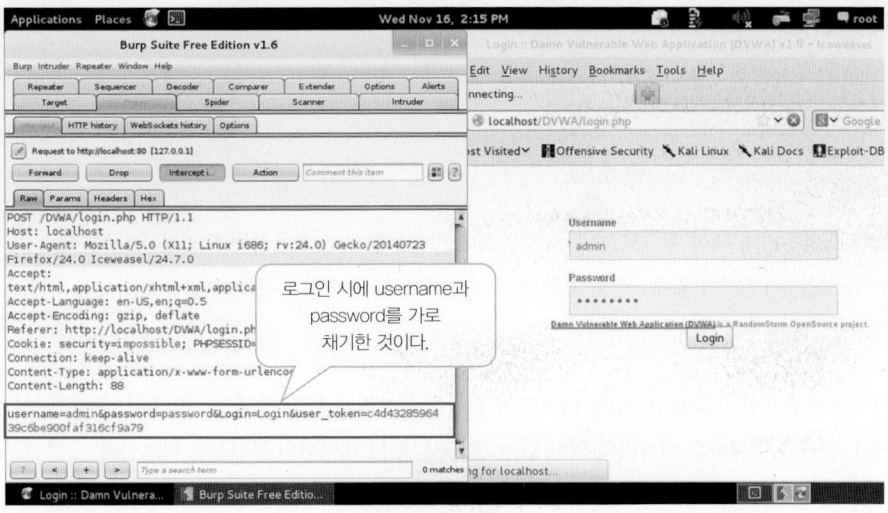

▲ 가로채기

(3) 차단(Interruption)

차단은 정상적인 서비스를 방해하는 행위로 DOS 및 프로세스 고갈 공격이 가장 대표적이다. DOS는 네트워크의 트래픽을 유발하여 정상적인 서비스를 방해하고 프로세스 고갈 공격은 시스템 내부에서 프로세스를 무작위로 생성시켜서 시스템 자원을 고갈하는 것이다. 차단은 정상적인 서비스를 제공하지 못하게 하는 것이므로 가용성 보장을 위협하는 것이다.

기적의 TIP

한국인터넷진흥원의 사이버 대피소

사이버 대피소는 피해 웹 사이트로 향하는 DDoS 공격 트래픽을 우회시켜 중소기업이 정상적인 업무를 할 수 있게 하는 중소기업 무료지원 서비스이다. 해당 대상은 "중소기업기본법 제2조" 및 "중소기업기본법 시행령 제3조"에 해당하는 중소기업이다.

(4) 위조(Fabrication)

위조는 송신되는 메시지를 변조하여 상대방을 속이는 것으로 송신자의 IP를 변경하여 수신자에게 전송하면 수신자는 송신자의 IP를 변조된 IP로 알게 된다. 즉, 위조는 어떤 정보를 변경하여 상대를 속이는 것이다.

기적의 TIP

정보보호 공격 유형

종류	설명
변조 (Modification)	– 원래 데이터를 다른 내용으로 바꾸는 행위 – 시스템에 불법적으로 접근하여 데이터를 조작하고 정보의 무결성 보장을 위협함
가로채기 (Interception)	비인가된 사용자 또는 공격자가 전송되고 있는 정보를 몰래 열람, 도청하는 행위로 정보의 기밀성 보장을 위협함
차단 (Interruption)	– 정보의 송수신을 원활한 흐름을 차단 – 이는 정보의 가용성 보장을 위협
위조 (Fabrication)	마치 다른 송신자로부터 정보가 수신된 것처럼 속이는 행위

⑫ 통제의 구체성에 따른 정보보호 대책

이제 정보보호 공격에 대해서 정보보호 대책을 구현하기 위한 통제에 대해서 알아보자. 통제는 통제의 구체성에 따라서 일반통제와 응용통제로 구분한다.

(1) 일반통제

정보시스템의 소프트웨어 생명주기에 대한 통제로 모든 애플리케이션에 공통으로 적용하는 IT조직, 직무분리, 시스템 개발, 논리적 및 물리적 보안, 하드웨어 통제, 백업 및 복구, 비상계획 등을 수립하는 통제이다.

(2) 응용통제

정보시스템에서 발생시키는 트랜잭션(Transaction)과 데이터 무결성을 확보하기 위한 통제를 의미한다. 트랜잭션을 처리하기 위한 입력, 처리, 출력을 통제하고 데이터의 의미 없는 갱신으로부터 데이터의 무결성을 확보한다.

⑬ 시점별 정보보호 대책

통제를 시점별로 분류하면 예방통제, 탐지통제, 교정통제로 분류할 수 있다.

(1) 예방통제

예방통제는 능동적인 통제로 발생 가능한 문제점을 사전에 식별하여 통제를 수행하는 것으로 물리적 접근통제와 논리적 접근통제로 분류할 수 있다. 물리적 접근통제는 승인되지 않는 사람이 주요 정보시스템에 출입할 수 없게 하는 것이고 논리적 접근통제는 인증받지 못한 사람이 주요 정보시스템에 접근할 수 없게 한다.

(2) 탐지통제

예방통제를 우회하여 발생되는 문제점을 탐지하려는 활동으로 위협을 탐지하는 통제이다.

(3) 교정통제

탐지된 위협과 취약점에 대응하는 것으로 위협과 취약점을 감소시킨다.

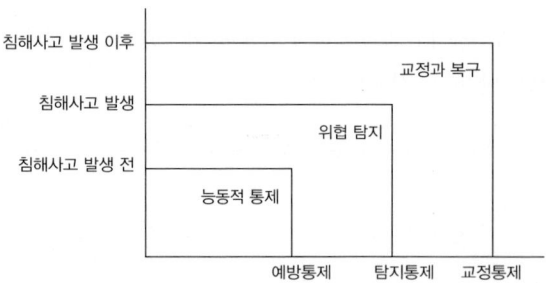

▲ 시스템 통제의 특징

◉ 시점별 통제의 종류

통제 유형	설명	사례
예방(Preventive Control)	바람직하지 못한 사건이 발생하는 것을 피하기 위해 사용되는 통제	담장, 자물쇠, 보안 경비원, 백신, 직무분리, 암호화, 방화벽
탐지(Detective Control)	발생된 사건을 식별하기 위해 사용	CCTV, 보안 감사, 감사로그, 침입 탐지, 경보
교정(Corrective Control)	발생된 사건을 교정하기 위해 사용	백신 소프트웨어
복구(Recovery)	자원과 능력을 복구하기 위해 사용	백업과 복구

랜섬웨어(Ransom ware)

ransom(몸값)과 ware(제품)의 합성어로 암호화 기법을 사용해서 피해자의 문서, 이미지, 동영상 등을 암호화하고 금품을 요구하는 공격 기법이다.

(1) 록키(Locky)

자바스크립트 파일이 들어있는 압축파일들을 첨부하여 실행 시에 감염되는 것으로 파일이 암호화되고 확장자가 .locky로 변경된다.

(2) 크립트XXX(CrypyXXX)

감염되면 파일 확장자가 .crypt 등으로 변경되며 비트코인 지불 안내서를 제공한다. 악성코드는 DLL 형태로 배포되면서 감염된다.

(3) 케르베르(CERBER)

취약한 웹 사이트 방문으로 감염되며 파일을 암호화하고 확장자를 .cerver로 변경한다. 윈도우의 볼륨 쉐도우(Volume Shadow)를 삭제하여 윈도우를 복구 불가능하게 한다.

(4) 워너크라이(WannaCry)

SMB(Server Message Block) 취약점을 이용하여 전파되는 것으로 워너크라이에 감염되면 모든 파일에 암호를 걸어 버린다. 파일 암호화 이후에는 금품을 요구한다. 워너크라이에 대응하기 위해서 SMB 프로토콜은 UDP 137, 138 포트와 TCP 139, 445를 차단해야 한다.

(5) 페티야(Petya)

– 공격자는 Office 파일에 랜섬웨어 코드를 삽입하고 피해자에게 메일을 발송한다.

– 피해자는 메일의 첨부파일을 클릭한다.

– 페티야는 감염 PC를 재부팅하고 하드디스크의 MFT(Master File Table)를 암호화한다.

– MBR(Master Boot Record)을 파괴한다.

– 공격자는 300$ 상당의 비트코인을 요구한다.

POINT 03) 암호화 개요

01 시저 암호와 암호화의 개요

암호화는 평문의 데이터를 암호화 키를 사용해서 암호문을 만들거나 암호문을 암호화 키로 복호화해서 평문을 만드는 과정이다. 최초의 암호화는 시저 암호(Caesar Cipher)로 알파벳을 일정한 문자 수만큼 이동하는 평행이동 시켜서 암호화를 했다.

그럼, 암호화 키가 3일 때 시저 암호화의 예를 보자.

평문(Plaintext)

1	2	3	4	5	6	7	8	9	10
A	B	C	D	E	F	G	H	I	J

암호문(Cipher Text)

1	2	3	4	5	6	7	8	9	10
H	I	J	A	B	C	D	E	F	G

위의 예를 보면 특정 위치를 이동함으로써 암호화를 수행한 것이다. 위의 방법으로 영문 ABC를 암호화하면 암호문 4번째 배열이므로 DEF가 된다. 다시 배열의 위치에 −3을 빼면 D는 A로 E는 B로 F는 C로 복호화되어서 다시 평문을 얻게 된다.

시저 암호의 문제점은 영문자를 대상으로 하고 있다는 것이다. 영문자는 최대 26자인데 26자에 대해서 평문과 암호문을 모두 나열하면 바로 해독될 수 있다. 즉, A → D, B → C 등으로 Z까지 나열해 보면 암호화 키가 3이라는 것을 쉽게 알 수 있다. 이렇게 범위의 모든 평문과 암호화 문을 나열하여 암호화를 해독하는 것이 전사공격이다.

02 암호화(Encryption)

암호화는 평문을 암호화 키를 사용해서 암호문으로 만들고 암호문을 암호화 키를 사용해서 평문으로 만드는 일련의 과정이다.

● 암호화와 복호화 과정

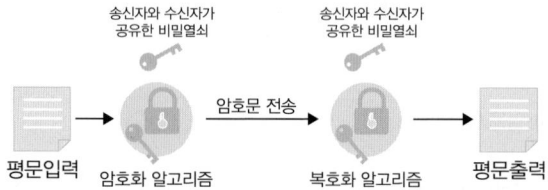

평문(Plaintext)을 암호화 키(Encryption)를 사용해서 암호문(Cyphertext)으로 만들고 복호화 키(Decryption Key)를 사용해서 평문으로 복원하는 과정이다.

● 암호화 세부 내용

구분	설명
암호학 (Cryptology)	– 암호 기법(Cryptography) : 암호화와 복호화의 원리, 절차 및 방법론에 관한 학문 – 암호 해독(Cryptanalysis) : 암호문으로부터 복호화 키를 찾아내거나 암호문을 평문으로 복원하려는 노력 또는 그에 관한 학문
평문 (Plaintext)	일반인이 이해할 수 있는 형태의 정보
암호문 (Chiphertext)	평문을 이해할 수 없는 형태로 변형한 문장
암호화 (Encryption)	비밀성 보장을 위해 암호 알고리즘에 의해 평문을 암호문으로 바꾸는 과정
복호화 (Decryption)	암호화된 문장을 평문으로 바꾸는 과정
알고리즘	특수한 순서로 평문에 적용되는 복잡한 수학공식

03 치환 암호(Substitution Cipher)

● 암호화 역사

구분	설명
고전 암호	– 단순한 문자 대입 방법으로 통계적 특성을 분석하여 암호문 해독이 가능 했음 – 대표적 암호 : 시저 암호(Caesar Cipher), 비제네르(Vigenere) 암호, 힐(Hill) 암호

근대 암호	– 기계를 이용하여 암호 알고리즘을 실현 – 대표적 암호 : 애니그마(ENGIMA)(평문을 자판으로 입력하면 각 회전자에 의해 암호문 변환)
현대 암호	– 1940년 말 Clause Shannon의 정보 이론에 의해 현대 암호학 시작 – 다양한 이론에 의해 복잡도가 높은 암호 알고리즘의 실현

– 시저 암호는 전사공격에 취약하므로 단일 치환 암호(Simple Substitution Cipher)가 등장했다. 단일 치환 암호는 시저 암호의 알파벳을 다른 알파벳으로 변환한다. 즉, 시저암호는 A → D, B → E로 규칙을 가지고 있지만 단일 치환 암호는 A → F, B → Y 등으로 변환하는 것이다. 물론 이렇게 단일 치환 암호를 하려면 어떻게 변환하는지를 알 수 있는 치환표가 있어야 한다. 복호화도 치환표를 사용해서 거꾸로 하면 복호화가 되는 것이다. 여기서 암호화 키가 치환표가 된다. 단일 치환 암호를 수행하면 전사 공격으로 해독이 어려워진다. 그 이유는 치환표가 증가하면 할수록 해독이 더욱 어려워지기 때문이다. 하지만 단일 치환 암호는 평문에 등장하는 문자의 빈도수와 암호문에 등장하는 문자의 빈도수를 계산하면 단일 치환 암호도 해독이 쉬워진다. 즉, 단일 치환 암호는 빈도수 공격에 취약하다. 왜냐하면 평문에 자주 등장하는 단어가 암호문에도 동일하게 자주 등장하기 때문이다.

– 다중 치환 암호(Polyalphabetic Substitution Cipher)는 단일 치환 암호의 빈도수 공격의 문제점을 해결하기 위해서 암호문에 나타나는 빈도수를 거의 균등하게 만드는 암호화 기법이다. 다중 치환 암호의 가장 대표적인 방법은 비제네르(Vigenere) 및 힐(Hill) 암호가 있다.

04 다중 치환 암호 힐(Hill) 암호화

힐 암호화는 평문의 문자에 해당 정수 값을 부여하고 m개의 문자를 치환하는 암호화 방법이다.

다음의 예에서 k는 암호화 키이고 p는 평문, C는 암호문이다. 그리고 알파벳이 26개이므로 mod는 26으로 나머지를 계산한다.

● 힐 암호화

```
C1  =  (k11 p1 + k12 p2  + k13 p3) mod 26
C2  =  (k21 p1 + k22 p2  + k23 p3) mod 26
C3  =  (k31 p1 + k32 p2  + k33 p3) mod 26
```

암호화를 위해서 열 벡터와 행렬로 다음과 같이 표현한다.

● 열 벡터 및 행렬

```
C1  =  k11 k12 k13  P1
C2  =  k21 k22 k23  P2
C3  =  k31 k32 k33  P3
```

위의 식을 사용해서 실제 AB를 암호화하면 다음과 같이 된다.

● 암호화 키

```
      17   17   5
K =  21   18   21
      2    2    19
```

우선, AB를 정수와 치환한다. A=10, B=5, C=2로 치환(치환표) 된다면 정수를 다음의 열 벡터 및 행렬에 대입한다.

◎ 열 백터 및 행렬

```
C1 = 17   17   5    10
C2 = 21   18   21   5    mod 26
C3 = 2    2    19   2
```

C1은 17×10+17×5+5×2 = 265이 된다. C2은 21×10+18×5+21×2 = 342이고 C3은 2×10+2×5+19×2 = 68이다. 결과 값을 26의 나머지를 mod로 계산하면 C1 = 265 mod 26, C2 = 342 mod 26, C3는 68 mod 26이다. C1 = 5, C2 = 4, C2 = 4가 된다. 마지막으로 암호화된 정수를 치환표로 치환한다.

◎ 암호화 기법

구분	유형	설명
고대	치환 (Substitution)	– 문자열을 다른 문자열로 이동하면서 교체하는 것 – 평문을 추론하기 어렵게 만듦
근대	전치(이동) (Transposition)	– 무작위로 보이는 원칙에 따라서 문자의 순서를 바꾸는 것 – 확산의 성질로 암호문을 퍼뜨려 숨김
현대	대칭키 암호화	송신자와 수신자의 암호화 키가 동일한 암호화 방식
	공개키 암호화	암호화 키와 복호화 키가 다른 암호화 방식
	타원곡선암호 (ECC)	– Elliptic Curve Cryptography – 공개키 암호 시스템의 큰 키를 이용해야 하는 단점을 보완
	양자암호	– Quantum Cryptography, 현재 활발한 연구 중 – 이론적으로만 존재하는 것으로 여기던 완벽한 암호 시스템

근대 암호에서 애니그마는 독일의 세르비우스에 의해서 개발된 것으로 송신자와 수신자는 애니그마 기계를 한 대씩 가지고 있어야 하며 송신자와 수신자 모두 코드 북이 있어야 한다. 코드 북은 날짜 키를 가지고 있다.

◎ Clause Shannon의 Information Theory(정보이론)

– 혼돈(Confusion) : 암호문과 평문과의 상관관계를 숨김, 대치를 통해 구현함

– 확산(Diffusion) : 평문의 통계적 성질을 암호문 전반에 퍼뜨려 숨김, 전치로 구현, 평문과 암호화 키의 각 Bit들은 암호문의 모든 Bit에 영향을 주어야 함

암호화가 해독되는 이유는 무엇일까?

- 암호화 알고리즘이 공개된 경우
- 해당 문자의 치우침에 따라 통계가 가능할 경우
- 해당 암호에 대한 예문을 많이 보유하고 있는 경우

POINT 04) 대칭키(비밀키) 암호화

01 대칭키 암호화 개요

대칭키 암호화 기법은 암호화할 때 사용하는 암호화 키와 복호화할 때 사용하는 암호화 키가 동일한 암호화 기법으로 암호문을 송신하거나 수신하는 사용자는 사전에 암호화 키가 교환되어야 한다. 그러므로 대칭키 암호화 기법은 키 교환을 어떻게 할 것인가에 대한 문제가 발생한다.

하지만, 대칭키 암호화 기법의 가장 큰 장점을 작은 비트의 암호화 키를 사용하여 빠르게 암호화하거나 복호화할 수 있다는 것이다.

대칭키 암호화 기법

- 암호화 키와 복호화 키가 동일한 암호화 방식, 양방향 암호화 기법이다.
- Session Key, Shared Key, Secret Key, 대칭키(Symmetric Key), 관용키(Conventional Key)라고도 한다.

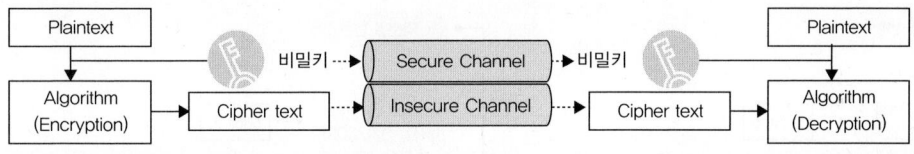

◎ 대칭키 암호화 기법의 특징

- 기밀성을 제공하나 무결성, 인증, 부인방지는 보장할 수 없으며 암호화 복호화 속도가 빠르다.
- 같은 키를 사용하므로 안전한 키 전달 및 공유 방법이 필요하며 대용량 Data 암호화에 적합하다.

세션 키(Session Key)

IPSEC, SSL 등을 학습하다 보면 세션 키라는 말이 나온다. 세션 키는 송신자와 수신자가 연결하고 있는 동안만 사용하는 암호화 키로써 송신자와 수신자가 같은 암호화 키를 가지고 있는 것이다. 세션 키는 다른 말로 임시 키라고도 한다. 즉, 연결이 종료되면 세션 키는 사라진다.

◎ 대칭키 암호화의 종류

구분	스트림 암호(Stream Cipher)	블록 암호(Block Cipher)
개념	하나의 비트, 또는 바이트 단위로 암호화	여러 개의 Bit를 묶은 블록을 단위로 암호화
방법	평문을 XOR로 1Bit 단위로 암호화	블록단위로 치환/전치를 반복하여 암호화
장점	실시간 암호, 복호화, 블록 암호화보다 빠름	대용량의 평문 암호화
종류	RC4, SEAL, OTP	DES, 3DES, AES, IDEA, Blowfish, SEED

02 대칭키 암호화 종류

(1) DES(Data Encryption Standard)

IBM에서 개발한 대칭키 암호화 알고리즘으로 1977년 미국 표준국(NIST)에서 표준으로 채택된 알고리즘이다. 20년간 미국 표준 및 국제 표준으로 활용되었다.

(2) DES 특징

- 64Bit 블록 단위 암호화를 수행하며 56Bit 키를 사용한다.
- 56Bit라는 키 길이가 작은 문제점을 가진다.
- 64Bit의 평문과 키를 입력으로 받아 64Bit 암호문을 생성한다.
- 56Bit에 8Bit가 늘어난 이유는 7Bit마다 Check Bit를 넣었기 때문이다. 결론적으로 (7+1)*8 = 64Bit가 된다.
- 치환 암호(Substitution Cipher)와 전치 암호(Transposition Cipher)를 혼합한 혼합 암호(Product Cipher)를 사용한다.
- DES는 내부에서 XOR, 자리바꿈, 순환이동, 치환 등을 사용하고 S-BOX를 제외하고 나머지 연산은 모두 선형이다. 즉, S-BOX를 제외하고 나머지는 역으로 취할 수 있으므로 DES의 안정성에서 S-BOX가 가장 중요한 부분이다.
- Feistel 구조이다.

(3) DES 암호화 및 복호화의 혼합 암호화(Product Cipher)

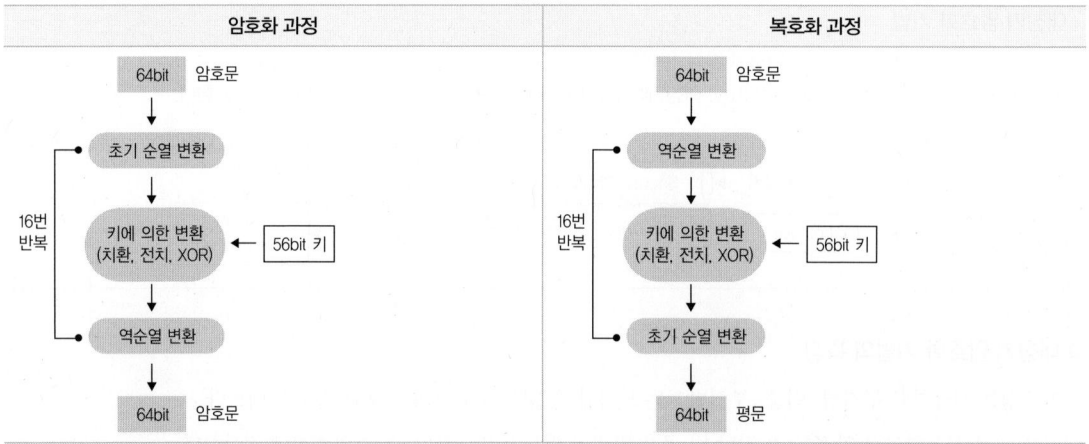

- DES 는 64비트의 블록을 입력받아서 56비트의 키(실제로는 패리티 비트를 넣어 64비트)로 암호화해서 64비트의 블록을 출력한다.
- 입력받은 64비트를 초기 순열을 이용해서 64비트 전체를 재배열한다.
- 초기 순열에는 전치할 순서가 들어있다. 예를 들어, 1번 자리는 45번으로, 34번은 4번으로 등의 순서가 저장된다. 그리고 치환되어 나온 값을 키를 이용해 XOR 연산과, Feistel 연산이라고 하는 과정을 거쳐서 변환한다.
- 역 순열을 이용해 다시 재배열한다. 이것이 1라운드이며, 16번 반복한다. 즉, 총 16라운드를 수행한다.

현재의 암호화는 대칭키 암호화를 위해서 키의 길이는 128Bit 이상으로 사용한다.

(4) AES(Advanced Encryption Standard)

– 미국 연방 표준 알고리즘으로 DES를 대신하는 차세대 표준 암호화 알고리즘으로 미국 상무성 산하 NIST(National Institute of Standards and Technology) 표준 알고리즘이다.

– 블록 길이는 128, 192, 256Bit의 3종류로 구성된다.

(5) AES 특징

– 암호화 및 복호화가 빠르고 공격에 대해서 안전하다.

– 간단한 하드웨어 및 소프트웨어 구성의 편의성이 좋다.

– 이론적으로 키의 크기는 제한이 없다.

(6) SEED

KISA와 ETRI에서 개발하고 TTA와 ISO/IEC에서 국제 표준으로 제정한 128비트 키 블록 단위로 메시지를 처리하는 대칭키 블록 암/복호화 알고리즘이다.

(7) SEED 특징

구분	설명
키 길이	128Bit 고정 키 사용
블록 암호화	128Bit 길이 블록단위 암호화, 16Round
암호화 방식	DES 같은 Feistel (전치, 치환, XOR 사용)
운영 모드	일반적 블록 암호화 운영 모드(ECB, CBC, CRB, OFB)

(8) SEED 세부 내용

구분	설명
평문 블록화	128bit 평문을 64bit씩 Lo, Ro 블록으로 나눔
F 함수	64Bit Feistel 형태로 구성(16 Round) 입력 : 64Bit 블록과 64Bit 라운드 키, 출력 : 64Bit 블록 출력
암호문	암호화된 64Bit 블록 조합하여 128Bit 암호문 출력

(9) 대칭키 암호화 기법

구분	블록 크기	키 크기	Round	설명
DES	64Bit	56Bit	16	키 길이가 작아 해독이 용이
3DES	64Bit	168Bit	48	DES의 Round 수를 늘려 보안성을 강화
AES	128Bit	128/192/256Bit	10/12/14	미국 표준 암호화 알고리즘
IDEA	64Bit	128Bit	8	암호화 강도가 DES보다 강하고 2배 빠름
SEED	128Bit	128Bit	16	국내에서 개발, ISO/IEC, IEFT 표준

(10) 대칭키 암호화 기법

구분	SEED	3DES	AES
특징	안전성, 빠른 암호화 속도	DES 호환성, 느린 암호화 속도	안정성, 효율성, 구현 용이성
키 길이	128Bit	168Bit	128Bit, 192Bit, 256Bit
Block	128Bit(16Round)	64Bit(16x3 Round)	3 Layer 기반 Round 구조
개발기관	KISA, ETRI(국제표준)	IBM(레거시 시스템 표준)	Rijndea(미국 NIST 표준)

POINT 05 | 비대칭키(공개키) 암호화

01 공개키(Public Key) 암호화

공개키 암호화 기법(비대칭키 암호화)은 공개키와 개인키라는 두 개의 암호화 키를 사용해서 암호화하고 복호화하는 방법이다. 클라이언트는 공개키를 수신받은 후 공개키로 암호화하여 메시지를 전송하고 수신자는 자신만 가지고 있는 개인키로 복호화하는 방법이다. 공개키 암호화 기법은 대칭키 암호화 기법의 키 공유 문제를 해결한 방법이지만 암호화 키의 길이가 길어서 암호화 및 복호화의 성능이 떨어진다.

공개키 암호화 방법에서 가장 주의할 내용은 공개키로 암호화된 암호문은 오직 개인키로만 복호화가 가능하다는 것이다. 공개키로 암호화하고 공개키로 복호화하는 것은 불가능하다.

(1) 공개키 암호화의 주요 특징

- 암호화 키와 복호화 키가 다른 암호화 방식, 키 교환은 키 합의 또는 키 전송에 사용된다.
- 키 교환은 키 합의(Key Agreement) 또는 키 전송 사용, 공개키/개인키를 사용하여 인증, 서명, 암호화를 수행한다.

(2) 공개키 암호화의 필요성

필요성	주요 내용
키 관리 문제	비밀키의 배분, 공유 문제, 수많은 키의 저장 및 관리 문제
인증	메시지의 주인을 인증할 필요
부인 방지	메시지의 주인이 아니라고 부인하는 것을 방지

(3) 공개키 암호화 방식

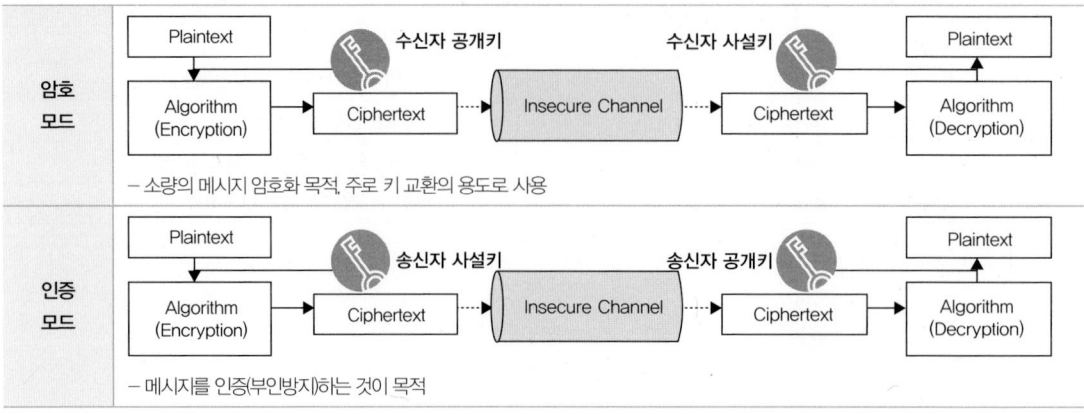

(4) 공개키 암호화 종류

구분	특징	수학적 배경	장점	단점
Diffie Hellman	– 최초의 공개키 알고리즘 – 키 분배 전용 알고리즘	이산대수 문제	– 키 분배에 최적화 – 키는 필요시에만 생성, 저장 불필요	– 암호 모드로 사용 불가(인증 불가) – 위조에 취약
RSA	대표적 공개키 알고리즘	소인수분해	여러 library 존재	컴퓨터 속도 발전으로 키 길이 증가
DSA	전자서명 알고리즘 표준	이산대수 문제	간단한 구조(Yes or No의 결과만 가짐)	– 전자서명 전용 – 암호화, 키 교환 불가
ECC	– 짧은 키로 높은 암호 강도 – PDA, 스마트폰, 핸드폰	타원 곡선	– 오버헤드 적음 – 160키 = RSA 1024	키 테이블(20 Kbyte) 필요

• 이산대수, 인수분해 Key 길이 : 1,024 ~ 2,048Bit ECC : 160Bit 이상

(5) 공개키 암호화 방식과 대칭키 암호화 방식 차이점

항목	대칭키 암호화	공개키 암호화
키 관계	암호화 키 = 복호화 키	암호화 키 ≠ 복호화 키
안전한 키 길이	128Bit 이상	2048Bit 이상
구성	비밀키	공개키, 개인키
키 개수	N(N-1)/2	2N(주의 키 쌍으로는 N)
대표적인 예	DES, 3DES, AES	RSA, ECC
제공 서비스	기밀성	기밀성, 부인 방지, 인증
목적	데이터 암호화	대칭키 암호(전달(키 분배))
단점	키 분배 어려움, 확장성 떨어짐	중간자 공격(대응 PKI)
암호화 속도	공개키(비대칭키)보다 빠름	대칭키 보다 느림

02 해시(Hash) 함수

– 키가 없고 복호화가 불가능한 특징을 가지는 암호화 방식으로 일방향 암호 기술이다.

– MD(Message Digest)는 무결성만 제공하는 메커니즘이다.

– 다양한 길이의 입력을 고정된 짧은 길이의 출력으로 변환하는 함수이다(고정 길이 출력 : 128Bit, 160Bit, 256Bit 등).

– 표현 방식 : $y=h(x)$에서 x는 가변 길이의 메시지이며, y는 해시 함수를 통해서 생성하고, h는 해시 값(Hash code)을 생성한다.

(1) 해시 함수의 조건

조건	설명
압축성	임의의 길이의 평문을 고정된 길이의 출력값으로 변환
제1역상 저항성 (One Way Function, 선이미지 회피성)	– 메시지에서 해시 값(Hash code)을 구하는 것은 쉽지만 반대로 해시 값에서 원래의 메시지를 구하는 것은 매우 어려움(역방향 계산 불가능) – 주어진 해시 값 y로부터 $h(x)=y$를 만족하는 x값을 찾는 것이 어려워야 함
제2역상 저항성 (2차 선이미지 회피성)	– 어떤 블록 x에 대해서 $H(y)=H(x)$인 $y≠x$인 것을 찾는 것이 계산적으로 불가능해야 함 – 약한 충돌 회피성
충돌 회피성 (Collision free, 강한 충돌 회피성)	– 다른 문장을 사용하였는데도 동일한 암호문이 나오는 현상 – $h(M1)=h(M2)$인 서로 다른 M1과 M2를 구하는 것이 계산상 불가능해야 함

– 강한 충돌 내성: 해시 값이 일치할 것 같은 다른 2개의 입력값을 발견하기 어려운 성질이다.

– 약한 충돌 내성: 어떤 입력 값에 대해서 그 해시 값과 같은 해시 값을 갖는 다른 메시지를 발견하는 것이 어려운 성질이다.

기적의 TIP

입력 값이 똑같은데 왜 출력이 다르지?

다음의 예를 보자. 리눅스에서 limbest 사용자의 패스워드를 root와 동일하게 변경했다.

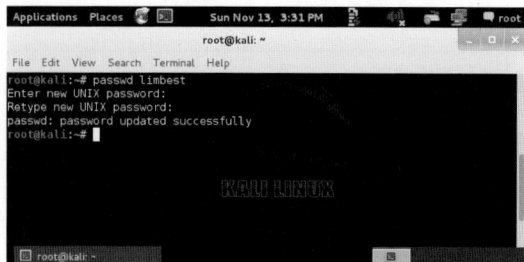

▲ LimBest 사용자 패스워드 변경

root와 패스워드를 동일하게 변경하고 /etc/shadow 파일에서 해시 값을 확인 해 보자.

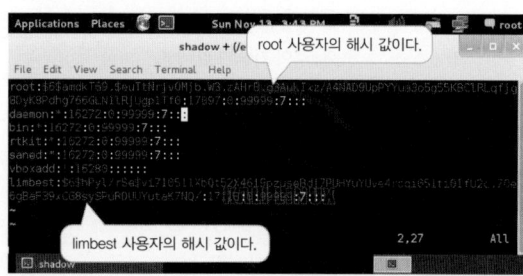

▲ 동일 패스워드의 해시 값 확인

패스워드를 동일하게 입력했지만 root와 LimBest 사용자의 해시 값이 다른 것을 확인할 수 있다. 이론적으로 동일한 입력에 같은 출력이 나오는 것이 해시 함수라고 배웠다. 그런데 결과는 다르다. 그 이유는 간단하다. 이론이 틀린 것이 아니라 리눅스가 패스워드를 입력 값으로 해시함수에 넣을 때 리눅스만 알고 있는 임의의 값을 추가해서 넣기 때문이다. 사용자는 자신의 패스워드만 알면 임의의 값을 더 추가해서 계산하기 때문에 그런 것이다. 정보보안에서 패스워드를 만들 때 임의의 값을 추가하는 것을 Salt 값이라고 하고 이것은 개발보안 약점에서도 Salt를 추가해서 패스워드를 생성하게 가이드 하고 있다.

(2) 해시함수 종류

종류	설명
MD2	– Rivest가 개발한 것으로 8비트 컴퓨터를 위해서 고안됨 – 매우 안전하지만 계산할 때 많은 시간이 걸림 – 128Bit의 출력 해시 값을 생성
MD4	– Rivest가 개발한 것으로 MD2보다는 메시지 압축 속도가 빠름 – 속도는 빠른 반면에 안정성에서 뒤떨어 짐 – 128Bit의 출력 해시 값을 생성
MD5	– Rivest가 개발한 것으로 안전성이 떨어지는 MD4 알고리즘을 수정하여 만듦 – 입력 블록 크기 512Bit에 64라운드 후 128Bit의 출력 해시 값을 생성
SHA	Secure Hash Algorithm, MD 계열의 알고리즘과는 달리 160Bit의 출력 해시 값을 생성
SHA-1	미국 표준의 메시지 압축 알고리즘으로 마찬가지로 160Bit의 출력 해시 값을 생성
SHA-256	입력 블록 크기 512Bit에 최종 256Bit를 출력하는 해시함수
SHA-512	입력 블록 크기 1024Bit에 80라운드 후 최종 512Bit를 출력하는 해시함수

국내에서 해시함수를 통하여 주민등록번호 및 패스워드를 암호화할 때 가장 권고하는 해시함수는 SHA-256이다.

기적의 TIP

생일자 공격(Birthday Attacks)
23명 중에서 같은 생일을 가지는 사람이 두 사람 또는 그 이상이 있을 확률은 1/2보다 크다는 결과이다. 생일자 역설을 근거로 한 해시함수의 최소 비트는 160비트 이상이 되어야 한다.

＊ 네트워크관리사 1급, 2급에서 출제된 기출문제입니다.

2017년 4월

01 '대칭키 암호 시스템'과 '비대칭키 암호 시스템'의 비교 설명으로 옳지 <u>않은</u> 것은?

① 키의 분배 방법에 있어 대칭키 암호 방식은 비밀스럽게 분배하지만 비대칭키 암호 방식은 공개적으로 한다.

② DES는 대칭키 암호 방식이고, RSA는 비대칭키 암호 방식이다.

③ 대칭키 암호 방식은 비대칭키 암호 방식보다 암호화의 속도가 빠르다.

④ N명의 사용자가 서로 데이터를 비밀로 교환하려 할 때 대칭키 암호 방식에서 필요한 키의 수는 2N개이고, 비대칭키 암호 방식에서는 'N(N−1)/2'개가 필요하다.

> 대칭키 알고리즘이 N(N−1)/2개의 키가 필요하고 비대칭키는 2N개의 키가 필요하다.

2017년 4월

02 정보보호 서비스 개념에 대한 아래의 설명에 해당하는 것은?

> 메시지 전송 중 인가되지 않은 자, 혹은 인가되지 않은 방법으로 정보가 변조되지 않아야 하는 성질

① 무결성   ② 부인봉쇄

③ 접근제어   ④ 인증

> 무결성은 해시함수를 사용하여 변조 여부를 확인하는 방법이다.
>
> **정보보호 목표**
> • 기밀성(Confidentiality) : 정보가 허가되지 않은 사용자(조직)에게 노출되지 않는 것을 보장하는 보안 원칙이다.
> • 무결성(Integrity) : 정보가 권한이 없는 사용자의 악의적 또는 비악의적인 접근에 의해 변경되지 않는 것을 보장하는 보안 원칙이다.
> • 가용성(Availability) : 인가된 사용자(조직)가 정보 시스템의 데이터 또는 자원을 필요로 할 때 부당한 지체 없이 원하는 객체 또는 자원을 접근하고 사용할 수 있는 것을 보장하는 보안 원칙이다.

2013년 4월

03 공개키 기반구조(PKI)에 대한 기술로 옳지 <u>않은</u> 것은?

① PKI는 공개키 인증서에 바탕을 두고 구축되어야 한다.

② CA(Certificate Authority)는 최종 개체(End Entity)를 인증하는 전자증명서 발행 역할을 수행한다.

③ PKI는 사용자 공개키와 사용자 ID를 안전하게 묶는 방법과 공개키를 신뢰성 있게 관리하기 위한 수단을 제공한다.

④ CA의 공개키는 자동적으로 사용자에게 전달되지 않기 때문에 인증서를 사용할 때마다 CA에게 CA의 공개키를 요구하여야 한다.

> CA는 공인 인증기관으로 X.509 인증서를 발급하고 관리한다. CA 인증기관은 사용자에게 공개키를 자동적으로 전달한다.

04 다음 중 암호 기술 서비스로 옳지 <u>않은</u> 것은?

① 기밀성   ② 분별성

③ 부인봉쇄   ④ 인증

암호 기술은 기밀성, 무결성, 가용성, 부인봉쇄, 인증, 인가 등이 있다.

05 암호화 기법(Cryptography)의 종류로 옳지 <u>않은</u> 것은?

① DES와 RSA

② 보안 커널(Security Kernel)

③ 대칭키 시스템(Symmetric Key System)

④ 디지털 서명(Digital Signature)

보안 커널은 애플리케이션이 시스템에 직접적인 접근을 제한하는 보안 기능이다. 암호화 기법은 대칭키 암호화 기법 및 비대칭키 암호화 기법이 있고 비대칭키 기법은 디지털 서명이 가능하다. DES는 대칭키 암호화 알고리즘이고 RSA는 비대칭키 암호화 알고리즘이다.

06 대칭키 암호 알고리즘 SEED에 대한 설명으로 올바른 것은?

① 국제적 컨소시움에서 개발하였다.

② SPN 구조로 이루어져 있다.

③ 20 라운드를 거쳐 보안성을 높였다.

④ 2005년 ISO/IEC 국제 블록암호알고리즘 표준으로 제정되었다.

SEED는 국내에서 개발한 128비트 대칭키 암호화 알고리즘으로 ISO/IEC 국제 블록 암호 알고리즘 표준으로 제정되었다.

SECTION

02 인터넷 보안

반복학습 **1 2 3**

빈출 태그 SET · SSL · POP3 · Apache

POINT 01 웹 서버 보안

01 아파치(Apache)

Apache 웹 서버의 실행은 httpd라는 데몬(Daemon) 프로세스가 실행되어서 기동되는데, 웹 서버가 80번 포트를 사용하기 때문에 httpd는 root 소유자의 권한으로 기동되어야 한다. 그리고 웹 브라우저들이 접속을 하면 httpd 프로세스를 실행해서 웹 브라우저의 요청을 처리한다. 웹 브라우저의 연결을 처리하는 프로세스는 apache라는 사용자를 만들어서 기동하면 된다. 즉, httpd 프로세스 중에서 부모프로세스 하나만 root 사용자로 실행되고 나머지는 apache 사용자로 실행되면 된다.

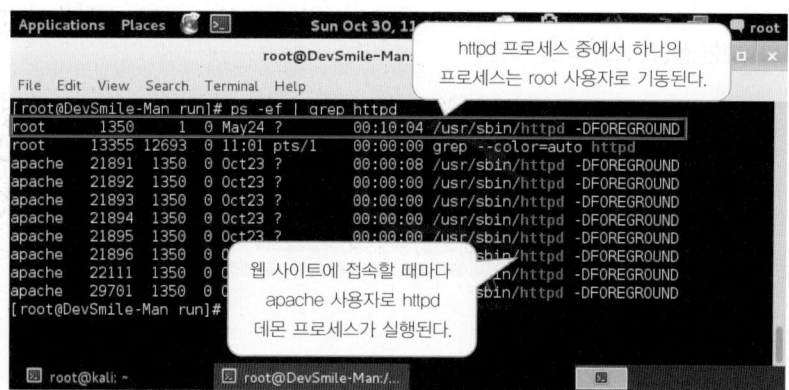

▲ Apache 데몬(Daemon) 프로세스 실행

위의 내용을 보면 프로세스 ID 1350에 httpd 프로세스는 root 사용자로 실행되었다. 하지만 나머지 httpd 프로세스는 apache 사용자로 실행되었으며 httpd 프로세스들의 부모 프로세스는 1350 프로세스이다. 즉, root 사용자로 실행된 httpd 프로세스가 나머지 httpd 프로세스를 fork해서 자식 프로세스를 생성한 것이다.

02 Apache 설정 파일

Apache 웹 서버의 설정 파일은 /etc/httpd/conf/httpd.conf이다. httpd.conf 파일은 httpd 프로세스가 실행될 때 읽어서 웹 서버의 환경 설정을 하는 파일이다.

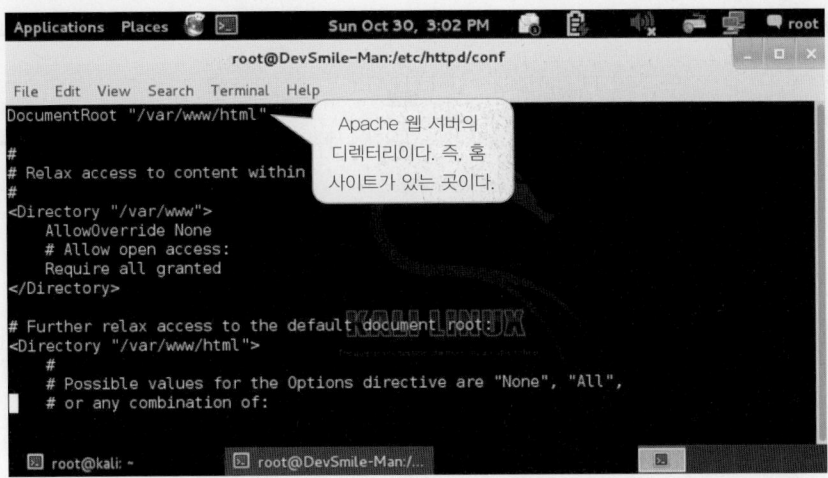

▲ 웹 사이트 디렉터리

○ Apache 웹 서버 보안 설정

보안 설정	설명
주요 디렉터리 및 파일 접근권한	Root에 의해 실행 가능한 모든 명령어들은 다른 사용자가 수정하지 못하도록 설정함 # chown 0 . bin conf logs # chgrp 0 . bin conf logs # chmod 755 . bin conf logs # chmod 511 /usr/local/httpd/bin/httpd
불필요한 파일 삭제	– 아파치 설치 시에 기본적으로 설치되는 cgi-bin은 공격에 이용될 수 있으므로 삭제 – 매뉴얼 파일은 시스템에 대한 정보를 제공할 수 있어서 공격에 도움이 될 수 있으므로 삭제 – /var/www/manual 및 /var/www/cgi_bin 삭제
Directory Listing	index.html이 없거나 Listing을 보여주는 옵션이 indexes에 설정되어 있는 경우 웹 페이지의 디렉터리가 보이게 됨
FollowSymLinks	심볼릭 링크를 이용해서 파일 시스템에 접근하여 Root 권한을 획득할 수 있으므로 FollowSymLink를 제거

Directory indexes	– 실행 우선순위를 결정함
	– index.cgi → index.html → index.htm의 순서
	
	`#`
	`# DirectoryIndex: sets the file that Apache will serve if a directory`
	`# is requested.`
	`#`
	`<IfModule dir-module>`
	`    DirectoryIndex index.html`
	`</IfModule>`

Server Tokens	웹 서버에 접속할 경우 최소한의 정보만 보이도록 설정
ServerSignature	ServerSignature on: on으로 설정된 경우 아파치 버전 및 서버이름이 노출됨

접근 제어	클라이언트의 이름 및 IP 주소 등을 사용해 접근제어 수행
	
	`<Directory />`
	`    Options FollowSymLinks`
	`    AllowOverride None`
	`    Order deny,allow`
	`    Deny from all`
	`</Directory>`

03 Apache 웹 서버 Session 관리

보안 설정	설명
Timeout	– 웹 브라우저가 웹 페이지에 접근 뒤, 클라이언트의 요청에 서버가 대기하는 시간을 설정 – 기본값은 300초
MaxKeepAliveRequests	– 접속을 허용할 수 있는 최대 회수를 지정 – 0일 경우 무제한 기본값은 100
KeepAliveTimeout	– 클라이언트 최초 요청을 받은 뒤에 다음 요청이 전송될 때까지 대기하는 시간을 설정 – 즉, 설정된 시간 동안 서버는 한 번의 요청을 받고 접속을 끊지 않고 유지한 상태에서 다음의 요청을 받아들임
KeepAlive	– 접속 연결에 대한 재요청을 허용할 것인지를 설정 – 기본 값은 off이며 on으로 설정되면 MaxKeepAliveRequests 값과 연계됨

POINT 02 · 전자상거래 보안

01 SET(Secure Electronic Transaction)

– 인터넷에서 신용카드 사용 촉진을 위해 VISA와 MASTER CARD사에서 공동으로 개발된 프로토콜이다.
– 전자상거래 인증의 상호 작용을 보장하며 SSL에 비해 상대적으로 느리다.
– 전자서명과 인증서를 통한 안전한 거래가 가능하다.
– 신용카드의 지급 결제 처리 절차에 한해서 정의하고 시스템 구축 및 인증 절차가 복잡하다.
– 기밀성, 무결성, 인증, 부인 봉쇄를 제공한다.

(1) SET 구성 요소

구성 요소	설명
구매자(카드 소지자)	전자상거래를 수행하는 전자지갑(사용자 신분을 확인하는 SET 인증서 포함)을 얻음
판매자(상점 소유자)	웹상의 상품 운영자, SET을 이용하여 상품 판매를 제공
PG(Payment Gateway)	기존의 카드 지불 네트워크의 통로
발급기관(Issuer)	– 사용자 계좌가 있는 재정 기관으로 신용카드를 발행 – CA 운영하여 사용자에게 인증서를 발행
지불처리은행(Acquirer)	– 상점의 계좌가 있는 재정 기관으로 신용카드 인가 여부와 지불을 처리 – 지불 Gateway를 운영하고 CA를 운영하여 상인에게 인증서를 발행
인증기관(Certification Authority)	SET에 참여하는 사용자, 상점, PG의 정당성을 보증하는 기관

(2) SET 사용 기술

– 대칭키, 공개키, 전자서명, 해시함수, 전자봉투, 공개키 인증(X.509), 이중서명 기술이다.
– 알고리즘 : DES, RSA, SHA-1

(3) SET 이중서명 사용 이유

– 사용자는 판매자에게 지불정보(계좌정보)를 숨기고 싶다.
– 사용자는 PG(Payment Gateway)로부터 주문 정보(물품 명세서 등)를 숨기고 싶다.
– PG(Payment Gateway)는 판매자가 전송한 결제 요청이 실제 고객이 의뢰한 정보인지 확인하고 싶다.

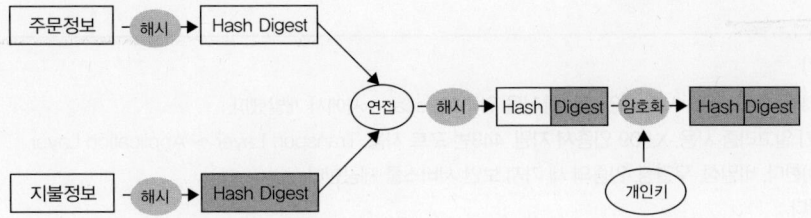

– 주문 정보와 지불 정보를 각각 해시하고 생성된 두 개의 해시 다이제스트를 하나로 합치는 연접 과정 후에 또 다시 해시를 진행하고, 해시 다이제스트를 송신자의 개인키로 암호화한다.

(4) SET 장점과 단점

장점	단점
전자상거래의 사기방지, 기존의 신용 카드 기반을 그대로 활용함	– 암호 프로토콜이 너무 복잡 – RSA 속도 저하, 카드 소지자에게 전자지갑 소프트웨어를 요구

🏁 **기적**의 TIP

SET의 이중서명(Dual Signature)

임베스트 정보보안 홈피에서 종합반을 카드로 신청할 때를 생각해 보자. 임베스트는 카드사의 가맹점이고 종합반을 신청하는 사람은 사용자이다. SET는 이렇게 카드 결제가 일어날 때 지불 처리를 위해서 만들어진 보안 프로토콜이다.

SET 신용카드 결제 시에 사용자 정보와 가맹점 정보를 활용해서 카드사로부터 결제를 처리하기 위해서 Master와 VISA사가 만들었고 지불처리를 수행할 때 사용자 정보와 가맹점 정보를 분리해서 서명하는 이중서명(Dual Signature)의 특징을 가진다.

이중 서명 처리 방식은 아래와 같다.

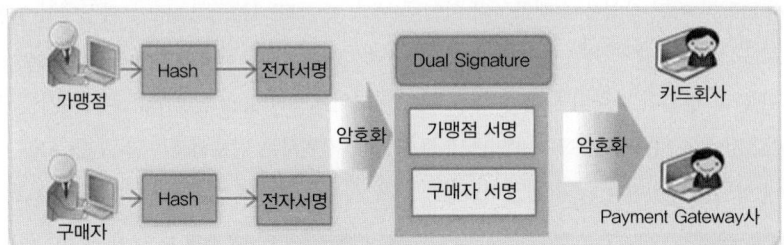

Hash 함수는 일방향 함수로 임의의 길이의 문자열을 입력하면 동일한 길이의 출력을 제공하고 만들어진 결과를 Message Digest라고 하며 Message Digest로 입력 값을 다시 생성할 수 없는 특징을 가진다.

---

02 SSL

개인정보를 전송하는 네트워크 구간은 보안 서버를 사용해서 송신과 수신되는 데이터를 암호화하는 것이 안전하다. 암호화를 수행하지 않으면 스니퍼(Sniffer)라는 네트워크 패킷 모니터링 도구를 사용해서 송신되고 수신되는 모든 데이터를 볼 수 있게 된다.

보안 서버의 구축은 SSL 및 SSO 등으로 구축할 수 있으며 공개용 인터넷에서 사용하는 방식은 SSL이다.

SSL(Secure Socket Layer)
- 인터넷과 같은 개방 환경에서 Client와 Server 사이의 안전한 통신을 위해 Netscape 사에서 개발했다.
- 암호문 전송을 위해 RSA 공개키 알고리즘 사용, X.509 인증서 지원, 443번 포트 사용, Transport Layer ∼ Application Layer 에서 동작(http, ftp, telnet, mail)한다. 비밀성, 무결성, 인증의 세 가지 보안 서비스를 제공한다.
- 웹상에서의 거래 활동을 보호한다.

SSL은 송신되는 데이터를 암호화하고 송신 과정에서 변경되었는지 확인할 수 있게 무결성을 지원한다. 또한 사용자 패스워드를 사용해서 인증을 수행할 수도 있다.

(1) SSL 보안 서비스

보안 서비스	설명
인증(Authentication)	거래하고자 하는 사이트가 신뢰되고 검증된 사이트인지 개인정보를 송신하기 전에 먼저 상대 사이트를 인증하는 기능
무결성(Integrity)	송신자측의 PC에서(더 정확히는 웹 브라우저) 상대편 웹 서버까지의 송신 중 공격자나 제3자에 의해 무단으로 데이터가 위·변조되는 것을 방지하는 기능으로 중요한 역할을 함
기밀성(Confidentiality)	앞서 나온 DES, 3DES, IDEA 등 여러 가지 암호화 방식을 사용하여 데이터의 송수신 중에 인가되지 않은 사용자의 데이터에 대한 불법적인 접근을 통제하고 만일의 경우 데이터가 공격에 의하여 유출되었다 하여도 쉽게 읽혀질 수 없는 형태로 변환시키는 기능

(2) SSL Handshaking 과정

실제 네이버에 로그인한 과정에서 SSL이 어떤 작업을 수행하는지 확인해 보자. 즉, SSL Handshaking 과정에서 어떤 일이 발생하는지 알아본다. SSL로 요청 전에 웹 브라우저는 웹 서버 포트 443 포트를 호출하여 3 Way Handshaking 을 수행한다. 즉, TCP 연결을 수행하고 연결이 완료되면 웹 브라우저는 웹 서버에게 "Client Hello"라는 메시지를 전송한다. "Client Hello"는 웹 브라우저에서 지원하는 SSL 버전(예 : TLS 1.0), 지원하는 암호화 알고리즘(예 AES 대칭키 및 CBC 블록암호화 등) 등의 정보를 전송한다.

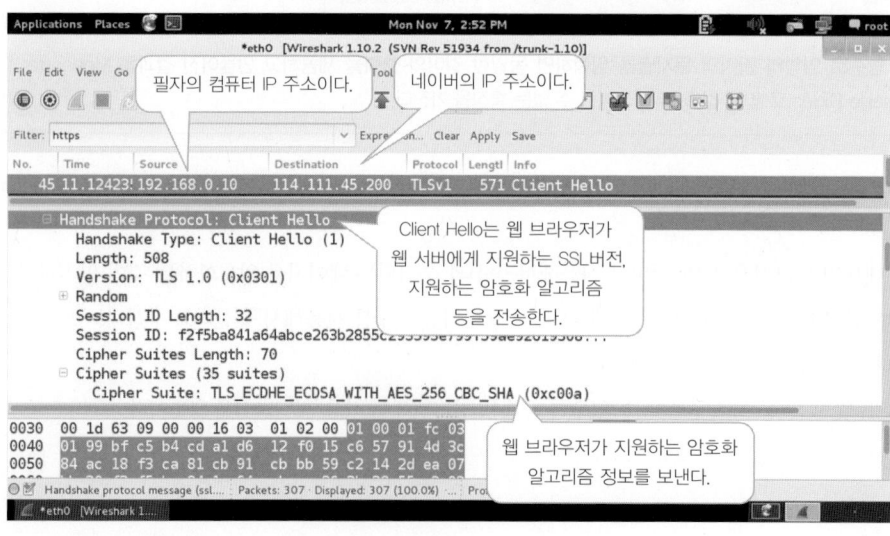

▲ Client Hello로 연결

SSL에서 Random이라는 것은 재생공격(Replay Attack)을 방지하기 위한 임의적 숫자이다. 웹 서버가 "Client Hello" 메시지를 수신받으면 사용할 암호화 알고리즘을 결정해서 웹 브라우저에게 "Server Hello" 메시지를 전송한다.

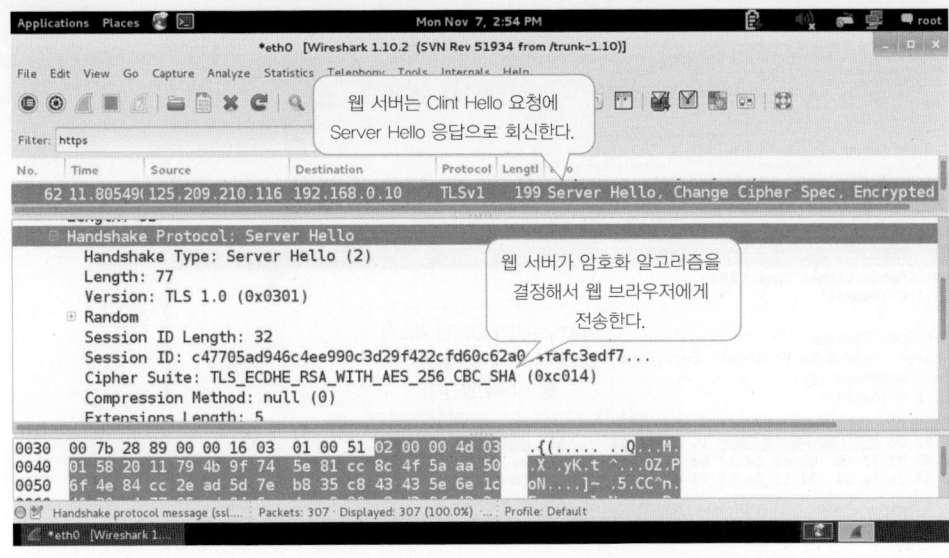

▲ Server Hello

Client Key Exchange는 웹서버의 공개키로 세션키를 암호화해서 웹 브라우저가 웹 서버에게 전송하여 키 교환을 한다.

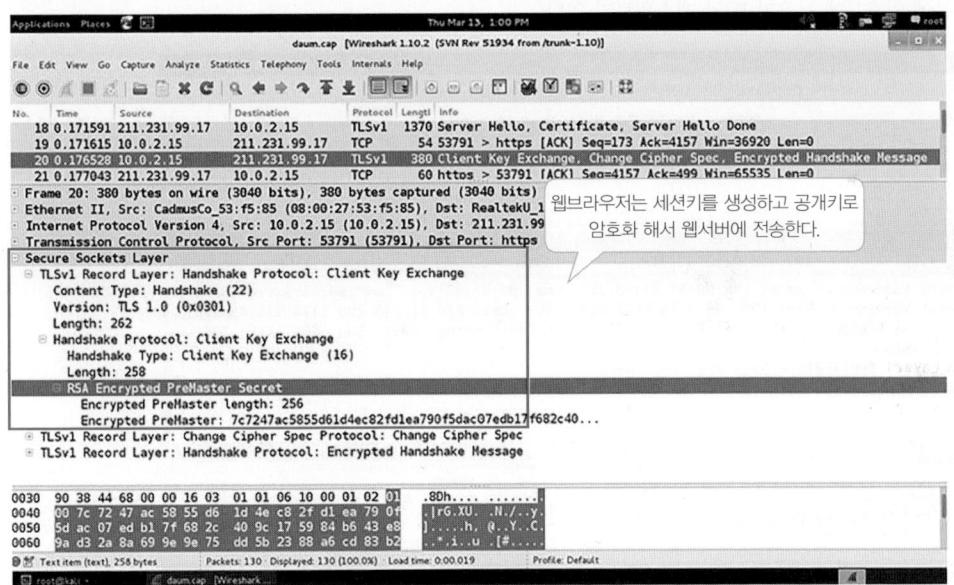

▲ Client Key Exchange(PreMaster Key)

웹 브라우저는 최종적으로 "Change Cipher Spec"이라는 것을 웹 서버에 전송해서 웹 브라우저와 웹 서버 간의 협상을 마친다.

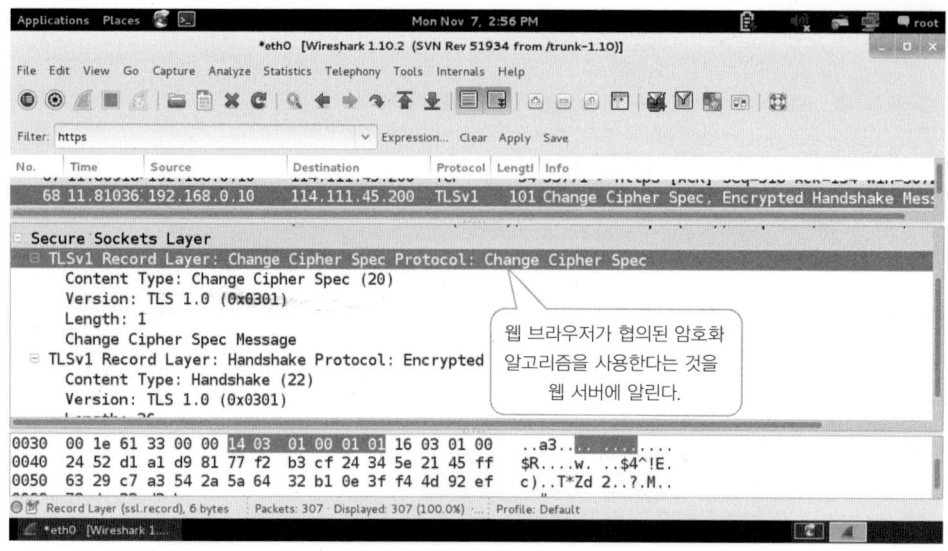

▲ Change Cipher Spec

웹 브라우저와 웹 서버 간에 협상이 완료되면 이제 실질적으로 데이터 암호화를 수행한다. 본 사례는 네이버 로그인의 사례이기 때문에 암호문에 사용자 ID와 패스워드가 있다.

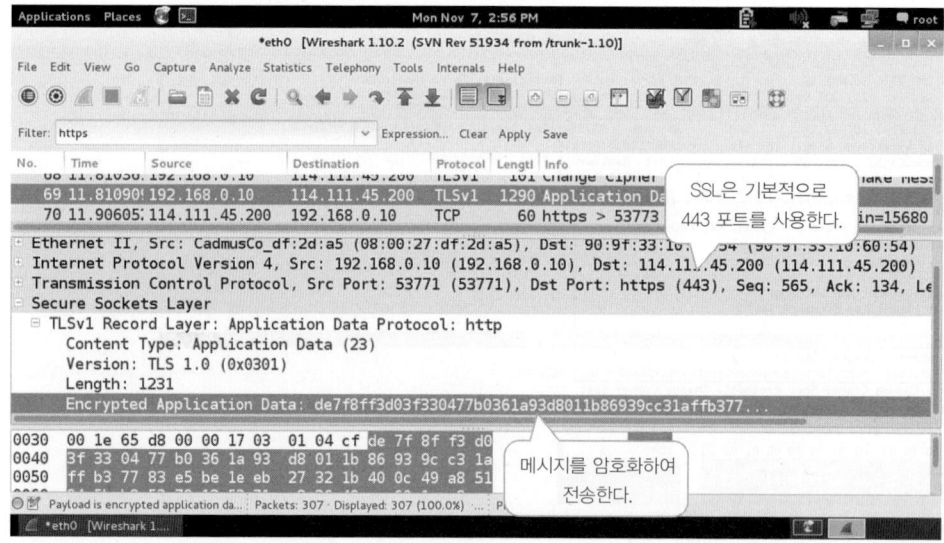

▲ Application Data 암호화 수행

(3) SSL 구성 요소

구성 요소	설명
Change Cipher Spec Protoco	SSL Protocol 중 가장 단순한 Protocol로 Hand Shake Protocol에서 협의된 암호 알고리즘, 키 교환 알고리즘, MAC 암호화, HASH 알고리즘이 사용될 것을 클라이언트와 웹 서버에게 공지함
Alert Protocol	– SSL 통신을 하는 도중 클라이언트와 웹 서버 중 누군가의 에러나 세션의 종료, 비정상적인 동작이 발생할 시에 사용되는 프로토콜로 내부의 첫 번째 바이트에 위험도 수준을 결정하는 Level 필드가 있는데 필드의 값이 1인 경우는 Warning의 의미로서 통신의 중단은 없고 2를 가지는 필드값은 Fatal로 Alert 즉시 클라이언트와 서버의 통신을 중단하게 됨 – 두 번째 바이트에는 어떠한 이유로 Alert Protocol이 발생하였는지 나타내는 Description 필드가 있음
Record Protocol	상위 계층에서 전달받은 데이터를 Hand Shake Protocol에서 협의된 암호 알고리즘, MAC 알고리즘, HASH 알고리즘을 사용해 데이터를 암호화하고 산출된 데이터를 SSL에서 처리가 가능한 크기의 블록으로 나누고 압축한 후에 선택적으로 MAC(MessageAuthentication Code)을 덧붙여 전송하고 반대로 수신한 데이터는 복호화, MAC 유효성 검사, 압축 해제, 재결합의 과정을 거쳐 상위 계층에 전달하는 역할을 함

(4) SSL Handshaking Protocol 세부 과정

진행 과정	설명
Client Hello	Hand Shake Protocol의 첫 단계로 클라이언트의 브라우저에서 지원하는 암호 알고리즘, 키 교환 알고리즘, MAC 암호화, HASH 알고리즘을 서버에게 전송함
Server Hello	Client Hello 메시지 내용 중 서버가 지원할 수 있는 알고리즘들을 클라이언트에게 전송함
Server Hello Done	클라이언트에게 서버의 요청이 완료되었음을 공지함
Client 인증서	서버에서 클라이언트의 인증 요청 발생 시 클라이언트의 인증서를 전달함
Client Key Exchange (Premaster Key 전송)	전달받은 서버의 인증서를 통해 신뢰할 수 있는 서버인지 확인 후 암호통신에 사용할 Session Key를 생성하고 이 것을 서버의 공개키로 암호화해 Premaster Key를 만들어 서버로 전송함
Change Cipher Spec	앞의 단계에서 협의된 암호 알고리즘들을 이후부터 사용한다는 것을 서버에게 알림
Finished	서버에게 협의의 종료를 전달함
Change Cipher Spec	서버 또한 클라이언트의 응답에 동의하고 협의된 알고리즘들의 적용을 공지함
Finished	클라이언트에게 협의에 대한 종료를 선언함

SSL 버전은 TLS 1.2 이상을 사용해야 보안 취약점 문제가 없다.

POINT 03 전자우편 보안

01 PGP(Pretty Good Privacy)

– MIME(Multipurpose Internet Mail Extension, RFC 1521) 객체에 암호화와 전자서명 기능을 추가한 암호화 프로토콜이다.
– 네트워크를 통해 주고받는 메시지에 대해서 송수신자에게 보안 서비스를 제공하고 평문 메시지를 암호화한다.
– 메시지 암호화, 서명, 압축, 분할, 전자우편 호환성의 5가지 기능을 제공한다.
– PGP는 수신자 부인 방지 및 메시지 부인 방지는 제공하지 않는다. 단지 송신자 부인 방지만 제공한다.
– PGP 암호화 과정: 압축 → 세션키 생성 → 메시지 암호화 → 세션키 암호화 → 전자서명 → 전송 → 수신 및 복호화

(1) PGP 특징

PGP 서비스	설명
전자서명	DSS/SHA 또는 RSA/SHA로 전자서명이 가능
메시지 암호화	CAST-128, IDEA, 3DES로 메시지 암호화
1회용 세션키 생성	Diffie-Hellman 혹은 RSA로 키 분배
이메일 호환	RADIX-64로 바이너리를 ACS Code로 변환
세그먼테이션	메시지 최대 사이즈를 제한

(2) PGP 암호화 과정

PGP 암호화	설명
압축	주로 ZIP 압축형식을 사용
세션키 생성	무작위로 세션키(대칭키)를 생성
메시지 암호화	생성한 세션키로 메시지를 암호화
세션키 암호화	수신자의 공개키로 세션키를 암호화
전자서명(선택 사항)	송신자는 자신의 개인키로 메시지에 전자서명을 함
전송	암호화된 메시지, 암호화된 세션키, 전자서명을 보냄
수신 및 복호화	수신자는 개인키로 세션키를 복호화하고 세션키를 사용해서 메시지를 복호화하며 송신자의 공개키로 전자서명을 확인

02 PEM(Privacy Enhanced Mail)

– 중앙집중화된 키 인증 방식으로 구현이 어렵고, 높은 보안성을 제공한다(군사, 은행 사용).

– SMTP를 사용하는 기존의 전자우편 시스템의 보안 취약점을 보완하고 기밀성, 무결성, 인증, 세션 키 분배를 수행한다.

○ PEM 기능

기능	알고리즘
– 메시지 암호화 – 디지털 서명 – 인증 – 세션키 생성 – 전자우편 호환성	– DES-CBS – RSA, MD2, MD5 – DES-ECB, 3중 DES, MD2, MD5 – (DES-ECB, 3중 DES), (RSA, MD2) – 기수-64 변환

03 S/MIME(Secure Multi-Purpose Internet Mail Extension)

– MIME 전자서명과 암호화 기능을 첨가한 보안 서비스로 RSA사에서 개발한 보안 프로토콜이다.

– 표준 보안 메일 규약, 송신자와 수신자를 인증, 메시지 무결성 증명, 첨부를 포함한다.

– 메시지 내용의 Privacy를 보증하는 표준 보안 메일 프로토콜로서 메일 전체를 암호화한다.

– 인터넷 MIME 메시지에 전자서명과 함께 암호화를 더한 프로토콜로서 RSA 암호를 사용한다.

– CA(인증기관)으로부터 자신의 공개키를 보증하는 X.590 인증서를 받아야 한다.

– 첨부 파일에 대한 보안을 제공한다.

(1) S/MIME에 사용되는 암호화 키

DSS	디지털 서명 알고리즘
3DES	메시지의 암호
SHA-1	디지털 서명을 지원하기 위한 해시 함수

(2) S/MIME 종류

비교 항목	S/MIME v2	S/MIME v3
해시 알고리즘	MD5	SHA-1
전자서명	RSA	DSA
공개키 암호	RSA	Diffie-Hellman
비밀키 암호	40비트 RC2	3중 DES

* 네트워크관리사 1급, 2급에서 출제된 기출문제입니다.

2013년 10월

01 다음 전자우편 보안 기술의 종류에 해당하는 것은?

> – 전자우편을 입수하더라도 그 내용을 알아볼 수 없으며 해시 함수를 이용하여 내용의 변경 여부를 알 수 있다.
> – 송신자의 신원을 확인함으로써 그 메시지가 전달 도중에 변경되지 않았음을 확신할 수 있도록 해주는 암호화된 전자서명을 보내는 데에도 사용할 수 있다.

① PEM(Privacy Enhanced Mail)
② S/MIME(Secure Multi–Purpose Internet Mail Extensions)
③ PGP(Pretty Good Privacy)
④ SMTP

PGP는 전자우편 암호화 기술로 전자서명을 지원하고 메시지에 대해서 해시 함수로 암호화한다.

2013년 4월

02 S/MIME에 대한 설명으로 옳지 않은 것은?

① 전자우편 보안 서비스로, HTTP에서는 사용이 불가능하다.
② X.509 형태의 S/MIME 인증서를 발행하여 사용한다.
③ 전자서명과 암호화를 동시에 사용할 수 있다.
④ 대칭키 암호 알고리즘을 사용하여 전자우편을 암호화한다.

S/MIME는 전자우편 보안 프로토콜로 X.509 형태의 S/MIME 인증서를 사용하고 전자서명과 암호화 기능을 가지고 있다. 또한 HTTP 프로토콜을 사용한다.

2017년 4월

03 SET(Secure Electronic Transaction)에 대한 설명 중 옳지 않은 것은?

① 초기에 마스터카드, 비자카드, 마이크로소프트, 넷스케이프 등에 의해 후원되었다.
② 인터넷상에서의 금융 거래 안전을 보장하기 위한 시스템이다.
③ 메시지의 암호화, 전자증명서, 디지털 서명 등의 기능이 있다.
④ 지불 정보는 비밀키를 이용하여 암호화한다.

송신자가 지불 정보를 비밀키로 암호화한다는 것은 수신자도 동일한 비밀키가 있어야 복호화할 수가 있다. 그렇게 되면 비밀키는 수신자에게 노출되게 된다. 따라서 비대칭키(공개키) 기법을 사용한다.

SECTION 03 정보보안 시스템

반복학습 **1 2 3**   **빈출 태그** TRIPWISE • TCP • Wrapper • iptables • 침입 차단 시스템 • 침입 탐지 시스템

POINT 01 IP 기반의 접근통제

01 TCP Wrapper

- 외부에서 접근하는 IP 주소를 차단하거나 허용할 수 있는 것이 TCP Wrapper이다.
- 유닉스 계열에서 사용되는 접근제어 툴로서 인터넷 슈퍼데몬으로 구동되는 서비스에 대한 접근제어와 로깅을 하는 보안도구이다.

(1) TCP Wrapper 동작 방식

- 클라이언트가 inetd로 구동되는 서버의 애플리케이션을 요청한다.
- inetd는 tcpd에게 제어권을 넘긴다.
- tcpd는 애플리케이션에 대한 접근 제어목록(hosts.allow 및 hosts.deny)을 검사한다.
- 사용자에게 애플리케이션 접근을 허용한다.

▲ 특정 IP에 대해서 FTP 연결을 차단함

(2) FTP 접근통제 파일

파일명	설명
/etc/hosts.deny	특정 IP의 접근을 제한함
/etc/hosts.allow	특정 IP의 접근을 허용함

02 iptables

iptables 방화벽의 시작은 기본 정책을 수립하는 것이다. iptables를 이용하여 방화벽을 구성할 경우 두 가지 정책 중한 가지를 선택하면 된다. 일반적으로 모든 패킷에 대해서 무시하는 것이 방화벽의 기본 정책이다.

> **▶ 기적의 TIP**
>
> **방화벽의 기본 정책**
> - 모든 것을 허용한 후 제한할 것을 거부한다.
> - 모든 것을 거부한 후 필요한 것만 허용한다.
> - 두 개 중 일반적으로 모든 것을 막아버리는 것을 기본 정책으로 한다.

대부분의 리눅스 배포판은 모든 것을 거부하는 것을 기본 정책으로 채택하고 있으나, 페도라코어 리눅스의 경우는 모든 것을 허용하는 정책을 기본으로 하고 있다. 그러면 기본 정책으로 모든 것에 대해서 거부하는 정책을 택하여 다음과 같이 실행하여 기본 보안 정책을 수립한다.

```
[14:46:43][root@heroz ~]# iptables -F
[14:46:49][root@heroz ~]# iptables -X
[14:46:52][root@heroz ~]# iptables -P INPUT DROP
[14:46:59][root@heroz ~]# iptables -P FORWARD DROP
[14:47:05][root@heroz ~]# iptables -P OUTPUT DROP
[14:47:11][root@heroz ~]# _
```

iptables −L 명령으로 iptables의 테이블 상태를 점검할 수 있다. iptables −L 명령을 실행해 보면 INPUT과 FORWARD, OUTPUT 체인의 정책 모두 DROP으로 설정돼 있음을 확인할 수 있다.

```
[14:49:38][root@heroz ~]# iptables -L
Chain INPUT (policy DROP)
target     prot opt source               destination

Chain FORWARD (policy DROP)
target     prot opt source               destination

Chain OUTPUT (policy DROP)
target     prot opt source               destination
```

이것은 리눅스 서버로 어떠한 패킷이든 들어오고 나갈 수 없는 상태임을 의미하여, 로컬이든 외부이든 컴퓨터로는 네트워크가 차단된 것처럼 연결할 수 없게 된다. 그러면 ping 127.0.0.1 명령으로 루프백에 핑을 테스트해 보면, 루프백으로 핑이 나가지 않음을 알 수 있다.

```
[14:51:55][root@heroz ~]# ping 127.0.0.1
PING 127.0.0.1 (127.0.0.1) 56(84) bytes of data.
ping: sendmsg: Operation not permitted
ping: sendmsg: Operation not permitted
ping: sendmsg: Operation not permitted
^C
--- 127.0.0.1 ping statistics ---
3 packets transmitted, 0 received, 100% packet loss, time 2553ms
```

루프백으로 모든 패킷이 자유롭게 들어오고 나갈 수 있도록 다음과 같이 명령을 실행해 보자.

```
[14:54:18][root@heroz ~]# iptables -A INPUT -i lo -j ACCEPT
[14:54:19][root@heroz ~]# iptables -A OUTPUT -o lo -j ACCEPT
```

루프백 주소로 핑을 날리면 핑이 나감을 확인 할 수 있다. 핑 뿐만 아니라 로컬에서 제공하는 모든 네트워크 서비스에 접근할 수 있게 된다.

```
[14:55:58][root@heroz ~]# ping 127.0.0.1
PING 127.0.0.1 (127.0.0.1) 56(84) bytes of data.
64 bytes from 127.0.0.1: icmp_seq=1 ttl=64 time=7.17 ms
64 bytes from 127.0.0.1: icmp_seq=2 ttl=64 time=0.106 ms
64 bytes from 127.0.0.1: icmp_seq=3 ttl=64 time=0.055 ms
^C
--- 127.0.0.1 ping statistics ---
3 packets transmitted, 3 received, 0% packet loss, time 2263ms
rtt min/avg/max/mdev = 0.055/2.446/7.178/3.346 ms
```

– 파일이 변경되었는지 확인하는 방법은 단순하게 시간을 기준으로 하기는 어렵다. 그 이유는 파일 시간이 얼마든지 변조가 가능하기 때문이다. 그렇기 때문에 시간만으로 파일 변경 여부를 확인할 수 없다.

– 파일의 무결성 검사를 위해서는 초기 상태에 파일 정보에 대한 해시 값을 저장하고 원하는 시점에 초기의 해시 값과 비교해서 변경 여부를 확인하는 것이다.

– 해시 값을 사용해서 파일의 무결성을 검사하는 도구로는 tripwire라는 도구가 있다.

○ tripwire 도구

tripwire 명령	설명
tripwire ――init	해시 값을 저장한 데이터베이스를 초기화
tripwire ――check	무결성 검사를 실행

○ 무결성 검사 도구

도구	설명
tripwire	리눅스 계열로 가장 많이 사용되는 무결성 검사 도구
AIDE(Advanced Intrusion Detection Environment)	오픈 소스, 데이터베이스를 생성하고 정기적인 검사를 수행
samhain	중앙집중적으로 관리하는 무결성 검사 및 침입 탐지 시스템
fcheck	리눅스 계열에서 실행되며, Tripwire와 유사
OSSEC(Open Source SECurity)	호스트 기반 침입 감지 시스템으로, 파일 무결성 검사 기능을 포함

01 침입 차단 시스템

– 인증되지 않은 데이터가 네트워크로 유입되는 것을 방지하고, 어떤 종류의 데이터가 어떻게 외부로 송신되는지를 제한하는 접근 제어 보안 장비이다.

– 침입 차단 시스템(방화벽, Firewall)은 가장 기본적인 네트워크 보안장비이다. 침입 차단 시스템은 네트워크를 경유해서 내부 시스템으로 진입하는 트래픽을 모니터링하고 접근통제(Access Control List)를 적용한다. 즉, 시스템에 접근 허용이 가능한 사용자, IP, 포트를 결정한다. 반대로 접근 못 하는 블랙리스트 IP를 등록하고 차단할 수도 있다.

– 침입 차단 시스템을 실제 본적이 없다고 해도 학습을 하는 데는 아무런 문제가 없지만 이해를 돕기 위해 필자가 여러분에게 권고하는 가장 훌륭한 침입 차단 시스템은 바로 윈도우 방화벽이다. 윈도우 방화벽을 사용해 보면 실제 침입 차단 시스템이 어떤 것인지 쉽게 알 수 있다.

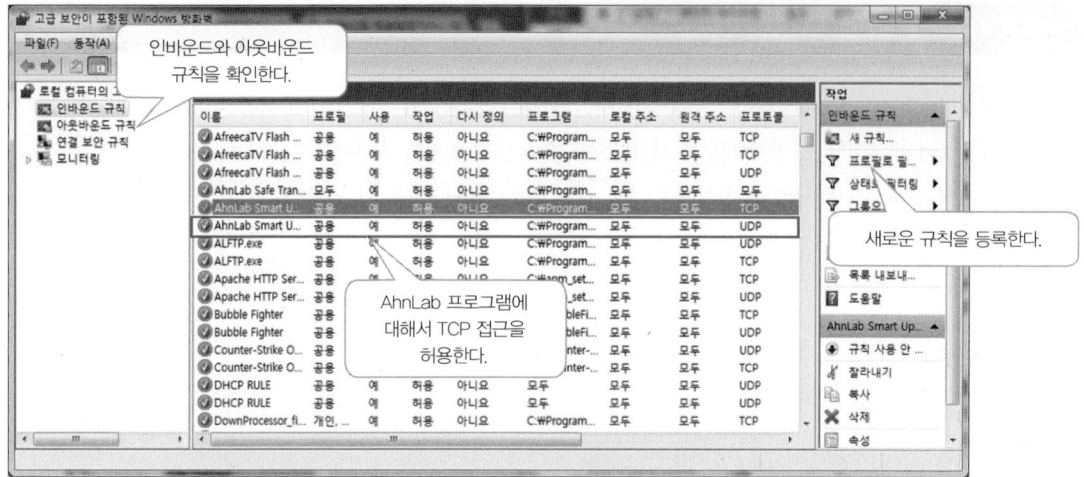

▲ 윈도우 방화벽 설정

인바운드라는 것은 외부 네트워크에서 내부 네트워크로 들어오는 것을 의미하고 아웃바운드라는 것은 내부에서 외부로 나가는 것을 의미한다. 따라서 인바운드 규칙이라는 것은 외부에서 내부로 들어오는 패킷 중에서 어떤 IP, 어떤 프로토콜, 어떤 포트번호 및 어떤 프로그램(서비스)을 차단할 것인지 허용할 것인지 설정하는 것이다.

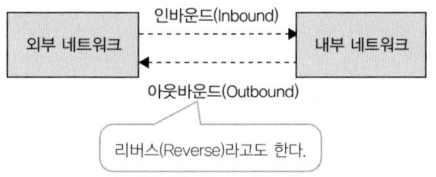

▲ 인바운드와 아웃바운드

리버스 텔넷(Reverse Telnet)

모의 해킹 시에 외부망에서 내부망으로 접근하는 인바운드는 대부분 차단되어서 연결할 수 없다. 하지만 내부망에서 외부망으로 접근하는 아웃바운드의 경우는 거의 차단되어 있지 않다. 이처럼 내부망에서 외부망으로 telnet을 통하여 연결하는 것이 리버스 텔넷이다. 즉, 내부망에서 공격자의 PC로 연결을 요청하는 것이다.

02 침입 차단 시스템 구현 방식에 따른 유형

패킷필터링 장비는 OSI 7계층에서 네트워크 계층과 트랜스포트 계층에 있는 데이터를 가지고 인바운드와 아웃바운드 서비스를 제공하는 것이다. 네트워크 계층은 IP 주소가 있고 트랜스포트 계층은 포트번호와 프로토콜 종류(TCP, UDP)가 있다. 따라서 패킷 필터링은 특정 IP, 프로토콜, 포트 차단 및 허용을 할 수 있는 것이다.

○ 패킷 필터링(Packet Filtering)

구분	설명
계층	Network 계층과 Transport 계층에서 작동
특징	미리 정해진 규칙에 따라 패킷 출발지 및 목적지 IP 주소 정보와 각 서비스의 port 번호를 이용해 접속 제어
장점	- 다른 방화벽에 비해 속도가 빠름 - 사용자에게 투명성을 제공하며, 새로운 서비스에 대해 쉽게 연동이 가능

| 단점 | – TCP/IP 구조적인 문제로 인한 패킷의 헤더는 쉽게 조작이 가능 |
| | – 강력한 logging 및 사용자 인증 기능을 제공하지 않음 |

애플리케이션 게이트웨이는 응용 계층에서 기동하기 때문에 접근통제, 로그관리 등의 막강한 기능을 하고 있지만, 성능이 느린 단점이 있다.

● **애플리케이션 게이트웨이(Application Gateway)**

구분	설명
계층	Application 계층
특징	– 각 프로토콜 별로 proxy daemon이 있어 Proxy Gateway라고도 함
	– 사용자 및 응용 서비스에서 접근 제어를 제공하여 응용 프로그램 사용을 기록하여 감시 추적에 사용
장점	– Proxy 통해서만 연결이 허용되므로 내부 IP 주소를 숨길 수 있음
	– Packet 필터링에 비해 보안성 우수
	– 가장 강력한 Logging과 Audit 기능 제공
단점	성능이 떨어지고, 새로운 서비스에 대해 유연성이 결여

● **회선 게이트웨이(Circuit Gateway)**

구분	설명
계층	Application ~ Session 계층 사이
특징	방화벽을 통해 내부 시스템으로 접속하기 위해서는 Client 측에 Circuit Proxy를 인식할 수 있는 수정된 Client 프로그램 (예 SOCKS)이 필요하며 설치된 Client만 Circuit 형성이 가능
장점	– 내부의 IP 주소를 숨길 수 있고 투명한 서비스 제공
	– Application에 비해 관리가 수월
단점	– 수정된 Client 프로그램 필요
	– 비표준 포트로 우회 접근 시 방어 불가

상태 기반 패킷검사는 OSI 전 계층에서 패킷의 콘텐츠를 해석해서 침입 차단을 제공하는 가장 강력한 기능을 가지고 있다.

● **상태 기반 패킷 검사(Stateful Packet Inspection)**

구분	설명
계층	전 계층에서 동작
특징	– 패킷 필터링 방식에 비해 세션 추적 기능 추가
	– 패킷의 헤더 내용을 해석하여 순서에 위배되는 패킷 차단
	– 패킷 필터링의 기술을 사용하여 Client/Server 모델을 유지하면서 모든 계층의 전후 상황에 대한 문맥 데이터를 제공하여 기존 방화벽의 한계 극복
	– 방화벽 표준으로 자리매김
장점	서비스에 대한 특성 및 통신 상태를 관리할 수 있기 때문에 돌아나가는 패킷에 대해서는 동적으로 접근규칙을 자동생성
단점	데이터 내부에 악의적인 정보를 포함할 수 있는 프로토콜에 대한 대응이 어려움

● 혼합형 타입(Hybrid type)

구분	설명
특징	서비스의 종류에 따라 복합적으로 구성할 수 있는 방화벽
장점	서비스의 종류에 따라서 사용자의 편의성, 보안성 등을 고려하여 방화벽 기능을 선택적으로 부여
단점	구축 및 관리의 어려움

> **기적의 TIP**
>
> **심층 패킷 분석(Deep Packet Inspection)**
> DPI는 패킷이 가지고 있는 콘텐츠까지 모두 검사할 수 있는 기능으로 다양한 콘텐츠를 식별하고 분석할 수 있는 가장 강력한 침입 차단 시스템이다. 물론 OSI 전 계층에서 동작하며 전 계층에 대해서 접근통제를 할 수 있다. 상태 기반 패킷 검사에서 좀 더 발전된 것이다.

03 침입 차단 시스템 구축 유형

(1) 스크리닝 라우터(Screening Router)

구분	설명
개념도	
내용	IP, TCP, UDP 헤더 부분에 포함된 내용만 분석하여 동작하며 내부 네트워크와 외부 네트워크 사이의 패킷 트래픽을 perm/drop하는 라우터
장점	– 필터링 속도가 빠르고 비용 적음 – 클라이언트와 서버 환경 변화 없이 설치가 가능 – 전체 네트워크에 동일한 보호 유지
단점	– OSI 3, 4계층만 방어하여 필터링 규칙을 검증하기 어려움 – 패킷 내의 데이터는 차단 불가 및 로그 관리가 어려움

(2) 베스천 호스트(Bastion Host)

구분	설명
개념도	
내용	– 내부 네트워크 전면에서 '내부 네트워크 전체를 보호'하며 외부 인터넷과 내부 네트워크를 연결하는 라우터 뒤에 위치 – Lock down 된 상태에 있으며 인터넷에서 접근이 가능한 서버
장점	– 스크리닝 라우터보다 안전 – Logging 정보 생성 관리가 편리 – 접근제어와 인증 및 로그 기능 제공
단점	– Bastion Host 손상 시 내부망 손상 – 로그인 정보 유출 시 내부망 침해 가능

(3) 듀얼 홈드 호스트(Dual-Homed Host)

구분	설명
개념도	
내용	- 2개의 네트워크 인터페이스를 가진 Bastion Host로서 하나의 NIC(Network Interface Card)는 내부 네트워크와 연결하고 다른 NIC는 외부 네트워크와 연결 - 방화벽은 하나의 네트워크에서 다른 네트워크로 IP 패킷을 라우팅하지 않기 때문에 Proxy 기능을 부여
장점	- 정보 지향적인 공격 방어 - Logging 정보 생성 관리가 편리 - 설치 및 유지보수가 쉬움
단점	- 방화벽에서 보안 위반 초래 가능 - 서비스가 증가할수록 Proxy 구정 복잡

(4) 스크린드 호스트(Screened Host)

구분	설명
개념도	
내용	- Packet Filtering Router와 Bastion Host로 구성되어 있음 - Packet Filtering Router는 외부 및 내부 네트워크에서 발생하는 패킷을 통과시킬 것인지를 검사하고 외부에서 내부로 유입되는 패킷에 대해서는 Bastion Host로 검사된 패킷을 전달 - Bastion Host는 내부 및 외부 네트워크 시스템에 대한 인증을 담당
장점	- 2단계 방어이므로 매우 안전 - 네트워크 계층과 응용 계층 방어로 안전 - 가장 많이 사용, 융통성 우수 - Dual-Homed 장점 유지
단점	- 스크리닝 라우터의 정보가 변경되면 방어가 불가능 - 구축 비용이 높음

(5) 스크린드 서브넷 (Screened Subnet)

구분	설명
개념도	
내용	- Screened Host 보안상의 문제점을 보완 - 외부 네트워크와 내부 네트워크 사이에 하나 이상의 경계 네트워크를 두어 내부 네트워크를 외부 네트워크로 분리하기 위한 구조 - 일반적으로 두 개의 스크리닝 라우터와 한 개의 Bastion Host를 이용하여 구축
장점	- 스크리닝 호스트 구조의 장점 유지 - 가장 안전한 구조
단점	- 설치 및 관리가 어려움 - 구축 비용이 높고, 서비스 속도가 느림

POINT 04 · 침입 탐지 시스템(IDS)

01 침입 탐지 시스템(Intrusion Detection System)

- 침입의 패턴 데이터베이스와 지능형 엔진을 사용한다.
- 네트워크나 시스템의 사용을 실시간 모니터링하고 침입을 탐지하는 보안 시스템이다.
- 조직 IT시스템의 기밀성, 무결성, 가용성을 침해하고, 보안정책을 위반하는 침입 사건을 사전 또는 사후에 감시, 탐지, 대응하는 보안시스템이다.
- 한국정보화 진흥원의 정의 : 침입 탐지 시스템은 컴퓨터 시스템의 비정상적인 사용, 오용, 남용 등을 가능하면 실시간으로 탐지하는 시스템이다.

● 침입 차단 시스템 차단 방법

절차	설명
정보 수집	- 침입 탐지를 하기 위한 근원적인 자료들을 수집 - 자료원에 따라 NIDS와 HIDS로 나누어짐
정보 가공 및 축약	- 불필요한 정보 제거(침입과 관련 없는 정보 제거) - 침입 판정을 위한 최소한의 정보만 남김(분석의 복잡도를 감소)
침입 분석 및 탐지	- 축약된 정보를 기반으로 침입 여부를 분석, 탐지 - 방식에 따라 오용 탐지와 비정상 행위 탐지로 나누어짐
보고 및 조치	- 침입 탐지 후 적절한 보고 및 대응 조치 - 다른 보안 장비(방화벽) 등과 연계

02 오용 탐지와 이상 탐지

(1) 오용 탐지(Misuse)

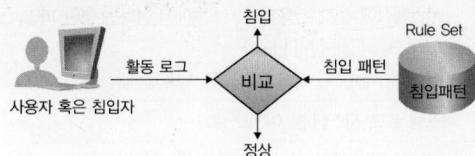

오용 탐지는 침입 패턴 정보를 데이터베이스화하고 사용자 혹은 침입자가 네트워크 및 호스트를 사용하는 활동 기록과 비교하여 침입 패턴과 동일하면 침입으로 식별하는 것이다. 이 방법은 오탐률이 낮은 장점은 있지만, 사전에 침입을 탐지하지 못한다. 대부분의 IDS는 오용 탐지 기반으로 서비스한다. 오용 탐지에서는 침입 패턴의 최신 패턴 유지가 가장 중요한 요소로 식별되는데 이 부분은 최근에 파악된 침입 패턴을 Rule로 관리하여 여러 개의 침입 패턴(Rule Set)으로 묶어서 IDS 장비에 실시간으로 동기화를 수행한다.

(2) 비정상 행위 탐지(Anomaly)

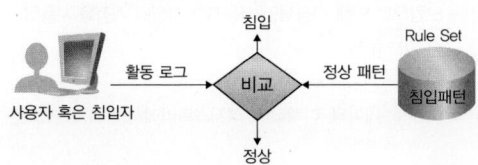

비정상 행위 탐지는 정상 패턴을 저장하고 정상과 다른 활동이 식별되면 모두 침입으로 식별하는 방법이다. 이 방법은 사전에 침입을 탐지할 수 있는 장점을 가지고 있지만, 오탐률이 높은 문제점을 가지고 있다.

03 오용 탐지와 비정상 행위 탐지의 비교

구분	오용 탐지(Misuse)	비정상 행위 탐지(Anomaly)
동작 방식	시그니처(signature) 기반(Knowledge 기반)	프로파일(Profile) 기반(Behavior 기반, Statistical 기반)
침입판단 방법	- 미리 정의된 Rule에 매칭 - 이미 정립된 공격 패턴을 미리 입력하고 매칭	- 미리 학습된 사용자 패턴에 어긋남 - 정상적, 평균적 상태를 기준, 급격한 변화가 있을 때 침입 판단
사용기술	패턴 비교, 전문가시스템	신경망, 통계적 방법, 특징 추출
장점	- 빠른 속도, 구현이 쉬움, 이해가 쉬움 - False Positive가 낮음	- 알려지지 않은 공격(Zero Day Attack) 대응 가능 - 사용자가 미리 공격 패턴을 정의할 필요 없음
단점	- False Negative가 큼 - 알려지지 않은 공격 탐지 불가 - 대량의 자료를 분석하는데 부적합	- 정상인지, 비정상인지 결정하는 임계치 설정 어려움 - False Positive가 큼 - 구현이 어려움

• False Positive : false(+)로 표현, 공격이 아닌데도 공격이라 오판하는 것

• False Negative : false(−)로 표현, 공격인데도 공격이 아니라 오판하는 것

04 침입 탐지 시스템 분류

구분	NIDS(Network based IDS)	HIDS(Host based IDS)
동작	- 네트워크에 흐르는 패킷들을 검사, 침입 판단 - 방화벽 외부의 DMZ나 방화벽 내부의 내부 네트워크 모두 배치 가능	- 시스템상에 설치, 사용자가 시스템에서 행하는 행위, 파일의 체크를 통해 침입 판단 - 주로 웹 서버, DB 서버 등의 중요 서버에 배치
자료원	promiscuous 모드로 동작하는 네트워크 카드나 스위치	시스템 로그, 시스템 콜, 이벤트 로그
공격	스캐닝, 서비스 거부공격(DoS), 해킹	내부자에 의한 공격, 바이러스, 웜, 트로이목마, 백도어
장점	- 네트워크 자원의 손실 및 패킷의 변조가 없음(캡처만 하기 때문) - 거의 실시간으로 탐지가 가능함 - 감시 영역이 하나의 네트워크 서브넷으로서, HIDS에 비해 큼	- 침입의 성공 여부 식별이 가능함 - 실제 해킹 및 해킹 시도 판단이 용이 - 주로 S/W적으로 서버 같은 시스템에 인스톨되며, 설치 및 관리가 간단함
단점	- 부가 장비가 필요함(스위치 등) - 암호화된 패킷은 분석 불가 - False Positive가 높음 - 오탐으로 인해 정상적인 세션이 종료 - DoS의 경우 대응이 불가능(탐지만 가능) - 능동적인 대응 기능 미비	- 감시 영역이 하나의 시스템으로 한정됨 - 탐지 가능한 공격에 한계가 있음(주로 이벤트 로그로만 탐지) - 오탐으로 인해 정상적인 사용자가 자신의 계정을 사용할 수 없는 문제

• Hybrid IDS : NIDS + HIDS, 단일 호스트를 출입하는 네트워크 패킷을 검색 시스템의 이벤트, 데이터, 디렉터리, 레지스트리에서 공격 여부를 감시하여 보호한다.

* 네트워크관리사 1급, 2급에서 출제된 기출문제입니다.

2013년 10월

01 DoS(Denial of Service)의 개념으로 옳지 <u>않은</u> 것은?

① 다량의 패킷을 목적지 서버로 전송하여 서비스를 불가능하게 하는 행위

② 로컬 호스트의 프로세스를 과도하게 fork 함으로써 서비스에 장애를 주는 행위

③ 서비스 대기 중인 포트에 특정 메시지를 다량으로 보내 서비스를 불가능하게 하는 행위

④ Internet Explorer를 사용하여 특정권한을 취득하는 행위

DoS(Denial of Service)는 대량의 패킷을 전송하여 시스템에 부하를 유발하는 공격이다. 시스템의 부하를 발생시켜서 정상적인 서비스를 할 수 없게 만든다. 하지만 DoS는 권한을 취득하는 공격은 아니다.

2017년 7월, 2013년 4월

02 Linux 시스템에서 아래 내용이 설명하는 것은?

> – 특정 IP Address에서 접속하는 것을 방지할 수 있다.
>
> – 일반적으로 inetd, conf 혹은 xinetd.d 슈퍼 데몬을 통한 접근 제한 방법이다.
>
> – 설정 파일은 /etc/hosts.allow와 /etc/hosts.deny이다.

① TCP_Wrapper

② PAM

③ SATA

④ ISSm

TCP_Wrapper는 IP 주소를 사용해서 접근통제(Access Control)를 수행하는 것이다. hosts.allow 파일에는 접근을 허용할 IP 주소를 등록하고 hosts.deny 파일은 접근을 거부할 IP 주소를 등록해서 접근통제를 수행한다.

2013년 4월

03 침입 탐지 시스템(IDS : Intrusion Detection System)에 대한 설명으로 옳지 <u>않은</u> 것은?

① IDS는 공격의 증거를 찾기 위해 네트워크 트래픽을 분석하고, 침해 여부를 보기 위하여 액세스 로그들을 조사하고 파일들을 분석하기도 한다.

② IDS의 형태로는 NIDS, HIDS, SIV, LFM 등이 있다.

③ IDS의 한 형태인 HIDS는 중요한 시스템 파일의 흔적을 유지하고 변경되었는지 감시한다.

④ IDS는 위조된 서비스를 제공하여 해커를 유인, 혼란스럽게 하는 가짜 네트워크인 Honeypot으로 개념을 확장하고 있다.

파일에 대한 변경 여부를 확인하는 것은 무결성 검사 도구로 TRIPWISE라는 도구가 있다. HIDS는 호스트에 침입여부를 탐지하는 보안 시스템이다.

04 회사의 사설 네트워크와 외부의 공중 네트워크 사이에 중립 지역으로 삽입된 소형 네트워크를 의미하는 용어는?

① DMZ
② Proxy
③ Session
④ Packet

> DMZ는 사설 네트워크와 공중 네트워크 사이에 중립 공간의 네트워크를 의미한다.

05 외부 WAN과 접속되는 네트워크에 인터넷 보안 및 웹 캐싱 기능을 적용하려고 할 때 가장 적당한 서비스는?

① NAT
② IPsec
③ ICS
④ Proxy

> 프록시 서버(Proxy Server)는 중계기 역할을 수행하는 것으로 프록시 서버를 통해서 다른 네트워크로 접근한다.

06 방화벽(Firewall)에 대한 설명으로 옳지 <u>않은</u> 것은?

① 네트워크 출입로를 다중화하여 시스템의 가용성을 향상시킨다.
② 외부로부터 불법적인 침입이나 내부로부터의 불법적인 정보 유출을 방지하는 기능을 담당한다.
③ 외부로부터의 공격을 막는 역할만 해서, 내부에서 행해지는 해킹 행위에는 방화벽 기능이 사용되지 못할 수도 있다.
④ 방화벽에는 역 추적 기능이 있어, 외부에서 네트워크에 접근 시, 그 흔적을 찾아 역추적이 가능하다.

> 방화벽은 네트워크 패킷을 필터링하거나 외부망과 내부망을 분리한다. 하지만 시스템 가용성과는 관련이 없다.

07 전자우편 보안 기술 중 PEM(Privacy-enhanced Electronic Mail)에 대한 설명으로 옳지 <u>않은</u> 것은?

① MIME(Multipurpose Internet Mail Extension)를 확장해서 전자우편 본체에 대한 암호 처리와 전자우편에 첨부하는 전자서명을 제공한다.
② 프라이버시 향상 이메일이라는 뜻으로, 인터넷에서 사용되는 이메일 보안이다.
③ 보안 능력이 우수하고, 중앙집중식 인증체계로 구현된다.
④ 비밀성, 메시지 무결성, 사용자 인증, 발신자 부인 방지, 수신자 부인 방지, 메시지 반복 공격 방지 등의 기능을 지원한다.

> MIME는 전자우편 표준 포맷이고 암호화 기능을 가지고 있지 않다. 하지만 S/MIME가 암호화 및 전자서명을 지원한다.

빈출 태그 Sniffing • Spoofing • SYN Flooding • 무작위 공격

POINT 01 스니핑(Sniffing)

01 스니핑 개요

- 스니핑은 네트워크로 전송되는 패킷(Packet)을 훔쳐보는 도구이다. 스니핑을 네트워크 관리자가 네트워크 장애를 식별하고 조치하기 위해서 사용되던 도구로 네트워크에 참여하는 송신자와 수신자 사이에 정상적으로 패킷이 전송되는지 확인할 수 있는 것이다.
- 유선 및 무선 데이터 통신의 내용을 몰래 도청하는 행위 및 소프트웨어로 수동적(Passive) 공격 형태이다.
- 하지만, 스니핑은 공격 도구로도 사용할 수 있는데, 이것은 송신자와 수신자의 패킷을 훔쳐보아서 송신자와 수신자의 IP 주소, 포트(Port) 번호 및 송수신되는 메시지까지 확인이 가능하다.

02 스니핑 모드

스니핑 도구를 실행시키면 기본적으로 Normal Mode로 실행된다. Normal Mode라는 것은 자신의 컴퓨터를 전송되는 패킷만 수신받고 자신과 관련 없는 패킷은 삭제(Drop)한다. 네트워크에 흘러 다니는 모든 패킷을 모니터링할 때는 Promiscuous Mode로 설정하고 스니핑을 실행해야 한다.

▲ Promiscuous Mode로 설정

03 tcpdump

스니핑을 할 수 있는 도구 중 하나가 tcpdump 프로그램이다. tcpdump를 실행시켜서 전송되는 패킷을 모니터링하면 다음과 같이 사용한다.

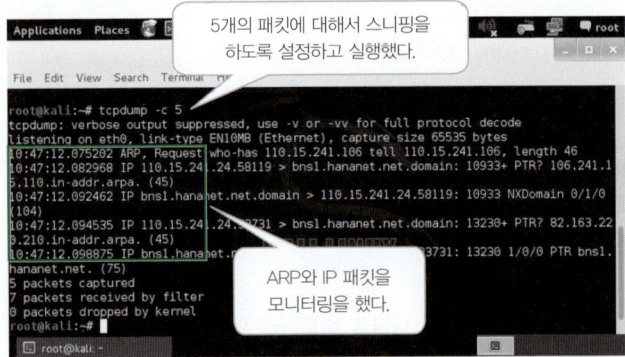

▲ tcpdump로 패킷 5개를 스니핑

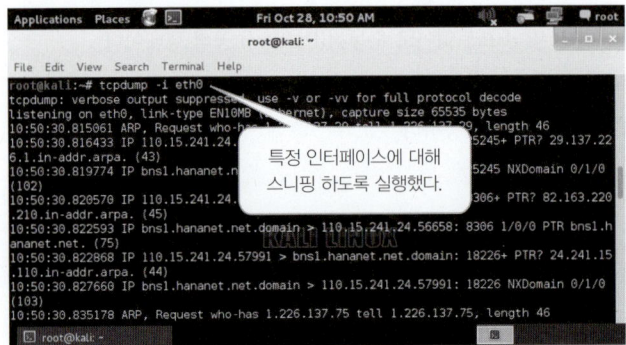

▲ 특정 인터페이스를 스니핑하도록 실행

● tcpdump Option

Option	Message
− c	Count 수만큼 패킷을 받음
− e	MAC 주소 형태로 출력
− F	File에 expression을 입력
− i	특정 인터페이스를 지정
− q	간결하게 표시
− w	패킷을 파일로 저장함
− r	저장한 파일을 읽음
− t	Timestamp
− v	자세히 표시

04 SSL 패킷 스니핑

SSL로 암호화된 데이터를 송신하는 경우 스니핑으로 훔쳐보면 어떤 식으로 될까? 다음은 네이버 로그인 과정을 스니핑한 결과이다. 네이버는 로그인 시에 SSL로 암호화하여 로그인을 지원한다.

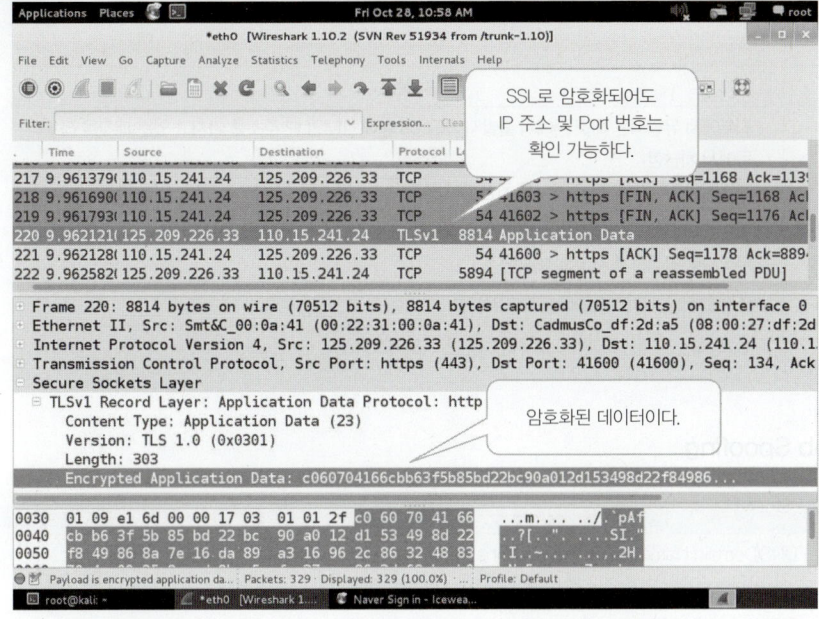

▲ SSL로 암호화된 패킷의 스니핑

F 기적의 TIP

스니핑(Sniffing)은 어떤 용도로 사용될까?

• 네트워크 패킷을 모니터링해서 송신자와 수신자의 IP 주소를 획득한다.
• 포트번호를 식별하고 송수신되는 메시지를 확인한다.
• 클라이언트에서 전송된 패킷에 대해서 서버가 어떤 식으로 반응하는지 알 수 있다.

POINT 02 | IP Spoofing

01 IP Spoofing 개요

IP 스푸핑(Spoofing)이란 위장 기법이다. 즉, 자신의 IP를 속이는 행위로서 공격자가 자신의 IP 주소를 공격하고자 하는 소스 IP 주소로 변조하여 해킹하는 방법을 말한다.

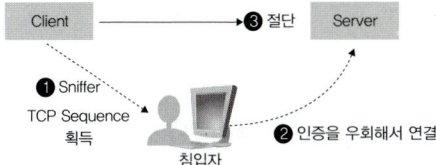

TCP/IP의 구조적인 취약성/결함을 이용하는 공격으로 자신의 IP를 속이고 접속하여 IP로 인증하는 서비스를 무력화시키는 공격 방법이다. 즉, TCP/IP의 취약점을 이용하여 순서제어번호 추측(Sequence Number Guessing), 반접속 시도 공격(SYN Flooding), 접속가로채기(Connect Hijacking), RST/FIN를 이용한 접속 끊기, SYN/RST 패킷 생성 공격, IP 주소 인증(rlogin, rsh 등)을 수행한다.

02 IP Spoofing 공격 절차

IP Spoofing 대응 방법은 라우터에서 불법적인 IP를 차단하거나 내부 IP 주소를 통해서 외부에서 유입되는 패킷을 차단한다. 또한 TCP의 Sequence Number를 무작위로 생성하여 세션 가로채기를 차단한다.

● IP Spoofing 대응 방법

대응 방법	설명
Router에서 Source Routing 차단	– 외부에서 유입되는 패킷 중에서 출발지 IP(Source)에 내부망 IP 주소를 가지고 있는 패킷을 라우터 등에서 차단함 – 내부에서 발생한 IP Spoofing은 차단하지 못 함
Sequence Number를 무작위로 발생시키도록 함	– 일부 운영체제 중에서 Sequence Number를 일정하게 증가시키면서 사용함 – 무작위로 발생하게 서버 설정을 변경
R–Command 취약점 제거	IP로 인증하는 서비스들을 가능하면 차단함
암호화된 프로토콜	IP Spoofing 공격을 효과적으로 차단하지만, 속도가 느려짐

03 DNS Spoofing과 Web Spoofing

기법	설명
DNS Spoofing	– DNS(Domain Name Server) : www.limbest.com 등의 도메인 이름을 IP 주소로 바꾸는 역할 – www.limbest.com의 IP 주소를 바꾸어 엉뚱한 사이트로 접속하게 하는 공격(⑩ 위장된 금융사이트 접속)
Web Spoofing	– 공격자가 다른 컴퓨터(공격 대상)로 전송되는 웹 페이지를 보거나 바꿀 수 있는 방법 – 가짜 홈페이지를 만들어 두고 로그인을 유도하여 정보 획득 (ID/PASSWORD, 신용카드 정보 등)

POINT 03) SYN Flooding

01 TCP SYN Flooding

– TCP 패킷의 SYN 비트를 이용한 공격 방법으로 너무 많은 연결 요청이 오도록 해서 대상 시스템이 Flooding(범람)하게 만들어 대상 시스템의 메모리가 바닥나게 하는 것이다.

– 서버별로 한정되어 있는 동시 사용자 연결 수가 있는데 존재하지 않는 Client가 접속한 것처럼 하여 다른 사용자가 서비스를 받지 못하도록 하는 공격이다.

● DDoS 기본 개념

구분	특징	예시	탐지 방법
Flood	지속적으로 전송하여 범람시킴	TCP SYN Flooding	PPS(임계치 기반 탐지)
Spoofing	– 결과 데이터가 변조됨 – DNS Spoofing은 IP가 변조됨	ARP Spoofing	Static 방식
반사 공격	발신자의 IP가 피해자의 IP로 변조됨	– DrDoS – TCP Half Open	PPS(임계치 기반 탐지)
증폭 공격	한 개를 전송했는데 N개가 응답이 옴	– NTP(monlist, 반사 공격) – DNS	PPS(임계치 기반 탐지)

02 TCP SYN Flooding 공격 방법

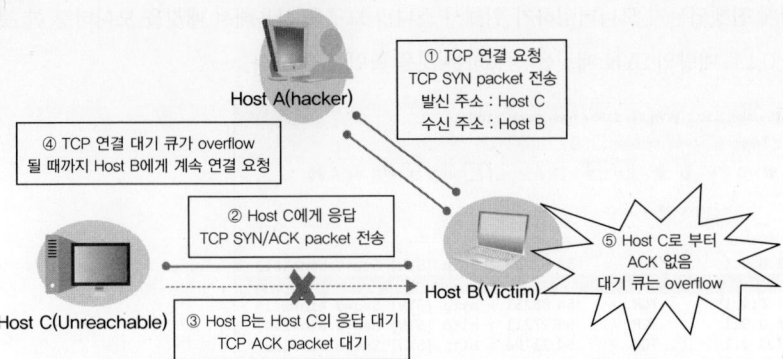

TCP 초기 연결 과정(3way- Handshaking) 이용, SYN 패킷을 요청하여 서버가 ACK 및 SYN 패킷을 보내게 한다. 전송하는 주소가 무의미한 주소이며, 서버는 대기 상태이고, 대량의 요청 패킷 전송으로 서버의 대기 큐가 가득 차서 DoS 상태가 된다.

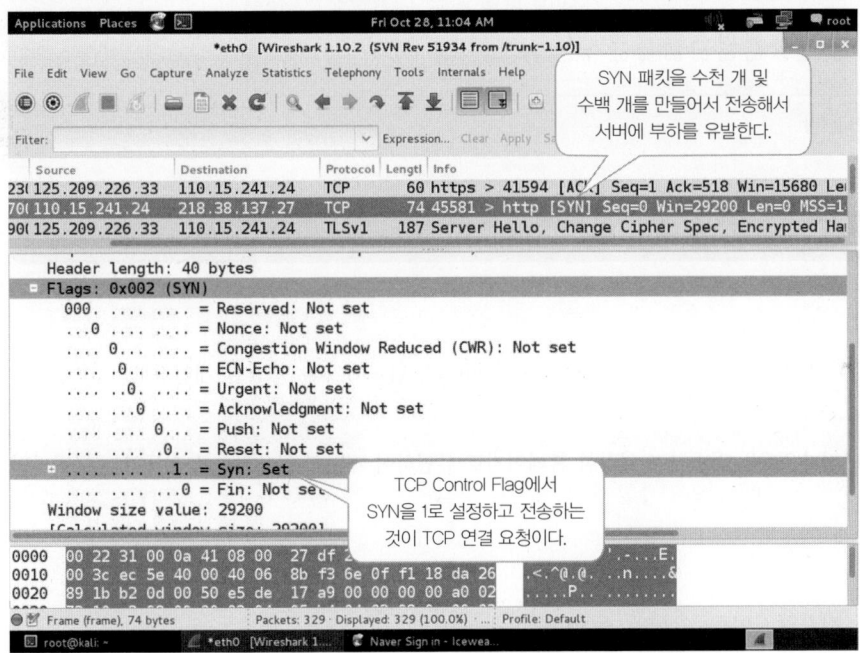

▲ TCP에서 SYN Flag를 설정하여 전송

03 TCP SYN Flooding 탐지

TCP SYN Flooding 공격이 어떻게 진행되는지 모니터링하기 위해서 스니핑 도구를 사용해서 패킷을 모니터링 한 것이다. 그 결과 목적지 주소 127.0.0.1로 대량의 SYN 패킷을 전송하는 것을 확인할 수 있다.

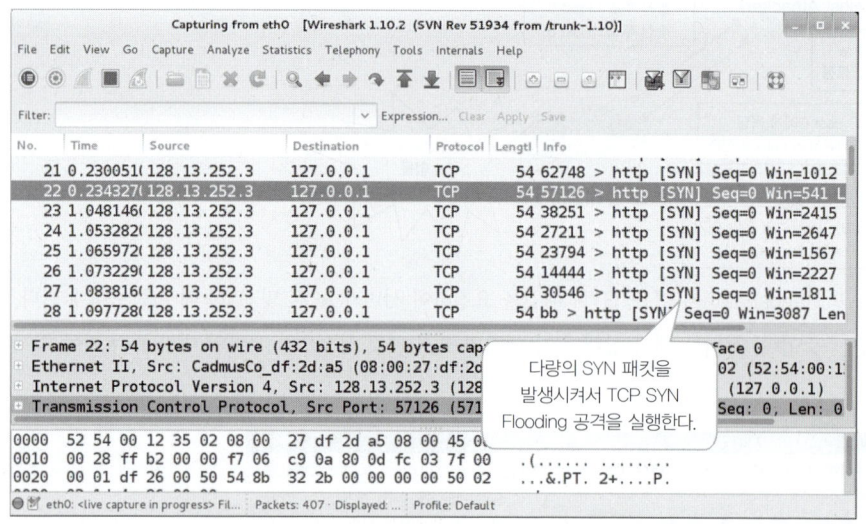

▲ TCP SYN Flooding 공격 모니터링

POINT 04 피싱(Phishing) 및 파밍(Pharming)

01 피싱(Phishing)

– 사회공학적 공격기법으로 개인정보(Private Data)와 낚시(Fishing)의 합성어이다. 민감한 개인정보, 금융정보를 절도하는 해킹기법이다.
– 유명한 기관을 사칭해서 전자우편을 전송하고 위장한 홈페이지로 유인하여 개인의 금융정보를 획득하는 공격기법이다.

(1) 피싱의 문제점

– 거짓 URL을 전송하여 공격자의 사이트로 접속을 유도한다.
– 공인인증서 패스워드, 계좌 정보 등을 갈취하여 금융사기가 발생한다.

(2) 피싱 공격 기법

공격 기법	설명
Man in the Middle	웹 브라우저와 웹 서버 사이에 공격자의 사이트를 두어 해킹하는 기법
URL을 위장	도메인명을 사용하여 공격자의 사이트로 유인
데이터 후킹(Hooking)	키보드 입력 정보를 갈취
XSS	– Cross Site Scripting – 웹 사이트의 취약점을 이용하여 공격자의 URL을 삽입

02 파밍(Pharming)

- DNS(Domain Name Service)를 공격하여 공격자의 사이트로 유도하게 만드는 공격이다.
- 공격자의 사이트에 접속하면 개인정보와 금융정보 등을 갈취한다.

다음의 예를 보면, www.naver.com의 도메인을 입력했는데 네이버 사이트로 위장한 파밍 사이트에 연결되었다. 사용자는 파밍 사이트에 ID와 패스워드를 입력하고 로그인을 하면 네이버 계정을 갈취당하게 된다.

▲ Naver 파밍 사이트

POINT 05) Brute Attack

01 무작위 공격(Brute Attack)

- 사용자의 패스워드를 알아내기 위한 가장 간단하면서 강력한 공격이다.
- 사용자의 패스워드를 획득할 때까지 입력 가능한 문자 및 숫자, 특수문자를 계속 입력한다.

02 무작위 공격 특징

- 암호화된 사용자 패스워드를 알기 위해서 조합 가능한 모든 문자열을 입력한다.
- 입력 가능한 문자열 리스트인 패스워드 파일을 사용한다.
- 무작위 공격 도구로 패스워드 파일을 읽어서 패스워드를 입력한다.
- 패스워드에 대한 입력 횟수 제한 기능이 없어서 발생하는 보안 취약점이다.
- 사전에 있는 단어를 입력해서 무작위 공격을 하여 사전공격(Dictionary Attack)이라고 한다.
- John The Ripper라는 공격 도구는 무작위 공격을 수행하는 공격 도구이다.

01 랜섬웨어(Ransomware)

Ransom(몸값)과 Ware(제품)의 합성어로 암호화 기법을 사용해서 피해자의 문서, 이미지, 동영상 등을 암호화하고 금품을 요구하는 공격기법이다.

○ 랜섬웨어 공격의 특징

- 사용자 PC를 감염시켜서 사용자가 사용하는 문서파일, 이미지, 동영상 등을 암호화한다.
- 암호화 이후 사용자에게 금품을 요구한다. 금품 요구는 계좌이체 및 비트코인 등으로 요구한다.
- 한 번 감염되면 백신으로 치료가 거의 불가능하다.
- 암호화되어 있기 때문에 암호화 키가 없으면 복구가 불가능하다.

02 랜섬웨어 악성코드

(1) 록키(Locky)

자바스크립트 파일이 들어있는 압축파일들을 첨부하여 실행 시에 감염되는 것으로 파일이 암호화되고 확장자가 .locky로 변경된다.

(2) 크립트XXX(CryptXXX)

감염되면 파일 확장자가 .crypt 등으로 변경되며 비트코인 지불 안내서를 제공한다. 악성코드는 DLL 형태로 배포되면서 감염된다.

(3) 케르베르(CERBER)

취약한 웹 사이트 방문으로 감염되며 파일을 암호화하고 확장자를 .cerver로 변경한다. 윈도우의 볼륨 쉐도우(Volume Shadow)를 삭제하여 윈도우를 복구 불가능하게 한다.

＊ 네트워크관리사 1급, 2급에서 출제된 기출문제입니다.

2013년 10월

01 Linux에서 사용자 계정 생성 시 사용자의 비밀번호 정보가 실제로 저장되는 곳은?

① /usr/local
② /etc/password
③ /etc/shadow
④ /usr/password

> 리눅스에는 password라는 파일은 없고 패스워드 파일은 passwd이다. 사용자 패스워드는 passwd 파일에 저장할 수도 있고 shadow 파일에 저장할 수도 있지만 일반적으로 shadow 파일에 패스워드를 저장한다.

2013년 10월

02 시스템 침투 형태 중 IP Address를 접근 가능한 IP Address로 위장하여 침입하는 방식은?

① Sniffing
② Fabricate
③ Modify
④ Spoofing

> IP 스푸핑(Spoofing)이란 위장기법이다. 즉, 자신의 IP를 속이는 행위로서 공격자가 자신의 IP 주소를 공격하고자 하는 소스 IP 주소를 변조하여 해킹하는 방법을 말한다.

2013년 4월

03 시스템의 침투 형태 중 네트워크의 한 호스트에서 실행되어 다른 호스트들의 패킷 교환을 엿듣는 해킹 유형은?

① Sniffing
② IP Spoofing
③ Domain Spoofing
④ Repudiation

> 스니핑(Sniffing)은 송수신되는 메시지를 가로채서 훔쳐보는 것이다.

2018년 2월, 2017년 10월

04 'Brute Force' 공격에 대한 설명으로 올바른 것은?

① 암호문을 풀기 위해 모든 가능한 암호 키 조합을 적용해 보는 시도이다.
② 대량의 트래픽을 유발해 네트워크 대역폭을 점유하는 형태의 공격이다.
③ 네트워크상의 패킷을 가로채 내용을 분석해 정보를 알아내는 행위이다.
④ 공개 소프트웨어를 통해 다른 사람의 컴퓨터에 침입하여 개인정보를 빼내는 행위이다.

> 무작위 공격(Brute Force)은 패스워드를 크랙하기 위해서 가능한 모든 패스워드 조합을 입력하는 공격기법이다. ②는 DDoS 공격이고 ③은 스니핑(Sniffing)이다.

05 (A) 안에 들어가는 용어 중 옳은 것은?

> 보안관리자 Kim 대리는 회사의 중요한 데이터를 인가된 사용자에게만 제공하고, 인가되지 않은 사용자에게 데이터가 제공되지 않도록 하기 위해 보안 솔루션을 도입하고자 한다. (A)을/를 도입함으로써 매체, 통신 인터페이스 제어를 통해 사용자 수준에서 회사의 데이터가 외부로 유출되는 것을 예방할 수 있을 것으로 기대한다.

① PMS(Patch Management System)
② DLP(Data Loss Prevention)
③ IDS(Intrusion Detection System)
④ IPS(Intrusion Prevention System)

> DLP(Data Loss Prevention)는 기업의 중요정보, 개인정보를 보호하기 위한 기술로 개인정보 유출 방지, 모니터링, 정책 기반 제어 등을 수행한다.

06 보안 담당자 Kim은 SSL 3.0 기반의 암호화 통신 환경에서 CBC 모드의 패딩 처리 방식 취약점을 악용한 공격으로 사용자의 세션 쿠키 등 민감 정보가 유출될 수 있음을 확인하였다. 다음 중 이러한 패딩 오라클(Padding Oracle) 공격에 사용되는 SSL 3.0의 대표적인 취약점 이름은?

① POODLE 취약점
② Heartbleed 취약점
③ Bicycle 취약점
④ FREAK 취약점

> POODLE 취약점은 SSL 3.0의 취약점으로 CBC 모드의 취약점으로 이용한 공격으로, CBC 모드의 패딩 구조를 악용해서 데이터를 해독한다.

07 Session Hijacking이라는 웹 해킹 기법과 비슷하나, 사용자의 권한을 탈취하는 공격이 아니라 사용자가 확인한 패킷의 내용만을 훔쳐보는 기법은?

① Spoofing
② Side jacking
③ Sniffing
④ Strip attack

> 사이드 재킹(Side jacking)은 사용자가 확인 패킷 내용만 보는 것이다.
> – Sniffing: 네트워크로 전송되는 패킷을 훔쳐본다.
> – Spoofing: 결과값을 변조하여 공격한다.

최신 기출문제

학습 방향

본 파트에서는 네트워크관리사 필기 1급과 2급 기출문제를 제공합니다. 기출풀이를 분석하면 네트워크관리사에서 가장 중요한 과목이 TCP/IP인 것을 알 수 있습니다. TCP/IP 프로토콜의 특징과 각 프로토콜의 역할만 정확히 이해한다면 네트워크 일반 과목과 TCP/IP 과목에서 좋은 점수를 받을 수 있습니다. 또한 리눅스의 기본적인 명령어는 기출문제에서 제시된 정도만 학습해도 충분히 합격할 수 있을 것입니다.

범위	문항 수	중점 출제 내용
TCP/IP	16~17	• TCP, UDP, ICMP, ARP 프로토콜의 특징 • IPv4와 IPv6의 차이점 • DNS 레코드, 알려진 서비스 포트
네트워크 일반	10~11	• OSI 7계층 • CSMA/CD, CSMA/CA • 다중화 기법 종류 • 에러처리 기법
NOS	18	• Active Directory, netstat, FTP • 리눅스 권한 관리, 디렉터리 구조
네트워크 운용기기	5	라우팅 프로토콜, 리피터, RAID
정보보호 개론 (1급만 적용)	10	• 정보보안 용어, 방화벽, IDS • SET, SSL, 전자우편 • 비밀키 암호화와 공개키 암호화

▶ 합격 강의

1급	시행 일자	소요 시간	문항 수
	2025년 4월	총 60분	총 60문항

수험번호 : _____

성 명 : _____

1과목 **TCP/IP**

01 프로토콜 분석에서 사용되는 도구 중 사용 용도와 기능이 다른 하나는?

① WinPcap
② Tcpdump
③ Wireshake
④ Pktbuilder

Pktbuilder는 패킷을 안전하게 생성하는 프로그램이다. 본 문제의 핵심은 네트워크로 송수신되는 패킷을 스니핑하는 것을 알고 있는지 질의한 것이다.

구분	특징
WinPcap	윈도우에서 스니핑 프로그램을 개발하기 위해 사용되는 라이브러리이다.
Tcpdump	Command 라인 형태로 실행되는 스니핑 프로그램이다.
Wireshark	Graph User Interface를 제공하는 스니핑 프로그램이다.

▲ 스니핑

02 TCP/IP 프로토콜에 대한 설명 중 IP의 특징으로 올바른 것은?

① 계층적 주소(Hierarchical Addressing Scheme)를 사용하여 경로 결정을 수행한다.
② 데이터의 에러 검출 기능을 포함하고 있다.
③ Connetionless 서비스를 제공하지 않는다.
④ UDP Datagram에 대해서 꼭 단편화 작업을 수행해야 한다.

IP 주소는 네트워크 주소 부분과 호스트 주소 부분으로 분리되어 있기 때문에 계층적 주소 체계이다. IP 주소를 사용해서 라우터는 경로를 결정한다.
• 데이터 에러 검출: TCP의 Error Control 기능이다.
• Connectionless: UDP의 기능으로 연결하지 않고 빠르게 송수신한다.
• UDP 단편화: IP는 단편화 작업을 할 수 있지만 UDP에 대해서 꼭 하는 것이 아니라 패킷의 최대 크기를 초과할 경우 수행한다.

03 다음 중 무선 LAN(Wi-Fi) 표준 기술과 사용하는 변조 방식의 연결로 옳지 않은 것은?

① IEEE 802.11n (Wi-Fi 4): OFDM
② IEEE 802.11ac (Wi-Fi 5): OFDM
③ IEEE 802.11ax (Wi-Fi 6): OFDMA
④ IEEE 802.11be (Wi-Fi 7): DSSS

IEEE 802.11be의 변조 방식은 4096-QAM(Quadrature Amplitude Modulation) 방식을 사용한다.
– 변조: 데이터를 정보전송에 적합하게 변환하는 과정이다.

04 네트워크 ID '210.182.73.0'을 6개의 서브넷으로 나누고, 각 서브넷마다 적어도 30개 이상의 Host ID를 필요로 한다. 적절한 서브넷 마스크 값은?

① 255.255.255.224
② 255.255.255.192
③ 255.255.255.128
④ 255.255.255.0

최소 6개의 서브넷을 생성하려면 3비트가 필요하다. 즉 $2^3=8$이므로 8개의 서브넷을 만들 수가 있다. 따라서 네트워크 주소 부분에서 3비트를 1로 설정한다. 그러면 호스트는 $2^5=32$개 호스트에 IP를 부여할 수 있다.

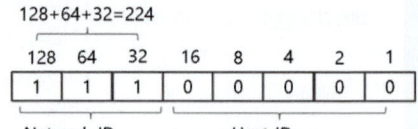

128+64+32=224

128	64	32	16	8	4	2	1
1	1	1	0	0	0	0	0

Network ID   Host ID

---

05 IPv6의 특징 중 옳지 않은 것은?

① 브로드 캐스트가 가능하다.

② 128bit의 주소 길이를 갖는다.

③ 16bit씩 8부분으로 16진수로 표시한다.

④ IPSec을 기본적으로 지원한다.

IPv4는 Unicast, Multicase, Broadcast가 가능하지만 IPv6는 Unicast, Multicast, Anycast가 가능하다.
– IPv6: 128비트 16진수 주소 체계를 사용하고 전송 구간 보안을 위해서 IPSEC를 지원한다.

06 TCP 세션의 성립에 대한 설명으로 옳지 않은 것은?

① 세션 성립은 TCP Three-Way Hand-shake 응답 확인 방식이라 한다.

② 실제 순서번호는 송신 호스트에서 임의로 선택된다.

③ 세션 성립을 원하는 컴퓨터가 ACK 플래그를 '0'으로 설정하는 TCP 패킷을 보낸다.

④ 송신 호스트는 데이터가 성공적으로 수신된 것을 확인하기까지는 복사본을 유지한다.

TCP Control Flag 중에서 ACK는 응답 비트로 "1"로 설정하는 것이다.

07 TCP/IP 계층 중 다른 계층에서 동작하는 프로토콜은?

① IP

② ICMP

③ UDP

④ IGMP

TCP/IP 4계층에서 TCP와 UDP는 전송계층(Transport Layer)에서 동작한다. IP, ICMP, IGMP 등은 인터넷 계층에서 동작한다.
– TCP/IP 4계층: 애플리케이션, 전송, 인터넷, 네트워크 엑세스

08 IP 프로토콜의 헤더 체크섬(Checksum)에 대한 설명 중 올바른 것은?

① 체크섬 필드를 '0'으로 하여 계산한다.

② 네트워크에서 존재하는 시간을 나타낸다.

③ 데이터 그램의 총 길이를 나타낸다.

④ IP 헤더에 대해서만 포함되며 데이터 필드를 포함한다.

TCP의 체크섬은 헤더와 데이터를 포함하지만, IP의 체크섬은 헤더만 포함된다. 그리고 체크섬 필드를 0으로 해서 계산한다.

09 ICMP의 메세지 유형으로 옳지 않은 것은?

① Destination Unreachable

② Time Exceeded

③ Echo Reply

④ Echo Research

ICMP는 네트워크의 오류를 확인하기 위해서 사용되는 프로토콜이다.

Type	Message	설명
3	Destination unreachable	Router가 목적지를 찾지 못할 경우 보내는 메시지
4	Source quench	패킷을 너무 빨리 보내 Network에 무리를 주는 호스트를 제지할 때 사용
5	Redirection	패킷 Routing 경로를 수정. Smurf 공격에서 사용
8 or 0	Echo request or reply	Host의 존재를 확인
11	Time exceeded	패킷을 보냈으나 시간이 경과하여 Packet이 삭제되었을 때 보내는 메시지
12	Parameter problem	IP Header field에 잘못된 정보가 있다는 것을 알림
13 or 14	Timestamp request and reply	Echo와 비슷하나 시간에 대한 정보가 추가

▲ ICMP 메시지

10 IGMP에 대한 설명 중 올바른 것은?

① 호스트가 멀티캐스트 그룹에 가입하거나 데이터를 수신하기 위해 라우터와 통신할 때 사용된다.

② 호스트가 자신에게 할당된 IP 주소를 브로드캐스트로 요청할 때 사용하는 프로토콜이다.

③ 두 지점 간 전송의 신뢰성과 흐름 제어를 보장하기 위해 3-way 핸드셰이크를 사용하는 프로토콜이다.

④ IP 패킷의 경로 상 오류 발생 시 오류 메시지를 생성하여 송신자에게 알리는 프로토콜이다.

멀티캐스트와 IGMP (Internet Group Management Protocol)
멀티캐스트는 그룹에 등록된 사용자에게만 데이터를 전송하는 것이다. 그럼 그룹에 등록된 사용자를 관리해야 하는데 그룹에 등록된 사용자를 관리하는 프로토콜이 IGMP이다.

11 RARP에 대한 설명 중 올바른 것은?

① 시작지 호스트에서 여러 목적지 호스트로 데이터를 전송할 때 사용된다.

② TCP/IP 프로토콜의 IP에서 접속없이 데이터의 전송을 수행하는 기능을 규정한다.

③ 하드웨어 주소를 IP Address로 변환하기 위해서 사용한다.

④ IP에서의 오류제어를 위하여 사용되며, 시작지 호스트의 라우팅 실패를 보고한다.

RARP(Reverse Address Resolution Protocol)는 물리적인 주소 MAC을 기반으로 논리적인 주소 IP를 알아오는 프로토콜이다.

12 UDP에 대한 설명 중 옳지 않은 것은?

① 가상선로 개념이 없는 비연결형 프로토콜이다.

② TCP보다 전송속도가 느리다.

③ 각 사용자는 16비트의 포트번호를 할당받는다.

④ 데이터 전송이 블록 단위이다.

UDP는 신뢰성 있는 데이터 송수신을 하지 않지만 TCP보다 데이터를 빠르게 송수신할 수 있다.

13 IP Address 중 Class가 다른 주소는?

① 191.235.47.35

② 128.128.105.4

③ 169.146.58.5

④ 195.204.26.34

– IP 주소의 첫 번째 옥텟의 범위는 Class A: 1~126, Class B: 128~191, Class C: 192~223, Class D: 224~239이다.
– 따라서 ①, ②, ③은 Class B, ④는 Class C이다.

14 라우터가 자신을 네트워크의 중심점으로 간주하여 최단 경로의 트리를 구성하는 방식으로, 사용자에 의한 경로의 지정, 가장 경제적인 경로의 지정, 복수경로 선정 등의 기능을 제공하는 라우팅 프로토콜은?

① OSPF(Open Shortest Path First)

② IGRP(Interior Gateway Routing Protocol)

③ RIP(Routing Information Protocol)

④ BGP(Border Gateway Protocol)

OSPF(Open Shortest Path First)는 대규모 IP 네트워크에서 사용되고 Link State 기법을 사용한다.
– OSPF는 라우터들을 트리 형태의 자료구조처럼 연결하고 라우터 간에 정보를 공유한다.

15 (A)에 해당되는 용어는?

> 클라이언트는 'icqa.or.kr' 웹 사이트에 접근하려
> 고 한다. 시스템 내 저장되어 있는 DNS 캐시 정보
> 를 확인 후 Entry 정보가 없는 경우 DNS 서버에
> 해당 도메인에 대한 IP address를 질의하는 (A)
> 쿼리를 보내게 된다.

① 재귀
② 반복
③ 선택
④ 동적

재귀 질의(Recursive Query)는 사용자 호스트(DNS Client)에서 DNS 서버에 질의를 하는 것이고 외부 DNS 서버를 호출하는 것은 반복 질의(Iterative Query)이다.

16 DNS 레코드 중 도메인의 메일 서버를 식별하기 위해 사용되는 레코드는?

① NS 레코드
② Host 레코드
③ Point 레코드
④ MX 레코드

MX(Mail eXchanger)로 메일서버를 식별할 때 사용하는 레코드이다.
– DNS Record: DNS에 요청을 받아서 어떻게 처리할 것인지에 대한 정보를 의미한다.

17 TCP/IP 환경에서 사용하는 도구인 'Netstat' 명령에서 TCP 및 UDP 프로토콜에 대한 통계를 확인할 때, 올바른 명령은?

① Netstat -e
② Netstat -s
③ Netstat -o
④ Netstat -r

"–s" 옵션은 통계 정보를 확인한다.

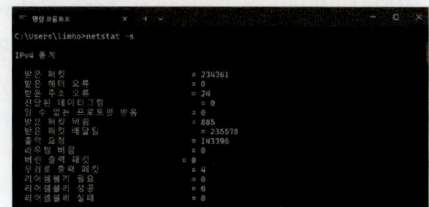

▲ "netstat –s" 실행

18 다음은 SDN(Software Defined Network)에 대한 설명이다. (A)와 (B)에 들어갈 용어는 무엇인가?

> SDN은 개방형 API(오픈플로우)를 통해 네트워크
> 의 트래픽 전달 동작을 소프트웨어 기반 컨트롤러
> 에서 제어/관리하는 접근방식이다. SDN은 트래픽
> 경로를 지정하는 (A)과 트래픽 전송을 수행하는
> (B)으로 분리되어 있다.

① (A) 제어 기능, (B) 데이터 기능
② (A) 데이터 기능, (B) 제어 기능
③ (A) 라우팅 기능, (B) 포워딩 기능
④ (A) 포워딩 기능, (B) 라우팅 기능

SDN(Software Defined Network)은 Control Plane(제어부)과 Data Plane(전송부)으로 분리되어 있다.
– Control Plane은 네트워크 장비를 소프트웨어로 통제하고 Data Plane은 데이터 전송을 담당한다.

19 다음은 Home Network에 사용되는 기술 중 WPAN(Wireless Personal Area Network)에 대한 설명이다. (A), (B), (C) 안에 들어갈 표준을 순서대로 나열한 것은?

> 네트워크 관리 담당자인 Kim 사원은 회사 소속 직원들이 거주하는 아파트의 홈네트워크 시스템을 통합하기 위해 다양한 관련 기술 표준을 조사하고 있다. 사용할 수 있는 기술은 기존의 Wireless LAN 이외에 WPAN으로 통칭하는 기술이 있으며, 이는 크게 블루투스, 고속 WPAN 및 저속 WPAN으로 분류할 수 있다. (A)는 WPAN/블루투스를 (B)는 고속 WPAN에 대한 표준이며, (C)는 저속 WPAN에 대한 표준이다.

① 802.11.1 – 802.11.3 – 802.11.4
② 802.11a – 802.11b – 802.11c
③ 802.15.1 – 802.15.3 – 802.15.4
④ 802.16.1 – 802.16.3 – 802.16.4

IEEE 802 위원회는 네트워크 표준을 거리 기반으로 분리하였다. 이 중에서 IEEE 802.15 표준은 3~10m 정도의 통신(WPAN)을 지원한다.
– IEEE 802.15.1: 블루투스, IEEE 802.15.3: UWB, IEEE 802.15.4: Zigbee

20 다음 중 클라우드 컴퓨팅에서 제공하는 GSL-B(Global Server Load Balancing)의 특징 중 가장 거리가 먼 것은?

① 트래픽 분산
② 서비스 서버 상태 체크
③ 응답 성능 향상
④ 서비스 컨텐츠 캐싱

GSLB(Global Server Load Balancing)는 서버의 상태를 모니터링해서 트래픽이 집중되지 않게 로드 밸런싱한다.

21 다음 중 클라우드 컴퓨팅 환경에서 보안 관리 서비스를 On-Demand 형태로 제공하는 것은?

① SaaS
② SECaaS
③ DevSecOps
④ PaaS

SECaaS(Security as a Service)는 클라우드 기반 보안 서비스를 제공한다.

22 (A)에 들어갈 용어로 가장 적절한 것은?

> (A)은/는 소스 IP 변환이 주목적이다. 퍼블릭 유형과 프라이빗 유형이 있으며 퍼블릭 유형은 프라이빗 IP만 소유한 서비스가 인터넷 접속이 필요할 때 사용하고, 프라이빗 유형은 인터넷 접속과 관계없이 소스 주소 변환의 목적으로만 사용한다.

① 인터넷 게이트웨이
② NAT 게이트웨이
③ 로드밸런싱
④ VPC 피어링

NAT Gateway는 AWS 클라우드에서 제공하는 네트워크 주소 변환 서비스이다.

오답 피하기

VPC Peering: AWS의 가상 네트워크인 VPN 간에 연결을 제공하는 서비스이다.

23 클라우드 네트워크 관리 기술은 일반적으로 ISO/ITU-T 기준에 따라 구성 관리, 성능 관리, 계정 관리, 장애 관리, 보안 관리 등으로 나뉘며, 각각의 기능이 명확히 정의되어 있다. 다음 중 각 관리 영역의 설명으로 부적절한 것은?

① 구성 관리는 네트워크 구성에 관한 정보를 수집하고 이러한 정보를 바탕으로 장치의 구성을 업데이트하여 최신 정보를 유지하고 보고서를 작성하는 기능을 담당한다.

② 성능 관리는 통계 정보를 수집하고, 시스템 상태 이력 기록을 유지·검사하며, 시스템 성능을 측정하고, 지연 시간과 대역폭 사용률, 패킷 처리율 등을 단계별 또는 시간별로 관리한다.

③ 계정 관리는 개방 시스템에서 일어나는 활동에 따라 소비하는 자원에 관한 모든 정보를 관리하고, 자원 사용량과 관련이 있는 네트워크 데이터를 수집하는 것을 말한다.

④ 보안 관리는 네트워크 장치 설정 및 변경, 가입 변경 시 구성 정보 변경, 네트워크 장치 구성 정보의 버전 관리, 네트워크 관리 체계 소프트웨어의 백업 등이 해당된다.

보안 관리는 네트워크에 접근 제어(Access Control), 침입 탐지, 암호화 등을 통해서 데이터를 보호하는 것이다.

24 OSI에서 표준 모델로 정한 컴퓨터 상호간 연결을 위한 계층 구조 중, 통신을 위한 물리적 전송로의 설정, 유지 및 해제를 담당하는 계층은?

① Physical Layer
② Data Link Layer
③ Network Layer
④ Session Layer

OSI 7계층에서 데이터링크 계층은 물리적 주소 결정, 에러 제어, 흐름 제어, 데이터 전송 등을 수행한다.

25 CRC(Cyclic Redundancy Checking) 에러 검출 방법에 대한 설명으로 옳지 않은 것은?

① 프레임이 수신되면 수신기는 같은 제수(Generator)를 사용하여 나눗셈의 나머지를 검사한다.

② CRC 비트를 만들기 위해 논리합 연산을 수행한다.

③ 전체 블록 검사를 위해 메시지는 하나의 긴 이진수로 간주한다.

④ 메시지를 특정한 이진 소수에 의해 나눈 후 나머지를 송신 프레임에 첨부하여 전송한다.

CRC는 패킷의 무결성을 검사하는 것으로 주로 나눗셈 연산이 사용된다.

26 광케이블을 이용하는 통신에서 저손실의 파장 대를 이용하여 광 파장이 서로 다른 복수의 광신호를 한 가닥의 광섬유에 다중화시키는 방식은?

① 코드 분할 다중 방식(CDM)
② 직교 분할 다중 방식(OFDM)
③ 시간 분할 다중 방식(TDM)
④ 파장 분할 다중 방식(WDM)

WDM(Wavelength Division Multiplexing)은 광섬유를 사용해서 통신할 때 파장을 분할해서 다중화하는 것이다. 즉, 빛의 신호의 파장을 분할해서 송수신한다.

27 오류 검출 방식인 ARQ 방식 중에서 일정한 크기 단위로 연속해서 프레임을 전송하고, 수신 측에 오류가 발견된 프레임에 대하여 재전송 요청이 있을 경우 잘못된 프레임만을 다시 전송하는 방법은?

① Stop-and-Wait ARQ
② Go-back-N ARQ
③ Selective-repeat ARQ
④ Adaptive ARQ

Selective-repeat ARQ는 재전송 시에 잘못된 프레임만 재전송하는 방법이다.

---

28 SOA 레코드의 설정 값에 대한 설명으로 옳지 않은 것은?

① 주 서버: 주 영역 서버의 도메인 주소를 입력한다.
② 책임자: 책임자의 주소 및 전화번호를 입력한다.
③ 최소 TTL: 각 레코드의 기본 Cache 시간을 지정한다.
④ 새로 고침 간격: 주 서버와 보조 서버간의 통신이 두절되었을 때 다시 통신할 시간 간격을 설정한다.

SOA 레코드의 rname은 도메인 존 관리자/담당자의 이메일 주소를 설정한다.

설정 값	설명
일련번호	영역 변경 시에 증가하는 번호로 보조 영역 DNS 서버에 전송
주 서버	주 영역 DNS 서버의 도메인 주소
책임자	책임자의 전자우편주소
새로 고침 간격	주 영역 DNS 서버와 보조 영역 DNS 서버 간에 통신 간격
다시 시도 간격	주 영역 DNS 서버와 보조 영역 DNS 서버 간에 통신장애가 발생하면 재시도 간격
다음 날짜 이후에 만료	설정 기간을 초과하여 통신 두절 시 동작 정지 정보
최소(기본값) TTL	레코드의 캐시 시간을 지정
이 레코드의 TTL	SOA 레코드의 TTL이 지정됨

---

29 다음 설명에 해당하는 프로세스는?

- 백그라운드로 실행한다.
- 고유한 기능에 해당되는 이벤트가 발생되면 동작한다.
- 서비스를 제공한 다음 대기 상태로 돌아간다.
- 시스템 서비스를 지원하는 프로세스이다.
- 서버의 역할을 수행하거나 그 기능을 도와준다.

① shell
② kernel
③ program
④ deamon

데몬(Daemon) 프로세스란 리눅스 서버가 부팅될 때 백그라운드에서 실행되어, 클라이언트의 요청에 따라 서비스를 수행하는 프로그램이다.

---

30 Linux 시스템에서 'chmod 644 index.html' 라는 명령어를 사용하였을 때, 'index.html' 파일에 변화되는 내용으로 옳은 것은?

① 소유자의 권한은 읽기, 쓰기가 가능하며, 그룹과 그 외의 사용자 권한은 읽기만 가능하다.
② 소유자의 권한은 읽기, 쓰기, 실행이 가능하며, 그룹과 그 외의 사용자 권한은 읽기만 가능하다.
③ 소유자의 권한은 쓰기만 가능하며, 그룹과 그 외의 사용자 권한은 읽기, 쓰기가 가능하다.
④ 소유자의 권한은 읽기만 가능하며, 그룹과 그 외의 사용자 권한은 읽기, 쓰기, 실행이 가능하다.

chmod는 리눅스 파일 및 디렉터리의 권한을 변경하는 명령어이다.
– 사용자(소유자)의 6=4(Read)+2(Write)
– 그룹의 4=4(Read)
– 다른 사용자의 4=4(Read)

---

31 클라우드 기반 시스템과 연동된 Active Directory 환경에서, 기존 사용자 계정 정보를 질의하고 로그인 여부와는 별개로 속성 정보나 그룹 정보에 접근하는 데 사용되는 프로토콜은?

① SAML
② Kerberos
③ OAuth2
④ LDAP

LDAP(Lightweight Directory Access Protocol)는 디렉터리 서비스에 저장된 정보를 검색하고 관리하는 프로토콜이다. Active Directory는 LDAP를 사용해서 사용자 정보, 그룹 정보를 관리한다.
– OAuth2: 웹 및 애플리케이션 인증 및 권한 부여를 위한 개방형 프로토콜이다.

32 Windows Server 2016의 'netstat' 명령어로 알 수 없는 정보는?

① TCP 접속 프로토콜 정보
② ICMP 송수신 통계
③ UDP 대기용 Open 포트 상태
④ 도메인에 할당된 IP 주소 확인

"netstat" 명령어는 네트워크 상태를 모니터링하는 명령어이다. TCP, UDP, ICMP 등의 통계는 "-s" 옵션을 사용해서 확인이 가능하다. 하지만 도메인에 할당된 IP 주소는 확인할 수 없다.
– 윈도우에서 특정 프로세스가 사용하는 네트워크 연결 정보: netstat -b

33 서버 관리자 Kim 사원이 웹서버(Linux)의 버전 정보를 최소 노출하고자 확인한 결과 [화면1]과 같은 정보를 보여 주었다. 이에 Apache 서버의 httpd.conf 파일을 수정하여 [화면2] 정보의 수준으로 조정하였다. ServerTokens의 설정 값은?

[화면1]: 변경 전	[화면2]: 변경 후
HTTP/1.1 200 OK Date: Sun, 17 Oct 2021 02:40:41 GMT Server: Apache/2.4.6 (CentOS) OpenSSL/1.0.2k- fips PHP/5.4.16 X-Powered-By: PHP/5.4.16 Content-Length: 132 Keep-Alive: timeout=6, max=111 Connection: Keep-Alive Content-Type: text/html; charset=UTF-8	HTTP/1.1 200 OK Date: Sun, 17 Oct 2021 02:40:41 GMT Server: Apache X-Powered-By: PHP/5.4.16 Content-Length: 132 Keep-Alive: timeout=6, max=111 Connection: Keep-Alive Content-Type: text/html; charset=UTF-8

① ServerTokens Min
② ServerTokens Prod
③ ServerTokens Full
④ ServerTokens OS

변경 전 이미지는 Server 필드에 Apache2.4.6 등의 버전 정보가 확인된다. 즉, HTTP Response 메시지의 Server 필드를 보면 정보 획득이 가능하다.
– httpd.conf 파일: ServerTokens를 Prod로 설정하면 버전 정보가 노출되지 않는다.
– 버전 정보 노출: ServerTokens 필드에 FULL, OS로 설정되면 노출이 된다.

34 Windows Server 2016에서 PowerShell을 이용하여 네트워크 어댑터의 IP 주소, 서브넷 마스크, 게이트웨이 등의 정보를 확인하고자 한다. 다음 중 이러한 정보를 가장 명확하게 확인할 수 있는 PowerShell 명령어는?

① Get-NetTCPConnection

② Get-NetIPAddress

③ Resolve-DnsName

④ Test-Connection

Get-NetIPAddress 명령어는 네트워크 어댑터의 IP 주소, 서브넷 마스크, 게이트웨이 정보를 확인할 수 있다.

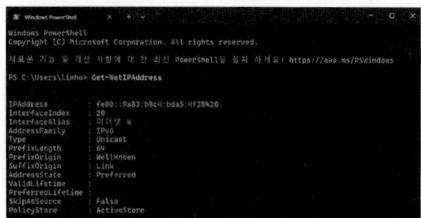

▲ Get-NetIPAddress 실행

35 Linux 시스템의 부팅 시 빠르게 지나간 부팅 메시지를 확인하는 방법으로 옳지 않은 것은?

① journalctl 명령어로 확인한다.

② 부팅 직후 [Shift]+[Page Up], [Shift]+[Page Down] 키를 사용한다.

③ 로그인 과정을 거친 후에 history 명령어를 실행한다.

④ 로그인 과정을 거친 후에 /var/log/messages 파일을 참고한다.

리눅스에서 history 명령어는 사용자가 입력한 명령어를 확인한다. 즉, 부팅 메시지를 확인하는 것과는 관련이 없다.

36 사용자 권한이 1777인 디렉터리에 대한 설명으로 옳지 않은 것은?

① 누구나 접근 가능한 디렉터리이다.

② 누구나 모든 파일을 읽고 쓸 수 있다.

③ 누구나 모든 파일을 수정하고 삭제할 수 있다.

④ 누구나 서브 디렉터리를 생성할 수 있다.

리눅스 권한에서 천 단위로 설정하는 것은 리눅스 특수 권한을 의미한다.
- setuid(4000), setgid(2000), sticky bit(1000)이다. sticky bit는 파일이나 디렉터리를 소유자, 그룹 또는 생성자만 삭제하거나 수정할 수 있도록 한다.

37 Linux 시스템을 관리하는 Han 과장은 로그 파일을 통해 시스템의 다양한 상태를 점검하고 있다. 웹 서버에 접속하는 클라이언트의 접속 상황을 저장하는 로그 파일의 이름으로 올바른 것은?

① /var/log/messages

② /var/log/secure

③ /var/log/httpd/access_log

④ /var/log/httpd/error_log

아파치 웹 서버 로그 파일은 access.log이다.

오답 피하기
- secure 파일: ssh, telnet, ftp 등의 원격 접속 로그이다.
- error_log 파일: 아파치 웹 서버 에러 로그이다.

38 서버 관리자 Scott 사원은 Windows Server 2016 운영체제를 기반으로 데이터베이스를 운영하고 있다. 데이터 저장장치의 분실에 의해 개인정보가 누출되지 않도록 BitLocker 기술을 활용하고자 한다. BitLocker 기술에 대한 설명으로 옳지 않은 것은?

① BitLocker 기능을 사용하기 위해서는 TPM이 장착된 메인보드를 반드시 사용해야 한다.

② 고정 데이터, 운영 체제, 이동식 데이터 드라이브에 대한 암호화 수준을 개별적으로 구성 가능하다.

③ 볼륨 또는 디스크를 통째로 잠그는 기능으로, 파일이나 폴더 단위로 암호화하는 EFS에 비해 기능이 강력하다.

④ 드라이브 잠금 해제를 위한 암호를 분실한 경우, 48자리의 복구키를 이용하여 잠금을 해제할 수 있다.

TPM(Trust Platform Module): BitLocker의 암호화 키를 안전하게 관리하는 역할로, TPM은 BitLocker의 보안을 강화하지만 반드시 필요한 것은 아니다.

39 서버 담당자 Park 대리는 Windows Server 2016을 이용하여 자동으로 보안 템플릿을 만들어 시스템에 적용하고 분석하는데 SecEdit. exe 도구를 사용하고자 한다. SecEdit.exe 도구를 사용하여 시스템에 적용할 보안 영역에 대한 설명으로 옳지 않은 것은?

① SECURITYPOLICY: 시스템에 대한 로컬 정책 및 도메인 정책

② GROUP_MGMT: 보안 템플릿에 지정된 관리 그룹

③ USER_RIGHTS: 사용자 로그온 권한 및 사용 권한 부여

④ SERVICES: 정의된 모든 서비스

SecEdit.exe: 윈도우 서버에서 보안 템플릿을 적용한다.
- GROUP_MGMT: 보안 템플릿에 지정된 모든 그룹에 대한 제한된 그룹을 설정한다.

40 서버 담당자 Kang 사원은 Windows Server 2016의 이벤트 뷰어를 통해 감사 정책에 따른 로그 정보를 확인하여 서버의 상태를 지속적으로 체크하고 있다. 하드웨어 이벤트와 관련한 항목으로 올바른 것은?

① 사용자 지정 보기

② 보안 로그

③ 응용 프로그램 및 서비스 로그

④ 구독

하드웨어 이벤트는 응용 프로그램 및 서비스 로그의 SYSTEM 로그에서 확인해야 한다.

41 Windows Server 2016 파일 서버를 운영 중인 관리자 Park 사원은 사용자에게 기본 접근 권한을 부여하려고 한다. 다음 중 NTFS 기본 권한 항목에 해당하지 않는 것은?

① Read

② Write

③ List folder contents

④ Write & Execute

윈도우 NTFS 파일 시스템의 기본 권한 항목은 다음과 같다.

구분	설명
Read	파일 또는 폴더를 읽을 수 있음
Write	파일 또는 폴더를 수정 삭제할 수 있음
List folder contents	폴더 내의 파일 및 하위 폴더 목록을 볼 수 있음
Modify	파일 또는 폴더를 수정, 삭제 이름 변경이 가능
Read & execute	파일 또는 폴더를 읽고 실행
Full control	파일 또는 폴더에 대한 모든 권한을 가짐

▲ NTFS 기본 권한

42 'runlevel 5'로 로그인 되어 있는 상태에서 Apache에 소스컴파일 설치를 하여 '/etc/init.d'의 경로에 httpd 데몬 shell script를 생성하여 정상적인 실행을 확인하였다. 해당 데몬을 재부팅 후에 자동 실행되도록 설정하는 명령어는?

① systemctl restart httpd.service
② /etc/init.d/httpd restart
③ chkconfig --list | grep httpd
④ chkconfig --level 5 httpd on

chkconfig 명령어는 리눅스에서 자동 실행 설정을 관리하는 명령어이다.
– "--level 5": Run level 5로 부팅 시에 활성화하라는 것이다.
– "httpd": 데몬 프로세스의 이름이다.
– "on": 자동 실행되게 설정하라는 것이다.

43 서버 담당자 Park 사원은 Windows Server 2016에서 공인 인증기관(CA)에 인증서를 요청하기 위해, 실행 중인 IIS(인터넷 정보 서비스)를 통해 CSR(Certificate Signing Request)을 생성하려고 한다. 이 작업을 수행하기 위해 IIS 관리자에서 선택해야 하는 항목으로 가장 적절한 것은?

① HTTP 응답 헤더
② MIME 형식
③ 기본 문서
④ 서버 인증서

관리자는 CSR을 생성하기 위해서 서버 인증서를 선택해야 한다.

44 다음은 Linux에서 사용자 계정을 생성하는 명령어이다. 이 명령어에 대한 설명 중 잘못된 것은?

adduser -u 550 -g 13 -d /home/test -s /bin/sh -f 40 test

① 사용자 계정은 test이다.
② 홈 디렉터리로는 '/home/test'를 사용한다.
③ 셸은 본셸을 사용한다.
④ 40일마다 패스워드를 변경하도록 설정한다.

"-f" 옵션은 패스워드 만기 후 계정 영구 삭제 기간이다.

45 Windows와 UNIX는 다른 로그 체계를 갖추고 있다. Windows는 이벤트(event)라고 불리는 중앙 집중화된 형태로 로그를 수집하여 저장한다. Windows 이벤트 뷰어에 표시되는 항목과 설명이 잘못 설명되어 있는 것은?

① 컴퓨터: 관련 로그를 발생시킨 시스템
② 원본, 범주: 로그와 관계있는 영역
③ 사용자: 관련 로그를 발생시킨 사용자
④ 날짜 및 시간: 파일 생성 시간

날짜 및 시간은 파일 생성 시간이 아니라 이벤트 발생 시간이다.

46 라우터(Router)와 L3 스위치의 특징을 비교한 내용 중 바르게 설명한 것은?

① 모든 L3 스위치는 NAT(Network Address Translation) 기능을 제공한다.

② L3 스위치 및 라우터의 패킷 전송 구조는 하드웨어 기반이다.

③ 라우터는 WAN 구간 연동을 위한 인터페이스 제공이 어렵다.

④ 라우터는 L3 스위치보다 다양한 WAN 연동용 인터페이스(Ethernet, 광 링크, 고속 시리얼 등)를 제공한다.

라우터는 여러 개의 네트워크와 WAN을 연결하고 네트워크 인터페이스를 제공한다. L3는 스위치이면서 어느 정도 라우터 기능도 수행하는 장비로 LAN 환경에서 사용된다.

47 네트워크 스위치 다수의 포트를 하나의 포트로 사용하여 대역폭을 늘릴 수 있고 여러 포트를 하나로 사용하기에 STP로 Blocking되지 않고 포트를 전부 사용할 수 있는 기술은?

① 이더 채널(Ether Channel)

② 가상 랜(Virtual Local Area Network)

③ POE(Power Over Ethernet)

④ 게이트웨이(Gateway)

이더 채널(Ether Channel)은 여러 개의 물리적 이더넷 링크를 하나의 논리적 링크로 묶어 대역폭을 늘리거나 이중화를 제공한다.

48 서로 다른 형태의 네트워크를 상호 접속하는 장치로 필요할 경우 프로토콜 변환을 수행하는 장치는?

① Frame Relay Access Device

② Remote Access Server

③ Gateway

④ Switching Hub

Gateway는 서로 다른 네트워크를 연결하는 장비이다.

49 RAID의 기능 중에서 Hot Swap의 기능을 올바르게 설명한 것은?

① 전원이 꺼진 상태에서 디스크를 백업하는 기능이다.

② 전원이 꺼진 상태에서 디스크를 교체하는 기능이다.

③ 전원이 켜진 상태에서 데이터를 여분의 디스크에 백업하는 기능이다.

④ 전원이 켜진 상태에서 디스크를 교체하는 기능이다.

Hot Swap은 전원이 켜진 상태에서 디스크를 교체할 수 있는 기술이다.

50 라우팅 프로토콜은 목적지까지의 최적 경로를 결정하기 위해 다양한 메트릭(Metric) 값을 사용한다. 다음 중 메트릭으로 사용되지 않는 항목은?

① 회선의 최대 전송속도(Bandwidth)

② 라우터의 종류(Vendor)

③ 목적지까지의 홉 수(Hop Count)

④ 회선 사용량(Load)

라우팅 프로토콜은 목적지까지의 경로를 결정하기 위한 것으로 라우터의 종류는 메트릭에 포함되지 않는다.

51 다음 지문이 설명하는 제도는?

> 클라우드 서비스 제공자가 제공하는 서비스에 대해 '클라우드컴퓨팅법' 제23조 제2항에 따라 정보보호 기준의 준수 여부를 인증기관이 평가·인증하여 이용자들이 안심하고 클라우드컴퓨팅 서비스를 이용할 수 있도록 지원하는 제도

① CASP
② K-ISMS
③ ISO27001
④ BS7799

CASP는 클라우드 서비스 보안인증으로 클라우드 컴퓨팅 서비스 사용자가 제공하는 서비스에 대해 정보보호 기준의 준수 여부를 평가, 인증하는 제도이다. IaaS(Infrastructure as a Service), SaaS(Software as a Service), DaaS(Desktop as a Service)가 인증 대상이다.

52 PAM(Pluggable Authentication Modules) 설정 파일 중 제어 플래그에 대한 설명으로 옳은 것은?

① required: 모듈 인자로 지정한 실정 파일에서 모든 행을 읽어온다.
② requisite: 해당 모듈은 인증을 계속하기 위해 반드시 성공해야 한다.
③ include: 모듈 인자로 지정한 설정 파일에서 모든 행을 읽어온다.
④ sufficient: 이 모듈의 결과는 무시된다. 만약 이 모듈이 성공하고 앞선 required 모듈 중 실패가 없으면 인증 성공을 리턴한다.

include 플래그는 해당 설정 파일의 내용을 현재 설정 파일에 적용하는 역할을 한다.

53 지문과 같이 rsyslog 필터를 구성하고자 한다. 지문에 맞게 필터를 올바르게 작성한 것은?

> cron에서 info와 debug를 제외한 모든 로그 메시지를 선택한다.

① cron.!info,!debug
② info.!cron,!debug
③ debug.!info,!cron
④ info.!debug,!cron

제외에 대한 설정은 "!"으로 설정한다. !info, !debug를 제외하라는 것이다.

54 (A) 안에 들어가는 용어 중 옳은 것은?

> 보안관리자 Kim 대리는 회사의 중요한 데이터를 인가된 사용자에게만 제공하고, 인가되지 않은 사용자에게 데이터가 제공되지 않도록 하기 위해 보안 솔루션을 도입하고자 한다. (A)을/를 도입함으로써 매체, 통신 인터페이스 제어를 통해 사용자 수준에서 회사의 데이터가 외부로 유출되는 것을 예방할 수 있을 것으로 기대한다.

① PMS (Patch Management System)
② DLP (Data Loss Prevention)
③ IDS (Intrusion Detection System)
④ IPS (Intrusion Prevention System)

DLP(Data Loss Prevention)는 기업의 중요정보, 개인정보를 보호하기 위한 기술로 개인정보 유출 방지, 모니터링, 정책 기반 제어 등을 수행한다.

55 보안 담당자 Kim은 SSL 3.0 기반의 암호화 통신 환경에서 CBC 모드의 패딩 처리 방식 취약점을 악용한 공격으로 사용자의 세션 쿠키 등 민감 정보가 유출될 수 있음을 확인하였다. 다음 중 이러한 패딩 오라클(Padding Oracle) 공격에 사용되는 SSL 3.0의 대표적인 취약점 이름은?

① POODLE 취약점

② Heartbleed 취약점

③ Bicycle 취약점

④ FREAK 취약점

POODLE 취약점은 SSL 3.0의 취약점으로 CBC 모드의 취약점으로 이용한 공격으로, CBC 모드의 패딩 구조를 악용해서 데이터를 해독한다.

56 침해사고 유형에 대한 설명으로 옳지 않은 것은?

① botnet: 스팸메일이나 악성코드 등을 전파하도록 하고 해커가 마음대로 제어할 수 있는 좀비 PC들로 구성된 네트워크를 말한다.

② Trojan horse: 정상 기능의 프로그램으로 가장하여 프로그램 내에 숨어있는 코드로, 의도하지 않은 기능을 수행하는 프로그램 또는 실행 코드

③ 이메일 스캠: 불특정 다수에게 메일을 발송해 위장된 홈페이지로 접속하도록 한 뒤 이용자들의 금융정보 등을 빼내는 신종 사기 수법

④ APT: 지능적 지속 위협 공격으로, 지능적이고 지속적으로 위협을 가해 피해를 주는 공격을 의미한다.

이메일 스캠은 공격자가 거래 중인 회사 이메일을 자신 상대방의 거래처인 척 메일을 보내서 공격한다. 불특정 다수에게 위장된 메일로 공격하는 것은 피싱이다.

57 MitM(Man in the Middle) 공격의 종류가 아닌 것은?

① ARP Spoofing

② Distributed Denial of Service

③ DNS Spoofing

④ Sniffing

Distributed Denial of Service(DDoS)는 서비스 거부가 발생하게 공격하는 것으로 대량의 패킷을 전송하여 서비스 거부를 유도하는 것이다.
- MitM(Man in the Middle)은 송신자와 수신자의 중간에서 메시지를 가로채서 공격한다.

58 Session Hijacking이라는 웹 해킹 기법과 비슷하나, 사용자의 권한을 탈취하는 공격이 아니라 사용자가 확인한 패킷의 내용만을 훔쳐보는 기법은?

① Spoofing

② Side jacking

③ Sniffing

④ Strip attack

사이드 재킹(Side jacking)은 사용자가 확인 패킷 내용만 보는 것이다.
- Sniffing: 네트워크로 전송되는 패킷을 훔쳐본다.
- Spoofing: 결과값을 변조하여 공격한다.

59 다음 지문과 같은 특성을 갖는 전자우편 보안 기술은?

> 보안 담당자 Kim은 전자우편의 기밀성과 무결성을 동시에 보장할 수 있는 보안 기술을 도입하고자 한다. 해당 기술은 전자우편을 입수하더라도 내용을 해독할 수 없게 암호화하고, 해시 함수를 이용해 무결성을 확인하며, 송신자의 개인키 기반 전자서명을 통해 신원을 검증한다. 또한, 인증기관(CA) 대신 웹 오브 트러스트(Web of Trust) 기반으로 키를 관리하며, 개인 사용자 중심으로 활용되는 특징이 있다.

① PEM(Privacy Enhanced Mail)
② S/MIME(Secure Multi-Purpose Internet Mail Extensions)
③ PGP(Pretty Good Privacy)
④ SMTP(Simple Mail Transfer Protocol)

이메일 보안기법은 PGP, PEM, S/MIME가 있다.
– PGP: 암호화, 디지털 서명을 제공한다. 단, PGP는 수신자 부인 방지 기능은 제공하지 않는다.

60 다음은 방화벽의 구성 요소 중 무엇을 설명하는 것인가?

> • 보호된 네트워크에서 유일하게 외부의 공격에 노출된 컴퓨터 시스템을 말한다.
> • 네트워크 보안상 가장 중요한 위치를 차지하므로 관리자에 의해 철저하게 감시되며 불법적인 침입 의도를 가지고 접속한 모든 시스템의 기록들에 대해서 주기적인 검사가 이루어져야 한다.
> • 클라우드 환경에서는 외부에서 내부 VPC 또는 가상 네트워크로 SSH 접속을 중계하는 서버(Jump Host)로 활용된다.

① 방어선 네트워크 (Perimeter Network)
② 베스천 호스트 (Bastion Host)
③ 스크리닝 라우터 (Screening Router)
④ DMZ (Demilitarized Zone)

클라우드에서 외부로부터 접근하는 서버를 베스천 호스트(Bastion Host)라고 한다. 베스천 호스트로 접근하고 해당 베스천 호스트에서 다른 서버로 접근하게 된다.

1급	시행 일자	소요 시간	문항 수
	2024년 4월	총 60분	총 60문항

수험번호 : _____

성   명 : _____

▶ 합격 강의

1과목 TCP/IP

01 IPv6 Address 표기 방법에 대한 설명 중 알맞은 것은?

① FEC0::/10은 IPv6 브로드캐스트 주소로 사용된다.

② FE80::/10은 링크 로컬 유니캐스트 주소로 사용된다.

③ 2001::1/127은 IPv6 주소에서 Loop-back 주소로 사용된다.

④ FF00::/8은 IPv6 주소에서 애니캐스트 주소로 사용된다.

⋯⋯⋯⋯⋯⋯⋯⋯⋯⋯⋯⋯⋯⋯⋯⋯⋯⋯⋯⋯⋯⋯

FE80::/10 범위는 링크 로컬 주소 범위로, 네트워크 내의 단일 링크(네트워크 세그먼트)에서만 사용된다.

02 다음 내용에 해당하는 기술에서 사용되는 올바른 프로토콜을 고르시오.

> 회사 내 홈페이지를 관리하는 서버 관리자 Kim 사원은 클라이언트와 웹 서버 간에 데이터를 안전하게 전달하는 인증 암호화 기능을 사용하여 기존 Http 서비스를 Https 서비스로 전환한다.

① SSTP   ② MIME

③ SSH   ④ SSL

⋯⋯⋯⋯⋯⋯⋯⋯⋯⋯⋯⋯⋯⋯⋯⋯⋯⋯⋯⋯⋯⋯

웹 브라우저와 웹 서버 간에 전송 구간을 암호화하는 것은 SSL이다. SSL의 ISO 표준은 TLS이다.

03 네트워크 관리자 Kim 사원은 네트워크 환경의 안정성을 점검하기 위하여 네트워크 분석기를 통하여 ARP request packet을 캡처, 분석하였다. 다음 그림의 내용을 참조할 때, ARP 필드 내용의 Target MAC address (A)는 무엇을 의미하는 주소인가?

```
▼ Address Resolution Protocol (request)
    Hardware type: Ethernet (1)
    Protocol type: IPv4 (0x0800)
    Hardware size: 6
    Protocol size: 4
    Opcode: request (1)
    Sender MAC address: Giga-Byt_82:a9:f1 (74:d4:35:82:a9:f1)
    Sender IP address: 192.168.0.6
    Target MAC address: 00:00:00_00:00:00 (00:00:00:00:00:00)   ( A )
    Target IP address: 192.168.0.200
```

① 목적지 호스트에 대한 로컬 브로드캐스트 주소를 의미한다.

② 목적지 호스트 주소를 알지 못한다는 의미이다.

③ ARP Rreply를 위한 더미(Dummy) 값을 의미한다.

④ Subnet상에 있는 특정 호스트를 의미한다.

⋯⋯⋯⋯⋯⋯⋯⋯⋯⋯⋯⋯⋯⋯⋯⋯⋯⋯⋯⋯⋯⋯

Target MAC Address: 00:00:00_00:00:00이라는 것은 목적지 호스트 주소를 알 수 없다는 것이다.

---

04 네트워크 및 서버 관리자 Kim 사원은 장기간 출장명령을 받은 관계로 회사 내부에 있는 업무용 PC에 원격 데스크톱(Terminal Service)을 설정하려고 한다. 하지만 업무용 PC가 공인 IP가 아니라 IP 공유기 내부에 있는 사설 IP로 사용 중이다. 외부에서 이 업무용 PC에 원격 데스크톱(Terminal service)을 사용하기 위한 설정에 있어 옳은 것은?(단, IP 공유기에 할당된 공인 IP는 210.104.177.55, 업무용 PC에 할당된 사설 IP(공유기 내부)는 192.168.0.22, 업무용 PC는 원격 설정이 되어 있음(TCP/3389))

① 방화벽에서 192.168.0.22번으로 tcp/3389번에 대한 접속을 허용한다.
② IP 공유기 내부에 210.104.177.55번에 포트포워딩을 설정한다.
③ 업무용 PC에 반드시 Windows login password를 설정한다.
④ 업무용 PC에 반드시 CMOS password를 설정한다.

··

원격 데스크톱을 사용하기 위해서 윈도우 로그인 패스워드를 설정해야 한다. 그래야 최소한의 보안성을 지킬 수가 있다.

05 특정 호스트로부터 들어오는 패킷의 헤더를 출력해 주는 Tcpdump에서 사용하는 명령 중 'tcpdump port 21' 기본 사용 명령의 의미는?

① FTP 데이터 전송 정보를 출력한다.
② 21번 포트로 들어오는 패킷을 보여준다.
③ 21번 포트를 사용하는 패킷을 출력한다.
④ 송신되는 21포트 정보를 출력한다.

··

tcpdump는 스니핑하는 프로그램이며, port 옵션으로 특정 포트를 스니핑할 수 있다.

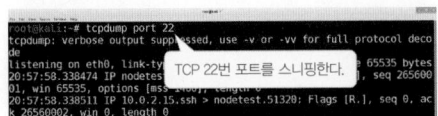

▲ tcpdump 사용(예 ssh 22번 포트 스니핑)

06 Wireshark에서 아래와 같은 결괏값을 출력할 수 있는 display filter 값으로 옳지 않은 것은?

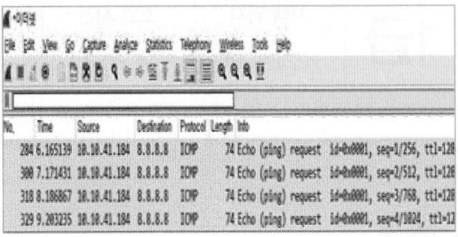

① ping==8.8.8.8
② ip.dst==8.8.8.8
③ icmp &&ip.src==10.10.41.184
④ ip.src==10.10.41.184 &&ip.dst==8.8.8.8

··

특정 ping에 대해서 필터링하는 것은 ping==8.8.8.8이다.

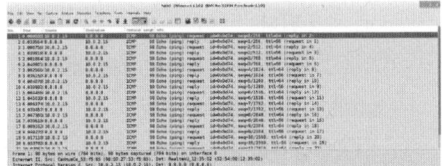

▲ 구글 DNS 8.8.8.8에 대한 ping 수행 결과

07 다음 중 (A), (B) 안에 맞는 용어로 옳은 것은?

> 클라우드 서비스 제공자가 데이터 센터를 클러스터링하는 물리적 위치를 (A)(이)라고 하며, 논리적 데이터 센터의 각 RMFNQ을 (B)(이)라고 한다.

① (A) 리전 (B) 가용 영역
② (A) 가용영역 (B) 리전
③ (A) VPC (B) Subnet
④ (A) Subnet (B) VPC

··

클라우드 컴퓨팅(예 AWS, Azure)에서 사용하는 용어로 데이터 센터가 있는 물리적 위치를 리전이라고 하고 리전 내의 논리적 데이터 센터를 가용 영역이라고 한다.

08 TCP 프로토콜의 데이터 전송에 관한 설명으로 올바른 것은?

① DNS(Domain Name System), VOIP, 온라인 게임 등에 쓰인다.
② 데이터 전송 과정에서 흐름 제어를 지원하려고 슬라이딩 윈도우 기법을 사용한다.
③ 부정 응답 기능인 NAK를 사용해 프레임 변형 오류를 해결한다.
④ 단순한 요청 응답 구조가 필요한 경우 사용되며 속도가 빠르다.

TCP 프로토콜에서 흐름 제어는 슬라이딩 윈도우 기법을 사용한다. 슬라이딩 윈도우란 수신자의 버퍼 크기를 수신받은 후 송신자가 전송 속도를 조절하는 것이다.

09 다음 ICMP 오류 메시지에 대한 설명으로 옳지 않은 것은?

① 오류 보고 메시지인 DESTINATION UNREACHABL은 수신 호스트가 존재하지 않거나, 존재해도 필요한 프로토콜이나 포트번호 등이 없어 수신 호스트에 접근이 불가능한 경우에 발생한다.
② TIME EXCEEDED는 패킷의 TTL 필드 값이 0이 되어 패킷이 버려진 경우에 주로 발생한다.
③ 오류 보고 메시지에서 첫 줄의 4바이트는 질의 메시지와 동일한 구조를 보이지만, 이어지는 메시지의 내용은 서로 다르다.
④ 오류가 발생한 IP 패킷의 일부, 즉 헤더와 추가적인 8바이트의 정보가 ICMP 메시지로 수신 호스트에 전달된다.

헤더와 추가적인 8바이트의 정보가 수신 호스트에 전달되는 것이 아니라 송신 호스트에 전달되는 것이다.

10 DHCP 프로토콜에 대한 설명으로 옳지 않은 것은?

① DHCP 서버는 네트워크에 연결된 클라이언트 디바이스들에게 IP 주소를 동적으로 할당하고 이를 통해 디바이스들은 중복되지 않는 IP 주소를 자동으로 받아 사용한다.
② 서브넷 마스크, 기본 게이트웨이, DNS 서버 등의 구성 정보를 제공한다.
③ 클라이언트는 TCP 프로토콜을 사용한다.
④ DHCP 서버와 클라이언트 간의 통신에 사용되는 포트 67번으로 DHCP 패킷을 네트워크로 브로드캐스트한다.

DHCP는 TCP가 아니라 UDP를 사용하는 프로토콜이다.

11 RARP에 관한 설명으로 옳지 않은 것은?

① RARP 요청 패킷은 브로드캐스트되고 RARP 응답 패킷은 유니캐스트 방식으로 전달된다.
② RARP 패킷의 형식은 ARP 패킷의 형식과 동일하지만 들어가는 값이 다르다.
③ RARP는 물리 주소를 알고 있을 때 대응하는 논리 주소를 알아내기 위한 프로토콜이다.
④ RARP 메시지는 IP 데이터그램의 형태로 캡슐화되어 전송된다.

RARP는 MAC 주소에 대해서 IP 주소를 얻는 것으로 IP 데이터그램으로 캡슐화되지 않는다. RARP 응답은 유니캐스트 방식으로 응답된다.

12 다음 중 TCP 헤더 옵션의 종류로 옳지 않은 것은?

① MSS
② Timestamp
③ Window Scale Factor
④ RTT

RTT는 TCP 헤더 옵션이 아니라 TCP Timestamp 옵션에서 측정하는 측정값이다.

13 IPv6에 대한 설명으로 옳지 않은 것은?

① 확장된 헤더에 선택 사항들을 기술할 수 있다.
② 브로드캐스트를 새로 도입하였다.
③ 특정한 흐름에 속해 있는 패킷들을 인식할 수 있다.
④ 패킷의 출처 인증, 데이터 무결성의 보장 및 비밀의 보장 등을 위한 메커니즘을 지정할 수 있다.

IPv6는 브로드캐스트를 사용하지 않고 유니캐스트, 멀티캐스트, 애니캐스트를 사용한다. 브로드캐스트는 IPv4에서 사용한다.

14 TFTP에 대한 설명으로 올바른 것은?

① TCP/IP 프로토콜에서 데이터의 전송 서비스를 규정한다.
② 인터넷상에서 전자우편(E-mail)의 전송을 규정한다.
③ UDP 프로토콜을 사용하여 두 호스트 사이에 파일 전송을 가능하게 해준다.
④ 네트워크의 구성원에 패킷을 보내기 위한 하드웨어 주소를 정한다.

TFTP는 UDP 69번 포트를 사용해서 데이터를 빠르게 송수신한다.

15 RIP에 대한 설명으로 옳지 않은 것은?

① 독립적인 네트워크 내에서 라우팅 정보 관리를 위해 광범위하게 사용된 프로토콜이다.
② 자신이 속해 있는 네트워크에 매 30초마다 라우팅 정보를 브로드캐스팅(Broadcasting) 한다.
③ 네트워크 거리를 결정하는 방법으로 홉의 총계를 사용한다.
④ 대규모 네트워크에서 최적의 해결 방안이다.

RIP는 Hop Count를 활용하여 최단 경로를 결정하는 라우팅 프로토콜로, 소규모 네트워크에 적합하다. OSPF는 대규모 네트워크에 적합한 라우팅 프로토콜이다.

16 멀티캐스트 라우터에서 멀티캐스트 그룹을 유지할 수 있도록 메시지를 관리하는 프로토콜은?

① ARP
② ICMP
③ IGMP
④ FTP

멀티캐스트(Multicast)는 IGMP(Internet Group Multicast Protocol)에 등록된 사용자에게 전송하는 프로토콜이고 IP 분류에서 D Class를 사용한다.

2과목 네트워크 일반

17 네트워크 ID '210.182.73.0'을 몇 개의 서브넷으로 나누고, 각 서브넷은 적어도 40개 이상의 Host ID를 필요로 한다. 적절한 서브넷 마스크 값은?

① 255.255.255.192
② 255.255.255.224
③ 255.255.255.240
④ 255.255.255.248

최소 40개의 Host ID가 필요하기 때문에 $2^6 = 64$가 된다. 즉, 8비트에서 6비트가 필요하므로 상위 2비트는 네트워크 ID로 사용한다. 즉, 128 + 64 = 192가 된다.

18 클라우드 구축 시 보안성 향상을 위하여 점검하여야 할 보안 활동에 대한 설명으로 옳지 않은 것은?

① 패스워드가 단순하게 설정되어 있는 경우 비인가자에 의한 Brute-force, Dictionary attack 공격이 발생할 수 있으므로, 해당 공격을 예방하기 위해 패스워드의 복잡성 설정이 되어 있는지 점검한다.

② Access Key 유출 시 비인가자가 기간 제한 없이 리소스를 등록, 수정, 조회할 수 있으므로 주기적으로 Key에 대해 관리(변경 주기에 따라 교체)한다.

③ 특정 Subnet에 서비스 침해 사고가 발생되었을 때 각 Subnet 간 접근통제로 2차 피해 예방을 위해 서비스 목적에 따라 Subnet이 분리되어야 한다.

④ Private Zone에 위치한 서버에 Private IP가 할당된 경우 해당 IP로 침해 위협이 발생될 가능성이 있으며 Private Zone에 위치한 서버에 Private IP가 할당되지 않도록 주기적으로 확인한다.

....

Private IP가 할당되면 침해 위협의 발생 가능성이 낮아지게 된다.

19 클라우드 담당자 Kim 사원은 클라우드 환경에서 서버 부하 분산 방식에 대해 고려하고 있다. 다음에서 설명하는 서버 부하 분산 방식은?

> 서버 커넥션 수, 응답 상황 등에 관계없이 균등하게 순차적으로 요청을 할당하는 방식

① Round Robin
② Least Connection
③ IP Hash
④ Random Choice

....

라운드 로빈(Round Robin) 알고리즘은 부하 분산을 위해서 서버를 교차적으로 호출한다. 라운드 로빈 알고리즘을 적용한 네트워크 장비에는 L4가 있다.

20 클라우드 네트워크 보안 담당자 Kim 부장은 제로 트러스트(Zero Trust)를 적용하여 보안 구성을 하라는 지시를 받았다. 제로 트러스트에 대한 설명으로 옳지 않은 것은?

① 'Never Trust, Always Verify'를 구현하기 위해 보호해야 할 모든 데이터와 컴퓨팅 서비스를 자원(Resource)으로 분리·보호하고, 각 자원에 접속 요구마다 인증하는 원리이다.

② 경계 기반 보안 모델로서 네트워크 내부 접속 요구(사용자, 기기 등)는 어느 정도 신뢰할 수 있다는 가정에서 시작한다.

③ 전통적인 경계 기반 보안(Perimeter Security)으로는 업무 환경의 변화와 진화하는 사이버 위협에 효과적으로 대응하기 어려워 '제로 트러스트(Zero Trust)' 개념이 등장했다.

④ 보호해야 할 모든 데이터와 컴퓨팅 서비스를 각각의 자원(Resource)으로 분리·보호한다.

....

제로 트러스트(Zero Trust)는 어떤 것도 신뢰하지 않는 보안 모델이다.

21 OSI 7계층 중에서 응용 프로그램이 네트워크 자원을 사용할 수 있는 통로를 제공해 주는 역할을 담당하는 Layer는?

① Application Layer
② Session Layer
③ Transport Layer
④ Presentation Layer

....

OSI 7계층에서 응용 프로그램이 있는 계층은 응용 계층이다. 응용 계층에는 메일을 발송하는 SMTP, 네트워크를 모니터링하는 SNMP, 웹에서 사용하는 HTTP 등이 있다.

22 여러 개의 타임 슬롯(Time Slot)으로 하나의 프레임이 구성되며 각 타임 슬롯에 채널을 할당하여 다중화하는 것은?

① TDMA　　　　② CDMA
③ FDMA　　　　④ CSMA

TDMA(Time Division Multiple Access)는 시간 단위로 여러 사용자가 주파수를 공유하면서 사용하는 방식이다. FDMA(Frequency Division Multiple Access)는 주파수의 대역폭을 나누어서 사용하는 방식이다.

23 물리 계층의 역할이 아닌 것은?

① 전송 매체를 통해서 시스템들을 물리적으로 연결한다.
② 자신에게 온 비트들이 순서대로 전송될 수 있도록 한다.
③ 전송, 형식 및 운영에서의 에러를 검색한다.
④ 물리적 연결과 동작으로 물리적 링크를 제어한다.

OSI 7계층 중에서 물리 계층은 전기적인 신호를 보내는 계층이다. 에러를 탐지하고 수정하는 것은 데이터 링크 혹은 전송 계층이다.

24 Gigabit Ethernet에 대한 설명에 해당하는 것은?

① MAC 계층에서는 토큰 링 프로토콜을 사용한다.
② Gigabit Ethernet에서는 Fast Ethernet의 10배 대역폭을 지원하기 위해 동일한 슬롯 크기를 유지하면서 케이블 거리가 10m 정도로 짧아진다.
③ Gigabit Ethernet에서는 슬롯의 크기를 512바이트로 확장하여 전송 속도를 증가시킨다.
④ 현재의 Ethernet과의 호환이 어렵고, 연결 설정형 방식이다.

Gigabit 이더넷은 1 GIGA 바이트의 전송 속도를 가지는 있는 것으로, IEEE에서 광섬유를 사용해서 IEEE 802.3z 표준으로 제정되었다.

25 OSI 7계층의 각 Layer별 Data 형태로써 적당하지 않은 것은?

① Transport Layer – Segment
② Network Layer – Packet
③ Datalink Layer – Fragment
④ Physical Layer – bit

데이터 링크 계층에서 전송되는 단위는 Frame이다.

26 ARQ 중 에러가 발생한 블록 이후의 모든 블록을 재전송하는 방식은?

① Go-Back-N ARQ
② Stop-and-Wait ARQ
③ Selective ARQ
④ Adaptive ARQ

ARQ(Automatic Repeat Request)는 수신자가 데이터를 수신받지 못 했을 때 재전송하는 기법이다. ARQ 기법 중에서 Go-Back-N ARQ는 에러가 발생한 데이터부터 모두 재전송한다. Selective ARQ는 수신받지 못한 데이터만 재전송하는 방법이다.

27 다음 설명에 알맞은 프로토콜은?

– 음성 영상 데이터 등과 같은 실시간 정보를 멀티캐스트나 유니캐스트 서비스를 통해서 전송하는 데 적합한 프로토콜이다.
– QoS(Quality of Service)와 종단 대 종단 데이터 전송을 감시하는 RTCP를 필요로 한다.

① TCP(Transmission Control Protocol)
② SIP(Session Initiation Protocol)
③ RSVP(ReSouece reserVation Protocol)
④ RTP(Real-time Transfer Protocol)

RTP는 일반적으로 UDP를 사용해서 실시간 정보를 빠르게 전송하는 프로토콜이다.

28 서버 담당자 Park 사원은 Windows Server 2016에서 Active Directory를 구축하여 관리의 편리성을 위해 그룹을 나누어 관리하고자 한다. 다음의 제시된 조건에 해당하는 그룹은?

> 이 구성원은 다른 도메인의 사용자 계정이 될 수 있으나 도메인 로컬 그룹이 접근할 수 있는 자원은 자신이 소속된 도메인에 제한된다.

① Global Group
② Domain Local Group
③ Universal Group
④ Organizational Unit

Domain Local은 가장 큰 범위의 그룹으로 사용자 계정, 글로벌 그룹, 유니버설 그룹 도메인 로컬 그룹을 포함할 수 있다. 도메인 로컬 그룹은 다른 도메인의 사용자 계정이 될 수 있다.

29 Windows Server 2016 Hyper-V에서 특정 시간 지점 이미지를 쉽게 생성할 수 있는 기능으로 이 특정 시간 지점 이미지를 이용해 VM의 특정 시점 상태로 손쉽게 복구할 수 있다. 이 기능을 무엇이라 하는가?

① Production Checkpoint
② Alternate Credentials Support
③ Integration Service
④ Update Manager

Production Checkpoint는 VM(Virtual Machine)에 대해서 특정 시간 이미지를 쉽게 생성하고 복구할 수 있는 기능이다.

30 Linux에서 파일의 접근 권한 변경 시 사용되는 명령어는?

① umount
② grep
③ ifconfig
④ chmod

- umount는 연결된 파일 시스템을 해제하는 명령이다.
- ifconfig는 네트워크 인터페이스 정보를 확인하는 명령이다.
- grep은 로그 파일이나 텍스트 파일에서 특정 문자열을 찾을 때 사용하는 명령어이다.

31 Linux에서 DNS를 설치하기 위한 'named.zone' 파일의 SOA 레코드에 대한 설명으로 옳지 않은 것은?

① Serial: 타 네임 서버가 이 정보를 유지하는 최소 유효기간
② Refresh: Primary 네임 서버의 Zone 데이터베이스 수정 여부를 검사하는 주기
③ Retry: Secondary 네임 서버에서 Primary 네임 서버로 접속이 안 될 때 재시도를 요청하는 주기
④ Expire: Primary 네임 서버 정보의 신임 기간

Serial은 Secondary DNS 서버가 Zone 파일의 수정 여부를 알기 위해서 사용된다. 즉, Primary DNS 서버보다 Serial 값이 작으면 Zone 파일을 다시 전송받는다.

32 Linux에서 사용되는 애플리케이션 및 환경 설정에 필요한 설정 파일들과 'passwd' 파일을 포함하고 있는 디렉터리는?

① /bin
② /home
③ /etc
④ /root

etc 디렉터리는 시스템 전체에 대한 환경 설정을 포함하고 있다.

33 Linux 시스템에서 '–rwxr–xr–x'와 같은 퍼미션을 나타내는 숫자는?

① 755 ② 777
③ 766 ④ 764

r = 4, w = 2, x = 1이다. 즉 rwx = 7과 같다. 따라서 rwxr–xr–x는 755이다.

34 'www.icqa.or.kr'이라는 사이트의 IP Address를 획득하려고 할 때 Windows Server에서 'cmd'를 이용한 방법으로 올바른 것은?

① netstat www.icqa.or.kr
② nslookup www.icqa.or.kr
③ ipconfig www.icqa.or.kr
④ telnet www.icqa.or.kr

• nslookup 명령어는 URL에 대한 IP 주소를 얻을 수 있다.

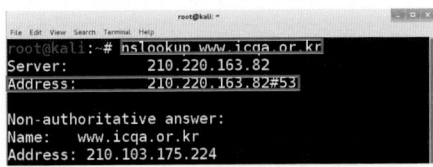

▲ nslookup 실행
• netstat 명령어는 네트워크 정보를 확인한다.
• ipconfig 명령어는 윈도우에서 네트워크 인터페이스 정보를 확인한다.
• telnet 명령어는 원격으로 서버에 접근하기 위해서 사용된다.

35 아파치 서버의 설정 파일인 'httpd.conf'의 항목에 대한 설명으로 옳지 않은 것은?

① KeepAlive On: HTTP에 대한 접속을 끊지 않고 유지한다.
② StartServers 5: 웹 서버가 시작할 때 다섯 번째 서버를 실행시킨다.
③ MaxClients 150: 한 번에 접근 가능한 클라이언트의 개수는 150개이다.
④ Port 80: 웹 서버의 접속 포트번호는 80번이다.

StartServers는 아파치 웹 서버가 실행될 때 자식 프로세스 수를 지정하는 것이다. 즉, StartServers가 50이면 자식 프로세스가 5개 실행된다.

▲ 아파치 자식 프로세스 확인

36 DNS 레코드 중 IP Address를 도메인 네임으로 역매핑하는 레코드는?

① SOA ② A
③ PTR ④ CNAME

PTR은 DNS에서 역방향 조회를 하기 위한 레코드이다. 즉, IP 주소에 대한 URL 주소를 획득한다.

37 Linux 서버 관리자인 Han 과장은 iptables를 이용하여 패킷을 필터링하는 방화벽으로 사용하고 있다. iptables 규칙의 설정 파라미터인 커맨드(Command)에 대한 설명으로 옳지 않은 것은?

① iptables –A: 패킷 필터링 규칙을 설명하는데 사용한다.
② iptables –D: 패킷 필터링 규칙을 삭제하는데 사용한다.
③ iptables –L: 패킷 필터링 규칙을 표시하는데 사용한다.
④ iptables –F: 패킷 필터링 규칙을 삭제하는데 사용한다.

iptables –A는 새로운 규칙을 추가한다. 즉, A의 의미가 Append라는 것이다.

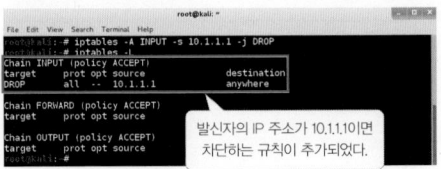

▲ 특정 IP에 대한 접근 차단

38 다음 중 Windows Server 2016 [로컬 보안 정책]의 [계정 정책] 중 '계정 잠금 정책' 항목에서 설정할 수 없는 것은?

① 계정 잠금 기간

② 계정 잠금 임계값

③ 계정 암호 길이

④ 계정 잠금 수 초기화 시간

원도우 로컬 보안 정책의 계정 정책에는 계정 암호 길이에 대한 것은 포함하지 않는다.

39 시스템 담당자인 Lee 사원은 현재 디렉터리 아래에서 최근 1주일 이내에 수정된 파일들을 검색하고, 해당하는 파일들을 자세히 보고자 한다. 이를 위한 명령어와 옵션으로 올바른 것은?

① find . −mtime +7 −exec ls −al {} \;

② find . −mtime −7 −exec ls −al {} \;

③ find . −atime +7 −exec ls −al {} \;

④ find . −atime −7 −exec ls −al {} \;

수정된 파일을 검색하기 위해서는 mtime 옵션을 사용하고 변경된 파일은 "−" 옵션을 사용한다. 변경되지 않은 파일을 검색할 때는 "+" 옵션을 사용한다.

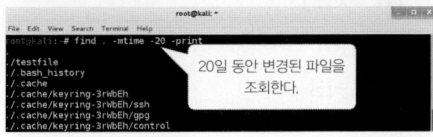

▲ 20일 동안 변경된 파일 검색

40 Linux에서 프로세스의 상태를 확인하고자 할 때 사용하는 명령어는?

① ps

② w

③ at

④ cron

• ps 명령어는 실행 중인 프로세스 목록을 확인한다.
• w 명령어는 who와 동일한 것으로 현재 로그인된 사용자를 확인한다.
• cron 명령어는 특정 일자와 시간에 실행될 명령어를 등록한다.
• at 명령어는 cron과 동일하지만 한 번만 실행된다.

41 Linux 시스템에서 현재 디렉터리의 하위 디렉터리인 'temp'을 포함하고 모든 하위 디렉터리와 파일을 재귀적으로 강제 삭제하는 명령어로 올바른 것은?

① rm −rf ./temp

② rm −r ./temp

③ rm −f ./temp

④ rm ./temp

---

rm 명령어로 하위 디렉터리까지 모두 삭제할 때 "−rf" 옵션을 사용한다.

42 서버 담당자 Jang 사원은 Windows 서버에 디스크 용량을 증설하던 도중 Windows Server 2016에서 다음과 같은 화면을 보게 되었다. Jang 사원이 추가한 디스크를 사용하기 위해서 수행해야 할 작업 중 적절하지 않은 것은?

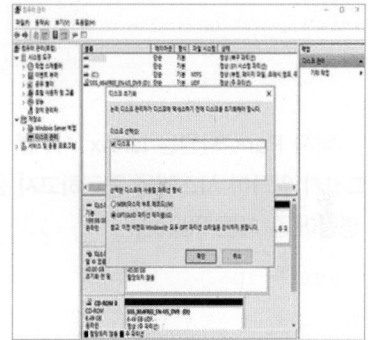

① 디스크 초기화

② 스팬 볼륨 추가

③ 드라이브 문자 할당

④ 디스크 포맷

새로운 디스크를 사용하기 위해서는 초기화, 포맷 등을 수행한다.

43 다음은 명령어 프롬프트 창에서 Windows Server 2016에서 FTP 서비스의 상태를 조회한 결과이다. 옳지 않은 것은?

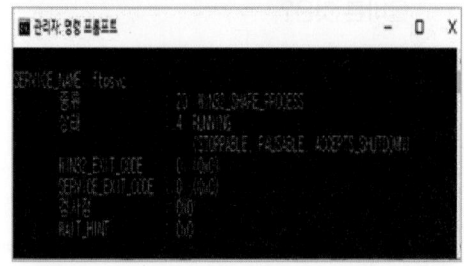

① FTP 서비스를 중지하고 다시 상태를 조회하면 출력되는 결과가 다르다.
② 현재 FTP 서비스는 실행 중이다.
③ 현재 실행되고 있는 FTP 서비스는 중지가 가능하다.
④ 'net query ftpsvc'로 FTP 서비스의 상태를 조회할 수 있다.

....

윈도우에서 sc query 명령어는 윈도우 서비스를 확인하거나 등록, 삭제할 수 있는 명령어이다.

44 서버 담당자 Park 사원은 Linux 서버를 업그레이드하기 위하여 시스템을 종료하고자 한다. 다음 명령어 중 다른 하나는?

① poweroff −p
② halt −p
③ shutdown −c
④ init 0

....

shutdown −c 옵션은 작업 예약 작업을 취소하는 명령이다. 그리고 나머지 명령어는 리눅스를 종료시키는 명령어이다.

45 서버 담당자 Park 사원은 Windows Server 2016에서 기존의 폴더 또는 파일을 안전한 장소로 보관하기 위해 백업 기능을 사용하고자 한다. Windows Server 2016은 자체적으로 백업 기능을 제공해 주기 때문에 별도의 외부 소프트웨어를 설치하지 않아도 백업 기능을 사용할 수 있다. 다음 중 Windows Server 백업을 실행하는 방법으로 올바르지 않은 것은?

① [시작] − [실행] − wbadmin.msc 명령을 실행
② [제어판] − [시스템 및 보안] − [관리 도구] − [Windows Server 백업]
③ [컴퓨터 관리] − [저장소] − [Windows Server 백업]
④ [시작] − [실행] − diskpart 명령을 실행

....

diskpart는 윈도우 디스크에 대해서 파티션을 할 수 있는 명령어이다.

4과목 네트워크 운용기기

46 내부 도메인 라우팅(Intra−domain Routing 또는 Intra−AS Routing) 프로토콜에 해당되지 않는 것은?

① RIP   ② OSPF
③ IS−IS   ④ BGP

....

BGP는 AS(Autonomous System) 간의 라우팅 프로토콜로 내부 도메인 라우팅 프로토콜에 해당되지 않는다.

47 LAN 카드의 MAC Address에 실제로 사용하는 비트 수는?

① 16bit   ② 32bit
③ 48bit   ④ 64bit

....

물리적 주소인 MAC 주소는 48비트로 되어 있다. 상위 24비트는 제조사 정보이고 하위 24비트는 제조사별 일련번호이다.

48 라우터 NVRAM에서 RAM으로 Configuration File을 Copy하는 명령어는?

① copy flash start
② copy running-config startup-config
③ copy startup-config running-config
④ erase startup-config

라우터에서 복사는 copy startup-config running-config이다.

49 라우팅 프로토콜에서 사용하는 최적의 라우팅 정보는 라우팅 테이블에 기록되어 있는데, 이를 매트릭스(Metrics)라고 한다. 다음 중 매트릭스의 종류에 해당되지 않는 것은?

① 대역폭(Bandwidth)
② 링크(Link) 수
③ 지연(Delay)
④ 코스트(Cost)

라우팅의 경로를 결정하기 위해서 대역폭, 지연, 코스트로 결정한다.

50 RAID 시스템 중 4개의 디스크 중에서 2대 연속으로 오류가 나도 액세스가 가능하도록 패리티를 구성한 방식은?

① RAID 0
② RAID 1
③ RAID 5
④ RAID 6

RAID 6은 패리티 정보가 이중으로 구성되어 있다. 패리티가 이중으로 기록되어 있기 때문에 실제 하드디스크의 가용 용량은 작아진다.

5과목 정보보호 개론

51 다음 중 웹 방화벽(WAF)의 설명으로 옳지 않은 것은?

① Forward Proxy로 동작한다.
② SSL Offloading을 지원한다.
③ OWASP 10에 포함된 공격을 방어할 수 있다.
④ HTTP, HTTPS에 대한 공격을 방어하는 정보보호시스템이다.

웹 방화벽(Web Application Framework)은 웹 서버를 대상으로 하는 SQL Injection, XSS, 업로드 취약점 등을 탐지하고 대응한다.

52 다음 중 Linux '/etc/passwd' 파일에 있는 필드로 옳지 않은 것은?

① 계정명
② 사용자 홈디렉터리
③ 사용자 Shell
④ 접속 차단 일수

passwd 파일은 계정, 패스워드, UID, GID, 홈디렉터리, 셀 종류가 있다. 접속 차단 일수는 일반적으로 shadow 파일에 보관된다.

53 다음 중 Linux에서 로그인 실패 로그를 확인하는 명령어는?

① last
② lastlog
③ lastb
④ lastcomm

> 로그인 실패 정보는 btmp에 기록되고 btmp를 조회하기 위해서 lastb 명령어를 사용한다. last 명령어는 wtmp를 보기 위한 명령어로 로그인과 로그아웃, 재부팅 정보를 가지고 있다.

54 nmap 포트 스캔을 이용하여 UDP 포트 스캔 시 서비스 포트가 Close되어 있을 경우 회신되는 것은?

① RST
② RST + ACK
③ ICMP unreachable
④ 응답 없음

> UDP 포트 스캐닝 시에 포트가 닫혀 있으면 ICM unreachable 메시지가 되돌아온다. RST+ACK는 TCP 포트가 닫혀 있을 때 되돌아온다.

55 다음에서 설명하는 키 교환 알고리즘은?

> 1976년 미국 스탠퍼드 대학의 연구원이 개발한 것으로 공개키는 하나의 정수와 한 개의 소수로 통신 직전에 통신 상대방과 공유하도록 해두고, 다른 비밀키 전용의 숫자를 통신 상대방 양쪽에서 각각 전송하여 이들과 공개키의 수치를 사용하여 공통 암호키용 수치를 산출한다. 유한체에서의 이산대수의 어려운 점을 이용한 것이다.

① Diffie−Hellman
② 3−DES
③ AES(Rijndael)
④ Seed

> Diffie−Hellman의 키 교환 알고리즘은 송신자와 수신자 간에 난수를 상호 교환하는 형태를 사용하고 해당 난수로 암호화 키를 생성한다. 3−DES와 AES, SEED는 대칭키 암호화 알고리즘이다.

56 서로 다른 메시지가 같은 해시 값이 되지 않도록 하는 해시 함수의 성질은?

① 충돌 저항성
② 비트 길이
③ 키 길이
④ 엔트로피(entropy)

> 충돌 저항성은 서로 다른 메시지가 같은 해시 값이 나오지 않는 것이다. 만약 서로 다른 메시지에 대해서 같은 해시 값이 나오면 강한 충돌이라고 한다.

57 다음 중 무선네트워크 보안 기술과 암호 알고리즘이 잘 짝지어진 것은?

① WEP: AES
② WPA: RC4
③ WPA2: DES
④ WPA3: SEED

> WEP는 RC4 스트림 암호화 기법을 사용하고 WPA2는 AES를 사용한다. WPA는 RC4 스트림 암호화 기법과 함께 동적으로 암호키를 생성하는 TKIP를 사용한다.

58 다음 중 각 사용자별 환경 설정/프로파일 정보를 담고 있는 Windows Registry는?

① HKCU(HKEY_CURRENT_USER)
② HKLM(HKEY_LOCAL_MACHINE HKLM)
③ HKU(HKEY_USERS)
④ HKCC(HKEY_CURRENT_CONFIG)

> 윈도우 레지스트리 키 분류를 루트 키(Root key)라고 하며 루트 키 중에서 HKU는 사용자별 환경 설정, 프로파일을 가지고 있다.

59 다음 중 윈도우 크기(Window Size)를 작게 조작하여 HTTP 응답 수신 속도를 지연시킴으로써 웹 서버의 연결 자원을 고갈시키는 DDoS 공격 기법은?

① RUDY Attack

② Slowloris Attack

③ Slow Read Attack

④ Small Window Attack

DDoS 기법 중에서 Window Size를 조작하여 공격하는 기법은 Slow Read Attack(Slow HTTP Read DDos)이다.

60 정보보호 제품의 보안성을 평가기관에서 평가하고 이에 대한 결과를 인증기관에서 인증하는 국제표준 제도는?

① GS 인증

② CC 인증

③ K4 인증

④ KS 인증

정보보호 제품에 대한 국제 인증은 CC 인증이다.

1급	**시행 일자**	**소요 시간**	**문항 수**
	2023년 10월	총 60분	총 60문항

수험번호 : _____

성   명 : _____

▶합격 강의

1과목   TCP/IP

01 브로드캐스트(Broadcast)에 대한 설명 중 올바른 것은?

① 어떤 특정 네트워크에 속한 모든 노드에 대하여 데이터 수신을 지시할 때 사용한다.
② 단일 호스트에 할당이 가능하다.
③ 세브 네트워크로 분할할 때 이용된다.
④ 호스트의 Bit가 전부 '0'일 경우이다.

브로드캐스트는 *.*.*.255으로 전송하는 것으로 인접 노드 모두에게 메시지를 전송한다. 브로드캐스트는 IPv4에서 제공하는 메시지 전송 방식으로 IPv6에서는 제공하지 않는다.

02 C Class의 네트워크에서 호스트 수가 12개일 때 분할할 수 있는 최대 서브넷 수는?

① 2
② 4
③ 8
④ 16

호스트의 수가 12개인 경우 4비트를 사용한다. 즉 $2^4 = 16$이 된다.

03 IP Header Fields에 대한 내용 중 옳지 않은 것은?

① Version – 4bits
② TTL – 16bits
③ Type of Service – 8bits
④ Header Checksum – 16bits

IP 헤더의 총 크기는 20바이트이고 그 중에서 TTL은 8비트이다.

04 OSPF에 대한 설명으로 옳지 않은 것은?

① 기업의 근거리 통신망과 같은 자율 네트워크 내의 게이트웨이들 간에 라우팅 정보를 주고받는 데 사용되는 프로토콜이다.
② 대규모 자율 네트워크에 적합하다.
③ 네트워크 거리를 결정하는 방법으로 홉의 총계를 사용한다.
④ OSPF 내에서 라우터와 종단국 사이의 통신을 위해 RIP가 지원된다.

OSPF는 최단 경로를 계산하기 위해서 Link State를 사용한다. 홉(Hop) 카운트를 사용하는 것은 RIP 라우팅 알고리즘이다.

05 IPv6 주소체계의 종류로 옳지 않은 것은?

① Unicast 주소
② Anycast 주소
③ Multicast 주소
④ Broadcast 주소

IPv6는 유니캐스트, 애니캐스트, 멀티캐스트를 지원하고 브로드캐스트는 지원하지 않는다.

---

06 UDP에 대한 설명 중 옳지 않은 것은?

① 가상선로 개념이 없는 비연결형 프로토콜이다.
② TCP보다 전송 속도가 느리다.
③ 각 사용자는 16비트의 포트번호를 할당받는다.
④ 데이터 전송이 블록 단위이다.

UDP의 장점은 TCP보다 전송 속도가 빠르다는 것이다.

07 ICMP 프로토콜의 기능으로 옳지 않은 것은?

① 여러 목적지로 동시에 보내는 멀티캐스팅 기능이 있다.
② 두 호스트 간의 연결의 신뢰성을 테스트하기 위한 방향과 회답 메시지를 지원한다.
③ 'ping' 명령어는 ICMP를 사용한다.
④ 원래의 데이터그램이 TTL을 초과하여 버려지게 되면 시간 초과 에러 메시지를 보낸다.

ICMP는 네트워크 오류를 탐지하고 보고하는 프로토콜이다. ICMP는 멀티캐스팅 기능을 제공하지 않는다.

08 TCP/IP 환경에서 사용하는 도구인 'Netstat' 명령에서 TCP 및 UDP 프로토콜에 대한 통계를 확인할 때, 올바른 명령을 고르시오.

① netstat −e   ② netstat −s
③ netstat −o   ④ netstat −r

TCP와 UDP 통계 정보를 확인하기 위해서 "−s" 옵션을 사용한다.

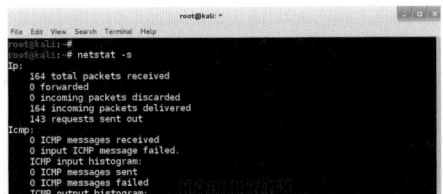

▲ TCP 및 UDP 통계 정보

09 초기화된 TCP SYN 메시지에 포함되는 값은?

① Sequence 번호
② TTL 번호
③ Acknowledgment 번호
④ Session 번호

TCP SYN은 연결 요청 명령이다. SYN 메시지를 보낼 때 Sequence 번호가 포함되어 있다.

10 SNMP에 대한 설명 중 올바른 것은?

① TCP/IP 프로토콜의 IP에서 접속없이 데이터의 전송을 수행하는 기능을 규정한다.
② 시작지 호스트에서 여러 목적지 호스트로 데이터를 전송할 때 사용된다.
③ IP에서의 오류(Error) 제어를 위하여 사용되며, 시작지 호스트의 라우팅 실패를 보고한다.
④ 네트워크의 장비로부터 데이터를 수집하여 네트워크의 관리를 지원하고 성능을 향상시킨다.

SNMP는 NMS(Network Management System)에서 사용하는 프로토콜로 네트워크 정보를 수집한다.

11 아래의 조건은 DNS 기록의 형식이다. 이에 해당되는 것은?

> Domain−Name IN MX 10 211.111.144.240

① 정규 네임 자원 기록
② 주소 자원 기록
③ 메일 교환 자원 기록
④ 네임 서버 자원 기록

DNS 레코드에서 MX(Mail eXchange)는 메일 서버의 주소를 의미한다.

12 ARP 브로드캐스트를 이용해서 다른 장비에게 네트워크에 있는 자신의 존재를 알리는 목적으로만 사용되는 ARP 변형 프로토콜로, 같은 IP Address의 중복 사용을 방지하는 것은?

① Reverse ARP

② Inverse ARP

③ DHCP ARP

④ Gratuitous ARP

Gratuitous ARP는 자신의 MAC 주소를 대상 IP 주소에 대한 브로드캐스트를 보내는 메시지이다. 네트워크에 처음 연결된 호스트를 알리기 위해서 사용된다.

13 IPv6에 대한 설명으로 옳지 않은 것은?

① 현재 IPv4를 대체할 수 있다.

② 보안과 인증 확장 헤더를 사용하여 보안 기능이 강화되었다.

③ IPv4에서 쉽게 전이할 수 있도록 설계되었다.

④ 32bit 주소 공간을 가진다.

• IPv6는 128비트 주소체계를 사용하고 IPv4는 32비트 주소체계를 사용한다.
• IPv6는 IPSEC 보안 기능을 기본적으로 제공한다.

14 '192.168.55.0'이라는 네트워크 ID를 가지고 있고, 각 서브넷이 25개의 호스트 ID가 필요하며 가장 많은 서브 네트를 가져야 할 때 가장 적절한 서브넷 마스크는?

① 255.255.255.192

② 255.255.255.224

③ 255.255.255.240

④ 255.255.255.248

필요한 호스트
• 호스트 수 공식: $2^N - 2 \geq 25$
• 필요한 호스트 수: 25
• $2^5 - 2 = 30$
서브넷 마스크
• 기본 C 클래스: 255.255.255.0
• 호스트 부분에 5비트를 나누어서, 부분 부분에는 3비트를 사용할 수 있으므로, /27 (255.255.255.224)이다.

15 TFTP에 대한 설명 중 옳지 않은 것은?

① 시작지 호스트는 잘 받았다는 통지 메시지가 올 때까지 버퍼에 저장한다.

② 중요도는 떨어지지만 신속한 전송이 요구되는 파일 전송에 효과적이다.

③ 모든 데이터는 512바이트로 된 고정된 길이의 패킷으로 되어 있다.

④ 보호 등급을 추가하여 데이터 스트림의 위아래로 TCP 체크섬이 있게 한다.

TFTP는 UDP(69번 포트)를 사용해서 데이터를 빠르게 전송한다. UDP는 TCP처럼 체크섬과 같은 보호 등급을 제공하지 않는다.

16 지역 네트워크 구역에서 호스트가 다른 호스트와 통신하려 할 때, ARP 과정을 서술한 것 중 옳지 않은 것은?

① 시작지의 호스트는 자신이 가지고 있는 ARP 캐시를 검사하여 목적지 호스트의 IP Address가 있는지 없는지를 알아본다.

② 각 호스트는 목적지 호스트의 IP Address가 ARP 패킷에 있는 IP와 일치하지 않으면 패킷을 저장하고, 일치하면 목적지 호스트는 IP Address와 MAC Address 정보를 ARP 캐시에 추가한다.

③ 목적지 호스트는 자신의 IP Address와 MAC Address를 포함하는 ARP 회답을 만든다.

④ 시작지 호스트는 IP Address와 MAC Address를 시작지 호스트의 ARP 캐시에 추가한다.

ARP 프로토콜은 패킷을 저장하지 않는다. ARP Request를 수신하면 ARP를 Reply한다.

17 TCP/IP 참조 모델에서 원격 호스트 간의 Data 전송 시 경로 결정 서비스를 제공하는 계층은?

① Application Layer
② Internet Layer
③ Transport Layer
④ Data-link Layer

TCP/IP 4계층에서 인터넷 계층에 IP 주소가 있다. 즉, IP 주소를 사용해서 경로를 결정하는 것이다.

18 MSPP(Multi Service Provisioning Platform)에 대한 설명이 올바르지 않은 것은?

① MSPP 장비는 단일 장비상에서 전용선, 이더넷, SAN, ATM 등의 서비스 제공이 가능한 복합 서비스 장비이다.
② MSPP 망은 point-point 망, point-multi point 망, 링형 망 등 다양한 입력망과 다양한 계층의 데이터를 단일한 장비를 통해 다중화시켜 전송할 수 있는 망이다.
③ MSPP는 BLSR, UPSR 등의 회선 복구 알고리즘을 사용한다.
④ MSPP의 GFC 기술은 복수의 물리적 신호를 그루핑, 이더넷 트래픽을 전달하기 위해 링크의 물리적 SDH 신호를 논리적으로 그루핑하는 다중화 기술이다.

MSPP의 GFC 기술은 복수의 물리적 신호를 그루핑하여 SDH 신호로 전송하는 기술이며, 이더넷 트래픽을 전달하기 위해 사용되지는 않는다.

19 아래에서 설명하는 무선 통신 기술의 명칭으로 올바른 것은?

> – 일반적으로 3.1~10.6GHz 대역에서, 기존의 스펙트럼에 비해 매우 넓은 대역에 걸쳐 낮은 전력으로 초고속 통신을 실현하는 근거리 무선 통신 기술이다.
> – 약 2나노초(Nana Second) 길이의 펄스를 이용해 센티미터 단위의 정확도로 거리를 측정할 수 있다.
> – 최근 사물인터넷(IoT)의 발달로 위치와 거리를 정밀하게 측정하려는 수요가 늘어나면서 재부상했다.

① Bluetooth
② Zigbee
③ RFID(Radio Frequency Identification)
④ UWB(Ultra Wide-Band)

UWB는 넓은 대역의 주파수를 사용해서 약한 전력으로 고속 통신을 하는 기술이다.

20 홈오토메이션, 산업용 기기 자동화, 물류 및 환경 모니터링 등 무선 네트워킹에서 10~20M 내외의 근거리 통신 시장과 최근 주목받고 있는 유비쿼터스 컴퓨팅을 위한 기술로서, 저 비용, 저 전력의 저속 데이터 전송의 특징과 하나의 무선 네트워크에 255대의 기기 연결이 가능한 이 기술은?

① Bluetooth
② 무선 LAN
③ Zigbee
④ WiBro

Zigbee는 저전력, 저속 통신 기술로 홈네트워크, 산업용 기기 등에서 사용한다.

21 다음 중 전진 오류 수정(Forward Error Correction) 방법은?

① 패리티 검사
② 순환중복 검사
③ 해밍코드
④ ARQ

해밍코드는 오류를 탐지하고 수정도 할 수 있다.

22 데이터 전송 운영 방법에서 수신 측에 n개의 데이터 블록을 수신할 수 있는 버퍼 저장 공간을 확보하고, 송신 측은 확인신호 없이 n개의 데이터 블록을 전송하며, 수신 측은 버퍼가 찬 경우 제어정보를 송신 측에 보내서 송신을 일시 정지시키는 흐름 제어는?

① 블록
② 모듈러
③ Xon/Xoff
④ Window

송신을 일시 정지시키는 것은 Xon/Xoff이다.

23 물리 계층의 역할이 아닌 것은?

① 전송 매체를 통해서 시스템들을 물리적으로 연결한다.
② 자신에게 온 비트들이 순서대로 전송될 수 있도록 한다.
③ 전송, 형식 및 운영에서의 에러를 검색한다.
④ 물리적 연결과 동작으로 물리적 링크를 제어한다.

OSI 7계층 중에서 물리 계층은 전기적인 신호를 보내는 계층이다. 에러를 탐지하고 수정하는 것은 데이터 링크 혹은 전송 계층이다.

24 패킷 교환기의 기능으로 옳지 않은 것은?

① 경로 설정
② 수신된 패킷의 저장
③ 전송되는 패킷의 변환
④ 최종 목적지 교환기의 순서제어

패킷 교환기는 패킷을 전송, 순서 제어, 경로 설정 역할을 한다. 전송되는 패킷을 변환하지는 않는다.

25 성형 토폴로지의 특징으로 옳지 않은 것은?

① 중앙 제어 노드가 통신상의 모든 제어를 관리한다.
② 설치가 용이하나 비용이 많이 든다.
③ 중앙 제어노드 작동불능 시 전체 네트워크가 정지한다.
④ 모든 장치를 직접 쌍으로 연결할 수 있다.

모든 장치를 쌍으로 연결하여 장애에 강한 토폴로지는 망형(Mesh) 토폴로지이다.

26 원천 부호화는 아날로그 정보(데이터)를 전송로에 효율적으로 전송하기 위해 디지털 신호(심볼)로 변환하고 압축하는 기술이라고 할 수 있다. 다음 항목 중 원천 부호화에 해당하는 기술로 옳은 것은?

① DPCM
② CRC 코드
③ 터보코드
④ 블록코드

DPCM은 차분 펄스 부호 변조로 PCM 변조와 다르게 절대적인 값으로 부호화하지 않고 바로 전 데이터와 차이만 부호화하는 방식이다.

27 다음 설명은 홈네트워크를 구축하기 위해서 사용하는 기술이다. (A), (B), (C)에 들어갈 적합한 용어를 순서대로 나열한 것은?

(A)은/는 통신 설비를 추가로 설치할 필요 없이 기존에 있는 전화선을 이용하여 통신망을 구축하는 기술이다. 한 쌍의 전화선을 이용하여 음성과 데이터를 분리하여 동시 사용 가능하며, 음성 전화를 위한 별도의 장치가 필요 없다. (A) 1.0은 최대 1Mbps의 속도를 제공하며, (A) 2.0은 최대 10Mbps의 속도를 제공한다.

(B)의 기술은 기존의 전력선을 기반으로 추가적인 데이터 회선 없이 통신을 지원하는 기술이다. 이는 추가 통신 선로의 필요성이 없으나, 전력선을 매체로 활용하다 보니 잡음에 민감하고, 통신 속도도 상대적으로 느려서 현재는 거의 사용되지 않으며, 일부 원격 검침 등의 한정된 애플리케이션에서 사용된다.

(C)은/는 현재 가장 널리 사용되는 기술로, IEEE 802.11을 기반으로 한 데이터 통신 전용 네트워크이다. 지원하는 단말 장치의 증가로 기존의 Home Network에 사용되던 기술을 빠르게 대체하고 있다.

① HomePNA – PLC(Power Line Communication) – WiFi/Wireless LAN
② Ethernet – ZigBee – WiFi/Wireless LAN
③ HomePNA – PLC(Power Line Communication) – Bluetooth
④ HomePNA – PLC(Power Line Communication) – ZigBee

....
• HomePNA: 전화선을 사용하는 통신 기술이다.
• PLC: 전력선을 사용하는 통신 기술이다.
• WLAN: IEEE 802.11을 표준으로 하는 무선랜이다.

28 다음 도메인 컨트롤러 구성 문제 해결을 위해 사용하는 프로그램 중 포리스트의 전반적인 상태를 확인하고 잘못된 구성을 파악하는데 사용하기 적합한 프로그램은?

① Repadmin.exe
② NetMon 3.4
③ AutoRuns.exe
④ MSinfo32.exe

....
Repadmin.exe는 도메인 컨트롤러 구성 문제를 해결하기 위한 도구로 잘못된 구성을 파악한다.

29 Windows Server 2016에서 파워쉘을 이용해 명령어를 간략히 지정하고자 한다. Get-childItem 명령어를 ll로 영구히 별칭을 지정하고 싶을 때 사용하는 명령어로 다음 중 적절한 것은?

① echo 'Set-Alias ll Get-ChildItem'
  〈$profile
② echo 'Set-Alias ll Get-ChildItem'
  〉$profile
③ echo 'Set-Alias ll Get-ChildItem'
  〉.profile
④ echo 'Set-Alias ll Get-ChildItem'
  〈.profile

....
")"는 라다이렉트로 $profile에 Alias 설정을 추가한다.

30 다음은 root 사용자에게만 '/etc/passwd' 파일의 'rw' 권한을 주었다. 그리고 '/etc/passwd' 파일을 icqa 사용자도 읽을 수 있도록 설정하였다. (A)에 해당하는 명령으로 알맞은 것은?

```
[root@icqa icqa]# chmod 600 /etc/passwd
[root@icqa icqa]# ls –l /etc/passwd
–rw–––––––. 1 root root 2350 10월 23 21:47
/etc/passwd
[root@icqa icqa]# ( A ) –m u:icqa:r /etc/
passwd
[icqa@localhost ~]$ cat /etc/passwd | grep
icqa
icqa:x:1001:1001::/home/icqa:/bin/bash
```

① chattr   ② setenforce
③ setfacl   ④ chmod

---

setfacl는 파일의 사용자나 그룹을 만들고 권한을 줄 수 있다. "–m" 옵션은 권한을 수정할 때 사용하고 "–x" 옵션은 권한을 삭제할 때 사용한다.

31 Apache 설정 파일인 'httpd.conf'에서 특정 디렉터리에 대한 접근 방식을 'All'로 설정하고, 해당 디렉터리에 '.htaccess' 파일을 생성하여 옵션을 변경할 수 있도록 해주는 설정은?

① Allow Override
② Access File Name
③ Limit
④ Indexes

• AllowOverride은 특정 디렉터리에 대해서 접근 방식을 결정한다.
• ALL 옵션은 새로운 인증 방식을 먼저 적용하도록 한다.

32 서버 관리자 Scott 사원은 Windows Server 2016 운영체제를 기반으로 데이터베이스를 운영하고 있다. 데이터 저장 장치의 분실에 의한 개인정보가 누출되지 않도록 하기 위하여 BitLocker 기술을 활용하고자 한다. BitLocker 기술에 대한 설명으로 옳지 않은 것은?

① BitLocker 기능을 사용하기 위해서는 TPM이 장착된 메인보드를 반드시 사용해야 한다.
② 고정 데이터, 운영체제, 이동식 데이터 드라이브에 대한 암호화 수준을 개별적으로 구성이 가능하다.
③ 볼륨 또는 디스크를 통째로 잠그는 기능으로, 파일이나 폴더 단위로 암호화하는 EFS에 비해 기능이 강력하다.
④ 드라이브 잠금 해제를 위한 암호를 분실한 경우, 48자리의 복구키를 이용하여 잠금을 해제할 수 있다.

BitLocker를 사용하기 위해 TPM(Trusted Platform Module) 칩이 장착된 메인보드가 필요하지는 않다. TPM은 BitLocker의 보안을 강화하는 데 도움을 줄 수 있지만, TPM이 없더라도 BitLocker를 사용할 수 있다. 이 경우, BitLocker는 USB 플래시 드라이브를 사용하여 복구 키를 저장하거나 비밀번호를 사용하여 드라이브를 잠금 해제할 수 있다.

33 Linux 서버 관리자가 DNS cache poisoning 공격에 취약한 BIND 서버의 DNS recursion 제한 설정을 하고자 한다. 설정할 파일(bind 9.2 이하) 이름은?

① /etc/named.conf
② /var/nmed/data
③ /etc/named.root.key
④ /etc/named.iscdlv.key

DNS 프로그램인 named의 설정 파일은 named.conf로 recursion을 제한할 수 있다.

34 Linux에서 다음과 같은 옵션을 사용하여 사용자 계정을 추가한 경우 설명이 잘못된 것은?

```
adduser -u 550 -g 13 -d /home/test -s /
bin/sh -f 40 test
```

① 사용자 계정은 test이다.
② 홈 디렉터리로는 '/home/test'를 사용한다.
③ 셸은 본셸을 사용한다.
④ 40일마다 패스워드를 변경하도록 설정한다.

본 문제의 예제는 UID 500, GID 13에 홈 디렉터리는 /hime/test로 하고 쉘은 /bin/sh를 사용한다. -f 옵션은 사용자 계정의 유효일을 지정하는 것이다.

35 SOA 레코드에서 2차 네임 서버가 1차 네임 서버에 접속하여 Zone의 변경 여부를 검사할 주기에 해당되는 세부 설정 항목은?

① Serial   ② Refresh
③ Retry   ④ Expire

• Refresh는 도메인 존을 갱신하는 주기 시간을 초 단위로 설정한다.
• Serial은 도메인 존 갱신 버전 정보를 설정한다.
• Retry는 도메인 존 갱신 여부 확인에 실패하는 경우 재시도 주기를 초 단위로 설정한다.
• Expire는 도메인 존 갱신이 실패하여 도메인에 대한 DNS 질의응답을 중단해야 하는 기간을 설정한다.

36 Linux에서 kill 명령어를 사용하여 해당 프로세스를 중단하려고 하는데, 중단하고자 하는 프로세스의 번호(PID)를 모를 경우 사용하는 명령어는?

① ps   ② man
③ help   ④ ls

• ps는 리눅스에서 실행 중인 프로세스 목록을 조회한다. ps 명령어는 PID를 확인할 수가 있다.
• man은 리눅스에서 도움말을 확인할 때 사용한다.

37 아래 내용은 Linux의 어떤 명령을 사용한 결과인가?

```
1 210.110.249.1 (210.110.249.1) 0.296 ms 0.226
ms 0.211 ms
2 203.230.105.254 (203.230.105.254) 1.064
ms 0.695 ms 0.742 ms
3 203.251.22.9 (203.251.22.9) 1.459 ms 1.079
ms 1.181 ms
4 dj-r1-ge0.kornet.net (210.123.243.210)
1.037 ms 0.980 ms 1.281 ms
5 211.196.155.149 (211.196.155.149) 4.076 ms
4.081 ms 3.772 mx₩s
```

① ping   ② nslookup
③ traceroute   ④ route

• traceroute 명령어는 목적지까지의 경로를 추적하며 ICMP 프로토콜을 사용한다.
• ping 명령어는 네트워크 에러를 탐지하고 보고한다.
• nslookup 명령어는 DNS 질의에 대한 응답을 확인한다.
• route 명령어는 라우팅 테이블을 조회한다.

38 Linux 시스템에서 'chmod 644 index.html'라는 명령어를 사용하였을 때, 'index.html' 파일에 변화되는 내용으로 옳은 것은?

① 소유자의 권한은 읽기, 쓰기가 가능하며, 그룹과 그 외의 사용자 권한은 읽기만 가능하다.
② 소유자의 권한은 읽기, 쓰기, 실행이 가능하며, 그룹과 그 외의 사용자 권한은 읽기만 가능하다.
③ 소유자의 권한은 쓰기만 가능하며, 그룹과 그 외의 사용자 권한은 읽기, 쓰기가 가능하다.
④ 소유자의 권한은 읽기만 가능하며, 그룹과 그 외의 사용자 권한은 읽기, 쓰기, 실행이 가능하다.

• 6은 4 = Read, 2 = Write를 의미하며 소유자는 읽기와 쓰기가 가능하다.
• 44는 그룹과 다른 사용자를 의미하며 읽기만 가능하다.

39 Windows Server 2016에서 'www.icqa.or.kr'의 IP Address를 얻기 위한 콘솔 명령어는?

① ipconfig www.icqa.or.kr

② netstat www.icqa.or.kr

③ find www.icqa.or.kr

④ nslookup www.icqa.or.kr

nslookup은 URL에 대해서 IP 주소를 얻기 위한 명령어이다.

40 서버 관리자 Park 사원은 Windows Server 2016 시스템의 부팅 과정에서 자동으로 실행되는 필수 관리 프로그램의 동작을 확인하려고 한다. 필수 관리 프로그램에 대한 설명으로 올바른 것은?

① 'smss.exe'는 Windows 시스템의 사용자 세션을 관리한다.

② 'wininit.exe'는 Windows 시스템의 서비스 수행을 관리한다.

③ 'lsass.exe'는 Windows 시스템의 콘솔 프로그램을 관리한다.

④ 'services.exe'는 Windows 시스템의 시작 프로그램을 관리한다.

윈도우 운영체제의 'smss.exe' 프로그램은 Session Manager Sub Sytem의 약자로 세션 관리자이다.

41 서버 관리자 Park 사원은 Windows Server 2016 시스템의 디스크 사용에 대한 용량을 제한하는 쿼터를 설정하려고 한다. NTFS 쿼터와 FSRM의 용량 제한에 대한 설명으로 올바른 것은?

① NTFS 쿼터는 폴더 단위로 용량을 제한한다.

② FSRM은 볼륨 단위로 용량을 제한한다.

③ NTFS 쿼터는 각 사용자에 대한 공간을 할당한다.

④ FSRM은 볼륨이 사용할 수 있는 총용량을 제한한다.

NTFS 파일 시스템에서 사용자별 공간을 할당하고 관리하는 것은 쿼터이다.

42 Windows Server 2016 Active Directory에 대한 설명으로 옳지 않은 것은?

① Active Directory 내 도메인은 한 개만 존재할 수 있다.

② 그룹 정책 설정을 통해 사용자의 PC 로그온 시간을 제한할 수 있다.

③ 도메인에 포함된 사용자는 도메인 내 어느 PC에서든지 로그인할 수 있다.

④ 사무실이 서울, 부산, 대구 등 지역적으로 분산되어 있어도 같은 도메인 내 네트워크를 관리할 수 있다.

Active Directory 내에 도메인은 여러 서브 도메인으로 나눌 수 있다. 도메인이란 Active Directory에 영향을 미치는 논리적 단위이며 필요에 의해서 여러 개의 도메인을 생성하고 관리할 수 있다.

43 Windows와 UNIX는 다른 로그체계를 갖추고 있다. Windows는 이벤트(event)라고 불리는 중앙 집중화된 형태로 로그를 수집하여 저장한다. Windows 이벤트 뷰어에 표시되는 항목과 설명이 잘못 설명되어 있는 것은?

① 컴퓨터: 관련 로그를 발생시킨 시스템
② 원본, 범주: 로그와 관계있는 영역
③ 사용자: 관련 로그를 발생시킨 사용자
④ 날짜 및 시간: 파일 생성 시간

날짜와 시간은 이벤트가 발생된 날짜와 시간을 의미한다. 이벤트는 응용, 시스템, 보안 이벤트로 구분된다.

44 서버 담당자 Park 사원은 레지스트리 편집기를 이용하여 화면 보호기가 작동하지 않도록 설정하고자 한다. 다음 중 화면보호기의 레지스트리 경로로 올바른 것은?

① HKEY_CURRENT_USER₩Control Panel₩Background
② HKEY_CURRENT_USER₩Control Panel₩ColorsBackground
③ HKEY_CURRENT_USER₩Control Panel₩ScreenSaveActive
④ HKEY_CURRENT_USER₩Control Panel₩Desktop₩ScreenSaveActive

윈도우 컴퓨터에서 화면보호기 설정은 ScreenSaveActive 값을 1로 설정해서 활성화할 수 있다.

45 서버 담당자 Park 사원은 다양한 방법으로 그룹 정책 개체에 관한 정보를 표시하고자 gpresult 명령을 사용하고자 한다. 이 명령은 클라이언트 컴퓨터나 서버에 적용되며, 적용할 정책을 결정할 때 특히 유용하며, 특정 정책이 적용되지 않은 이유를 알아내려 할 때 더욱 유용하다. 다음 중 gpresult 명령의 옵션에 대한 설명으로 올바르지 않은 것은?

① /s: 자세한 정책 정보를 표시한다.
② /u: 명령을 실행할 사용자 컨텍스트를 지정한다.
③ /p: 제공된 사용자 컨텍스트에 대한 암호를 지정한다.
④ /scope: 사용자 또는 컴퓨터 설정이 표시될 것인지 지정한다.

gpresult 명령어는 원격 사용자 및 컴퓨터 설정에 대한 정보를 표시한다. 그리고 "/s" 옵션에 IP 주소를 입력해서 연결할 원격 시스템을 지정한다.

4과목 **네트워크 운용기기**

46 라우터(Router)와 L3 스위치의 특징을 비교한 내용 중 바르게 설명한 것은?

① 모든 L3 스위치는 NAT(Network Address Translation) 기능을 제공한다.
② L3 스위치 및 라우터의 패킷 전송 구조는 하드웨어 기반이다.
③ 라우터는 WAN 구간 연동을 위한 인터페이스 제공이 어렵다.
④ 라우터는 L3 스위치보다 다양한 인터페이스(Ethernet, OC-N, T1/T3, ATM, Frame Relay 등)을 제공한다.

라우터는 경로를 결정할 수 있는 네트워크 장비로 L3보다 다양한 인터페이스를 제공한다.

47 통신 네트워크에 관해서 부당한 액세스, 우발적 또는 고장에 의한 조작에의 개입이나 파괴로부터 네트워크를 보호하기 위한 수단의 총칭을 네트워크 보안이라 하는데 다음 지문에서 설명하는 보안 위험 요소는?

> 허가받은 타인의 신분으로 위장하거나, 허가받은 네트워크 주소로 위장하여 사용자들을 속인 뒤 정보를 가져가는 행위를 말하며, MAC 주소, IP 주소, 포트(Port) 등과 같이 네트워크 통신과 관련된 모든 것을 속이기 대상으로 할 수 있다.

① 스니핑(Sniffing)
② 스푸핑(Spoofing)
③ 백도어(Back Door)
④ ICMP Flooding

- 스니핑은 네트워크로 전송되는 패킷을 모니터링하는 것이다.
- 스푸핑은 MAC 주소, IP 주소 등을 속여서 전송한다. 피해자는 가짜 MAC 주소로 연결되게 한다.
- 백도어는 공격자가 다음 침입을 위해서 만들어둔 뒷문으로 Trapdoor 라고도 한다.
- ICMP Flooding은 DDoS 공격 기법으로, 지속적으로 ICMP Echo Request를 발생시킨다.

48 VLAN(Virtual LAN)에 대한 설명으로 올바르지 않은 것은?

① VLAN은 하나 이상의 물리적인 LAN에 속하는 지국들을 브로드캐스트 영역으로 그룹화한다.
② VLAN은 물리적 회선이 아닌 소프트웨어에 의해 논리적으로 구성이 된다.
③ 지국들의 VLAN 구성을 위한 방식은 수동식, 자동식 그리고 반자동식 구성 방법이 있다.
④ VLAN의 물리적인 포트에 의한 VLAN 구성 방식은 4계층의 포트 주소를 사용한다.

VLAN은 하나의 물리적 세그먼트를 여러 개의 논리적 세그먼트로 나누어서 운영할 수 있는 네트워크 가상화 기술이다. 물리적 포트는 1계층에서 관리한다.

49 네트워크를 관리하는 Kim은 본사 네트워크의 보안 강화를 위하여 Fire Wall을 도입하게 되었다. 총무과 Lee의 요청으로 Lee의 집에서 FTP 서비스를 Lee의 본사 PC로 접속을 허용해달라는 요청을 받게 되었다. 다음 중 Kim이 Lee의 요청에 따라 FTP 서비스를 Fire Wall 정책에 입력 시 필요한 사항이 아닌 것은?

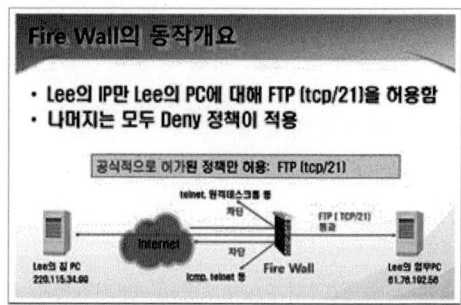

① Lee의 집 공인 IP: 220.115.34.99
② Lee의 본사 공인 IP: 61.76.192.56
③ 서비스 open 포트: tcp/21
④ Lee 집 PC의 mac address: D8-50-E6-3C-AE-CB

방화벽은 IP 주소, 프로토콜, 포트번호에 대해서 접근통제를 수행한다. MAC 주소를 등록하지는 않는다.

50 RAID에 대한 설명으로 올바른 것은?

① RAID는 여러 개의 디스크로 구성된 디스크 배열을 의미한다.
② RAID는 레벨 0 ~ 4까지 모두 5개의 규약이 있다.
③ '레벨 0'은 미러 모드라고 하는데 하나의 데이터를 여러 드라이브에 나누어 저장하는 기술이다.
④ 레벨의 의미는 데이터 입출력 속도가 빨라지는 단계에 따라 구분한다.

RAID는 Redundant Array of Independent Disks 기술로 여러 개의 디스크를 배열로 묶어서 디스크가 고장나도 복구할 수 있는 환경을 제공한다.

51 다음 지문이 설명하는 것은 무엇인가?

인터넷 회선을 임대 회선처럼 사용할 수 있게 해주는 솔루션으로 임대 회선과 비슷한 수준의 기밀성을 제공한다. 회사 밖에서 회사 서버에 보안 상태로 접근하거나 해외에서 국내에 접근할 때, 본사와 지사를 안전하게 연결할 때 사용한다.

① VLAN
② VPN
③ NAC
④ DRM

- VPN(Virtual Private Network)은 인터넷망에서 마치 전용선처럼 사용할 수 있는 기술로 터널링과 암호화를 통해서 안전한 송수신을 제공한다.
- NAC(Network Access Control)은 등록된 단말만 기업 내부 네트워크를 사용할 수 있게 한다.

52 다음 지문이 설명하는 제도는 무엇인가?

클라우드 서비스 제공자가 제공하는 서비스에 대해 '클라우드컴퓨팅법' 제23조 제2항에 따라 정보보호 기준의 준수 여부를 인증기관이 평가 인증하여 이용자들이 안심하고 클라우드 컴퓨팅 서비스를 이용할 수 있도록 지원하는 제도

① CASP
② K-ISMS
③ ISO27001
④ BS7799

CASP(Cloud Security Assurance Prgoram)는 한국인터넷진흥원에서 제공하는 클라우드 보안 인증 프로그램이다. 인증의 유효기간은 5년이며 네이버 클라우드, 카카오 클라우드, KT 클라우드와 같은 기업들이 인증을 받는다.

53 다음에서 설명하는 기술은?

일반적으로 웹 페이지에서 악의적인 목적에 의해 사용자에게 메시지를 표시하지 않고 스크립트(Script) 등의 계기로 악의적인 소프트웨어(Malware)를 다운로드하고 실행하는 것

① CERT
② 침해사고 대응
③ 디지털 포렌식
④ Drive By Download Attack

Drive By Download는 특정 사이트에 접속 시에 자동으로 악성코드가 다운로드되고 실행되는 공격을 의미한다.

54 Session Hijacking이라는 웹 해킹 기법과 비슷하나, 사용자의 권한을 탈취하는 공격이 아니라 사용자가 확인한 패킷의 내용만을 훔쳐보는 기법은?

① Spoofing
② Side Jacking
③ Sniffing
④ Strip Attack

세션 하이재킹은 사용자의 세션을 훔쳐서 인증을 우회하여 연결하는 것을 의미하고 Side jacking은 사용자의 패킷 내용을 훔쳐보는 것이다.

55 다음 중 스니핑(Sniffing) 해킹 방법에 대한 설명으로 가장 올바른 것은?

① Ethernet Device 모드를 Promiscuous 모드로 전환하여 해당 호스트를 거치는 모든 패킷을 모니터링한다.
② TCP/IP 패킷의 내용을 변조하여 자신을 위장한다.
③ 스텝 영역에 Strcpy와 같은 함수를 이용해 넘겨받은 인자를 복사함으로써 스택 포인터가 가리키는 영역을 변조한다.
④ 클라이언트로 하여금 다른 Java Applet을 실행시키도록 한다.

Promiscuous 모드는 목적지 주소가 자신의 주소가 아닌 것도 모두 수신받는 것이다. 이를 무차별 모드라고도 한다.
• Promiscuous 설정: ifconfig eth0 promisc
• Promiscuous 해제: ifconfig eth0 –promisc

56 다음에서 설명하는 암호화 기술은?

– 1977년 미국의 국립표준기술연구소에서 만들었으며 미 국방성에서 자료 암호화의 표준으로 채택된 방식으로, 알고리즘은 비교적 간단하며 연산은 XOR와 비트의 순서를 바꿈으로써 이루어진다.
– 속도는 빠르지만 암호화를 위한 키의 생성, 전달, 보관하는 문제 등을 체크해야 하며 만약에 키를 분실할 경우 타격이 크다.

① RSA
② 디지털 서명
③ IDEA
④ DES

DES 암호화 알고리즘은 보안에 취약한 대칭키 암호화 알고리즘이다. DES를 대체하기 위해서 등장한 대칭키 암호화 알고리즘이 AES이다.

57 방화벽(Firewall)에 대한 설명으로 옳지 않은 것은?

① 네트워크 출입로를 다중화하여 시스템의 가용성을 향상시킨다.
② 외부로부터 불법적인 침입을 방지하는 기능을 담당한다.
③ 내부에서 행해지는 해킹 행위에는 방화벽 기능이 사용되지 못할 수도 있다.
④ 방화벽에는 역 추적 기능이 있어 외부에서 네트워크에 접근 시 그 흔적을 찾아 역추적이 가능하다.

방화벽은 접근통제(Access Control)를 수행하는 것이지 가용성을 향상시키는 것은 아니다. 특정 IP, 프로토콜, Port에 대해서 접근을 허용하거나 차단한다.

58 네트워크를 관리하는 Kim은 사내에서 총무과 직원 Lee, 시설과 직원 Park 등 여러 직원들로부터 랜섬웨어(Ransomware)에 감염되었다는 소식을 들었다. 각종 보안 장비 등의 Log를 분석한 결과 여러 가지 경로를 통해서 랜섬웨어에 감염되었다는 것을 알게 되었다. 다음 중에서 Kim이 파악한 랜섬웨어에 감염되는 경로가 아닌 것은?

① 인증되지 않는 사이트나 P2P, 파일 공유 사이트 이용
② 브라우저 자체의 취약점 및 플러그인의 취약점을 통한 감염(Active X 콘트롤 및 플래시 플레이어의 업데이트 미실시)
③ ISP에서 설치한 WiFi 사용
④ 출처가 불분명한 e-메일의 첨부파일을 열어본 경우

ISP(Internet Service Provider)에서는 설치한 WiFi는 안전한 무선 네트워크이다.

59 다음 중 SDN(Software–Defined Networking) 특징이 올바른 것은?

① 하드웨어 중심

② 독자 프로토콜

③ 비효율/고비용 운용

④ 개방형 구조

- SDN(Software–Defined Networking)은 네트워크 제어를 간소화하는 것으로 네트워크 제어 영역과 포워드 영역을 분리해서 관리한다.
- 소프트웨어를 사용해서 네트워크를 관리하며 추상화된 접근 방식을 사용한다.
- 제어 영역에서 네트워크를 관리할 수 있기 때문에 효율적이고 비용이 절감된다.

60 전자우편 보안 기술 중 PEM(Privacy–enhanced Electronic Mail)에 대한 설명으로 옳지 않은 것은?

① MIME(Multipurpose Internet Mail Extension)를 확장해서 전자우편 본체에 대한 암호 처리와 전자우편에 첨부하는 전자서명을 제공한다.

② 프라이버시 향상 이메일이라는 뜻으로, 인터넷에서 사용되는 이메일 보안이다.

③ 보안 능력이 우수하고, 중앙집중식 인증체계로 구현된다.

④ 비밀성, 메시지 무결성, 사용자 인증, 발신자 부인 방지, 수신자 부인 방지, 메시지 반복 공격 방지 등의 기능을 지원한다.

보기 1번에서 설명하는 것은 S/MIME 이메일 보안 기술로 암호화 및 전자서명을 지원한다.

1급	시행 일자	소요 시간	문항 수
	2021년 10월	총 60분	총 60문항

수험번호 : _____

성   명 : _____

▶합격 강의

1과목 **TCP/IP**

01 Subnet Mask에 대한 설명으로 옳지 않은 것은?

① 각 IP Address의 Broadcasting 범위를 지정하기 위해 사용된다.

② 모든 IP Address의 Subnet Mask가 동일하다.

③ 하나의 네트워크 Class를 여러 개의 네트워크 Segment로 분리하여 IP Address를 효율적으로 사용할 수 있게 한다.

④ 하나의 네트워크 IP Segment란 Broadcasting Boundary를 의미한다.

서브넷 마스크는 네트워크를 논리적으로 분리하는 것으로 모든 IP 주소의 서브넷 마스크는 동일할 수 없다. 단, 동일한 네트워크 내에 있는 호스트의 서브넷 마스크는 동일하다.

02 IPv6에 대한 설명으로 잘못된 것은?

① IPv6는 IPng의 일부분으로 여기서 ng는 Next Generation을 의미한다.

② IPv6가 필요하게 된 동기는 현재 인터넷 사용자가 급증하기 때문이다.

③ IPv6는 32bit로 구성되어 있다.

④ IPv6는 암호 처리 및 사용자 인증 기능이 내장되어 있다.

IPv6는 128비트로 주소 공간을 확대했다. IPv4는 32비트 주소체계를 사용한다.

03 IP 프로토콜의 헤더 체크섬(Checksum)에 대한 설명 중 올바른 것은?

① 체크섬 필드를 '0'으로 하여 계산한다.

② 네트워크에서 존재하는 시간을 나타낸다.

③ 데이터그램의 총 길이를 나타낸다.

④ IP 헤더에 대해서만 포함되며 데이터 필드를 포함한다.

Checksum은 무결성을 검사하기 위한 것으로 Checksum 필드를 '0'으로 하여 계산한다.

04 호스트의 IP Address를 호스트와 연결된 네트워크 접속 장치의 물리적 주소로 번역해 주는 프로토콜은?

① TCP   ② ARP

③ IP   ④ UDP

ARP(Address Resolution Protocol)는 네트워크 IP의 논리적 주소를 물리적 주소로 번역해 주는 프로토콜로 윈도우의 CMD 창에서 arp -a 명령어를 통해 해당 정보를 확인할 수 있다.

윈도우에서 arp -a를 실행하면 ARP Cache 테이블을 확인할 수가 있다.

IP주소와 MAC주소이다.

---

05 네트워크 ID가 '203.253.55.0'인 네트워크에서 각 서브넷은 25개 호스트가 필요하고 가장 많은 서브넷 유지를 원할 때 가장 적절한 서브넷 마스크 값은?

① 255.255.255.240
② 255.255.255.248
③ 255.255.255.224
④ 255.255.255.192

203.253.55.0은 C Class에 해당하는 주소이므로 서브넷이 255. 255.255.0이고 그 중 서브넷마다 25개 호스트를 할당하려면 서브넷의 네 번째 옥텟에 네트워크 ID를 제외한 호스트 ID를 계산하면 된다. 따라서 네트워크 ID $2^7+2^6+2^5$=224를 서브넷으로 지정하면 255.255.255.224 이다.

1 1 1 1 1 1 1 1	1 1 1 1 1 1 1 1	1 1 1 1 1 1 1 1	1 1 1 0 0 0 0 0
255	255	255	네트워크 ID / 호스트 ID

06 Multicast용으로 사용되는 IP Address는?

① 163.152.71.86
② 128.134.2.51
③ 213.122.1.45
④ 231.159.61.29

D Class는 멀티캐스트로 지정된 것으로 상위 4비트가 1110으로 지정되어 있다.

Class	첫 번째 옥텟	IP 할당 범위	사설 IP 대역	용도
A	0xxx xxxx	0.0.0.0 ~ 127.255.255.255	10.0.0.0 ~ 10.255.255.255	대규모 환경
B	10xx xxxx	128.0.0.0 ~ 191.255.255.255	172.16.0.0 ~ 172.31.255.255	중규모 환경
C	110x xxxx	192.0.0.0 ~ 223.255.255.255	192.168.0.0 ~ 192.168.255.255	소규모 환경
D	1110 xxxx	224.0.0.0 ~ 239.255.255.255		멀티캐스트
E	1111 xxxx	240.0.0.0 ~ 255.255.255.255		연구 개발

07 UDP에 대한 설명 중 올바른 것은?

① OSI 7 Layer에서 전송 계층에 속하며, 데이터그램 방식으로 비연결형이다.
② 인터넷상에서 전자우편(E-Mail)의 전송을 규정한다.
③ 네트워크의 구성원에 패킷을 보내기 위한 하드웨어 주소를 정한다.
④ 네트워크와 Application Layer 사이의 신뢰적 데이터 전송을 제공한다.

UDP(User Datagram Protocol)는 TCP와 마찬가지로 OSI 7 Layer 중 4계층 전송 계층(Transport)에 속하나, TCP가 신뢰성 있는 연결을 보장하는 것과 달리 비연결형이다.

오답 피하기
②는 SMTP에 대한 설명이다.

08 DNS 서버는 기본적으로 리소스 레코드(Resource Record)에 호스트들과 서브 도메인 정보를 저장하는 존(Zone) 데이터베이스를 유지하고 있다. DNS 서버에서 사용하는 리소스 레코드 종류에서 IP Address에 대한 DNS 이름을 제공하기 위해 사용되는 리소스 레코드는?

① PTR(PoinTer Record)
② NS(Name Server)
③ SOA(Start of Authority)
④ A(Address)

DNS 레코드 PTR은 IP 주소를 입력하면 URL을 반환해 주는 역할을 한다. nslookup 명령어 통해 url 정보를 입력하면 IP 주소를 반환해 주는 것과 달리 역방향 조회가 가능하게 한다.

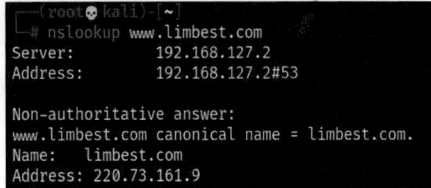

```
┌──(root㉿kali)-[~]
└─# nslookup www.limbest.com
Server:         192.168.127.2
Address:        192.168.127.2#53

Non-authoritative answer:
www.limbest.com canonical name = limbest.com.
Name:   limbest.com
Address: 220.73.161.9
```

09 SMTP에 대한 설명 중 올바른 것은?

① 네트워크의 구성원에 패킷을 보내기 위한 하드웨어 주소를 정한다.

② TCP/IP 프로토콜에서 데이터의 전송 서비스를 규정한다.

③ TCP/IP 프로토콜의 IP에서 접속 없이 데이터의 전송을 수행하는 기능을 규정한다.

④ 인터넷상에서 전자우편(E-Mail)의 전송을 규정한다.

SMTP는 TCP 25번 Port를 사용하고 상대 서버를 지시하기 위해서 DNS의 MX 레코드가 사용된다.

10 SSH 프로토콜은 외부의 어떤 공격을 막기 위해 개발되었는가?

① Sniffing

② DoS

③ Buffer Overflow

④ Trojan Horse

SSH는 안전한 접속을 보장해 줌으로써 외부에서 데이터를 Dump해도 데이터가 암호화되어 Sniffing이 불가능하다.

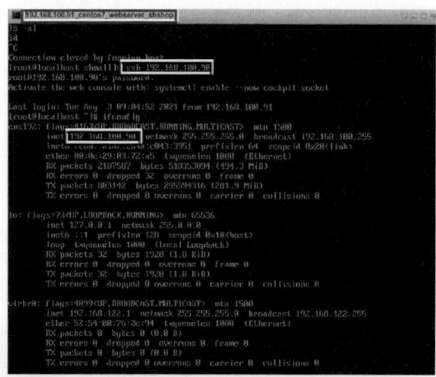

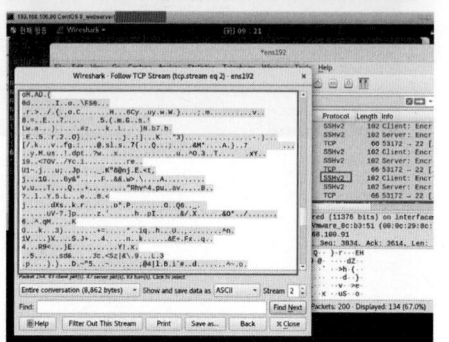

11 TCP/IP망을 기반으로 하는 다양한 호스트 간 네트워크 상태 정보를 전달하여 네트워크를 관리하는 표준 프로토콜은?

① FTP   ② ICMP

③ SNMP   ④ SMTP

SNMP 프로토콜은 NMS(Network Management System)가 사용하는 UDP 기반의 프로토콜로 네트워크 상태를 모니터링하는 프로토콜이다.

12 OSPF에 대한 설명으로 옳지 않은 것은?

① 기업의 근거리 통신망과 같은 자율 네트워크 내의 게이트웨이들 간에 라우팅 정보를 주고받는데 사용되는 프로토콜이다.

② 대규모 자율 네트워크에 적합하다.

③ 네트워크 거리를 결정하는 방법으로 홉의 총계를 사용한다.

④ OSPF 내에서 라우터와 종단국 사이의 통신을 위해 RIP가 지원된다.

OSPF는 링크에서의 전송 시간을 링크 비용으로 사용하여 각 목적지별 최단 경로를 구한다. 홉의 총계를 사용하여 네트워크 거리를 결정하는 프로토콜은 RIP이다.

13 TCP 세션의 성립에 대한 설명으로 옳지 않은 것은?

① 세션 성립은 TCP Three-Way Handshake 응답 확인 방식이라 한다.

② 실제 순서 번호는 송신 호스트에서 임의로 선택된다.

③ 세션 성립을 원하는 컴퓨터가 ACK 플래그를 '0'으로 설정하는 TCP 패킷을 보낸다.

④ 송신 호스트는 데이터가 성공적으로 수신된 것을 확인하기까지는 복사본을 유지한다.

TCP 세션은 Three-way handshaking을 통해 이루어지는데, 세션 성립을 원하는 컴퓨터가 SYN 플래그를 [seq 1, ack 0]으로 설정하는 패킷을 보낸다.

14 TFTP에 대한 설명으로 올바른 것은?

① TCP/IP 프로토콜에서 데이터의 전송 서비스를 규정한다.
② 인터넷상에서 전자우편(E-mail)의 전송을 규정한다.
③ UDP 프로토콜을 사용하여 두 호스트 사이에 파일 전송을 가능하게 해준다.
④ 네트워크의 구성원에 패킷을 보내기 위한 하드웨어 주소를 정한다.

TFTP는 UDP 69번 포트를 이용하여 파일 전송을 한다.

```
tftp                /udp
```

오답 피하기
- ①: FTP
- ②: SMTP

15 TCP의 프로토콜 이름과 일반 사용(Well-Known) 포트 연결로 옳지 않은 것은?

① SMTP: 25   ② HTTP: 80
③ POP3: 100   ④ FTP-Data: 20

POP3는 TCP를 사용하고 110번 포트로 연결되어 있다.

```
pop3        ./tcp      pop-3      # POP version 3
```

16 IP Address 할당에 대한 설명으로 옳지 않은 것은?

① 198.34.45.255는 개별 호스트에 할당 가능한 주소이다.
② 127.0.0.1은 로컬 Loopback으로 사용되는 특별한 주소이다.
③ 172.16.0.0은 네트워크를 나타내는 대표 주소이므로 개별 호스트에 할당할 수 없다.
④ 220.148.120.256은 사용할 수 없는 주소이다.

255는 브로드캐스팅 주소로 개별 호스트에 할당이 불가능 하다.

17 IGMP에 대한 설명 중 올바른 것은?

① 시작지 호스트에서 여러 목적지 호스트로 데이터를 전송할 때 사용된다.
② TCP/IP 프로토콜의 IP에서 접속없이 데이터의 전송을 수행하는 기능을 규정한다.
③ 네트워크의 구성원에 패킷을 보내기 위한 하드웨어 주소를 정한다.
④ IP에서의 오류(Error) 제어를 위하여 사용되며, 시작지 호스트의 라우팅 실패를 보고한다.

IGMP는 멀티캐스트 그룹에 등록된 사용자에게만 데이터를 전송하며 그룹 사용자를 관리하는 프로토콜이다.

18 물리적 회선을 공유하면서도 회선이 할당된 것처럼 동작하며, 연결 설정, 데이터 전송, 연결 해제 단계를 거치는 방식은?

① 회선 교환 방식
② 데이터그램 방식
③ 가상 회선 교환 방식
④ 메시지 교환 방식

네트워크상에서 데이터를 교환하는 방식은 크게 회선 교환, 축적 교환으로 나누어진다. 그중 축적 교환 방식은 패킷 교환, 메시지 교환으로 구분할 수 있고 패킷 교환 방식은 다시 가상 회선과 데이터그램 방식으로 구분할 수 있다. 가상 회선 교환 방식은 연결 지향형, 데이터그램은 비연결 지향형 데이터 교환 방식이다.

19 아래에서 설명하는 무선 통신 기술의 명칭으로 올바른 것은?

> – 일반적으로 3.1~10.6GHz 대역에서, 기존의 스펙트럼에 비해 매우 넓은 대역에 걸쳐 낮은 전력으로 초고속 통신을 실현하는 근거리 무선 통신 기술이다.
> – 약 2나노초(Nano Second) 길이의 펄스를 이용해 센티미터 단위의 정확도로 거리를 측정할 수 있다.
> – 최근 사물인터넷(IoT)의 발달로 위치와 거리를 정밀하게 측정하려는 수요가 늘어나면서 재부상했다.

① Bluetooth
② Zigbee
③ RFID(Radio Frequency Identification)
④ UWB(Ultra Wide-Band)

UWB는 본래 레이더 기술로 특정 주파수 하나를 사용하지 않고 주파수를 넓게 사용하여 데이터를 송수신한다. IrDA는 적외선 통신 기술이고 Bluetooth는 1M에서 10M 정도의 데이터를 송수신할 수 있는 WPAN(Wireless Personal Area Network) 기술이다.

20 베이스밴드(Baseband) 시스템보다 브로드밴드(Broadband) 시스템이 더 많은 데이터를 전송할 수 있는 이유는?

① 여러 개의 주파수로 여러 개의 채널에 접근할 수 있기 때문
② 양방향 신호 흐름을 지원할 수 있기 때문
③ 서버에 데이터를 저장하였다가 한 번에 데이터를 전송할 수 있기 때문
④ 한 번에 한 개의 신호 또는 한 개의 채널을 전송할 수 있기 때문

브로드밴드는 다원접속 기술인 FDMA(주파수 분할 다중화)를 이용하여 여러 통신 노드에 데이터를 동시에 전송한다.

21 광통신 전송로의 특징으로 옳지 않은 것은?

① 긴 중계기 간격
② 대용량 전송
③ 비전도성
④ 협대역

– 광통신은 광케이블을 사용해서 빛 전반사의 특성으로 데이터를 빠르게 전송하는 통신이며, 협대역의 특성을 가지지 않는다.
– 협대역은 좁은 대역폭을 의미한다.

22 전송한 프레임의 순서에 관계없이 단지 손실된 프레임만을 재전송하는 방식은?

① Selective-repeat ARQ
② Stop-and-wait ARQ
③ Go-back-N ARQ
④ Adaptive ARQ

Selective Repeat: 수신받지 못한 데이터만 재전송하는 방식이다.

오답 피하기
• Stop-and-wait: 송신 측이 데이터를 보내고 수신 측에서 응답이 올 때까지 대기하는 방식이다.
• Go-back-N: 되돌아온 ACK 번호 이후 모든 데이터를 전부 재전송하는 방식이다.
• Adaptive: 블록 길이를 채널 상태에 따라 동적으로 변경하여 전송하는 방식이다.
• 참고로 위의 모든 방식은 에러 BEC(Backward Error Correction)이다.

23 아날로그 데이터를 디지털 전송 신호로 보낼 때 양자화시키는 일반적인 기법은?

① PCM   ② FSK
③ QPSK   ④ PSK

PCM 변조는 표본화-양자화-부호화-복호화-여파화 과정으로 진행된다.

24 다음 지문에서 설명하는 기술은 무엇인가?

네트워크를 관리하는 사원 Kim은 회사 업무를 기존 유선네트워크 기반에서 모바일 장치(스마트폰이나 태블릿) 등을 사용하기 위해서 무선 네트워크 기반으로 이전하기 위한 기초 자료를 조사하고 있다. 다양한 장치 간에 미디어 콘텐츠를 쉽게 전송하기 위하여 사용하는 기술로 (A) 인증이 된 제품 간에는 네트워크를 통하여 제조사와 제품 종류와 관계없이 다양한 미디어 콘텐츠(음악/사진/동영상)를 공유하고 재생할 수 있도록 규약을 정의하였다. (A)에서는 산업기기/회사 간 협력(Industry collaboration), 표준 규격을 준수하는 상호 연동(Standard-based interoperability) 및 제품의 규격 준수(Compelling products)를 목표로 여러 회사가 모여 규격 제정, 인증 관리 및 향후 방향 모색 등 다양한 활동을 하고 있다.

① Digital Living Network Alliance
② Dedicated Short Range Communication
③ Smart Grid Networking
④ Network Function Virtualization

....

DLNA(Digital Living Network Aliance)는 USB나 케이블을 이용한 전통적 공유 방식을 벗어나 동일한 네트워크를 사용하는 기기들의 콘텐츠를 공유하는 기술이다.

25 MSPP(Multi Service Provisioning Platform)에 대한 설명이 올바르지 않은 것은 무엇인가?

① MSPP 장비는 단일 장비상에서 전용선, 이더넷, SAN, ATM 등의 서비스 제공이 가능한 복합서비스 장비이다.
② MSPP 망은 point-point 망, point-multi point 망, 링형 망 등 다양한 입력 망과 다양한 계층의 데이터를 단일한 장비를 통해 다중화시켜 전송할 수 있는 망이다.
③ MSPP는 BLSR, UPSR 등의 회선 복구 알고리즘을 사용한다.
④ MSPP의 GFC 기술은 복수의 물리적 신호를 그루핑, 이더넷 트래픽을 전달하기 위해 링크의 물리적 SDH 신호를 논리적으로 그루핑하는 다중화 기술이다.

....

④는 MSPP의 VC(Viitual Concatenation)에 대한 설명으로 VC는 복수의 물리적 신호를 그룹핑한다. GFC(Generic Framing Procedure)는 패킷 바이트 단위 신호를 SDH 형태로 매핑해 주는 역할을 한다.

26 다음 설명에서 (A)에 들어갈 알맞은 용어는 무엇인가?

(A)는 스마트 그리드를 구현하기 위해 필요한 핵심 인프라로서 스마트 미터, 통신망, 계량 데이터 관리 시스템과 운영 시스템으로 구성되고 스마트 미터 내에 모뎀을 설치해 양방향 통신이 가능한 지능형 전력 계량 인프라이다. (A)는 소비자와 전력회사 간 양방향 통신으로 원격검침, 수요관리, 전력소비 절감과 전기 품질 향상 등 다양한 융복합 서비스를 제공하게 된다.

① DR(Demand Response)
② EMS(Energy Management System)
③ AMI(Advanced Metering Infrastructure)
④ TDA(Transmission & Distribution Automation)

....

AMI는 전력 공급자와 수요자 간 상호 인지 기반 DR 구현을 위한 핵심 수단으로 기존의 제한적 원격검침과 달리 양방향 통신을 지원하고 자동화된 기기를 통해 에너지 사용 정보를 분석, 측정할 수 있게 한다.

27 다음은 Home Network에 사용되는 기술 중 WPAN(Wireless Personal Area Network)에 대한 설명이다. (A), (B), (C) 안에 들어갈 표준을 순서대로 나열한 것은 무엇인가?

> 네트워크를 관리하는 사원 Kim은 기존 회사 내의 사원용 아파트 내의 홈네트워크에 관한 기술을 통합하기 위해서 다양한 표준을 연구하고 있다. 사용할 수 있는 기술은 기존의 Wireless LAN 이외에 WPAN으로 통칭하는 기술이 있으며, 이는 크게 블루투스, 고속 WPAN 및 저속 WPAN으로 분류할 수 있다. (A)는 WPAN/블루투스를 (B)는 고속 WPAN에 대한 표준이며, (C)는 저속 WPAN에 대한 표준이다.

① 802.11.1 - 802.11.3 - 802.11.4
② 802.11a - 802.11b - 802.11c
③ 802.15.1 - 802.15.3 - 802.15.4
④ 802.16.1 - 802.16.3 - 802.16.4

IEEE 표준 규정에 대한 설명으로서 802.15.1은 블루투스, 802.15.3은 고속 WPN, 802.15.4 는 저속 WPAN, Zigbee에 대한 표준이다. 참고로 802.15.5는 Mesh Network 구성에 대한 규격 이다. 802.11은 근거리 통신망, Wifi 관련된 표준 802.16은 무선 브로드밴드에 대한 표준이다.

3과목 NOS

28 웹 서버 관리자인 Kim 대리는 아파치를 이용하여 웹 서버를 구축하였다. 아파치 웹 서버의 기본 설정 파일인 'httpd.conf' 파일의 항목에 대한 설명이 옳지 않은 것은?

① ServerTokens: 웹 서버 헤더에 제공되는 정보의 수준을 지정한다.
② ServerAdmin: 웹 서버에 문제가 발생 시 보낼 관리자의 이메일 주소를 지정한다.
③ DocumentRoot: 웹 문서가 위치하는 디렉터리를 지정한다.
④ AccessFileName: 웹 서버의 에러 로그 기록 파일을 지정한다.

AccessFileName은 디렉터리에 접근할 수 있는 파일의 명을 지정한다.

```
185 # AccessFileName: The name of the file to look for in each directory
186 # for additional configuration directives.  See also the AllowOverride
187 # directive.
188 #
189 AccessFileName .htaccess
```

에러로그를 기록할 파일 지정 역시 아파치 설정의 다음의 항목에서 할 수 있다.

```
ErrorLog ${APACHE_LOG_DIR}/error.log
# LogLevel: Control the severity of messages logged to the error_log.
# Available values: trace8, ..., trace1, debug, info, notice, warn,
# error, crit, alert, emerg.
# It is also possible to configure the log level for particular modules, e.g.
# "LogLevel info ssl:warn"
LogLevel warn
```

29 Linux 시스템 관리자인 PARK 사원은 IP 주소가 'a.b.c.d'이고, 사용자명/패스워드가 'admin/p@ssw0rd'인 시스템의 삼바로 공유된 'data' 디렉터리를 '/net'으로 사용하고자 한다. 해당 작업에 필요한 명령어와 옵션으로 올바른 것은?

① mount -a smbfs -j username=admin, password=p@ssw0rd //a.b.c.d/data /net
② mount -t ntfs -j username=admin, password=p@ssw0rd //a.b.c.d/data /net
③ mount -a smbfs -o username=admin, password=p@ssw0rd //a.b.c.d/data /net
④ mount -t smbfs -o username=admin, password=p@ssw0rd //a.b.c.d/data /net

---

mount 명령어는 설치된 파일 시스템을 특정 디렉터리에 연결시켜주는 명령어로 옵션을 통하여 세부 항목을 지정할 수가 있는데, -t 옵션을 통해 파일 시스템 타입을 지정하여 주고 -o 옵션으로 계정 정보 및 공유할 디렉터리를 지정할 수 있다.

```
Options:
 -a, --all               mount all filesystems mentioned in fstab
 -c, --no-canonicalize   don't canonicalize paths
 -f, --fake              dry run; skip the mount(2) syscall
 -F, --fork              fork off for each device (use with -a)
 -T, --fstab <path>      alternative file to /etc/fstab
 -h, --help              display this help text and exit
 -i, --internal-only     don't call the mount.<type> helpers
 -l, --show-labels       lists all mounts with LABELs
 -n, --no-mtab           don't write to /etc/mtab
 -o, --options <list>    comma-separated list of mount options
 -O, --test-opts <list>  limit the set of filesystems (use with -a)
 -r, --read-only         mount the filesystem read-only (same as -o ro)
 -t, --types <list>      limit the set of filesystem types
     --source <src>      explicitly specifies source (path, label, uuid)
     --target <target>   explicitly specifies mountpoint
```

30 서버 관리자 Park 대리는 메일 서버 프로그램으로 샌드메일(Sendmail)을 이용하고 있다. 샌드메일과 관련한 주요 파일에 대한 설명으로 옳지 않은 것은?

① '/etc/mail/sendmail.cf' : 샌드메일의 환경 설정을 기록한 파일이다.
② 'etc/mail/local-host-names' : 메일 서버에 사용하는 호스트 이름을 설정하는 파일이다.
③ '/etc/mail/access' : 메일서버로 접근하는 호스트나 도메인의 접근을 제어하는 파일이다.
④ '/etc/aliases' : 특정 계정으로 들어오는 메일을 다른 계정으로 전송되도록 설정하는 파일이다.

'etc/mail/local-host-names는 메일 서버에 사용하는 도메인을 입력하는 데 쓰이며 Cw에 호스트 이름을 설정한다.

---

31 서버 담당자 Jung 대리는 Windows Server 2016의 이벤트 뷰어를 활용하여 감사 정책에 따른 로그 정보를 확인하고자 한다. 이벤트 수준의 항목으로 옳지 않은 것은?

① 디버그
② 오류
③ 경고
④ 위험

윈도우 이벤트 수준은 정보, 경고, 오류, 위험의 4 Level로 구성되며, 디버그는 해당하지 않는다.

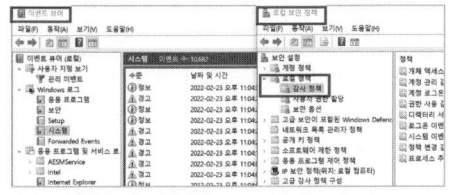

32 서버 담당자 Hong 사원은 Windows Server 2016의 성능 모니터를 통해 시스템의 성능을 모니터링한다. 성능 모니터를 통하여 모니터링할 수 있는 항목으로 옳지 않은 것은?

① 프로세서
② 메모리
③ 네트워크 인터페이스
④ 주변 장치

성능 모니터는 서버 설치 시 기본적으로 구성되며 메모리, 네트워크 인터페이스, 디스크, 프로세서의 정보를 실시간으로 보여주며 성능 변경에 대한 로그를 만들 수 있다.

---

33 Linux에서 기본적으로 생성되는 디렉터리로 옳지 않은 것은?

① /etc
② /root
③ /grep
④ /home

리눅스 기본 디렉터리는 다음과 같으며 grep은 특정 문자열을 찾는 명령어이다. tree 명령어를 통해 디렉터리와 -L 옵션을 통해 레이어별 하위 디렉터리 항목을 확인할 수 있다.

34 Linux 시스템에서 '-rwxr-xr-x'와 같은 퍼미션을 나타내는 숫자는?

① 755   ② 777

③ 766   ④ 764

chmod는 권한을 부여할 수 있는 옵션으로 r: 4, w: 2, x: 1로 소유자, 그룹, 다른 사용자별로 읽기, 쓰기, 실행 권한을 부여할 수 있다.

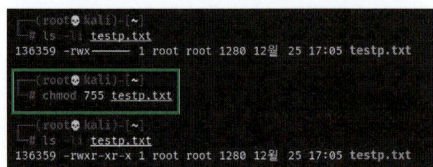

---

35 Linux 시스템의 vi 에디터에 대한 설명으로 옳지 않은 것은?

① 입력 모드로 전환은 'i'를 눌러서 한다.

② 편집 모드로 전환하기 위해서는 'Esc' 키를 누르고 ':'(콜론)을 입력하면 된다.

③ 기능키 'A'는 입력 모드로 전환되어 현재 라인의 끝에 입력이 된다.

④ 기능키 'a'는 입력 모드로 전환되어 현재 라인의 위 라인에 입력이 된다.

vi 에디터 'a' 옵션은 입력 모드로 전환되어 커서 오른쪽에 문자를 삽입하는 옵션이다.

---

36 Windows Server 2016에서 'www.icqa.or.kr'의 IP Address를 얻기 위한 콘솔 명령어는?

① ipconfig www.icqa.or.kr

② netstat www.icqa.or.kr

③ find www.icqa.or.kr

④ nslookup www.icqa.or.kr

nslookup 명령어를 통해 ip와 도메인 정보를 확인할 수 있다.

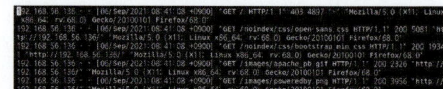

---

37 Linux에서 프로세스의 상태를 확인하고자 할 때 사용하는 명령어는?

① ps   ② w

③ at   ④ cron

ps 명령어를 통해 프로세스의 상태를 확인할 수 있으며 주로 grep과 함께 사용하여 찾고자 하는 프로세스를 지정한다.

오답 피하기

- W는 현재 로그인 사용자의 정보 제공
- At은 일회성 예약 작업
- Cron은 주기적 예약 작업 설정에 사용한다.

---

38 서버 담당자 Lee 사원은 Windows Server 2016에 보안과 관련한 맞춤형 설정을 적용하기 위해 보안 템플릿을 사용하려고 한다. 보안 템플릿에 의해 영향을 받는 항목으로 옳지 않은 것은?

① 이벤트 로그   ② 파일 시스템

③ 레지스트리   ④ 시스템 사용자

보안 템플릿은 파일 시스템, 레지스트리, 이벤트 로그, 시스템 서비스에 대한 제어를 수행한다.

---

39 Linux 시스템 관리자인 Han 과장은 로그 파일을 통해 시스템의 각종 상태를 확인하는 데 사용한다. 웹 서버에 접속하는 클라이언트의 접속 상황을 저장하는 로그 파일의 이름으로 올바른 것은?

① access   ② messages

③ access_log   ④ incoming

웹 서버 로그 파일은 /etc/httpd/logs/access_log에서 확인 가능하며 아래와 같이 기록한다.

40 아래 내용은 Linux의 어떤 명령을 사용한 결과인가?

```
1  210.110.249.1 (210.110.249.1) 0.296 ms 0.226 ms 0.211 ms
2  203.230.105.254 (203.230.105.254) 1.064 ms 0.695 ms 0.742 ms
3  203.251.22.9 (203.251.22.9) 1.459 ms 1.079 ms 1.181 ms
4  dj-r1-ge0.kornet.net (210.123.243.210) 1.037 ms 0.980 ms 1.281 ms
5  211.196.155.149 (211.196.155.149) 4.076 ms 4.081 ms 3.772 ms
```

① ping
② nslookup
③ traceroute
④ route

traceroute 명령어를 통해 해당 경로로 가는 네트워크 구성을 파악할 수 있다.

41 다음 설명에 해당하는 프로세스는?

– 백그라운드로 실행한다.
– 고유한 기능에 해당되는 이벤트가 발생되면 동작한다.
– 서비스를 제공한 다음 대기 상태로 돌아간다.
– 시스템 서비스를 지원하는 프로세스이다.
– 서버의 역할을 수행하거나 그 기능을 도와준다.

① shell
② kernel
③ program
④ deamon

deamon은 눈에 보이지는 않으나 현재 시스템에서 작동하는 프로세스이며 systemctl 또는 service 명령어를 통해 제어할 수 있다.

```
[root@localhost ~]# systemctl status httpd.service
● httpd.service - The Apache HTTP Server
   Loaded: loaded (/usr/lib/systemd/system/httpd.service; enabled; vendor preset: disabled)
   Active: active (running) since 금 2022-02-25 01:33:06 KST; 1h 29min ago
     Docs: man:httpd(8)
           man:apachectl(8)
 Main PID: 1644 (httpd)
   Status: "Total requests: 0; Current requests/sec: 0; Current traffic:   0 B/sec"
    Tasks: 7
   CGroup: /system.slice/httpd.service
           └─1644 /usr/sbin/httpd -DFOREGROUND
```

42 SOA 레코드의 설정 값에 대한 설명으로 옳지 않은 것은?

① 주 서버: 주 영역 서버의 도메인 주소를 입력한다.
② 책임자: 책임자의 주소 및 전화번호를 입력한다.
③ 최소 TTL: 각 레코드의 기본 Cache 시간을 지정한다.
④ 새로 고침 간격: 주 서버와 보조 서버 간의 통신이 두절되었을 때 다시 통신할 시간 간격을 설정한다.

SOA 레코드는 네임서버가 인증된 자료를 가지고 있음을 보여주며 책임자의 이메일 주소를 도메인 형식으로 보여준다.

43 Linux와 다른 기종 간의 파일 시스템이나 프린터를 공유하기 위해 설치하는 서버 및 클라이언트 프로그램은?

① 삼바(SAMBA)
② 아파치(Apache)
③ 샌드메일(Sendmail)
④ 바인드(BIND)

SAMBA는 리눅스와 윈도우 간 자원을 공유할 수 있도록 해주는 프로그램으로 SMABA 서버와 이를 사용하는 client로 구성되며 설치 후 서버의 /etc/samba.smb.conf에서 설정이 가능하다.

44 네트워크 담당자 Kim 사원은 Windows Server 2016에서 원격 액세스 서비스를 운용하고자 한다. Windows Server 2016 내에 있는 이 기능은 DirectAccess와 VPN과 달리 원격 컴퓨터를 네트워크에 연결하는 데 사용되지 않는다. 이 기능은 오히려 내부 웹 리소스를 인터넷에 게시하는 데 사용된다. 이 기능은 무엇인가?

① WAP(Web Application Proxy)
② PPTP(Point-to-Point Tunneling Protocol)
③ L2TP(Layer 2 Tunneling Protocol)
④ SSTP(Secure Socket Tunneling Protocol)

WAP는 윈도우 서버 내 애플리케이션을 인터넷으로 퍼블리싱해 주는 역할을 하며, 나머지는 VPN에 해당하며 안전한 전송을 보장해 준다.

45 서버 담당자 Park 사원은 Windows Server 2016에서 Active Directory를 구축하여 관리의 편리성을 위해 그룹을 나누어 관리하고자 한다. 다음의 제시된 조건에 해당하는 그룹은 무엇인가?

〈조건〉

> 이 구성원은 다른 도메인의 사용자 계정이 될 수 있으나 도메인 로컬 그룹이 접근할 수 있는 자원은 자신이 소속된 도메인에 제한된다.

① Global Group
② Domain Local Group
③ Universal Group
④ Organizational Unit

Domain Local Group은 자기 도메인 안에서만 존재하는 그룹으로 본인, Global Group, Universal Group이 구성원이 될 수 있다. Global Group은 다른 도메인으로 갈 수 있는 그룹이다.

4과목 네트워크 운용기기

46 다음 설명의 (A)와 (B)에 들어갈 알맞은 용어는 무엇인가?

> BGP는 BGP 라우터 간의 BGP 세션 설정을 위해서 (A)와 (B)를 사용한다. (A)는 서로 다른 AS의 BGP 라우터들 간의 BGP 세션 설정을 위해서 사용한다. 반면에, (B)는 동일 AS 내의 BGP 라우터들 간의 BGP 세션 설정을 위해서 사용한다.

① (A) iBGP, (B) eBGP
② (A) eBGP, (B) iBGP
③ (A) IGP, (B) EGP
④ (A) EGP, (B) IGP

BGP(Border Gateway Protocol)는 라우팅 프로토콜의 종류로서 AS(Autonomous System)에서 사용한다. iBGP (internal BGP)는 동일 AS에서 eBGP(external BGP)는 Neighbor 관계에 있는 서로 다른 AS 간에 사용한다.

47 두 개 이상의 동일한 LAN 사이를 연결하여 네트워크 범위를 확장하고, 스테이션 간의 거리를 확장해 주는 네트워크 장치는?

① Repeater   ② Bridge
③ Router   ④ Gateway

Repeater는 OSI 7계층 중 1계층인 물리 계층에서 동작하는 장치로써 신호를 증폭하여 전송하는 역할을 한다.

48 LAN 카드의 MAC Address에 실제로 사용하는 비트 수는?

① 16bit   ② 32bit
③ 48bit   ④ 64bit

MAC(Media Access Control) Address는 arp 명령어로 확인할 수 있으며 48bit 주소를 사용한다. 첫 24bit는 OUI (Organizationally Unique Identifier)로 제조업체에 고유하게 할당되고, 나머지 24bit는 NIC(Network Interface Controller)로 조직에서 할당한 주소이다.

49 라우터 NVRAM에서 RAM으로 Configuration File을 Copy하는 명령어는?

① copy flash start
② copy running-config startup-config
③ copy startup-config running-config
④ erase startup-config

NVRAM(Non-Volatile RAM)은 라우터가 재부팅되도 사라지지 않는 비휘발성 정보를 저장하는 공간으로 startup-config 값들을 저장하며, RAM은 휘발성 정보를 저장하는 공간으로 running-config 값들을 가지고 있다. 일반적으로 copy r s를 통해 RAM에 저장된 설정을 NVRAM에 저장한다.

50 OSI 7계층 모델 중 1계층에서 동작하는 장비로 옳게 나열된 것은?

① Repeater, Bridge
② Repeater, Hub
③ Hub, Router
④ Bridge, Router

• 물리 계층(1계층): Repeater, Hub
• 데이터링크 계층(2계층): Bridge
• 네트워크 계층(3계층): Router

5과목 | **정보보호 개론**

51 내·외부 정보의 흐름을 실시간으로 차단하기 위해 해커 침입 패턴에 대한 추적과 유해 정보를 감시하는 보안 시스템은?

① IPS
② FireWall
③ L7 Switch
④ ESM

IPS(Intrusion Prevention System)는 침입방지시스템이라고 하며, 설정된 Rule Set을 통해 유해한 네트워크 트래픽을 감시하고 세션 절단을 수행하는 등 능동적인 역할을 하는 보안 시스템이다.

52 전자우편 보안 기술 중 PEM(Privacy-enhanced Electronic Mail)에 대한 설명으로 옳지 않은 것은?

① MIME(Multipurpose Internet Mail Extension)를 확장해서 전자우편 본체에 대한 암호 처리와 전자우편에 첨부하는 전자서명을 제공한다.
② 프라이버시 향상 이메일이라는 뜻으로, 인터넷에서 사용되는 이메일 보안이다.
③ 보안 능력이 우수하고, 중앙집중식 인증체계로 구현된다.
④ 비밀성, 메시지 무결성, 사용자 인증, 발신자 부인 방지, 수신자 부인 방지, 메시지 반복 공격 방지 등의 기능을 지원한다.

MIME을 확장한 전자우편 보안 기술은 S-MIME(Secure)이다.

53 다음 중 VPN의 장점이 아닌 것은?

① 터널링과 보안 프로토콜을 통한 데이터의 기밀유지 가능
② 공중망을 이용하여 저렴한 비용으로 전용망과 같은 효과
③ signature를 기반으로 한 공격 탐지
④ 공중망을 통한 연결을 전용망처럼 이용하는 가설사설망

signature를 기반으로 한 공격 탐지는 IDS(Intrusion Detection System)에 대한 설명이다. IDS는 탐지 방법에 따라 이상 탐지, 오용 탐지로 구분할 수 있고 데이터 수집 위치에 따라 Network IDS, Host IDS로 구분할 수 있다.

54 드라이브-바이 다운로드 공격의 개념 설명 중 잘못된 것은?

① 사용자는 악성스크립트에 의해 손상되거나 또는 악의적인 웹 사이트를 방문했을 때 악성코드에 감염될 수 있다.

② 삽입된 iframe이나 script 태그 등의 스크립트로 인해 다른 페이지를 호출한다.

③ 공격자는 악성스크립트 탐지를 우회하기 위해 난독화 기술을 사용할 수 있다.

④ 악의적인 웹 사이트 방문 시 사용자는 대부분 악성코드에 감염된 사실을 인지하기가 매우 쉽다.

드라이브-바이 다운로드 공격은 사용자가 특정 사이트가 접속하였을 때 악의적인 소프트웨어가 자동으로 다운로드 받아지는 공격으로 사용자가 그 사실을 인지하기 어렵다.

55 MITM 공격의 종류가 아닌 것은?

① ARP Spoofing
② DDoS
③ DNS Spoofing
④ Sniffing

MITM(Man In The Middle Attack)은 중간자 공격이라 하며 클라이언트와 서버 간 또는 클라이언트와 클라이언트 간 정보를 가로채는 모든 공격을 지칭한다. 일반적으로는 수동적 형태의 공격이며 DDoS는 서비스 거부 공격으로 능동적 공격에 해당한다.

56 Brute Force 공격에 대한 설명으로 올바른 것은?

① 암호문을 풀기 위해 모든 가능한 암호키 조합을 적용해 보는 시도이다.

② 대량의 트래픽을 유발해 네트워크 대역폭을 점유하는 형태의 공격이다.

③ 네트워크상의 패킷을 가로채 내용을 분석해 정보를 알아내는 행위이다.

④ 공개 소프트웨어를 통해 다른 사람의 컴퓨터에 침입하여 개인정보를 빼내는 행위이다.

Brute Force 공격은 무작위 대입 공격으로 사전 파일(Dictionary Attack) 공격으로도 불린다. 대입 가능한 모든 문자열과 숫자를 사전을 이용하여 무작위로 값을 입력해 보는 방식으로 칼리리눅스의 crunch 명령어로 사전 파일을 생성하고 Hydra 명령어를 이용하여 공격을 시도할 수 있다.

57 '대칭키 암호 시스템'과 '비대칭키 암호 시스템'의 비교 설명으로 옳지 않은 것은?

① 키의 분배 방법에 있어 대칭키 암호 방식은 비밀스럽게 분배하지만 비대칭키 암호 방식은 공개적으로 한다.

② DES는 대칭키 암호 방식이고, RSA는 비대칭키 암호 방식이다.

③ 대칭키 암호 방식은 비대칭키 암호 방식보다 암호화의 속도가 빠르다.

④ N명의 사용자가 서로 데이터를 비밀로 교환하려 할 때 대칭키 암호 방식에서 필요한 키의 수는 2N개이고, 비대칭키 암호 방식에서는 'N(N-1)/2'개가 필요하다.

대칭키 암호 방식에서 필요한 키의 수는 'N(N-1)/2', 비대칭키 암호 방식에서는 2N개가 필요하다.

58 아래에서 설명하는 기술의 명칭은?

> – 인터넷으로 주고받는 전자문서의 텍스트 · 그림 · 동영상 · 음악 파일 등의 위조나 변조 여부를 확인할 수 있는 기술을 말한다.
> – 디지털 저작물에 시각적으로 식별이 불가능한 방식으로 표시해 둠으로써 불법 복제 예방과 저작권 보호를 할 수 있다.

① 공개키 기반구조(PKI)
② SSL(Secure Socket Layer)
③ 워터마킹(Watermarking)
④ 전자서명(Digital Signature)

워터마킹은 디지털 콘텐츠 보안 기술로 저작권 보호를 위해 정보은닉 기술을 사용한다.

59 여러 가지 암호화 방식(Cryptography)을 사용하여 메시지를 암호화함으로써 우리가 획득할 수 있는 보안 요소로 옳지 않은 것은?

① Confidentiality
② Integrity
③ Firewall
④ Authentication

기밀성(Confidentiality), 무결성(Integrity), 인증(Authentication)은 암호화를 사용하여 얻을 수 있는 이점이나 Firewall은 ACL에 등록된 패킷 필터링을 통해 침입 차단을 수행한다.

60 Session Hijacking이라는 웹 해킹 기법과 비슷하나, 사용자의 권한을 탈취하는 공격 아니라 사용자가 확인한 패킷의 내용만을 훔쳐보는 기법은?

① Spoofing
② Side jacking
③ Sniffing
④ Strip attack

Side jacking은 사용자의 세션을 복제하여 쿠키 정보를 갈취하는 방법으로, 악의적인 목적을 가진 공격자가 주로 공개된 장소에 있는 유, 무선 환경에서 모두 악용할 수 있다.

2급	시행 일자	소요 시간	문항 수
	2025년 8월	총 50분	총 50문항

수험번호 : _____

성   명 : _____

▶합격 강의

1과목 **TCP/IP**

01 C Class의 네트워크 주소가 '192.168.10.0'이고, 서브넷 마스크가 '255.255.255.240'일 때, 최대 사용 가능한 호스트 수는?(단, 네트워크 주소와 브로드캐스트 호스트는 제외한다.)

① 10개
② 14개
③ 26개
④ 32개

서브넷 마스크가 '255.255.255.240'이므로 이것을 2진수로 변환하면, "11111111.11111111.11111111.11110000"이 된다. 즉 마지막 8비트에서 4비트가 네트워크 ID로 사용되고 있으므로 최대 사용 가능한 호스트 수는 2^4=16이 된다. 하지만 네트워크 주소인 0번과 브로드캐스트 주소 255를 제외하기 때문에 최대 사용 가능한 호스트 수는 14개가 된다.

02 Link State 알고리즘을 이용해 서로에게 자신의 현재 상태를 알려주며 네트워크 내 통신을 위해 사용하는 프로토콜은?

① OSPF
② IDRP
③ EGP
④ BGP

OSPF는 Link State 라우팅 프로토콜로 대규모 네트워크에서 사용된다.

03 ICMPv6에서 IPv4의 ARP 역할 및 특정 호스트로의 전달 가능 여부 검사 기능을 하는 메시지는?

① 재지정 메시지(Redirection)
② 에코 요청 메시지(Echo request)
③ 이웃 요청과 광고 메시지(Neighbor Solicitation and Advertisement)
④ 목적지 도달 불가 메시지(Destination unreachable)

ICMPv6에서 IPv4의 ARP 역할과 특정 호스트로의 전달 가능 여부를 검사하는 것은 이웃 요청 및 광고(Neighbor Solicitation and Advertisement) 메시지이다.
– 재지정 메시지(Redirection): 전송 방향을 변경한다.
– 에코 요청 메시지(Echo request): ICMP Echo Request를 보내거나 혹은 ICMP Eco Reply를 받는다.
– 목적지 도달 불가 메시지(Destination unreachable): ICMP 패킷이 목적지에 도착하지 못 했다.

04 IPv6에서 6000Byte의 패킷이 이더넷 LAN을 통과해야 하는 경우 사용할 확장 헤더는?

① Source Routing
② Fragmentation
③ Authentication
④ Destination Option

전송되는 패킷의 크기가 MTU(Maximum Transmission Unit)보다 크면 패킷은 분할된다. 패킷이 분할될 때 사용되는 헤더는 Fragmentation이다.
– MTU의 기본값은 1500Byte이다. 따라서 1500Byte보다 큰 패킷이 전송되면 분할되게 된다.

정답 01② 02① 03③ 04②

05 IP 프로토콜에 관한 설명으로 올바른 것은?

① IP 프로토콜은 프로세서 간의 신뢰성 있는 통신 기능을 수행한다.

② 네트워크계층에 속하는 프로토콜로 실제 패킷을 전달하는 역할을 한다.

③ IP 프로토콜의 오류 제어는 세그먼트의 오류 감지 기능과 오류 정정 메커니즘을 포함한다.

④ 흐름제어로는 주로 슬라이딩 윈도우 방식이 쓰인다.

- -

IP 프로토콜은 OSI 7계층 네트워크 계층에 속하고 패킷의 경로를 결정한다.

오답 피하기

– 신뢰성 있는 통신 기능: 트랜스포트 계층의 TCP가 수행한다.

– IP 프로토콜의 오류 제어는 오류 감지 기능을 포함하지만, 오류 정정 메커니즘은 없다.

– 슬라이딩 윈도우 방식: TCP 프로토콜의 기능이다.

06 TCP(Transmission Control Protocol)에 대한 설명으로 옳지 않은 것은?

① 연결 위주의 전송 방식이다.

② 신뢰성 있는 전송 방식이다.

③ 능동적인 흐름 제어 기능을 가지고 있다.

④ 일부 데이터가 손실되어도 치명적이지 않은 프로그램 등에 적합하다.

- -

TCP 프로토콜은 신뢰성 있는 데이터 전송에 적합하고, UDP는 신뢰성보다 패킷을 빠르게 전송하기 위해서 사용된다.

07 OSI 7 Layer에 따라 프로토콜을 분류하였을 때, 다음 보기들 중 같은 계층에서 동작하지 않는 것은?

① SMTP

② RARP

③ ICMP

④ IGMP

- -

네트워크 계층은 IP, ARP, RARP, ICMP, IGMP가 있고, 애플리케이션 계층에 SMTP, SNMP, HTTP가 있다.

08 ARP에 대한 설명으로 올바른 것은?

① IP Address를 장치의 하드웨어 주소로 매핑하는 기능을 제공한다.

② Dynamic으로 설정된 내용을 Static 상태로 변경하는 ARP 명령어 옵션은 '–d'이다.

③ ARP가 IP Address를 알기 위해 특정 호스트에게 메시지를 전송하고 이에 대한 응답을 기다린다.

④ ARP Cache는 IP Address를 도메인(Domain) 주소로 매핑한 모든 정보를 유지하고 있다.

- -

ARP 프로토콜은 IP 주소에 대해서 MAC 주소를 매핑하고, RARP는 MAC 주소에 대한 IP 주소를 매핑한다.

09 TCP/IP에서 Unicast의 의미는?

① 메시지가 한 호스트에서 다른 여러 호스트로 전송되는 패킷

② 메시지가 한 호스트에서 다른 한 호스트로 전송되는 패킷

③ 메시지가 한 호스트에서 망상의 다른 모든 호스트로 전송되는 패킷

④ 메시지가 한 호스트에서 망상의 특정 그룹 호스트들로 전송되는 패킷

- -

IPv4는 Unicast, Multicast, Broadcast를 지원하고 Unicast는 한 호스트에서 다른 한 호스트로 패킷을 전송하는 것이다. 그리고 IPv6에서는 Anycast가 추가되고 Broadcast가 삭제되었다.

– Anycast: 인접한 노드 중에서 가장 가까운 하나의 노드에 전송한다.

10 사설 IP 주소를 공인 IP 주소로 바꿔주는 데 사용하는 통신망의 주소 변환 기술로, 공인 IP 주소를 절약하고, 내부 사설망을 이용하여 인터넷에 연결하므로 보안을 강화할 수 있는 것은?

① DHCP
② ARP
③ BOOTP
④ NAT

NAT는 사설 IP로 IPv4의 IP 주소 부족으로 사설 IP를 사용하는 것이다. 물론 사설 IP가 있는 호스트가 인터넷과 연결되기 위해서 공인 IP가 부여된다.
– NAT의 PAT(Port Address Translation): 여러 개의 사설 IP를 하나의 공인 IP와 매핑한다.

11 다음 TCP 패킷의 플래그 중에서 연결이 정상적으로 끝남을 의미하는 것은?

① FIN   ② URG
③ ACK   ④ RST

TCP 프로토콜의 Control Flag에서 FIN(Finish)은 연결 종료를 의미한다.

오답 피하기

– URG(Urgent): 긴급 데이터 전송을 의미한다.
– ACK(Acknowledgement): 응답 메시지를 의미한다.
– RST(Reset): 세션을 재연결한다.

12 다음 지문에 표기된 IPv6 주소는 요약된 표현이다. 보기 중 요약되기 전 상태는?

2000:AB:1::1:2

① 2000:00AB:0001:0000:0001:0002
② 2000:00AB:0001:0000:0000:0000:0001:0002
③ 2000:AB00:1000:0000:1000:2000
④ 2000:AB00:1000:0000:0000:0000:1000:2000

IPv6는 0을 생략할 수가 있다. 0으로만 이루어진 연속된 그룹은 이중 콜론(::)으로 압축한다.

13 네트워크를 관리하는 Lee 사원은 사내에서 잦은 IP 충돌로 인하여 장애 신고를 많이 받고 있어 기존 IP 정책을 DHCP로 변경하려고 한다. 다음 중 DHCP를 적용해야 하는 장비로 가장 적합한 것은?

① 웹서버
② Access point
③ 교육장용 PC
④ 네트워크 프린터

교육장용 PC는 임의의 교육생이 사용하므로, DHCP를 통해 동적으로 IP를 부여하는 것이 적합하다. 하지만 프린터는 동일한 주소로 접근해야 하므로 고정 IP를 부여해야 여러 사용자들이 해당 프린터를 같이 사용할 수가 있다.

14 TCP 헤더를 구성하는 필드의 길이(비트수)가 적절하지 않은 것은?

① Source port address: 16비트
② Sequence Number: 32비트
③ Flags: 9비트
④ Checksum: 32비트

Checksum은 패킷의 무결성을 검사하는 기능으로 16비트이다.

15 HTTP에 대한 설명으로 적절하지 않은 것은?

① 애플리케이션 계층에서 동작하는 프로토콜이다.
② HTTP/2는 SPDY 프로토콜을 기반으로 TCP 연결을 사용한다.
③ HTTP 기본 포트는 80이고, HTTPS 기본 포트는 443이다.
④ HTTP/3은 QUIC 프로토콜을 기반으로 TCP 연결을 사용한다.

HTTP/3는 QUIC 프로토콜 기반으로 UDP를 사용한다.

16 다음 중 SNMP(Simple Network Manage-ment Protocol)의 설명으로 옳은 것은?

① 포트번호는 181번을 사용한다.

② 네트워크 관리를 위해 관리 정보 및 정보 운반을 위한 프로토콜이다.

③ 대부분의 네트워킹 공급업체에서 광범위 하게 지원되나 기존 네트워크와는 통합이 어렵다.

④ SNMPv2c는 암호화와 인증 기능을 기본 으로 제공하므로 보안성이 매우 높다.

SNMP는 NMS(Network Management System)에서 사용하는 프로토콜 로 네트워크 정보를 전송하기 위해서 사용된다.

오답 피하기

– SNMP는 UDP 161번(요청/응답), UDP 162번(Trap)을 사용한다.
– SNMP는 표준화된 프로토콜이라 호환성과 통합성이 높다.
– SNMPv2c는 평문 비밀번호 기반이라 상대적으로 보안에 취약하다.

17 다음 (A) 안에 들어가는 용어 중 옳은 것은?

> 네트워크관리사 Kim은 라우터 및 스위치 장비의 시 간 동기화를 위하여 (A) 프로토콜을 사용하려고 한 다. (A) 프로토콜은 포트 123을 대상으로 작동한다.

① SNMP (Simple Network Management Protocol)

② SNTP (Simple Network Time Protocol)

③ SMTP (Simple Mail Transfer Protocol)

④ HTTP (HyperText Transfer Protocol)

NTP(Network Time Protocol)는 시간 동기화 서버로 UDP 123 포트를 사용한다.
– 시간 동기화 서버는 정보 시스템의 시간을 동기화한다.

18 NFV(Network Function Virtualization)에 대 한 설명으로 옳지 않은 것은?

① 소프트웨어가 아닌 하드웨어로 제어되는 네트워킹 기술로서, 네트워크를 마치 컴퓨 터처럼 구성하거나 조작하는 네트워킹 기 술이다.

② NFV(Network Functions Virtualization) 는 소프트웨어로 개발된 네트워크 기능의 가상화된 형태를 의미한다.

③ NFVI(Network Function Virtualization Infrastructure)는 물리적 H/W 자원, 가 상화 지원 기능 및 VNF(Virtualized Net work Functions) 실행 지원 기능 등을 제 공한다.

④ 가상화 기술 기반으로 통신망 운용에 필요 한 다양한 네트워크 장비 내 여러 기능들 을 분리시켜 S/W로 제어 및 관리 가능하 도록 하는 네트워크 가상화 기술이다.

NFV는 하드웨어가 아닌 소프트웨어로 네트워크를 구성할 수 있는 가상 화 기술이다.

19 메시 네트워크(Mesh Network)의 특징으로 옳 지 않은 것은?

① 노드의 이동이 자유롭기 때문에 네트워크 토폴로지가 동적으로 변한다.

② 일대일 다중 홉 라우팅(Multihop Rout-ing) 방식으로 전달한다.

③ 중앙 제어나 표준 서비스 없이 네트워크를 구성할 수 없다.

④ 하나의 연결이 끊어져도 네트워크는 자동 으로 다른 연결로 메시지를 전송할 수 있다.

메시 네트워크는 모든 노드들이 그물망처럼 연결된 것으로, 장애가 발생 해도 우회경로로 통신을 할 수 있다.
– 중앙제어, 표준 서비스가 없는 것은 메시 네트워크가 아니라 Ad-hoc 네트워크의 특징이다.
– Ad-hoc은 무전기처럼 단말이 직접 통신하는 것이다.

20 데이터 전송 전에 목적지까지의 경로를 설정한 후 전송 데이터를 정해진 단위별로 전송하되, 규정된 시간 내에 전송 데이터가 없으면 현재 설정된 경로를 해제하는 교환 방식은?

① 회선교환 방식
② 데이터그램 방식
③ 가상회선교환 방식
④ 메시지교환 방식

....

가상회선교환 방식은 회선교환과 패킷교환의 장점을 결합한 것으로 처음 연결에 경로를 고정시키고, 패킷 전송은 고정된 경로로 포워딩만을 수행하는 것이다. 대표적인 사례는 ATM이 있다.

21 송신측에서 여러 개의 터미널이 하나의 통신 회선을 통하여 신호를 전송하고, 전송된 신호를 수신측에서 다시 여러 개의 신호로 분리하는 것은?

① Multiplexing
② MODEM
③ DSU
④ CODEC

....

Multiplexing은 여러 개의 터미널이 하나의 통신 회선을 통하여 신호를 전송한다. 즉 n개의 통신을 1개로 전송하는 것이고 DeMultiplexing은 1개를 다시 n개로 분할하는 것이다.

22 LAN의 구성 형태 중 중앙의 제어점으로부터 모든 기기가 점 대 점(Point to Point) 방식으로 연결된 구성 형태는?

① 링형 구성
② 스타형 구성
③ 버스형 구성
④ 트리형 구성

....

스타형은 중앙의 Master 노드를 중심으로 여러 개의 Slave 노드가 연결된 형태이다.

오답 피하기
– 링형: 각 노드가 고리 모양으로 연결된 형태
– 버스형: 하나의 공용 전송선로(버스)에 여러 노드가 접속한 형태
– 트리형: 계층형 구조, 여러 스타형이 상위 계층에 연결된 형태

23 전송을 받는 개체에서 발송지로부터 오는 데이터의 양이나 속도를 제한하는 프로토콜의 기능을 나타내는 용어는?

① 에러 제어
② 순서 제어
③ 흐름 제어
④ 접속 제어

....

TCP의 흐름 제어는 전송 속도를 조절하는 것으로, 슬라이딩 윈도우 기법을 통해 흐름 제어를 제공한다. 슬라이딩 윈도우는 수신자가 윈도우의 크기를 전송하면 해당 크기만큼 패킷을 전송하는 기법을 말한다.

24 ARQ 방식 중 에러가 발생한 블록으로 되돌아가 모든 블록을 재전송하는 것은?

① Go-back-N ARQ
② Selective ARQ
③ Adaptive ARQ
④ Stop-and-Wait ARQ

....

ARQ는 Backward Error Control 기법으로 수신자가 패킷을 수신받지 못하면 재전송하는 기법이다. Go-back-N은 첫 번째 에러 패킷 이후 모든 패킷을 재전송하는 방법이다.

25 다음 중 여러 가지 주파수 성분을 갖는 신호의 전송에서 각 주파수 성분이 다른 지연 시간을 가지고 도달하는 경우 발생하는 전송손실은?

① 감쇠 현상(Attenuation)
② 위상 왜곡(Phase Distortion)
③ 누화(Crosstalk)
④ 충격성 잡음(Impulse Noise)

....

위상 왜곡(Phase Distortion): 여러 가지 주파수 성분을 갖는 신호의 전송에서 각 주파수 성분이 다른 지연시간을 가지고 도달하는 경우 발생하는 전송손실이다.

오답 피하기
– 감쇠 현상(Attenuation): 전송 거리가 길어지면서 신호의 세기가 점점 줄어드는 현상
– 누화(Crosstalk): 인접 회선이나 채널 간 간섭으로 잡음이 유입되는 현상
– 충격성 잡음(Impulse Noise): 번개, 스위치 동작 등 순간적인 외부 요인으로 발생하는 짧고 강한 잡음

26 100BASE-T라고도 불리는 이더넷의 고속 버전으로 CSMA/CD 방식을 사용하며, 100Mbps의 전송 속도를 지원하는 이더넷은?

① Fast Ethernet
② 10Gigabit Ethernet
③ Gigabit Ethernet
④ Thick Ethernet

Fast Ethernet은 유선 LAN(CSMA/CD)에서 최대 100Mbps의 전송 속도를 가진다.

오답 피하기

- 10Gigabit Ethernet은 최대 10Gbps의 전송 속도를 가진다.
- Gigabit Ethernet은 최대 1Gbps의 전송 속도를 가진다.
- Thick Ethernet은 초기 이더넷 규격 중 하나로, 10Mbps의 전송 속도를 가진다.

27 다음 중 클라우드 환경 모델(Cloud Deployment Model)로 옳지 않은 것은?

① public
② on-premises
③ hybrid
④ private

On-premises는 기존의 정보 시스템을 의미한다. 즉, 기업에서 서버를 구매하고 IDC 센터를 구축해서 정보 시스템을 운영하는 것이다.

28 아래 지문의 ping 명령어의 결과로 옳지 않은 것은?

```
icqa@icqa-PC001:~$ ping -c 3 icqa.or.kr
PING icqa.or.kr (210.103.175.224) 56(84) bytes of data.
64 bytes from 210.103.175.224 (210.103.175.224): icmp_seq=1 ttl=54
time=7.45 ms
64 bytes from 210.103.175.224 (210.103.175.224): icmp_seq=2 ttl=54
time=7.17 ms
64 bytes from 210.103.175.224 (210.103.175.224): icmp_seq=3 ttl=54
time=7.08 ms

--- icqa.or.kr ping statistics ---
3 packets transmitted, 3 received, 0% packet loss, time 2002ms
rtt min/avg/max/mdev = 7.085/7.237/7.450/0.155 ms
```

① ICMP 패킷의 대상(host)은 'icqa.or.kr'이다.
② ICMP 패킷을 3번 송신하고 수신하였다.
③ ICMP 패킷이 왕복한 시간 중 가장 짧은 시간은 7.085ms이다.
④ ICMP 패킷이 왕복한 평균 시간은 7.450ms이다.

지문의 마지막 줄을 보면 min/avg/max/mdev가 있다. avg(패킷 왕복 평균 시간)는 7.237ms이다.

29 Linux Shell에서 아래 지문의 요구사항을 만족하는 명령어로 옳은 것은?

- 'ls -al'의 결과를 'output.txt' 파일로 저장한다.
- 단, 파일을 write 또는 overwrite 하며, append는 수행하지 않는다.

① ls -al 〉 output.txt
② ls -al 〈 output.txt
③ ls -al 〈〈 output.txt
④ ls -al 〉〉 output.txt

리눅스 리다이렉트를 질문하는 것으로 "〉"은 항상 파일을 새롭게 생성하고, "〉〉"은 해당 파일이 있으면 뒤에 내용을 추가하고 없으면 새롭게 생성한다.

30 서버 담당자 Seo 사원은 Windows Server 2022의 이벤트 뷰어를 통해 서버의 상태를 점검하려고 한다. Windows 로그에 해당하는 항목으로 올바른 것은?

① 하드웨어 이벤트
② 인터넷 익스플로러
③ Windows PowerShell
④ 응용 프로그램

이벤트 뷰어는 시스템, 보안, 응용 프로그램으로 구분된다.

31 서버관리자 Kim 씨는 서버에 대한 상태를 확인하기 위해 '/etc/check.sh' 스크립트를 작성하였다. 해당 스크립트를 매주 월요일 오전 10시에 실행시키려고 할 때, crontab 파일 설정으로 알맞은 것은?

① 10 0 * * 1 /etc/check.sh
② 0 10 * * 1 /etc/check.sh
③ 10 0 * * 0 /etc/check.sh
④ 0 10 * * 0 /etc/check.sh

분, 시, 일, 월, 요일로 등록한다. 10시이므로 0 10이면 10시가 된다. 그리고 월요일은 1, 화요일은 2 순이다.

오답 피하기

① 00시 10분 월요일 실행
③ 00시 10분 일요일 실행
④ 10시 00분 일요일 실행

32 Linux 디렉터리에 대한 소유자와 소유 그룹을 변경할 수 있는 명령어는?

① chmod
② chown
③ useradd
④ chage

---

chown 명령어는 파일과 디렉터리의 소유자를 변경할 수 있는 리눅스 명령어이다.

오답 피하기

– chmod: 리눅스 파일과 디렉터리의 권한을 변경한다.
– useradd: 리눅스 사용자 계정을 생성한다.
– chage: 사용자 패스워드 만료일 정보를 확인한다.

33 Linux 시스템에서 환경설정과 사용자 정보 등을 가진 디렉터리로 옳은 것은?

① /bin
② /root
③ /etc
④ /proc

리눅스 디렉터리 중에서 etc는 시스템 환경설정을 하는 디렉터리이다.

오답 피하기

– /bin은 실행 프로그램이 있는 디렉터리이다.
– /root는 root 사용자의 홈 디렉터리이다.
– /proc는 물리적 메모리 및 스왑 메모리가 있는 파일이다.

34 서버 담당자 Park 사원은 Active Directory를 구성하여 다음과 같은 설정을 하고자 한다. 도메인을 두 개 이상 포함하는 대부분의 조직에서 사용자가 다른 도메인에 있는 공유 리소스에 액세스할 수 있어야 하며, 이 액세스를 제어하려면 한 도메인의 사용자를 인증하고 다른 도메인의 리소스를 사용할 수 있는 권한을 부여해야 한다. 서로 다른 도메인의 클라이언트와 서버 간에 인증 및 권한 부여 기능을 제공하기 위해 두 도메인 간에 설정해야 하는 것은?

① 도메인
② 트리
③ 포리스트
④ 트러스트

Active Directory의 트러스트 관계는 논리적 구조 내에서 서로 다른 도메인 트리 혹은 포레스트 간에 신뢰성과 보안을 제공하기 위해서 연결한다.

35 다음 중 Linux 환경에서 'netstat' 명령어에 사용하는 옵션 설명으로 옳지 않은 것은?

① –r: 라우팅 테이블을 표시한다.
② –p: PID와 사용 중인 프로그램명을 출력한다.
③ –t: 연결된 이후 시간 정보를 표시한다.
④ –a: 모든 연결 및 수신 대기 포트를 표시한다.

---

netstat 명령어에서 "–t" 옵션은 TCP 정보를 보여준다.

36 다음과 같이 파일의 원래 권한은 유지한 채로 모든 사용자들에게 쓰기 가능한 권한을 추가 부여할 때, 결과가 다른 명령어는?

```
-rw-r--r-- 1 root root 190 5월 19 16:40 file
```

① chmod 666 file

② chmod a+w file

③ chmod ugo+w file

④ chmod go=w file

file의 사용자는 rw-, 그룹은 r--, 다른 사용자는 r--이다.
보기 4번은 go-) 그룹과 다른 사용자에 대해서 w 권한을 부여하는 것이다. 즉, "="은 기존 권한은 모두 지우고 w만 설정하는 것이다.

37 Linux의 vi(Visual Interface) 명령어 중 문자 하나를 삭제할 때 사용하는 명령어는?

① dd

② x

③ D

④ dw

Linux의 vi에서 명령어 x는 한 문자를 삭제한다.

오답 피하기

- dd 명령어는 한 줄을 삭제한다.
- D는 커서 위치부터 줄 끝까지 삭제한다.
- dw는 커서 위치부터 단어 하나를 삭제한다.

38 서버 관리자 Park 사원은 Windows Server 2022의 Active Directory에서 도메인 사용자 계정을 관리하기 위해 도메인 사용자 계정을 생성/수정/삭제하려고 한다. 다음 중 도메인 사용자 계정을 관리하기 위한 명령어가 아닌 것은?

① dsadd

② dsmod

③ dsrm

④ net user

윈도우에서 net user는 로컬 계정에 대해서 관리하는 명령어이다.

39 Windows Server 2022의 DNS 서버에서 정방향 조회 영역 설정에서 SOA 레코드의 각 필드에 대한 설명으로 옳지 않은 것은?

① 일련번호: 해당 영역 파일의 개정 번호다.

② 주 서버: 해당 영역이 초기에 설정되는 서버다.

③ 책임자: 해당 영역을 관리하는 사람의 전자 메일 주소다. webmaster@icqa.or.kr 형식으로 기입한다.

④ 새로 고침 간격: 보조 서버에게 주 서버의 변경을 검사하기 전에 대기하는 시간이다.

책임자는 도메인 관리자의 이메일 주소를 지정하는 것이다. 하지만 메일 주소 등록 시에 '@' 기호를 사용할 수가 없다.

40 Linux 시스템에서 특정 서비스를 제공하는 Daemon이 살아있는지 확인할 때 사용하는 명령어는?

① daemon

② fsck

③ man

④ ps

리눅스에서 실행 중인 프로세스를 확인할 때는 ps 명령어를 사용한다.
- fsck: 리눅스 파일 시스템의 무결성을 검사한다.
- man: 리눅스 도움말이다.

41 다음 중 Windows Server 2022에서 명령 프롬프트(cmd) 또는 실행창(단축키: Win+R)에 입력했을 때, 실행되지 않거나 해당 프로그램과 연결이 올바르지 않은 명령어는?

① compmgmt - 컴퓨터 관리

② devmgmt.msc - 장치 관리자

③ gpedit.msc - 로컬 그룹 정책 편집기

④ perfmon - 성능 모니터

컴퓨터 관리에 해당하는 명령어는 compmgmt.msc이다.

42 네트워크 담당자 Kim 과장은 Windows Server의 명령 프롬프트(cmd) 환경에서 ping 명령어를 사용하여 목적지(IP 주소: 192.168.100.1)와의 네트워크 연결 상태를 지속적으로 확인하고자 한다. 사용자가 중단하기 전까지 에코 요청 메시지를 반복 전송하는 ping 명령어 옵션으로 옳은 것은?

① ping −t 192.168.100.1
② ping −a 192.168.100.1
③ ping −f 192.168.100.1
④ ping −n 192.168.100.1

사용자가 중단하기 전까지 에코 요청 메시지를 반복 전송하는 ping 명령어 옵션은 "-t" 옵션에 대한 설명이다.

오답 피하기
– "-a" 옵션: IP 주소를 호스트 이름으로 확인한다.
– "-n" 옵션: 횟수를 지정하여 지정한 횟수만큼 핑을 보낸다.
– "-f" 옵션: 단편화가 발생하지 않도록 한다.

43 서버 관리자 Gang 차장은 Linux 기반 Apache 웹 서버(Apache HTTPD)의 기본 포트를 8081번으로 변경하려고 한다. 다음 중 'httpd.conf' 설정 파일에서 기본 포트를 설정하기 위한 올바른 옵션은?

① Port 8081
② Default Port 8081
③ Listening 8081
④ Listen 8081

아파치 웹 서버 설정은 httpd.conf 파일로 하면 Listen 지정자에 포트 번호를 지정한다.

44 FTP(File Transfer Protocol)는 파일 전송을 위한 표준 네트워크 프로토콜이다. 이 중 사용자 인증과 명령 제어용으로 사용되는 기본 포트 번호로 옳은 것은?

① 20번
② 21번
③ 22번
④ 23번

FTP의 Active mode, Passive mode 모두 명령어 전송을 위해서는 21번 포트를 사용하고 Active mode에서 데이터 전송은 20번 포트를 사용한다. Passive mode에서 데이터 전송은 1024 이후 포트 번호를 사용한다.

45 아래 지문에서 설명하는 부하 분산 방식은?

> 여러 대의 웹 서버를 운영하면서, 클라이언트가 동일한 도메인에 접근할 경우 각기 다른 IP 주소를 순차적으로 응답하여 서버 간 부하를 분산하는 방식이다.
> 예를 들어, 'www.icqa.or.kr' 웹 서버를 3대 운영하고 각각의 IP가 '10.10.10.1', '10.10.10.2', '10.10.10.3'인 경우, DNS 서버는 클라이언트의 요청 순서에 따라 각 IP를 교대로 응답한다.

① Least Connection Method
② IP Hash Method
③ Least Response Time Method
④ Round Robin Method

Round Robin Method는 순차적으로 돌아가면서 요청하는 방식을 의미한다.

46 RAID의 레벨 중에서 회전 패리티 방식으로 병목 현상을 줄이는 것은?

① RAID-2
② RAID-3
③ RAID-4
④ RAID-5

RAID-5는 회전 패리티 방식으로 병목 현상을 줄이고 성능이 향상된다.

47 네트워크에서 신호가 약해질 경우 이를 단순 증폭·재생성하여 전송 거리를 늘려주는 장비가 있다. OSI 7계층 중 이 장비가 속하는 계층은?

① 물리 계층 (Physical Layer)
② 네트워크 계층 (Network Layer)
③ 전송 계층 (Transport Layer)
④ 응용 계층 (Application Layer)

네트워크 신호를 증폭시키는 장비는 리피터이고, 리피터는 물리 계층에서 동작한다.

48 내부에 코어(Core)와, 이를 감싸는 유리나 플라스틱 등 굴절률이 다른 외부 클래딩(Cladding)으로 구성된 전송 매체는?

① 이중 나선(Twisted Pair)
② 동축 케이블(Coaxial Cable)
③ 2선식 개방 선로(Two-Wire Open Lines)
④ 광 케이블(Optical Cable)

광 케이블은 빛을 전송하는 것으로 직진성의 특징을 가지고 있다. 코어와 클래딩으로 구성되어 빛의 전반사 원리를 이용해 신호를 전송한다.

49 다음 지문처럼 VLAN 식별을 위해 이더넷 프레임에 태그 정보를 추가하여 스위치 간 VLAN 트래픽을 전달하는 방식은?

> 중대형 네트워크에서 여러 개의 VLAN을 구성할 경우, VLAN마다 별도의 포트를 사용하면 포트 자원이 낭비될 수 있다. 이를 해결하기 위해 VLAN ID를 포함한 프레임을 하나의 포트로 전달하여 스위치 간 VLAN 구분이 가능하도록 설정할 수 있다.

① STP
② Native VLAN
③ 태그(Tagged) 포트
④ LOOP

VLAN은 네트워크 가상화 기술로 여러 개의 네트워크 인터페이스를 생성할 수가 있다. 그리고 VLAN을 구분하기 위해서 태그 포트를 사용한다.

50 다음 중 Layer 4 스위치(Layer 4 Switch, L4)의 기능 또는 특징으로 옳지 않은 것은?

① 서버의 부하를 분산하여 효율적으로 처리한다.
② OSI 7계층 중 네트워크 계층에 해당하는 장비이다.
③ TCP, UDP, HTTP 등의 헤더를 분석해 부하 분산을 수행한다.
④ 외부 요청은 모두 L4 스위치를 거쳐 각 서버로 분산된다.

L4는 Layer 4로 네트워크 계층이 아닌 Transport 계층에서 동작한다.

2급	시행 일자	소요 시간	문항 수
	2025년 5월	총 50분	총 50문항

수험번호 : _____

성　명 : _____

1과목　TCP/IP

01 프로토콜의 기본적인 기능 중, 송신기에서 발생된 정보의 정확한 전송을 위해 사용자 정보의 앞, 뒤 부분에 헤더와 트레일러를 부가하는 과정은?

① 캡슐화(Encapsulation)
② 동기화(Synchronization)
③ 다중화(Multiplexing)
④ 주소지정(Addressing)

송신자와 수신자 간에 통신을 수행할 때 Header 정보를 붙이는 것을 캡슐화라고 한다.

02 서브넷 마스크에 대한 설명으로 옳지 않은 것은?

① IP Address 체계에서 Network ID와 Host ID로 구분한다.
② 목적지 호스트가 동일한 네트워크상에 있는지 확인한다.
③ Class A는 기본 서브넷 마스크로 '254. 0.0.0'을 이용한다.
④ 서브넷 마스크의 Network ID 필드는 이진수 '1'로, Host ID의 필드는 이진수 '0'으로 채운다.

Class A의 기본 서브넷 마스크는 255.0.0.0이다.

Class	Message
Class A	– 첫 바이트 7Bit가 네트워크 식별자 – 한 네트워크에 가장 많은 호스트를 가짐 – 맨 앞 8비트의 10진수 표기는 1~126
Class B	– 14Bit의 네트워크 식별자 – 한 네트워크에 약 216대의 호스트 수용 – 맨 앞 8비트의 10진수 표기는 128~191
Class C	– 세 번째 바이트까지 네트워크 식별자 – 한 네트워크에 254대까지 수용 – 맨 앞 8비트의 10진수 표기는 192~223
Class D	멀티캐스트 주소로 사용

▲ 클래스(Class) 구조

03 IGMP(Internet Group Management Protocol)의 특징으로 옳지 않은 것은?

① TTL(Time to Live)이 제공된다.
② 유니캐스트 통신을 위한 프로토콜로 적합하다.
③ IGMPv1에서는 첫 보고 메시지 손실 시 재전송되지 않는다.
④ 호스트와 라우터 간의 비대칭 통신 구조를 가진다.

IGMP(Internet Group Management Protocol)로 유니캐스트가 아니라 멀티캐스트에서 사용한다. 멀티캐스트는 등록된 사용자에게만 전송하는 것이다. 유니캐스트는 1대 1로 통신하는 것이다.

정답　01 ① 　02 ③ 　03 ②

04 C Class인 네트워크의 서브넷 마스크가 '255.255.255.192'이라면 둘 수 있는 서브넷의 개수는?

① 2
② 4
③ 192
④ 1024

192이면 128+64가 되고 네트워크 ID로 2비트를 사용하기 때문에 2^2=4개가 된다.

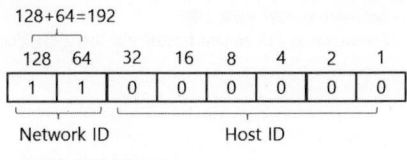

128+64=192

128	64	32	16	8	4	2	1
1	1	0	0	0	0	0	0

Network ID   Host ID

▲ 네트워크 ID와 호스트 ID

05 TCP를 사용하는 프로토콜로 옳지 않은 것은?

① FTP
② TFTP
③ Telnet
④ SMTP

TFTP는 69번 포트에 UDP를 사용해서 데이터를 빠르게 송수신한다.

종류	내용
ftp	ID 및 Password 인증을 수행하고 TCP 프로토콜을 사용하여 사용자의 데이터를 송수신
tftp	인증 과정 없이 UDP 기반으로 데이터를 빠르게 송수신함, 69번 포트 사용
sftp	전송 구간에 암호화 기법을 사용하여 기밀성을 제공

▲ FTP 프로그램 종류

06 ICMP의 Message Type에 대한 설명으로 옳지 않은 것은?

① 0 – Echo Reply
② 5 – Echo Request
③ 13 – Timestamp Request
④ 17 – Address Mask Request

ICMP Echo Request는 Type 번호 8번이고 ICMP Echo Reply는 0번이다.

07 IPv6에 대한 설명으로 올바른 것은?

① IETF(Internet Engineering Task Force)에서 IP Address 부족에 대한 해결 방안으로 만들었다.
② IPv6보다는 IPv4가 더 다양한 옵션 설정이 가능하다.
③ 주소 유형은 유니캐스트, 멀티캐스트, 브로드캐스트 3가지이다.
④ Broadcasting 기능을 제공한다.

IPv4는 32비트 주소 체계를 사용해서 IP 주소가 부족하다. IPv6는 주소체계를 128비트로 변경해서 IP 주소 부족 문제를 해결한 것이다.

오답 피하기

IPv6의 데이터 전송 방식은 Unicast, Multicast, Anycast이며, IPv6에서는 Broadcast가 삭제되었다.

08 UDP 패킷의 헤더에 속하지 않는 것은?

① Source Port
② Destination Port
③ Window
④ Checksum

UDP는 패킷을 빠르게 전송하고 흐름 제어 기능을 제공하지 않는다. 흐름 제어를 위해서 TCP의 경우 슬라이딩 윈도우 기법을 사용하고 있다.
– Checksum: 패킷의 무결성 검사를 위해서 사용된다.

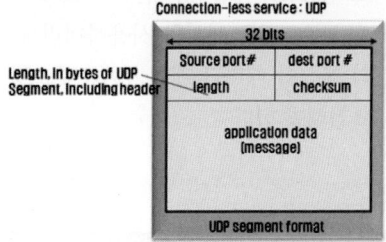

Connection-less service : UDP

32 bits

Source port #	dest port #
length	checksum

Length, in bytes of UDP Segment, including header

application data (message)

UDP segment format

▲ UDP 헤더

09 다음 중 IP 프로토콜의 역할로 올바른 것은?

① 호스트 간 패킷 전달의 신뢰성을 보장한다.
② 손실된 패킷을 재전송을 요청할 수 있다.
③ 호스트 간에 패킷 교환에서 흐름제어를 할 수 있다.
④ MTU(Maximum Transmission Unit) 값 보다 큰 Datagram은 단편화(Fragmentation)를 수행한다.

MTU는 한 번에 통과할 수 있는 패킷의 최대 크기이고 MTU의 크기를 초과하면 분할이 발생한다. Flags, Offset은 IP Header에서 분할 정보에 해당한다.

10 다음 중 ARP(Address Resolution Protocol) 캐시 유지 방식에 대한 설명으로 옳지 않은 것은?

① 새로 등록된 주소는 생존 시간(TTL: Time To Live) 값을 가진다.
② 등록된 주소는 일정 시간(예: 1~2분) 동안 사용되지 않으면 ARP 캐시에서 삭제될 수 있다.
③ 일부 TCP/IP 시스템에서는 ARP 캐시에 등록된 주소가 재사용될 경우 TTL 값이 초기값으로 재설정된다.
④ ARP는 ARP 캐시를 사용하더라도, 서버와 통신할 때마다 매번 MAC 주소를 다시 요청해야 한다.

ARP Request로 매번 MAC 주소를 요청하지 않고 ARP Cache Table에 저장된 MAC주소를 사용한다.

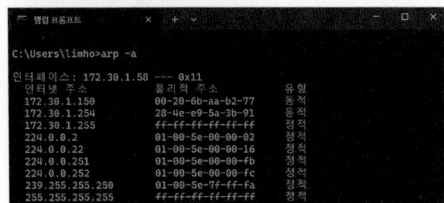

▲ ARP Cache Table 확인

11 TCP/IP protocol stack에서 사용하는 Application 중에 연결 제어와 정보 전송용 포트를 구분하여 사용하는 것은?

① DNS
② SMTP
③ TFTP
④ FTP

FTP는 파일을 전송할 때 명령을 전송하는 포트(21번)와 데이터를 전송하는 포트를 분리해서 사용하고 있다.
FTP 데이터 전송 포트
• Active Mode: 20번 포트를 사용
• Passive Mode: FTP 서버가 1024 포트 번호 이후로 결정한다.

12 다음 중 사설 IP 주소로 옳지 않은 것은?

① 10.100.12.5
② 128.52.10.6
③ 172.25.30.5
④ 192.168.200.128

사설 IP 주소는 10.0.0.0~10.255.255.255, 172.16.0.0~172.31.255.255, 192.168.0.0~192.168.255.255로 정해져 있다.

13 다음 중 Ping 유틸리티와 관련이 없는 것은?

① ICMP 메시지를 이용한다.
② Echo Request 메시지를 보내고 해당 컴퓨터로부터 ICMP Echo Reply 메시지를 기다린다.
③ TCP/IP 구성 파라미터를 확인할 수 있다.
④ TCP/IP 연결성을 테스트할 수 있다.

• ping 프로그램은 네트워크 오류를 탐지하고 보고하는 기능을 가지고 있다. ICMP 프로그램은 ICMP 프로토콜을 사용해서 네트워크 오류를 탐지한다.
• ICMP 프로토콜을 사용하는 프로그램: ping, traceroute

14 SMTP(Simple Mail Transfer Protocol)와 POP3(Post Office Protocol version 3)의 차이점에 대한 설명으로 올바른 것은?

① SMTP는 전송 프로토콜로 메일을 송신하는 데 사용되며, POP3는 수신 프로토콜로 메일을 수신하는 데 사용된다.
② SMTP와 POP3는 모두 메일을 실시간 동기화하여 서버에 메일을 보관한다.
③ SMTP는 전자 메일 시스템과 관련이 있지만 POP3는 상관없는 프로토콜이다.
④ 전자 메일은 SMTP, POP3, IMAP 서버를 통해 메일의 송수신이 동시에 처리된다.

SMTP는 메일을 전송하는 프로토콜이고, IMAP과 POP3는 메일함에서 메일을 읽는 프로토콜이다.

POP3	IMAP 및 IMAP3
− TCP 110번으로 메일 서버에 접속하여 저장된 메일을 내려받는 MDA 프로그램 − 메시지를 읽은 후 메일 서버에 해당 메일을 삭제함	− POP과 달리 메일을 내려받아도 메일박스에 원본을 계속 저장 − IMAP 143 Port

▲ POP3와 IMAP 및 IMAP3

15 다음은 무엇에 관한 설명인가?

A와 B는 같은 네트워크 대역인 192.168.0.0/24에 속하고, C와 D는 192.168.1.0/24에 속한다. 각 라우터는 자신의 인터페이스에 IP 주소를 할당한 후, 이후의 경로 결정은 다른 라우터들이 알아서 처리할 것이라고 가정한다. 따라서 목적지까지의 정확한 경로를 사전에 명확하게 알기는 어렵다. 또한, 네트워크 정보를 갱신하는 주기가 30초로 다소 느려, 네트워크 환경이 변화할 경우 라우팅 루프(무한 루프)가 발생하기 쉽다.

− C와 D: "내 라우팅 테이블을 보니, 목적지가 192.168.1.0/24인 패킷은 너한테 보내라고 되어 있는데?"
− A와 B: "그런데 내 테이블에는 너한테 보내라고 나와 있는데?"

이처럼 라우터들은 네트워크 경로 정보를 서로 공유하며, 최적의 경로를 선택해 패킷을 전달한다.

① OSPF
② RIP
③ EGP
④ BGP

• RIP(Routing Information Protocol)은 거리 벡터 라우트 알고리즘으로 Hop Count를 이용해서 경로를 결정하는 라우팅 프로토콜이다.
• 수신된 목적지의 거리 값과 현재 거리 값을 비교하여 작은 것을 기준으로 라우팅 테이블을 변경한다.

16 TLS 프로토콜을 통해 Application Layer의 Data를 암호화하여 보호하는 프로토콜은?

① SMTP
② FTP
③ Telnet
④ HTTPS

• HTTPS는 End to End 암호화를 수행하는 것으로 웹브라우저와 웹서버 간에 암호화를 수행한다.
• SSL/TLS: TLS 1.2 이상 사용해야 안전하다.

17 DNS에 대한 설명 중 옳지 않은 것은?

① 다른 호스트에 접근하고자 할 때 기억하기 어려운 IP Address 대신에 좀 더 이해하기 쉬운 계층적인 호스트 이름을 사용할 수 있도록 하는 기반 서비스이자 프로토콜이다.

② 호스트 이름에 대한 분산 데이터베이스이다.

③ 호스트 이름은 단순한 나열이 아닌 논리적 구조를 형성하며, 하나의 도메인으로 그룹화되어 있고, 내부에 하위 도메인을 포함할 수 있다.

④ 호스트 이름은 영문자와 숫자 그리고 '@', '#'과 같은 특수 문자로 구성된다.

호스트 이름은 영문자, 숫자, 하이픈(-)으로 구성되지만, '@'와 '#'과 같은 특수 문자는 사용되지 않는다.

2과목 네트워크 일반

18 전송효율을 최대로 하기 위해 프레임의 길이를 동적으로 변경시킬 수 있는 ARQ(Automatic Repeat Request) 방식은?

① Adaptive ARQ

② Go back-N ARQ

③ Selective_Repeat ARQ

④ Stop and Wait ARQ

Adaptive ARQ는 전송 효율을 높이기 위해서 사용하는 것으로 블록의 길이를 동적으로 변경시켜서 전송한다.

기법	Stop-and-Wait	Go-Back-N	Selective Repeat
재전송 요청 방법	에러 발생 즉시 재전송	오류 발생 또는 잃어버린 프레임 이후의 모든 프레임을 재요청하거나 타임아웃으로 자동 재송신	오류 발생 또는 잃어버린 프레임에 대해서만 재요청 또는 타임아웃으로 인한 자동 재송신

▲ ARQ 기법

19 Multiplexing 방법 중에서 다중화 시 전송할 데이터가 없더라도 타임 슬롯이 할당되어 대역폭의 낭비를 가져오는 다중화 방식은?

① TDM(Time Division Multiplexer)

② STDM(Statistical Time Division Multiplexing)

③ FDM(Frequency Division Multiplex)

④ FDMA(Frequency Division Multiple Access)

시분할 다중화기(TDM: Time Division Multiplexer)
전송회선의 데이터 전송시간을 타임 슬롯(Time Slot)이라는 일정한 시간 폭으로 나누어서 일정한 크기의 데이터를 채널별로 전송하는 방법이다. 고속 전송이 가능하고 포인트 투 포인트(Point to Point) 방식에 주로 사용되며 동기식 시분할 다중화와 비동기식 시분할 다중화 방식이 있다.

---

20 컴퓨터 추가 설정이 용이하고, 중앙관리가 가능한 네트워크 토폴로지는?

① Bus

② Star

③ Ring

④ Mesh

중앙에 있는 컴퓨터를 중심으로 터미널이 연결된 중앙 집중식 형태이다.

▲ Star형(성형) 토폴로지

---

21 100BASE-T라고도 불리는 이더넷의 고속 버전으로서 100Mbps의 전송속도를 지원하는 근거리통신망의 표준은?

① Ethernet
② Gigabit Ethernet
③ 10Giga Ethernet
④ Fast Ethernet

Fast Ethernet은 100Mbps 속도이고 100BASE-TX(UTP 케이블), 100BASE-FX(Fiber 케이블)을 사용한다. 저가형 고속 이더넷으로 최대 전송 길이를 줄여서 100Mbps 속도를 내며, 최대 케이블 길이를 100m 줄인다.
100 BASE-TX의 의미
• 100: 전송속도 100Mbps
• BASE: 베이스밴드 방식
• TX: 케이블 유형

22 파장분할다중화방식(WDM)의 특징으로 옳은 것은?

① 선로의 증설 없이 회선의 증설이 어렵다.
② 광증폭기를 사용해 무중계 장거리 전송이 가능하다.
③ 광학적인 방법에 의해 신호를 시간축에서 다중화하는 방식이다.
④ 각각의 채널은 같은 전송 형식, 전송 속도, 프로토콜 형식을 가진다.

WDM은 여러 개의 파장 빛을 사용해서 데이터를 전송하는 방식으로 직진성의 특성이 있다. 따라서 장거리 전송에 어려움이 있다.

23 (A) 안에 들어가는 용어 중 옳은 것은?

> 지능형(스마트) 홈 통신에 사용되는 (A)은/는 10m 이내의 짧은 거리에 존재하는 컴퓨터와 주변기기, 휴대폰, 가전제품 등을 무선으로 연결하여 이들 기기간의 통신을 지원함으로써 다양한 응용서비스를 가능하도록 하는 네트워크 영역을 말하며 UWB, ZigBee, RFID, 블루투스 기술 등이 활용된다.

① WPAN   ② LTE-M
③ NB-IoT   ④ LAN

IEEE 802 위원회는 네트워크를 전송 거리에 따라서 구분했다. PAN이라는 것은 3m 정도, LAN은 50m 정도의 전송 거리를 의미한다. 따라서 본 문제는 10m 이내의 짧은 거리를 의미하므로 WPAN이다.

▲ IEEE 802 표준

24 모바일 멀티미디어 데이터의 폭증과 데이터 트래픽의 동적 특성 변화에 효율적으로 대처하기 위해, 구조적 유연성과 개방성을 제공하며 하드웨어가 아닌 소프트웨어로 제어되는 네트워킹 기술은?

① SDS (Software Defined Storage)
② SDN (Software Defined Networking)
③ SNMP (Simple Network Management Protocol)
④ CLI (Command Line Interface)

SDN (Software Defined Networking)은 소프트웨어를 사용해서 네트워크 자원을 가상화하고 제어하는 시스템이다.

25 클라우드 컴퓨팅 모델에 대한 설명으로 옳지 않은 것은?

① 통신환경에 따라 서비스에 영향을 받으며, 개별 정보가 물리적으로 어디에 위치하고 있는지 알기 어려운 단점이 있다.

② 공용 클라우드(public cloud)는 아마존 웹 서비스와 같은 외부 서비스 제공자가 관리하며, 인터넷을 통해 접근하기도 하고, 일반적인 공적 업무를 위해 이용된다.

③ 사설 클라우드(private cloud)는 서버, 저장장치, 네트워크 데이터 그리고 응용프로그램 등을 함께 묶어서 회사 내·외부의 모든 이용자들이 공유할 수 있도록 하는 클라우드이다.

④ 하이브리드 클라우드(hybrid cloud)는 공용 클라우드와 사설 클라우드가 혼용되어 있는 서비스로, 사설 클라우드를 구축하여 사용 중인 특정 기업이 클라우드서비스 중의 일부를 공용 클라우드 업체로부터 서비스를 제공받으면서, 동시에 사설 클라우드와 연동하여 사용하는 방식이다.

> 사설 클라우드는 특정 조직이나 사용자가 독점적으로 사용하는 클라우드 컴퓨팅이다.

26 다음 중 TCP/IP와 OSI 7 Layer와 비교로서 옳지 않은 것은?

① TCP 프로토콜은 OSI 7 Layer의 전송계층에 해당한다.

② IP 프로토콜은 OSI 7 Layer의 네트워크 계층에 해당한다.

③ 파일 전송 프로토콜인 FTP는 OSI 7 Layer의 응용계층에 해당한다.

④ HTTP 프로토콜은 OSI 7 Layer의 표현 계층에 해당한다.

> HTTP 프로토콜은 응용계층에서 동작하는 것이다. 응용계층은 Socket, HTTP, SSH, FTP, SMTP 등이 있다.

27 MAC(Media Access Control) 방식 중, 네트워크에 연결된 각 노드에게 전송 기회를 순차적으로 부여하여, 모든 노드가 공평하게 데이터를 전송할 수 있도록 하는 방식은?

① CSMA/CD
② Token Ring
③ CSMA
④ DQDB

> Token Ring은 링 형태로 되어 있는 네트워크에 토큰이 돌면서 순차적으로 데이터를 전송하게 한다. CSMA/CD는 유선 LAN에서 사용하는 프로토콜이다.

3과목 NOS

28 Linux 시스템에서 사용자가 내린 명령어를 Kernel에 전달해 주는 역할을 하는 것은?

① System Program
② Loader
③ Shell
④ Directory

> Shell은 사용자의 명령어를 Kernel에 전달해서 명령어를 실행한다.

29 Linux 디렉터리 구성에 대한 설명으로 옳지 않은 것은?

① /tmp – 임시파일이 저장되는 디렉터리
② /boot – 시스템이 부팅될 때 부팅 가능한 커널 이미지 파일을 담고 있는 디렉터리
③ /var – 시스템의 로그 파일과 메일이 저장되는 위치
④ /usr – 사용자 계정이 위치하는 파티션 위치

> 리눅스 사용자 계정이 있는 위치는 "/home"이고 "/usr"은 애플리케이션이 설치되는 디렉터리이다.

30 Linux에서 DNS의 SOA(Start Of Authority) 레코드에 대한 설명으로 옳지 않은 것은?

① Zone 파일은 항상 SOA로 시작한다.

② 해당 Zone에 대한 네임서버를 유지하기 위한 기본적인 자료가 저장된다.

③ Refresh는 주 서버와 보조 서버의 동기 주기를 설정한다.

④ TTL 값이 길면 DNS의 부하가 늘어난다.

• DNS의 TTL(Time To Live)은 DNS 캐시에서 보관하는 유효기간이다. 따라서 TTL 값이 길면 유효기간이 길어지므로 부하가 늘어나지 않는다.
• DNS에서 IP 주소를 획득할 때 DNS 캐시에서 조회하면 빠르게 수행된다.

---

31 Linux 시스템에서 모든 사용자에게 'sample' 파일의 쓰기 권한을 금지시키고자 할 때 명령어로 올바른 것은?

① chmod a-w sample

② chmod u-w sample

③ chmod g+rw sample

④ chmod a-r sample

chmod에서 "+"는 권한을 추가하고 "-"는 권한을 삭제하며 "="는 대체한다.

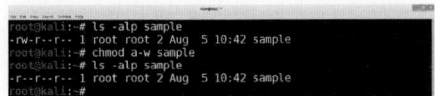

▲ 모든 사용자 쓰기 권한 제거

---

32 Linux 시스템에 새로운 사용자를 등록하려고 한다. 유저 이름은 'network'로 하고, 'icqa'라는 기본 그룹에 편입시키는 명령은?

① useradd -g icqa network

② useradd -g network icqa

③ adduser -g network icqa

④ adduser -G icqa network

리눅스 사용자를 등록할 때 useradd 혹은 adduser를 사용할 수 있다. useradd를 등록하면 -g 옵션으로 그룹을 지정할 수 있다.

▲ 리눅스 사용자 등록과 확인

---

33 Linux 시스템에서 사용되고 있는 메모리양과 사용 가능한 메모리 양, 공유 메모리와 가상 메모리에 대한 정보를 볼 수 있는 명령어는?

① mem   ② free

③ du   ④ cat

리눅스에서 사용 가능한 메모리 정보를 보는 명령어는 free이다.

오답 피하기

• du: 디렉터리별 용량을 확인한다.
• cat: 파일 내용을 확인하기 위해서 사용되는 명령어이다.

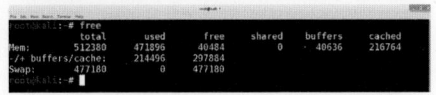

▲ 사용 가능한 메모리 정보 확인

---

34 Windows Server 2016 DHCP 서버의 주요 역할의 설명으로 맞는 것은?

① 동적 콘텐츠의 HTTP 압축을 구성하는 인프라를 제공한다.

② TCP/IP 네트워크에 대한 이름을 확인한다.

③ IP 자원의 효율적인 관리 및 IP 자동 할당한다.

④ 사설 IP 주소를 공인 IP 주소로 변환해 준다.

• DHCP(Dynamic Host Configuration Protocol)는 IP를 동적으로 할당하는 서비스로 특정 IP를 지정하지 않고 네트워크에 연결하면 자동으로 IP를 할당한다.
• NAT: 사설 IP 주소와 공인 IP 주소를 매핑한다.

---

35 서버 담당자 Park 사원은 Windows Server 2016에서 성능 모니터를 사용하여 서버의 성능을 분석하려 한다. 일정 주기로 데이터를 수집하기 위해 성능 모니터를 시작하는 명령어는?

① perfmon
② msconfig
③ dfrg
④ secpol

윈도우 서버의 perfmon.exe는 윈도우 서버 성능지표, 성능 카운트를 모니터링할 수 있다.

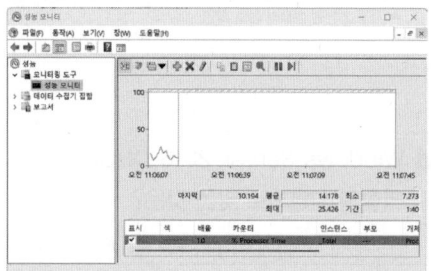

▲ perfmon.exe 실행

36 서버 담당자 Park 사원은 1대의 서버가 아니라 여러 대의 웹 서버를 운영해서, 웹 클라이언트가 서비스를 요청할 경우에 교대로 서비스를 실행하는 방법으로 웹 서버의 부하를 여러 대가 공평하게 나눌 수 있도록 설계하고자 한다. 이에 적절한 서비스 방식은?

① Round Robin
② Heartbeat
③ Failover Cluster
④ Non-Repudiation

라운드 로빈(Round Robin)은 N대의 서버가 있을 경우 순차적으로 서버로 호출하여 부하를 줄이는 방법이다.
• L4 스위치: OSI 7계층 네트워크에서 동작하며 IP 주소를 사용해서 라운드 로빈을 수행한다.
• LB(Loader Balance): 클라우드 컴퓨팅에서 라운드 로빈으로 부하를 줄인다.

37 서버 담당자 Park 사원은 Windows Server 2016에서 사용할 수 있는 네트워크 스토리지를 구현하고자 한다. 다음 조건에서 설명하는 방식의 네트워크 스토리지로 알맞은 것은?

〈조건〉
– 공통으로 사용되는 저장소를 중앙에서 관리함으로써 각각의 컴퓨터에 저장소를 가지고 있을 때보다 여유 공간의 활용도가 높으며, 대규모 이상의 환경에서 주로 구성되고 있다.
– 일반적으로 파이버 채널 연결을 이용하여 데이터 접근이 빠르며 대용량 블록 기반의 데이터 전송 기능으로 LAN에 독립적인 데이터 백업, 복구에 탁월한 기능이 있다.

① NAS(Network Attached Storage)
② SAN(Storage Area Network)
③ RAID(Redundant Array of Inexpensive Disks)
④ SSD(Solid State Drive)

SAN(Storage Area Network)은 여러 개의 스토리지를 SAN 네트워크에 연결하여 사용하는 것으로 광케이블로 되어 있는 Fiber Channel로 스토리지를 연결한다. 대부분의 기업에서 운영 시스템 스토리지 형태로 많이 사용한다.

오답 피하기

NAS(Network Attached Storage)는 Ethernet을 사용해서 스토리지를 공유할 수 있는 것이다. Ethernet을 사용하기 때문에 SAN보다는 성능이 떨어진다.

38 서버 담당자 Park 사원은 Windows Server 2016에서 가상화 운영을 위한 Hyper-V를 운영하고자 한다. 다음 지문 내용 중 (A)에 공통으로 들어갈 내용으로 올바른 것은?

> (A)은/는 작은 운영체제를 포함하는 가상화 기술을 의미하며, Hyper-V 가상컴퓨터는 완전한 OS를 포함하는 독립된 컴퓨터로 간주된다. Hyper-V 가상머신은 상당히 무거운 반면에, (A)은/는 가상컴퓨터와 거의 비슷한 기능을 하지만 훨씬 가볍게 생성하고 운영할 수 있다.

① Virtual Machine
② Internet Information Services
③ Windows Containers
④ NanoServer

Windows Containers는 윈도우 애플리케이션을 윈도우 서버 환경에서 격리하여 실행하는 기능이다. Windows Server 2016부터 지원된다.
· 윈도우 커널을 기반으로 실행된다.
· Windows Containers의 기본 이미지는 Windows Server Core, Nano Server, Windows, Windows Server로 구성된다.

---

39 네트워크 담당자 Kim 사원은 Windows Server 2016에서 원격 액세스 서비스를 운용하고자 한다. Windows Server 2016 내에 있는 이 기능은 DirectAccess나 VPN과 달리 원격 컴퓨터를 네트워크에 연결하는 데 사용되지 않는다. 오히려 내부 웹 리소스를 인터넷에 게시하는 데 사용되는 이 기능은?

① WAP(Web Application Proxy)
② PPTP(Point-to-Point Tunneling Protocol)
③ L2TP(Layer 2 Tunneling Protocol)
④ SSTP(Secure Socket Tunneling Protocol)

WAP(Web Application Proxy)은 회사 네트워크 외부 사용자가 회사 내부의 웹 애플리케이션에 접근할 수 있는 기능이다. 특정 웹 애플리케이션 접근을 관리, 웹 애플리케이션 보호, 인증, HTTP/HTTPS 등을 지원한다.

---

40 서버 담당자 Park 사원은 Windows Server 2016에서 사용자 및 그룹을 관리하는 업무를 부여받았다. 다음 중 Windows Server 2016에 해당하는 그룹 계정 중 컴퓨터 자원에 대한 인증 속성을 관리하는 권한을 갖는 그룹은?

① Replicator
② Power Users
③ Backup Operators
④ Access Control Assistance Operators

· Replicator: 파일 복제를 위한 그룹이다.
· Power Users: 시스템 관리를 수행하는 그룹이다.
· Backup Operators: 백업 및 복구 작업을 위한 권한을 가진 그룹이다.
· Access Control Assistance Operators: 접근제어 관리 권한을 가진 그룹이다.

---

41 다음 중 Linux 시스템에서 새로운 하드디스크를 추가하고 사용할 수 있도록 설정하는 과정과 관계가 가장 적은 것은?

① fdisk　　② mkfs
③ mount　　④ cal

---

cal 명령어는 리눅스 달력이므로 하드디스크 추가와 관련이 없다.
– fdisk: 하드디스크를 파티션으로 분할할 때 사용한다.
– mkfs: 하드디스크에 파일시스템을 생성한다.
– mount: 파일시스템을 연결한다.

---

42 다음 중 Linux BIND 설치 및 운영 시 수행해야 할 업무로 적절하지 않은 것은?

① 방화벽에서 UDP의 53번 포트만 열면 된다.
② 방화벽 설정은 'iptables' 명령어를 통해 설정할 수 있다.
③ BIND 설치여부는 'rpm -qa | grep bind'로 확인할 수 있다.
④ '/etc/named.conf' 파일의 오류를 체크하는 명령어는 'named-checkconf'이다.

Linux BIND는 리눅스 DNS 서버를 의미하고, DNS는 TCP와 UDP 모두를 사용하고 53번 포트를 사용한다. 따라서 TCP 53번도 방화벽에서 열어야 한다.

43 서버 관리자 Lee 사원은 Windows Server 2016에서 DNS 서버를 설치 하던 중 다음과 같은 문제를 발견하였다. Lee 사원이 해당 문제를 해결하기 위한 방법으로 가장 적절하지 않은 것은?

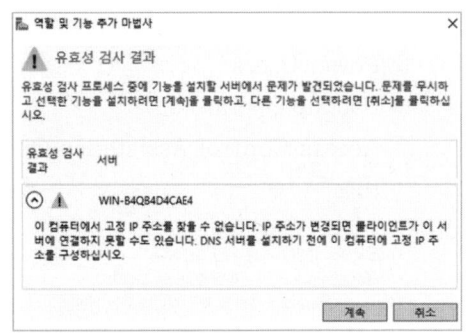

① 명령어 프롬프트 창에서 'ipconfig /renew'를 입력하였다.
② IP 주소의 할당방식을 고정할당방식으로 변경한다.
③ 이더넷의 IP 속성에서 '다음 IP 주소 사용'을 선택하고 IP 주소를 입력하였다.
④ 이더넷의 IP 속성에서 '다음 DNS 서버 주소 사용'을 선택하고 DNS 서버 주소를 입력하였다.

---

ipconfig /renew는 IP 주소를 갱신할 때 사용하는 명령어이다.

44 사용자가 웹사이트에 접속했지만 다음과 같은 메시지가 출력되었다. 이 오류 상황에 해당하는 HTTP 상태 코드는?

> Forbidden
> 이 요청은 서버에 의해 거부되었습니다. 사용자는 이 콘텐츠에 접근할 권한이 없습니다.

① 400
② 200
③ 403
④ 203

HTTP 응답코드 403은 클라이언트가 해당 리소스에 대해서 접근권한이 없다는 것을 의미한다.

45 Linux Apache 웹서버 httpd.conf 설정값 중 Directory Indexing 공격에 취약할 수 있는 옵션은?

① OPtions FollowSymLinks Indexes
② ServerAdmin : root@localhost
③ DocumentRoot : '/var/www/html'
④ ServerRoot : '/etc/httpd'

디렉터리 리스팅 취약점은 웹브라우저에서 웹서버의 디렉터리가 노출되는 취약점으로 httpd.conf 설정에서 Indexes를 삭제하거나 −Indexes로 설정해야 한다.

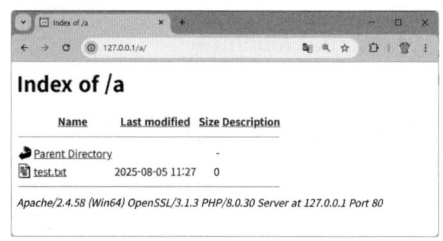

▲ 디렉터리 리스팅 취약점

4과목 **네트워크 운용기기**

46 RAID는 Redundant Array of Independent Disk 혹은 Redundant Array of Inexpensive Disk의 약자로 말 그대로 여러 개의 디스크를 묶어 하나의 디스크처럼 사용하는 기술이다. 그러면 다음에서 RAID Level 0(영)의 설명으로 옳지 않은 것은?

① 최소 2개의 디스크에 데이터를 동시에 분산 저장한다.
② 디스크에 데이터를 분산 저장하기 때문에 처리 속도가 향상된다.
③ 스트라이핑(Striping)이라고도 부르는 방식이다.
④ 2개의 디스크 중 하나만 손상되면 전체 데이터 복구가 가능하다.

RAID는 디스크 배열 기술로 여러 개의 디스크를 사용해서 복구가 가능하다. 하지만 RAID 0은 스트라이핑으로 중복 저장하지 않기 때문에 복구가 불가능하다.

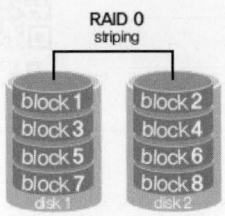

▲ RAID 0(스트라이핑)

47 로드 밸런싱(Load Balancing)에 대한 설명으로 옳은 것은?

① 물리적인 망 구성과는 상관없이 가상적으로 구성된 근거리 통신망 기술
② 사용량과 처리량을 증가시키고 지연율을 낮추며 응답시간을 감소시키고 시스템 부하를 피할 수 있게 하는 최적화 기술
③ 가상머신이 실행되고 있는 물리적 컴퓨터로부터 분리된 또 하나의 컴퓨터
④ 웹 브라우저와 서버 간의 통신에서 정보를 암호화하는 기술

로드 밸런싱은 부하를 분산하는 기술로 여러 대의 서버를 순차적으로 호출하여 작업을 분산한다.

48 IP Address의 부족과 내부 네트워크 주소의 보안을 위해 사용하는 방법 중 하나로, 내부에서는 사설 IP Address를 사용하고 외부 네트워크로 나가는 주소는 공인 IP Address를 사용하도록 하는 IP Address 변환 방식은?

① DHCP 방식
② IPv6 방식
③ NAT 방식
④ MAC Address 방식

NAT(Network Address Translation)은 사설 IP와 공인 IP를 매핑하는 기술이다.

49 웹서버를 보호하는 전용 보안장비로 HTTP, HTTPS처럼 웹서버에서 동작하는 웹 프로토콜의 공격을 방어하는 데 사용되는 보안장비는?

① IDS
② IPS
③ Fire Wall
④ WAF

WAF(Web Application Firewall)는 웹서버로 전송되는 패킷을 분석하여 공격을 탐지하고 대응한다. SQL Injection, XSS, CSRF, 포맷 스트링, 위험한 형식의 파일 업로드와 같은 공격에 대응한다.

50 다음 ( )에 해당하는 용어는?

VLAN이 강력한 이유는 스위치 단독으로 닫혀 있는 게 아니라 복수의 스위치에 걸쳐 광범위한 네트워크로 운용할 수 있기 때문이다. 스위치는 다른 스위치와 연결하기 위한 인터페이스로서 ( ) 인터페이스를 갖추고 있다.

① 포트(Port)
② 트렁크(Trunk)
③ 소켓(Socket)
④ 플러그(Plug)

VLAN Trunk port mode
- 사용자가 PC에서 스위치를 통과할 때 택을 제거하지 않고 전송되며 여러 VLAN을 지원한다.
- 스위치 간 연결이나 라우터와 연결될 때 동일한 Tagging 프로토콜이 설정되어야 한다.

2급	시행 일자	소요 시간	문항 수
	2024년 2월	총 50분	총 50문항

수험번호 : _____

성   명 : _____

▶합격 강의

1과목 TCP/IP

01 IP 헤더에 포함이 되지 않는 필드는?

① ACK

② Version

③ Header checksum

④ Header length

ACK는 TCP 헤더의 Control Flag에 포함되는 것이다. ACK는 TCP에서 전송한 패킷에 대한 응답으로 사용된다. IP 헤더에는 Header checksum 을 포함하며 Header checksum은 IP의 무결성을 검사한다.

02 TCP 프로토콜에서 사용하는 흐름 제어 방식은?

① GO-Back-N

② 선택적 재전송

③ Sliding Window

④ Idle-RQ

TCP 흐름 제어는 전송 속도를 조절하는 것으로 대표적인 방법이 Sliding Window가 있다. Sliding Window는 수신자가 전송해오는 Window Size 를 값에 따라서 패킷을 전송하는 것이다.

03 '255.255.255.224'인 서브넷에 최대 할당 가능한 호스트 수는?

① 2개   ② 6개

③ 14개   ④ 30개

마지막 224라는 것은 11100000 = 128 + 64 + 32 = 224이다. 따라서 남은 0의 자릿수는 5자리가 있다. 즉, 2^5 = 32개이다. 따라서 최대 32 - 2 = 30개의 호스트에 IP 주소를 부여할 수가 있다.

04 Link State 알고리즘을 이용해 서로에게 자신의 현재 상태를 알려주며 네트워크 내 통신을 위해 사용하는 프로토콜은?

① OSPF   ② IDRP

③ EGP   ④ BGP

라우팅 프로토콜 중에서 Link State 알고리즘을 사용하는 것은 OSPF 이다. OSPF는 대규모 네트워크에서 사용하는 라우팅 프로토콜로 비용 (Cost)을 계산하여 효율적인 경로를 결정한다.

05 DNS에서 사용될 때 TTL(Time to Live)의 설명으로 올바른 것은?

① 데이터가 DNS 서버 존으로부터 나오기 전에 현재 남은 시간이다.

② 데이터가 DNS 서버 캐시로부터 나오기 전에 현재 남은 시간이다.

③ 패킷이 DNS 서버 존으로부터 나오기 전에 현재 남은 시간이다.

④ 패킷이 DNS 서버 네임 서버 레코드로부터 나오기 전에 현재 남은 시간이다.

DNS TTL(Time To Live)는 DNS Cache를 유지하는 시간을 의미한다. 예를 들어 TTL이 300이면 300초만큼 캐싱한 정보를 유지한다.

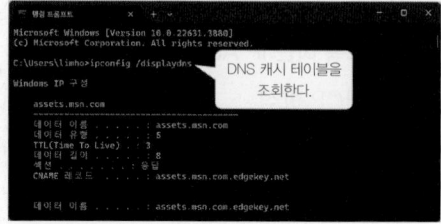

▲ 윈도우에서 DNS 캐시 테이블 조회

정답 01① 02③ 03④ 04① 05②

06 서브넷 마스크(Subnet Mask)에 대한 설명으로 옳지 않은 것은?

① A, B, C Class 대역의 IP Address는 모두 같은 서브넷 마스크를 사용한다.
② 하나의 네트워크 클래스를 여러 개의 네트워크로 분리하여 IP Address를 효율적으로 사용할 수 있다.
③ 서브넷 마스크는 목적지 호스트의 IP Address가 동일 네트워크상에 있는지 확인한다.
④ 서브넷 마스크를 이용하면 Traffic 관리 및 제어가 가능하다.

A, B, C 클래스는 각각 다른 서브넷 마스크를 가진다. A 클래스는 255.0.0.0, B 클래스는 255.255.0.0, C 클래스는 255.255.255.0이다.

▼ 클래스(Class) 구조

Class	Message
Class A	– 첫 바이트 7Bit가 네트워크 식별자 – 한 네트워크에 가장 많은 호스트를 가짐 – 맨 앞 8비트의 10진수 표기는 1~126
Class B	– 14Bit의 네트워크 식별자 – 한 네트워크에 약 216대의 호스트 수용 – 맨 앞 8비트의 10진수 표기는 128~191
Class C	– 세 번째 바이트까지 네트워크 식별자 – 한 네트워크에 254대까지 수용 – 맨 앞 8비트의 10진수 표기는 192~223
Class D	멀티캐스트 주소로 사용

07 SMTP에 대한 설명 중 올바른 것은?

① 인터넷을 통해 파일을 송/수신하기 위한 프로토콜
② 인터넷 전자우편을 위한 프로토콜
③ 하이퍼텍스트 문서를 전송하기 위한 프로토콜
④ 원격 접속을 위한 프로토콜

SMTP(Simple Mail Transfer Protocol)
· 인터넷에서 전자우편을 보낼 때 사용되는 표준 통신 규약이다.
· E-Mail을 보내기 위해서 TCP 25번 Port를 사용하고 상대 서버를 지시하기 위해서 DNS의 MX 레코드가 사용된다.

08 TFTP 프로토콜에 대한 설명 중 옳지 않은 것은?

① Trivial File Transfer Protocol의 약어이다.
② 네트워크를 통한 파일 전송 서비스이다.
③ 3방향 핸드셰이킹 방법인 TCP 세션을 통해 전송한다.
④ 신속한 파일의 전송을 원할 경우에는 FTP보다 훨씬 큰 효과를 얻을 수 있다.

TFTP는 인증 과정 없이 UDP 기반으로 데이터를 빠르게 송수신하고 69번 포트를 사용한다.

09 RIP(Routing Information Protocol)의 특징에 대한 설명으로 올바른 것은?

① 서브넷 주소를 인식하여 정보를 처리할 수 있다.
② 링크 상태 알고리즘을 사용하므로, 링크 상태에 대한 변화가 빠르다.
③ 메트릭으로 유일하게 Hop Count만을 고려한다.
④ 대규모 네트워크에서 주로 사용되며, 기본 라우팅 업데이트 주기는 1초이다.

RIP는 Distance Vector 알고리즘을 사용해서 Hop Count 정보로 최단 경로를 결정한다. 링크 상태 알고리즘을 사용하는 것은 OSPF이다.

10 보기의 프로토콜 중에서 지문에 제시된 내용과 같은 일을 수행하는 프로토콜은?

> 인터넷에 접속한 호스트들은 인터넷 주소에 의해서 식별되지만 실질적인 통신은 물리적인 네트워크 주소를 얻어야 가능하다. 이 프로토콜은 IP Address를 이용하여 물리적인 네트워크 주소를 얻는데 사용된다.

① DHCP   ② IP

③ RIP   ④ ARP

ARP(Address Resolution Protocol)
• 인터넷 주소(IP)를 물리적 하드웨어 주소(MAC) 주소로 매핑한다.
• IP 주소와 이에 해당하는 물리적 네트워크 주소 정보는 각 IP 호스트의 ARP 캐시라 불리는 메모리에 테이블 형태로 저장된 후 다음 패킷 전송 시 다시 사용된다.

11 OSI 7계층의 통신 계층별 PDU(Protocol Data Unit)의 명칭으로 올바른 것은?

① 7계층: 세그먼트

② 4계층: 패킷

② 3계층: 비트

④ 2계층: 프레임

OSI 7계층에서 2계층은 Data Link 계층이다. Data Link 계층의 전송 단위는 프레임(Frame)이다.

12 CSMA/CD의 특징으로 옳지 않은 것은?

① 충돌 도메인이 작을수록 좋다.

② 충돌이 발생하면 임의의 시간 동안 대기하므로 지연 시간을 예측하기 어렵다.

③ 네트워크상의 컴퓨터들이 데이터 전송을 개시하기 위해서는 반드시 '토큰'이라는 권한을 가지고 있어야 한다.

④ 컴퓨터들은 케이블의 데이터 흐름 유무를 감시하기 위해 특정 신호를 주기적으로 보낸다.

CSMA/CD는 무선랜 프로토콜로 인증을 하는 시스템은 아니다. 따라서 토큰이라는 것은 없다. CSMA/CD는 무선 네트워크를 누구도 사용하지 않으면 점유해서 사용한다.

13 RARP(Reverse Address Resolution Protocol)에 대한 설명 중 옳지 않은 것은?

① IP Address를 하드웨어 주소로 변환하기 위해서 사용한다.

② RFC 903에 명시되어 있고, RFC 951에 기술된 BOOTP에 의해 대체되고 있다.

③ 디스크를 소유하지 않으면 RARP를 이용하여 인터넷 주소를 먼저 알아내야 한다.

④ Ethernet, FDDI, Token Ring 등의 근거리 통신망에서 사용할 수 있는 프로토콜이다.

RARP는 ARP 프로토콜의 반대로 MAC 주소를 IP 주소로 변환한다.

14 IPv6 주소 'a184:0a01:0000:0000:cd-8c:1000:317b:00ff'를 생략하여 표기한 것으로 알맞은 것은?

① a184:a1::cd8c:1:317b:ff

② a184:a01::cd8c:1000:317b:ff

③ a184:a01:0:0:cd8c:10:317b:0ff

④ a184:a01:cd8c:1000:317b:ff

IPv6는 128비트로 16비트씩 8개의 필드로 나누어서 구분된다. 따라서 주소 생략법으로 간단하게 표현할 수가 있다. 각 필드에 선행하는 0을 생략한다.
'a184:0a01:0000:0000:cd8c:1000:317b:00ff' =>
a184:a01::cd8c:1000:317b:ff

15 다음 보기 중 공인 IP로 설정 시 공중망(Public Network)에서 통신의 문제가 발생할 수 있는 것은?

① 209.37.4.11
② 172.29.130.78
③ 9.3.3.8
④ 31.255.255.224

본 문제는 공인 IP 대역에서 사설망으로 지정하여 사용하는 IP를 묻는 것이다.

▼ 공인 IP 대역

공인 IP 대역	사설 IP 대역
0.0.0.0~127.255.255.255	
128.0.0.0~191.255.255.255	10.0.0.0~10.255.255.255
192.0.0.0~233.255.255.255	172.16.0.0~172.31.255.255
224.0.0.0~239.255.255.255	192.168.0.0~192.168.255.255
240.0.0.0~255.255.255.255	

16 다음 (A) 안에 들어가는 용어 중 옳은 것은?

(A)은/는 클라이언트가 자신을 통해서 다른 네트워크 서비스에 간접적으로 접속할 수 있게 해주는 컴퓨터나 응용 프로그램을 가리킨다. 서버와 클라이언트 사이에서 중계기로서 대리로 통신을 수행하는 기능을 가리켜 (A)라고 부른다. 또한 (A)은/는 캐시 기능이 있어 네트워크의 트래픽을 줄이고 데이터의 전송 시간을 향상시키는 효과도 있다.

① DNS
② Proxy
③ DB
④ TTS

Proxy는 클라이언트와 서버 사이 중간에 위치해서 통신을 중계하는 역할을 수행한다.

17 ICMP(Internet Control Message Protocol)에 대한 설명 중 틀린 것은?

① 비대칭 프로토콜이고 TTL(Time To Live)를 제공한다.
② ICMPv4(Internet Control Message Protocol) 메시지의 특징은 질의메시지가 있다.
③ ICMP(Internet Control Message Protocol)의 주된 기능은 IP 데이터그램의 프로세싱을 동작 하는 동안 오류를 보고한다.
④ 호스트 간 신뢰성을 확보하기 위해 반향과 회답 메시지를 지원한다.

TTL(Time To Live)를 포함하고 있는 것은 IP 프로토콜이다. 단지 ICMP 는 TTL 값을 측정하여 시간을 계산한다.

2과목 네트워크 일반

18 다음 내용 중 (A)에 들어갈 내용은?

네트워크를 관리하는 Kim 사원은 늘어나는 Server 관리 업무에 스트레스를 많이 받고 있다. 이번에도 서버가 대량으로 추가되어 서버실에 놓을 공간도 모자랄 뿐만 아니라 전기용량 문제로 시설과의 협의중이나 어려움이 예상되고 있다. 또한 서버들에게서 발생하는 발열 제로 24시간 냉각장치 및 항온항습으로 인한 발생 비용 또한 회사에서 줄여보라고 지시가 내려왔다. 그래서 Kim 사원은 비용도 많이 발생하며 외주의 필요성이 있는 등 여러 가지 고민 끝에 (A)를 이용하여 전용회선 및 안정적인 전력 공급을 받기로 하였다.

① IDC(Internet Data Center)
② IPS(Intrusion Prevention System)
③ IDS(Intrusion Detection System)
④ IOS(International Organization for Standardization)

IDC(Internet Data Center)는 서버, 데이터베이스 등을 관리 운영하기 위해서 구축한 시설로 서버랙, 네트워크 장비, 항온항습기, 전원이중화, UPS 등을 구비하고 시스템을 관리한다.

19 네트워크의 구성(Topology)에서 링형(Ring)에 관한 설명으로 옳지 않은 것은?

① 장애 발생 시 쉽게 발견할 수 있다.
② 노드 간의 연결을 최소화하는 목적으로 설계되었다.
③ 한 통신장치의 오류가 전체 네트워크에 영향을 준다.
④ 확장성이 뛰어나다.

───────────────

링형은 링 형태로 네트워크를 구성하는 것으로 단말기의 추가, 삭제가 어려운 단점이 있고 전송 방식은 노드 간에 단방향으로 전송된다.

20 다음 (A) 안에 들어가는 용어 중 옳은 것은?

(A)란 단말기 네트워크에 접근하기 전 보안 정책 준수 여부를 검사하고 IP 및 MAC Address의 인가 여부를 검사하여 네트워크 자원의 이용을 허용하는 방식을 말한다. (A) 네트워크에 연결된 단말기의 여러 가지 정보를 수집하고, 수집된 정보를 바탕으로 단말기들을 분류하며, 분류한 그룹의 보안 위협 정도에 따라 제어를 수행한다.

① NIC
② F/W
③ IPS
④ NAC

───────────────

NAC(Network Access Control)
• 엔드 포인트(End point) 보안 솔루션으로 등록되지 않은 단말기를 식별하여 차단한다.
• NAC는 네트워크에 연결된 단말기에 대해서 사전에 IP 주소, MAC 주소를 등록하고 등록되지 않은 단말기의 네트워크 접근을 차단한다.

21 ARQ 방식 중 에러가 발생한 블록으로 되돌아가 모든 블록을 재전송하는 것은?

① Go-back-N ARQ
② Selective ARQ
③ Adaptive ARQ
④ Stop-and-Wait ARQ

───────────────

Go-back-N ARQ는 수신받이지 못한 블록을 모두 재전송하는 방식이다.

22 아래 내용에서 IPv6의 일반적인 특징만을 나열한 것은?

A. 주소의 길이가 128비트이다.
B. 4개의 클래스로 구분된다.
C. IPv4에 비하여 헤더가 단순하다.
D. IPv4에 비하여 인증 및 보안 기능이 강화되었다.
E. 패킷 전송 시 멀티캐스트를 사용한다.
F. 패킷 전송 시 브로드캐스트를 사용한다.

① A, B, C, D
② A, C, D, E
③ B, C, D, E
④ B, D, E, F

───────────────

IPv6는 IPv4의 주소 부족 문제를 해결하기 위해서 128비트의 주소 길이를 가지고 있다. IPv6는 헤더가 단순하고 IPSEC과 같은 보안 기능을 제공한다. 그리고 IPv4의 브로드캐스트는 지원하지 않고 유니캐스트, 멀티캐스트, 애니캐스트를 지원한다.

23 OSI 7계층에서 Data Link 계층의 기능으로 옳지 않은 것은?

① 전송 오류 제어 기능
② Flow 제어 기능
③ Text의 압축, 암호 기능
④ Link의 관리 기능

───────────────

OSI 7계층에서 Text 압축, 암호화, 인코딩 등의 기능을 제공하는 것은 표현 계층이다.

24 프로토콜의 기본적인 기능 중 정보의 신뢰성을 부여하는 것으로, 데이터를 전송한 개체가 보낸 PDU(Protocol Data Unit)에 대한 애크널러지먼트(ACK)를 특정 시간 동안 받지 못하면 재전송하는 기능은?

① Flow Control
② Error Control
③ Sequence Control
④ Connection Control

ACK는 TCP에서 신뢰성 있는 전송을 하기 위해서 사용된다. 즉, 수신자는 ACK를 송신자에게 되돌려주어서 메시지 수신 여부를 송신자에게 확인시켜 준다. 따라서 ACK 오지 않으면 송신자는 에러가 발생한 것으로 인식하고 재전송하게 된다.

25 FTTH(Fiber-To-The-Home) 망 구조는 PTP(Point To Point), AON(Active Optical Network), PON(Passive Optical Network) 등으로 구분할 수 있다. 다음 지문에서 (A) 안에 들어가는 용어 중 옳은 것은?

(A) 방식은 FTTH 광대역 서비스 기반 기술로 모든 가입자가 동일한 광신호를 수신함으로서 방송형 성격을 띠고 있다. 하향의 트래픽은 모든 ONU(Optical Network Unit) 또는 ONT(Optical Network Termination)가 수신할 수 있으며, 가입자가 상향으로 데이터를 보내기 위해서는 경쟁해야 하며 충돌 방지책으로 TDMA 방식이 사용된다.

① AON
② PON
③ PTP
④ Home Run

PON(Passive Optical Network)는 광섬유 기술을 사용해서 한 지점에서 여러 지점으로 데이터를 전송한다.

26 채널 부호화는 원천 부호화된 원래의 정보에 에러 검출 및 정정을 위한 비트들을 추가해서 전송하는 기술이다. 수신 측에서는 에러를 검사하여 송신 측으로 데이터 재전송을 요청하거나 자체적으로 에러를 검출해서 정정하는데 목적이 있다. 다음 항목 중 채널 부호화에 해당하는 기술로 옳은 것은?

① Convolutional Code
② ADPCM
③ ADM
④ PCM

Convolutional Code는 채널 부호화로 에러 검출 및 정정 비트를 추가해서 전송하는 기술이다.

27 다음의 설명의 (A)에 들어갈 알맞은 용어는 무엇인가?

(A)은/는 기존의 주파수 사용자에게 간섭 신호를 일으키지 않고 비어있는 주파수를 검색하여 이를 사용하는 기술로서 현재 연구되고 있는 차세대 무선 이동통신 기술과 더불어 사용될 수 있는 개념의 기술이다. (A)은/는 주파수 사용자가 해당 주파수를 사용하는 경우에는 언제든지 주파수 이용자에게 간섭을 주지 않고 다른 주파수 대역으로 옮겨서 통신을 하도록 해야 한다.

① Bluetooth
② NFC(Near Field Communication)
③ WiFi
④ CR(Cognitive Radio)

CR(Cognitive Radio)은 주파수 간섭을 발생시키지 않고 대역을 옮겨서 통신하는 기술이다.

3과목 NOS

28 Linux 시스템에서 일반적으로 사용자 암호 정보를 가지는 디렉터리는?

① /etc
② /sbin
③ /home
④ /lib

리눅스의 etc 디렉터리에는 passwd, shadow 파일이 있다. 이 중에서 암호화된 패스워드는 shadow 파일에 저장되고 있다.

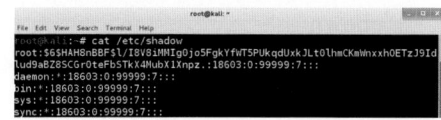

▲ shadow 파일

29 TCP 3Way-HandShaking 과정 중 클라이언트가 보낸 연결 요청에서 패킷을 수신한 서버는 LISTEN 상태에서 무슨 상태로 변경되는가?

① SYN_SENT
② SYN_RECEIVED
③ ESTABLISHED
④ CLOSE

Socket으로 연결하기 위해서는 LISTEN 상태로 대기해야 한다. LISTEN 상태에 있을 때 클라이언트는 연결을 하기 위해서 SYN을 보내고 서버는 SYN+ACK를 전송한다. 서버는 SYN+ACK를 전송한 후에 SYN_RECEIVED가 된다.
• SYN_SENT: 클라이언트에서 전송된 SYN을 서버가 수신받은 상태이다.
• SYN_RECEIVED: 서버가 클라이언트에 SYN+ACK를 전송했다.
• ESTABLISHED: 클라이언트가 서버에 최종적으로 ACK를 전송하여 연결을 확립한 것이다.

30 Linux 명령어 중에 init(초기화 프로세스)를 이용하여 재부팅하는 옵션은?

① init 0
② init 1
③ init 5
④ init 6

• init 프로세스는 리눅스가 부팅되면 제일 먼저 실행되고 PID가 1번이다.
• init 프로세스는 Run 레벨을 실행하고 init 6은 재부팅을 수행하게 된다.

31 Linux 시스템 명령어 중 root만 사용 가능한 명령은?

① chown
② pwd
③ ls
④ rm

리눅스 사용자를 변경하는 chown 명령어는 root만 사용할 수 있다.

32 Linux에서 'ls -al'의 결과 맨 앞에 나오는 항목이 파일 혹은 디렉터리의 권한을 나타내준다. 즉, [파일타입] [소유자 권한] [그룹 권한] [그 외의 유저에 대한 권한]을 표시한다. 만약 [파일타입] 부분에 '−' 표시가 되어 있다면 이것의 의미는?

① 파일 시스템과 관련된 특수 파일
② 디렉터리
③ 일반 파일
④ 심볼릭/하드링크 파일

33 Linux에서 사용되는 'free' 명령어에 대한 설명 중 올바른 것은?

① 사용 중인 메모리, 사용 가능한 메모리 용량을 알 수 있다.
② 패스워드 없이 사용하는 유저를 알 수 있다.
③ 디렉터리의 사용량을 알 수 있다.
④ 사용 가능한 파일 시스템의 양을 알 수 있다.

---

free 명령어는 리눅스 여유 공간을 확인하는 명령어이다.

▲ free 명령어 실행

34 다음 중 Linux의 명령어 해석기는?

① Shell
② Kernel
③ Utility Program
④ Hierarchical File System

리눅스의 구성요소는 커널, 셸, 유틸리티 프로그램으로 구성된다. 이 중에서 사용자가 입력한 명령을 실행해 주는 명령어 해석기는 셸(Shell)이다. 셸은 다양한 종류가 있으며 리눅스 표준 셸은 Bash Shell이다.

35 다른 운영체제와 Linux가 공존하는 하나의 시스템에서 멀티 부팅을 지원할 때 사용되며, Linux 로더를 의미하는 것은?

① MBR
② RAS
③ NetBEUI
④ GRUB

• GRUB는 리눅스 로더로 리눅스 커널을 메모리에 올리고 init 프로세스를 실행한다.
• MBR(Master Boot Record)은 부트 로더의 주소를 가지고 있는 것이다.
• 부팅 절차: BISO → MBR → GRUB → init 실행 → Run Level 실행

36 Linux 시스템에서 특정 파일의 권한이 '-rwxr- x--x'이다. 이 파일에 대한 설명 중 옳지 않은 것은?

① 소유자는 읽기 권한, 쓰기 권한, 실행 권한을 갖는다.
② 소유자와 같은 그룹을 제외한 다른 모든 사용자는 실행 권한만을 갖는다.
③ 이 파일의 모드는 '751'이다.
④ 동일한 그룹에 속한 사용자는 실행 권한만을 갖는다.

"-rwxr--x"은 사용자, 그룹, 다른 사용자를 의미하고 "r-x"가 그룹의 권한이다. 따라서 그룹은 읽고 실행이 가능하다.

37 Windows Server 2016에서 'netstat' 명령이 제공하는 정보로 옳지 않은 것은?

① 인터페이스의 구성 정보
② 라우팅 테이블
③ IP 패킷이 목적지에 도착하기 위해 방문하는 게이트웨이의 순서 정보
④ 네트워크 인터페이스의 상태 정보

traceroute 명령어는 목적지까지 도착하는 경로를 확인할 수 있다.

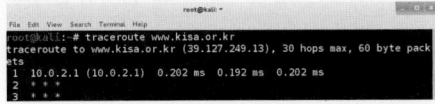

▲ traceroute

38 Windows Server 2016의 DNS Server 역할에서 지원하는 '역방향 조회'에 대한 설명으로 옳은 것은?

① 클라이언트가 정규화된 도메인 이름을 제공하면 IP 주소를 반환하는 것
② 클라이언트가 IP 주소를 제공하면 도메인을 반환하는 것
③ 클라이언트가 도메인을 제공하면 라운드 로빈 방식으로 IP를 반환하는 것
④ 클라이언트가 도메인을 제공하면 하위 도메인을 반환하는 것

역방향 조회는 DNS 레코드 중에서 ptr 옵션이고 IP에 대한 URL 정보를 획득한다.

39 서버 관리자 Kang 사원은 Windows Server 2016 시스템의 보안을 위해 EFS(암호화 파일 시스템)을 사용하려고 한다. EFS에 대한 설명으로 올바른 것은?

① EFS는 윈도우즈 시스템의 파일에만 암호화 기술을 적용한다.

② EFS는 인증서 파일의 확장자로 CER, P7B, PFX, SST 형식을 지원한다.

③ EFS는 개인키를 보호하는 방법으로 암호만을 사용할 수 있다.

④ EFS는 사용자만 동일하면 윈도우즈 시스템을 다시 설치해도 암호화된 파일을 열 수 있다.

EFS(Encrpytion File System)으로 NTFS에서 지원하는 파일 혹은 디렉터리를 암호화한다. 인증서 파일 확장자로 CER, P7B, PFX, SST 형식을 지원한다.

40 서버 관리자 Park 사원은 Linux 서버를 관리하면서 특정 조건에 맞는 파일 및 디렉터리를 검색하기 위해 'find' 명령어를 사용하려고 한다. 'find' 명령어의 주요 옵션에 대한 설명으로 올바른 것은?

① '–name'은 지정한 사용자 이름에 해당하는 파일이나 디렉터리를 찾는다.

② '–type'은 지정한 디렉터리 종류에 해당하는 디렉터리 유형을 찾는다.

③ '–perm'은 지정한 소유자의 권한만을 고려하여 파일이나 디렉터리를 찾는다.

④ '–exec'은 찾은 파일에 대한 삭제 등의 추가적인 명령을 실행할 수 있다.

find 명령어는 파일명, 권한, 수정 여부 등으로 검색할 수가 있다. '–exec' 옵션은 파일에 대한 삭제 등 추가적인 명령을 실행할 수가 있다.

41 서버 관리자 Choi 사원은 Windows Server의 사용자들을 특정한 그룹으로 분류하려고 한다. Windows Server 2016 시스템의 로컬 그룹에 대한 설명으로 올바른 것은?

① 'Power Users'는 'Administrator'와 같은 권한을 가지는 그룹이다.

② 'RDS Endpoint Servers'는 'Remote Desktop Service'와 관련한 권한을 가지는 그룹이다.

③ 'Remote Management Users'는 'WMI' 자원과 관련된 권한을 가지는 그룹이다.

④ 'Performance Monitor Users'는 성능 카운터, 로그 등을 관리하는 권한을 가지는 그룹이다.

Remote Management Users는 WMI 자원과 관련한 권한을 가지는 그룹이다.

42 다음의 지문이 설명하고 있는 DNS 질의 과정을 무엇이라고 하는가?

> – FQDN을 해석하는 과정을 말하며, 해당 서버에서 자체 정보만으로 FQDN을 처리할 수 없을 때는 다른 네임 서버에 질의(Query)를 보낸다.
> – Cachin NameServer에서 루트 서버에 질의 보내면, kr 도메인의 네임 서버를 알려준다.
> – Kr 도메인의 네임 서버에 질의를 보내면, or.kr 도메인의 네임 서버를 알려준다.
> – or.kr 도메인의 네임 서버에 질의를 보내면, icqa.or.kr 도메인의 네임 서버를 알려준다.
> – lcqa.or.kr 도메인의 네임 서버에 질의를 보내면, www.icqa.or.kr의 IP 주소를 알려준다.

① 재귀적 질의

② 반복적 질의

③ 순환적 질의

④ 로컬 질의

재귀적 질의는 한 DNS 서버에서 다른 여러 DNS 서버와 통신하여 IP 주소를 검색하고 반환한다.

43 서버 담당자 Park 사원은 Windows Server 2016를 구축하여 더 많은 위치와 더 다양한 유형의 장치에서 데이터를 액세스할 수 있도록 설계하려고 한다. 이에 알맞은 서비스는?

① 클라우드 폴더
② 서버 코어
③ VPN
④ Direct Access Server

클라우드 폴더는 위치와 관계없이 다양한 유형의 장치에서 데이터에 접근할 수 있다.

44 서버 담당자 Park 사원은 Windows Server 2016에서 가상화 운영을 위한 Hyper-V를 운영하고자 한다. 다음 지문 내용 중 (　　)에 공통으로 들어갈 내용으로 올바른 것은?

> (　　)는 작은 운영체제를 포함하는 가상화 기술을 의미하며, Hyper-V 가상컴퓨터는 완전한 OS를 포함하는 독립된 컴퓨터로 간주된다. Hyper-V 가상머신은 상당히 무거운 반면에, (　　)는 가상컴퓨터와 거의 비슷한 기능을 하지만 훨씬 가볍게 생성하고 운영할 수 있다.

① Hyper-V
② IIS
③ Windows 컨테이너
④ NanoServer

Windows 컨테이너는 리눅스 컨테이너와 유사하게 상호호환된다.

45 Linux 설치 시 Swap 영역에 대한 설명 중 옳지 않은 것은?

① RAM의 부족한 용량을 보충하기 위해 하드디스크의 일정 부분을 지정하여 RAM처럼 사용한다.
② 일반적으로 실제 메모리의 두 배 정도면 적당하다.
③ 시스템을 모니터링한 결과 Swap이 많이 일어나면 메모리를 증설해야 한다.
④ 한번 설정한 Swap은 추가가 불가능하므로 신중을 기해 크기를 결정해야 한다.

Swap 설정에 대해서 변경이 가능하다.

4과목 **네트워크 운용기기**

46 RAID 방식 중 미러링(Mirroring)이라고 하며, 최고의 성능과 고장대비 능력을 발휘하는 것은?

① RAID 0
② RAID 1
③ RAID 3
④ RAID 5

RAID 1은 미러링(Mirroring)으로 동일한 데이터를 중복해서 저장한다.

47 로드밸런싱(Load Balancing)에 대한 설명이 맞는 것은?

① 물리적인 망 구성과는 상관없이 가상적으로 구성된 근거리 통신망 기술

② 사용량과 처리량을 증가시키고 지연율을 낮추며 응답시간을 감소시키고 시스템 부하를 피할 수 있게 하는 최적화 기술

③ 가상머신이 실행되고 있는 물리적 컴퓨터로부터 분리된 또 하나의 컴퓨터

④ 웹 브라우저와 서버 간의 통신에서 정보를 암호화하는 기술

로드밸런싱(Load Balancing)은 N개의 서버에서 번갈아 가면서 서비스를 호출한다. 따라서 한쪽 서버에 부하를 경감시킨다.

48 게이트웨이(Gateway)에 대한 설명으로 옳지 않은 것은?

① OSI 참조 모델에서 전송 계층만 연결하는 네트워크 장비이다.

② 두 개의 완전히 다른 네트워크 사이의 데이터 형식을 변환하는 장치이다.

③ 데이터 변환의 기능을 가지고 있어 네트워크 내의 병목 현상을 일으키는 지점이 될 수 있다.

④ 프로토콜이 다른 네트워크 환경들을 연결할 수 있는 기능을 제공한다.

게이트웨이는 애플리케이션 계층에서 작동한다.

49 IEEE 802.11 무선랜의 전송 방식에 대한 설명 중 올바른 것은?

① 적외선 방식: 장비 구성이 간편하고 빛의 성질로 인해 중간에 장애물이 있어도 통신이 가능하다. 저렴한 비용 때문에 상업적으로 많이 사용된다.

② 레이저 방식: 레이저가 가지는 고도의 점 지향성과 직진성을 이용해서 멀리 떨어진 지점 간(예를 들면 섬과 섬 사이) 네트워킹에 사용하는 방식. 주로 케이블 가설이 어려운 지역에 설치하나 통신 속도면에서 10Mbps 이상은 지원되지 않는다.

③ 주파수 방식: 전파를 사용하는 방식으로 스프레드 스펙트럼(Spread Spectrum) 방식이 가장 많이 사용되는 무선 네트워크 방식이다. 일반적으로 무선랜이라고 하면 이 방식을 의미한다.

④ 협대역 방식: 특정 라디오 주파수를 사용하며 사용자는 동일한 주파수 채널을 사용하여 송수신한다.

IEEE 802.11은 무선랜 표준으로 스프레드 스펙트럼 방식을 가장 많이 사용한다.

50 광케이블에 대한 설명으로 옳지 않은 것은?

① 멀티 모드형과 싱글 모드형이 있다.

② 동축케이블과 마찬가지로 단선이 되었을 경우, 별도의 장비 없이 선을 연결하여 사용할 수 있다.

③ 광섬유는 코어(Core)와 클래드(Clad)로 구성된다.

④ 보안 및 잡음 등에 강한 것이 특징이다.

광케이블 단선을 연결하려면 별도 장비로 선을 연결해야 한다.

2급	시행 일자	소요 시간	문항 수
	2023년 08월	총 50분	총 50문항

수험번호 : _____

성 명 : _____

▶합격 강의

1과목   TCP/IP

01 다음 설명하는 내용에 가장 적합한 기술을 고르시오.

> 네트워크관리사 Kim 사원은 망 분리를 위해 방화벽과 백본 스위치 중간에 새로운 장비의 도입을 고려한다. IP Address의 고갈 문제를 해결하고 보안 목적으로 사용하고자 한다.

① SSL   ② NAT

③ VPN   ④ IDS

NAT(Network Address Translation)는 IP 주소 부족 문제를 해결하기 위해서 공인 IP가 아닌 사설 IP를 부여하고 관리한다. 사설 IP는 인터넷망에서 사용할 수가 없으므로 보안 기능의 목적도 제공한다.

02 다음은 라우터의 경로 결정 시 Routing Table을 참조하여 패킷을 전달하는 과정에 대한 설명이다. 올바른 것은?

> 패킷의 목적지 주소와 라우팅 테이블의 Entry 중 Prefix Mask 길이를 고려하여 해당 패킷을 Forwarding한다.

① Administrative Distance(관리 거리)

② Longest match Rule(롱기스트 매치 룰)

③ Next-hop Address(넥스트홉 주소)

④ Metric(메트릭)

Next-hop Address는 패킷 목적지 주소와 라우팅 테이블의 entry 중 Prefix Mask 길이를 고려해서 전달한다.

03 (A) 안에 들어가는 용어 중 옳은 것은?

> 클라이언트─서버 시스템에서 터미널(단말 장치)에서 서버와 통신하기 위하여 LAN 환경 내 Diskless 시스템이 (A)를 이용하여 자신의 물리적 주소에 대한 IP 주소를 획득하기 위해 사용되었다.

① ARP   ② Proxy ARP

③ Inverse ARP   ④ Reverse ARP

물리적 주소인 MAC 주소에 대해서 IP 주소를 획득하는 프로토콜은 RARP이다. ARP는 IP 주소에 대한 MAC 주소를 얻는다.

04 OSI 7계층 참조 모델에서 사용되는 Protocols 중 TCP와 UDP port를 함께 사용하는 프로토콜은?

① SMTP   ② FTP

③ DNS   ④ Telnet

• UDP 포트 53: DNS 쿼리가 짧은 응답을 받을 때 사용된다.
• TCP 포트 53: DNS 응답 데이터가 512바이트를 초과할 때 사용된다. 이는 DNS 존 전송(AXFR) 등의 작업에 필요하다.

05 TCP/IP protocol stack에서 사용되는 SNMP 프로토콜의 기능으로 올바른 것은?

① 대규모 환경의 망 관리 기능

② 네트워크 장비의 에러 보고 기능

③ 네트워크 장비의 관리 및 감시 기능

④ 호스트 간에 연결성 점검과 네트워크 혼잡 제어 기능

SNMP 프로토콜은 네트워크 장비를 감시하는 프로토콜이다.

---

06 HTTP 상태 코드에 대한 설명으로 올바른 것은?

① 100번대: 성공, 메소드 지시대로 요청을 성공적으로 수행

② 200번대: 정보 제공, 요청 계속 또는 사용 프로토콜 변경 지시

③ 300번대: 리다이렉션, 요청 수행 완료를 위해서 추가적인 작업 필요

④ 400번대: 서버 에러, 클라이언트 요청은 유효하나 서버 자체의 문제 발생

HTTP 응답코드 200번은 응답 요청 성공에 대한 것이고 300번은 리다이렉션이다.

07 ICMP의 Message Type에 대한 설명으로 옳지 않은 것은?

① 0 – Echo Reply

② 5 – Echo Request

③ 13 – Timestamp Request

④ 17 – Address Mask Request

ICMP Echo Request는 8번, ICMP Echo Reply는 0번이다.

08 CSMA/CD의 특징으로 옳지 않은 것은?

① 충돌 도메인이 작을수록 좋다.

② 충돌이 발생하면 임의의 시간 동안 대기하므로 지연 시간을 예측하기 어렵다.

③ 네트워크상의 컴퓨터들이 데이터 전송을 개시하기 위해서는 반드시 '토큰'이라는 권한을 가지고 있어야 한다.

④ 컴퓨터들은 케이블의 데이터 흐름 유무를 감시하기 위해 특정 신호를 주기적으로 보낸다.

CSMA/CD는 무선랜 프로토콜로 인증을 하는 시스템은 아니다. 따라서 토큰이라는 것은 없다. CSMA/CD는 무선 네트워크를 누구도 사용하지 않으면 점유해서 사용한다.

09 OSPF 프로토콜이 최단 경로 탐색에 사용하는 기본 알고리즘은?

① Bellman–Ford 알고리즘

② Dijkstra 알고리즘

③ 거리 벡터 라우팅 알고리즘

④ Floyd–Warshall 알고리즘

Dijkstra 알고리즘은 최단 경로 알고리즘으로 OSPF에서 최단 경로를 계산할 때 Link Stat 기법을 사용한다.

10 멀티캐스트(Multicast)에 사용되는 IP Class는?

① A Class   ② B Class

③ C Class   ④ D Class

멀티캐스트는 등록된 사용자에게만 전송하는 프로토콜로 D Class를 사용한다.

11 프로토콜의 기본적인 기능 중, 송신기에서 발생된 정보의 정확한 전송을 위해 사용자 정보의 앞, 뒤 부분에 헤더와 트레일러를 부가하는 과정은?

① 캡슐화(Encapsulation)

② 동기화(Synchronization)

③ 다중화(Multiplexing)

④ 주소 지정(Addressing)

OSI 7계층에서 메시지를 전송할 때 각 계층별로 헤더를 추가한다. 이렇게 헤더를 추가하는 것을 캡슐화라고 한다.

12 TCP 3–Way Handshaking 연결 수립 절차의 1, 2, 3단계 중 3단계에서 사용되는 TCP 제어 Flag는 무엇인가?

① SYN   ② RST

③ SYN, ACK   ④ ACK

TCP 3-Way Handshaking은 SYN, SYN+ACK, ACK 순으로 연결을 확립하는 절차이다. 따라서 3단계에서 ACK를 전송한다.

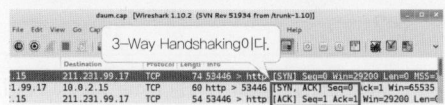

▲ TCP 3-Way Handshaking

13 TCP/IP에서 Broadcast의 의미는?

① 메시지를 한 호스트에서 다른 한 호스트로 전송하는 것
② 메시지를 한 호스트에서 망상의 특정 그룹 호스트들로 전송하는 것
③ 메시지를 한 호스트에서 망상의 모든 호스트들로 전송하는 것
④ 메시지를 한 호스트에서 가장 가까이 있는 특정 그룹 호스트들로 전송하는 것

브로드캐스트는 네트워크상의 모든 호스트로 전송한다. 즉, *.*.*.255번으로 전송한다.

14 서브넷 마스크에 대한 설명으로 옳지 않은 것은?

① A Class는 기본 서브넷 마스크로 '255.0.0.0'을 이용한다.
② B Class에서 두 개의 네트워크로 나누고자 한다면, 실제 서브넷 마스크는 '255.255.128.0'이 된다.
③ C Class는 기본 서브넷 마스크로 '255.255.255.0'을 이용한다.
④ C Class에서 다섯 개의 네트워크로 나누고자 한다면, 실제 서브넷 마스크는 '255.255.224.0'이 된다.

C 클래스는 255.255.255.0이다. C 클래스에서 5개의 네트워크로 분류하려면 3비트가 필요하다. 따라서 255.255.255.224가 된다.

15 IGMP(Internet Group Management Protocol)에 대한 설명으로 올바른 것은?

① OSI 모델 중 4계층 프로토콜이다.
② 비대칭 프로토콜로써 TTL(Time to Live)을 제공하지 않는다.
③ 로컬 네트워크상의 멀티캐스팅 그룹 제어를 수행하기 위한 프로토콜이다.
④ 데이터의 유니캐스팅에 적합한 프로토콜이다.

멀티캐스트에서 그룹에 등록된 사용자에게만 전송한다.

16 IP(Internet Protocol)에 대한 특징을 설명하였다. 올바른 것을 고르시오.

① 호스트 간 패킷 전달의 신뢰성을 보장한다.
② 손실된 패킷 재전송을 요청할 수 있다.
③ 호스트 간에 패킷 교환에서 흐름 제어를 할 수 있다.
④ MTU 값보다 큰 Datagram은 단편화(Fragmentation) 작업을 수행할 수 있다.

MTU는 한 번에 통과할 수 있는 패킷의 최대 사이즈이고 1500바이트이다. 1500바이트보다 큰 패킷을 전송하면 패킷이 분할된다. 분할된 패킷 정보는 IP 헤더의 Flag와 Offset에 저장된다.

17 호스트의 IP Address가 '201.100.5.68/28'일 때, Network ID로 올바른 것은?

① 201.100.5.32
② 201.100.5.0
③ 201.100.5.64
④ 201.100.5.31

28이라는 것은 1 값이 28개라는 것이다. 즉 서브넷 마스크가 11111111.11111111.11111111.11110000이다. 그리고 IP 주소가 201.100.5.68이므로 마지막 자릿수 68를 이진수로 바꾸면 01000100이다.
01000100과 11110000을 AND 연산하면 01000000이 되므로 최종적으로 64가 된다.

18 다음은 무선 네트워크에 관한 내용이다. (A) 안에 들어가는 용어 중 옳은 것은?

> 네트워크를 관리하는 사원 Kim은 최근 회사 내 Wifi 접속에 대하여 접수된 불만 사항을 조사하고 있다. 조사 결과 회사 전체에 Wifi 환경을 지원하기 위하여 설치한 AP들 사이의 공간에서 접속 끊김이 발생하는 현상을 찾아냈다. 이를 해결하기 위하여 (A) 기법이 적용된 장치로 업그레이드를 건의하였다. (A)는 기존의 유선망 연결 AP로 구성된 환경의 단점을 해결하기 위하여 나온 기술이다. 인터넷/인트라넷에 연결되지 않은 AP가 인터넷/인트라넷에 연결된 AP에 WDS(무선 분산 시스템, Wireless Distrivution System)로 연결하여 네트워크를 사용할 수 있는 시스템으로서 네트워크 효율성을 극대화할 수 있는 망이다.

① WMN(Wireless Mesh Network)
② UWB(Ultra Wide Band)
③ WPAN(Wireless Personal Area Network)
④ CAN(Campus Area Network)

WMN(Wireless Mesh Network)은 Mesh 네트워크로 구성된 무선 네트워크이다. Mesh 네트워크는 네트워크 경로가 중복되게 설계되어서 장애에 대응이 가능하다.

19 다음은 네트워크 구축에 필요한 매체에 관한 내용이다. (A) 안에 들어가는 용어 중 옳은 것은?

> 네트워크를 관리하는 사원 Kim은 회사 내부에 구축되어 있는 스토리지 에어리어 네트워크(Storage Area Network, SAN)의 성능이 저하되고 있는 현상에 대한 조사 업무를 부여받았다. 관련 사항을 조사하는 중 최근 급증한 업무로 인하여 네트워크의 대역폭 부족이 문제임을 알았다. 이를 해결하기 위하여 기존에 설치된 Gigabit Ethernet 장치를 (A)을/를 활용한 10GBASE-SR나 10GBASE-LRM으로 변경하는 방안에 대해 보고를 하였다.

① U/UTP CAT.3
② Thin Coaxial Cable
③ U/FTP CAT.5
④ Optical Fiber Cable

네트워크 성능이 저하가 되기 때문에 광케이블인 Optical Fiber 케이블로 변경해야 한다.

20 다음의 (A)에 들어갈 알맞은 용어는 무엇인가?

> (A)은/는 네트워킹에 필요한 모든 유형의 자원을 추상화하고, 소프트웨어 기반이며 자동으로 관리와 제어가 가능케 하는 가상화 기술을 의미한다. 통신 사업자들은 이러한 (A) 기술을 도입하면서 점점 복잡해지는 네트워크의 관리 용이성, 관리 비용 절감, 네트워크 민첩성 등의 장점과 효율성을 얻고자 한다.

① NFV(Network Functions Virtualization)
② WMN(Wireless Mesh Network)
③ VPN(Virtual Private Network)
④ CDN(Content Delivery Network)

NFV(Network Functions Virtualization)는 방화벽, 라우터, 부하 분산 장치 등의 하드웨어 장치를 가상머신에서 실행하고 소프트웨어로 관리할 수 있는 네트워크 접근법이다.

21 (A) 안에 맞는 용어로 옳은 것은?

> K라는 회사에서 인터넷 전용 회선의 대역폭을 효율적으로 제어하지 못하여 업무 마비까지 이르게 되는 현상이 발생하였다. 이에 네트워크 담당자 Park 사원은 (A)를 도입하여 회사의 IP 및 프로토콜(TCP/UDP)이 이 장비를 반드시 통과하게 만들어서 인터넷 전용회선의 대역폭을 회사의 이벤트에 알맞도록 조정할 수 있게 되었다.
>
> ⓔ 평소에는 전용회선 1G의 대역폭 중에 웹(500M), FTP(200M), 멀티미디어(300M)로 사용하다가 화상회의를 해야 하는 경우에는 웹(350M), FTP(250M), 멀티미디어(400M)로 대역폭을 조정하여 사용하고 있다. 화상회의의 원활한 진행을 위하여 멀티미디어의 사용 대역폭을 300M에서 400M로 증설하여 화상회의를 진행시킨 후 화상회의가 종료되는 시점에 인터넷 대역폭을 원래대로 원상복구 시킨다.

① QoS(Quality of Service)
② F/W(Fire Wall)
③ IPS(Intrusion Prevention System)
④ IDS(Intrusion Detection System)

QoS(Quality of Service)는 라우터 혹은 스위치가 트래픽 유형을 구별하고 트래픽을 효율적으로 관리하는 장치이다. Firewall 및 IPS, IDS는 정보 보호 솔루션이다.

22 아래 내용에서 IPv6의 일반적인 특징만을 나열한 것은?

> A. 주소의 길이가 128비트이다.
> B. 4개의 클래스로 구분된다.
> C. IPv4에 비하여 헤더가 단순하다.
> D. IPv4에 비하여 인증 및 보안 기능이 강화되었다.
> E. 패킷 전송 시 멀티캐스트를 사용한다.
> F. 패킷 전송 시 브로드캐스트를 사용한다.

① A, B, C, D
② A, C, D, E
③ B, C, D, E
④ B, D, E, F

IPv6는 IPv4의 주소 부족 문제를 해결하기 위해서 128비트의 주소 길이를 가지고 있다. IPv6는 헤더가 단순하고 IPSEC과 같은 보안 기능을 제공한다. 그리고 IPv4의 브로드캐스트는 지원하지 않고 유니캐스트, 멀티캐스트, 애니캐스트를 지원한다.

23 LAN의 구성 형태 중 중앙의 제어점으로부터 모든 기기가 점 대 점(Point to Point) 방식으로 연결된 구성 형태는?

① 링형 구성
② 스타형 구성
③ 버스형 구성
④ 트리형 구성

중앙에 모든 네트워크 단말이 연결된 구조는 스타형이다. 스타형은 중앙 노드에 장애 발생 시 네트워크 사용이 불가능한 단점이 있다.

24 OSI 7계층에서 암호/복호, 인증, 압축 등의 기능이 수행되는 계층은?

① Transport Layer
② Datalink Layer
③ Presentation Layer
④ Application Layer

OSI 7계층에서 암호화, 압축, 인코딩 등은 표현 계층에서 수행한다.

25 파장분할 다중화 방식(WDM)의 특징으로 옳은 것은?

① 선로의 증설 없이 회선의 증설이 어렵다.
② 광증폭기를 사용해 무중계 장거리 전송이 가능하다.
③ 광학적인 방법에 의해 신호를 시간 축에서 다중화하는 방식이다.
④ 각각의 채널은 같은 전송 형식, 전송 속도, 프로토콜 형식을 가진다.

파장분할 다중화 방식은 광증폭기를 사용해 무중계 장거리 전송이 가능하다.

26 VPN(Virtual Private Network)의 구현 기술 중 인터넷 네트워크상에서 두 호스트 지점 간에 외부의 영향을 받지 않고 가상 경로를 설정해 주는 것은?

① Tunneling
② Authentication
③ Encryption
④ Access Control

터널링은 VPN의 핵심 기능으로 네트워크에 가상의 경로를 설정한다. 즉, 새로운 IP 헤더를 붙여서 전송한다.

27 IEEE 802 표준과 전송 방식이 옳지 않은 것은?

① IEEE 802.2 – Wireless LAN
② IEEE 802.3 – CSMA/CD
③ IEEE 802.4 – Token Bus
④ IEEE 802.5 – Token Ring

무선 LAN 표준은 IEEE 802.11이다.

3과목　NOS

28 FTP는 원격 서버에 파일을 주고받을 때 사용하는 프로토콜이다. FTP는 2가지 Mode로 구분되는데, 서버에서 따로 포트 대역을 설정해 주고 서버는 임의로 지정된 데이터 포트 정보를 클라이언트에 보내 클라이언트에서 해당 포트로 접속하는 방식은 무엇인가?

① Active Mode
② Passive Mode
③ Privileges Mode
④ Proxy Mode

FTP Passive Mode는 명령어 전송을 위해서 21번 포트를 사용하고 데이터 전송을 위해서 FTP 서버가 1024 이후 포트를 결정하여 클라이언트에 전송한다.

29 서버 관리자 Kim 사원이 리눅스 서버(하드웨어)의 HDD 증설을 위해 서버를 종료하기로 하였다. 이에 리눅스 서버를 종료하기 위한 명령어가 아닌 것은?

① shutdown – h now
② poweroff
③ init 6
④ halt

init 6 혹은 reboot 명령은 리눅스 서버를 재부팅한다.

30 서버 관리자 Kim 사원은 DNS 서버를 구축하고자 'yum'을 이용하여 bind를 설치하였으나 설치가 되지 않았다. 이에 ping을 이용하여 외부 네트워크 상태 여부를 확인하였으나 정상이었다. 이에 DNS 서버 주소가 잘못되어 있을 것으로 판단하여 'cat /etc/(A)' 내용을 확인하고 수정하였다. (A)에 해당하는 파일 이름은 무엇인가?

```
[root@localhost icqa]# cat /etc/( A )
# Generated by NetworkManager
Search localdomain
nameserver 127.0.0.1
```

① resolv.conf　　② networks
③ protocols　　　④ services

DNS의 resolv.conf 파일은 기본적인 DNS 설정 파일이다.

31 Windows Server 2016의 DNS 관리에서 아래 지문과 같은 DNS 설정 방식은?

> 'www.icqa.com' 서버는 동시에 수십만 이상의 접속이 있는 사이트이다. 여러 대의 웹 서버를 운영, 웹 클라이언트 요청 시 교대로 서비스를 실행한다. 'icqa.com' DNS 서버에 IP 주소를 질의하면 설정 순서대로 돌아가면서 IP 주소를 알려준다.

① Round Robin
② Cache Plugin
③ Cache Server
④ Azure AutoScaling

Round Robin은 L4 장비에서 사용하는 알고리즘으로 N대의 서버 호출을 교대로 호출하여 부하를 분산시킨다.

32 'netstat' 명령어에 사용하는 옵션 설명에 대해 옳지 않은 것은?

① -r: 라우팅 테이블을 표시한다.
② -p: PID와 사용중인 프로그램명을 출력한다.
③ -t: 연결된 이후에 시간을 표시한다.
④ -y: 모든 연결에 대한 TCP 연결 템플릿을 표시한다.

netstat -t 옵션은 TCP 프로토콜만을 보여준다.

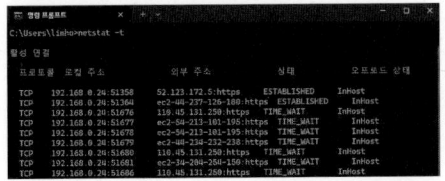

▲ TCP 연결 확인

33 다음과 같이 파일의 원래 권한은 유지한 채로 모든 사용자들에게 쓰기 가능한 권한을 추가 부여할 때, 결과가 다른 명령어는 무엇인가?

> -rw-r--r-- root 190 5월 19 16:40 file

① chmod 666 file
② chmod a+w file
③ chmod ugo+w file
④ chmod go=w file

chmod는 권한을 변경하는 명령어이다. u는 사용자, g는 그룹, o는 다른 사용자, "+"은 권한 추가, "-"은 권한 삭제, "="은 권한을 대체한다. 따라서 chmod go=w file이란 기존 권한은 무시하고 그룹과 다른 사람에게 w 권한만 부여하라는 것이다.

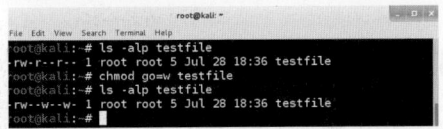

▲ chmod

34 Linux 시스템에서 기존에 설정된 'crontab'을 삭제하려고 할 때 올바른 명령어는?

① crontab -u   ② crontab -e
③ crontab -l   ④ crontab -r

- "-l" 옵션은 설정된 내용을 출력한다.
- "-e" 옵션은 crontab을 작성하거나 수정한다.
- "-r" 옵션은 crontab을 삭제한다.

35 다음의 내용이 설명하고 있는 Linux 시스템 디렉터리는?

> - 시스템을 운영하면서 생기는 각종 임시 파일(시스템 로그, 스풀, 전자메일)을 저장하는 디렉터리
> - 크기가 계속 변하는 파일들을 저장하는 디렉터리

① /home   ② /usr
③ /var   ④ /tmp

var 디렉터리는 시스템 로그, 스풀, 전자메일 등을 저장한다. 특히 리눅스의 접속 로그, 현재 로그인된 사용자 로그 등이 모두 var 디렉터리에 있다.

36 Linux 시스템에서 사용되고 있는 메모리양과 사용 가능한 메모리양, 공유 메모리와 가상 메모리에 대한 정보를 볼 수 있는 명령어는?

① mem ② free
③ du ④ cat

free 명령어는 리눅스 여유 공간을 확인하는 명령어이다.

▲ free 명령어 실행

37 다음 중 Linux의 명령어 해석기는?

① Shell
② Kernel
③ Utility Program
④ Hierarchical File System

리눅스의 구성요소는 커널, 셸, 유틸리티 프로그램으로 구성된다. 이 중에서 사용자가 입력한 명령을 실행해 주는 명령어 해석기는 셸(Shell)이다. 셸은 다양한 종류가 있으며 리눅스 표준 셸은 Bash Shell이다.

38 Linux에서 DNS의 SOA(Start Of Authority) 레코드에 대한 설명으로 옳지 않은 것은?

① Zone 파일은 항상 SOA로 시작한다.
② 해당 Zone에 대한 네임 서버를 유지하기 위한 기본적인 자료가 저장된다.
③ Refresh는 주 서버와 보조 서버의 동기 주기를 설정한다.
④ TTL 값이 길면 DNS의 부하가 늘어난다.

DNS TTL(Time To Live)는 DNS Cache를 유지하는 시간을 의미한다. 예를 들어 TTL이 300이면 300초만큼 캐싱한 정보를 유지한다.

39 Windows Server 2016의 DNS Server 역할에서 지원하는 '역방향 조회'에 대한 설명으로 옳은 것은?

① 클라이언트가 정규화된 도메인 이름을 제공하면 IP 주소를 반환하는 것
② 클라이언트가 IP 주소를 제공하면 도메인을 반환하는 것
③ 클라이언트가 도메인을 제공하면 라운드 로빈 방식으로 IP를 반환하는 것
④ 클라이언트가 도메인을 제공하면 하위 도메인을 반환하는 것

역방향 조회는 DNS 레코드 중에서 ptr 옵션이고 IP에 대한 URL 정보를 획득한다.

40 Linux Apache 웹 서버에 사용자가 접속 후, 80초간 사용자가 요청이 없을 경우 세션을 종료시키도록 'httpd.conf' 파일에서 설정하는 옵션값은?

① Exec-timeout 80
② Listen 80
③ KeepAliveTimeout 80
④ NameVirtualHost 80

KeepAliveTimeout은 아파치 웹 서버에서 연결을 종료하지 않고 대기하는 시간(초 단위)을 의미한다.

41 서버 관리자 Park 사원은 Linux 서버를 관리하면서 특정 조건에 맞는 파일 및 디렉터리를 검색하기 위해 'find' 명령어를 사용하려고 한다. 'find' 명령어의 주요 옵션에 대한 설명으로 올바른 것은?

① '-name'은 지정한 사용자 이름에 해당하는 파일이나 디렉터리를 찾는다.

② '-type'은 지정한 디렉터리 종류에 해당하는 디렉터리 유형을 찾는다.

③ '-perm'은 지정한 소유자의 권한만을 고려하여 파일이나 디렉터리를 찾는다.

④ '-exec'은 찾은 파일에 대한 삭제 등의 추가적인 명령을 실행할 수 있다.

----

find 명령어는 파일명, 권한, 수정 여부 등으로 검색할 수가 있다. "-exec" 옵션은 파일에 대한 삭제 등 추가적인 명령을 실행할 수 있다.

42 서버 담당자 Seo 사원은 Windows Server 2016의 이벤트 뷰어를 통해 서버의 상태를 점검하려고 한다. Windows 로그에 해당하는 항목으로 올바른 것은?

① 하드웨어 이벤트

② 인터넷 익스플로러

③ 윈도우즈 파워셸

④ 응용 프로그램

이벤트 로그는 시스템, 보안, 응용으로 분류된다. 서버 상태 확인을 위해서는 응용 프로그램을 로그를 확인한다.

43 Linux 운영체제에서 하드웨어 메모리가 가득차게 되면 논리적인 메모리 저장공간 역할을 수행하게 되는 파티션의 이름은?

① SWAP

② FAT32

③ RAID

④ LVM

SWAP은 실제 메인 메모리에 있는 블록 중 쓰이지 않는 것을 디스크에 저장하는 공간이다.

44 서버 담당자 Park 사원은 Windows Server 2016의 장애를 대비하여 인증서 키를 백업해 놓았다. 이 인증서 키를 실행창에서 명령어를 통해 복원시키고자 하는데 인증서 관리자를 호출할 수 있는 명령어는 무엇인가?

① eventvwr.msc

② compmgmt.msc

③ secpol.msc

④ certmgr.msc

----

certmgr.msc는 윈도우 서버에서 인증서를 관리하기 위한 관리자 명령어이다.

45 서버 담당자 Park 사원은 Windows Server 2016에서 다음 조건에 맞는 서비스를 구축하고자 한다. 이에 알맞은 것은?

> 인터넷에 다중 접속하는 기술로서, 이를 통하여 차세대 인터넷의 다양한 요구를 충족시킬 수 있으며, 단일 인터넷 연결만으로는 제공하기 어려운 요구 사항인 오류 예방, 로드 분산 등을 효율적으로 제공할 수 있다.

① Multihoming   ② DirectAccess

③ VPN   ④ Hyper-V

Multihoming은 다중 IP 주소를 사용해서 다중 접속을 유지하는 기술이다.

46 L2 LAN 스위치가 이더넷 프레임을 중계 처리할 때 사용하는 주소는 무엇인가?

① MAC 주소   ② IP 주소
③ Post 주소   ④ URL 주소

데이터 링크 계층에서 동작하는 주소는 48비트 MAC 주소이다.

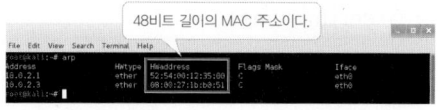

48비트 길이의 MAC 주소이다.

▲ 리눅스에서 MAC 주소 확인

47 게이트웨이(Gateway)의 역할로 올바른 것은?

① 전혀 다른 프로토콜을 채용한 네트워크 간의 인터페이스이다.
② 트위스트 페어 케이블 사용 시 이용되는 네트워크 케이블 집선 장치이다.
③ 케이블의 중계점에서 신호를 전기적으로 증폭한다.
④ 피지컬 어드레스의 캐시 테이블을 갖는다.

게이트웨이는 응용 계층에서 서로 다른 망 간에 연결하는 장치이다.

48 RAID는 Redundant Array of Independent Disk 혹은 Redundant Array of Inexpensive Disk의 약자로 말 그대로 여러 개의 디스크를 묶어 하나의 디스크처럼 사용하는 기술이다. 그러면 다음에서 RAID Level 0의 설명으로 옳지 않은 것은?

① 최소 2개의 디스크에 데이터를 동시에 분산 저장한다.
② 디스크에 데이터를 분산 저장하기 때문에 처리 속도가 향상된다.
③ 스트라이핑(Striping)이라고도 부르는 방식이다.
④ 2개의 디스크 중 하나만 손상되면 전체 데이터 복구가 가능하다.

RAID 0은 데이터를 중복해서 저장하지 않는다. 따라서 하나의 디스크만 고장 나도 복구가 불가능하다.

49 신뢰하지 않는 외부 네트워크와 신뢰하는 내부 네트워크 사이를 지나는 패킷을 미리 정한 규칙에 따라 차단하거나 보내주는 기능을 하는 하드웨어나 소프트웨어를 방화벽(Firewall)이라고 한다. 다음 중 방화벽의 주요 기능이 아닌 것은?

① 통과시킬 접근과 거부할 접근에 따라 허용 또는 차단을 수행한다.
② 허용 또는 차단된 접근에 대한 기록을 유지한다.
③ 메시지 인증, 사용자 인증, 클라이언트 인증 등으로 인증을 수행한다.
④ 한 방화벽에서 다른 방화벽으로 데이터를 복호화해서 보낸다.

방화벽은 패킷을 차단하거나 허용할 수는 있다. 하지만 데이터를 암복화하지는 않는다.

50 기업에서 근무하는 네트워크 담당자 Kim 대리는 하나의 물리적인 네트워크 스위치를 영업부, 인사부, 구매부, 기술부 등 각 부서별로 여러 네트워크로 구분하여 사용할 수 있도록 하고자 하며, 부서별로 분리된 네트워크는 3계층 장비를 통해서만 통신이 되도록 하고자 한다. 이 기술 방식은?

① VPN(Virtual Private Network)
② VLAN(Virtual Local Area Network)
③ VCN(Virtual Cloud Network)
④ IPS(Intrusion Prevention System)

네트워크 인터페이스를 분리해서 서로 다른 IP 주소를 부여하고 관리할 수 있는 것은 VLAN이다.

2급	시행 일자	소요 시간	문항 수
	2022년 2월	총 50분	총 50문항

수험번호 : _____

성　명 : _____

1과목　**TCP/IP**

01 DNS에서 사용될 때 TTL(Time to Live)의 설명으로 올바른 것은?

① 데이터가 DNS 서버 존으로부터 나오기 전에 현재 남은 시간이다.

② 데이터가 DNS 서버 캐시로부터 나오기 전에 현재 남은 시간이다.

③ 패킷이 DNS 서버 존으로부터 나오기 전에 현재 남은 시간이다.

④ 패킷이 DNS 서버 네임 서버 레코드로부터 나오기 전에 현재 남은 시간이다.

DNS는 클라이언트 요청이 들어오면 서버에 질의(Query)를 날리는데, 반복된 요청에 대해서 빠르게 응답하기 위해 캐싱된 정보를 활용한다.

```
C:\Users\sungha>ipconfig /displaydns

Windows IP 구성

    dns.google
    ----------------------------------------
    데이터 이름 . . . . : dns.google
    데이터 유형 . . . . : 1
    TTL(Time To Live) . : 661
    데이터 길이 . . . . : 4
    섹션 . . . . . . . . : 응답
    (호스트) 레코드 . . : 8.8.4.4
```

---

02 IPv4 Class 중에서 멀티캐스트 용도로 사용되는 것은?

① B Class　　② C Class

③ D Class　　④ E Class

IPv4 A,B,C Class는 네트워크와 호스트 주소를 나눠 효율적인 자원관리를 위하여 사용하고, D Class는 멀티캐스트(IGMP), E Class는 예비 주소로 사용하지 않고 있다. IPv4 Class별 주소체계는 다음과 같다.

- A Class: 0.0.0.0 ~ 127.255.255.255
- B Class: 128.0.0.0 ~ 191.255.255.255
- C Class: 192.0.0.0 ~ 223.255.255.255
- D Class: 224.0.0.0 ~ 239.255.255.255
- E Class: 240.0.0.0 ~ 255.255.255.255

---

03 '255.255.255.224'인 서브넷에 최대 할당 가능한 호스트 수는?

① 2개　　② 6개

③ 14개　　④ 30개

서브넷 마스크 '255.255.255.224'를 8bit 옥텟으로 표시해 보면 그림과 같다.

11111111	11111111	11111111	111 00000
255	255	255	네트워크ID 호스트 ID

이유는 앞의 네트워크 ID가 $2^7+2^6+2^4=224$이기 때문이다. 호스트 ID 할당은 남은 5bit $2^5=32$이다. 그중 네트워크 자체 주소값과 브로드캐스트를 제외하면 32-2=30으로 서브넷마다 할당 가능한 호스트는 30개가 된다.

---

04 Link State 알고리즘을 이용해 서로에게 자신의 현재 상태를 알려주며 네트워크 내 통신을 위해 사용하는 프로토콜은?

① OSPF　　② IDRP

③ EGP　　④ BGP

OSPF는 링크에서의 전송 시간을 링크 비용으로 사용하여 각 목적지별 최단 경로를 구한다.

---

05 IP 헤더에 포함이 되지 않는 필드는?

① ACK

② Version

③ Header checksum

④ Header length

ACK는 TCP 헤더에 있는 Flags이다. IP 헤더 포함 항목은 다음과 같다.

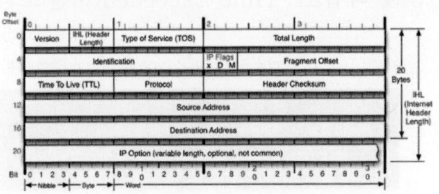

06 IP 패킷은 네트워크 유형에 따라 전송량에 있어 차이가 나기 때문에 적당한 크기로 분할하게 된다. 이때 기준이 되는 것은?

① TOS(Tape Operation System)

② MTU(Maximum Transmission Unit)

③ TTL(Time-To-Live)

④ Port Number

MTU는 한 번에 라우터를 통과할 수 있는 데이터의 길이로서 기본 150byte로 설정되어 있고 설정된 길이보다 데이터가 클 경우 패킷의 단편화가 일어난다. 윈도우는 ipconfig, 리눅스는 ifconfig에서 확인이 가능하다.

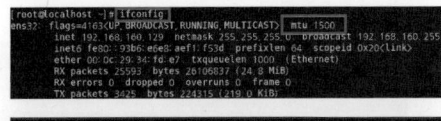

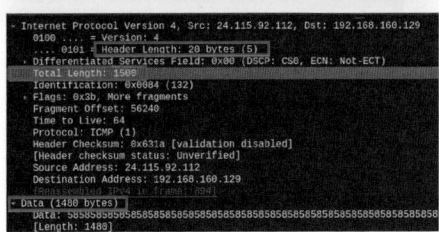

07 SNMP에 대한 설명으로 옳지 않은 것은?

① 사용자가 네트워크 문제점을 발견하기 전에 시스템 관리 프로그램이 문제점을 발견할 수 있다.

② 데이터 전송은 UDP를 사용한다.

③ IP에서의 오류 제어를 위하여 사용되며, 시작지 호스트의 라우팅 실패를 보고한다.

④ 네트워크 장비로부터 데이터를 수집하여 네트워크 관리를 지원하고 성능을 향상시킨다.

SNMP 프로토콜은 NMS(Network Management System)가 사용하는 UDP 기반의 프로토콜로 네트워크 상태를 모니터링하는 프로토콜이다.

08 IPv6의 주소 표기법으로 올바른 것은?

① 192.168.1.30

② 3ffe:1900:4545:0003:0200:f8ff:ffff:1105

③ 00:A0:C3:4B:21:33

④ 0000:002A:0080:c703:3c75

IPv6 주소는 16진수 표기법을 사용하고 16비트씩 8개의 필드로 나누어 콜론(:)으로 구분한다.

09 인터넷의 잘 알려진 포트(Well-Known Port) 번호로 옳지 않은 것은?

① 23번 - FTP

② 25번 - SMTP

③ 80번 - WWW

④ 110번 - POP

23번은 TELNET이 사용하는 포트번호이고 FTP는 Active 모드일 경우 데이터 전송은 20번, 제어는 21번으로 2개의 포트를 사용한다.

```
ftp-data        20/tcp
ftp             21/tcp
fsp             21/udp          fspd
ssh             22/tcp
telnet          23/tcp
smtp            25/tcp          mail
```

10 보기의 프로토콜 중에서 지문에 제시된 내용과 같은 일을 수행하는 프로토콜은?

> 인터넷에 접속한 호스트들은 인터넷 주소에 의해서 식별되지만 실질적인 통신은 물리적인 네트워크 주소를 얻어야 가능하다. 이 프로토콜은 IP Address를 이용하여 물리적인 네트워크 주소를 얻는 데 사용된다.

① DHCP
② IP
③ RIP
④ ARP

ARP(Address Resolution Protocol) 프로토콜은 네트워크 IP의 논리적 주소를 물리적 주소로 번역해 주는 프로토콜로 윈도우의 CMD 창에서 arp -a 명령어를 통해 해당 정보를 확인할 수 있다.

11 다음 TCP 패킷의 플래그 중에서 연결이 정상적으로 끝남을 의미하는 것은?

① FIN
② URG
③ ACK
④ RST

TCP 패킷 덤프를 떠보면 헤더 구조를 볼 수 있는데, 연결 종료를 의미하는 FIN은 TCP Flags는 마지막에 할당되어 있다. URG는 긴급 비트, ACK는 요청에 대한 승인, RST는 초기화 비트이다.

12 ICMP 메시지의 타입 번호와 설명으로 옳지 않은 것은?

① 타입 0: Echo Request(에코 요청)
② 타입 3: Destination Unreachable(목적지 도달 불가)
③ 타입 5: Redirect(경로 재지정)
④ 타입 11: Time Exceeded(시간 초과)

ICMP Type 0은 Echo Reply이다. Type 8이 Echo Request이다.

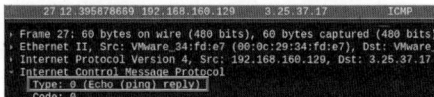

13 SSH(Secure Shell) Protocol의 특징을 설명한 것 중 올바른 것은?

① Port NO. 22번을 사용한다.
② OSI 7 layer 참조 모델에서 전송 계층에서 동작한다.
③ 인증 암호화 기능을 사용하여 기존 Http 서버스를 Https 서비스로 전환한다.
④ 암호화되지 않은 방식으로 보안성이 제공되지 않는다.

SSH는 응용 계층에서 작동하는 프로토콜로 22번 포트를 사용하여 암호화된 패킷을 전송한다.

14 DNS 서비스에서 사용되는 레코드의 설명이다. 올바른 것은?

DNS 서비스 구성 시 모든 영역 파일의 첫 번째 레코드를 의미한다. 또한 관련된 도메인의 이름 필드 값을 포함하며, 시리얼 값을 통해 영역 파일의 갱신 여부를 확인할 수 있다.

① A 레코드
② PTR 레코드
③ SOA 레코드
④ MX 레코드

SOA(Start Of Authority)는 인증 관련 레코드로 serial, refresh, retry, expire, default TTL 정보를 포함한다. cmd 창에서 nslookup -query-type=[레코드 종류] [도메인]으로 soa 값을 확인 가능하다.

```
primary name server = ns1.whoisdomain.kr
responsible mail addr = help.whois.co.kr
serial  = 2014121301
refresh = 10800 (3 hours)
retry   = 3600 (1 hour)
expire  = 604800 (7 days)
default TTL = 3600 (1 hour)
```

15 다음 설명하는 내용에 가장 적합한 기술을 고르시오.

네트워크 관리자 Kim 사원은 망 분리를 위해 방화벽과 백본 스위치 중간에 새로운 장비의 도입을 고려한다. IP address의 고갈 문제를 해결하고, 보안 목적으로 사용하고자 한다.

① SSL
② NAT
③ VPN
④ IDS

NAT(Network Address Translation)는 부족한 공인 IP 문제를 해결하고 보안 관점에서 내부 네트워크 정보를 숨기기 위해 사용 하는 기술이다.

16 다음은 TCP/IP 환경에서 사용하는 Protocol에 대한 설명이다. 올바른 Protocol을 고르시오.

메일 서버 간에 E-mail 전송 시 사용되는 프로토콜이며 TCP 기반의 신뢰성 있는 통신을 제공하고 클라이언트가 메일 서버에게 전송 시 사용한다.

① SNMP
② POP3
③ SMTP
④ NNTP

메일 전송에 사용되는 프로토콜은 SMTP이며 25번 포트를 사용한다. POP(Post Office Protocol)3도 메일과 관련된 프로토콜이나 메일 전송이 아닌 메일을 읽기 프로토콜로 역할이 다르다. SNMP는 네트워크 모니터링, NNTP는 뉴스 서버 간에 뉴스를 주고받기 위해 사용되는 프로토콜이다.

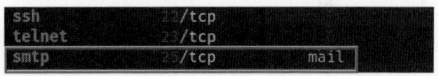

17 네트워크 주소가 '192.168.100.128'이며, 서브넷마스크가 '255.255.255.192'인 네트워크가 있다. 이 네트워크에서 사용 가능한 마지막 IP 주소는 무엇인가?

① 192.168.100.129
② 192.168.100.190
③ 192.168.100.191
④ 192.168.100.255

서브넷 마스크 '255.255.255.192'는 4번째 옥텟 중 첫 2비트가 네트워크 ID이다. 2^2=4이므로 4개 네트워크로 나누어져 있으며 각각의 주소는 다음과 같다. 191은 브로드캐스팅 주소라 사용하지 못하므로 마지막 IP는 192.168.100.190이다.
· 1번 네트워크 192.168.100.0 ~ 192.168.100.63
· 2번 네트워크 192.168.100.64 ~ 192.168.100.127
· 3번 네트워크 192.168.100.128 ~ 192.168.100.191
· 4번 네트워크 192.168.100.192 ~ 192.168.100.255

18 OSI 7 Layer에서 Data Link 계층의 기능으로 옳지 않은 것은?

① 전송 오류 제어 기능
② Flow 제어 기능
③ Text의 압축, 암호 기능
④ Link의 관리 기능

Data Link 계층은 OSI Layer 2계층에 해당하고 매체 접근 제어 및 오류 제어, 흐름 제어 역할을 수행한다. Text 압축, 암호 기능은 6계층인 표현 계층에서 하는 역할이다.

19 에러 제어 기법 중 자동 재전송 기법으로 옳지 않은 것은?

① Stop and Wait ARQ
② Go-Back N ARQ
③ 전진 에러 수정(FEC)
④ Selective Repeat ARQ

데이터 전송 시 발생한 에러를 제어하는 기법인 Error Control은 수신 측에서 에러를 정정해 복구하는 FEC(Forward Error Correction) 기법과 수신 측에 재전송을 요구하는 BEC(Backward Error Correction) 기법이 있다. BEC 기법에 'Stop and Wait', 'Go-Back-N', 'Selective Repeat', 'Adaptive' 방식이 있다.

20 패킷 교환망의 특징으로 옳지 않은 것은?

① 연결 설정에 따라 가상회선과 데이터그램으로 분류된다.
② 메시지를 보다 짧은 길이의 패킷으로 나누어 전송한다.
③ 망에 유입되는 데이터의 양이 많아질수록 전송 속도가 빠르다.
④ 블록킹 현상이 없다.

네트워크상에서 데이터를 교환하는 방식은 크게 회선 교환, 축적 교환으로 나누어진다. 그중 축적 교환 방식은 패킷 교환, 메시지 교환으로 구분할 수 있고 패킷 교환 방식은 다시 가상회선과 데이터그램 방식으로 구분할 수 있다. 가상회선 교환 방식은 연결 지향형, 데이터그램은 비연결 지향형 데이터 교환 방식이다. 실제로는 물리적 회선을 공유하며 데이터가 많을수록 분할하여 전송하기 때문에 오류 제어, 흐름 제어가 발생하여 전송 속도가 느려진다.

21 LAN의 구성 형태 중 중앙의 제어점으로부터 모든 기기가 점 대 점(Point to Point) 방식으로 연결된 구성 형태는?

① 링형 구성
② 스타형 구성
③ 버스형 구성
④ 트리형 구성

성형 토폴로지는 중앙의 마스터 노드에 모든 단말이 연결된 구조로 모든 단말은 중앙의 마스터를 통해서 통신이 이루어진다. 따라서 개별 노드가 고장 나도 전체 통신망에는 영향이 없다.

▲ 스타형(성형) 토폴로지

22 다음에서 설명하는 전송 방식은?

> LAN의 매체 접근 제어 방식 중 버스 구조에서 사용하고, 데이터를 전송하려면 채널이 사용 중인지 검사하고, 채널이 사용 중이지 않으면 모든 노드가 채널을 사용할 수 있으며, 동시에 데이터 전송이 이루어지면 충돌이 일어나고 데이터는 폐기되며 일정 시간 대기 후 다시 전송한다.

① Token Ring
② Token Bus
③ CSMA/CD
④ Slotted Ring

Carrier Sense Multiple Access / Collision Detection은 이더넷에서 사용하는 기술로 IEEE 802.3에 규정되어 있으며 다수의 Station이 동시에 데이터를 전송하려고 하는 경우 경쟁을 제어하기 위한 방식이다.

23 전기신호는 구리선을 통하여 전송되며, 이는 먼 거리를 이동하면서 크기가 약해진다. 이러한 현상을 뜻하는 것은?

① 감쇠(Attenuation)
② 임피던스(Impedance)
③ 간섭(Interference)
④ 진폭(Amplitude)

신호가 약해지는 현상을 감쇠 현상이라고 하며, 1계층 장비 중 리피터는 트래픽 상에서 신호 재생과 증폭을 통해 유효 거리를 확장해 주는 역할을 한다.

24 100BASE-T라고도 불리는 이더넷의 고속 버전으로서 100 Mbps의 전송 속도를 지원하는 근거리통신망의 표준은?

① Ethernet
② Gigabit Ethernet
③ 10Giga Ethernet
④ Fast Ethernet

Fast Ethernet은 기존 Ethernet과 마찬가지로 CSMA/CD 방식을 사용하는 LAN 전송 방식이며 앞의 100은 전송 속도, Baseband(기저대역 전송) 신호 전송을 사용하며 Twisted 케이블을 사용한다.

25 다음 내용 중 (A)에 들어갈 내용은?

네트워크를 관리하는 Kim 사원은 늘어나는 Server 관리 업무에 스트레스를 많이 받고 있다. 이번에도 서버가 대량으로 추가되어 서버실에 놓을 공간도 모자랄 뿐만 아니라 전기 용량 문제로 시설과 협의 중이나 어려움이 예상되고 있다. 또한 서버들에게서 발생하는 발열 문제로 24시간 냉각 장치 및 항온항습으로 인한 발생 비용 또한 회사에서 줄여보라고 지시가 내려왔다. 그래서 Kim 사원은 비용도 많이 발생하며 외주의 필요성이 있는 등 여러 가지 고민 끝에 (A)를 이용하여 전용 회선 및 안정적인 전력 공급을 받기로 하였다.

① IDC(Internet Data Center)
② IPS(Intrusion Prevention System)
③ IDS(Intrusion Detection System)
④ IOS(International Organization for Standardization)

IDC(Internet Data Center)는 기업에 서버, 네트워크, 전력케이블, 보안 기능을 집중하여 제공해 주는 시설로서 담당자가 운영관리의 효율성과 인프라 구축에 따른 비용 절감, 보안성을 향상시킬 수 있는 장점이 있다.

26 (A) 안에 들어가는 용어 중 가장 옳은 것은?

(A)은 유선망과 무선망을 통합하여 통합 단말기를 통해 최적으로 통신망 간 접속이 이루어지며 끊김 없는 광대역 멀티미디어 서비스를 제공한다. 특정 통신망이나 단말기에 구애받지 않고 통신, 방송 및 인터넷서비스를 통합하며 서비스 품질 보장, 광대역화, 고기능화, 보안 보장 및 IPv6 지원 등의 특성이 있다.

① 전력통신망(Electric power company's Network)
② 기업통신망(Business company Network)
③ 방송통신망(Broadcasting and communication Network)
④ 광대역융합망(Broadband convergence Network)

각각의 기기가 인터넷 접속을 위해 구현된 네트워크 망을 하나로 통합하여 멀티미디어 서비스를 이용할 수 있는 망이다. Open API를 사용하여 표준화된 인터페이스를 제공하고 서비스들의 연계, 융합을 효율적으로 구현할 수 있다.

27 네트워크 계층의 데이터 단위를 나타내는 용어는?

① 세그먼트
② 패킷
③ 프레임
④ 비트

OSI 계층별 PDU는 1계층은 비트, 2계층은 프레임, 3계층은 패킷, 4계층은 세그먼트, 5~7계층은 메시지이며, 패킷은 데이터 단위를 나타낼 때 사용하는 용어이다.

3과목 **NOS**

---

28 Windows Server 2016에서 파일 및 프린터 서버를 사용할 수 있도록 지원하기 위해서 반드시 설치해야 하는 통신 프로토콜은?

① TCP/IP
② SNMP
③ SMTP
④ IGMP

파일 및 프린터 서버는 자원 공유를 위해 네트워크에 연결되어 있어야 하고 인증 과정을 거쳐야 하기 때문에 TCP/IP 프로토콜이 사용된다. SNMP는 네트워크 모니터링, SMTP는 메일 전송, IGMP는 셋톱박스 같은 특정 서비스를 사용할 수 있게 해주는 프로토콜이다.

---

29 Windows Server 2016의 서버 관리자를 이용하여 IIS(Internet Information Server)로 설정할 수 있는 서비스로 짝지어진 것은?

① HTTP, FTP
② DHCP, DNS
③ HTTP, DHCP
④ HTTP, TELNET

IIS를 사용하여 FTP와 웹 서버 설정을 할 수 있다. 웹이 사용하는 프로토콜은 HTTP, HTTPS이다.

---

30 Windows Server 2016에서 DNS 서버 기능을 설정한 후에 설정이 제대로 되었는지 확인하기 위하여, 명령어 프롬프트에서 도메인을 입력하면 해당 IP 주소를 보여주는 명령어는?

① ls
② nslookup
③ show
④ pwd

nslookup 명령어를 통해 IP와 도메인 정보를 확인할 수 있다.

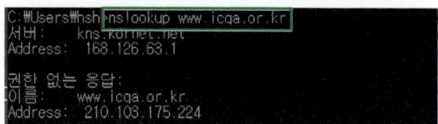

---

31 DNS에서 지원하는 레코드 형식 중 역방향 조회에 사용되는 레코드는?

① A
② AAAA
③ PTR
④ SOA

IP를 입력하면 도메인 값을 반환해 주는 레코드는 PTR이다. A 레코드는 도메인을 입력하면 IPv4, AAAA는 IPv6 주소 확인, SOA(Start of Authority)는 사용자 정보와 전체 설정에 대한 내용이다.

---

32 Linux 디렉터리 구성에 대한 설명으로 옳지 않은 것은?

① /tmp – 임시 파일이 저장되는 디렉터리
② /boot – 시스템이 부팅될 때 부팅 가능한 커널 이미지 파일을 담고 있는 디렉터리
③ /var – 시스템의 로그 파일과 메일이 저장되는 위치
④ /usr – 사용자 계정이 위치하는 파티션 위치

/usr 디렉터리에는 기본 실행 파일, 라이브러리 파일, 헤더 파일 등이 있다. 사용자 계정이 사용하는 홈디렉터리는 /home에 위치한다.

---

33 Linux 시스템에서 데몬(Daemon)에 관한 설명 중 옳지 않은 것은?

① 백그라운드(Background)로 실행된다.
② 'ps afx' 명령어를 실행시켜보면 데몬 프로그램의 활동을 확인할 수 있다.
③ 시스템 서비스를 지원하는 프로세스이다.
④ 시스템 부팅 때만 시작될 수 있다.

데몬은 systemctl 또는 service 명령어로 중지, 시작, 재시작을 할 수 있다.

```
┌──(root㉿kali)-[~]
└─# systemctl start mariadb.service
```

34 다른 운영체제와 Linux가 공존하는 하나의 시스템에서 멀티 부팅을 지원할 때 사용되며, Linux 로더를 의미하는 것은?

① MBR   ② RAS
③ NetBEUI   ④ GRUB

부트로더는 MBR(Master Boot Recort)에 위치하며 운영체제를 식별하며 메모리에 로드시켜 주는 역할을 한다. 리눅스의 부트로더는 LILO, GRUB가 있으며 현재는 GRUB2가 사용된다.

```
┌──(root㉿kali)-[~]
└─# cat /etc/default/grub
# If you change this file, run 'update-grub' afterwards to update
# /boot/grub/grub.cfg.
# For full documentation of the options in this file, see:
#   info -f grub -n 'Simple configuration'

GRUB_DEFAULT=0
GRUB_TIMEOUT=5
GRUB_DISTRIBUTOR=`lsb_release -i -s 2> /dev/null || echo Debian`
GRUB_CMDLINE_LINUX_DEFAULT="quiet"
GRUB_CMDLINE_LINUX=""
```

35 Windows Server 2016에서 새로 추가된 기능으로 Hyper-V와 비슷한 기능을 하지만 가볍게 생성하고 운영할 수 있고, 도커(Docker)라는 이름으로 소개되어 Unix/Linux 기반에서 사용해오던 기능은 무엇인가?

① 액티브 디렉터리
② 원격 데스크톱 서비스
③ 컨테이너
④ 분산 파일 서비스

• 컨테이너는 개별 Software의 실행에 필요한 실행 환경(Run Time)을 독립적으로 운용할 수 있는 기반을 제공해 주는 가상화 기술(Virtualization)이다.
• 도커(Docker)는 가상화 기술의 하나로서, 운영체제의 커널을 공유하는 독립된 프로세스를 이미지 형태로 생성, 배포한다. Unix/Linux에서 사용되다가 최근 Windows도 WSL과 함께 사용할 수 있다.

36 네트워크 담당자 Kim 사원은 'www.icqa.or.kr'의 IP 주소를 이 파일에 저장하여 사이트 접속 시 빠르게 실행하고자 한다. 각각의 컴퓨터에는 IP 주소와 그에 해당하는 컴퓨터 이름을 저장해 놓는 파일이 있다. 이 파일의 저장 경로와 파일명으로 올바른 것은?

① C:\Windows\System32\hosts
② C:\Windows\System32\config\hosts
③ C:\Windows\System32\drivers\hosts
④ C:\Windows\System32\drivers\etc\hosts

C:\Windows\System32\drivers\etc 경로의 hosts 파일은 IP에 해당하는 도메인을 찾기 위해 제일 먼저 참조하는 파일이다. 보통 연락처 수첩과 같은 역할이라고 보면 된다.

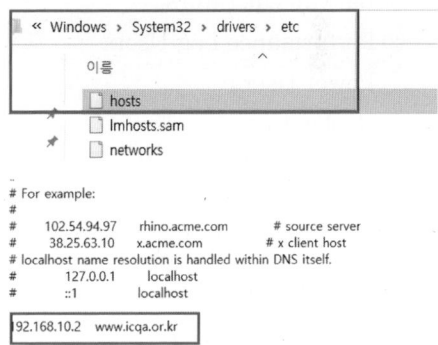

37 서버 담당자 Park 사원은 데이터를 안전하게 보호하는 일을 담당하고 있다. 도난 발생 시 데이터를 보호하기 위해 강력한 암호화를 사용해 데이터를 보호하는 Windows 기능을 선택하여 로컬 보안이 없는 지사나 데이터센터의 경우 완벽한 솔루션을 지원할 수 있도록 하고자 한다. 다음 중 이러한 기능을 지원하는 것은?

① BitLocker
② NTLM
③ Encryption
④ vTPM

BitLocker는 데이터를 암호화하고 해당 디스크에 접근을 제한하는 역할을 하며 메인보드와 BIOS에서 지원해야 사용이 가능하다.

38 서버 담당자 Park 사원은 Windows Server 2016를 구축하여 사용자 계정 관리를 하고자 한다. 이때 Windows Server 2016에서 자동으로 생성되는 그룹 계정 중에서 성능 카운터, 로그 등을 관리하는 권한을 가진 그룹으로 알맞은 것은?

① Backup Operators
② Performance Log Users
③ Power Users
④ Replicator

윈도우 사용자와 그룹은 다양한데 Administrator는 관리자 계정으로 가장 막강하며, Backup Operator는 시스템 백업을 위해 모든 파일, 디렉터리에 접근할 수 있는 그룹이고, Power Users는 네트워크, 디렉터리를 공유할 수 있는 그룹, Replicator는 도메인이 있는 파일을 복제할 수 있는 권한을 가진 그룹이다.

39 아파치 웹 서버의 서버 측 에러 메시지 내용으로 맞는 것은?

① 502(Service Unavailable): 클라이언트 요청 내용에는 이상이 없지만, 서버 측에서 클라이언트의 요청을 서비스할 준비가 되지 않은 경우
② 501(Not Implemented): 클라이언트의 서비스 요청 내용 중에서 일부 명령을 수행할 수 없을 경우
③ 503(Bad Request): 게이트웨이의 경로를 잘못 지정해서 발생된 경우
④ 500(Internal Server Error): 서버에 보낸 요청 메시지 형식을 서버가 해석하지 못한 경우

HTTP는 서버의 Response 헤더에 상태코드를 담아서 전송하는데 5xx 에러는 서버 에러 코드다.
• 500: Internal Server Error
• 501: Not Implemented
• 502: Bad Gateway
• 503: Service Unavailable
• 504: Gateway Timeout

40 Hyper-V를 이용한 가상화의 장점에 해당되지 않는 것은?

① 서버의 운영 및 유지관리비용 절감
② 테스트 환경 재현시간 단축으로 테스트 효율성 향상
③ 서버 가용성 향상
④ 저사양 하드웨어를 묶어서 고성능의 환경 구현

Hyper-V는 인프라 자원 효율성을 높이기 위해 호스트 OS 내에 게스트 OS 및 가상화 서비스를 사용할 수 있는 기술로 저사양 하드웨어와는 무관하다.

41 서버 관리자 Kim 사원이 리눅스 서버(하드웨어)의 HDD 증설을 위해 서버를 종료하기로 하였다. 이에 리눅스 서버를 종료하기 위한 명령어가 아닌 것은?

① shutdown -h now
② poweroff
③ init 6
④ halt

init 6는 'reboot', 'shutdown -r now'와 같이 시스템을 재부팅할 때 사용하는 명령이다. init을 사용하여 종료할 때는 'init 0'을 사용한다.

42 서버 관리자 Kim 사원이 Linux 서버의 '/root' 디렉터리를 점검 중 '/etc/passwd' 파일이 '/root' 디렉터리에 복사되어 있는 것을 발견하였다. 이에 Kim 사원은 '/root/passwd' 파일을 삭제하려 했으나 삭제가 되지 않았다. (A) 명령어를 사용하여 파일 속성을 출력하였는데 해당 파일에 'i' 속성이 설정되어 쓰기 및 삭제가 되지 않는 것을 확인하였다. 해당 명령어 (A)는 무엇인가?

```
[root@icqa ~]# ls -l ./passwd
-rw-r--r--. 1 root root 2195 10월 16 16:26 ./
passwd
[root@icqa ~]# rm -f ./passwd
rm: cannot remove './passwd': 명령을 허용하지 않음
[root@icqa ~]#( A ) ./passwd
----i----------- ./passwd
```

① file   ② stat
③ lsattr   ④ lsblk

lsattr은 파일의 속성을 확인할 수 있는 명령어로 i가 설정되어 있으면 읽기 전용으로 root 계정도 삭제, 변경이 불가능하다. Chattr을 통해 속성 변경이 가능하다.

```
[root@localhost ~]# lsattr /etc/passwd
--------------- /etc/passwd
[root@localhost ~]# chattr +i /etc/passwd
[root@localhost ~]# lsattr /etc/passwd
----i---------- /etc/passwd
```

43 서버 관리자 Kim 사원이 Linux 서버의 '/var/log' 디렉터리를 백업하기 위해 압축프로그램을 이용하여 압축 중, 작업 중인 터미널을 닫아도 실행 중인 프로세스를 백그라운드 프로세스로 작업 될 수 있도록 해주는 명령어는?

① mkfs
② nohup
③ sleep
④ last

nohup 명령어를 사용하여 백업이나 시간이 오래 걸리는 프로세스가 실행되는 동안 터미널이 닫혀도 작업이 수행될 수 있도록 할 수 있다. Nohup 명령어와 맨 뒤에 &를 붙여 백그라운드 프로세스로 전환하도록 해주어야 한다.

44 서버 관리자 Kim 사원은 DNS 서버를 구축하고자 'yum'을 이용하여 bind를 설치하였으나 설치가 되지 않았다. 이에 ping을 이용하여 외부 네트워크 상태 여부를 확인하였으나 정상이었다. 이에 DNS 서버 주소가 잘못되어 있을 것으로 판단하여 'cat /etc/(A)' 내용을 확인하고 수정하였다. (A)에 해당하는 파일 이름은 무엇인가?

```
[root@localhost icqa]# cat /etc/( A )
# Generated by NetworkManager
search localdomain
nameserver 127.0.0.1
```

① resolv.conf
② networks
③ protocols
④ services

/etc/resolv.conf 경로에 Name server가 명시되어 있다.

```
[root@localhost ~]# cat /etc/resolv.conf
# Generated by NetworkManager
search localdomain
nameserver 192.168.160.2
[root@localhost ~]#
```

45 윈도우 기본 파일 시스템(NTFS)에서 그룹 또는 개별 사용자에 대해 설정할 수 있는 권한의 설명이 잘못되어 있는 것은?

① 모든 권한: 디렉터리에 대한 접근과 소유권을 변경하고 하위에 있는 디렉터리와 파일을 삭제 할 수 있다.
② 디렉터리 내용 보기: 디렉터리 내의 파일은 볼 수 있지만 디렉터리 이름은 볼 수 없다.
③ 개별 사용자가 여러 그룹에 속하면 특정 파일이나 디렉터리에 대한 접근 권한이 누적된다.
④ '허용'보다 '거부'가 우선한다.

NTFS 설정 내 그룹 사용자에서 관련 권한을 설정할 수 있다.

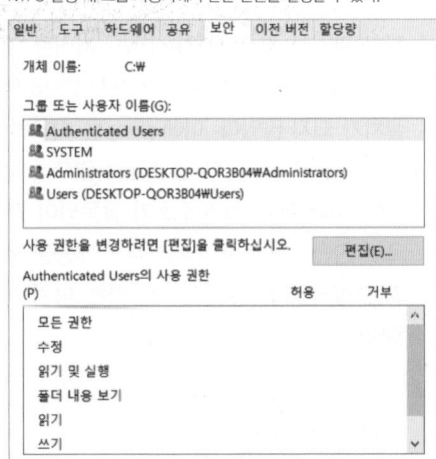

4과목   네트워크 운용기기

46 현재 LAN 카드의 MAC Address는 몇 비트의 번호체계인가?

① 32 비트
② 48 비트
③ 64 비트
④ 128 비트

MAC(Media Access Control) Address는 arp 명령어로 확인할 수 있으며 48bit 주소를 사용한다. 첫 24bit는 OUI(Organizationally Unique Identifier)로 제조업체에 고유하게 할당되고, 나머지 24bit는 NIC(Network Interface Controller)로 조직에서 할당한 주소이다.

47 OSI 7계층 중에서 리피터(Repeater)가 지원하는 계층은?

① 물리 계층
② 네트워크 세층
③ 전송 계층
④ 응용 계층

Repeater는 OSI 1계층인 물리 계층에서 동작하는 장치로서 신호를 증폭하여 전송하는 역할을 한다.

48 게이트웨이(Gateway)의 역할로 올바른 것은?

① 전혀 다른 프로토콜을 채용한 네트워크 간의 인터페이스이다.
② 트위스트 페어 케이블 사용 시 이용되는 네트워크 케이블 집선 장치이다.
③ 케이블의 중계점에서 신호를 전기적으로 증폭한다.
④ 피지컬 어드레스의 캐시 테이블을 갖는다.

게이트웨이는 다른 네트워크 간 연결 인터페이스 역할을 수행한다.

49 네트워크 담당자 Kim 사원은 물리적인 하나의 LAN을 논리적으로 여러 개로 나누어 효율적으로 네트워크를 관리하고자 한다. 내부망을 분리할 때 사용되고, 방화벽에서 외부망으로부터 내부망을 보호할 때도 사용할 수 있는 것은 무엇인가?

① NAC

② VLAN

③ IPS

④ IDS

VLAN은 2계층에 해당하는 L2 스위치를 사용하여 물리적으로 하나인 네트워크를 논리적으로 여러 개로 나누어 사용하는 기술이다.

50 전송 매체의 특성 중 Fiber Optics에 해당하는 것은?

① 여러 라인의 묶음으로 사용하면 간섭 현상을 줄일 수 있다.

② 신호 손실이 적고, 전자기적 간섭이 없다.

③ 송수신에 사용되는 구리 핀은 8개 중 4개만 사용한다.

④ 수 Km 이상 전송 시 Repeater를 반드시 사용해야 한다.

Fiber Optics는 가늘고 얇은 광섬유를 사용하여 고속, 대용량 데이터 전송을 가능하게 한다.

1과목 TCP/IP

01 서브넷 마스크(Subnet Mask)에 대한 설명으로 옳지 않은 것은?

① A, B, C Class 대역의 IP Address는 모두 같은 서브넷 마스크를 사용한다.

② 하나의 네트워크 클래스를 여러 개의 네트워크로 분리하여 IP Address를 효율적으로 사용할 수 있다.

③ 서브넷 마스크는 목적지 호스트의 IP Address가 동일 네트워크상에 있는지 확인한다.

④ 서브넷 마스크를 이용하면, Traffic 관리 및 제어가 가능하다.

클래스별 서브넷 마스크는 다음과 같다.
• A Class: 255.0.0.0
• B Class: 255.255.0.0
• C Class: 255.255.255.0

02 TCP/IP Protocol 군에서 네트워크 계층의 프로토콜로만 연결된 것은?

① TCP – UDP – IP

② ICMP – IP – IGMP

③ FTP – SMTP – Telnet

④ ARP – RARP – TCP

네트워크 계층의 프로토콜은 IP, ICMP, ARP, RARP가 있다. TCP, UDP는 전송 계층이다.

03 IP Address 중 Class가 다른 주소는?

① 191.234.149.32

② 198.236.115.33

③ 222.236.138.34

④ 195.236.126.35

IPv4는 A, B, C, D, E Class별 주소체계를 가지고 있다. ①번은 B Class, 나머지 C Class이다.
• A Class: 0.0.0.0 ~ 127.255.255.255
• B Class: 128.0.0.0 ~ 191.255.255.255
• C Class: 192.0.0.0 ~ 223.255.255.255
• D Class: 224.0.0.0 ~ 239.255.255.255
• E Class: 240.0.0.0 ~ 255.255.255.255

04 C Class의 네트워크를 서브넷으로 나누어 각 서브넷에 4~5 대의 PC를 접속해야 할 때, 서브넷 마스크 값으로 올바른 것은?

① 255.255.255.240

② 255.255.0.192

③ 255.255.255.248

④ 255.255.255.0

C Class는 서브넷이 255.255.255.0이고 그 중 서브넷마다 5개 호스트를 할당하려면 서브넷의 네 번째 옥텟에 네트워크 ID를 제외한 호스트 ID를 계산하면 된다. 따라서 네트워크 ID $2^7+2^6+2^5+2^4+2^3=248$을 서브넷으로 지정하면 255.255.255.248이다.

1 1 1 1 1 1 1 1	1 1 1 1 1 1 1 1	1 1 1 1 1 1 1 1	1 1 1 1 1 0 0 0
255	255	255	네트워크ID

05 IP 헤더에 포함이 되지 않는 필드는?

① ACK
② Version
③ Header checksum
④ Header length

ACK는 TCP 헤더에 있는 Flags이다. IP 헤더 포함 항목은 다음과 같다.

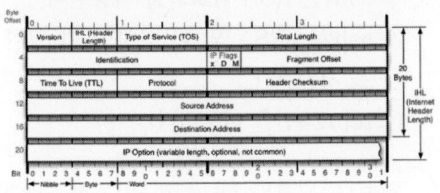

06 TCP 프로토콜에서 사용하는 흐름 제어 방식은?

① GO-Back-N
② 선택적 재전송
③ Sliding Window
④ Idle-RQ

TCP 헤더의 Window를 이용하여 데이터를 얼마나 빠르게 보낼 수 있는 지를 결정하는데, 수신자가 받아들일 수 있는 데이터의 버퍼 크기를 조정함으로써 흐름을 제어(Sliding Window)한다.

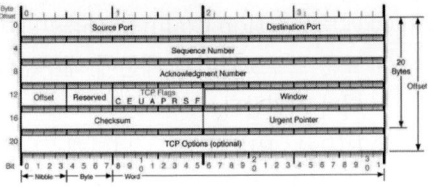

07 TFTP 프로토콜에 대한 설명 중 옳지 않은 것은?

① Trivial File Transfer Protocol의 약어이다.
② 네트워크를 통한 파일 전송 서비스이다.
③ 3방향 핸드셰이킹 방법인 TCP 세션을 통해 전송한다.
④ 신속한 파일의 전송을 원할 경우에는 FTP보다 훨씬 큰 효과를 얻을 수 있다.

TFTP는 빠른 전송을 위해 비연결 지향인 UDP 69번 포트를 이용한다. FTP가 TCP를 사용한다.

08 SNMP에 대한 설명으로 옳지 않은 것은?

① TCP를 이용하여 신뢰성 있는 통신을 한다.
② 네트워크 관리를 위한 표준 프로토콜이다.
③ 응용 계층 프로토콜이다.
④ RFC 1157에 규정되어 있다.

SNMP(Simple Network Managemnet Protocol)은 네트워크 장비 모니터링을 위해 UDP를 사용한다.

```
snmp          161/udp                      #SNMP
snmptrap      162/udp      snmp-trap       #SNMP trap
```

09 사설 IP 주소를 공인 IP 주소로 바꿔주는 데 사용하는 통신망의 주소 변환 기술로, 공인 IP 주소를 절약하고, 내부 사설망을 이용하여 인터넷에 연결하므로 보안을 강화할 수 있는 것은?

① DHCP   ② ARP
③ BOOTP   ④ NAT

NAT(Network Address Translation)는 부족한 공인 IP 문제를 해결하고 보안 관점에서 내부 네트워크 정보를 숨기기 위해 사용하는 기술이다.

10 다음 지문에 표기된 IPv6 주소는 요약된 표현이다. 보기 중 요약되기 전 상태는?

> 2000:AB:1::1:2

① 2000:00AB:0001:0000:0001:0002

② 2000:00AB:0001:0000:0000:0000:0001:
0002

③ 2000:AB00:1000:0000:1000:2000

④ 2000:AB00:1000:0000:0000:0000:1000:
2000

IPv6는 128비트로 구성되어 있고 16비트씩 8개 부분으로 구성되어 있다. 상위 0은 생략되어 있기 때문에 AB는 00AB, 1과 2는 각각 0001, 0002 이고 ::는 0000이 생략되어 있어 표시해주면 된다.

11 ICMP 메시지의 타입 번호와 설명으로 옳지 않은 것은?

① 타입 0: Echo Request(에코 요청)

② 타입 3: Destination Unreachable(목적지 도달 불가)

③ 타입 5: Redirect(경로 재지정)

④ 타입 11: Time Exceeded(시간 초과)

ICMP 메시지 타입 0은 Echo Reply(에코 응답), 타입 8이 Echo Request(에코 요청)이다.

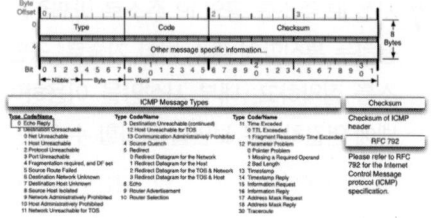

12 네트워크를 관리하는 Kim 사원은 스위치에 원격접속 시 Telnet을 이용하여 작업을 주로 진행하였지만 신규로 도입되는 스위치에는 SSH로 접속 방법을 교체하고자 한다. 다음 중 SSH의 특징으로 옳지 않은 것은?

① Telnet에 비하여 보안성이 뛰어나다.

② ssh1은 RSA 암호화를 사용한다.

③ ssh2는 RSA 외 더 다양한 키 교환 방식을 지원한다.

④ tcp/23번을 이용한다.

SSH는 22번 포트를 이용하고 Telnet이 23번 포트를 이용하는데 Telnet는 중요 정보를 평문 전송하기 때문에 보안 관점에서 사용하지 않아야 한다.

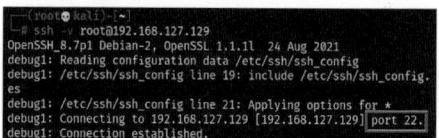

13 다음 보기 중에 RIP Routing Protocol에 대한 설명으로 옳지 않은 것은?

① 디스턴스 벡터(Distance Vector) 라우팅 프로토콜이다.

② 메트릭은 Hop Count를 사용한다.

③ 표준 프로토콜이기 때문에 대부분의 라우터가 지원한다.

④ RIPv1, RIPv2 모두 멀티캐스트를 이용하여 광고한다.

RIPv1은 자신의 라우팅 정보를 인접한 네트워크에 브로드캐스팅하며, RIPv2가 라우팅 정보 전달을 위해 멀티캐스트를 사용한다.

14 네트워크주소 210.212.100.0과 서브넷마스크 255.255.255.224인 네트워크에서 브로드캐스트주소는 무엇인가?

① 210.212.100.30
② 210.212.100.31
③ 210.212.102.32
④ 210.212.103.64

210.212.100.0은 C Class 주소이고 서브넷 마스크 네트워크 ID 할당은 다음과 같다.

11111111	11111111	11111111	111	00000
255	255	255	네트워크ID	호스트 ID

따라서 네트워크는 2^3=8개로 나누어져 있으며 각각의 주소는 다음과 같다.
1번 네트워크 210.212.100.0 ~ 210.212.100.31
2번 네트워크 210.212.100.32 ~ 210.212.100.63
3번 네트워크 210.212.100.64 ~ 210.212.100.95
4번 네트워크 210.212.100.96 ~ 210.212.100.127
5번 네트워크 210.212.100.128 ~ 210.212.100.159
6번 네트워크 210.212.100.160 ~ 210.212.100.191
7번 네트워크 210.212.100.192 ~ 210.212.100.223
8번 네트워크 210.212.100.224 ~ 210.212.100.255
이중 첫 번째 네트워크는 네트워크 자체 주소, 마지막 네트워크가 브로드캐스팅 주소 이므로 210.212.100.31.이 브로드캐스팅 주소에 해당한다.

15 IPv4 Address 중 네트워크 ID가 '127'로 시작하는 주소의 용도는?

① 제한적 브로드캐스트 주소
② B Class의 멀티캐스트 주소
③ C Class의 사설(Private) IP 주소
④ 루프백(Loopback) 주소

127.0.0.1은 루프백 주소이다.

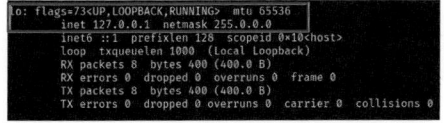

```
lo: flags=73<UP,LOOPBACK,RUNNING>  mtu 65536
    inet 127.0.0.1  netmask 255.0.0.0
    inet6 ::1  prefixlen 128  scopeid 0x10<host>
    loop  txqueuelen 1000  (Local Loopback)
    RX packets 8  bytes 400 (400.0 B)
    RX errors 0  dropped 0  overruns 0  frame 0
    TX packets 8  bytes 400 (400.0 B)
    TX errors 0  dropped 0 overruns 0  carrier 0  collisions 0
```

16 CSMA/CD의 특징으로 옳지 않은 것은?

① 충돌 도메인이 작을수록 좋다.
② 충돌이 발생하면 임의의 시간 동안 대기하므로 지연 시간을 예측하기 어렵다.
③ 네트워크상의 컴퓨터들이 데이터 전송을 개시하기 위해서는 반드시 '토큰'이라는 권한을 가지고 있어야 한다.
④ 컴퓨터들은 케이블의 데이터 흐름 유무를 감시하기 위해 특정 신호를 주기적으로 보낸다.

Carrier Sense Multiple Access / Collision Detection은 이더넷에서 사용하는 기술로 IEEE 802.3에 규정되어 있으며 다수의 Station이 동시에 데이터를 전송하려고 하는 경우 경쟁을 제어하기 위한 방식이다. 토큰 권한이 필요하진 않다.

17 RARP(Reverse Address Resolution Protocol)에 대한 설명 중 옳지 않은 것은?

① IP Address를 하드웨어 주소로 변환하기 위해서 사용한다.
② RFC 903에 명시되어 있고, RFC 951에 기술된 BOOTP에 의해 대체되고 있다.
③ 디스크를 소유하지 않으면 RARP를 이용하여 인터넷 주소를 먼저 알아내야 한다.
④ Ethernet, FDDI, Token Ring 등의 근거리 통신망에서 사용할 수 있는 프로토콜이다.

ARP가 논리적인 네트워크 주소(IP)에 해당하는 MAC 주소(하드웨어 주소)를 찾아주는 프로토콜이고, RARP는 MAC 주소에 해당하는 논리적인 네트워크 주소를 찾아주는 역할을 한다. 각각의 주소를 찾기위해 브로드캐스팅으로 Request를 하면 Response되는 유니캐스팅을 통해 주소를 찾는다.

18 패킷교환의 특징에 대한 설명 중 옳지 않은 것은?

① 패킷과 함께 오류 제어를 함으로서 고품질/고신뢰성 통신이 가능하다.
② 패킷을 전송 시에만 전송로를 사용하므로 설비 이용 효율이 높다.
③ 패킷 교환의 방식으로는 연결형인 가상회선방식과 비연결형인 데이터그램(Datagram) 두 가지가 있다.
④ 복수의 상대방과는 통신이 불가능하다.

패킷 교환은 현재 데이터 통신의 기본 방식으로 다수의 상대방과 데이터 전송이 가능하다.

19 프로토콜의 기본적인 기능 중 정보의 신뢰성을 부여하는 것으로, 데이터를 전송한 개체가 보낸 PDU(Protocol Data Unit)에 대한 애크널러지먼트(ACK)를 특정 시간 동안 받지 못하면 재전송하는 기능은?

① Flow Control
② Error Control
③ Sequence Control
④ Connection Control

데이터 전송 시 발생한 에러를 제어하는 기법인 Error Control은 수신 측에서 에러를 정정해 복구하는 FEC(Forward Error Correction) 기법과 수신 측에 재전송을 요구하는 BEC(Backward Error Correction) 기법이 있다.

20 데이터 전송 시 전송 매체를 통한 신호의 전달 속도가 주파수의 가변적 속도에 따라 왜곡되는 현상은?

① 감쇠 현상
② 지연 왜곡
③ 누화 잡음
④ 상호 변조 잡음

지연 왜곡은 전송 매체를 사용해서 전달되는 신호가 주파수에 따라 그 속도가 달라서 발생하는데, 주파수 중심 부근에서 전달 속도가 가장 높고 주파수 끝으로 갈수록 속도가 떨어진다. 즉, 지연 왜곡은 신호를 구성하는 주파수에 따라서 다른 속도를 갖는 문제이다.

21 OSI 7 Layer에서 Data Link 계층의 기능으로 옳지 않은 것은?

① 전송 오류 제어 기능
② Flow 제어 기능
③ Text의 압축, 암호 기능
④ Link의 관리 기능

Text 압축, 암호 기능은 6계층인 표현 계층에서 담당한다. MIME Type 인코딩이나 디코딩도 이 계층에서 이루어진다.

22 Bus 토폴로지(Topology)에 대한 설명으로 올바른 것은?

① 스타 토폴로지보다 네트워크를 구축하는 데 더 많은 케이블이 필요하기 때문에, 배선에 더 많은 비용이 소요된다.

② 각 스테이션이 중앙 스위치에 연결된다.

③ 터미네이터(Terminator)가 시그널의 반사를 방지하기 위하여 사용된다.

④ 토큰이라는 비트의 패턴이 원형을 이루며 한 컴퓨터에서 다른 컴퓨터로 순차적으로 전달된다.

버스형은 LAN에서 사용하는 네트워크 토폴로지로 버스의 끝에 터미네이터를 달아서 신호의 반사를 방지한다.

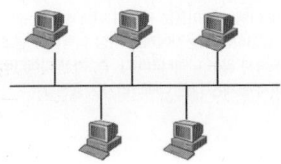

▲ 버스(BUS)형

23 프로토콜 계층 구조상의 기본 구성 요소 중 실체(Entity) 간의 통신 속도 및 메시지 순서를 위한 제어 정보는?

① 타이밍(Timing)

② 의미(Semantics)

③ 구문(Syntax)

④ 처리(Process)

프로토콜은 구문(Syntax), 의미(Semantics), 순서(Timing)로 구성되어 있고 Timing이 통신 속도와 메시지 순서 제어를 규정한다.

24 펄스 부호 변조(PCM)의 3단계 과정을 순서대로 올바르게 나열한 것은?

① 부호화 → 양자화 → 표본화

② 양자화 → 표본화 → 부호화

③ 부호화 → 표본화 → 양자화

④ 표본화 → 양자화 → 부호화

PCM은 표본화–양자화–부호화–복호화–여파화 과정으로 진행된다.

25 가상화의 장점과 거리가 먼 것은?

① 가용성이 향상된다.

② 자원을 효율적으로 사용 가능하다.

③ 시스템의 확장이 간단하게 가능하다.

④ 물리적인 구성을 통해 통신 흐름을 파악할 수 있다.

가상화는 자원 활용의 효율성을 높이기 위해 물리적 인프라를 논리적으로 나누어 사용하는 기술이다.

26 다음 지문에서 ( ) 안에 들어갈 기술로 옳은 것은?

> ( )은/는 인터넷과 같이 여러 사람이 공용으로 사용하는 공중망을 특정인이나 조직이 단독으로 사용하는 사설망처럼 동작시키는 것을 말한다. ( )을/를 이용하면 본사와 지사 간의 네트워크를 전용선으로 구축하는 것에 비해 훨씬 적은 비용으로 유지할 수 있다.

① VPN

② NAT

③ PPP

④ PPPoE

VPN은 인증과 암호화를 통하여 안전하게 데이터를 송수신할 수 있게 하는 보안 솔루션으로 VPN을 접속한 후에 VPN을 계속적으로 사용해서 통신하는 것이다. VPN의 핵심은 터널링이라는 기법을 통해서 안전하게 데이터를 송수신하는 것이다.

27 다음 설명은 홈네트워크를 구축하기 위해서 사용되는 기술이다. (A), (B), (C)에 들어갈 적합한 용어를 순서대로 나열한 것은 무엇인가?

> – (A)은/는 통신설비를 추가로 설치할 필요 없이 기존에 있는 전화선을 이용하여 통신망을 구축하는 기술이다. 한 쌍의 전화선을 이용하여 음성과 데이터를 분리하여 동시 사용 가능하며, 음성전화를 위한 별도의 장치가 필요 없다. (A) 1.0은 최대 1Mbps의 속도를 제공하며, (A) 2.0은 최대 10Mbps의 속도를 제공한다.
> – (B)의 기술은 기존의 전력선을 기반으로 추가적인 데이터 회선 없이 통신을 지원하는 기술이다. 이는 추가 통신선로의 필요성이 없으나, 전력선을 매체로 활용하다 보니 잡음에 민감하고, 통신속도도 상대적으로 느려서 현재는 거의 사용되지 않으며, 일부 원격 검침 등의 한정된 애플리케이션에서 사용된다.
> – (C)은/는 현재 가장 널리 사용되는 기술로, IEEE802.11을 기반으로 한 데이터 통신 전용 네트워크이다. 지원하는 단말 장치의 증가로 기존의 Home network에 사용되던 기술을 빠르게 대체하고 있다.

① HomePNA – PLC(Power Line Communication) – WiFi/Wireless LAN
② Ethernet – ZigBee – WiFi/Wireless LAN
③ HomePNA – PLC(Power Line Communication) – Bluetooth
④ HomePNA – PLC(Power Line Communication) – ZigBee

- HomePNA(Phoneline Networking Alliance)는 적은 비용으로 Home 통신장비를 이용하여 하나의 네트워크를 구성하는 기술이다.
- PLC는 전원을 공급하는 AC 또는 DC 선을 이용하여 전원공급과 데이터 전송을 함께하는 통신 방식이다.
- WiFi는 현재 무선 네트워크에서 가장 널리 사용하는 기술이다.

3과목 NOS

28 Windows Server 2016에서 IIS 관리자의 기능으로 옳지 않은 것은?

① 웹 사이트의 기본 웹 문서 폴더를 변경할 수 있다.
② 기본 웹 문서를 추가하거나 기본 웹 문서들의 우선순위를 조정할 수 있다.
③ 가상 디렉터리의 이름은 실제 경로의 이름과 동일하게 해야 한다.
④ 디렉터리 검색 기능을 활성화하면 기본 문서가 없을 때 파일들의 목록이 나타난다.

가상 디렉터리는 실제 디렉터리 이름을 감추기 위해서 만든 것으로 IIS에서 가상 디렉터리를 설정하면 사용자에게는 가상 디렉터리 정보가 보여지지만 실제로는 존재하지 않는 디렉터리이다. 즉, 가상 디렉터리와 실제 디렉터리가 매핑 되어서 실제는 다른 디렉터리가 사용된다.

29 Windows Server 2016에서 FTP 사이트 구성 시 옳지 않은 것은?

① IIS 관리자를 통해 웹 사이트에 FTP 기능을 추가할 수 있다.
② 특정 사용자별로 읽기와 쓰기 권한 조절이 가능해 익명 사용자도 쓰기가 가능하다.
③ 폴더에 NTFS 쓰기 권한이 없더라도 FTP 쓰기 권한이 있으면 쓰기가 가능하다.
④ 특정 IP 주소나 서브넷에서의 접속을 허용하거나 막을 수 있다.

윈도우 공유폴더에 쓰기 권한이 없으면 FTP 쓰기도 불가능하다.

30 Windows Server 2016에서 로컬 사용자 계정 관리에 대한 설명으로 옳지 않은 것은?

① 보안을 위해 관리자 계정인 Adminis-trator라는 이름을 바꿀 수 있다.
② 관리자도 알 수 없도록 새 사용자의 암호를 첫 로그인 시 지정하도록 할 수 있다.
③ 장기 휴직인 사용자의 계정은 "계정 사용 안 함"을 통해 휴면 계정화 할 수 있다.
④ 삭제한 계정과 동일한 사용자 이름의 계정을 생성하면 삭제 전 권한을 복구할 수 있다.

윈도우 로컬 계정 관리는 삭제 후 동일한 이름으로 생성해도 권한을 새로 부여해야 한다.

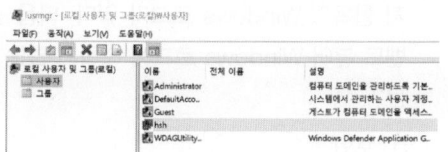

31 Windows Server 2016에서 한 대의 물리적인 서버에 여러 개의 운영체제를 설치하여 가상의 컴퓨터와 리소스를 만들고 관리하는 데 사용할 수 있는 서비스로서, 컴퓨터에서 동시에 여러 운영체제를 실행하여 사용할 수 있는 것을 무엇이라고 하는가?

① Hyper-V
② 액티브 디렉터리
③ 원격 데스크톱 서비스
④ 분산 파일 서비스

Hyper-V는 윈도우의 대표적인 가상머신 기능으로 한 대의 호스트 OS 내에 다수의 게스트 OS 및 서비스를 설치하여 자원 활용의 효율성을 높여준다. 해당 기능을 사용하기 위해서는 Hyper-V를 활성화 시켜주어야 한다.

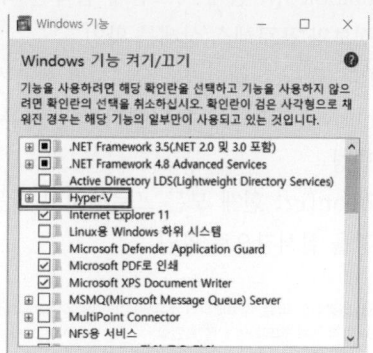

32 Linux에서 사용되는 'free' 명령어에 대한 설명 중 올바른 것은?

① 사용 중인 메모리, 사용 가능한 메모리 용량을 알 수 있다.
② 패스워드 없이 사용하는 유저를 알 수 있다.
③ 디렉터리의 사용량을 알 수 있다.
④ 사용 가능한 파일 시스템의 양을 알 수 있다.

Free 명령어로 메모리와 Swap 공간까지 확인이 가능하다.

33 다음 중 Linux의 기본 명령어와 용도가 올바른 것은?

① nslookup: 현재 시스템에 접속한 사용자 정보와 프로세스 상태를 확인
② file: 해당 디렉터리를 삭제하고 새로 생성
③ chown: 파일이나 디렉터리의 소유권을 변경
④ ifconfig: 현재 모든 프로세서의 작동 상황을 실시간으로 확인

chown 명령어로 파일, 디렉터리의 소유권을 변경할 수 있다. Nslookup은 도메인 주소를 질의하면 IP를 확인할 수 있는 명령어이고, File은 해당 파일이 어떤 파일이 확인하는 명령어이다. Ifconfig는 현재 IP와 네트워크 정보를 확인하는 명령어이다.

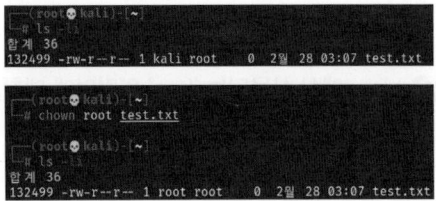

34 Linux 시스템에서 디렉터리를 생성하는 명령어는?

① mkdir   ② rmdir
③ grep   ④ find

mkdir 명령어로 디렉터리를 생성할 수 있다.

35 TCP 3Way-HandShaking 과정 중 클라이언트가 보낸 연결 요청에서 패킷을 수신한 서버는 LISTEN 상태에서 무슨 상태로 변경되는가?

① SYN_SENT
② SYN_RECEIVED
③ ESTABLISHED
④ CLOSE

클라이언트로부터 Syn 패킷을 받으면 서버는 Syn_Received 상태가 된다.

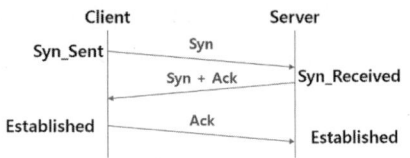

36 서버 담당자 Park 사원은 Windows Server 2016에서 시스템을 감시하고자 이벤트뷰어 서비스를 점검하려 한다. Windows Server 2016 이벤트 뷰어에는 시스템을 감시하는 4가지 항목의 Windows 로그가 있다. 다음 중 이벤트 뷰어 Windows 로그에 속하지 않는 항목은?

① 보안
② Setup
③ 시스템
④ 사용자 권한

이벤트 뷰어는 eventvwr 명령어로 확인이 가능한데 사용자 권한은 윈도우 로그에 속하지 않는다.

정답   33 ③   34 ①   35 ②   36 ④

37 서버 담당자 Park 사원은 Windows Server 2016에서 폴더에 저장할 수 있는 용량을 제한하고, 특정한 파일의 유형은 업로드하지 못하도록 설정하고자 한다. 이러한 설정을 통해서 서버 담당자는 좀 더 유연하고 안전한 파일서버를 구축할 수 있게 된다. 다음 중 서버 담당자가 구축해야 할 적절한 서비스는 무엇인가?

① FSRM(File Server Resource Manager)
② FTP(File Transfer Protocol)
③ DFS(Distribute File System)
④ Apache Server

파일 서버는 특정 계정에 대한 사용량을 조정함으로써 할당량을 관리할 수 있고 불필요한 실행 파일의 업로드를 제한하는 기능이 있다.

38 Windows Server 2016에서 EFS(Encrypting File System) 대한 설명으로 옳지 않은 것은?

① 파일을 암호화하기 위해서는 지정된 파일에 대한 '파일 속성' 중 '고급'을 선택하여 '데이터 보호를 위한 내용을 암호화' 선택한다.
② 파일 암호화 키가 없는 경우 암호화된 파일의 이름을 변경할 수 없고 내용도 볼 수 없지만 파일 복사는 가능하다.
③ 백업된 파일 암호화 키가 있는 경우 인증서 관리자(certmgr.msc)를 통해 인증서 키를 '가져오기'하여 암호화된 파일을 열 수 있다.
④ 파일 암호화 키 백업을 하여 암호화된 파일에 영구적으로 액세스하지 못하게 되는 것을 방지할 수 있다. 암호화 키 백업은 주로 다른 컴퓨터나 USB 메모리 등의 별도로 저장할 것을 권장한다.

• EFS는 파일의 암호화 시 키를 사용하고 해당 파일의 소유자는 읽기, 실행 권한을 가지게 된다.
• 키가 없는 경우 삭제뿐만 아니라 복사 기능에 제한을 가지게 되므로 EFS 사용 시에는 반드시 키를 백업해 두어야 한다.

39 Linux 시스템에서 'ls'라는 명령어 사용법을 알아보는 명령어로 올바른 것은?

① cat ls   ② man ls
③ ls man   ④ ls cat

man과 원하는 명령어를 치면 해당 명령어에 대한 매뉴얼이 자세하게 제공된다.

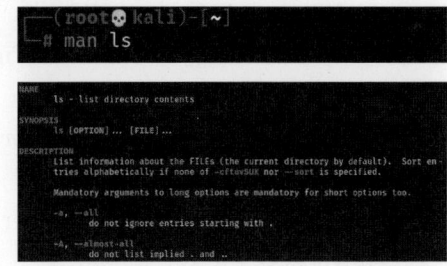

40 서버 담당자 Park 사원은 Windows Server 2016에서 Active Directory를 구성 중에 있다. 이때 한 도메인 안에서 세부적인 단위로 나누어 관리부, 회계부, 기술부 등의 부서로 구성하고자 한다. 서버 담당자가 설정해야 하는 항목은 무엇인가?

① DC(Domain Controller)
② RDC(Read Only Domain Controller)
③ OU(Organizational Unit)
④ Site

AD에서 도메인을 세분화하여 나누는 단위는 OU이다. 도메인이란 하나의 도메인 컨트롤러(DC)가 인증할 수 있는 최대 범위이며, 도메인은 트리구조로서 상위 Forest부터 Tree, 도메인, OU, Object 순으로 구성되어 있다.

41 네트워크 담당자 Kim 사원은 'www.icqa. or.kr'의 IP 주소를 이 파일에 저장하여 사이트 접속 시 빠르게 실행하고자 한다. 각각의 컴퓨터에는 IP 주소와 그에 해당하는 컴퓨터 이름을 저장해 놓는 파일이 있다. 이 파일의 저장경로와 파일명으로 올바른 것은?

① C:₩Windows₩System32₩hosts

② C:₩Windows₩System32₩config₩ hosts

③ C:₩Windows₩System32₩drivers₩ hosts

④ C:₩Windows₩System32₩drivers₩ etc₩hosts

hosts 파일은 DNS가 질의를 할 때 가장 먼저 참조하는 파일이며 우리가 전화번호를 기록해 놓은 수첩이라고 보면 된다. 윈도우에서 hosts 파일의 경로는 다음과 같다.

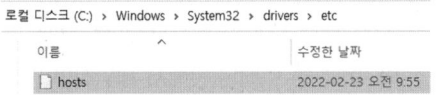

로컬 디스크 (C:) › Windows › System32 › drivers › etc	
이름 ^	수정한 날짜
hosts	2022-02-23 오전 9:55

42 서버 담당자 Park 사원은 1대의 서버가 아니라 여러 대의 웹 서버를 운영해서, 웹 클라이언트가 서비스를 요청할 경우에 교대로 서비스를 실행하는 방법으로 웹 서버의 부하를 여러 대가 공평하게 나눌 수 있도록 설계하고자 한다. 이에 적절한 서비스 방식을 무엇이라 하는가?

① Round Robin

② Heartbeat

③ Failover Cluster

④ Non-Repudiation

Round Robin은 선점형 스케줄링의 한 방법인데, 컴퓨터 자원을 프로세스들에게 공정하게 할당하는 방법으로 각 서비스(프로세스)에게 일정한 시간을 할당하고 주어진 시간이 경과하면 다른 프로세스에 시간을 할당하는 방식이다.

43 Linux의 VI 편집기를 이용하여 파일의 내용을 수정할 때, 다음 내용을 만족하는 치환명령문은 무엇인가?

> - 10행부터 20행까지 내용 중 'old' 문자열을 'new' 문자열로 수정한다.
> - 각 행에 'old' 문자열에 여러 개가 있더도 전부 수정한다.

① :10,20s/old/new

② :10,20s/old/new/g

③ :10,20r/old/new

④ :10,20r/old/new/a

VI 편집기를 사용하기 위해서는 콜론(:)을 입력하고 '변경할 시작과 끝 행s/기존문자/변경문자/전부 변경을 원할 시 g' 옵션을 주면 되므로 ':10,20s/old/new/g'처럼 명령어를 입력하면 된다.

44 'netstat' 명령어에 사용하는 옵션 설명에 대해 옳지 않은 것은?

① -r: 라우팅 테이블을 표시한다.

② -p: PID와 사용중인 프로그램명을 출력한다.

③ -t: 연결된 이후에 시간을 표시한다.

④ -y: 모든 연결에 대한 TCP 연결 템플릿을 표시한다.

netstat는 네트워크 상태를 확인하는 명령어이며 -t 옵션은 tcp에 대한 상태를 보여준다.

45 Windows Server 2016의 원격접속 서버 구축에 대한 설명으로 옳지 않은 것은?

① 텔넷 서버는 전통적으로 사용되어 온 원격접속방법이며, 보안에 취약하기에 단독으로 사용하지 않는 추세이다.

② SSH 서버는 텔넷 서버와 원격관리 방법의 거의 유사하나 데이터 전송 시 암호화를 진행한다.

③ 원격 데스크톱 서비스는 그래픽 모드로 원격관리를 지원하여 효과적이고 편리하다. 그러나 원격 데스크톱 서비스는 동시에 2대 이상 접속할 수 없다.

④ 파워쉘(PowerShell) 원격접속은 Core로 설치한 윈도우 서버에 별도 외부 프로그램을 설치하지 않고, 보안과 빠른 속도를 보장하는 원격접속 방법이다.

윈도우 서버 2016 원격 데스크톱 서비스는 그래픽 모드로 원격관리를 지원하고 동시 로그온 처리도 가능하다.

4과목 네트워크 운용기기

46 사람의 머리카락 굵기만큼의 가는 유리 섬유로, 정보를 보내고 받는 속도가 가장 빠르고 넓은 대역폭을 갖는 것은?

① Coaxial Cable

② Twisted Pair

③ Thin Cable

④ Optical Fiber

광케이블(Optical Fiber)은 가늘고 얇지만 대용량 데이터의 고속 전송이 가능하다.

47 링크 상태 라우팅(Link State Routing)의 설명으로 옳지 않은 것은?

① 각 라우터는 인터네트워크상의 모든 라우터와 자신의 이웃에 대한 지식을 공유한다.

② 각 라우터는 정확히 같은 링크 상태 데이터베이스를 갖는다.

③ 최단 경로 트리와 라우팅 테이블은 각 라우터마다 다르다.

④ 각 라우터 간 경로의 경비는 홉 수로 계산한다.

패킷이 목적지까지는 가는 경로를 결정하는 것을 라우팅이라고 하는데 크게 링크 상태 알고리즘과 거리 벡터(Distance Vector)으로 구분할 수 있다. 각 라우터 간의 홉수로 거리를 계산하는 라우팅 알고리즘인 RIP는 거리 벡터 라우팅의 한 종류이다.

48 게이트웨이(Gateway)의 역할로 올바른 것은?

① 전혀 다른 프로토콜을 채용한 네트워크 간의 인터페이스이다.

② 트위스트 페어 케이블 사용 시 이용되는 네트워크 케이블 집선 장치이다.

③ 케이블의 중계점에서 신호를 전기적으로 증폭한다.

④ 피지컬 어드레스의 캐시 테이블을 갖는다.

게이트웨이는 다른 네트워크 간 연결 인터페이스 역할을 수행한다.

49 Repeater에 대한 설명으로 옳지 않은 것은?

① 전자기 또는 광학 전송 매체상에서 신호를 수신하여 신호를 증폭한 후 다음 구간으로 재전송하는 장치를 말한다.

② 전자기장 확산이나 케이블 손실로 인한 신호 감쇠를 보상해 주기 때문에 여러 대의 Repeater를 써서 먼 거리까지 데이터를 전달하는 것이 가능하다.

③ 근거리 통신망을 구성하는 세그먼트들을 확장하거나 서로 연결하는 데 주로 사용한다.

④ 네트워크를 확장하면서 충돌 도메인을 나누어 줄 수 있는 장비가 필요한데 이럴 때 Repeater를 사용하여 충돌 도메인을 나누어 네트워크의 성능을 향상시킨다.

충돌 도메인은 CSMA/CD에서 사용하는 다원 접속 기술이며 이더넷에서 사용한다.

50 라우터에서 'show running-config'란 명령어로 내용을 확인할 수 있는 것은?

① ROM ② RAM
③ NVRAM ④ FLASH

running-config는 라우터의 휘발성 데이터를 확인하는 명령어로 RAM에 있는 값을 확인할 때 사용한다. RAM에 설정된 값을 NVRAM에 저장하기 위해서는 copy running-config startup-config, 또는 간단히 copy r s 명령어로 재부팅하여도 값이 변하지 않게 설정할 수 있다.

2급	시행 일자	소요 시간	문항 수
	2020년 11월	총 50분	총 50문항

수험번호 : _____

성　　명 : _____

▶합격 강의

1과목　TCP/IP

01 호스트의 IP Address가 '200.221.100.152'일 때 해당하는 Class는?

① A Class

② B Class

③ C Class

④ D Class

IPv4는 A, B, C, D, E Class별 주소체계를 가지고 있다.
- A Class: 0.0.0.0 ~ 127.255.255.255
- B Class: 128.0.0.0 ~ 191.255.255.255
- C Class: 192.0.0.0 ~ 223.255.255.255
- D Class: 224.0.0.0 ~ 239.255.255.255
- E Class: 240.0.0.0 ~ 255.255.255.255

02 C Class의 네트워크 주소가 '192.168.10.0'이고, 서브넷 마스크가 '255.255.255.240'일 때, 최대 사용 가능한 호스트 수는?(단, 네트워크 주소와 브로드캐스트 호스트는 제외한다.)

① 10개

② 14개

③ 26개

④ 32개

서브넷이 255.255.255.240을 그림으로 표시해 보면 다음과 같다. 네 번째 옥텟 호스트 ID 부분이 사용 가능한 호스트 수이므로 $2^3+2^2+2^1+2^0=16$이다. 여기서 네트워크 주소와 브로드캐스트 주소를 제외하면 14개가 할당 가능한 호스트 수이다.

1 1 1 1 1 1 1 1	1 1 1 1 1 1 1 1	1 1 1 1 1 1 1 1	1 1 1 1 0 0 0 0
255	255	255	네트워크ID　호스트 ID

03 IPv6 헤더 형식에서 네트워크 내에서 데이터그램의 생존 기간과 관련되는 필드는?

① Version

② Priority

③ Next Header

④ Hop Limit

Hop Limit는 IPv4의 TTL과 같이 라우터를 통과할 때마다 줄어드는 카운터라고 보면 된다. Version은 IPv4, 6 여부, Priority는 IPv4의 ToS 역할, Next Header는 확장 헤더이다.

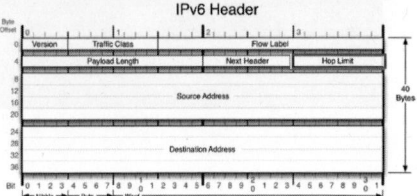

04 UDP 헤더에 포함이 되지 않는 항목은?

① 확인 응답 번호(Acknowledgment Number)

② 소스 포트(Source Port) 주소

③ 체크섬(Checksum) 필드

④ 목적지 포트(Destination Port) 주소

UDP 헤더는 단순하다. ACK는 TCP 헤더에 있는 Flags이다.

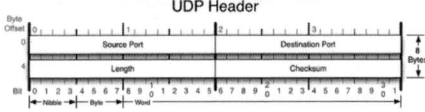

---

05 ICMP의 Message Type 필드의 유형과 질의 메시지 내용을 나타낸 것이다. 타입에 대한 설명으로 옳지 않은 것은?

① 3 – Echo Request 질의 메시지에 응답하는 데 사용된다.

② 4 – 흐름 제어 및 폭주 제어를 위해 사용된다.

③ 5 – 대체 경로(Redirect)를 알리기 위해 라우터에 사용한다.

④ 17 – Address Mask Request 장비의 서브넷 마스크를 요구하는 데 사용된다.

ICMP Type 3은 Destination Unreachable로 패킷이 목적지에 도달할 수 없을 경우의 메시지이며, Echo Request는 Type 8이다.

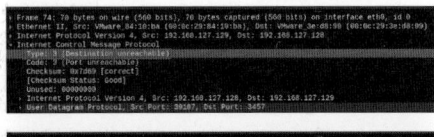

06 서버 내 서비스들은 서로가 다른 문을 통하여 데이터를 주고받는데 이를 포트라고 한다. 서비스에 따른 기본 포트번호로 옳지 않은 것은?

① FTP – 21

② Telnet – 23

③ SMTP – 25

④ WWW – 81

www는 http 서비스에서 80 포트를 사용한다.

`http          80/tcp          www`

07 TCP/IP에서 Unicast의 의미는?

① 메시지가 한 호스트에서 다른 여러 호스트로 전송되는 패킷

② 메시지가 한 호스트에서 다른 한 호스트로 전송되는 패킷

③ 메시지가 한 호스트에서 망상의 다른 모든 호스트로 전송되는 패킷

④ 메시지가 한 호스트에서 망상의 특정 그룹 호스트들로 전송되는 패킷

IPv4에서 사용하는 패킷 전송 방식은 유니캐스트, 멀티캐스트, 브로드캐스트가 있는데 유니캐스트는 호스트 간 1:1 전송이라고 보면 된다. 멀티캐스트는 1:특정 그룹, 브로드캐스트는 1:다 패킷 전송이다.

08 IP 데이터그램 헤더 구조의 Field Name으로 옳지 않은 것은?

① Destination IP Address

② Source IP Address

③ Port Number

④ TTL(Time to Live)

IP 헤더 포함 항목은 아래의 이미지와 같다. Port Number는 TCP, UDP 헤더에 있는 내용이다.

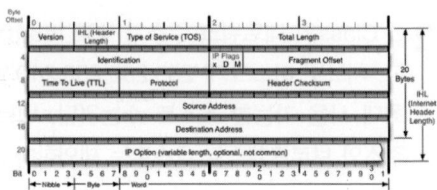

09 OSI 7계층의 통신 계층별 PDU(Protocol Data Unit)의 명칭으로 올바른 것은 무엇인가?

① 7계층: 세그먼트

② 4계층: 패킷

③ 3계층: 비트

④ 2계층: 프레임

OSI 계층별 PDU는 1계층: 비트, 2계층: 프레임, 3계층: 패킷, 4계층: 세그먼트, 5~7계층: 메시지이다.

10 다음의 응용 계층 프로토콜 중에 전송 계층의 프로토콜 TCP, UDP를 모두 사용하는 프로토콜은 무엇인가?

① FTP
② SMTP
③ DNS
④ SNMP

DNS는 주로 UDP 53번 포트를 사용하지만 TCP도 사용할 수 있다.

```
domain      /tcp              # Domain Name Server
domain      /udp
```

11 DNS 서버가 호스트 이름을 IP Address로 변환하는 역할을 수행하도록 설정하는 것은?

① 정방향 조회
② 역방향 조회
③ 양방향 조회
④ 영역 설정

호스트 이름으로 질의했을 때 IP를 응답해 주는 것을 정방향 조회라고 하고, IP로 질의했을 때 호스트 이름을 응답해 주는 것을 역방향 조회 (PTR) 라고 한다.

12 NMS(Network Management Solution)을 운영하기 위해서 반드시 필요하며, 각종 네트워크 장비의 Data를 수집하고 대규모의 네트워크를 관리하기 위해 필요한 프로토콜은?

① Ping
② ICMP
③ SNMP
④ SMTP

SNMP(Simple Network Management Protocol)은 MIB(Management Information Base)를 이용하여 네트워크 장치들을 모니터링하는 프로토콜이다.

13 'B Class'를 6개7의 네트워크로 구분하여 사용하고 싶을 때, 가장 적절한 서브넷 마스크 값은?

① 255.255.224.0
② 255.255.240.0
③ 255.255.248.0
④ 255.255.255.0

B Class 기본 서브넷은 255.255.0.0이다. 세 번째 옥텟의 네트워크 ID 부분을 필요한 네트워크 개수만큼 할당해 주면 된다. 6개의 네트워크가 필요하기 때문에 네트워크 ID 세자리를 1로 마스킹 해주면 $2^7+2^6+2^5=224$ 이다.

14 TCP와 IP의 기능으로 옳지 않은 것은?

① 흐름 제어(Flow Control)
② 단편화(Fragmentation)
③ 압축화(Compression)
④ 오류 제어(Error Control)

압축과 인코딩, 디코딩, 암호화는 6계층인 표현 계층에서 담당한다.

15 UDP 헤더의 필드들에 대한 설명으로 올바른 것은?

① Source Port: 출발지의 포트번호를 표시한다. 출발지가 클라이언트일 경우 일반적으로 1024 미만으로 설정된다.
② Destination Port: 목적지의 포트번호를 표시한다. 목적지가 서버일 경우 일반적으로 1024 이상으로 설정된다.
③ Length: 헤더의 길이를 바이트 단위로 표시한다.
④ Checksum: 헤더와 데이터의 에러를 확인하기 위한 필드이다.

체크섬(Checksum)은 데이터가 전송 도중에 문제가 생기지 않았음을 보장하는 역할을 한다.

16 인터넷에서 전자우편(E-mail)을 보낼 때 사용하는 프로토콜은?

① Telnet
② FTP
③ SMTP
④ NNTP

Mail 관련된 프로토콜은 SMTP이며 25번 포트를 사용한다. 서비스는 리눅스의 /etc/services에서 확인 가능하다.

`smtp          25/tcp          mail`

17 MAC Address를 IP Address로 변환시켜 주는 Protocol은?

① RARP
② ARP
③ TCP/IP
④ DHCP

RARP는 MAC 주소에 해당하는 IP 주소(논리적인 네트워크 주소)를 찾아주는 프로토콜이고, ARP는 IP 주소에 해당하는 MAC 주소(물리적인 네트워크 주소)를 찾아주는 프로토콜이다.

2과목 네트워크 일반

18 두 스테이션 간 하나의 회선(전송로)을 분할하여 개별적으로 독립된 신호를 동시에 송·수신할 수 있는 다수의 통신 채널을 구성하는 기술은?

① 데이터 전송(Data Transmission)
② 디지털 데이터 통신(Digital Data Communication)
③ 데이터 링크 제어(Data Link Control)
④ 다중화(Multiplexing)

두 스테이션 간 통신을 할 때 회선 사용의 효율성을 높이기 위해 하나의 회선을 동시에 사용하는데 이를 다중화라 한다.

19 데이터 흐름 제어(Flow Control)와 관련 없는 것은?

① Stop and Wait
② XON/XOFF
③ Loop/Echo
④ Sliding Window

Stop and Wait는 Backward Error Correction 기법이고, XON/XOFF는 데이터의 흐름을 On/Off하는 기법, 그리고 Sliding Window는 수신받을 수 있는 버퍼의 크기를 확인하면서 데이터를 전송하는 기법으로 모두 흐름 제어와 관련이 있다.

20 OSI 7 Layer 중 논리 링크 제어(LLC) 및 매체 액세스 제어(MAC)를 사용하는 계층은?

① 물리 계층
② 데이터링크 계층
③ 네트워크 계층
④ 응용 계층

2계층인 데이터링크 계층에서 하드웨어 주소 값인 MAC을 사용한다.

21 OSI 7 Layer의 전송 계층에서 동작하는 프로토콜들만으로 구성된 것은?

① ICMP, NetBEUI
② IP, TCP
③ TCP, UDP
④ NetBEUI, IP

4계층인 전송 계층에서 TCP, UDP가 있으며 TCP는 신뢰성 있는 연결 지향형이고 UDP는 비연결 지향형이다.

22 네트워크의 구성(Topology)에서 성형(Star)에 관한 설명으로 옳지 않은 것은?

① point-to-point 방식으로 회선을 연결한다.

② 단말 장치의 추가와 제거가 쉽다.

③ 하나의 단말 장치가 고장 나면 전체 통신망에 영향을 줄 수 있다.

④ 각 단말 장치는 중앙 컴퓨터를 통하여 데이터를 교환한다.

성형 토폴로지는 중앙의 마스터 노드에 모든 단말이 연결된 구조로 모든 단말은 중앙의 마스터를 통해서 통신이 이루어진다. 따라서 개별 노드가 고장 나도 전체 통신망에는 영향이 없다.

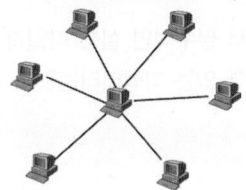

▲ 성형(Star) 토폴로지

23 다음 중 VPN 터널링의 종류로 옳지 않은 것은?

① L2F

② L2TP

③ NAT

④ PPTP

NAT는 터널링이 아니라 한 개의 공인 IP로 다수의 내부 사설 IP를 구성하여 부족한 공인 IP 문제를 해결하고, 내부 네트워크를 보호하는 역할을 하는 기술이다.

24 전송 매체를 통한 데이터 전송 시 거리가 멀어질수록 신호의 세기가 약해지는 현상은?

① 감쇠 현상　　② 상호변조 잡음

③ 지연 왜곡　　④ 누화 잡음

신호가 약해지는 현상을 감쇠 현상이라고 하며, 1계층 장비 중 리피터는 트래픽상에서 신호 재생과 증폭을 통해 유효 거리를 확장해주는 역할을 한다.

25 네트워크를 관리하는 Kim 사원은 보다 효율적인 관리를 위해서 부산 지사의 네트워크를 Subnetting하였다. Kim 사원이 실시한 Subnetting의 이유와 그 결과로 옳지 않은 것은?

① host 수량에 맞는 IP의 재분배를 위함

② IP를 효율적으로 사용하여 낭비를 막기 위함

③ Subnetting을 많이 하여 IP 수량을 늘리기 위함

④ 네트워크를 분리하여 보안성 강화를 위함

Subnetting은 네트워크를 효율적으로 관리하기 위함이지 전체 IP 수량을 늘리기 위함이 아니다.

26 다음 설명의 (A)에 들어갈 알맞은 용어는 무엇인가?

(A)은/는 네트워크에 참여하는 모든 사용자가 모든 거래 내역의 데이터를 분산, 저장하는 데이터 분산 처리 기술이다. (A)은/는 개인과 개인의 거래(P2P)의 데이터가 기록되고, 이러한 기록들은 형성된 후 시간이 흐름에 따라서 순차적으로 연결된 구조를 가지게 된다. (A)에서는 모든 사용자가 거래 내역을 보유하고 있어 거래 내역을 확인할 때는 모든 사용자가 보유한 장부를 대조하고 확인해야 한다.

① FinTech

② Big data

③ Data mining

④ Block chain

Block chain은 암호기술을 사용하여 네트워크 분산 거래 원장을 처리하는 기술이다.

27 다음에 (A)에 들어갈 알맞은 용어는 무엇인가?

> (A)는 엑세스 포인트 없이도 무선 LAN 카드를 장착한 단말기들 간에 전송 링크의 구성이 가능하다. (A)는 중계 기능을 담당하는 노드가 없으므로 통신 가능한 거리가 지극히 제한적이다. (A)에 참여할 모든 단말의 SSID를 동일하게 설정하여야 한다. (A)에서는 하나의 무선 통신 채널만을 사용하므로, 모든 단말기들이 같은 통신 채널을 사용하도록 지정해 주어야 한다.

① Ad-hoc network
② Wireless mesh network
③ Virtual private network
④ Wireless sensor network

무선 AP없이 무선랜 카드끼리 작은 네트워크 그룹을 형성해 통신하는 기술을 Ad-hoc이라 한다.

3과목 NOS

28 Linux 명령어 중 현재 디렉터리에서 바로 상위 디렉터리로 이동하는 명령어는?

① cd..
② cd ..
③ cd .
④ cd ~

change directory 명령어로 한 칸 띄고 '..'를 입력하면 상위 디렉터리로 이동하는 명령어다. '.'은 현재 디렉터리로 이동한다.

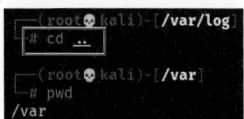

29 Linux 시스템에 새로운 사용자를 등록하려고 한다. 유저 이름은 'network'로 하고, 'icqa'라는 그룹에 편입시키는 명령은?

① useradd −g icqa network
② useradd network
③ userdel −g icqa network
④ userdel network

리눅스에서 사용자를 생성할 때 useradd 명령어를 사용하는데 옵션을 주어 세부 설정을 할 수 있다. 사전에 icqa라는 그룹을 생성해 두고 −g [그룹명] [유저명]을 입력하면 된다.

30 Linux 시스템에서 필수적인 실행 파일과 기본 명령어가 포함되어 있는 디렉터리는?

① /boot
② /etc
③ /bin
④ /lib

• /bin에 필수적인 실행 파일과 기본 명령어가 포함되어 있다.

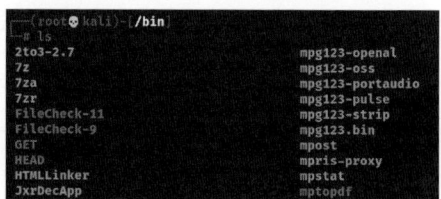

• /boot에는 부팅에 필요한 정보, /etc에는 시스템 환경 설정 파일, /lib에는 커널 모듈과 프로그램 실행을 지원해 주는 라이브러리가 저장되어 있다.

31 Linux 시스템에 좀비 프로세스가 많이 생겨 시스템을 재부팅하려고 한다. 현재 Linux 시스템에 접속해 있는 사용자에게 메시지를 전달하고, 5분 후에 시스템을 재부팅시키는 명령어는?

① shutdown −r now 'Warning! After 5 minutes will be system shutdown!!'
② shutdown now 'Warning! After 5 minutes will be system shutdown!!'
③ shutdown −r +5 'Warning! After 5 minutes will be system shutdown!!'
④ shutdown +5 'Warning! After 5 minutes will be system shutdown!!'

---

shutdown 명령어와 옵션으로 시스템을 재부팅할 수 있는 재시작 옵션은 −r이고 이후 시간을 설정하거나 now 명령어로 즉시 재부팅을 실행할 수 있다.

32 Windows Server 2016의 DNS 서버에서 정방향 조회 영역 설정에서 SOA 레코드의 각 필드에 대한 설명으로 옳지 않은 것은?

① 일련번호: 해당 영역 파일의 개정 번호다.
② 주 서버: 해당 영역이 초기에 설정되는 서버다.
③ 책임자: 해당 영역을 관리하는 사람의 전자 메일 주소다. webmaster@icqa.or.kr 형식으로 기입한다.
④ 새로 고침 간격: 보조 서버에게 주 서버의 변경을 검사하기 전에 대기하는 시간이다.

SOA 레코드에서 책임자의 메일 주소는 도메인 형식으로 기입한다.

33 Windows Server 2016 DHCP 서버의 주요 역할의 설명으로 맞는 것은?

① 동적 콘텐츠의 HTTP 압축을 구성하는 인프라를 제공한다.
② TCP/IP 네트워크에 대한 이름을 확인한다.
③ IP 자원의 효율적인 관리 및 IP 자동 할당한다.
④ 사설 IP 주소를 공인 IP 주소로 변환해 준다.

DHCP(Dynamic Host Configuration Protocol)는 자동으로 IP를 할당해 주는 역할을 한다.

34 아파치 웹 서버의 서버 측 에러 메시지 내용으로 맞는 것은?

① 502(Service Unavailable): 클라이언트 요청 내용에는 이상이 없지만, 서버 측에서 클라이언트의 요청을 서비스할 준비가 되지 않은 경우
② 501(Not Implemented): 클라이언트의 서비스 요청 내용 중에서 일부 명령을 수행할 수 없을 경우
③ 503(Bad Request): 게이트웨이의 경로를 잘못 지정해서 발생된 경우
④ 500(Internal Server Error): 서버에 보낸 요청 메시지 형식을 서버가 해석하지 못한 경우

HTTP는 서버의 Response 헤더에 상태코드를 담아서 전송하는데 5xx 에러는 서버 에러 코드다.

오답 피하기

• 500(Internal Server Error): 내부 서버 에러
• 502(Bad Gateway): 불량 게이트웨이
• 503(Service Unavailable): 일시적으로 이용할 수 없음
• 504(Gateway Timeout): 게이트웨이 시간 초과

35 Linux 명령어 중 특정한 파일을 찾고자 할 때 사용하는 명령어는?

① mv
② cp
③ find
④ file

특정 파일이나 디렉터리를 찾고 싶을 때 find 명령어와 옵션을 사용한다. 아래 예시는 현재 경로에서 확장자가 txt인 파일명을 찾을 때 사용하는 간단한 예시이다.

오답 피하기

• mv: 파일, 디렉터리 이동
• cp: 파일, 디렉터리 복사
• file: 파일 타입 확인

36 다음 중 Linux의 명령어 해석기는?

① Shell
② Kernel
③ Utility Program
④ Hierarchical File System

---

shell은 사용자 명령어를 해석하고 시스템에 전달하는 인터페이스 역할을 한다. Shell마다 특징이 있는데 현재 사용하는 shell은 /etc/passwd에서 확인할 수 있다.

37 Linux 시스템에서 데몬(Daemon)에 관한 설명 중 옳지 않은 것은?

① 백그라운드(Background)로 실행된다.
② 'ps afx' 명령어를 실행시켜 보면 데몬 프로그램의 활동을 확인할 수 있다.
③ 시스템 서비스를 지원하는 프로세스이다.
④ 시스템 부팅 때만 시작될 수 있다.

데몬은 systemctl 또는 service 명령어로 중지, 시작, 재시작을 할 수 있다.

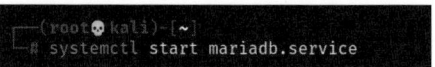

38 Windows Server 2016의 특징 중 고가의 서버 컴퓨터 한 대에 여러 대의 서버를 가상화하여 실제 물리적인 서버 컴퓨터의 효율을 극대화하는 기술은?

① Hyper-V
② Server Core
③ 터미널 서비스
④ PowerShell

Hyper-V는 윈도우의 대표적인 가상 머신 기능으로 한 대의 호스트 OS 내에 다수의 게스트 OS 및 서비스를 설치하여 자원 활용의 효율성을 높여준다. 해당 기능을 사용하기 위해서는 Hyper-V를 활성화하여야 한다.

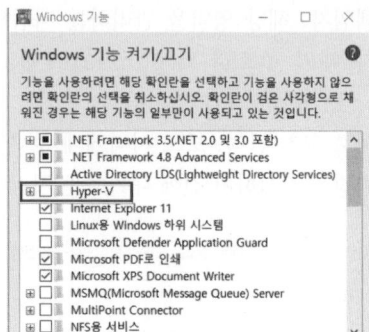

39 DNS에서 지원하는 레코드 형식 중 역방향 조회에 사용되는 레코드는?

① A

② AAAA

③ PTR

④ SOA

IP를 입력하면 도메인 값을 반환해 주는 레코드는 PTR이다. A 레코드는 도메인을 입력하면 IPv4, AAAA는 IPv6 주소 확인, SOA(Start of Authority)는 사용자 정보와 전체 설정에 대한 내용이다.

40 서버 담당자 Park 사원은 도메인의 사용자가 도메인 내의 어떤 컴퓨터에서 접속하든지 자신이 사용하던 폴더가 그대로 보이도록 하는 정책을 구성하고자 한다. 이때 서버 담당자 Park 사원이 설정할 수 있는 올바른 정책은?

① 그룹 정책 관리

② 폴더 리다이렉션(Folder Redirection)

③ NTFS 쿼터

④ BitLocker

폴더 리다이렉션은 공유폴더 개념으로 이해하면 된다. 다만 해당 폴더가 네트워크에 공유되어 있어야 한다.

41 서버 담당자 Park 사원은 데이터를 안전하게 보호하는 일을 하기 위해 BitLocker 기능을 사용하고자 한다. BitLocker를 사용하기 위해서는 메인보드와 BIOS에서 지원해야 하는 기능은 무엇인가?

① FSRM

② NTLM

③ TPM

④ Heartbeat

TPM(Trusted Platform Module)은 메인보드에 설치 가능한 하드웨어 모듈이며 BIOS에서 지원해야 BitLocker 암호화 기능을 사용할 수 있다.

42 서버 관리자 Park 사원은 Windows Server 2016의 Active Directory에서 도메인 사용자 계정을 관리하기 위해 도메인 사용자 계정을 생성/수정/삭제하려고 한다. 다음 중 도메인 사용자 계정을 관리하기 위한 명령어가 아닌 것은?

① dsadd

② dsmod

③ dsrm

④ net user

---

net user 명령어는 PC 사용자의 계정, 패스워드를 관리할 때 사용한다.

43 서버 담당자 Park 사원은 Windows Server 2016를 구축하여 사용자 계정 관리를 하고자 한다. 이때 Windows Server 2016에서 자동으로 생성되는 그룹 계정 중에서 성능 카운터, 로그 등을 관리하는 권한을 가진 그룹으로 알맞은 것은?

① Backup Operators

② Performance Log Users

③ Power Users

④ Replicator

다양한 윈도우 사용자와 그룹

• Administrator: 관리자 계정으로 가장 막강하다.

• Backup Operator: 시스템 백업을 위해 모든 파일과 디렉터리에 접근할 수 있는 그룹이다.

• Power Users: 네트워크와 디렉터리를 공유할 수 있는 그룹이다.

• Replicator: 도메인이 있는 파일을 복제할 수 있는 권한을 가진 그룹이다.

• Performance Log Users: Administrator 그룹 구성원이 아니더라도 원격 클라이언트 또는 로컬에서 컴퓨터의 성능 카운터, 로그 등을 모니터링할 수 있다.

44 서버 담당자 Park 사원은 Windows Server 2016에서 데이터 손실없이 여러 사이트 간에 동기 복제를 제공하며, 장애가 발생하기 전에 백업 데이터로 연결을 넘길 수 있도록 서버를 구성하고자 한다. 이에 적절한 서비스는?

① 저장소 복제
② DirectAccess Server
③ 클라우드 폴더
④ NanoServer

저장소 복제는 동일한 파일을 중복 저장하는 기능이다.

45 Linux 시스템에 있는 부트 로더로서 Linux뿐만 아니라 다른 운영체제와의 멀티부팅 기능도 지원해주는 것은?

① CMOS   ② BASH
③ GRUB   ④ ROOT

부트 로더는 MBR(Master Boot Recort)에 위치하며 운영체제를 식별하고 메모리에 로드시켜 주는 역할을 한다. 리눅스의 부트 로더는 LILO, GRUB이 있으며 현재는 GRUB2가 사용된다.

```
┌──(root💀kali)-[~]
└─# cat /etc/default/grub
# If you change this file, run 'update-grub' afterwards to update
# /boot/grub/grub.cfg.
# For full documentation of the options in this file, see:
#   info -f grub -n 'Simple configuration'

GRUB_DEFAULT=0
GRUB_TIMEOUT=5
GRUB_DISTRIBUTOR=`lsb_release -i -s 2> /dev/null || echo Debian`
GRUB_CMDLINE_LINUX_DEFAULT="quiet"
GRUB_CMDLINE_LINUX=""
```

46 현재 LAN 카드의 MAC Address는 몇 비트의 번호체계인가?

① 32 비트   ② 48 비트
③ 64 비트   ④ 128 비트

MAC(Media Access Control) Address는 arp 명령어로 확인할 수 있으며 48bit 주소를 사용한다. 첫 24bit는 OUI (Organisationally Unique Identifier)로 제조업체에 고유하게 할당되고, 나머지 24bit는 NIC(Network Interface Controller)로 조직에서 할당한 주소이다.

47 Wireless LAN에 대한 설명으로 옳지 않은 것은?

① 유선랜에 비하여 일정 거리 내에서 이동성에 대한 자유로움이 보장된다.
② 무선랜은 Access Point와 무선 단말기로 구성된다.
③ 무선랜은 주파수, 속도 및 통신 방식에 따라 'IEEE 802.11 a/b/g/n' 등으로 정의되어있다.
④ 동일한 Access Point를 사용할 경우 주변 환경에 의한 전송 속도 영향은 없다.

무선랜은 동일한 Access Point를 사용하는 단말이 많아질수록 대역폭을 나눠서 사용하기 때문에 전송 속도가 줄어든다.

48 OSI 7 Layer 중 네트워크 계층에서 동작하는 네트워크 연결 장치는?

① Repeater   ② Router
③ Bridge   ④ NIC

네트워크 계층에 해당하는 장비는 Router이다. Repeater는 물리 계층, Bridge와 NIC는 데이터링크 계층이다.

49 내부 통신에는 사설 IP 주소를 사용하고 외부와의 통신에는 공인 IP 주소를 사용할 수 있도록 하는 기술은?

① ARP
② NAT
③ ICMP
④ DHCP

NAT(Network Address Translation)는 부족한 공인 IP 문제를 해결하고 보안 관점에서 내부 네트워크 정보를 숨기기 위해 사용하는 기술이다.

50 링크 상태 라우팅(Link State Routing)의 설명으로 옳지 않은 것은?

① 각 라우터는 인터네트워크상의 모든 라우터와 자신의 이웃에 대한 지식을 공유한다.
② 각 라우터는 정확히 같은 링크 상태 데이터베이스를 갖는다.
③ 최단 경로 트리와 라우팅 테이블은 각 라우터마다 다르다.
④ 각 라우터 간 경로의 경비는 홉 수로 계산한다.

패킷이 목적지까지는 가는 경로를 결정하는 것을 라우팅이라고 하는데 크게 링크 상태 알고리즘과 거리 벡터(Distance Vector)로 구분할 수 있다. 각 라우터 간의 홉 수로 거리를 계산하는 라우팅 알고리즘인 RIP은 거리 벡터 라우팅의 한 종류이다.

해설과 함께 보는 **최신 기출문제 08회**

2급	시행 일자	소요 시간	문항 수
	2020년 2월	총 50분	총 50문항

수험번호 : _____

성　명 : _____

▶합격 강의

1과목　TCP/IP

01 패킷이 라우팅되는 경로의 추적에 사용되는 유틸리티로, 목적지 경로까지 각 경유지의 응답 속도를 확인할 수 있는 것은?

① ipconfig

② route

③ tracert

④ netstat

윈도우에서 tracert 명령은 목적지까지 경로를 추적하는 프로그램이다. tracert 명령어는 내부적으로 ICMP 프로토콜과 UDP 프로토콜을 사용한다. 그리고 ipconfig 명령어는 윈도우에서 네트워크 설정을 확인하는 명령어이고 route 명령어는 라우팅 테이블을 조회하거나 변경할 수 있다. netstat 명령어는 네트워크 상태 정보를 확인한다.

---

02 C Class에서 유효한 IP Address는?

① 33.114.17.24

② 128.46.83.25

③ 202.67.13.87

④ 222.248.256.34

IPv4는 A, B, C, D, E Class별 주소체계를 가지고 있다.

• A Class: 0.0.0.0 ~ 127.255.255.255
• B Class: 128.0.0.0 ~ 191.255.255.255
• C Class: 192.0.0.0 ~ 223.255.255.255
• D Class: 224.0.0.0 ~ 239.255.255.255
• E Class: 240.0.0.0 ~ 255.255.255.255

---

03 IP 헤더에 포함이 되지 않는 필드는?

① ACK

② Version

③ Header checksum

④ Header length

ACK는 TCP 헤더에 포함하고 있고 IP 헤더에는 없다. IP 헤더는 20바이트의 크기를 가지며 헤더의 무결성을 검사하기 위해서 Header Checksum 필드가 있다.

---

04 TCP(Transmission Control Protocol)에 대한 설명으로 옳지 않은 것은?

① 네트워크에서 송신 측과 수신 측 간에 신뢰성 있는 전송을 확인한다.

② 흐름 지향(Connection Oriented)이며 신뢰성이 있다.

③ 송신 측 TCP는 데이터를 패킷으로 나누어 일련번호, 수신 측 주소, 에러검출코드를 추가한다.

④ 수신 측 TCP는 수신된 데이터의 에러를 검사하여 에러가 있으면 스스로 수정한다.

수신 측은 에러가 발생하면 재전송을 요청하는 것이고 스스로 수정할 수는 없다.

---

05 TCP 헤더에는 수신 측 버퍼의 크기에 맞춰 송신 측에서 데이터의 크기를 적절하게 조절할 수 있게 해주는 필드가 있다. 이 필드를 이용한 흐름 제어 기법은?

① Sliding Window
② Stop and Wait
③ Xon/Xoff
④ CTS/RTS

슬라이딩 윈도우(Sliding Window)는 흐름 제어를 수행하는 방법으로 수신자가 수신받을 만큼 데이터를 전송하는 방법이다.

06 OSI 7 Layer에 따라 프로토콜을 분류하였을 때, 다음 보기들 중 같은 계층에서 동작하지 않는 것은?

① SMTP
② RARP
③ ICMP
④ IGMP

네트워크 계층에서 IP, ICMP, IGMP, ARP, RARP가 동작하고 응용 계층에서는 SMTP, TELNET, SSH, FTP, HTTP 등이 동작한다.

07 인터넷에서 멀티캐스트를 위하여 사용되는 프로토콜은?

① IGMP
② ICMP
③ SMTP
④ DNS

IGMP는 멀티 캐스팅을 위해서 개발된 프로토콜로 그룹에 등록된 사용자에게만 데이터를 송신하기 위해서 사용된다.

08 네트워크 장비를 관리 감시하기 위한 목적으로 TCP/IP상에 정의된 응용 계층의 프로토콜로, 네트워크 관리자가 네트워크 성능을 관리하고 네트워크 문제점을 찾아 수정하는 데 도움을 주는 것은?

① SNMP
② CMIP
③ SMTP
④ POP

SNMP 프로토콜은 NMS(Network Management System)가 사용하는 UDP 기반의 프로토콜로 네트워크의 상태를 모니터링하는 프로토콜이다. SNMP 프로토콜은 SNMP 매니저와 SNMP 에이전트로 이루어져 있다.

09 라우팅 프로토콜 중 네트워크 거리를 계산할 때 홉(Hop)의 총계만을 사용하는 것은?

① SNMP
② RIP
③ SMB
④ OSPF

RIP는 홉(Hop)의 총계를 사용해서 경로를 결정한다.

10 IPv6의 주소 표기법으로 올바른 것은?

① 192.168.1.30
② 3ffe:1900:4545:0003:0200:f8ff:ffff:1105
③ 00:A0:C3:4B:21:33
④ 0000:002A:0080:c703:3c75

IPv6는 16진수 표기법을 사용한다.

11 TFTP 프로토콜에 대한 설명 중 옳지 않은 것은?

① Trivial File Transfer Protocol의 약어이다.
② 네트워크를 통한 파일 전송 서비스이다.
③ 3방향 핸드셰이킹 방법인 TCP 세션을 통해 전송한다.
④ 신속한 파일의 전송을 원할 경우에는 FTP보다 훨씬 큰 효과를 얻을 수 있다.

TFTP는 TCP를 사용하지 않고 UDP를 사용하므로 3-way Handshaking 과정이 없다.

12 네트워크의 상태 정보를 나타내는 'netstat' 명령을 실행했을 때 제공하지 않는 정보는?

① 커널의 경로 배정표
② 네트워크 인터페이스의 상태 정보
③ 인터페이스의 구성 정보
④ IP 패킷이 목적지에 도착하기 위해 방문하는 게이트웨이의 순서 정보

netstat 명령어는 단말의 네트워크 연결 상태를 확인할 수 있는 명령어로 TCP로 연결된 통신과 UDP 통신을 수행하는 프로세스를 확인할 수 있다. Gateway 방문 정보는 tracert 명령 혹은 tractroute 명령으로 확인이 가능하고 netstat로는 확인할 수 없다.

13 Ethernet 같은 네트워크가 제공하는 브로드캐스트 기능을 사용하여 목적지 IP Address에 물리적 하드웨어 주소를 매핑시키는 것은?

① ARP
② RARP
③ DNS
④ DHCP

ARP(Address Resolution Protocol)
• 인터넷 주소(IP)를 물리적 하드웨어 주소(MAC 주소)로 매핑한다.
• IP 주소와 이에 해당하는 물리적 네트워크 주소 정보는 각 IP호스트의 ARP 캐시라 불리는 메모리에 테이블 형태로 저장된 후 다음 패킷 전송 시에 다시 사용한다.

14 다음에서 설명하는 프로토콜은?

- 연결 없는 IP 기반의 프로토콜로 최소한의 오버헤드를 갖는다.
- 재송신 처리를 실행하지 못하기 때문에 신뢰성이 떨어진다.
- 한 번에 많은 양의 데이터를 송신할 때 사용한다.

① UDP
② TCP
③ ICMP
④ ARP

UDP는 연결 없이 데이터를 빠르게 송수신하기 위해서 사용되는 전송 계층의 프로토콜이다.

15 B Class 네트워크에서 6개의 서브넷이 필요할 때, 가장 많은 호스트를 사용할 수 있는 서브넷 마스크 값은?

① 255.255.192.0
② 255.255.224.0
③ 255.255.240.0
④ 255.255.248.0

B 클래스이고 최대 6개의 서브넷이므로 3비트가 필요하다. 따라서 128+64+32=224가 된다. 그리고 B 클래스이므로 255.255.224.0이 된다.

16 인터넷 전송 방식 중 특정 호스트로부터 같은 네트워크상의 모든 호스트에게 데이터를 전송하는 방식은?

① Unicast
② Broadcast
③ Multicast
④ User Datagram Protocol

Broadcast(브로드캐스트)는 특정 네트워크에 속하는 모든 노드에 데이터 수신을 지시할 때 사용된다.

17 NAT(Network Address Translation)에 대한 설명으로 옳지 않은 것은?

① 사설 IP 주소를 공인 IP 주소로 바꿔주는 데 사용하는 통신망의 주소 변환 기술이다.

② NAT를 사용할 경우 내부 사설 IP 주소는 C Class를 사용해야만 정상적인 동작이 가능하다.

③ 외부 침입자가 공격하기 위해서는 사설망의 내부 사설 IP 주소를 알아야 하기 때문에 공격이 어려워지므로 내부 네트워크를 보호할 수 있는 장점이 있다.

④ NAT를 이용하면 한정된 공인 IP 주소를 절약 할 수 있다.

NAT는 사설 IP를 부여하여 IP 주소를 확대하는 것으로 C Class만을 사용해야 하는 것은 아니다.

2과목 **네트워크 일반**

18 데이터 전송 시 전송 매체를 통한 신호의 전달 속도가 주파수의 가변적 속도에 따라 왜곡되는 현상은?

① 감쇠 현상
② 지연 왜곡
③ 누화 잡음
④ 상호 변조 잡음

지연 왜곡은 전송 매체를 사용해서 전달되는 신호가 주파수에 따라 그 속도가 다른 문제이다. 즉, 주파수 중심 부근에서 전달 속도가 가장 높고 주파수 끝으로 갈수록 속도가 떨어진다. 결론적으로 지연 왜곡은 신호를 구성하는 주파수에 따라서 다른 속도를 갖는 문제이다.

19 하나의 회선을 여러 사용자들이 동시에 채널을 나누어 사용할 수 있도록 하는 방법은?

① 엔코딩
② 멀티플렉싱
③ 디코딩
④ 흐름 제어

다중화(Multiplexing)는 여러 단말 장치를 하나의 통신회선을 통해서 데이터를 송신하고 수신 측에서 여러 개의 단말 장치의 신호를 분리하여 입출력할 수 있는 방식이다. 다중화는 전송 효율을 증대 하지만 신호처리가 복잡하다. 멀티플렉싱 기법은 주파수 분할, 코드 분할, 시간 분할 등이 있으며 주파수 분할은 주파수를 특정 대역으로 나누어서 사용하는 방법이고 코드 분할은 코드 값을 부여해서 다중화하는 방법이다. 또한, 시간 분할은 주파수를 사용할 수 있게 시간할당량(Time Slice)을 부여해서 사용하는 방법이다.

20 OSI 7계층 중 비트를 데이터 프레임으로 전환하며, 순환 잉여 검사(CRC)를 수행하는 계층은?

① 트랜스포트 계층
② 네트워크 계층
③ 데이터링크 계층
④ 물리적 계층

프레임 단위로 데이터를 전송하는 계층은 데이터링크 계층이고 프레임에 FCS(Frame Check Sequence)는 CRC의 기능을 수행한다. 즉, 프레임의 무결성을 검사한다.

21 OSI 7 Layer 중 세션 계층의 역할로 옳지 않은 것은?

① 대화 제어
② 에러 제어
③ 연결 설정 종료
④ 동기화

세션 계층은 대화 제어 역할을 수행하고 에러 제어는 전송 계층과 데이터링크 계층이 수행한다.

22 Bus 토폴로지(Topology)에 대한 설명으로 올바른 것은?

① 스타 토폴로지보다 네트워크를 구축하는 데 더 많은 케이블이 필요하기 때문에, 배선에 더 많은 비용이 소요된다.

② 각 스테이션이 중앙 스위치에 연결된다.

③ 터미네이터(Terminator)가 시그널의 반사를 방지하기 위하여 사용된다.

④ 토큰이라는 비트의 패턴이 원형을 이루며 한 컴퓨터에서 다른 컴퓨터로 순차적으로 전달된다.

───────────

버스형은 LAN에서 사용하는 네트워크 토폴로지로 버스의 끝에 터미네이터를 달아서 신호의 반사를 방지한다.

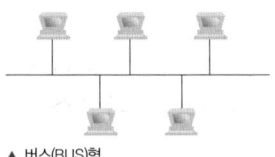

▲ 버스(BUS)형

23 OSI 7 Layer의 계층을 순서대로 나열한 것은?

① 물리 계층 – 데이터링크 계층 – 네트워크 계층 – 전송 계층 – 프레젠테이션 계층 – 세션 계층 – 응용 계층

② 물리 계층 – 데이터링크 계층 – 네트워크 계층 – 프레젠테이션 계층 – 세션 계층 – 전송 계층 – 응용 계층

③ 물리 계층 – 데이터링크 계층 – 네트워크 계층 – 전송 계층 – 세션 계층 – 프레젠테이션 계층 – 응용 계층

④ 물리 계층 – 데이터링크 계층 – 네트워크 계층 – 전송 계층 – 세션 계층 – 응용 계층 – 프레젠테이션 계층

───────────

OSI 7계층은 물리–데이터링크–네트워크–전송–세션–표현–응용 계층이며 물리 계층부터 전송 계층까지는 하위계층, 세션 계층부터 응용 계층까지를 상위 계층이라 한다.

24 IEEE 802 프로토콜의 연결이 옳은 것은?

① IEEE 802.11: Wireless LAN

② IEEE 802.6: IS LAN

③ IEEE 802.4: Cable TV

④ IEEE 802.5: CSMA/CD

───────────

IEEE 802.6: MAN 표준, IEEE 802.4: 토큰 버스, IEEE 802.5: 토큰링

25 ARQ 방식 중 에러가 발생한 블록으로 되돌아가 모든 블록을 재전송하는 것은?

① Go-Back-N ARQ

② Selective ARQ

③ Adaptive ARQ

④ Stop-and-Wait ARQ

───────────

GO-Back-N은 BEC(Backward Error Control = ARQ) 기법으로 에러가 발생한 이후의 모든 블록을 재전송하는 방법이며 TCP가 사용한다.

26 패킷 교환을 수행하기 위해서 패킷 교환기가 갖추어야 할 기본 기능으로 옳지 않은 것은?

① 통신을 하고자 하는 단말기 사이에 가상 회선을 설정하고 해제하는 기능

② 다수의 중계로에서 최적의 경로 선택 기능

③ 전송량을 제어하여 수신 버퍼의 범람 방지 기능

④ 다수의 링크를 하나의 논리 채널로 다중화하는 기능

───────────

다중화(Multiplexing)는 여러 단말 장치를 하나의 통신회선을 통해서 데이터를 송신하고 수신 측에서 여러 개의 단말 장치의 신호를 분리하여 입출력할 수 있는 방식이다. 패킷 교환이 다수의 링크를 하나의 논리적 채널로 다중화하는 기능을 제공하지는 않는다.

27 MAC Address에 대한 설명으로 옳지 않은 것은?

① 48bit의 길이를 갖는다.

② 데이터링크 계층에서 이용된다.

③ 실제 데이터 전송은 IP Address를 이용하기 때문에, 같은 네트워크 내에 중복된 MAC Address가 할당되어도 네트워크 오류가 발생되지 않는다.

④ 장치 디바이스가 가지고 있는 Address이다.

MAC Address는 총 48비트로 되어 있다. 상위 24비트는 제조사 정보이고 하위 24비트는 제조사별 일련번호이다. MAC 주소는 유일한 값이라서 중복된 MAC 주소가 발생하면 네트워크 오류가 발생한다.

> 3과목 **NOS**

28 Windows Server 2008 R2의 이벤트 뷰어에서 로그온, 파일, 관리자가 사용한 감사 이벤트 등을 포함해서 모든 감사된 이벤트를 보여주는 로그는?

① 응용 프로그램 로그

② 보안 로그

③ 설치 로그

④ 시스템 로그

이벤트 로그는 시스템, 응용, 보안 로그가 있고 보안 로그에 파일접근, 시스템 로그온, 시스템 구성 변경 관련 로그가 기록된다.

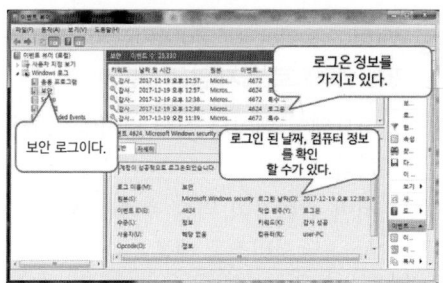

▲ 보안 이벤트 로그

29 Windows Server 2008 R2에서 EFS(Encrypting File System) 대한 설명으로 옳지 않은 것은?

① 파일을 암호화하기 위해서는 지정된 파일에 대한 '파일 속성' 중 '고급'을 선택하여 '데이터 보호를 위한 내용을 암호화' 선택한다.

② 파일 암호화 키가 없는 경우 암호화된 파일의 이름을 변경할 수 없고 내용도 볼 수 없지만 파일 복사는 가능하다.

③ 백업된 파일 암호화 키가 있는 경우 인증서 관리자(certmgr.msc)를 통해 인증서 키를 '가져오기'하여 암호화된 파일을 열 수 있다.

④ 파일 암호화 키 백업을 하여 암호화된 파일에 영구적으로 액세스하지 못하게 되는 것을 방지할 수 있다. 암호화 키 백업은 주로 다른 컴퓨터나 USB 메모리 등의 별도로 저장할 것을 권장한다.

암호화 키가 없으면 파일 복사도 불가능하다. EFS는 NTFS 파일 시스템에서 지원하는 암호화 방법이다.

---

30 Windows Server 2008 R2 운영 시 보안을 위한 조치로 적절하지 않은 것은?

① 가급적 서버의 서비스들을 많이 활성화시켜 둔다.

② 비즈니스 자원과 서비스를 분리한다.

③ 사용자에게는 임무를 수행할 만큼의 최소 권한만 부여한다.

④ 변경사항을 적용하기 전에 정책을 가지고 검사한다.

보안을 위해서 필요한 서비스들만 활성화시키고 불필요한 서비스는 종료해야 한다.

31 아파치 'httpd.conf' 설정 파일의 항목 중 접근 가능한 클라이언트의 개수를 지정하는 항목으로 올바른 것은?

① ServerName
② MaxClients
③ KeepAlive
④ DocumentRoot

아파치 웹 서버의 설정 파일은 httpd.conf이고 httpd.conf 파일에서 MaxClients 150으로 설정하면 최대 150개의 클라이언트를 연결할 수 있다.

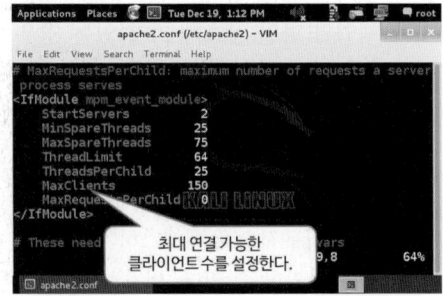

▲ MaxClients 설정

32 간단한 파일의 내용을 살피거나 다른 파일 내용을 결합시킬 때 사용하는 Linux 명령어는?

① ls
② cp
③ mv
④ cat

cat 명령은 파일의 내용을 출력하고 more는 페이지 단위로 보는 명령이다. 그리고 ls 명령어는 디렉터리와 파일 리스트를 조회하고 mv 명령어는 파일을 이동시키는 명령어이다. cp는 리눅스에서 파일을 복사하는 명령어이다.

33 Linux 시스템에서 특정 서비스를 제공하는 Daemon이 살아있는지 확인할 때 사용하는 명령어는?

① daemon
② fsck
③ men
④ ps

ps 명령어는 현재 실행 중인 프로세스 목록을 확인하는 명령어이다.

▲ ps 명령어

34 Linux에서 사용자가 현재 작업 중인 디렉터리의 경로를 절대경로 방식으로 보여주는 명령어는?

① cd
② man
③ pwd
④ cron

pwd 명령어는 현재 디렉터리 경로를 출력하는 명령어이다.

▲ pwd는 현재 디렉터리 경로를 출력한다.

35 Windows Server 2008 R2의 Hyper-V에 관한 설명으로 옳지 않은 것은?

① 하드웨어 데이터 실행 방지(DEP)가 필요하다.
② 서버 관리자의 역할 추가를 통하여 Hyper-V 서비스를 제공할 수 있다.
③ 스냅숏을 통하여 특정 시점을 기록할 수 있다.
④ 하나의 서버에는 하나의 가상 컴퓨터만 사용할 수 있다.

Hyper-V는 하나의 서버에 여러 개의 가상 컴퓨터를 사용할 수 있다.

36 Windows Server 2008 R2에서 자신의 네트워크 안에 있는 클라이언트 컴퓨터가 부팅될 때 자동으로 IP 주소를 할당해 주는 서버는?

① DHCP 서버

② WINS 서버

③ DNS 서버

④ 터미널 서버

DHCP는 동적으로 IP를 할당해 주는 서비스이다.

DHCP 서버에게 동적으로 IP를 요청한다.

▲ DHCP를 사용하여 동적으로 IP를 할당받음

37 Windows Server 2008 R2의 DNS Server 역할에서 지원하는 레코드의 형식과 기능의 설명이다. 이중 잘못 연결된 것은?

① A – 정규화된 도메인 이름을 32비트 IPv4 주소와 연결

② AAAA – 정규화된 도메인 이름을 128비트 IPv6 주소와 연결

③ CNAME – 실제 도메인 이름과 연결되는 가상 도메인 이름

④ NS – 주어진 사서함에 도달할 수 있는 라우팅 정보를 제공

NS(Name Server)는 DNS 서버를 가르킨다.

38 Linux 시스템에서 사용자가 내린 명령어를 Kernel에 전달해 주는 역할을 하는 것은?

① System Program

② Loader

③ Shell

④ Directory

Shell은 명령어 해석기로 사용자 명령의 입출력을 수행하며 프로그램을 실행한다.

39 Linux에서 사용되는 스왑 영역(Swap Space)에 관한 설명으로 올바른 것은?

① 스왑 영역이란 시스템에서 사용 가능한 메모리양을 늘리기 위해 디스크 장치를 이용하는 것을 의미한다.

② 스왑 영역은 가상 메모리 형태로 이용되며 실제 물리적 메모리와 같은 처리 속도를 갖는다.

③ 시스템이 부팅될 때 부팅 가능한 커널 이미지 파일을 담는 영역으로 10Mbyte 정도면 적당하다.

④ Linux에 필요한 바이너리 파일과 라이브러리 파일들이 저장되는 영역으로 많은 용량을 요구한다.

스왑 영역을 사용하면 메모리에서 처리되어야 할 작업이 하드디스크에서 처리되기 때문에 프로그램 실행에 있어서 인터럽트가 발생하지 않는다는 장점이 있다.

40 Windows Server 2008 R2에서 Active Directory 도메인 개체에 접근했을 때 기록이 남도록 감사정책을 설정하였다. 이를 시스템에 바로 적용하기 위한 명령어로 올바른 것은?

① gpresult
② gpfix
③ gpupdate
④ gptool

gpupdate 명령어는 Active Directory에서 도메인 개체에 접근할 때 기록이 남도록 감사정책을 설정한다.

41 Linux 시스템 명령어 중 root만 사용 가능한 명령은?

① chown
② pwd
③ ls
④ rm

pwd는 리눅스에서 현재 디렉터리 위치를 확인하는 명령어이고, ls는 파일 리스트를 출력하는 명령어이다. rm은 파일을 삭제하는 명령어다. chown 명령어는 소유자를 변경하는 명령어이고 root만 사용 가능하다.

42 Windows Server 2008 R2의 시스템관리를 위해서 설계된 명령 라인 셸 및 스크립팅 언어로, 강력한 확장성을 바탕으로 서버상의 수많은 기능의 손쉬운 자동화를 지원하는 것은?

① PowerShell
② C-Shell
③ K-Shell
④ Bourne-Shell

PowerShell은 윈도우 7 이상과 윈도우 서버에서 지원되는 것으로 DOS 명령과 리눅스 명령어 모두를 지원한다. C-Shell과 K-Shell, Bourne-Shell은 리눅스에서 지원하는 Shell이다.

43 로컬호스트에서 도메인 쿼리를 어느 네임 서버에게 질의할 것인지를 결정해 주는 파일로 도메인 해석이 이루어지도록 하기 위해서 반드시 필요한 파일은?

① /etc/hosts
② /etc/resolv.conf
③ /etc/sysconfig/iptables
④ /etc/sysconfig/network

/etc/resolv.conf 파일은 도메인 쿼리 요청에 도메인 해석을 위해서 사용되는 파일이다.

▼ 관련 파일

파일	설명
/etc/hosts	DNS 파일로 IP와 도메인명(호스트명)을 저장해서 이름을 해석할 수 있음
/etc/sysconfig/iptables	iptables라는 프로그램은 리눅스 방화벽으로 /etc/sysconfig/iptables에 설정 정보가 저장됨
/etc/sysconfig/network	리눅스 네트워크 설정에 관한 정보를 가지고 있음

44 Linux 시스템에서 기본적으로 시스템 설정 파일이 위치하는 디렉터리는?

① /etc
② /bin
③ /var
④ /dev

etc 디렉터리는 리눅스 설정 파일이 있는 디렉터리이다.

▼ 리눅스 디렉터리

파일	설명
etc	리눅스 설정과 관련된 파일이 저장되어 있음
bin	기본적인 리눅스 명령어에 관련된 실행 파일이 저장되어 있음
var	리눅스 로그 파일이 저장되어 있음
dev	장치와 관련된 파일이 저장되어 있는 문자 장치 파일과 블록 장치 파일로 구분됨

45 Windows Server 2008 R2에서 클라이언트와 서버 간 또는 서버와 또 다른 서버 간의 인증 및 상호 인증을 제공하는 인증 프로토콜임과 동시에 일종의 키분배센터(KDC)에 해당하며, 버전 5로 구현되어 있는 것은?

① NTLM
② Kerberos
③ PKU2U
④ TLS/SSL

커버로스(Kerberos)는 MIT에서 개발한 티켓 기반의 중앙집중적인 인증 방법으로 대칭키를 사용하고 사용자는 티켓을 발급받은 후 인증서버에게 인증을 받는다.

4과목 네트워크 운용기기

46 RAID 시스템 중 한 드라이브에 기록되는 모든 데이터를 다른 드라이브에 복사해 놓는 방법으로 복구 능력을 제공하며, 'Mirroring'으로 불리는 것은?

① RAID 0
② RAID 1
③ RAID 3
④ RAID 4

RAID 1은 Mirroring으로 동일한 데이터를 완벽히 백업한다. 그래서 하드디스크 장애 시에 복구가 빠르고 우수하다. 즉, 2개 이상의 디스크에 동일한 데이터를 중복해서 저장하고 하나의 디스크 장애 시에 백업된 디스크로 복구한다.

---

47 장비 간 거리가 증가하거나 케이블 손실로 인해 감쇠된 신호를 재생시키기 위한 목적으로 사용되는 네트워크 장치는?

① Gateway
② Router
③ Bridge
④ Repeater

Repeater는 1계층 장비로서 신호를 증폭하는 데 사용한다.

---

48 100Mbps 이상의 고속 데이터 전송이 가능하고, 트위스트 페어의 간편성과 동축 케이블이 가진 넓은 대역폭의 특징을 모두 갖고 있으며 중심부는 코어와 클래드로 구성되어 있는 전송회선은?

① BNC 케이블
② 광섬유 케이블
③ 전화선
④ 100Base-T

광섬유 케이블은 경량성이면서 유연성이 높고 고속 대용량 전송에 적합하다.

---

49 다음은 라우터의 경로배정(Routing) 과정을 요약한 것이다. 라우팅하는 과정을 순서대로 나열한 것은?

A. 패킷의 목적지 주소 정보를 라우팅 테이블에서 검색한다.
B. 목적지 주소가 라우팅 테이블에 없다면 해당 패킷을 파기하고, 있다면 어느 인터페이스와 연결되어 있는지 확인한다.
C. 인터페이스가 결정되면 패킷을 해당 인터페이스로 전송한다.
D. 인터페이스를 통해 패킷을 수신한다.

① A → D → B → C
② A → B → D → C
③ D → A → B → C
④ D → C → A → B

라우팅 과정
① 인터페이스를 통해 패킷을 수신한다.
② 패킷의 목적지 주소 정보를 라우팅 테이블에서 검색한다.
③ 목적지 주소가 라우팅 테이블에 없다면 해당 패킷을 파기하고, 있다면 어느 인터페이스와 연결 되어 있는지 확인한다.
④ 인터페이스가 결정되면 패킷을 해당 인터페이스로 전송한다.

---

50 다음 중 NAC(Network Access Control)의 주요 기능에 해당되지 않는 것은?

① 네트워크의 모든 IP 기반 장치 접근 제어
② PC 및 네트워크 장치 통제(무결성 체크)
③ 외부 유저 역할 기반의 접근 제어
④ 유해 트래픽 탐지 및 차단

....

NAC(Network Access Control)은 End-Point 보안 솔루션으로 네트워크에 비인가된 단말를 차단한다. 그리고 NAC는 역할 기반 차단을 하지 않고 단말 기반 차단을 수행한다.

네트워크관리사 실기

네트워크관리사 실기 시험 안내

POINT 01 실기 검정 요강

01 응시 자격

1급, 2급 모두 해당 등급 필기 합격자로서 합격일로부터 2년 이내의 응시자

02 검정 과목 및 합격 기준

1 SET(1~20문항)가 출제되며 제한시간 내에 지시된 사항을 수행해야 한다.

1급 실기

주요 항목	문항수	제한 시간	유형
LAN 전송 매체	1 SET(1–20)	100분	작업/서술/선택형
네트워크 설계/구축			
TCP/IP			
NOS			
네트워크 운용기기			

2급 실기

주요 항목	문항수	제한 시간	유형
LAN 전송 매체	1 SET(1–20)	80분	작업/서술/선택형
네트워크 설계/구축			
TCP/IP			
NOS			
네트워크 운용기기			

합격 기준

등급	검정 방법	합격 검정 기준	
		만점	합격 점수
1급	필기	100점	60점
	실기	100점	60점
2급	필기	100점	60점
	실기	100점	60점

03 실기 시험 세부 사항

	라우터	윈도우 서버 작업	단답/선택	케이블 제작
문제수	3문제	1급 17문제, 2급 14문제		1문제
1급	– 라우터 설정 요구 – 문제당 배점 : 5점	– 서버 설정 요구 – 문제당 배점 : 5점	– 리눅스, 네트워크 이론, 정보보안 – 문제당 배점 : 5점	1급은 케이블 제작이 없음
2급	– 라우터 설정 요구 – 문제당 배점 : 5.5점	– 서버 설정 요구 – 문제당 배점 : 5.5점	– 리눅스, 네트워크 이론 – 문제당 배점 : 5.5점	– 케이블 제작 있음 – 배점 : 6.5점
방법	에뮬레이터	에뮬레이터	단답/선택	시연
시험 시간	1급 30분, 2급 20분	1급 70분, 2급 50분		2급 10분

POINT 02) 실기 시험 진행 방식

실기 시험은 시행처에서 개발한 에뮬레이터 프로그램을 통해 이루어집니다. 여기에서는 시행처에서 제공하는 ICQA 모의고사 예제 프로그램을 통해 안내하도록 하겠습니다.

01 ICQA 모의고사 예제 프로그램 다운로드

– [시행처 홈페이지(www.icqa.or.kr)]–[고객지원]–[자료실]–[네트워크관리사]–[ICQA 모의고사 예제 프로그램]에서 다운로드하고 설치한다.
– 사용하고 있는 운영체제 버전에 따라 64비트용 또는 32비트용을 다운받는다.

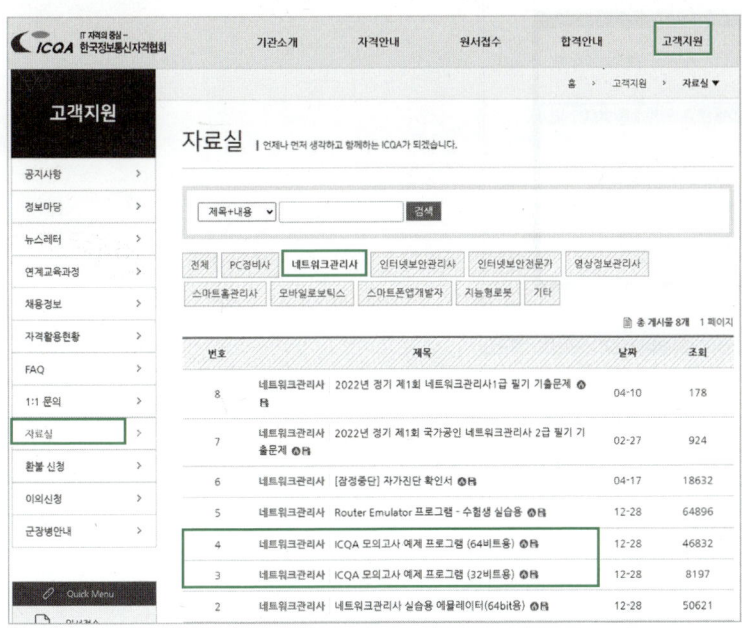

02 ICQA 모의고사 예제 프로그램 로그인 화면

– 설치한 ICQA 모의고사 예제 프로그램을 실행한다.

– 성명을 입력하고, '네트워크관리사 2급'을 선택한 후 [확인]을 클릭한다.

03 실기 문제 풀이 화면

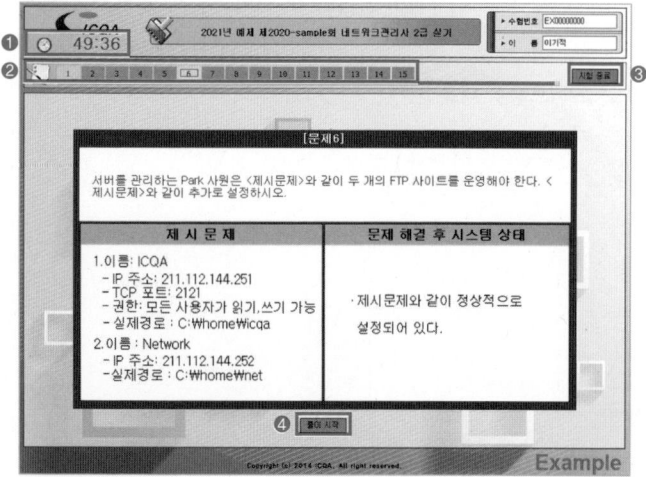

❶ 시험 시간	남은 시간을 나타내며 시간이 종료되면 자동으로 시험 답안이 제출됨
❷ 문항 번호	전체 문항을 확인할 수 있으며, 숫자를 클릭하여 다음 문항으로 이동 가능함 – 초록 박스 : 풀이한 문항 – 청록 박스 : 현재 문항 – 주황 박스 : 아직 풀지 않은 문항 – 회색 박스 : 제한 시간이 종료된 문항(케이블 작업 등)
❸ 시험 종료	모든 문항을 클릭한 후 마지막에 누르는 버튼으로 한번 누르면 되돌릴 수 없음
❹ 풀이 시작	각 문항을 풀이할 때 누르는 버튼으로 문제 유형에 따른 풀이 화면으로 이동됨

04 유형별 풀이 화면-케이블 작업 문제 화면

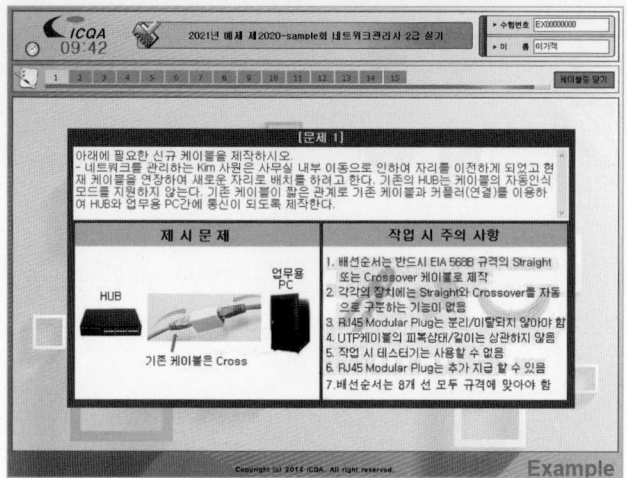

케이블 작업의 경우 별도의 문제 풀이 시작 버튼이 없으며 지급된 재료를 이용하여 제한 시간 내 작업 후 감독관에게 제출하면 된다.

05 유형별 풀이 화면-Windows 작업형 문제 화면

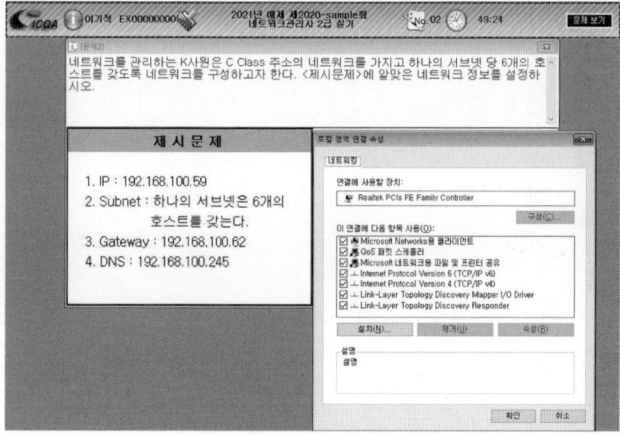

[풀이 시작] 버튼을 누르면 문제에 맞는 가상 Windows 작업 창이 나타난다. 실제 Windows 화면과 다를 수 있으며 문제에서 요구하는 메뉴 내에서 작업 후 저장하면 된다.

06 유형별 풀이 화면–드래그 앤 드롭 문제 화면

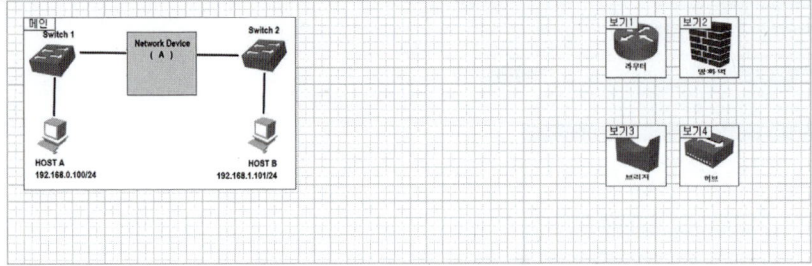

[풀이 시작] 버튼을 누르면 위와 같은 작업 창이 발생한다. 왼쪽 화면에 필요한 이미지를 오른쪽 보기 중에서 찾아 드래그하여 드롭하고 저장하면 된다.

07 유형별 풀이 화면–서술형 문제 화면

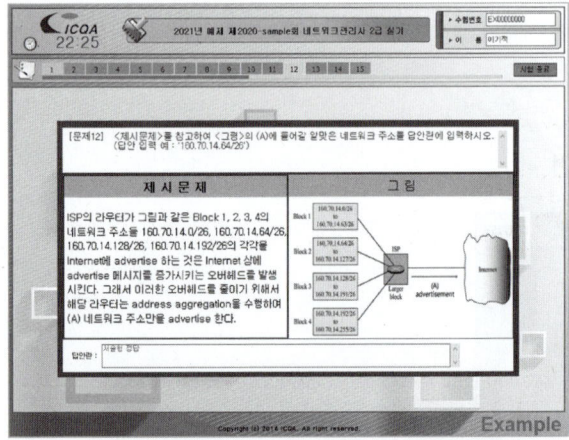

제시 문제를 읽고 아래의 빈칸에 정답을 입력하면 된다.

08 유형별 풀이 화면–다지선다형 문제 화면

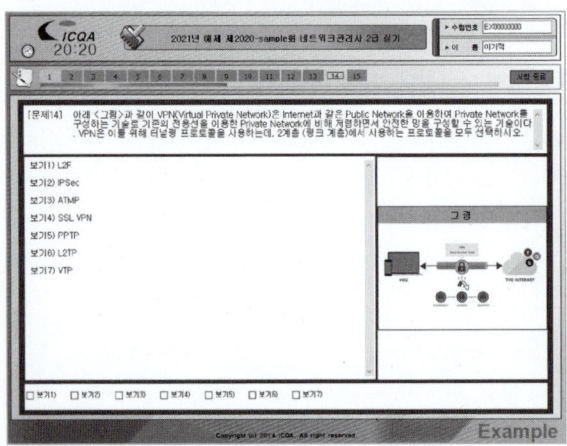

문제를 읽고 해당하는 보기를 모두 선택하면 된다.

UTP 케이블 제작법

POINT 01 준비물

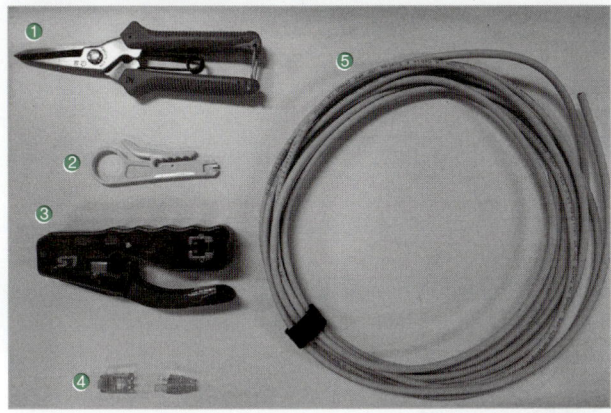

❶ 절단기(개인이 준비)
❷ 랜 케이블 탈피기(개인이 준비)
❸ 랜툴(시험장에서 제공)
❹ RJ45 커넥터, 부트(시험장에서 제공)
❺ UTP 케이블(시험장에서 제공)

※ RJ45 커넥터는 일반 커넥터, 관통형 커넥터 두 종류 중 관통형 커넥터로 진행하였음

POINT 02 다이렉트(Direct) 케이블, 크로스(Cross) 케이블 구분

케이블 종류	연결하는 제품	배열 순서
다이렉트(Direct) 케이블	허브 ↔ PC	양 끝이 같음
크로스(Cross) 케이블	PC ↔ PC	양 끝이 다름

(1) 부트 넣기

UTP 케이블 피복을 탈피하기 전에 부트를 넣어준다.

*피복을 탈피하기 전에 넣는 것이 더 편함

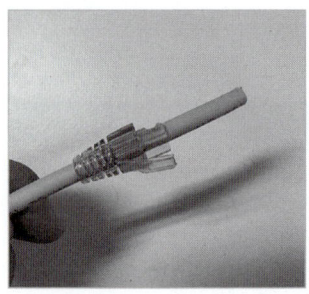

(2) 피복 탈피하기

① UTP 케이블의 끝에서 약 3~4cm 정도 떨어진 위치까지 랜 케이블 탈피기를 위치시킨다.

② 랜 케이블 탈피기를 2~3바퀴 정도 돌려준 뒤 손으로 잡아당겨 피복을 벗긴다.

*랜 케이블 탈피기를 너무 많이 돌릴 경우 안쪽의 전선이 끊어질 수 있으니 주의해야 함

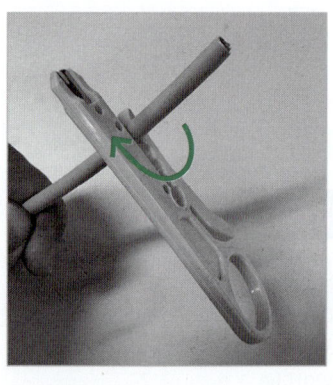

(3) 꼬인 케이블 풀어주기

① 꼬여있는 전선들을 분리한다.

② 꼬여있는 전선들을 풀어준다.

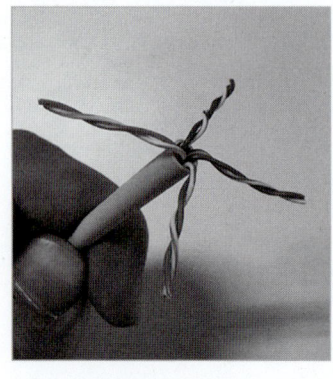
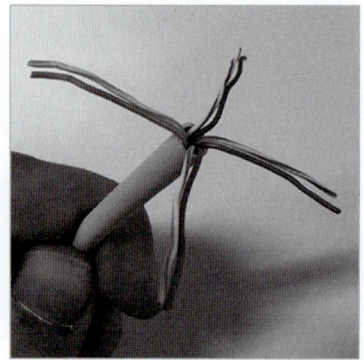

(4) 순서대로 나열하기

상황에 맞게 전선을 순서대로 나열해 준다(다이렉트는 양 끝을 같게 크로스는 양 끝을 다르게).

*크로스 케이블은 다이렉트 케이블의 초록색과 주황색의 위치를 바꿔준다고 생각하면 편함

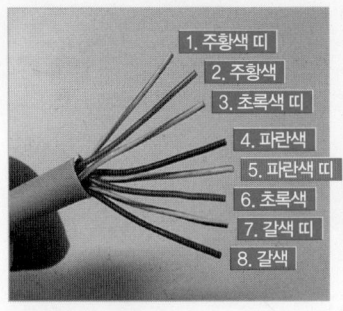

▲ 다이렉트 케이블

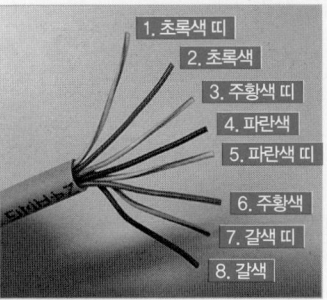

▲ 크로스 케이블

(5) 전선 정리하기

순서대로 나열된 전선들을 모아서 잡아주고 끝 부분을 절단기로 잘라서 정리해 준다.

*정리해 주지 않으면 RJ45 커넥터에 넣을 때 힘들고, 관통형 커넥터가 아닌 경우 끝까지 들어가지 않을 수도 있음

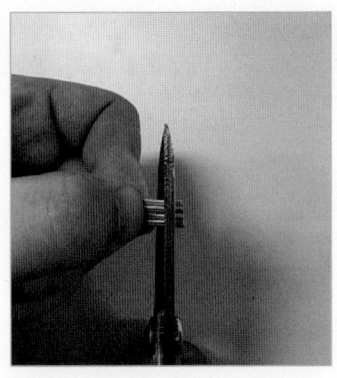

(6) RJ45 커넥터에 전선 넣기

잘 정리된 전선들을 RJ45 커넥터에 밀어 넣어준다.

*RJ45 커넥터는 탈착할 때 눌러주는 곳이 아래로 가게하고 넣어주어야 함

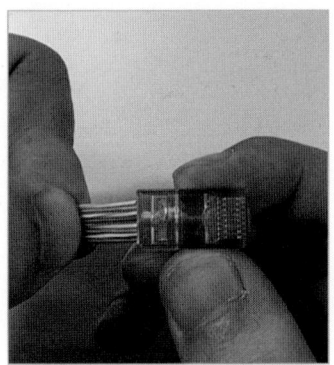

(7) 전선 순서 확인 및 부트 결합하기

① RJ45 커넥터에 쭉 밀어 넣어준 후 순서가 맞게 들어갔는지 확인한다.

② 맞게 들어갔다면 부트를 결합해 준다.

*고무 부트인 경우 랜툴로 압착한 뒤 결합해도 상관없음

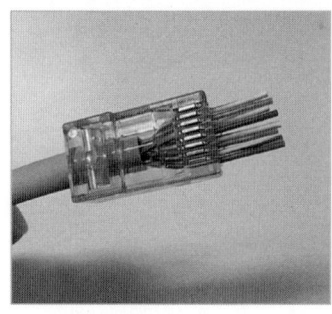

▲ 다이렉트 케이블

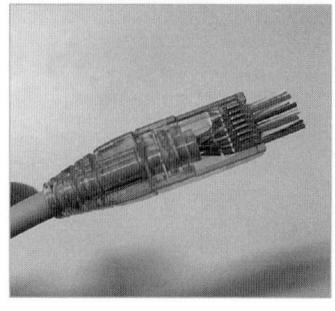

▲ 크로스 케이블

(8) 랜툴로 압착하기

랜툴의 압착하는 곳에 RJ45 커넥터를 넣어준 뒤 2~3회 반복하여 눌러준다.

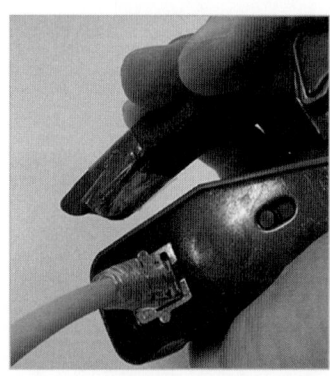

단답형/선택형 출제 유형문제

POINT 01 단답형 문제

01 네트워크 구성에서 지리적 제한을 최소화하고, 사용자가 원하는 논리적인 네트워크를 최대한 유연하게 구성할 수 있도록 스위칭 기술을 기반으로 가상 개념을 도입한 기술은 무엇인가?

02 RAID 구성 방식 중, 미러링 모드라고도 불리며, 모든 데이터를 동시에 다른 디스크에 백업하여 하나의 디스크가 손상되어도 데이터를 보호할 수 있는 RAID 구성은?

03 거리 벡터 알고리즘을 사용하고, 최대 15개의 홉을 지원하며 30초마다 업데이트되는 라우팅 프로토콜은?

04 인터넷 웜과 같은 악성 코드 및 해킹으로 인한 유해 트래픽을 차단하는 차세대 능동형 보안 네트워크 솔루션은?

05 공중망을 통해 둘 이상의 네트워크를 안전하게 연결하기 위해 가상의 터널을 생성하여 데이터를 전송하는 네트워크 기술은 무엇인가?

06 네트워크 기반 IDS를 구축할 때 스위칭 허브에서 특정 포트로 들어오는 패킷을 다른 포트로 복사하여 전송하는 기술은 무엇인가?

07 172.168.200.100/18의 네트워크 ID를 구하시오.

08 IP 주소 자원의 낭비를 방지하기 위해 내부 네트워크의 모든 호스트에 공인 IP 주소를 할당하지 않고 사설 IP 주소를 사용하며, 인터넷 접속 시에만 공인 IP 주소로 변환하는 기술은?

09 리눅스에서 사용자나 응용 프로그램의 명령을 해석하고, 이를 운영체제에 전달하는 역할을 하는 프로그램은?

10 다수의 이메일 사용자에게 신용카드나 은행 계좌 정보에 문제가 발생했다고 속이는 이메일을 보내 가짜 웹 사이트로 유도하여 금융 기관의 신용카드 정보나 계좌 정보를 탈취하는 해킹 기법은?

11 컴퓨터가 멀티캐스트 그룹을 인근 라우터에 통보할 수 있는 방법을 제공하는 인터넷 그룹 관리 프로토콜을 무엇이라고 하는가?

12 인터넷상에서 전용 회선과 유사하게 가상의 전용 회선을 생성하여 데이터 도청과 같은 행위를 방지하는 통신 규약으로, AH와 ESP의 두 프로토콜로 구성된 것은 무엇인가?

13 유동 IP 주소를 고정 IP 주소처럼 사용할 수 있게 해주는 시스템은 무엇인가?

14 네트워크의 중심에서 최단 경로를 계산하며 Link State 알고리즘을 사용하는 라우팅 프로토콜은 무엇인가?

15 네트워크 접속 상태, 라우팅 테이블, 네트워크 인터페이스에 대한 통계 정보를 표시하는 도구는 무엇인가?

16 웹 브라우저 간에 전송되는 데이터를 암호화하여 인터넷 연결의 보안을 강화하는 프로토콜은 무엇인가?

17 네트워크를 통해 원격 시스템에 접근하거나 다른 컴퓨터와 파일을 복사하여 동기화하는 데 사용되는 응용 프로토콜은 무엇인가?

18 PKI를 기반으로 전자우편의 암호화와 디지털 서명 기능을 지원하는 프로토콜은 무엇인가?

19 패킷을 전송할 때 암호화하지 않으며 23번 포트를 사용하는 프로토콜은 무엇인가?

20 무선 네트워크에서 채널의 반송파를 감지하고 충돌을 방지하기 위해 사용되는 프로토콜은 무엇인가?

정답				
01 VLAN	**02** RAID 1	**03** RIP	**04** 침입 방지 시스템	**05** VPN
06 포트 미러링	**07** 172.168.192.0	**08** NAT	**09** Shell	**10** phishing
11 IGMP	**12** IPSec	**13** DDNS	**14** OSPF	**15** netstat
16 SSL	**17** SSH	**18** S/MIME	**19** Telnet	**20** CSMA/CA

21 다음 중 2계층에서 사용하는 VPN 프로토콜을 모두 고르시오.

> (1) IPSec
> (2) L2F
> (3) L2TP
> (4) SSL/TLS
> (5) HTTPS
> (6) PPTL

정답 (2) L2F, (3) L2TP, (6) PPTL

22 다음 설명에 맞는 용어를 연결하시오.

> DHCP, VPN, Firewall, NAT

(1) 네트워크에 연결된 장치에 IP 주소를 자동으로 할당하는 데 사용되는 프로토콜
(2) 사설 IP 주소를 공인 IP 주소로 변환해 주는 서비스
(3) 인터넷과 같은 공공 네트워크를 통해 여러 네트워크를 안전하게 연결하기 위해 가상의 터널을 생성하여 데이터를 전송하는 네트워크
(4) 네트워크 트래픽을 모니터링하고 제어하여 보안을 강화하는 시스템

정답 (1) DHCP, (2) NAT, (3) VPN, (4) Firewall

23 다음 포트와 연관 있는 서비스를 연결하시오.

> HTTP, SNMP, SSH, DNS, SMTP, Telnet

(1) Port 22
(2) Port 23
(3) Port 25
(4) Port 53
(5) Port 80
(6) Port161

정답 (1) Port 22 – SSH, (2) Port 23 – Telnet, (3) Port 25 – SMTP,
(4) Port 53 – DNS, (5) Port 80 – HTTP, (6) Port161 – SNMP

24 다음 중 RFID와 관계없는 것을 고르시오.

> (1) 태그
> (2) Access Point
> (3) 안테나
> (4) RFID 리더기

25 다음 장치들을 알맞은 계층에 연결하시오.

> Switch, Hub, Gateway, Repeater, Bridge, Router, L3 Swich

(1) 물리 계층
(2) 데이터링크 계층
(3) 네트워크 계층
(4) 그 외 계층

26 다음 중 TCP의 특징으로 알맞은 것을 모두 고르시오.

> (1) 연결성
> (2) 비 연결성
> (3) 신뢰성
> (4) 비 신뢰성
> (5) 송신과 수신이 동일하다.
> (6) 송신과 수신이 동일하지 않다.

27 다음 설명에 맞는 용어를 연결하시오.

> OSPF, EIGRP, BGP, IS–IS, RIP, IGRP

(1) Distance Vector 방식을 사용하며, 최대 홉 수가 15개로 제한되어 있고, 라우팅 테이블의 업데이트 주기가 30초인 프로토콜
(2) Link State 방식을 사용하여 라우터가 네트워크의 중심으로 작동하며 최단 경로를 계산하는 프로토콜

28 다음 중 사설 C 클래스 주소인 것을 고르시오.

> (1) 224.0.192.48
> (2) 192.168.255.10
> (3) 10.14.0.100
> (4) 225.30.128.40

정답 (2) 192.168.255.10

29 다음 중 IPv6의 특징으로 옳은 것을 모두 고르시오.

> (1) 64비트 주소체계를 사용한다.
> (2) 확장 헤더 옵션이 존재한다.
> (3) 유니캐스트–멀티캐스트 – 애니캐스트 주소체계를 지원한다.
> (4) 유니캐스트–멀티캐스트 – 브로드캐스트 주소체계를 지원한다.
> (5) 이동성 기능이 향상되었다.
> (6) 보안성이 강화되었다.

정답 (2) 확장 헤더 옵션이 존재한다., (3) 유니캐스트–멀티캐스트 – 애니캐스트 주소체계를 지원한다.,
(5) 이동성 기능이 향상되었다., (6) 보안성이 강화되었다.

30 다음 설명에 맞는 용어를 연결하시오.

> init, grub, /etc/fstab

(1) GNU 프로젝트에서 개발된 리눅스 시스템의 부트로더
(2) 리눅스 커널이 부팅을 완료한 후 첫 번째로 실행되는 프로세스로, 커널에 의해 직접 실행되는 유일한 프로세스
(3) 시스템 부팅 시 자동으로 파일 시스템을 마운트하기 위해 설정해야 하는 파일

정답 (1) grub, (2) init, (3) /etc/fstab

리눅스 명령어 및 경로와 출제 유형문제

네트워크관리사 실기시험의 단답형 문제에서는 리눅스 명령어를 묻는 문제가 출제됩니다. 리눅스 명령어 및 경로를 숙지하시기 바랍니다.

명령어 및 경로	설명
find	파일이나 폴더 찾기
df	물리적 디스크 정보 확인
file	파일 타입 확인
pwd	현재 위치(경로) 확인
man	명령어의 도움말, 사용 예 확인
top	프로세스의 상태와 CPU, Memory 정보 확인
ifconfig	IP 정보를 확인
netstat	네트워크 연결 정보
passwd	사용자 비밀번호 옵션 변경
traceroute	목적지까지 네트워크 경로 확인
su	일반유저가 잠시 root 권한 획득
cp	파일, 디렉터리 복사
mv	파일, 디렉터리 이동
shutdown -r now	시스템 재부팅
reboot	시스템 재부팅
init 6	시스템 재부팅
shutdown -h now	시스템 종료
poweroff	시스템 종료
init 0	시스템 종료
/etc/fstab	부팅 시 필요한 마운트 정보
/etc/services	서비스 프로토콜, 포트 정보
/etc/passwd	사용자 계정 정보
/etc/shadow	암호화된 패스워드 파일 정보
id	현재 사용자의 UID, GID 확인
/var/run/utmp	현재 사용자의 로그인 정보, w, who 명령어로 확인 가능
/var/log/wtmp	성공한 로그인, 로그아웃 정보, last 명령어로 확인 가능
/var/log/btmp	실패한 로그인 정보, lastb 명령어로 확인 가능

윈도우 서버 작업과 출제 유형문제

POINT 01 네트워크관리사 실습용 에뮬레이터 다운로드 및 설치

01 네트워크관리사 실습용 에뮬레이터 다운로드

– [시행처 홈페이지(www.icqa.or.kr)]–[고객지원]–[자료실]–[네트워크관리사]–[네트워크관리사 실습용 에뮬레이터]에서 'icqaControlSetup64.msi' 파일을 다운로드받는다.

– 사용하고 있는 운영체제 버전에 따라 64비트용 또는 32비트용을 다운받는다.

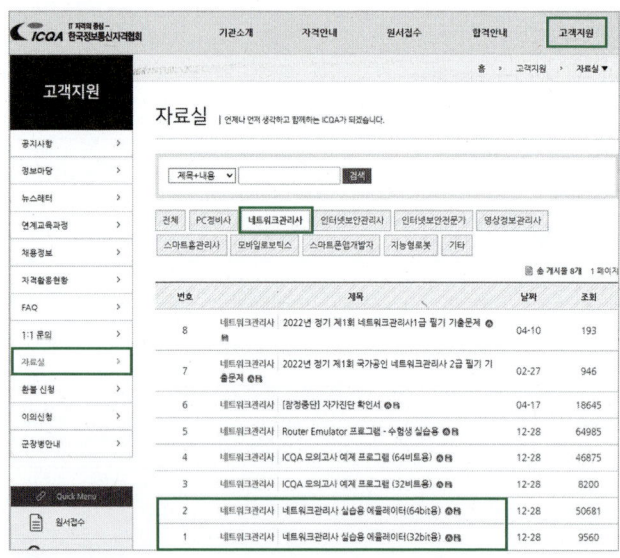

02 ICAQ 실습용 에뮬레이터 실행

설치한 ICQA 실습용 에뮬레이터를 실행하면 다음과 같이 나타난다. 다음 리스트 중 실습하고자 하는 것을 선택한 후 실행하면 된다.

01 문제 및 풀이

문제 01

네트워크 환경에 〈제시 문제〉와 같이 IP 주소를 추가하시오.

제시 문제	작업 시 주의사항
– IP Address 11000000.10101000.01100101.10011011/26	〈제시 문제〉와 같이 정상적으로 설정되어 있다.

문제 풀이

2진수를 10진수로 변환하면

$2^7(128)$ $2^6(64)$ $2^5(32)$ $2^4(16)$ $2^3(8)$ $2^2(4)$ $2^1(2)$ $2^0(1)$

11000000 = 128 + 64이며, 192이다.

10101000 = 128 + 32 + 80이며, 168이다.

01100101 = 64 + 32 + 4 + 10이며, 101이다.

10011011 = 128 + 16 + 8 + 2 + 10이며, 155이다.

즉, 192.168.101.155가 된다.

서브넷의 /26은 연속된 1이 26개라는 의미로 '11111111.11111111.11111111.11000000'이며, IP 주소와 동일한 방법으로 계산하면, 255.255.255.192가 된다.

① [ICQA 실습용 에뮬레이터]-[컴퓨터]-[네트워크 속성]을 선택하고 [에뮬레이터 실행]을 클릭한다.

② [로컬 영역 연결 속성] 창에서 'Internet Protocol Version4(TCP/IP v4)'를 선택하고 [속성]을 클릭한다.

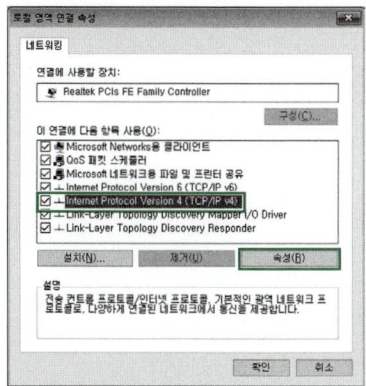

③ [Internet Protocol Version 4 (TCP/IPv4) 속성] 창에서 '다음 IP 주소 사용:'을 체크한 후 'IP 주소(I):'에 『192.168.101.155』를 입력하고, '서브넷 마스크(U):'에 『255.255.255.192』를 입력한 다음 [확인]을 클릭한다.

④ 다시 [로컬 영역 연결 속성] 창에서 [확인]을 클릭한다.

02 문제 및 풀이

문제 02

〈제시 문제〉와 같이 네트워크 환경을 설정하시오.

제시 문제	작업 시 주의사항
IP : 11000000.10101000.01100011.00000001 SM : 255.255.255.224 GW : 11000000.10101000.01100011.00011110	〈제시 문제〉와 같이 정상적으로 설정되어 있다.

문제 풀이

2진수를 10진수로 변환하면

$2^7(128)$ $2^6(64)$ $2^5(32)$ $2^4(16)$ $2^3(8)$ $2^2(4)$ $2^1(2)$ $2^0(1)$

〈IP 주소〉

11000000 = 128 + 64이며, 192이다.
10101000 = 128 + 32 + 8이며, 168이다.
01100011 = 64 + 32 + 2 + 1이며, 99이다.
00000001 = 1이며, 1이다.
즉, 192.168.99.1이 된다.

〈GW 주소〉

11000000 = 128 + 64이며, 192이다.
10101000 = 128 + 32 + 8이며, 168이다.
01100011 = 64 + 32 + 2 + 1이며, 99이다.
00011110 = 16 + 8 + 4 + 2이며, 30이다.
즉, 192.168.99.30이 된다.

① [ICQA 실습용 에뮬레이터]-[컴퓨터]-[네트워크 속성]을 선택하고 [에뮬레이터 실행]을 클릭한다.

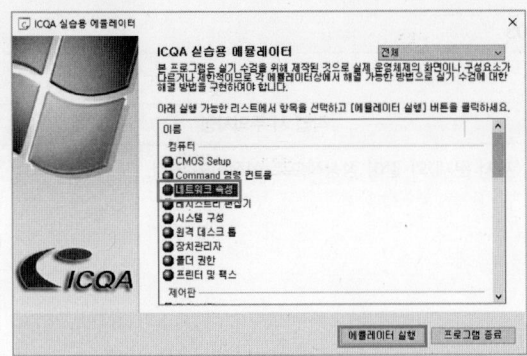

② [로컬 영역 연결 속성] 창에서 'Internet Protocol Version4(TCP/IP v4)'를 선택하고 [속성]을 클릭한다.

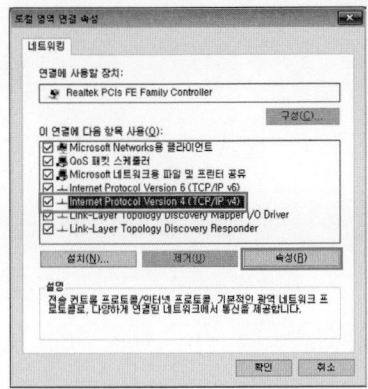

③ [Internet Protocol Version 4 (TCP/IPv4) 속성] 창에서 '다음 IP 주소 사용:'을 체크한 후 'IP 주소(I) :'에 『192.168.99.1』, '서브넷 마스크(U) :'에 『255.255.255.224』, '기본 게이트웨이(D) :'에 『192.168.99.30』을 입력한 다음 [확인]을 클릭한다.

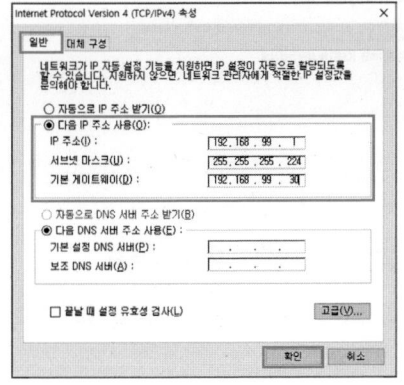

④ 다시 [로컬 영역 연결 속성] 창에서 [확인]을 클릭한다.

03 문제 및 풀이

문제 03
〈제시 문제〉와 같이 IP를 할당할 수 있는 DHCP를 설정하시오.

제시 문제	작업 시 주의사항
범위이름 : 네트워크관리사 범위설명 : 한국정보통신자격협회 분배할 주소범위 : 211.110.100.1 ~ 254 서브넷마스크 : /24 제외할 주소범위 : 211.110.100.2 ~ 25 임대기간 : 8시간	〈제시 문제〉와 같이 정상적으로 설정되어 있다.

문제 풀이

① [ICQA 실습용 에뮬레이터]-[관리도구]-[DHCP]을 선택하고 [에뮬레이터 실행]을 클릭한다.

② [IPv4]에서 마우스 오른쪽 버튼을 클릭한 후 [새 범위(P)]를 클릭하고, [새 범위 마법사] 창이 나타나면 [다음]을 클릭한다.

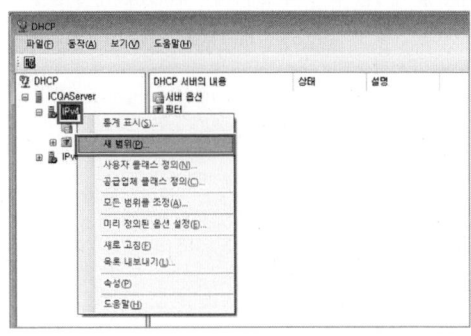 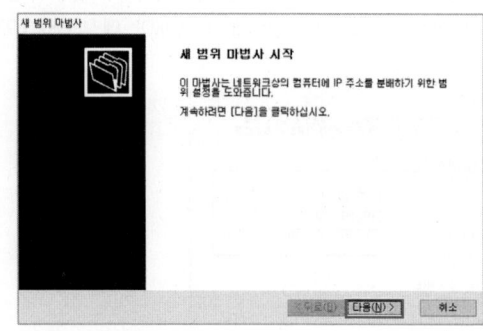

③ [새 범위 마법사] 창의 [범위 이름]에서 '이름(A)'에 『네트워크관리사』를 입력하고, '설명(D)'에 『한국정보통신자격협회』를 입력한 후 [다음]을 클릭한다.

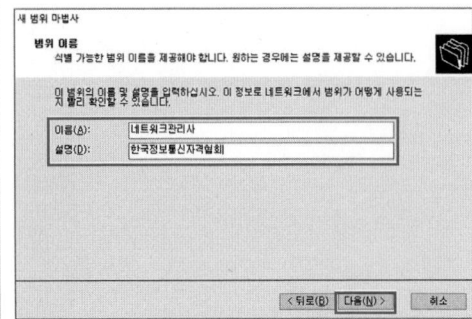

④ [DHCP 서버 구성 설정]의 '시작 IP 주소(S)'에 『211.110.100.1』, '끝 IP 주소(E)'에 『211.110.100.254』를 입력하고 [DHCP 클라이언트로 전파되는 구성 설정]의 '길이(L)'에 『24』, '서브넷 마스크(U)'에 『255.255.255.0』을 입력한 후 [다음]을 클릭한다.

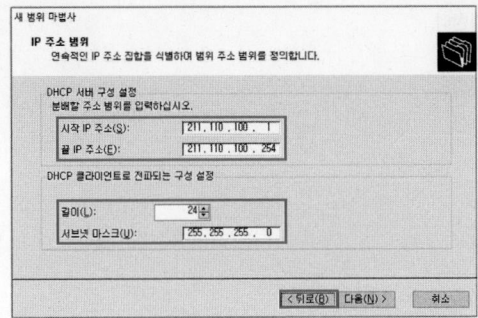

⑤ 문제에서 주어진 대로 [제외 주소 및 지연 추가]에서 '시작 IP 주소(S):'에 『211.110.100.2』, '끝 IP 주소(E):'에 『211.110.100.25』를 입력하고 [추가(D)]를 클릭한 후 [다음]을 클릭한다.

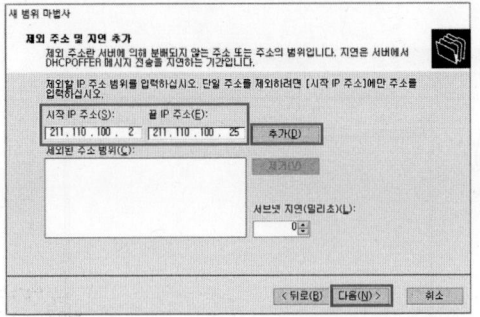

⑥ [임대 기간]의 '시간'에 『8』 입력 후 [다음]을 클릭한다.

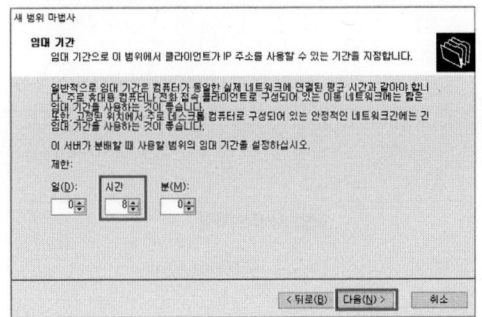

⑦ [DHCP 옵션을 구성합니다.]에서 '예, 지금 구성합니다(Y).'를 체크하고 [다음]을 클릭한다.

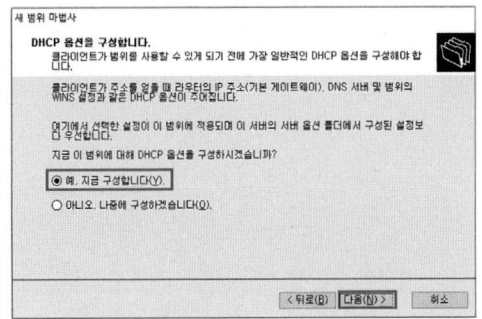

⑧ 이후 [라우터(기본 게이트웨이)]에서 [다음]을 클릭하고, [도메인 이름 및 DNS 서버]와 [WINS 서버]에서도 [다음]을 클릭하여 다음으로 넘어간다.

⑨ [범위 활성화]에서 '예, 지금 활성화합니다(Y)'를 체크하고 [다음]을 클릭한다.

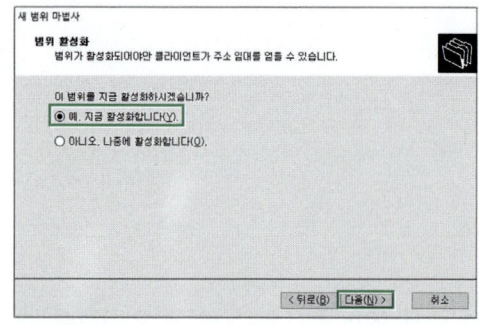

⑩ [마침]을 클릭하고 [DHCP] 창에서 [ICQAServer]–[IPv4]–[범위...]–[주소 풀]을 클릭하면 DHCP 설정이 완료된 것을 확인할 수 있다.

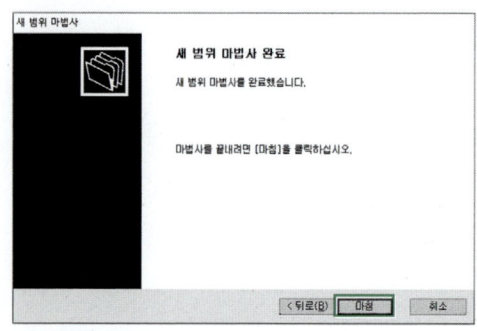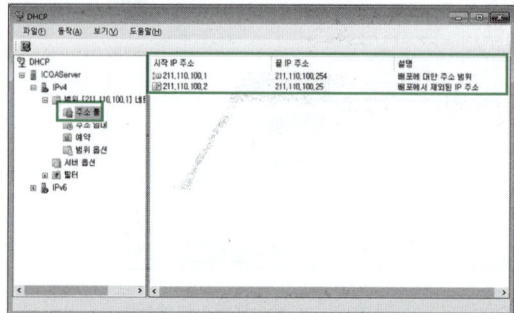

04 문제 및 풀이

문제 04

〈제시 문제〉와 같이 DNS를 설정하시오.

제시 문제	작업 시 주의사항
: Database File icqa.or.kr.dns for icqa.or.kr zone. : Zone version : 10 @ IN SOA ns.icqa.or.kr master.icqa.or.kr 　　　 10 : serial number 　　　 900 : refresh 　　　 600 : retry 　　　 54000 : expire 　　　 3600 : minimum TTL : : Zone NS records ftp://192.168.100.200로는 접속이 되는데 ftp://ftp.icqa.or.kr로는 접속이 안 됨(접속되도록 설정)	〈제시 문제〉와 같이 정상적으로 설정되어 있다.

① [ICQA 실습용 에뮬레이터]-[관리도구]-[DSN]을 선택하고 [에뮬레이터 실행]을 클릭한다.

② [DNS] 창에서 [ICQAServer]]-[정방향 조회 영역]에 마우스 오른쪽 버튼을 클릭하고 [새 영역(Z)...]를 클릭한다.

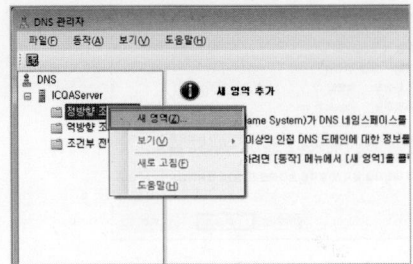

③ [새 영역 마법사] 창이 나타나면 [다음]을 클릭하고, '주 영역(P) 이 서버에서 직접 업데이트될 수 있는 영역의 복사본을 만듭니다.'를 체크하고 [다음]을 클릭한다.

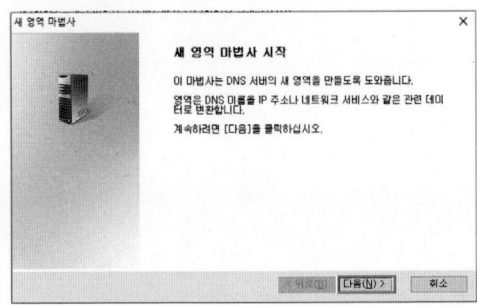
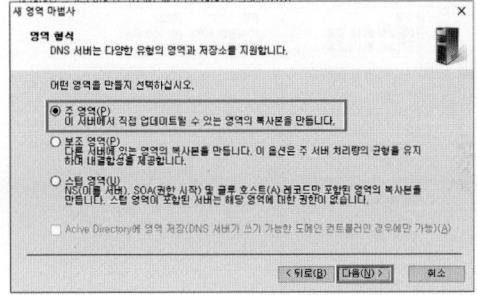

④ '영역 이름(Z):'에 『icqa.or.kr』을 입력하고 [다음]을 클릭합니다.

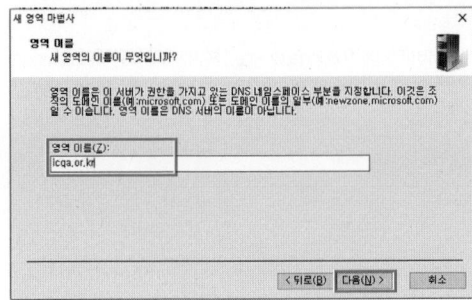

⑤ '다음 이름으로 새 파일 만들기(C):'를 체크하고 『icqa.or.kr.dns』를 입력한 후 [다음]을 클릭한다.
  *문제에 주어진 글자(대소문자 포함)와 점(.)을 빠짐없이 입력해야 함

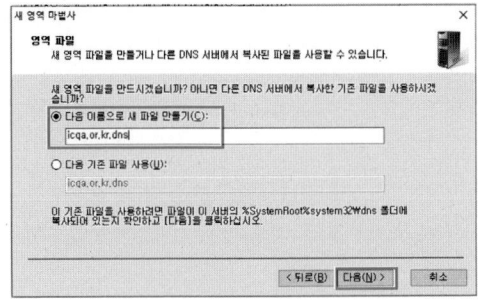

⑥ [동적 업데이트]에서 '동적 업데이트 허용 안 함(D)...'를 체크한 후 [다음]을 클릭한다. [새 영역 마법사 완료]가 나오면 [마침]을 클릭한다.

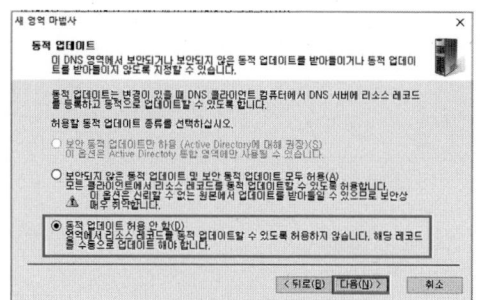 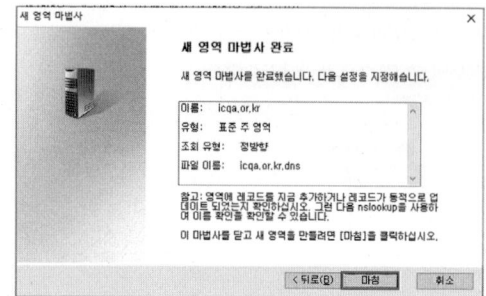

⑦ [DNS 관리자] 창의 [ICQAServer]-[정방향 조회 영역]-[icqa.or.kr]에 마우스 오른쪽 버튼을 클릭하고 [속성]을 클릭한다.

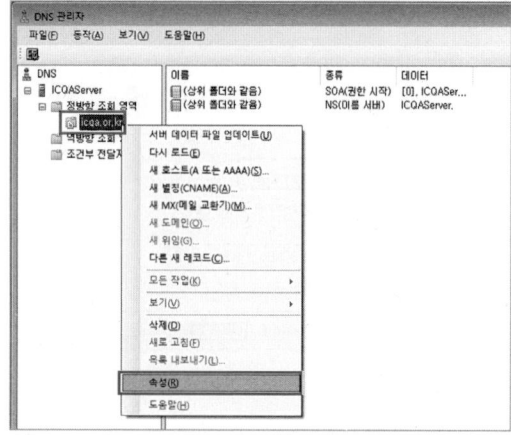

⑧ [icqa.or.kr 속성] 창의 [SOA(권한 시작)] 탭에서 '일련번호(S):'에 『10』, '주 서버(P):'에 『ns.icqa.or.kr』, '책임자(R):'에 『master.icqa.or.kr』, '새로 고침 간격(E):'에 『900』 초, '다시 시도 간격(V):'에 『600』 초, '다음 날짜 이후에 만료(X):'에 『54000』 초, '최소(기본값) TTL(M):'에 『3600』 초를 입력하고 [확인]을 클릭한다.

  *'책임자(R):'의 'master.icqa.or.kr'은 master@icqa.or.kr을 뜻함

⑨ [DNS 관리자] 창의 [ICQAServer]-[정방향 조회 영역]-[icqa.or.kr]에 마우스 오른쪽 버튼을 클릭하고 [새 호스트(A 또는 AAAA)(S):...]을 클릭한다.

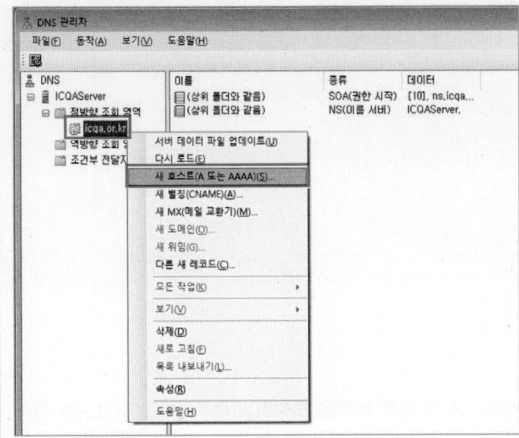

⑩ [새 호스트] 창에서 '이름(입력하지 않으면 부모 도메인 이름 사용)(N):'에 『ftp』를 입력하고 'IP 주소(P):'에 『192.168.100.200』을 입력한 다음 [호스트 추가]를 클릭한다.

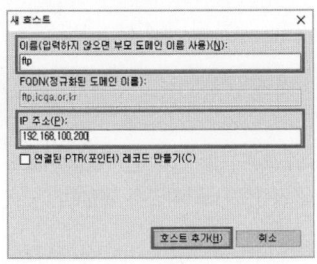

⑪ 'ftq 호스트 레코드를 올바르게 만들었습니다.'라는 메시시가 나타나면 [확인]을 클릭한다.

05 문제 및 풀이

문제 05
〈제시 문제〉와 같이 웹 사이트를 추가 설정하시오.

제시 문제	작업 시 주의사항
1. 사이트 이름 : icqa-web 2. IP 주소 : 211.111.144.240 3. 경로 : C:\icqaweb\wwwroot 4. 포트 : 80 5. 호스트 이름 : www.example.co.kr 6. 연결 시간 제한 : 180초 7. 기본 문서 : index.html, index.htm을 순차로 설정 8. 익명 암호 인증 사용 안 함	〈제시 문제〉와 같이 정상적으로 설정되어 있다.

문제 풀이

① [ICQA 실습용 에뮬레이터]–[관리도구]–[인터넷 정보 서비스 관리자]를 선택하고 [에뮬레이터 실행]을 클릭한다.

② [IIS(인터넷 정보 서비스) 관리자] 창에서 [ICQAServer]–[사이트]에 마우스 오른쪽 버튼을 클릭하고 [웹 사이트 추가...]를 클릭한다.

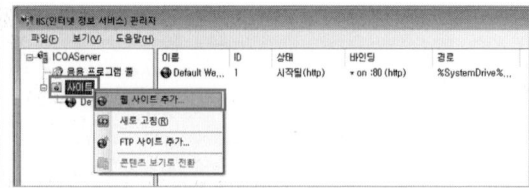

③ [웹 사이트 추가] 창에서 '사이트 이름(S):'에 『icqa-web』, '실제 경로(P):'에 『C:\icqaweb\wwwroot』를 입력하고 [바인딩]에서 'IP 주소(I):'에 『211.111.144.240』, '포트(O):'에 『80』, '호스트 이름(H):'에 『www.example.co.kr』을 입력한 다음 [확인]을 클릭한다.

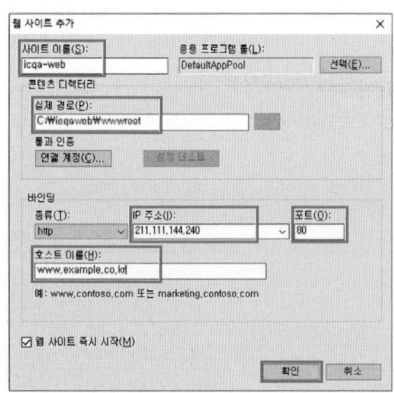

④ [IIS(인터넷 정보 서비스) 관리자] 창에서 [ICQAServer]–[사이트]–[ICQA-web]을 클릭한 다음 [IIS]의 [기본 문서]를 더블 클릭하여 실행한다.

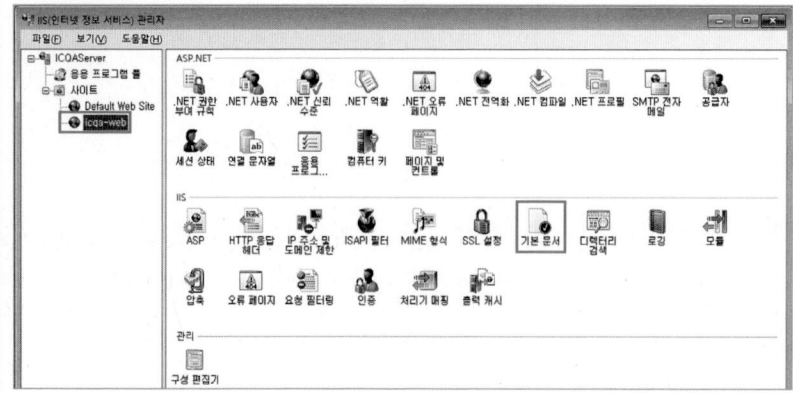

⑤ [기본 문서] 창에서 'Default.html'과 'Default.asp'를 삭제(마우스 오른쪽 버튼을 클릭하고 [제거]를 선택)하고 'index.html', 'index.htm' 순으로 정렬(마우스 오른쪽 버튼을 클릭하고 [위로 이동]이나 [아래로 이동]을 선택)한다.

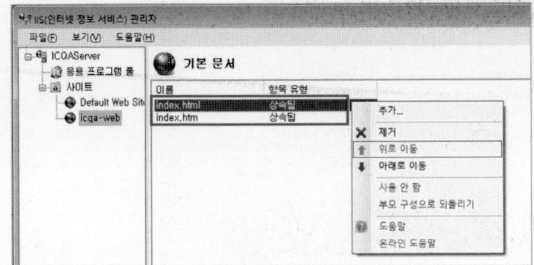

⑥ 이 상태에서 [ICQAServer]–[사이트]–[ICQA–web]을 클릭하면 [메시지] 창이 나타나는데, [예]를 클릭하여 변경 내용을 저장한다.

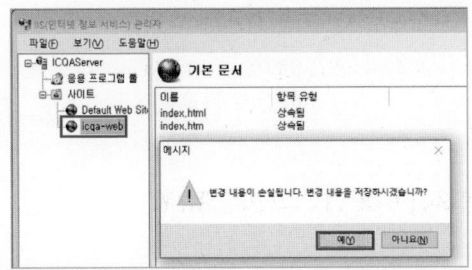

⑦ 이번에는 [IIS(인터넷 정보 서비스) 관리자] 창에서 [ICQAServer]–[사이트]–[ICQA–web]을 클릭한 다음 [IIS]의 [인증]를 더블 클릭하여 실행한다.

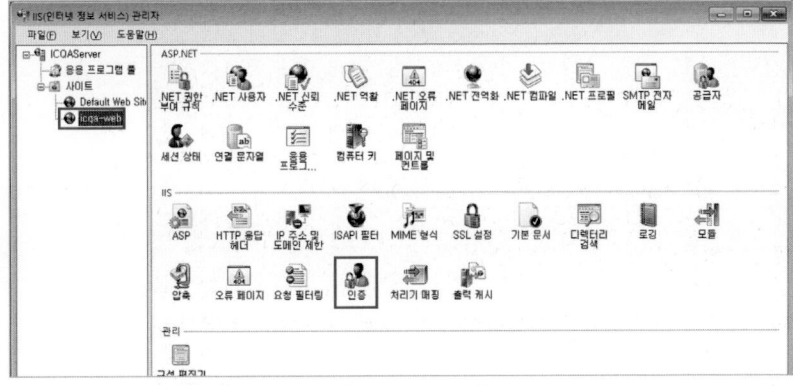

⑧ [인증] 창에서 '익명 인증'에 마우스 오른쪽 버튼을 클릭하고 [사용 안 함]을 선택한다.

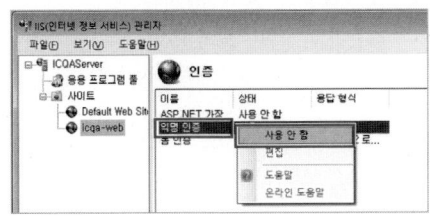

⑨ 이 상태에서 [ICQAServer]-[사이트]-[ICQA-web]을 클릭하면 [메시지] 창이 나타나는데, [예]를 클릭하여 변경 내용을 저장한다.

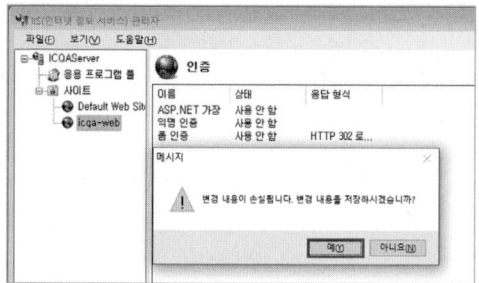

⑩ [ICQAServer]-[사이트]-[ICQA-web]에 마우스 오른쪽 버튼을 클릭하고 [웹 사이트 관리]-[고급 설정...]을 선택한다.

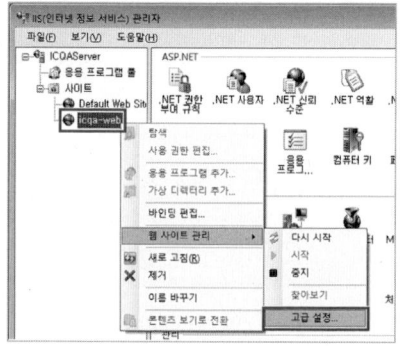

⑪ [고급 설정] 창에서 [연결 제한]의 '연결 시간 제한(초)'에 『180』을 입력하여 변경하고 [확인]을 클릭한다.

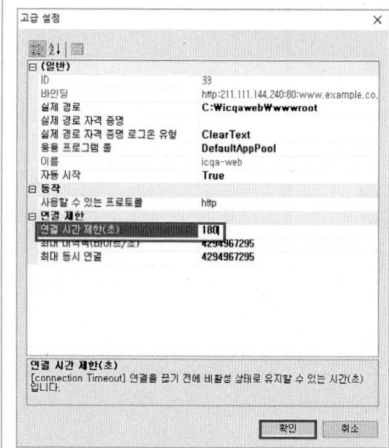

06 문제 및 풀이

문제 06

〈제시 문제〉와 같이 FTP 사이트를 추가 설정하시오.	

제시 문제	작업 시 주의사항
1. FTP 사이트 이름 : ICQA-FTP1 2. 경로 : C:\ICQA\ftp 3. IP 주소 : 210.110.100.0:21 4. 데이터 채널 시간 제한 : 60 5. 최대 동시 접속 : 5 6. 컨트롤 채널 시간 제한 : 180 7. 이름 바꿀 때 덮어쓰기 허용 8. 접속 메시지 : 한국FTP사이트	〈제시 문제〉와 같이 정상적으로 설정되어 있다.

문제 풀이

① [ICQA 실습용 에뮬레이터]–[관리도구]–[인터넷 정보 서비스 관리자]를 선택하고 [에뮬레이터 실행]을 클릭한다.

② [IIS(인터넷 정보 서비스) 관리자] 창에서 [ICQAServer]–[사이트]에 마우스 오른쪽 버튼을 클릭하고 [FTP 사이트 추가...]를 클릭한다.

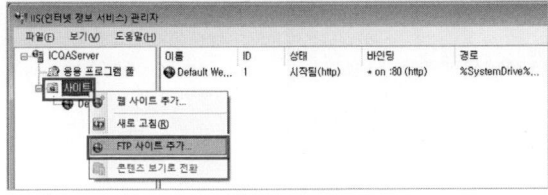

③ [FTP 사이트 추가] 창에서 '사이트 이름(S):'에 『ICQA-FTP1』을 입력하고 '실제 경로(P):'에 『C:\ICQA\ftp』를 입력한 후 [다음]을 클릭한다.

　　*이름과 경로 입력 시 대소문자를 구분하여 입력합니다. 또한 경로에서 드라이브 구분문자 입력에 주의합니다. ⑩ C:\icqa\ftp

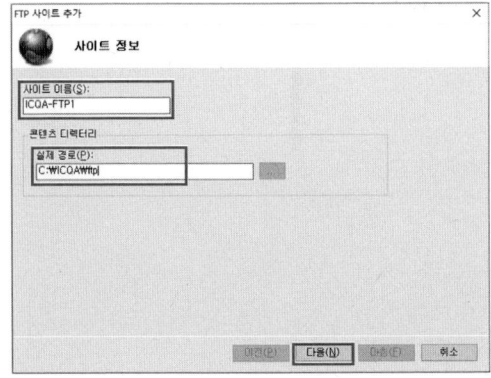

④ [바인딩]의 'IP 주소(A):'에 『210.110.100.0』, '포트(O):'에 『21』을 입력한 후 [다음]을 클릭한다.

　　*IP 주소 입력 시 오타를 주의해야 한다. 특히 점(.)과 쉼표(,)를 잘 구분해야 한다.

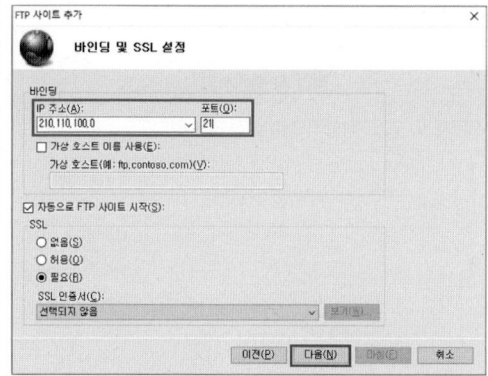

⑤ 이후 [마침]을 클릭하여 FTP 사이트 추가를 완료한다.

⑥ [ICQAServer]-[사이트]-[ICQA-FTP1]에 마우스 오른쪽 버튼을 클릭하고 [FTP 사이트 관리]-[고급 설정...]를 클릭한다.

　　[고급 설정] 창이 나타나면 [연결]의 '데이터 채널 시간 제한'을 『60』, '최대 연결 수'를 『5』, '컨트롤 채널 시간 제한'을 『180』으로 변경하고, [파일 처리]의 '이름을 바꿀 때 덮어쓰기 허용'도 『True』로 변경한 후 [확인]을 클릭한다.

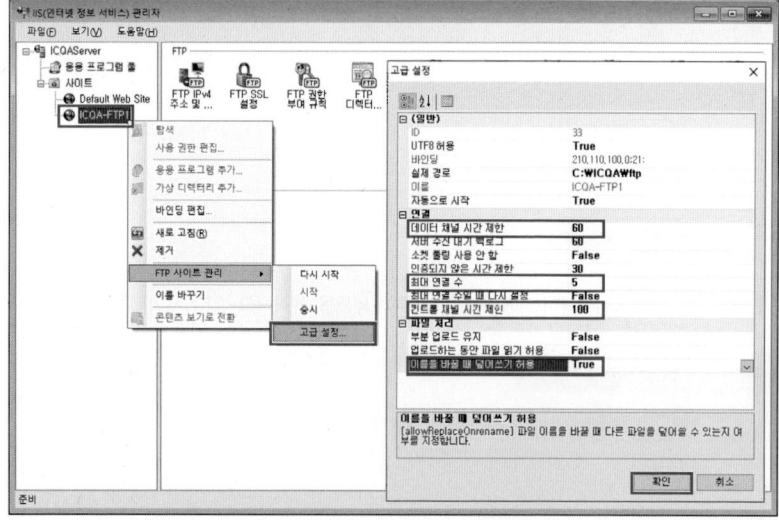

⑦ [ICQAServer]-[사이트]-[ICQA-FTP1]를 클릭하고, [FTP] 탭에서 [FTP 메세지]를 더블 클릭하여 실행한다.

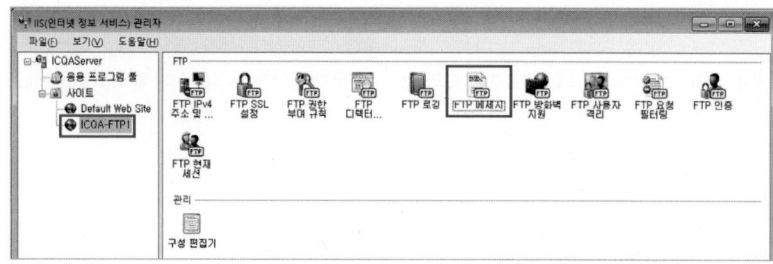

⑧ [FTP 메시지] 창에서 '시작(W):'에 『한국FTP사이트』를 입력한다.

  *접속 메시지이기 때문에 시작 즉, FTP사이트에 로그인(접속)해서 사용을 시작할 수 있는 상황이라 시작에 메시지를 입력해야
  한다.

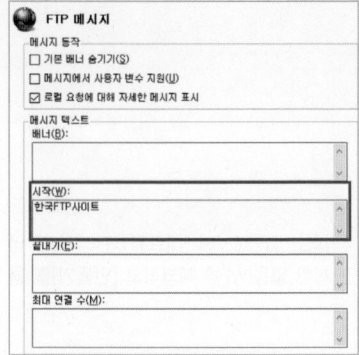

⑨ 이 상태에서 [ICQAServer]–[사이트]–[ICQA–FTP1]을 클릭하면 [메시지] 창이 나타나는데, [예]를 클릭하여 변경 내용을 저장한다.

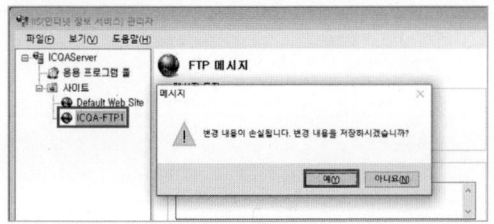

07 문제 및 풀이

문제 07

〈제시 문제〉와 같이 로컬 사용자 및 그룹을 설정하시오.

제시 문제	작업 시 주의사항
1. 사용자 : network 2. 전체이름 : 한국정보통신자격협회 3. 설명 : 네트워크관리사 4. 암호 : icqaPASS 5. 암호 사용 기간 : 제한 없음 6. 소속그룹 : user만 7. 원격제어 : 해제	〈제시 문제〉와 같이 정상적으로 설정되어 있다.）

문제 풀이

① [ICQA 실습용 에뮬레이터]–[관리도구]–[로컬 사용자 및 그룹(Windows Server)]를 선택하고 [에뮬레이터 실행]을 클릭한다.

② [컴퓨터 관리] 창에서 [컴퓨터 관리(로컬)]-[시스템 도구]-[로컬 사용자 및 그룹]-[사용자]에 마우스 오른쪽 버튼을 클릭하고 [새 사용자(N)...]를 선택한다.

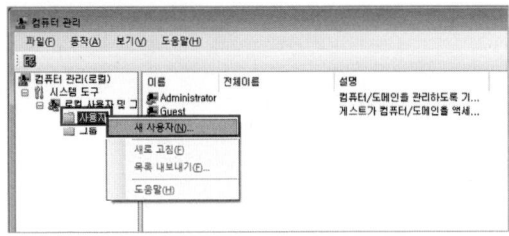

③ [새 사용자] 창에서 '사용자 이름(U):'에 『network』, '전체 이름(F):'에 『한국정보통신자격협회』, '설명(D):'에 『네트워크관리사』를 입력하고 '새 암호(P):'와 '암호 확인(C):'에 『icqaPASS』를 입력한다. 이후 '암호 사용 기간 제한 없음(W)'을 체크하고 [만들기]를 클릭한다.

　　*암호 입력 시 대소문자 구분에 주의해야 한다.

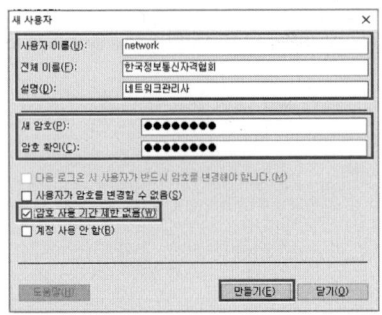

④ [새 사용자] 창이 한 번 더 나타나는 건 [닫기]를 클릭해 닫아준다.

⑤ [컴퓨터 관리(로컬)]-[시스템 도구]-[로컬 사용자 및 그룹]-[사용자]를 선택하면 'network' 사용자가 추가된 것을 확인할 수 있다. 'network' 사용자를 마우스 오른쪽 버튼으로 클릭하고 [속성]을 클릭한다.

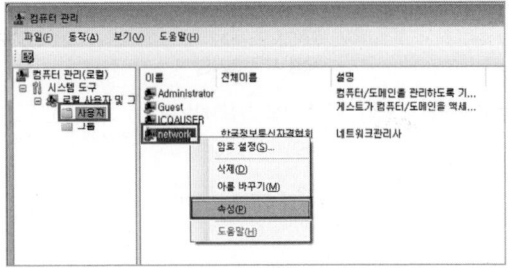

⑥ [network 속성] 창에서 [소속 그룹] 탭을 선택하고 [추가(D)...]를 클릭한다.

⑦ [사용자 또는 그룹 선택] 창에서 [지금 찾기(N)]을 클릭하고 '검색 결과(U):' 중 'Users'를 선택한 후 [확인]을 클릭한다.

*[지금 찾기(N)]를 눌러야 검색 결과에 'Users'가 나타난다.

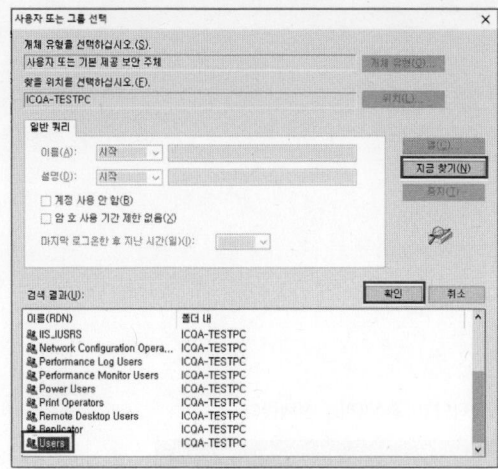

⑧ 다시 [network 속성] 창에서 [원격 제어] 탭을 선택하고 '원격 제어 가능(E)'을 체크 해제한 후 [확인]을 클릭한다.

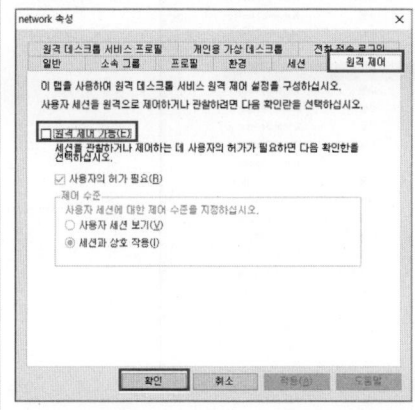

08 문제 및 풀이

문제 08
〈제시 문제〉와 같이 서비스 관리자를 설정하시오(재부팅 후에도 사용가능 하도록 설정).

제시 문제	작업 시 주의사항
암호화된 파일을 NTFS 파일 시스템 볼륨에 저장하는 데 사용되는 핵심 파일 암호화 기술을 제공합니다. 이 서비스를 중지하거나 사용하지 않도록 설정하면 응용 프로그램에서 암호화된 파일에 액세스하지 못하게 됩니다.	〈제시 문제〉와 같이 정상적으로 설정되어 있다.

① [ICQA 실습용 에뮬레이터]–[관리도구]–[서비스 관리자(Windows Server)]를 선택하고 [에뮬레이터 실행]을 클릭한다.

② [서비스] 창에서 'Encrypting File System'에 마우스 오른쪽 버튼으로 클릭하고 [속성(P)]를 선택한다.

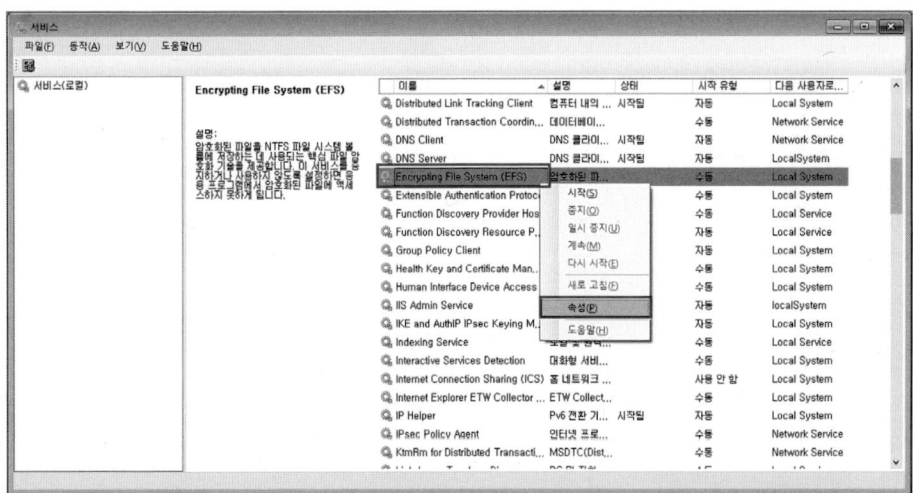

③ [Encrypting File System (EFS) 속성(로컬 컴퓨터)] 창의 [일반] 탭에서 '시작 유형(E):'을 '자동'으로 변경하고 [시작(S)]을 클릭하여 '서비스 상태:'가 '시작됨'으로 변경된 것을 확인한 후 [확인]을 클릭한다.

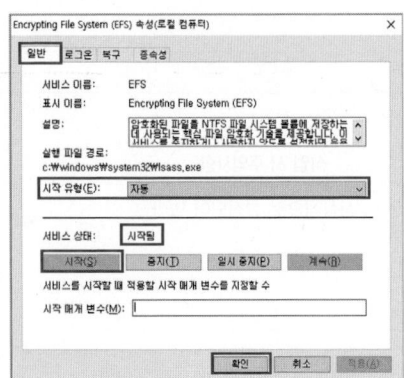

④ 'Encrypting File System'의 상태가 '시작됨'이고, 시작 유형이 '자동'인지 확인한다.

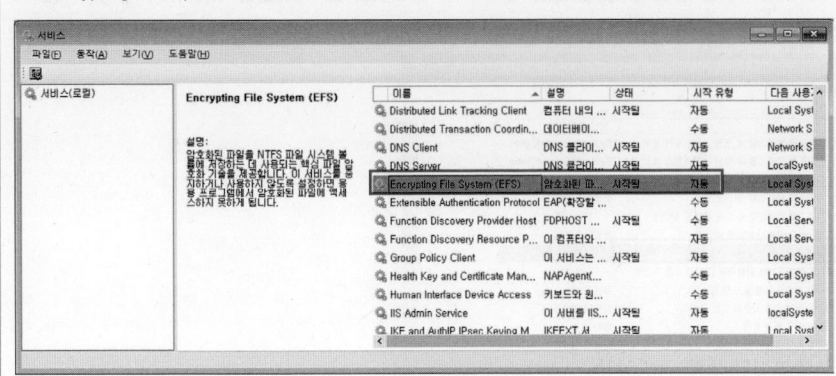

09 문제 및 풀이

<table>
<tr><td colspan="2" align="center">문제 09</td></tr>
<tr><td colspan="2">〈제시 문제〉와 같이 로컬보안정책을 설정하시오.</td></tr>
<tr><td align="center">제시 문제</td><td align="center">작업 시 주의사항</td></tr>
<tr><td>제목 : 경고
내용 : 무단 침입 시 법적인 책임을 물을 수 있습니다.

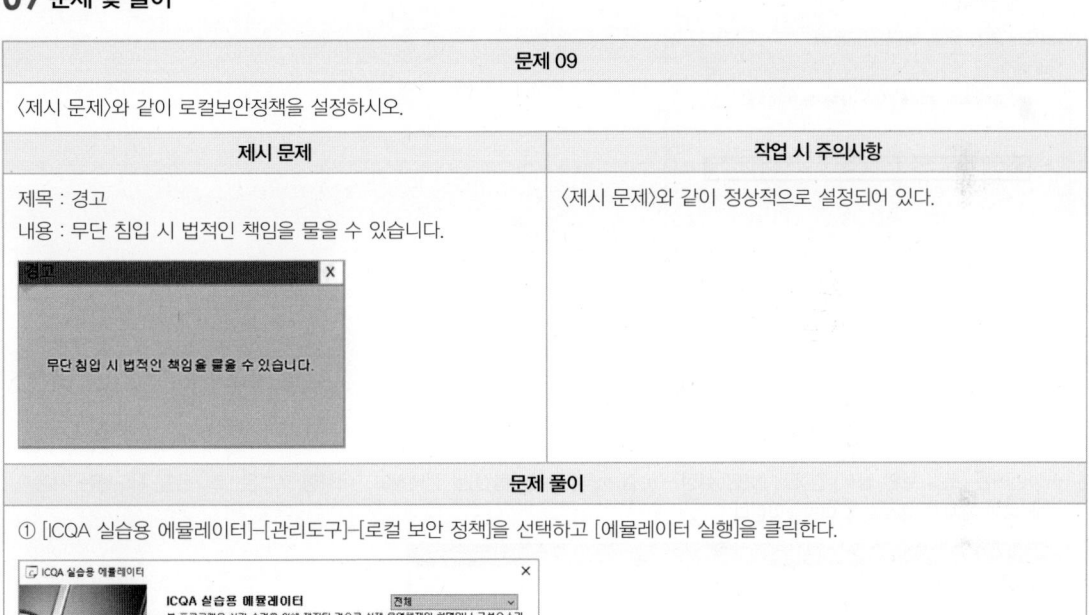</td><td>〈제시 문제〉와 같이 정상적으로 설정되어 있다.</td></tr>
<tr><td colspan="2" align="center">문제 풀이</td></tr>
<tr><td colspan="2">① [ICQA 실습용 에뮬레이터]–[관리도구]–[로컬 보안 정책]을 선택하고 [에뮬레이터 실행]을 클릭한다.

</td></tr>
</table>

② [로컬 보안 정책] 창에서 [보안 설정]-[로컬 정책]-[보안 옵션]을 선택하고, '대화형 로그온: 로그온을 시도하는 사용자에 대한 메시지 제목'을 더블 클릭한다.

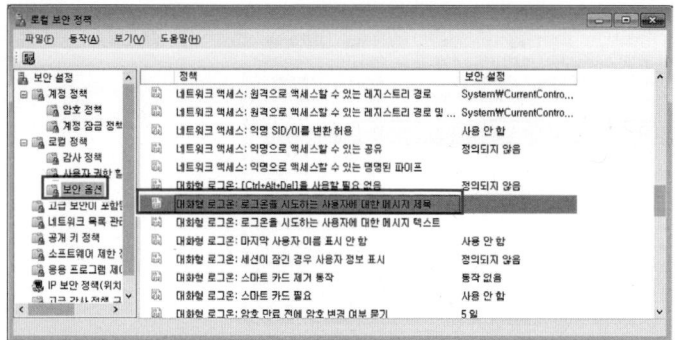

③ [대화형 로그온: 로그온을 시도하는 사용자에 대한 메시지 제목] 창이 나타나면 [로컬 보안 설정] 탭에서 『경고』를 입력하고 [확인]을 클릭한다.

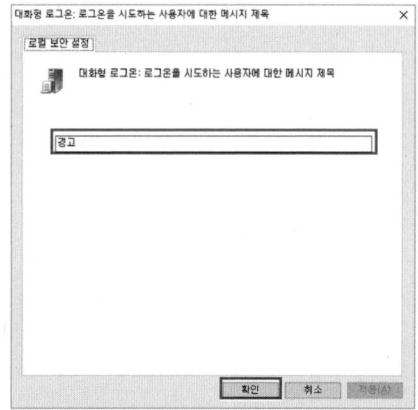

④ 이번에는 [로컬 보안 정책] 창에서 [보안 설정]-[로컬 정책]-[보안 옵션]을 선택하고, '대화형 로그온: 로그온을 시도하는 사용자에 대한 메시지 텍스트'를 더블클릭한다.

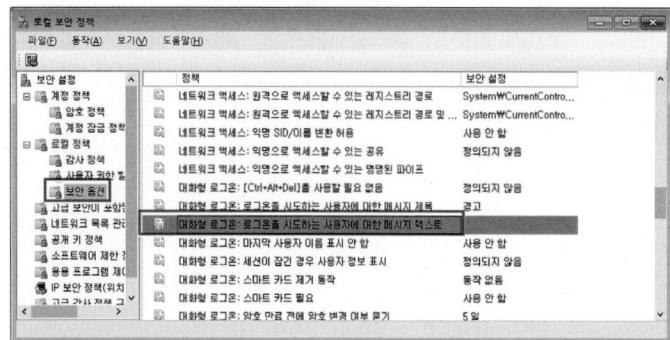

⑤ [대화형 로그온: 로그온을 시도하는 사용자에 대한 메시지 텍스트] 창이 나타나면 『무단 침입 시 법적인 책임을 물을 수 있습니다.』를 입력하고 [확인]을 클릭한다.

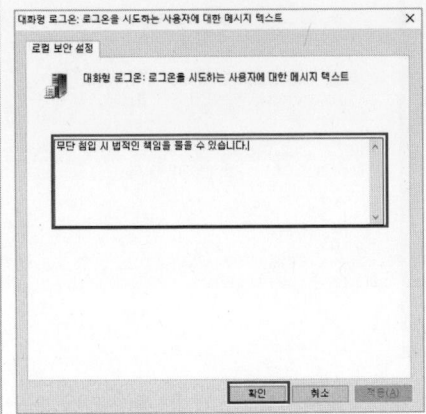

10 문제 및 풀이

문제 10
〈제시 문제〉와 같이 로컬보안정책을 설정하시오.

제시 문제	작업 시 주의사항
1. 시간대 변경: Administrators 2. 시스템 시간 변경: Administrators, LOCAL SERVICE 3. 시스템 종료: Administrators, backup Operators	〈제시 문제〉와 같이 정상적으로 설정되어 있다.

문제 풀이

① [ICQA 실습용 에뮬레이터]-[관리도구]-[로컬 보안 정책]을 선택하고 [에뮬레이터 실행]을 클릭한다.

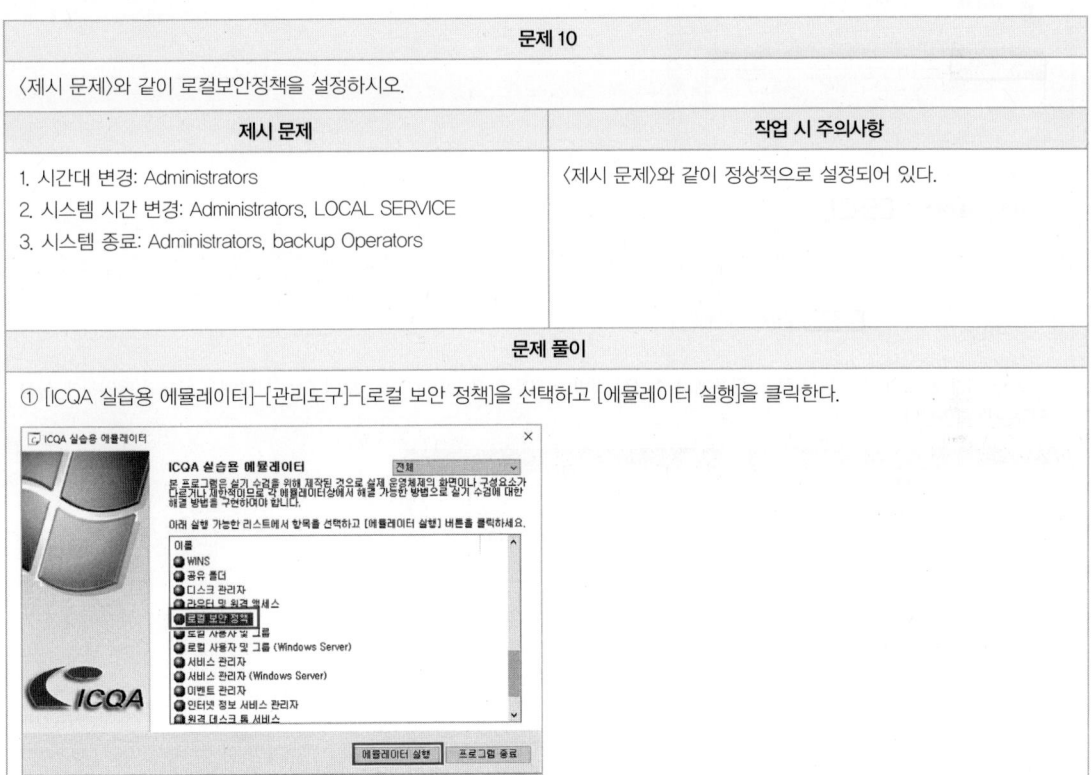

② [로컬 보안 정책] 창에서 [보안 설정]–[로컬 정책]–[사용자 권한 할당]을 선택하고, '시간대 변경'을 더블클릭한다.

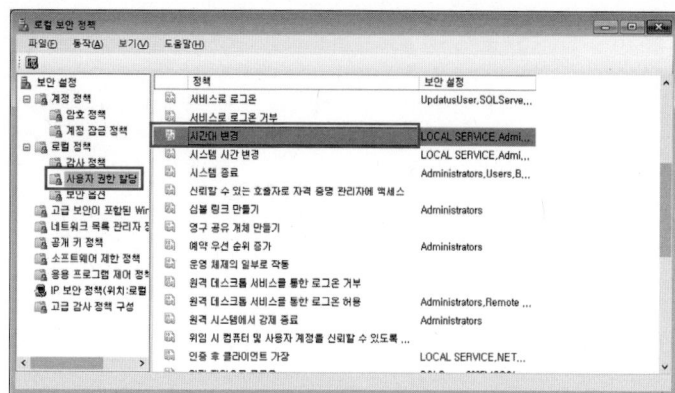

③ [시간대 변경] 창에서 문제에서 주어진 대로 'Administrators'만 남기고 'LOCAL SERVICE'와 'Users'는 제거한 후 [확인]을 클릭한다.

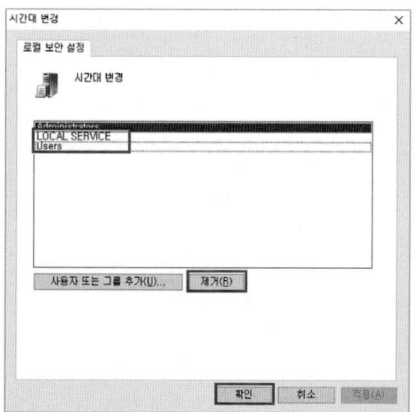

④ '시스템 시간 변경'과 '시스템 종료'도 문제에서 주어진 것만 남겨두고 제거한다. 이후 보안 설정 부분에서 문제와 동일하게 설정되었는지 확인한다.

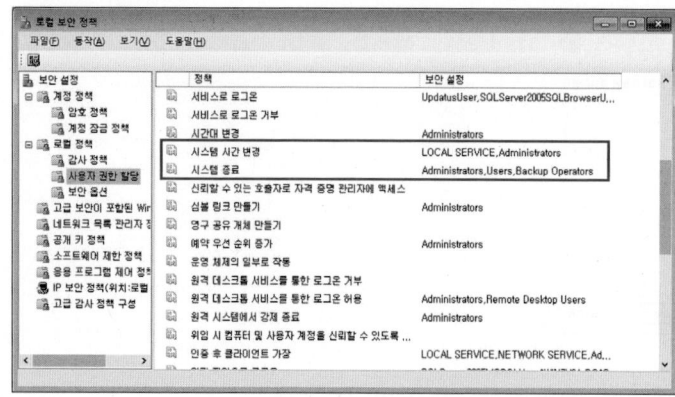

SECTION
06
라우터 설정과 출제 유형문제

반복학습 **1** **2** **3**

POINT 01 라우터 실습용 에뮬레이터 다운로드 및 실행

01 라우터 실습용 에뮬레이터 다운로드

[시행처 홈페이지(www.icqa.or.kr)]−[고객지원]−[자료실]−[네트워크관리사]−[Router Emulator 프로그램−수험생 실습용]에서 'router.zip' 파일을 다운로드받는다.

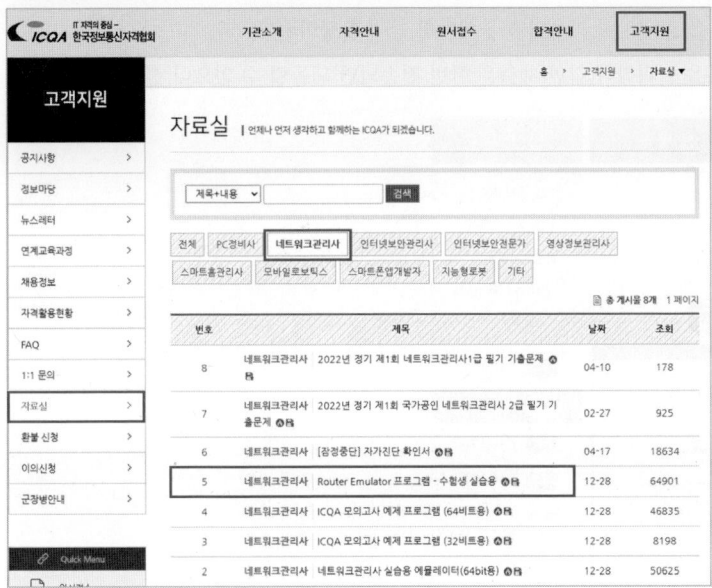

02 라우터 실습용 에뮬레이터 실행

− 다운로드 받은 'router.zip' 파일의 압축을 풀고 'router.exe' 파일을 실행한다.

− 컴퓨터는 현재 날짜로 세팅되어야 한다. 현재 날짜가 아닐 경우 '최신버전을 이용해 주세요'라는 메시지가 나오며 실행이 안 된다.

이름	수정한 날짜	유형	크기
locales	2022-05-13 오후 3:05	파일 폴더	
avcodec-54.dll	2013-04-23 오전 12:24	DLL 파일	1,168KB
avformat-54.dll	2013-04-23 오전 12:24	DLL 파일	213KB
avutil-51.dll	2013-04-23 오전 12:24	DLL 파일	136KB
d3dcompiler_43.dll	2013-04-23 오전 12:24	DLL 파일	2,057KB
d3dx9_43.dll	2013-04-23 오전 12:24	DLL 파일	1,952KB
ffmpegsumo.dll	2013-04-23 오전 12:24	DLL 파일	1,123KB
icudt.dll	2013-04-23 오전 12:24	DLL 파일	9,724KB
libcef.dll	2013-04-23 오전 12:24	DLL 파일	31,960KB
libEGL.dll	2013-04-23 오전 12:24	DLL 파일	127KB
libGLESv2.dll	2013-04-23 오전 12:24	DLL 파일	719KB
router.exe	2015-05-11 오전 11:17	응용 프로그램	548KB

라우터 실습용 에뮬레이터를 실행하면 라우터 데모 페이지가 열리고 라우터 시험 데모를 진행할 수 있습니다.

01 라우터 시험 데모 페이지(시험 주의 사항)

① 총 3문항이 출제되며 제한 시간 내에 지시된 사항을 수행해야 한다.

– 제한 시간은 총 20분이다.

② 감독과 지시에 따라 라우터 시험을 실시 한다.

– 현재 작업 창을 닫거나 새로 고쳐서는 안 된다.

– 해당 시험이 맞는지 확인하고, 우측에 본인의 수험번호, 이름이 일치하는지를 확인한다.

– 시험 중 우측에 있는 남은 시간을 확인해야 한다.

– 상단에 "문제1", "문제2", "문제3" 버튼을 이용해 해당 문제로 이동할 수 있다.

– 우측에 "ROUTER1", "ROUTER2" … 을 클릭하면 라우터 시뮬레이터 창이 활성화된다.

– 문제를 모두 풀었으면 "답안 제출" 버튼을 클릭한다(답안 제출은 한번 전송되면 되돌릴 수 없으니 신중해야 함).

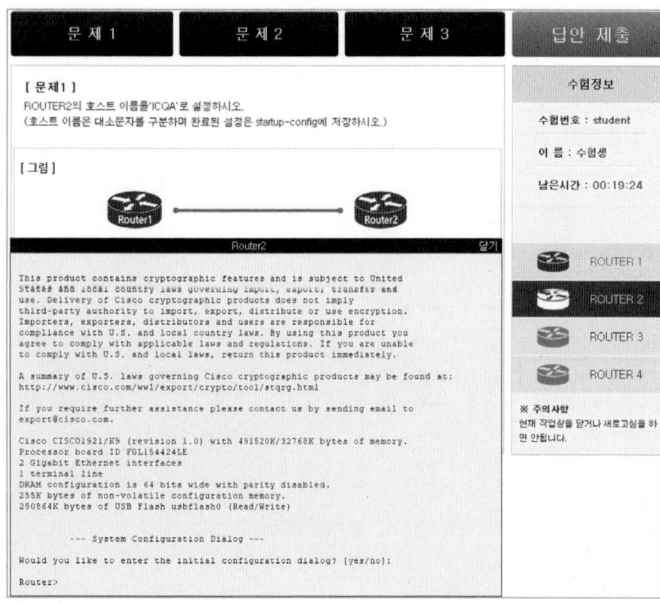

▲ 라우터 시험 화면

③ 본 프로그램은 라우터 수검을 위해 제작된 것으로 실제 라우터의 화면이나 구성 요소가 다르거나 제한적이므로 각 문제는 시뮬레이터 상에서 해결 가능한 방법으로 풀어야 한다.

④ 답안 저장은 startup-config에 저장해야 하며 write 명령은 동작하지 않는다.

※ 저장 명령어는 '#copy running-config startup-config' 또는 '#copy r s'만 사용 가능하며 이외 명령어는 사용금지

02 라우터 시험 데모

(1) 문제 1

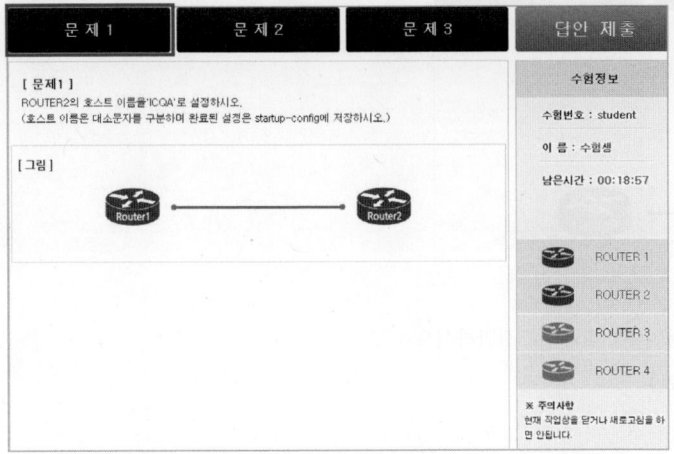

ROUTER2의 호스트 이름을 'ICQA'로 설정하시오.

(호스트 이름은 대소문자를 구분하며 완료된 설정은 startup−config에 저장하시오.)

◉ 풀이

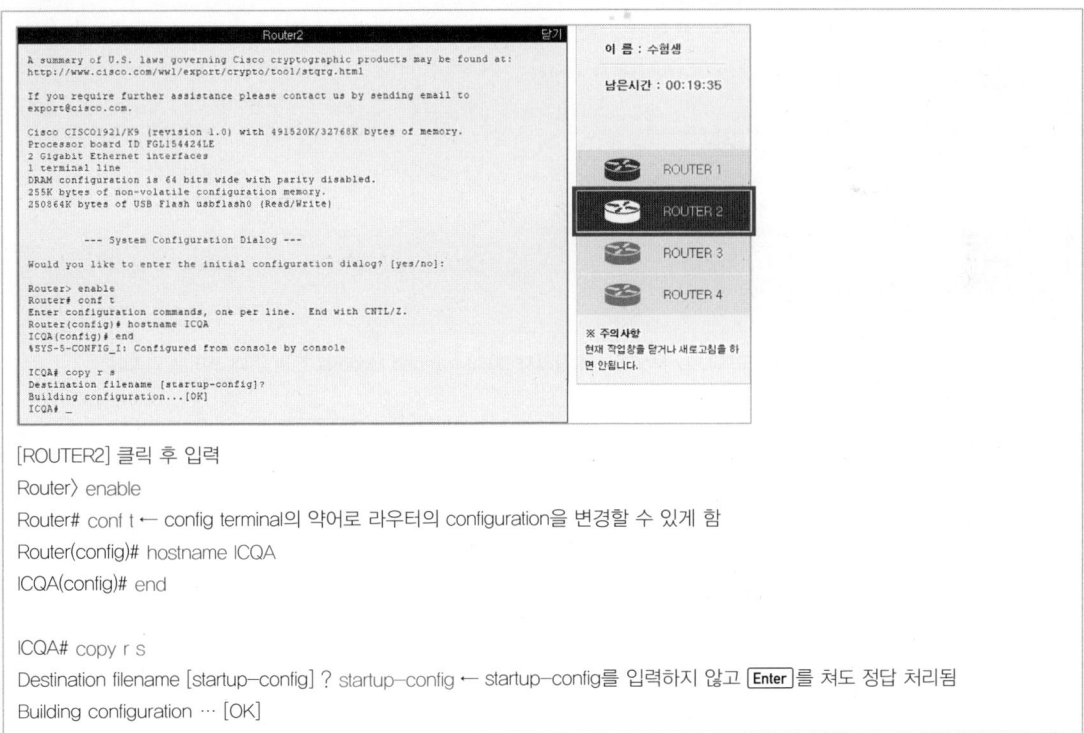

[ROUTER2] 클릭 후 입력

Router〉 enable

Router# conf t ← config terminal의 약어로 라우터의 configuration을 변경할 수 있게 함

Router(config)# hostname ICQA

ICQA(config)# end

ICQA# copy r s

Destination filename [startup−config] ? startup−config ← startup−config를 입력하지 않고 [Enter]를 쳐도 정답 처리됨

Building configuration … [OK]

(2) 문제 2

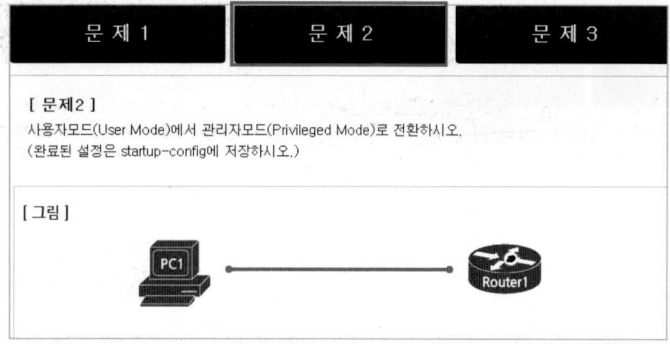

문 제 1	문 제 2	문 제 3

[문제 2]
사용자모드(User Mode)에서 관리자모드(Privileged Mode)로 전환하시오.
(완료된 설정은 startup-config에 저장하시오.)

[그림]

사용자모드(User Mode)에서 관리자모드(Privileged Mode)로 전환하시오.

(완료된 설정은 startup-config)에 저장하시오.)

○ 풀이

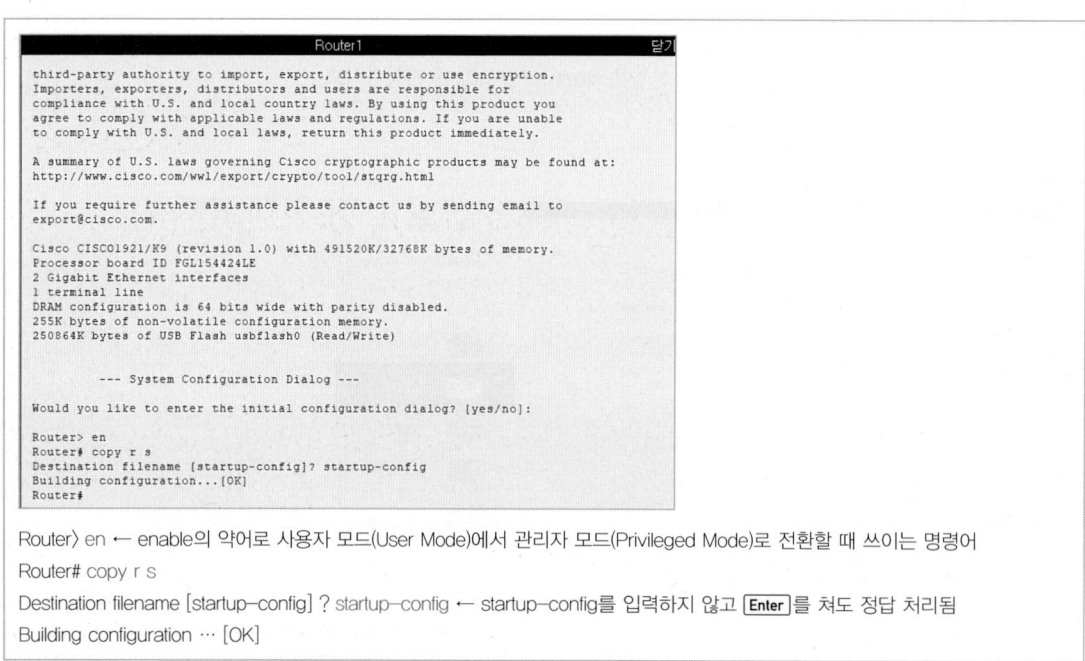

```
                                    Router1                                    닫기
third-party authority to import, export, distribute or use encryption.
Importers, exporters, distributors and users are responsible for
compliance with U.S. and local country laws. By using this product you
agree to comply with applicable laws and regulations. If you are unable
to comply with U.S. and local laws, return this product immediately.

A summary of U.S. laws governing Cisco cryptographic products may be found at:
http://www.cisco.com/wwl/export/crypto/tool/stqrg.html

If you require further assistance please contact us by sending email to
export@cisco.com.

Cisco CISCO1921/K9 (revision 1.0) with 491520K/32768K bytes of memory.
Processor board ID FGL154424LE
2 Gigabit Ethernet interfaces
1 terminal line
DRAM configuration is 64 bits wide with parity disabled.
255K bytes of non-volatile configuration memory.
250864K bytes of USB Flash usbflash0 (Read/Write)


        --- System Configuration Dialog ---

Would you like to enter the initial configuration dialog? [yes/no]:

Router> en
Router# copy r s
Destination filename [startup-config]? startup-config
Building configuration...[OK]
Router#
```

Router> en ← enable의 약어로 사용자 모드(User Mode)에서 관리자 모드(Privileged Mode)로 전환할 때 쓰이는 명령어
Router# copy r s
Destination filename [startup-config] ? startup-config ← startup-config를 입력하지 않고 `Enter`를 쳐도 정답 처리됨
Building configuration … [OK]

*en 명령어를 입력하면 'Router>'가 'Router#'으로 바뀜

(3) 문제 3

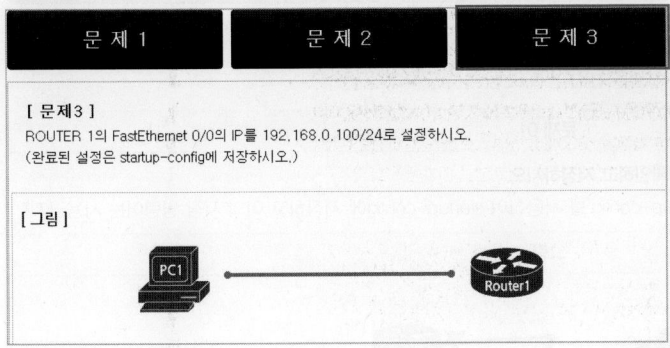

| 문 제 1 | 문 제 2 | 문 제 3 |

[문제 3]
ROUTER 1의 FastEthernet 0/0의 IP를 192.168.0.100/24로 설정하시오.
(완료된 설정은 startup-config에 저장하시오.)

[그림]

ROUTER 1의 FastEthernet 0/0의 IP를 192.168.0.100/24로 설정하시오.

(완료된 설정은 startup-config에 저장하시오.)

○ 풀이

```
                            Router1                                    닫기
third-party authority to import, export, distribute or use encryption.
Importers, exporters, distributors and users are responsible for
compliance with U.S. and local country laws. By using this product you
agree to comply with applicable laws and regulations. If you are unable
to comply with U.S. and local laws, return this product immediately.

A summary of U.S. laws governing Cisco cryptographic products may be found at:
http://www.cisco.com/wwl/export/crypto/tool/stqrg.html

If you require further assistance please contact us by sending email to
export@cisco.com.

Cisco CISCO1921/K9 (revision 1.0) with 491520K/32768K bytes of memory.
Processor board ID FGL154424LE
2 Gigabit Ethernet interfaces
1 terminal line
DRAM configuration is 64 bits wide with parity disabled.
255K bytes of non-volatile configuration memory.
250864K bytes of USB Flash usbflash0 (Read/Write)


        --- System Configuration Dialog ---

Would you like to enter the initial configuration dialog? [yes/no]:

Router> en
Router# copy r s
Destination filename [startup-config]? startup-config
Building configuration...[OK]
Router#
```

Router〉 en

Router# conf t

Router(config)# int fa0/0

Router(config-if)# ip add 192.168.0.100 255.255.255.0

Router(config-if)# no shut ← no shutdown 명령어로 인터페이스를 활성화해야 함. Default는 shutdown 되어있음

#LINK-5-CHANGED : Interface FastEthernet0/0, changed state to up

Router(config-if)# end

Router# copy r s

Destination filename [startup-config] ? startup-config ← startup-config를 입력하지 않고 [Enter]를 쳐도 정답 처리됨

Building configuration … [OK]

01 문제 및 풀이

문제 01
아래의 그림과 같이 Router1의 현재 라우팅 테이블을 확인하고 저장하시오.

(완료된 설정은 'Router#copy running-config startup-config'를 사용하여 startup-config에 저장하고 이외 저장 명령어는 사용금지)

그림

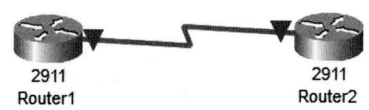

2911
Router1

2911
Router2

Router# (A)
+=Equal cost multipath routes
Total 31 routes

Dest Address	Subnet Mask	Gateway Addr	Age	Protocol
192.168.10.0	255.255.255.0	172.16.1.1	27d 7h	OSPF
192.168.20.0	255.255.255.0	172.16.1.2	27d 7h	OSPF
192.168.30.0	255.255.255.0	172.16.1.3	27d 7h	OSPF
192.168.40.0	255.255.255.0	172.16.1.4	27d 7h	OSPF
192.168.50.0	255.255.255.0	172.16.1.5	27d 7h	OSPF
192.168.60.0	255.255.255.0	172.16.1.6	27d 7h	OSPF

문제 풀이

Router〉 en
Router# show ip route

Dest Address	Subnet Mask	Gateway Addr	Age	Protocol
192.168.10.0	255.255.255.0	172.16.1.1	27d 7h	OSPF
192.168.20.0	255.255.255.0	172.16.1.2	27d 7h	OSPF
192.168.30.0	255.255.255.0	172.16.1.3	27d 7h	OSPF
192.168.40.0	255.255.255.0	172.16.1.4	27d 7h	OSPF
192.168.50.0	255.255.255.0	172.16.1.5	27d 7h	OSPF
192.168.60.0	255.255.255.0	172.16.1.6	27d 7h	OSPF

Router# copy running-config startup-config ← 꼭 해당 내용을 저장해야 함(copy r s를 입력하여도 됨)
Destination filename [startup-config]? startup-config ← startup-config를 입력하지 않고 Enter 를 쳐도 정답으로 처리됨
[OK]
Router#

02 문제 및 풀이

<table>
<tr><th colspan="1">문제 02</th></tr>
</table>

아래의 내용과 그림을 보고 Router1을 설정하시오.

RIP 환경이 구성되어 있을 때 라우팅 테이블(Routing Table)에 등록되지 않는 목적지로 향하는 패킷은 '192.168.10.0' 네트워크로 보내는 Router1에 디폴트 네트워크(Network)를 설정하시오(완료된 설정은 'Router#copy running−config startup−config'를 사용하여 startup−config에 저장하고 이외 저장 명령어는 사용금지).

<table>
<tr><th>그림</th></tr>
</table>

```
Router# show running−config
중략−−−
Interface Serial 2/0
 no ip address
 no ip directed−broadcast
!
Interface Serial 3/0
 no ip address
 no ip directed−broadcast
 shutdown
!
Ip default−network 192.168.10.0
Ip classless
중략−−−
```

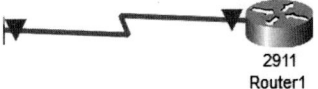

```
2911
Router1
```

<table>
<tr><th>문제 풀이</th></tr>
</table>

```
Router〉 en
Router# config terminal
Router#(config)# ip default−network 192.168.10.0
Router(config)# exit
Router# copy running−config startup−config  ← 꼭 해당 내용을 저장해야 함(copy r s를 입력하여도 됨)
Destination filename [startup−config]? startup−config  ← startup−config를 입력하지 않고 [Enter]를 쳐도 정답으로 처리됨
[OK]
Router#
```

03 문제 및 풀이

<table>
<tr><th>문제 03</th></tr>
</table>

아래의 그림과 같이 콘솔(Console)로 접속할 때 비밀번호를 입력하도록 Router1을 설정하시오.

(비밀번호는 'ICQA'이며 대소문자를 구분하고 완료된 설정은 'Router#copy running−config startup−config'를 사용하여 startup−config에 저장하고 이외 저장 명령어는 사용금지)

<table>
<tr><th>그림</th></tr>
</table>

```
Console 접속 시
Password : ICQA
```

```
2911
Router1
```

<table>
<tr><th colspan="1">문제 풀이</th></tr>
</table>

Router〉 en

Router# config terminal

Router(config)# line console 0

Router(config-line)# password ICQA ← 대소문자를 구분함(소문자는 오답처리)

Router(config-line)# login ← 설정해도 설정하지 않아도 상관 없음

Router(config-line)# exit

Router(config)# exit

Router# copy r s ← 꼭 해당 내용을 저장해야 함

Destination filename [startup-config]? startup-config ← startup-config를 입력하지 않고 ⌈Enter⌋를 쳐도 정답으로 처리됨

[OK]

Router#

04 문제 및 풀이

<table>
<tr><th>문제 04</th></tr>
<tr><td>**아래의 그림과 같이 Router1에서 사용하는 인터페이스 정보를 확인하십시오.**
(완료된 설정은 'Router#copy running-config startup-config'를 사용하여 startup-config에 저장하고 이외 저장 명령어는 사용금지)</td></tr>
</table>

<table>
<tr><th>그림</th></tr>
</table>

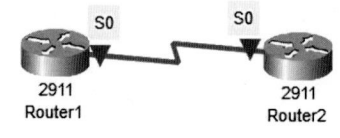

```
GigabitEthernet0/0 is administratively down, line protocol is down
(disabled)
  Hardware is CN Gigabit Ethernet, address is 0050.0fae.8a01 (bia
0050.0fae.8a01)
  MTU 1500 bytes, BW 1000000 Kbit, DLY 10 usec,
     reliability 255/255, txload 1/255, rxload 1/255
  Encapsulation ARPA, loopback not set
  Keepalive set (10 sec)
  Full-duplex, 100Mb/s, media type is RJ45
  output flow-control is unsupported, input flow-control is
unsupported
  ARP type: ARPA, ARP Timeout 04:00:00,
  Last input 00:00:08, output 00:00:05, output hang never
  Last clearing of "show interface" counters never
  Input queue: 0/75/0 (size/max/drops); Total output drops: 0
  Queueing strategy: fifo
  Output queue :0/40 (size/max)
  5 minute input rate 0 bits/sec, 0 packets/sec
  5 minute output rate 0 bits/sec, 0 packets/sec
     0 packets input, 0 bytes, 0 no buffer
     Received 0 broadcasts, 0 runts, 0 giants, 0 throttles
     0 input errors, 0 CRC, 0 frame, 0 overrun, 0 ignored, 0 abort
     0 watchdog, 1017 multicast, 0 pause input
     0 input packets with dribble condition detected
     0 packets output, 0 bytes, 0 underruns
--More-- |
```

<table>
<tr><th>문제 풀이</th></tr>
</table>

Router〉 en

Router# show interface ← 설치된 interface들의 전반적인 상태 확인

Router# copy r s ← 꼭 해당 내용을 저장해야 함

Destination filename [startup-config]? startup-config ← startup-config를 입력하지 않고 ⌈Enter⌋를 쳐도 정답으로 처리됨

[OK]

Router#

– 이외에도 show interfaces 명령어 또한 정답 처리됨. 그리고 show protocols 명령어는 현재 사용 중인 인터페이스들의 on/off 정보를 확인할 수 있음

05 문제 및 풀이

<table>
<tr><td colspan="2" align="center">문제 05</td></tr>
<tr><td colspan="2">아래의 그림과 같이 Router1의 소프트웨어 버전과 IOS 버전 등을 확인하십시오.
(완료된 설정은 'Router#copy running–config startup–config'를 사용하여 startup–config에 저장하고 이외 저장 명령어는 사용금지)</td></tr>
<tr><td colspan="2" align="center">그림</td></tr>
<tr><td>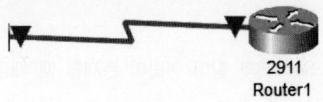
2911
Router1</td><td><pre>Cisco IOS Software, C2900 Software (C2900-UNIVERSALK9-M), Version
15.1(4)M4, RELEASE SOFTWARE (fc2)
Technical Support: http://www.cisco.com/techsupport
Copyright (c) 1986-2012 by Cisco Systems, Inc.
Compiled Thurs 5-Jan-12 15:41 by pt_team

ROM: System Bootstrap, Version 15.1(4)M4, RELEASE SOFTWARE (fc1)
cisco2911 uptime is 46 minutes, 47 seconds
System returned to ROM by power-on
System image file is "flash0:c2900-universalk9-mz.SPA.151-1.M4.bin"
Last reload type: Normal Reload</pre></td></tr>
<tr><td colspan="2" align="center">문제 풀이</td></tr>
</table>

Router〉 enable

Router# show version ← 설치된 라우터의 버전 등을 확인

Router# copy r s ← 꼭 해당 내용을 저장해야 함

Destination filename [startup–config]? startup–config ← startup–config를 입력하지 않고 ⌗Enter⌗를 쳐도 정답으로 처리됨

[OK]

Router#

```
Cisco IOS Software, C2900 Software (C2900-UNIVERSALK9-M), Version      ← IOS버전: 15.1(4)
15.1(4)M4, RELEASE SOFTWARE (fc2)


ROM: System Bootstrap, Version 15.1(4)M4, RELEASE SOFTWARE (fc1)      ← Bootstrap Version: 15.1(4)M4
cisco2911 uptime is 46 minutes, 47 seconds


System image file is "flash0:c2900-universalk9-mz.SPA.151-1.M4.bin"   ← 최근 사용 IOS 이미지 파일 존재 여부 확인
Last reload type: Normal Reload
```

06 문제 및 풀이

<table>
<tr><td colspan="2" align="center">문제 06</td></tr>
<tr><td colspan="2">아래의 그림과 같이 Router1의 FastEthernet 0/0의 description을 아래와 같이 설정하시오.
(완료된 설정은 'Router#copy running–config startup–config'를 사용하여 startup–config에 저장하고 이외 저장 명령어는 사용금지)</td></tr>
<tr><td colspan="2" align="center">그림</td></tr>
<tr><td>Description : ICQA로 설정</td><td>
2911
Router1</td></tr>
<tr><td colspan="2" align="center">문제 풀이</td></tr>
</table>

Router〉 enable

Router# config terminal

Router(config)# interface FastEthernet0/0

Router(config-if)# description ICQA ← 대소문자 구분하여 입력

Router(config-if)# exit

Router(config)# exit

Router# copy r s ← 꼭 해당 내용을 저장해야 함

Destination filename [startup-config]? startup-config ← startup-config를 입력하지 않고 Enter 를 쳐도 정답으로 처리됨

[OK]

Router#

- Description은 240자 이내의 글로 해당 인터페이스에 대한 설명(각주)을 달아 놓는다.
- Description은 해당 interface 장비들이 많을 때, 예를 들어 Serial0, Serial1, Serial2, Serial3과 같이 여럿이 존재할 때 해당 interface 장비에 설명해 놓음으로 장비의 선택을 쉽게 하기 위해 사용한다.

07 문제 및 풀이

문제 07
아래의 그림과 같이 Router1을 설정하시오. (완료된 설정은 'Router#copy running-config startup-config'를 사용하여 startup-config에 저장하고 이외 저장 명령어는 사용금지)
그림
 2911 Router1 default-network : 192.168.0.2
문제 풀이
Router> enable Router# config terminal Router(config)# Ip default-network 192.168.0.2 Router(config)# exit Router# copy r s ← 꼭 해당 내용을 저장해야 함 Destination filename [startup-config]? startup-config ← startup-config를 입력하지 않고 Enter 를 쳐도 정답으로 처리됨 [OK] Router#

08 문제 및 풀이

문제 08
아래의 그림과 같이 Router1의 FastEthernet0/0의 IPAddress를 아래와 같이 설정하고 활성화하시오. (완료된 설정은 'Router#copy running-config startup-config'를 사용하여 startup-config에 저장하고 이외 저장 명령어는 사용금지)
그림
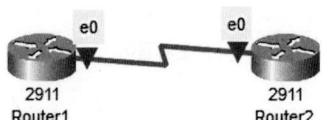 e0　　　　e0 2911　　　　2911 Router1　　　　Router2 IP : 192.168.100.1/24

		문제 풀이		

Router〉 enable

Router# config terminal

Router(config)# interface FastEthernet 0/0

Router(config-if)# ip address 192.168.100.1 255.255.255.0 ← FastEthernet0/0의 주소를 등록

Router(config-if)# no shutdown ← no shutdown을 통해 활성화시킴

Router(config-if)# exit

Router(config)# exit

Router# copy r s ← 꼭 해당 내용을 저장해야 함

Destination filename [startup-config]? startup-config ← startup-config를 입력하지 않고 [Enter]를 쳐도 정답으로 처리됨

[OK]

Router#

09 문제 및 풀이

문제 09

아래의 그림과 같이 Router1의 CPU Process 리스트를 확인하시오.

(완료된 설정은 'Router#copy running-config startup-config'를 사용하여 startup-config에 저장하고 이외 저장 명령어는 사용금지)

그림

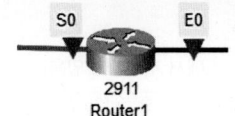

2911
Router1

```
CPU utilization for five seconds: 0%/0%; one minute: 0%; five minutes: 0%
 PID QTy       PC Runtime (ms)    Invoked  uSecs    Stacks TTY Process
   1 Csp 602F3AF0          0         1627      0 2600/3000   0 Load Meter
   2 Lwe 60C5BE00          4          136     29 5572/6000   0 CEF Scanner
   3 Lst 602D90F8       1676          837   2002 5740/6000   0 Check heaps
   4 Cwe 602D08F8          0            1      0 5568/6000   0 Chunk Manager
   5 Cwe 602DF0E8          0            1      0 5592/6000   0 Pool Manager
   6 Mst 60251E38          0            2      0 5560/6000   0 Timers
   7 Mwe 600D4940          0            2      0 5568/6000   0 Serial Backgrou
   8 Mwe 6034B718          0            1      0 2584/3000   0 OIR Handler
   9 Mwe 603FA3C8          0            1      0 5612/6000   0 IPC Zone Manage
  10 Mwe 603FA1A0          0         8124      0 5488/6000   0 IPC Periodic Ti
  11 Mwe 603FA220          0            9      0 4884/6000   0 IPC Seat Manage
  12 Lwe 60406818        124         2003     61 5300/6000   0 ARP Input
  13 Mwe 60581638          0            1      0 5760/6000   0 HC Counter Time
  14 Mwe 605E3D00          0            2      0 5564/6000   0 DDR Timers
  15 Msp 80164A38          0        79543      0 5608/6000   0 GraphIt
  16 Mwe 802DB0FC          0            2 011576/12000   0 Dialer event
  17 Cwe 801E74BC          0            1      0 5808/6000   0 Critical Bkgnd
  18 Mwe 80194D20          4         9549 010428/12000   0 Net Background
  19 Lwe 8011E9CC          0           20 011096/12000   0 Logger
  20 Mwe 80140160          8        79539      0 5108/6000   0 TTY Background
  21 Msp 80194114          0        95409      0 8680/9000   0 Per-Second Job
  22 Mwe 8047E960          0            2      0 5544/6000   0 dotlx
  23 Mwe 80222C8C          4            2   2000 5360/6000   0 DHCPD Receive
  24 Mwe 800844A0          0            1      0 5796/6000   0 HTTP Timer
  25 Mwe 80099378          0            1      0 5612/6000   0 RARP Input
  26 Mst 8022F178          0            1 011796/12000   0 TCP Timer
  27 Lwe 802344C8          0            1 011804/12000   0 TCP Protocols
  28 Mwe 802870E8          0            1      0 5784/6000   0 Socket Timers
  29 Mwe 80426048         64            3  21333 4488/6000   0 L2MM
  30 Mwe 80420010          4            1   4000 5592/6000   0 MRD
  31 Mwe 8041E570          0            1      0 5584/6000   0 IGMPSN
  32 Hwe 80429B40          0            1      0 2604/3000   0 IGMP Snooping P
```

문제 풀이
Router〉enable Router# show process 또는 show processes Router# copy r s ← 꼭 해당 내용을 저장해야 함 Destination filename [startup-config]? startup-config ← startup-config를 입력하지 않고 [Enter]를 쳐도 정답으로 처리됨 [OK] Router#

10 문제 및 풀이

문제 10
아래의 그림과 같이 Router1의 DHCP를 설정하시오. (완료된 설정은 'Router#copy running-config startup-config'를 사용하여 startup-config에 저장하고 이외 저장 명령어는 사용금지)

그림
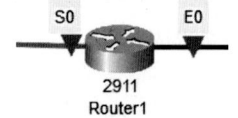 DHCP Pool : ICQA 할당 가능한 IP 주소 대역 : 163.180.0.0/16 (게이트웨이 163.180.0.0과 브로드캐스트 163.180.255.255는 할당할 주소에서 제외되어 있음)

문제 풀이
Router〉enable Router# config terminal Router(config)# ip dhcp pool ICQA Router(dhcp-config)# network 163.180.0.0 255.255.0.0 Router(dhcp-config)# exit Router(config)# exit Router# copy r s ← 꼭 해당 내용을 저장해야 함 Destination filename [startup-config]? startup-config ← startup-config를 입력하지 않고 [Enter]를 쳐도 정답으로 처리됨 [OK] Router#

11 문제 및 풀이

문제 11
아래의 그림과 같이 Router1에 접속한 사용자를 확인하고, 저장하십시오. (완료된 설정은 'Router#copy running-config startup-config'를 사용하여 startup-config에 저장하고 이외 저장 명령어는 사용금지)

그림

	Line	User	Host(s)	Idle	Location
*	0 con 0		idle	00:00:00	

	Interface	User	Mode	Idle	Peer Address

<table>
<tr><td colspan="2" align="center">문제 풀이</td></tr>
</table>

Router〉 enable

Router# show user 또는 show users

```
   Line       User      Host(s)           Idle       Location
*  0 con 0              idle              00:00:00

  Interface   User                 Mode        Idle      Peer Address
```

Router# copy r s ← 꼭 해당 내용을 저장해야 함

Destination filename [startup-config]? startup-config ← startup-config를 입력하지 않고 [Enter]를 쳐도 정답으로 처리됨

[OK]

Router#

- * 0 con 0 ← User가 접속한 인터페이스 타입 : con 0을 통해 접속 → 콘솔을 통해 접속했음을 알 수 있음. * 표시는 자신을 뜻함
- User : 접속한 사용자의 ID → ID가 없으면 User 값이 비어 있음
- 00 : 00 : 00 ← Idle : 유휴 시간

12 문제 및 풀이

<table>
<tr><td align="center">문제 12</td></tr>
<tr><td>아래의 그림과 같이 Router1의 Serial 2/0의 IP를 아래에 제시된 내용으로 설정하고 활성화 시키시오.
(완료된 설정은 'Router#copy running-config startup-config'를 사용하여 startup-config에 저장하고 이외 저장 명령어는 사용금지)</td></tr>
<tr><td align="center">그림</td></tr>
<tr><td align="center">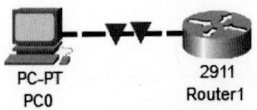

PC-PT   2911
PC0   Router1

IP : 192.168.0.101/24
IP : 192.168.0.102/24 Secondary</td></tr>
<tr><td align="center">문제 풀이</td></tr>
</table>

Router〉 enable

Router# config terminal

Router(config)# interface Serial2/0

Router(config-if)# ip address 192.168.0.101 255.255.255.0

Router(config-if)# ip address 192.168.0.102 255.255.255.0 secondary ← secondary를 해 주어야 첫 번째 IP로 인식하지 않음. 만약 secondary를 붙이지 않으면 첫 번째 입력한 IP를 덮어쓰게 됨

Router(config-if)# no shutdown ← 시험 지문에 장치를 활성화하라고 되어 있으므로 꼭 no shutdown을 해야 함

Router# copy r s ← 꼭 해당 내용을 저장해야 함

Destination filename [startup-config]? startup-config ← startup-config를 입력하지 않고 [Enter]를 쳐도 정답으로 처리됨

[OK]

Router#

13 문제 및 풀이

문제 13
아래의 그림과 같이 Router2의 Serial 2/0에 프레임릴레이를 dlci17로 설정하고 저장하시오.
(완료된 설정은 'Router#copy running-config startup-config'를 사용하여 startup-config에 저장하고 이외 저장 명령어는 사용금지)
그림
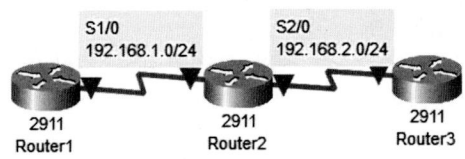
문제 풀이
Router〉 enable
Router# config terminal
Router(config)# interface Serial2/0
Router(config-if)# encapsulation frame-relay ← Frame-relay를 사용하겠다는 의미
Router(config-if)# frame-relay interface-dlci 17 ← DLCI는 16부터 1007까지 사용 가능
Data Link Connection Indentifier ← 이 포트의 DLCI는 17이라는 의미
Router(config-if)# no shutdown ← 활성화
Router(config-if)# exit
Router(config)# exit
Router# copy r s ← 꼭 해당 내용을 저장해야 함
Destination filename [startup-config]? startup-config ← startup-config를 입력하지 않고 [Enter]를 쳐도 정답으로 처리됨
[OK]
Router#

14 문제 및 풀이

문제 14
Router2(ICQA)가 Router1(한국정보통신자격협회) 라인을 통해 인터넷을 이용할 수 있도록 Router2에 Static Routing을 설정하시오. 단, Default network (0.0.0.0 0.0.0.0)로 설정 시 오답처리 됩니다. (완료된 설정은 'Router#copy running-config startup-config'를 사용하여 startup-config에 저장하고 이외 저장 명령어는 사용금지)
그림

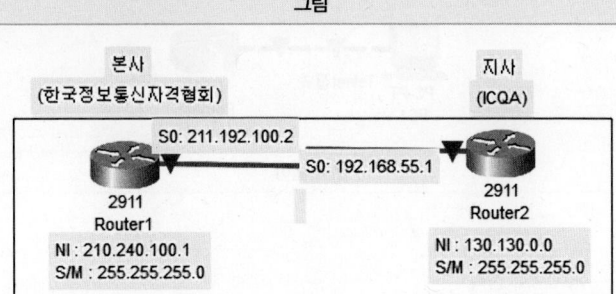

문제 풀이

Router> enable

Router# config terminal

Router(config)# ip route 210.240.100.1 255.255.255.0 211.192.100.2 ← 본사 R1의 정보를 입력

Router(config)# exit

Router# copy r s ← 꼭 해당 내용을 저장해야 함

Destination filename [startup-config]? startup-config ← startup-config를 입력하지 않고 [Enter]를 쳐도 정답으로 처리됨

[OK]

Router#

Static(수동=정적) 라우팅 설정

– 지사가 본사와 연결을 하는 것은 다이나믹(동적=자동) 라우팅보다는 스태틱(수동=정적) 라우팅 설정 방식이 적합하다.

– 지사에서 본사의 설정을 연결하는 상황이므로 지사의 라우터 R2에서 'ip route' 명령어를 이용해 R1의 정보를 입력해 주어야 한다.

– R1의 정보를 R2에서 IP S/M S0순으로 등록해 주면 된다.

15 문제 및 풀이

문제 15
Router1의 Telnet으로 접속할 때 터미널 0 4까지 SSH로 접속 가능하게 설정하시오. (완료된 설정은 'Router#copy running-config startup-config'를 사용하여 startup-config에 저장하고 이외 저장 명령어는 사용금지)
그림
 PC-PT PC1　　Telnet접속　　2811 Router1
문제 풀이
Router〉 enable Router# config terminal Router(config)# line vty 0 4 ← vty 0 4로 접속 Router(config-line)# transport input ssh ← 입력설정 Router(config-line)# transport output ssh ← 출력 설정 Router(config-line)# login ← 비활성화라는 개념이 없으면, 무조건 활성화(login)함 Router(config-line)# exit Router(config)# exit Router# copy r s ← 꼭 해당 내용을 저장해야 함 Destination filename [startup-config]? startup-config ← startup-config를 입력하지 않고 [Enter]를 쳐도 정답으로 처리됨 [OK] Router#

16 문제 및 풀이

문제 16
Router1의 Serial2/0의 Clock rate를 72k로 설정하시오. (완료된 설정은 'Router#copy running-config startup-config'를 사용하여 startup-config에 저장하고 이외 저장 명령어는 사용금지)
그림
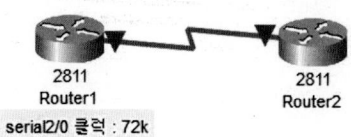 2811　　　　2811 Router1　　　Router2 **serial2/0 클럭 : 72k**
문제 풀이
Router〉 enable Router# config terminal Router(config)# interface serial2/0 ← Serial 포트는 현재 Serial2/0과 Serial3/0이 사용가능 Router(config-it)# clock rate 72000 ← 72K = 72000 Router(config-it)# no shut down ← 시험 지문에 해당 장치 비활성화라는 말이 없는 한 무조건 no shutdown을 하여 활성화 시킴 Router(config-it)# exit Router(config)# exit Router# copy r s ← 꼭 해당 내용을 저장해야 함 Destination filename [startup-config]? startup-config ← startup-config를 입력하지 않고 엔터를 쳐도 정답으로 처리됨 [OK] Router#

17 문제 및 풀이

문제 17
아래의 그림과 같이 Router1의 console 0에 3분 30초 동안 입력 신호가 없으면, 해당 세션을 자동으로 종료하도록 설정하십시오. (완료된 설정은 'Router#copy running-config startup-config'를 사용하여 startup-config에 저장하고 이외 저장 명령어는 사용금지)
그림
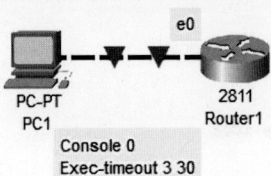 PC-PT   2811 PC1   Router1 Console 0 Exec-timeout 3 30
문제 풀이
Router⟩ enable Router# config terminal Router(config)# line console 0 Router(config-line)# exec-timeout 03 30 ← 03 30 또는 3 30 모두 가능 Router(config-line)# exit Router(config)# exit Router# copy r s ← 꼭 해당 내용을 저장해야 함 Destination filename [startup-config]?startup-config ← startup-config를 입력하지 않고 [Enter]를 쳐도 정답으로 처리됨 [OK] Router#

18 문제 및 풀이

<table>
<tr><td colspan="2" align="center">문제 18</td></tr>
<tr><td colspan="2">아래의 그림과 같이 Router1의 domain-name을 아래와 같이 설정하십시오.
(완료된 설정은 'Router#copy running-config startup-config'를 사용하여 startup-config에 저장하고 이외 저장 명령어는 사용금지)</td></tr>
<tr><td colspan="2" align="center">그림</td></tr>
<tr><td colspan="2">

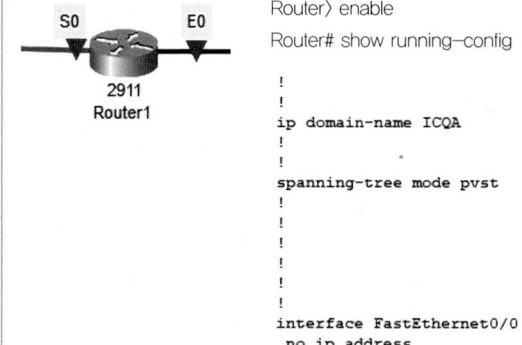

```
Router> enable
Router# show running-config

     !
     !
     ip domain-name ICQA
     !
     !
     spanning-tree mode pvst
     !
     !
     !
     !
     !
     interface FastEthernet0/0
      no ip address
      duplex auto
      speed auto
      shutdown
     !
```
</td></tr>
<tr><td colspan="2" align="center">문제 풀이</td></tr>
<tr><td colspan="2">

Router> enable

Router# config terminal

Router(config)# ip domain-name ICQA 또는 ip domain ICQA ← 대소문자 구분하여 입력

Router(config)# exit

Router# copy r s ← 꼭 해당 내용을 저장해야 함

Destination filename [startup-config]? startup-config ← startup-config를 입력하지 않고 Enter를 쳐도 정답으로 처리됨

[OK]

Router#
</td></tr>
</table>

19 문제 및 풀이

문제 19
홉수가 15 이하인 중 · 소규모 네트워크를 구성하고자 한다. 아래의 그림과 같이 Router1의 RIPv2 라우팅을 설정하시오. 단, PC의 Gateway IP 주소는 1번째 주소이다. (완료된 설정은 'Router#copy running-config startup-config'를 사용하여 startup-config에 저장하고 이외 저장 명령어는 사용금지)
그림

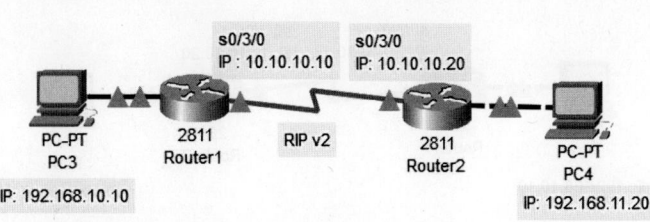

PC-PT PC3
IP: 192.168.10.10

2811 Router1

RIP v2

s0/3/0
IP : 10.10.10.10

s0/3/0
IP: 10.10.10.20

2811 Router2

PC-PT PC4
IP: 192.168.11.20

문제 풀이

Router1〉 enable

Router1# config terminal

Router1(config)# router rip

Router1(config-router)# version 2

Router1(config-router)# network 10.10.10.10 ← 라우터에 연결된 ip 주소를 적어줌

Router1(config-router)# network 192.168.10.1 ← PC의 Gateway ip 주소를 적어줌

Router1(config-router)# no auto-summary ← 거리 벡터 방식만 적용되고 자동축약은 안 한다는 뜻

Router1(config)# exit

Router# copy r s ← 꼭 해당 내용을 저장해야 함

Destination filename [startup-config]? startup-config ← startup-config를 입력하지 않고 Enter 를 쳐도 정답으로 처리됨

[OK]

Router#

20 문제 및 풀이

문제 20
대규모 네트워크에서 연결 속도를 기준으로(링크 상태 방식으로) 계산하여 동적으로 라우팅을 구성하고자 한다. 아래의 그림과 같이 Router2의 라우팅을 설정하시오. 단, PC의 Gateway IP 주소는 1번째 주소이고, process번호와 area는 1로 한다. (완료된 설정은 'Router#copy running-config startup-config'를 사용하여 startup-config에 저장하고 이외 저장 명령어는 사용금지)

그림

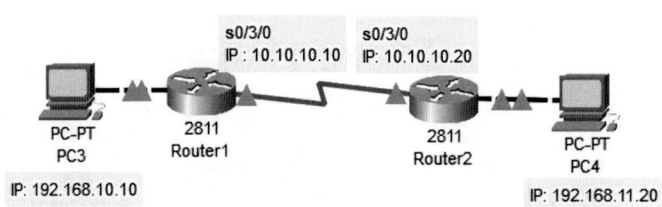

문제 풀이

Router2〉 enable

Router2# config terminal

Router2(config)# router ospf 1 ← 연결 속도를 기준으로 하고 링크 상태 방식이므로 라우팅은 OSPF로 해야 하고 문제에서 주어진
대로 process 번호는 1로 적어줌

Router2(config-router)# network 10.10.10.20 0.0.0.0 area 1 ← router에 연결된 ip 주소와 WildCardMask 주소를 써주고 area [area
번호]를 써줌

Router2(config-router)# network 192.168.11.1 0.0.0.0 area 1 ← router에 연결된 ip 주소와 WildCardMask 주소를 써주고 area [area
번호]를 써줌

Router2(config-router)# exit

Router2(config)# exit

Router2# copy running-config startup-config ← 꼭 해당 내용을 저장해야 함

Destination filename [startup-config]? startup-config ← startup-config를 입력하지 않고 Enter 를 쳐도 정답으로 처리됨

[OK]

Router2#